Die radikalisierte Moderne

Ditmar Brock

Die radikalisierte Moderne

Moderne Gesellschaften. Zweiter Band

 Springer VS

Ditmar Brock
TU Chemnitz, Deutschland

ISBN 978-3-531-16738-1   ISBN 978-3-531-18892-8 (eBook)
DOI 10.1007/978-3-531-18892-8

Die Deutsche Nationalbibliothek verzeichnet diese Publikation in der Deutschen Natio-
nalbibliografie; detaillierte bibliografische Daten sind im Internet über http://dnb.d-nb.de
abrufbar.

Springer VS

Lektorat: Dr. Cori A. Mackrodt, Monika Mülhausen

Gedruckt auf säurefreiem und chlorfrei gebleichtem Papier

Springer VS ist eine Marke von Springer DE. Springer DE ist Teil der Fachverlagsgruppe
Springer Science+Business Media.
www.springer-vs.de

Inhalt

Einleitung 15

1 Theoretische Grundlagen 23
  1.0 Einleitung 23
  1.1 Was können wir über die sozialen Grundlagen gegenwärtiger
      Gesellschaften überhaupt in Erfahrung bringen? 25
      1.1.1 Vorbemerkung 25
      1.1.2 Expliziter Theorienpluralismus und das Desinteresse an
            einer Auseinandersetzung mit der Theorie funktionaler
            Differenzierung 26
      1.1.3 Die Hermeneutik-Debatte und der Begriff ‚totale Ideologie‘
            bei Karl Mannheim 27
      1.1.4 Das postmoderne Wissen 29
      1.1.5 Postmoderne und Epochenwandel 33
      1.1.6 Luhmanns Übersetzung des Postmoderne-Diskurses
            in Legitimationsargumente für einen expliziten
            Theorienpluralismus 34
      1.1.7 Gegenwartsdiagnosen – Sozialtheorie unter den
            Bedingungen der Massenmedien 39
  1.2 Beobachtungsperspektiven moderner Gesellschaften –
      ein Vorschlag 41
  1.3 Die sachlichen Ankerpunkte für die Konstruktion des sozialen
      Miteinanders: individualisierte geschlossene Gesellschaften,
      Symbolsprache und Lebenswelt/ Gemeinschaft 45
  1.4 Kommunikative Spezialisierung: Differenzierung der Sinnwelt ... 52
  1.5 Die Organisation gesellschaftlicher Leistungen durch
      explizite Rahmung: soziale Grundlagen der Arbeits-
      und Aufgabenteilung 56

1.6   Die soziale Reichweite des vorrangigen
      Differenzierungsmusters 61
1.7   Lebensführung versus Spezifizierung von Leistungen –
      zwei grundlegende Pfade gesellschaftlicher Entwicklung 63
1.8   Die Modernisierung des gesellschaftlichen Leistungsbereichs
      und das Problem sozialer Ordnung 64

2   **Die Organisation gesellschaftlicher Leistungen** 79
2.1   Einleitung 79
2.2   Funktionale Differenzierung – die strukturelle Grundlage
      moderner Gesellschaften 81
      2.2.1   Einleitung 81
      2.2.2   Funktionale Differenzierung, Interpenetration oder
              Kapitalismus? 82
      2.2.3   Inklusion/ Exklusion 88
      2.2.4   Die Sonderrolle des Staates und des politischen Systems ... 93
2.3   Beiträge der neueren Modernisierungstheorie zum Verständnis
      der klassischen Moderne 97
      2.3.1   Einleitung 97
      2.3.2   Moderne Gesellschaften bei Anthony Giddens 98
              2.3.2.1   Theorie der Strukturierung 101
              2.3.2.2   Gesellschaftsentwicklung und Raum-Zeit-
                        Ausdehnung 102
              2.3.2.3   Strukturbegriffe bei Giddens 104
              2.3.2.4   Reproduktionskreisläufe und
                        Strukturprinzipien 106
              2.3.2.5   Die vier institutionellen Dimensionen moderner
                        Gesellschaften 109
              2.3.2.6   Kritik – konzeptionelle Schwachstellen
                        bei Giddens 114
              2.3.2.7   Giddens Beiträge zum Verständnis der
                        klassischen Moderne 118
              2.3.2.8   Integrationsmöglichkeiten in die Theorie
                        funktionaler Differenzierung 121
      2.3.3   Die klassische Moderne bei Ulrich Beck 124
              2.3.3.1   Das Ende der Enttraditionalisierung in der
                        klassischen Moderne 125
              2.3.3.2   Becks Beitrag zum soziologischen Verständnis
                        der klassischen Moderne 131

2.3.4 Bauman und die klassische Moderne 132
  2.3.4.1 Die Unterscheidung zwischen Moderne und
    Postmoderne 133
  2.3.4.2 Beiträge zum Verständnis der klassischen
    Moderne 135
  2.3.4.3 Die Unterscheidung Moderne – flüchtige
    Moderne 138
  2.3.4.4 Diskussion 139
2.4 Risikogesellschaft, radikalisierte Moderne, flüchtige Moderne:
Gegenwartsdiagnosen und Epochenunterscheidungen 140
2.4.1 Einleitung 140
2.4.2 Risikogesellschaft – Auf dem Weg in eine andere
  Moderne 141
2.4.3 Die radikalisierte Moderne bei Anthony Giddens 152
  2.4.3.1 Einleitung 152
  2.4.3.2 Die Modernisierung der institutionellen
    Dimensionen 153
  2.4.3.3 Kritik 156
  2.4.3.4 Reflexivität und reflexive Modernisierung 164
2.4.4 Baumans Beitrag zum Verständnis der Strukturprinzipien
  und der institutionellen Grundlagen der radikalisierten
  Moderne 169
2.5 Thematisch begrenzte Gegenwartsdiagnosen 172
2.5.1 Einleitung 172
2.5.2 Hartmut Rosa:
  Die Veränderung der Zeitstrukturen in der Moderne 173
  2.5.2.1 Die ungeklärte Bedeutung von Zeit und
    Beschleunigung im Gesamtkontext
    gesellschaftlicher Modernisierung 173
  2.5.2.2 Das Analysekonzept 174
  2.5.2.3 Wesentliche Ergebnisse 177
  2.5.2.4 Bewertung und Kritik 179
2.5.3 Manuel Castells und die Netzwerkgesellschaft 185
2.5.4 Daniel Bell und die Theorie der Wissensgesellschaft 187
2.6 Gibt es eine neue Phase im gesellschaftlichen Modernisierungsprozess? Eine zeitdiagnostische Bilanz zur Frage einer zweiten,
radikalisierten Moderne 190
2.6.1 Einleitung 190

2.6.2   Die Perspektive der klassischen
        Modernisierungstheorien 192
2.6.3   Die Ansatzpunkte für Epochenunterscheidungen bei
        den Vertretern der neueren Modernisierungstheorie 194
2.6.4   Ein erster Synthetisierungsversuch: Beck/ Lau 2005 198
        2.6.4.1   Einleitung 198
        2.6.4.2   Eine Korrektur der ,Risikogesellschaft' 198
        2.6.4.3   Diskussion 200
        2.6.4.4   Fazit 204
2.6.5   Möglichkeiten der Einbindung der Argumente für eine
        Epochenunterscheidung innerhalb der Moderne in eine
        differenzierungstheoretische Argumentation 205
2.7   Sozialtheoretische Bilanz 213
2.7.1   Einleitung 213
2.7.2   Die perspektivische Grenze der Theorie funktionaler
        Differenzierung 214
        2.7.2.1   Perspektivische Ergänzungen in der Tradition
                  des Marxismus und dualistische Ansätze. 214
        2.7.2.2   Wo liegt die prinzipielle Grenze
                  differenzierungstheoretischer Analysen? 217
        2.7.2.3   Auf welches gesellschaftliche ,Rohmaterial'
                  greifen die Funktionssysteme zurück? 223
        2.7.2.4   Soziale Praktiken und die soziale Bindung
                  menschlicher Lebenszeit 229
2.7.3   Ressourcen –
        der soziale Unterbau der Funktionssysteme 230
        2.7.3.1   Beiträge der neueren Debatte 230
        2.7.3.2   Zum Ressourcenbegriff 232
        2.7.3.3   In der Differenzierungstheorie wird der
                  Ressourcenaspekt ausgeblendet 233
        2.7.3.4   Strategische Ressourcen 233
        2.7.3.5   In die Funktionssysteme hineinfließende
                  menschliche Ressourcen 235
        2.7.3.6   Aus den Funktionssystemen herausfließende
                  Ressourcen 237
        2.7.3.7   Reproduktionskreisläufe der Funktionssysteme ... 239
2.7.4   Gesellschaftliche Ordnung in modernen Gesellschaften ... 242
        2.7.4.1   Vorbemerkung 242

2.7.4.2   Wie kann gesellschaftliche Ordnung in modernen
          Gesellschaften soziologisch erfasst werden? 243
2.7.4.3   Das Ordnungsthema bei den neueren wie auch bei
          einigen älteren Modernisierungstheoretikern 248
2.7.4.4   Potentiale der Ordnungsgenerierung 250
2.7.4.5   Der moderne Nationalstaat als Ordnungsfaktor.... 256
2.7.4.6   Die ‚Institutionalisierung‘ der Funktionssysteme
          durch den modernen Nationalstaat 257

3   **Lebensführung in modernen Gesellschaften** 263
3.0   Einleitung: Warum konzentriert sich dieses Kapitel auf
      Lebensführung? 263
      3.0.1   Überblick über die weitere Argumentation 266
3.1   Das Konzept Lebensführung 267
      3.1.1   Implizite Rahmung und ein strategischer Blick
              auf die Lebenswelt 267
      3.1.2   Das Problem knapper Lebenszeit 268
      3.1.3   Materielle Knappheit: Eigentum und Geld 273
      3.1.4   Von der sozial standardisierten zur individualisierten
              Lebensführung: Möglichkeitsräume und Identitätsbildung
              prägen die Lebensführung 275
      3.1.5   Der ‚Ernstcharakter‘ der Lebensführung – gesellschaftlich
              auferlegte ‚Lebensprobleme‘ in der Geldwirtschaft 277
      3.1.6   Lebensführung unter den Bedingungen von Lohnarbeit ... 281
3.2   Soziologische Gegenwartsdiagnosen zur individualisierten
      Lebensführung – Rosa und Beck 285
      3.2.1   Einleitung 285
      3.2.2   Beschleunigt sich das Lebenstempo zum rasenden
              Stillstand? Hartmut Rosas Gegenwartsdiagnose zur
              Lebensführung in der Spätmoderne 286
              3.2.2.1   Lebensführung und Lebenstempo 286
              3.2.2.2   Die Tyrannei des Augenblicks und rasender
                        Stillstand: Rosas Gegenwartsdiagnose 293
      3.2.3   Becks Individualisierungsthese 301
              3.2.3.1   Individualisierte Identitätsbildung 301
              3.2.3.2   Becks Individualisierungs- und
                        Enttraditionalisierungsthese 302

3.2.3.3 Persönlich- biographische Lebensführung –
         Becks Beobachtungsperspektive des ‚modernen
         Individuums' 304
3.2.3.4 Waren die Perspektiven persönlich-biographischer
         Lebensführung in der klassischen
         Industriemoderne unbekannt? 307
3.2.3.5 Der Neuaufbau ständischer Privilegierung auf
         dem Arbeitsmarkt 309
   3.2.4 Individualisierte Lebensführung zwischen Freiheit und
          Zwang: eine Neuinterpretation von Beck und Rosa 311
3.3 Zwischenbetrachtung: Thesen zur individualisierten
     Lebensführung in modernen Gesellschaften 318
3.4 Die Kommodifizierungsaufgabe: Geldbeschaffung durch
     den Verkauf der Arbeitskraft 328
   3.4.1 Einführung in die Thematik 328
   3.4.2 Innenansichten der Kommodifizierungspraktiken 330
   3.4.3 Die Ausrichtung von Kommodifizierungsanstrengungen ... 331
   3.4.4 Die Beiträge der neueren Theoretiker zum
          Kommodifizierungsaspekt 332
   3.4.5 Ein kurzer Abriss zur Sozialgeschichte der
          Kommodifizierung 336
   3.4.6 Sind individualisierte Strategien der Kommodifizierung
          an die Stelle von klassen- und standespezifischen Mustern
          getreten? Ein Präzisierungsversuch zu Beck. 341
   3.4.7 Ist der gegenwärtige ‚flexible Kapitalismus'oder die
          ‚berufliche Karriere' ein historischer Sonderfall?
          (Sennett und Rosa) 343
   3.4.8 Die Kommodifizierungsaufgabe ist variabel:
          Entlastung bzw. Verschärfung von
          Kommodifizerungserwartungen 344
   3.4.9 Diskontinuitäten und Epochenunterscheidungen 347
3.5 Individualisierte Geldverwendung und privater Konsum
     zwischen Freiheit und Zwang 347
   3.5.1 Einleitung 347
   3.5.2 Wichtige historische Etappen auf dem Weg zum
         individualisierten Konsum 348
   3.5.3 Baumans Gegenwartsdiagnose erster Teil:
         das Streben nach Fitness 352

3.5.4   Baumans Gegenwartsdiagnose zweiter Teil:
        Die Kultur des Konsumismus 353
3.5.5   Diskussion 354
3.5.6   Gegenwartsdiagnose auf der sozialpsychologische Ebene
        des Konsums – Baumans These zur Identitätsentwicklung
        in der gegenwärtigen Konsumgesellschaft 360
        3.5.6.1   Extrembeispiel Sucht 363
        3.5.6.2   Sind Suchtphänomene für gegenwärtige
                  Gesellschaften besonders charakteristisch? 364
        3.5.6.3   Markensozialisation 366
        3.5.6.4   Diskussion: Soziale Identität in der
                  gegenwärtigen Moderne 369
3.5.7   Bilanz 377
3.6   Was bedeuten Modernisierung und Enttraditionalisierung
      sozialer Beziehungen in der Arbeitswelt? 379
      3.6.1   Vorbemerkung 379
      3.6.2   Modernisierung und Enttraditionalisierung im Bereich
              abhängiger Beschäftigung 380
      3.6.3   Lebensführung unter Bedingungen der
              Zwangsvergesellschaftung 383
      3.6.4   Soziologische Gegenwartsdiagnose:
              Die Berufsbiographie und die berufliche Identität im
              flexiblen Kapitalismus (Richard Sennett) 388
      3.6.5   Fazit 393
3. 7 Gelebte Freiheit in der Freizeit? Partnerschaft und
      Freundschaftsbeziehungen 394
      3.7.1   Einleitung 394
      3.7.2   Freundschaftsbeziehungen 398
              3.7.2.1   Freundschaftsbeziehungen in selbst gewählten
                        sozialen Kreisen (Georg Simmel) 398
              3.7.2.2   Kann die Warenform verbindliche zwischen-
                        menschliche Sozialbeziehungen zerstören?
                        Baumans konträre Gegenwartsdiagnose. 401
              3.7.2.3   Routinen der Festlegungsvermeidung 403
              3.7.2.4   Sympathie für Andersartigkeit. Frühere
                        Überlegungen von Zygmunt Bauman 405
      3.7.3   Partnerschaft und die Enttraditionalisierung
              der Familie 407

3.7.3.1 Die Enttraditionalisierung der Familie unter
         dem Gesichtspunkt Wahlfreiheit: Prozesse der
         Familienbildung 407
3.7.3.2 Der schwierige Begriff der Kernfamilie 410
3.7.3.3 Gegenwartsdiagnosen zu Partnerschaft und
         Familie 411
3.7.4   Aushandlungsprozesse unter Gleichen 416
3.7.4.1 Ist innerfamiliale Kommunikation Politik? Von
         innerfamilialen Entscheidungen zu ‚life politcs' ... 416
3.7.4.2 Lassen sich Aushandlungsprozesse gänzlich
         vermeiden? 418
3.7.4.3 Aushandlungsprozesse innerhalb von
         Partnerschaft und Familie 419
3.8   Bilanz des dritten Kapitels 422
3.8.1   Lebensführung und gesellschaftliche Modernisierung 422
3.8.2   Die mikroanalytischen Beiträge der neueren
         Modernisierungstheoretiker 423
3.8.3   Diskontinuitäten und Zäsuren – zur sozialhistorischen
         Durchsetzung individualisierter Lebensführung 426

4   Zusammenfassung und Fazit 443
4.1   Eine neue Theorie für eine neue Gesellschaft? Die Theorie
      moderner Gesellschaften zwischen wissenschaftlichem
      Erklärungsanspruch und den Bedingungen
      der Massenmedien 443
4.2   Eine neue Gesellschaft? Was ist an der These eines
      Epochenwandels dran? 448
4.2.1   Sieben sehr unterschiedliche Thesen 448
4.2.2   Ergebnisse der kritischen Diskussion 450
4.2.3   Ansatzpunkte für Diskontinuitäten innerhalb
         der Moderne 451
4.2.3.1 Argumente für die Suche nach Diskontinuitäten ... 451
4.2.3.2 Zäsuren innerhalb der Moderne aus dem
         Blickwinkel der Theorie funktionaler
         Differenzierung 453
4.2.4   Diskontinuitäten individualisierter Lebensführung 459
4.2.4.1 Die Trendwende in Richtung auf eine
         Dreiklassengesellschaft neuen Typs 461

4.3   Eine neue Theorie? Müssen moderne Gesellschaften neu
      gedacht werden? 463
      4.3.1   Reflexive Modernisierung – eine theoretische
              Innovation?. 463
      4.3.2   Der Anspruch auf Vollständigkeit – für eine
              Gesamttheorie moderner Gesellschaften 465
      4.3.3   Was kann man aus den gesellschaftsanalytischen
              Konzepten der neueren Modernisierungstheoretiker
              lernen? 466
              4.3.3.1   Passen ‚Kapitalismus‘ und ‚Interpenetration‘ in
                        die Theorie funktionaler Differenzierung? 468
              4.3.3.2   Grenzen des Erklärungspotentials der Theorie
                        funktionaler Differenzierung 471
              4.3.3.3   Ergänzungen der Theorie funktionaler
                        Differenzierung 481
4.4   Drei unterschiedlich konstruierte Komplexe von Sozialität.
      Anregungen für weiterführende Überlegungen 484
      4.4.1   Der lebensweltliche Komplex 485
      4.4.2   Techniken der expliziten Rahmung 488
      4.4.3   Tausch von Leistungen und gesellschaftlicher
              Leistungsbereich 490
      4.4.4   Die Ausdifferenzierung von Lebensführung aus dem
              gesellschaftlichen Leistungsbereich 493
              4.4.4.1   Erfolgsmedien als Organisationsmittel moderner
                        Gesellschaften 493
              4.4.4.2   Erst das Geldmedium bietet Ansatzpunkte für
                        die Ausdifferenzierung von Lebensführung aus
                        dem gesellschaftlichen Leistungsbereich 497
      4.4.5   Zur sozialen Konstruktion des gesellschaftlichen
              Leistungsbereichs in modernen Gesellschaften 504

Literatur 511

Einleitung

(a) Kann die moderne Gesellschaft noch als Fortschrittsprojekt begriffen werden?

Nahezu alle Beschreibungs- und Erklärungsversuche moderner Gesellschaften laufen darauf hinaus, dass die Menschheit nun ‚das Ende der Fahnenstange' erreicht habe. Allein der Marxismus verschiebt das Modell einer optimalen Gesellschaft in die Zukunft.

Welches Differenzierungsmuster sollte auch leistungsfähiger sein als funktionale Differenzierung? Welche Alternativen zur Steigerung der gesellschaftlichen Chancengleichheit jenseits der Bildungsexpansion sind noch denkbar? Wie sollte die politische Teilhabe über die moderne Massendemokratie hinaus noch weiter gesteigert werden können? Welches Funktionssystem könnte den Weg in die Wissensgesellschaft noch stärker forcieren als das moderne Wissenschaftssystem?

Man könnte das Bild, das die Soziologen von der modernen Gesellschaft gezeichnet haben, in nahezu unendlich viele solcher Fragen übersetzen, die alle demonstrieren, dass die moderne Gesellschaft scheinbar ohne Alternative ist (als grundsätzliche These vgl. Fukuyama 1992).

Für einen *vollständig neuen Blick auf die moderne Gesellschaft* hat seit den 1990er Jahren jedoch die zunächst merkwürdig klingende These gesorgt, dass *der Siegeszug der Moderne die moderne Gesellschaft selbst grundlegend verändert habe, weil der Moderne die Kontrastfolie des Unmodernen abhanden gekommen ist.*

Dazu muss man wissen, dass ‚modern' beziehungsweise ‚Moderne' seit jeher als eine Unterscheidung benutzt wurde zwischen jenen, die auf der Höhe der Zeit sind und den Übrigen, deren Auffassungen dahinter zurückgeblieben sind (vgl. auch KM: 17): Traditionalisten, Hinterwäldler, bedauernswerte Figuren wie Don Quichote, die das unwiderrufliche Ende des ritterlichen Zweikampfes nicht mitbekommen haben. Auf dieser gedanklichen Linie hat sich auch das soziologische Verständnis moderner Gesellschaften entwickelt. Es wird von Beobachtungen und Rekonstruktionen geleitet, die mit Enttraditionalisierung, Individualisierung, Rationalisierung und neuen systematischeren Methoden der Naturbeherrschung (vgl. van der Loo/ van Reijen 1992) zu tun haben. *Der Begriff der Moderne zehrt also davon, dass wir Modernes von Nichtmodernem oder von Vormodernem unterscheiden können.*

Wenn die neueren Modernisierungstheoretiker Recht haben und die moderne Gesellschaft nicht nur alternativlos ist, sondern sich auch allumfassend durchgesetzt hat, dann hat dieser Siegeszug einen hohen intellektuellen Preis gekostet. In dem Maße, wie sich die Moderne gegenüber allen vormodernen Strukturen durchgesetzt und alles Vormoderne transformiert und in sich aufgesaugt hat, wird die ‚Moderne' nämlich immer konturloser. Sie mutiert von einer Kampfformel, von einem Fortschrittsprogramm zu einer nichtssagenden Leerformel. Das hat zur Folge, dass die moderne Gesellschaft nicht mehr als fortschrittlich begriffen werden kann. Dann aber können nur noch die *Schattenseiten und die Details des selbstgemachten Fortschritts,* vor allem die mit ihm zwangsläufig verbundenen Risiken, zum beherrschenden Thema werden.

So galt beispielsweise die Atomenergie in den 1950er und 1960er Jahren als besonders fortschrittlich, weil sie mit traditionellen Formen der Energiegewinnung verglichen wurde. Heute vergleichen wir sie mit anderen ebenso hoch entwickelten Techniken der Energiegewinnung und können daher nur noch nüchtern Vorteile und Risiken abwägen.

Wenn diese Überlegung zutrifft, dann verändert gerade der Siegeszug der Moderne die moderne Gesellschaft grundlegend. Sie tritt nun, gerade weil sie alternativlos ist, in eine neue Epoche ein, für die eine Reihe von Begriffen, insbesondere Risikogesellschaft (Beck), radikalisierte Moderne (Giddens), reflexive Modernisierung (Beck/ Giddens/ Lash 1996), liquid modernity (Bauman) geprägt wurden.

(b)   Gegenwartsdiagnosen sind ‚in'

Autoren wie z. B. Ulrich Beck, Richard Sennett oder auch Zygmunt Bauman, die diese Art von Begriffen kreiert haben, verstehen sich nicht nur als reine Sozialwissenschaftler sondern vor allem auch als in der Öffentlichkeit präsente und Einfluss auf die öffentliche Meinung ausübende Intellektuelle. Um auf Resonanz in den Massenmedien zu stoßen, legen sie möglichst allgemein verständliche Zeit- oder Gegenwartsdiagnosen vor. Soziologische Zeitdiagnosen vertrauen dem Augenblick und der Intuition. Sie setzen darauf, dass sich in der Gegenwart möglichst epochale Zäsuren ausfindig machen lassen, die der Leser am eigenen Leibe erfährt und daher intuitiv nachvollziehen kann. Dabei vertrauen die Autoren auf ihr Fingerspitzengefühl, um auch ohne umfangreiche und nur für Insider verständliche theoretische Bezüge den adäquaten begrifflichen Schlüssel zu finden.

Nur Giddens weicht von diesem Trend insofern ab, als er sich vor allem in seinen Publikationen der 90er Jahre um eine theoretische Fundierung dieses neuartigen Beobachtungsstandpunktes der modernen Gesellschaften bemüht hat (vgl. v. a. Giddens 1988). Für seine neueren Publikationen gilt dagegen, dass er zunehmend mit themenspezifischen Zeitdiagnosen arbeitet. Dabei gibt er allerdings einer durch ein theoretisch begründetes Modell der modernen Gesellschaft unterfütterten Zeitdiagnose den Vorzug.

Soziologische Zeitdiagnosen wollen allerdings nicht einfach nur der Gegenwart auf den Zahn fühlen. Ihr Anliegen ist vielmehr, dass sie an den Leser *appellieren*. Dieser appellative Aspekt vor allem für Beck kennzeichnend. Dabei macht er auch auf neue emanzipatorische Möglichkeiten aufmerksam. So zeigt er etwa, dass mit der Individualisierung nicht nur die Risiken sondern auch die Chancen für ein selbstbestimmtes Leben wachsen (Beck 1986; Teil 2). Bauman und Giddens profilieren sich dagegen stärker als Diagnostiker, die aber ihre Leser auch emotional ansprechen. Bauman möchte ihnen die moralische Verkommenheit des Kapitalismus demonstrieren, wenn er beispielsweise Exklusion als Müllproblem gesellschaftlicher Ordnung erfasst (Bauman 2005). Giddens will im Leser dagegen den politischen Menschen wecken, indem er zeigt, dass die Zukunft gestaltbar ist (insbesondere Giddens 1997).

Zeitdiagnosen laufen zumindest perspektivisch auf *Epochenunterscheidungen* hinaus, die sich gerade in unserer Gegenwart ereignen und in eine andere Zukunft führen. Sie können entweder mit einem Appell an den Leser verknüpft werden oder einfach nur konstatiert werden, weil der Diagnose ein definitiver oder schicksalhafter Charakter zugeschrieben wird. Im Idealfall, den etwa Beck mit der Unterscheidung zwischen ‚klassischen Industriemoderne' und der ‚Risikogesellschaft' (Beck 1986; vgl. Brock 1991a), oder auch Rosa (2005) mit der Unterscheidung zwischen klassischer Moderne und Spätmoderne erreichen, gehen beide Elemente eine Synthese miteinander ein. So ist Rosas Unterscheidung ist insofern appellativ, als er dem Leser klar zu machen versucht, dass von nun an weitere Beschleunigung weder die gesellschaftlichen noch die individuellen Anpassungsprobleme lösen kann. Daher könne man nur gegen weitere Beschleunigung opponieren. Dieser Appell richtet sich sowohl an die berufliche und private Lebensführung jedes Lesers wie auch an sein politisches Denken, Handeln und, wenn man so will, auch an sein Fühlen.

(c)   Radikalisierte Moderne

Die Gegenwartsdiagnosen der Nachkriegsära bedienten ein Publikum, das weniger an der Theorie moderner Gesellschaften interessiert war als an tatsächlichen oder vermeintlichen Gegenwarts*problemen*. Insofern war die vielgelesene Gegenwarts-diagnose ‚The Lonely Crowd' (deutsch: Die einsame Masse) der Arbeitsgruppe um David Riesman für diese Ära besonders charakteristisch. Sie bediente mit sensiblen Beobachtungen des Alltagslebens das damals weit verbreitete Ressentiment gegen Vermassung und Anonymität, indem sie den Leser an der Beobachtung von bedau-erlichen aber durchaus verstehbaren Kreaturen vom Schlage eines ‚inside dopester', eines bloßen Sammlers von politischen Meinungen, teilhaben ließ (Riesman u. a. 1950/1958).

Von diesen begrenzten Ansprüchen der Gegenwartsdiagnostiker verabschie-dete sich 1986 Ulrich Beck mit der ‚Risikogesellschaft'. Dieser Titel benannte eine neue Epoche, in die die modernen Gesellschaften gerade hineinschlittern würden. Wenn diese provokante These zutreffen sollte, dann wären nicht nur die bisherigen modernen Gesellschaften unmodern geworden, weil sie eben nicht mehr die am weitesten fortgeschrittene Gesellschaftsform repräsentieren. Auch die bisherigen Theoretiker der modernen Gesellschaft, im Grunde alle Klassiker der Soziologie, wären damit überholt! Denn sie haben ja mit unterschiedlichen begrifflichen Mitteln eine nun der Vergangenheit überantwortete, nur halbmoderne Gesellschaftsform beschrieben. Erst die Gegenwart kennt eine ‚radikalisierte Moderne' (Giddens), die alles Vormoderne komplett verdampfen lässt[1]. *Genau diese zweifache, sowohl gegenwartsanalytische wie modernisierungstheoretische, Kampfansage charakterisiert jene Gruppe von Gesellschaftsanalytikern, um die es in diesem Buch geht.* Schon um der Monotonie etwas entgegenzuwirken werden wir von ‚neueren Moderni-sierungstheoretikern' oder der ‚neueren Modernisierungstheorie' oder auch dem ‚neueren Modernisierungsdiskurs' sprechen.

Neben Ulrich Beck zähle ich vor allem Hartmut Rosa, Zygmunt Bauman, und Anthony Giddens zu den neueren Modernisierungstheoretikern. Autoren wie Richard Sennett haben dagegen eher Gegenwartsdiagnosen mit begrenzterem Anspruch vorgelegt, die jedoch in der Sache Positionen dieser Autoren bestätigen und ergänzen. Insofern werden auch sie einbezogen. Niklas Luhmann ordne ich dagegen den Klassikern zu (zur Begründung vgl. Brock 2011: 114; sein Beitrag zum Thema moderne Gesellschaften wurde bereits analysiert; ebd.: 114 -160).

---

1   Insofern ist radikalisierte Moderne wohl der treffendste Begriff. Deswegen wurde er auch als Buchtitel gewählt.

(d) Der neuere Modernisierungsdiskurs auf dem fachwissenschaftlichen Prüfstand

In diesem Buch geht es ausschließlich darum, herauszufinden wie viel soziologische Substanz in den Gegenwartsdiagnosen der neueren Modernisierungstheoretiker steckt. Dabei stehen zwei Fragen im Vordergrund:

• Halten die behaupteten Epochenunterscheidungen der Kritik Stand?
• Wurde die Theorie moderner Gesellschaften weiterentwickelt? Wenn ja, in welcher Hinsicht?

Um auf diese beiden Leitfragen eine schlüssige Antwort zu finden, ist es wenig hilfreich, sich auf eine reine Nacherzählung der Veröffentlichungen der oben genannten Autoren zu konzentrieren. Sie hätte allein den Effekt, dass sie dem bequemen Leser erspart, sich durch Berge von Publikationen zu quälen. Dieser Text zielt dagegen auf den kritischen Leser und auf den fachwissenschaftlichen Anspruch. Um diese Zielsetzung einzulösen ist ein selektiveres Vorgehen erforderlich, das aus der Fülle der Veröffentlichungen die entscheidenden begrifflichen und konzeptionellen Weichenstellungen heraus präpariert und sie einer eingehenden, an den beiden obigen Leitfragen orientierten Kritik unterzieht.

Dabei ist zu beachten, dass beide Leitfragen unabhängig voneinander beantwortet werden müssen. Warum das so ist, erschließt sich über einen kurzen Blick auf die empirische Sozialforschung. Zu ihren Grundlagen gehört auch die Forderung, dass man soziale Veränderungen nur dann empirisch belegen kann, wenn man mit ein und demselben Instrument zu unterschiedlichen Zeitpunkten eine Erhebung durchführt (vgl. zum Beispiel Allerbeck/Hoag 1985; oder Jagodzinsky 1985). Auch wenn man hier sicherlich viele kritische Detailfragen aufwerfen kann[2], ist das Grundprinzip einleuchtend: man benötigt immer eine klare Vergleichsbasis, kann also nur Äpfel mit Äpfeln und Birnen mit Birnen vergleichen.

Für eine neuere Modernisierungstheorie, die ihren Beobachtungsstandpunkt gewechselt hat, muss man daher fordern, dass sie die neue Beobachtungsperspektive nicht nur auf die Gegenwart, sondern genauso auf die Vergangenheit richtet, wenn Epochenunterscheidungen intersubjektiv nachvollziehbar gemacht werden sollen. Umgekehrt könnte es genauso ertragreich sein, mit dem Instrumentarium der klassischen Modernisierungstheorie die Gegenwart auf Veränderungen hin zu durchleuchten. Aus diesem Grund ist man gezwungen *streng zwischen theoretischer Innovation,* die neue Erklärungsmöglichkeiten unabhängig von zeitlichen Festle-

---

2 Zum Beispiel: Wird eine vor 50 Jahren gestellte Frage heute immer noch genau so verstanden?

gungen eröffnet, *und sozialhistorisch vergleichenden Aussagen zu unterscheiden,* die es erfordern, dass die verglichenen Phasen von einem *unveränderten* Beobachtungsstandpunkt aus erfasst werden.

Darüber hinaus zeigt dieses Problem eine zentrale Schwierigkeit auf. Da die neueren Modernisierungstheoretiker überwiegend Gegenwartsdiagnosen vorgelegt haben, bedürfen ihre Analysen ständig der Ergänzung. Wenn man Zäsuren oder Epochenunterscheidungen diskutieren möchte, dann muss man den meist fehlenden sozialhistorischen Vergleich mit den sozialen Verhältnissen in der klassischen Moderne oder auch der Frühmoderne ergänzen. Wenn man dagegen die heuristische Fruchtbarkeit von begrifflichen und konzeptionellen Zugängen überprüfen möchte, dann muss man ebenso die sozialhistorische Reichweite austesten, um die heuristische Fruchtbarkeit für moderne Gesellschaften insgesamt beurteilen zu können. Ich habe solche Vergleiche nur in Form skizzenhafter Exkurse ausgeführt und verweise zum Teil auch nur auf einschlägige sozialhistorische Darstellungen im ersten Band ‚Klassische Moderne' (Brock 2011; im weiteren Text immer nur mit KM und Seitenzahl zitiert), da ansonsten der Textumfang in einen absolut leserfeindlichen Bereich abgedriftet wäre.

(e)   Gliederung

Der Text gliedert sich in vier Kapitel, deren Reihenfolge den Arbeitsprozess wiedergibt.

1. Da jede Erarbeitung eines Forschungsstandes immer auch von Vorentscheidungen des Autors geprägt wird, habe ich im ersten Kapitel versucht, diese Prämissen, soweit sie mir bewusst sind, auszuweisen.
2. Daher beginnt die Aufarbeitung des Forschungsstands erst im zweiten Kapitel. Hier werden die wichtigsten soziologischen Beiträge zum Verständnis der Gesamtstruktur (= Makroebene) gegenwärtiger moderner Gesellschaften gesichtet und einer eingehenden Diskussion unterzogen. Am Ende des Kapitels wird eine Bilanz gezogen, die sowohl die Stichhaltigkeit von Epochenunterscheidungen wie auch die Beiträge und Anregungen zur Weiterentwicklung der Theorie moderner Gesellschaften umfasst.
3. Im dritten Kapitel werden dann unter dem Stichwort Lebensführung die Beiträge zur Mikroanalyse moderner Gesellschaften gesichtet. Dieses Kapitel ist gewissermaßen das zweite Standbein für die Theorie moderner Gesellschaften. Es wird daher ebenfalls wieder mit einer Bilanz sowohl zu Epochenunterscheidungen wie zu theoretischen Beiträge und Anregungen abgeschlossen.

4. Im Schlusskapitel werden die Ergebnisse zu einer Gesamtbilanz des Forschungsstands zusammengefasst, die von der Diskussion der neueren Modernisierungstheoretiker ein Stück weit abstrahiert. Sowohl für die Frage nach Diskontinuitäten innerhalb der Moderne wie auch für die Theorie moderner Gesellschaften
werden Möglichkeiten für eine weitere Konsolidierung des soziologischen
Wissensstands ausgelotet.

(f)   Lesewege durch das Buch

Der *eilige Leser* kann sich einen schnellen Überblick über das Buch verschaffen, wenn
er von hinten nach vorn liest, also mit dem vierten Kapitel beginnt. Man kann aber
auch bei jedem Abschnitt (= 2 stellige Gliederung; Abschnitte sind z. B. 2.2 oder
3.5) zunächst die kurze Zusammenfassung am Ende lesen und dann entscheiden,
ob man den gesamten Abschnitt lesen möchte.

Der *gründliche Leser* wird dagegen nicht nur das gesamte Buch von vorn nach
hinten lesen (evtl. zunächst Kapitel 4). Für ihn sind auch die häufigen Verweise
gedacht. Einmal wird auf den Band 'Klassische Moderne' (immer in Kurzform: KM
plus Seitenzahl; z. B. KM: 37f.) verwiesen, der sowohl das Denken der soziologischen
Klassiker zum Thema einschließlich daran anschließender Debatten aufbereitet
wie auch das soziologisch Relevante an der Sozialgeschichte der Frühmoderne wie
der Industrialisierung präsentiert (Brock 2011). Ebenso wird auf den gesondert
abgehandelten Themenbereich Globalisierung verwiesen (ebenfalls in Kurzform:
Globalisierung plus Seitenzahl; vgl. Brock 2008). Alle drei Bände zusammen decken
– abgesehen vom internationalen Sozialstrukturvergleich – das Thema moderne
Gesellschaften umfassend ab. Weiterhin werden noch Stichworte angegeben, die
man ggfs. selbst im Internet recherchieren kann.

'*Ideensucher*' können vor allem in den jeweils letzten Abschnitten der Kapitel
2-4 (also 2.6, 2.7, 3.8, 4.3, 4.4) fündig werden, in denen immer eine konzeptionelle
wie eine zeitdiagnostische Bilanz gezogen wird.

Der *punktuell interessierte Leser* kann das Buch zum Nachschlagen verwenden.
Es wurde darauf geachtet, dass jeder Abschnitt (2-stellige Gliederung; z. B. 2.3 oder
4.4) aus sich heraus verständlich ist. Dafür muss neben zahlreichen Verweisen
allerdings eine gewisse Redundanz in Kauf genommen werden.

Für konstruktive Kritik und hilfreiche Ratschläge danke ich Greta Brock, Mat-
thias Junge, Jörg Hess, Caroline Morgenstern und Christian Papsdorf.

Theoretische Grundlagen 1

1.0 Einleitung

In diesem Buch soll untersucht werden, welchen Beitrag die neueren Modernisierungstheoretiker zum Forschungs- und Wissensstand der Soziologie moderner
Gesellschaften geleistet haben. Derartige Darstellungen kommen bedauerlicher-
weise nicht ohne Voraussetzungen aus. Vorausgesetzt wird zunächst einmal der
vor den neueren Modernisierungstheoretikern bereits *bestehende Wissensstand*.
Er wurde in dem Band ‚Die klassische Moderne. Moderne Gesellschaften erste
Band‘ präsentiert. In diesem Band wurden sowohl die wichtigsten Begriffskonzepte
und Thesen der soziologischen Klassiker (einschließlich Luhmann) zum Thema
(Kapitel 2: 29-164), daran anknüpfende Debatten und thematische Ergänzungen
(Kapitel 3: 165-220) sowie die wichtigsten sozialhistorischen Entwicklungen in der
Frühmoderne (Kapitel 4: 221- 270) und der Industriemoderne (Kapitel 5: 271-370)
präsentiert und diskutiert. Der Forschungsstand zum Thema Globalisierung wurde
in einer gesonderten Veröffentlichung aufgearbeitet (Brock 2008). Er bleibt daher
in diesem Band – soweit irgend möglich – ausgeklammert.

In diesem ersten Kapitel sollen darüber hinaus einige weitere begriffliche und
theoretische Prämissen erläutert werden, von denen ich mich bei der Aufarbeitung
der Beiträge der neueren Modernisierungstheoretiker habe leiten lassen. Eine
voraussetzungsfreie Aufarbeitung wäre zwar wünschenswert, ist aber wohl nie
erreichbar. Daher kann man nur versuchen, dem Leser über die eigenen Prämissen Rechenschaft zu geben. Das erleichtert ihm eine Einschätzung der ‚Blindheit‘,
‚Einäugigkeit‘ und ‚Voreingenommenheit‘ des Autors.

Im *ersten Abschnitt* wird zunächst eine Einschätzung erkenntnistheoretischer
Grundlagen präsentiert. Sie läuft darauf hinaus, dass für die Soziologie moderner
Gesellschaften keine Sonderbedingungen reklamiert werden können, an denen
ein fachwissenschaftlicher Anspruch auf Wissensakkumulation scheitern müsste.
Weiterhin werden Erklärungen gesucht, warum sich gerade auf diesem Themenfeld

ein offensiv vertretener Theorienpluralismus breit gemacht hat, der genau diese
Möglichkeit bestreitet und auf der Relativität aller Ansätze besteht.

Wenn man Wissensakkumulation auf dem Feld moderner Gesellschaften für
möglich und praktikabel hält, dann bietet es sich an, in drei Richtungen nach
Fundamenten zu suchen, auf die man aufbauen kann (*zweiter Abschnitt*). Aus ei-
ner Perspektive des ‚theoretischen Kosmopolitismus‘ stößt man erstens in sozialer
Hinsicht auch unter den Bedingungen des Theorienpluralismus auf konsensfähige
Theoriebausteine. Wie bereits Parsons (1937/ 1968) gezeigt hat, können sie auch in
Form gemeinsamer Annahmen oder Aussagen bestehen, die in unterschiedlichen
Begriffen und theoretischen Zugängen enthalten sind (Stichwort: Konvergenzthese;
vgl. auch Habermas 1981; Giddens 1988). Zweitens kann man in sachlicher Hinsicht
nach objektivierbaren, weil real existierenden Grundlagen suchen. Daher bietet es
sich an zu fragen, über welche Praktiken das soziale Miteinander von den Akteuren
hergestellt wird. Drittens bauen gegenwärtige soziale Strukturen auf historischen
Vorgängern auf. Daher macht es in zeitlicher Hinsicht Sinn, die historische Genese
sozialer Strukturen zu analysieren (historische Soziologie in systematischer Absicht).

In sozialer wie in zeitlicher Hinsicht erfüllt die Theorie funktionaler Differenzierung diese Anforderungen weitgehend. Daher wird sie als Grundlage für die
Aufarbeitung des Forschungsstands unterstellt. Allerdings muss in sachlicher
Hinsicht nachgearbeitet werden. Deswegen wird untersucht, welche grundlegenden
Merkmale der Symbolsprache zur Ordnung sozialer Zusammenhänge verwendet
werden. Dabei wird im *dritten Abschnitt* deutlich, dass die in der Symbolsprache
enthaltene Vollständigkeitsannahme auf die sozialen Zusammenhänge übertra-
gen wurde (Begriff der Sozialwelt). Weiterhin erfordert die korrekte Verwendung
vieler Begriffe eine dem Begriffskonzept entsprechende Selbstdisziplinierung der
Sprechakteure (Zwang zum reentry). Schließlich (*vierter Abschnitt*) erlaubt die
Sprachpraxis thematische Fokussierungen (Rahmung; lose Kopplung), die die
Grundlage jeglicher Form von Spezialisierung und Entwicklung bilden.

Im *fünften Abschnitt* wird gezeigt, dass der Spezialfall expliziter Rahmung der
Kommunikation die soziale Grundlage für die Herstellung von Formen der Ar-
beits- und Aufgabenteilung bildet. Damit ist die Skizze der sachlichen Dimension
von Differenzierung abgeschlossen.

In den beiden folgenden Abschnitten wird untersucht, ob ein differenzierungstheoretischer Zugang das gesamte Spektrum des sozialen Miteinanders abdecken
kann. Dabei wird im *sechsten Abschnitt* deutlich, dass mit den Mustern segmentärer,
stratifikatorischer und funktionaler Differenzierung jeweils spezifische Grenzen
einer über Differenzierung laufenden Sozialorganisation gezogen werden. Daran
anknüpfend wird dann im *siebten Abschnitt* ein neben sozialer Differenzierung

bestehender zweiter Entwicklungspfad skizziert und mit dem Begriff Lebensführung markiert.

Im *achten und letzten Abschnitt* wird schließlich eine nicht nur im soziologischen Verständnis sondern auch bei den Akteuren in der Frühmoderne ganz real bestehende Unklarheit des Übergangs von stratifikatorischer auf funktionale Differenzierung besprochen: in welcher Weise hat sich die Herstellung sozialer Ordnung verändert? Während vormoderne Ordnungen dem Muster von Institutionen folgen, erschließen sich für moderne Gesellschaften charakteristische Ordnungspraktiken erst über die soziologische Medientheorie, insbesondere über das Konzept der Erfolgsmedien.

1.1 Was können wir über die sozialen Grundlagen gegenwärtiger Gesellschaften überhaupt in Erfahrung bringen?

Die Debatten über erkenntnistheoretische Sonderbedingungen der Sozialwissenschaften und ihre Auswirkungen auf die neuere Modernisierungstheorie

1.1.1 Vorbemerkung

In der Einleitung wurde bereits erläutert, warum dieses Buch nicht das übliche Ziel verfolgt, Positionen der neueren Modernisierungstheorie zu referieren. Es soll vielmehr untersucht werden, ob und inwieweit die wichtigsten Vertreter der neueren Modernisierungstheorie zum Thema moderne Gesellschaften substanzielle konzeptionelle Beiträge geleistet haben.

Wenn man unterstellt, dass die Soziologie eine Fachwissenschaft ist, die den Anspruch hat, einen bestimmten Gegenstandsbereich systematisch und immanent (Stichwort: Soziales durch Soziales erklären; Durkheim) zu erklären, dann bedarf diese Zielsetzung eigentlich keiner Begründung. Aus einer fachwissenschaftlichen Perspektive ist es selbstverständlich, dass man die konzeptionellen Grundlagen des Forschungsstands genau unter die Lupe nehmen muss, um weiter zu kommen.

Damit keine Missverständnisse aufkommen: das ist auch in der Soziologie üblich, insoweit es um begrenzte Themen (wie z. B. Sozialkapital) und um abgegrenzte Teilgebiete (z. B. Familiensoziologie) geht. Nur im grundlagentheoretischen Bereich, zu dem eben auch die Soziologie moderner Gesellschaften gehört, ist diese Vorgehensweise unüblich geworden. Sie ist hier soweit diskreditiert, dass sich jeder,

der sich an einer fachwissenschaftlichen Vorgehensweise orientiert, sofort dem
Verdacht der Naivität aussetzt. Deswegen muss ich hier zumindest auf die m. E.
wichtigsten Einwände eingehen.

1.1.2 Expliziter Theorienpluralismus und das Desinteresse an einer Auseinandersetzung mit der Theorie funktionaler Differenzierung

Sieht man einmal von Simmel ab, dann hat sich die klassische Modernisierungstheorie vor allem für die institutionellen Grundlagen moderner Gesellschaften
interessiert und sie deswegen unter differenzierungstheoretischen Blickwinkeln
beobachtet. Dagegen haben, wie wir (im Abschnitt 2.3) noch zeigen werden, die
wichtigsten Theoretiker der zweiten Moderne (Beck, Giddens, Bauman) sich ihr
Verständnis der modernen Gesellschaft über eine Auseinandersetzung mit klassentheoretischen Positionen und einer als Klassenstruktur identifizierten Sozialstruktur erarbeitet[3]. Das hat dann konsequenterweise dazu geführt, dass sie Aspekte
der Lebensführung und der Alltagspraxis in den Vordergrund gerückt haben und
eher von dort aus dann auch zu Aussagen über die institutionelle Gesamtstruktur
der modernen Gesellschaft und ihre strukturellen Grundlagen gekommen sind.

Für den mit dem sogenannten Theorienpluralismus weniger vertrauten Leser
dürfte es überraschend sein, dass sich die neuere Modernisierungstheorie so gut
wie gar nicht mit dem differenzierungstheoretischen Blickwinkel der klassischen
Modernisierungstheorie auseinandergesetzt hat. Es wurde auch keineswegs versucht,
die Theorie funktionaler Differenzierung zu widerlegen. Vielmehr stoßen wir an
vielen Stellen auf Rückgriffe und Anwendungen differenzierungstheoretischer
Argumentationen, die aber auf einer Art Subtextebene bleiben. Wenn man einmal
Giddens wiederholt publizierte Kritik am funktionalistischen Denken (Giddens
1982; 1988: 347ff.) ausblendet, die auch eine Kritik an der heuristischen Fruchtbarkeit
des differenzierungstheoretischen Blickwinkels mit einschließt, dann kann man
nur vermuten, dass der weitgehenden Nichtbeachtung der Theorie funktionaler
Differenzierung die Einschätzung zugrunde liegt, dass ihre heuristische Fruchtbarkeit eng begrenzt sei.

Dann stellt sich aber die Frage, wieso keiner dieser Theoretiker den Versuch
unternommen hat, eine umfassende, die Differenzierungstheorie in sich einschlie-
ßende und sie damit eben auch explizit relativierende Gesamttheorie der modernen

---

3   Dagegen ist Hartmut Rosa der Zeitsoziologie verpflichtet und knüpft an das Programm
     der kritischen Theorie an.

Gesellschaft vorzulegen. Wenn die Soziologie eine Fachwissenschaft ist, die die Gesellschaft und das soziale Zusammenleben in ähnlicher Weise zu erklären sucht wie andere Fachwissenschaften ihre Gegenstandsbereiche, dann wäre genau dies nach dem gängigen Verständnis moderner Wissenschaft zu fordern.

Den Hauptgrund für ausgebliebene Synthesen sehe ich in dem in der Soziologie *explizit* praktizierten Theorienpluralismus. Mit dieser Formulierung unterscheide ich zwischen einem impliziten und einem expliziten Theorienpluralismus. Von einem impliziten Theorienpluralismus kann man immer dann sprechen, wenn in einer Fachwissenschaft konkurrierende Erklärungen ein und desselben Sachverhaltes vorliegen, für die noch keine integrative Theorie gefunden worden ist, obwohl man eine solche anstrebt und nach ihr sucht. Beispiele für einen solchen impliziten Theorienpluralismus sind zum Beispiel die konkurrierenden Lerntheorien in der Psychologie. Dagegen liegt dann ein expliziter Theorienpluralismus vor, wenn eine solche Synthese nicht angestrebt wird, weil sie entweder für unmöglich oder für unnötig gehalten wird. Genau dies ist in der Sozialtheorie der Fall.

1.1.3 Die Hermeneutik-Debatte und der Begriff ,totale Ideologie' bei Karl Mannheim

Wenn man eine solche Entwicklung zu einem expliziten Theorienpluralismus verstehen möchte, dann spielen sicherlich mehrere Einflüsse eine Rolle. Zunächst einmal ist die Grundlagenorientierung innerhalb der Soziologie traditionellerweise schwach ausgeprägt. Dagegen wurde die Bedeutung der praktischen Anwendung sowohl im Sinne einer Sozialtechnologie wie auch im Sinne revolutionärer Veränderungen seit der Gründung der Soziologie immer wieder betont (vgl. z. B. Korte 1992: 10ff.). Aus dieser Perspektive wäre eine Gesamterklärung des soziologischen Gegenstandsbereichs schlicht unnütz. Theoretische Zweifel an der Möglichkeit einer solchen Gesamttheorie haben dann sowohl die im 19. Jahrhundert geführte Debatte um die Hermeneutik, die Unterscheidung zwischen Natur- und Geisteswissenschaften wie auch die insbesondere durch Karl Mannheim geprägte Debatte über ein zwangsläufig ideologisch geprägtes Gesellschaftsverständnis gesät.

In der *Hermeneutik-Debatte* wurde als Hinderungsgrund für einen mit den Naturwissenschaften vergleichbaren Anspruch auf wissenschaftliche Objektivität das Problem benannt, dass das erkennende Subjekt zugleich Erkenntnisobjekt sei, die klassische Trennung zwischen Subjekt und Objekt in den Geistes- und Sozialwissenschaften also nicht gegeben sei (vgl. v. a. Dilthey 1883; 1910). In der *Debatte um den ,totalen Ideologiebegriff* (Mannheim) wurde dagegen die Position entwickelt und popularisiert, dass auch theoretische Aussagen über die Gesellschaft unvermeidlich ideologiebehaftet seien, solange der Wissenschaftler selbst Teil einer durch Klassen und ideologische Klassenstandpunkte geprägten Gesellschaft sei[4]. Allenfalls die ‚freischwebende Intelligenz' könne die aufgrund der Seinsgebundenheit des Denkens zwangsläufig partikularen Standpunkte überwinden (Mannheim 1929/ 1952). Beide Argumentationen sind aus heutiger Sicht kaum haltbar. Die in der *Hermeneutik-Debatte* als Voraussetzung für objektive Erkenntnis postulierte Trennung zwischen Erkenntnissubjekt und Objektbereich ist ziemlich ‚unhermeneutisch', weil wir auch andere Lebewesen oder tote Materie immer nur mithilfe des menschlichen Geistes und von uns gebildeter Begriffe wahrnehmen können (Heisenberg 1978: 66). Das ist nicht nur ein theoretisches Argument, sondern hat sich etwa im Bereich einer mit naturwissenschaftlichen Methoden operierenden Kognitionswissenschaft, die beispielsweise nach ‚Bewusstsein' oder ‚Moral' bei anderen Lebewesen sucht, als ein durchaus praktisches Problem erwiesen (Perler/ Wild 2005). Auch mit wissenschaftlichen Methoden entwickeltes Wissen bleibt daher *immer* gattungsspezifisches, also auch seinsgebundenes Wissen.

Die *Debatte um den totalen Ideologiebegriff* wurde zu einer Zeit geführt, in der man das gesellschaftliche Bewusstsein noch tatsächlich als Frage nach der vertretenen Ideologie operationalisieren und sie in direkten Zusammenhang mit der ‚gesellschaftlichen Verortung' der jeweiligen Person bringen konnte[5]. Für die Gegenwart wird nicht nur in der Wahlforschung und der Politikwissenschaft von einem Ende fester ideologischer Bindungen gesprochen. Auch theoretische Analysen zeigen, dass ideologische Standpunkte in ganz ähnlicher Weise wie religiöse Glaubensüberzeugungen oder Lebensstile intellektuell verfügbar werden. Eine der in dieser Hinsicht instruktivsten Analysen hat Anthony Giddens zur ‚experimentellen' alltäglichen Lebensführung gegeben (Giddens 1994: 122ff.). Da mir keine Gründe bekannt sind, warum man Soziologen oder Sozialtheoretiker von solchen Überlegungen ausnehmen müsste, kann man daraus nur folgern, dass es auch Sozialtheoretikern möglich sein müsste, in einer experimentellen Einstellung unterschiedliche „ideologische" Perspektiven und Standpunkte nacheinander einzunehmen und sie gedanklich miteinander in Beziehung zu setzen.

Aus diesen älteren Debatten lassen sich also keine stichhaltigen Argumente für die These einer Unmöglichkeit sozialtheoretischer Verallgemeinerungen gewinnen.

---

4   Auch wenn diese Formulierung marxistisch klingt, unterstellt Mannheim eine Gesellschaftsdifferenzierung in soziale Klassen im Sinne von Max Weber (vgl. Kreckel 1992: 125ff.)

5   Ein aus heutiger Sicht instruktiver Text für diese Sichtweise ist Popitz u. a. 1957: 184ff.

1.1.4   Das postmoderne Wissen

An dieser Stelle wird aber noch eine dritte, in den letzten Jahrzehnten geführte Debatte relevant, die gerade die Theoretiker der zweiten Moderne nachhaltig geprägt hat: die von der Philosophie ausgehende Debatte um die Postmoderne. Da sie für das Verständnis der Beiträge der neueren Modernisierungstheoretiker besonders wichtig ist, gehe ich auf sie etwas ausführlicher ein (vgl. hierzu auch: Habermas 1985; 1988; Welsch 1987; Dews 1987; Eifler/ Saame 1990).

Als Schlüsseltext der Debatte zur Postmoderne gilt Lyotards Text „La condition postmoderne" (1979; deutsch: 1986). Hierbei handelt es sich um eine Auftragsarbeit, die die Grundlagen theoretischen Wissens klären sollte. Lyotard unterscheidet zwischen narrativem und szientifischem Wissen. Narratives Wissen ist jenes Wissen, das über Erzählungen weiter gegeben wird. Anders als das szientifische Wissen bedürfe es keiner Legitimation. Im Zentrum von Lyotards Untersuchung steht daher die Frage, wie szientifisches Wissen legitimiert werden könne. Hierzu konstruiert der Autor zwei mögliche Legitimationserzählungen: eine politisch-staatliche mit dem Ziel der praktischen Emanzipation, also der klassische Aufklärungsdiskurs, und eine philosophisch-spekulative Legitimationserzählung, die am deutschen Idealismus, insbesondere an Hegel festgemacht wird.

Das wenig überraschende Ergebnis ist nun, dass beide Legitimationserzählungen nicht haltbar sind. Die klassische Legitimationserzählung der Aufklärung klammere einmal ästhetische und praktisch-moralische Fragen aus. Vor allem aber könne sie die Verbindlichkeit ihrer eigenen Regeln nicht herleiten, sondern nur postulieren. Dagegen scheitere die philosophisch-spekulative Legitimationserzählung daran, dass sie zumindest in der Gegenwart als nur eine Interpretation unter vielen anderen Möglichkeiten durchschaut werden könne. Damit sei das Projekt der Moderne gescheitert und die großen Erzählungen müssten aufgegeben werden.

Nach dem Projekt der Moderne könne es nur eine Vielzahl und eine Vielfalt von Diskursen geben, die eben die neue Ära der Postmoderne charakterisierten. Unter ‚Diskursen' versteht Lyotard, in Anlehnung an den von Wittgenstein (Wittgenstein 2003) entwickelten Begriff, *isolierte Sprachspiele*. Wie bei Wittgenstein wird die Teilhabe an einem Sprachspiel auch als Teilhabe an einer Lebensform verstanden. Die Vielfalt der Sprachspiele ergebe sich daraus, dass die vielfältigen Lebensformen/ Lebenspraktiken nicht ineinander übersetzbar, also inkompatibel seien.

Sieht man einmal von der Paradoxie ab, dass Lyotards These vom definitiven Ende der großen Erzählungen in Form einer großen Erzählung vorgetragen und auch so rezipiert wurde, dann enthält sein Text wenig Neues. Nachdem das Projekt der Rekonstruktion einer objektiven Beobachtungssprache in den 1930er Jahren gescheitert ist (Carnap u. a.), hat sich die Wissenschaftstheorie von der Vorstellung einer objektiv gegebenen Realität verabschiedet, die mit Hilfe der Wissenschaft aufgeschlüsselt werden könne (vgl. Kuhn 1962 sowie den Konstruktivismus; Lorenzen/ Schwemmer 1973). Hinter diesen Stand der Wissenschaftstheorie fällt Lyotards Ausgangsthese einer absoluten Legitimationsbedürftigkeit szientifischen Wissens teilweise zurück.

Ebenso problematisch ist die Unterscheidung zwischen Erzählungen und szientifischem Wissen. Sie zeigt den großen Einfluss der Literaturtheorie auf diese Debatte (vgl. insbesondere Derrida 1979). Dort wird nur noch zwischen Erzählungen und Texten unterschieden. *Im Hinblick auf die Frage nach der Legitimationsbedürftigkeit von Wissen* fällt diese Unterscheidung allerdings noch hinter die Drei-Stadien-Gesetze aus dem 18. und 19. Jahrhundert zurück (Turgot, Saint-Simon u. a.), wo auch religiöse Legitimationserzählungen berücksichtigt wurden.

Die enorme Bedeutung dieses Textes ist sicherlich weniger auf diese Behandlung der Frage einer Legitimierbarkeit szientifischen Wissens zurück zu führen, sondern sie hängt mit der *sozialen Attraktivität* der daraus abgeleiteten *Forderung nach einem Ende der großen Erzählungen und einem Pluralismus der Diskurse* zusammen.

Bei diesem Postulat bleibt einmal unklar, welche Anforderungen an die Legitimation postmoderner Diskurse zu stellen sind. Sind sie nur dann in das Wissenschaftssystem integrierbar, wenn dabei Erklärungsansprüche entwickelt werden, die über die Selbstverständigung innerhalb von Expertenzirkeln hinausgehen? Lassen sich unzusammenhängende Diskurse noch mit dem Anspruch klassischer Fachwissenschaften auf systematische Erklärung eines bestimmten Gegenstandsbereichs in Übereinstimmung bringen? Oder ist eine derartige Struktur nur für Disziplinen ohne fachwissenschaftlichen Anspruch wie Philosophie oder Geschichtswissenschaft denkbar?

Zum anderen bleibt unklar, warum zwischen diesen isolierten Diskursen *zwangsläufig* ein Verhältnis der Unübersetzbarkeit bestehen muss. Festgehalten werden sollte auch, dass die Unterscheidung zwischen Moderne und Postmoderne über ein Postulat eingeführt wird.

Wenn man nun zunächst einmal interpretative Hilfe bei der neueren Wissenschaftstheorie sucht, dann stößt man dort auf den Ansatz, dass wissenschaftliche Erkenntnis über Wissenschaftssprachen kanalisiert und differenziert wird, wobei diese Sprachen neben Semantik und Syntax immer auch ein pragmatisches Element aufweisen. Insofern wird dann szientifisches Wissen über die *Geltung von Fachterminologien* nicht nur organisiert sondern auch legitimiert (vgl. Carrier 2004; Gethmann 2004). Fachwissenschaften wie die Soziologie beziehen ihre Legitimation also daraus, dass sie, wie andere Fachwissenschaften auch, den Anspruch haben, einen fest umrissenen Gegenstandsbereich, hier das gesellschaftliche Zusammenleben, zu erforschen und in ihrer eigenen Fachterminologie zu erklären. In dem Maße,

wie z. B. die Soziologie diesen selbst gesetzten Anspruch erfüllt, kann sie ihre Reproduktion als Fachwissenschaft auf dieser Legitimationsgrundlage organisieren.

Zwischen den Wissenschaftssprachen muss keineswegs zwangsläufig ein Verhältnis der Inkommensurabilität[6] und Unübersetzbarkeit bestehen. Auch wenn
interdisziplinäre Forschung gerade im Hinblick auf die Verwendung von Wissenschaftssprachen ein ausgesprochen schwieriges Geschäft ist, so gibt es doch
hinreichende pragmatische Gründe, um Disziplingrenzen zu überschreiten. In-
terdisziplinarität kann geradezu als grundlegendes Merkmal heutiger Fachwissenschaften verstanden werden.

Vor diesem Hintergrund ist Lyotards Text von seiner intellektuellen Substanz
her wenig innovativ. Aber dennoch hat er tiefe Spuren in der Soziologie hinterlassen. Sie liegen aber auf einer weniger grundsätzlichen Ebene, die man vielleicht
als *innerdisziplinär* bezeichnen könnte. Einer Komponente dieser innerdiszipli-
nären Bedeutung kann man sich über die Überlegung nähern, dass einheitliche
Wissenschaftssprachen eine notwendige, aber keine hinreichende Bedingung
für die Lösung von innerwissenschaftlichen Erklärungsproblemen bilden. Diese
lassen sich vielfach nur über theoretische Innovationen lösen, die eine neuartige
methodische oder perspektivische Herangehensweise an ein bestimmtes Problem
ermöglichen. Dabei können sowohl bekannte Begriffe neu verknüpft werden wie auch
neue Begriffe eingeführt werden oder bewährte Erklärungsstrategien aus anderen
Disziplinen importiert werden. Letzteres hat der Soziologie immer wieder wichtige
Impulse gegeben und viele der heute in der Soziologie gängigen Paradigmen (vgl.
Brock u. a. 2009) geprägt.

Wenn man solche ‚Paradigmen‘ (Kuhn 1962) als aus einer bestimmten Beobachtungsperspektive heraus entwickelte Erklärungsstrategien versteht, dann wird
deutlich, warum die Überschreitung der traditionellen Fachgrenzen die Struktur
der Fachwissenschaften und die damit verknüpften Legitimationsmuster einer
großen Zerreißprobe aussetzt. Denn theoretische Spezialisten, die zum Beispiel
Forschungsprobleme ausschließlich aus der Perspektive der Rational-Choice-The-
orie oder der Systemtheorie bearbeiten, wissen ja, dass ihre Erklärungsstrategien
nicht an den klassischen Disziplingrenzen enden. So sind zum Beispiel Probleme
von der Struktur des Trittbrettfahrerproblems auch außerhalb des soziologischen
Gegenstandsbereichs identifizierbar. Das Muster der losen Kopplung können wir
in diversen Gegenstandsbereichen unterschiedlicher Disziplinen (z. B. der Physik)
identifizieren. Deswegen organisiert die paradigmenspezifische Sprache die für sie
relevanten Diskurse (vgl. z. B. Diefenbach 2009: 277). Sie tritt zumindest teilweise

---

6   =Nichtvergleichbarkeit; vgl. Kuhn 1962.

an die Stelle der Fachterminologie und schafft so Sprachgemeinschaften *jenseits* der klassischen Disziplingrenzen.

In einer solchen innerwissenschaftlichen Situation kann Lyotards Argumentation vom Ende der großen Erzählungen gleichermaßen entlastend wie anregend wirken. Entlastend kann sie dann wirken, wenn man das fachwissenschaftliche Programm der eigenen Disziplin als „große Erzählung" identifiziert, die jede Glaubwürdigkeit verloren habe. Wie viele andere Entlastungsargumente ist auch dieses erkennbar falsch, was aber seine praktische Bedeutung nicht schmälern muss. Wir erinnern uns, Lyotard hatte ja auf der Ebene philosophischer Grundströmungen und nicht auf der Ebene fachwissenschaftlicher „Gesamterklärungen" des je eigenen Gegenstandsbereichs argumentiert, die ja auch keine feste Form ähnlich der großer Erzählungen haben, sondern dem permanenten Wandel unterliegen. Ein solcher Wandel in der „Gesamterklärung" eines Gegenstandsbereichs ist allerdings nur durch Synthese der unterschiedlichen Erklärungsstrategien und Beobachtungsstandpunkte erreichbar. Anregend und befruchtend wirkt Lyotards These insofern, als sie zum Wechsel der Sprachspiele motiviert, zum Ausprobieren der Erklärungskraft unterschiedlichster Beobachtungsstandpunkte auffordert. In diesem Kontext ist aber nicht plausibel, warum zwischen den einzelnen Sprachspielen gerade unter postmodernen Bedingungen weder (a) Möglichkeiten der Übersetzung zwischen unterschiedlichen Sprachspielen bestehen können, noch (b) Synthesen von Sprachspielen zwangsläufig scheitern müssten. In einer Gegenwartsgesellschaft, deren Alltagswissen durch Bastelreligionen (Probst/ Schwarz 2012) und Patchworkidentitäten (Keupp u. a. 1999) charakterisiert werden kann, sollte unterstellt werden können, dass auch in den Expertenkulturen unterschiedliche Standpunkte eingenommen werden können und alternative Erklärungsansätze intellektuell verfügbar sind.

Wenn wir auch die Wissenschaftler in dieser Gegenwartsgesellschaft (vgl. unter 1.1.6) lokalisieren, dann drängt sich die Vermutung auf, dass unter ‚postideologischen' Bedingungen eine Verselbstständigung von Sprachspielen nicht naturwüchsig eintritt, sondern erst *auf einer sozialen Ebene organisiert* werden muss. Nur so können postideologische Akteure auf bestimmte Beobachtungsperspektiven/Sprachspiele *festgelegt* werden, die dann auch in der Wissenschaftsorganisation reproduziert werden können (zum Beispiel durch Seilschaften unter den Anhängern eines bestimmten Paradigmas). Das wäre dann aber mit einem Fortbestand *modernen* Wissens im Kleinformat verbunden, weil ja zumindest innerhalb der einem bestimmten Sprachspiel verpflichteten Gemeinschaft das Legitimationsproblem als gelöst angesehen werden müsste. In diesem Kontext gewinnt Luhmanns These von der ‚Halt gebenden' (System-)Theorie (vgl. unter 1.1.6) ebenso die Bedeutung einer Legitimationserzählung wie auch der ‚methodische Individualismus' im RC- ‚Lager' (Diefenbach 2009: 239ff.).

1.1.5 Postmoderne und Epochenwandel

Ein zweiter Wirkungsstrang von Lyotards Thesen zum postmodernen Wissen auf das soziologische Verständnis moderner Gesellschaften geht zweifellos von dem *Postulat eines Epochenwandels* aus. Für die neuere Modernisierungstheorie ist charakteristisch, dass sie genau diese These in den soziologischen Gegenstandsbereich zu übersetzen sucht.

Am klarsten erkennbar ist diese Verbindung bei Bauman, dessen Arbeiten zur klassischen Moderne ja genau darauf abzielen, ein Verständnis für die Erosion moderner Ordnungsvorstellungen zu entwickeln (vgl. Bauman 1995). Daraus ist dann konsequenterweise das Projekt einer Soziologie der Postmoderne entstanden, die Vergesellschaftung auch in konzeptioneller Hinsicht jenseits der durch das moderne Ordnungsdenken bereit gestellten Legitimationsgrundlagen rekonstruieren möchte. Von dieser Position ist Bauman in seiner durch den Begriff der flüchtigen Moderne charakterisierbaren neueren Schaffensphase (vgl. Junge 2006: 79ff.) allerdings abgerückt. Hier scheinen kulturpessimistische Zweifel die Oberhand gewonnen zu haben, ob Vergesellschaftung jenseits disziplinierender Ordnungen überhaupt zu befriedigenden Ergebnissen führen kann.

Auch Becks Begründung der Risikogesellschaft lässt sich als eine Übersetzung von Lyotards Postmoderne-Postulat in Soziologie verstehen. Anders als Bauman zeichnet er jedoch nicht das Bild einer Erosion moderner Vergesellschaftungsgrundlagen sondern er konzentriert seine Analyse auf Traditionselemente, die in die Moderne übergegangen sind und dort vom Modernisierungsprozess (ähnlich den modernen Legitimationserzählungen bei Lyotard) zerrieben werden (Beck 1986; vgl. 2.4.2).

Auch Giddens' Begriff der ‚reflexiven Modernisierung' beziehungsweise der ‚Reflexivität' kann als eine Übersetzung von Lyotards These in eine Soziologie der modernen Gesellschaft verstanden werden. Giddens verlegt dabei den Schauplatz von der Frage nach der Legitimation der modernen Wissenschaft auf die Frage der Veralltäglichung (Weber) wissenschaftlicher Praktiken. In ähnlicher Weise wie die moderne Wissenschaft tradiertes Wissen ständig auf den Prüfstand stellen muss, werden in der radikalisierten Moderne auch die sozialen Alltagspraktiken beständig überprüft und korrigiert. Diese Variante verlagert die Legitimationsfrage auf Verfahren der reflexiven Überprüfung (vgl. unter 2.4.3.2). Der „Legitimationsglaube" (Weber) wurzelt seit Anbeginn der Moderne in der Kritik als praktischer Methode. Während in der klassischen Moderne auf diese Legitimationsgrundlage nur punktuell zurückgegriffen wird, kommt es in der radikalisierten Moderne zu ihrer Veralltäglichung. *Giddens teilt also mit Lyotard die grundsätzliche These, dass sich in der Gegenwart die Legitimationsgrundlagen verändert haben,* aber er sieht keine Anzeichen für eine krisenhafte Zuspitzung der Legitimationsproblematik.

1.1.6 Luhmanns Übersetzung des Postmoderne-Diskurses in Legitimationsargumente für einen expliziten Theorienpluralismus

Dem Leser ist sicherlich aufgefallen, dass der von mir hergestellte Zusammenhang zwischen Lyotards Postmoderne- These und dem in der Soziologie moderner Gesellschaften explizit gepflegten Theorienpluralismus alles andere als zwingend ist. Das hängt damit zusammen, dass mindestens ein Übersetzungsschritt zwischen der Ebene einer von Lyotard postulierten veränderten Legitimation von Wissen und der Generierung soziologischer Erkenntnisse fehlt.

Wir haben gerade gesehen, dass die wichtigsten neueren Modernisierungstheoretiker, mit denen wir uns im zweiten Kapitel näher beschäftigen werden, vor allem versucht haben, den von Lyotard behaupteten Strukturbruch ziemlich direkt in das soziologische Verständnis moderner Gesellschaften zu übersetzen. Dagegen setzt Luhmann an den erkenntnistheoretischen Aspekten und, grundsätzlicher als Giddens, an der Legitimationsfrage an. Seine wichtigsten Ergebnisse werden hier präsentiert, weil sie weit über die Systemtheorie hinaus gewirkt und ein geistiges Klima erzeugt haben, in dem das fachwissenschaftliche soziologische Programm (das sich v. a. in den klassischen ‚Bindestrichsoziologien‘ wie Familien- Soziologie oder Bildungs- Soziologie entfaltet hat) das Stigma gewonnen hat, einer überholten Moderne anzugehören. Vor allem drei Punkte, die ich zu Thesen zuspitze, haben dabei eine wichtige Rolle gespielt.

• *Beobachtungen der Moderne sind Beobachtungen zweiter Ordnung ohne externe Beobachter.*

‚Beobachtung‘ in der Bedeutung der kybernetischen Anweisung ‚draw a distinction‘ hat neben Kommunikation für Luhmann den Status eines systemtheoretischen Grundbegriffs (vgl. z. B. Villanyi u. a. 2009: 372ff.). Wenn ich z. B. aus dem Fenster blicke und feststelle, dass es regnet, habe ich eine Beobachtung erster Ordnung gemacht, indem ich mit der Unterscheidung ‚Regen‘ oder ‚kein Regen‘ operiert habe. Durch diese Operation wurde die Kommunikation „es regnet" erzeugt. Wenn ich andere Unterscheidungen gewählt hätte (z. B. Lärm oder kein Lärm) hätte ich andere Beobachtungen gemacht. Beobachtungen zweiter Ordnung entstehen, wenn ‚Beobachter‘ beobachtet werden, also Unterscheidungen benutzt werden, um die Benutzung von Unterscheidungen zu ‚beobachten‘. Eine Beobachtung 2. Ordnung wäre z. B. die Erstellung eines Meinungsbilds der erwachsenen Bevölkerung über Angela Merkel oder das Ansehen des Wetterberichts im Fernehen.

In dieses Begriffsraster übersetzt Luhmann die Debatte um die Postmoderne (vgl. v. a. Luhmann 1992), die er zudem mit der Perspektive eines operativen Konstruktivismus verknüpft. Realität wird nach diesem Konzept durch soziale Systeme *erzeugt*, die mit Unterscheidungen *operieren*. Lyotards These vom Ende der großen Erzählungen mutiert aus diesem Blickwinkel zu einer Selbstverständlichkeit. „Es gibt keinen métarécit, weil es keinen externen Beobachter gibt" (Luhmann 1992: 8). Diese Behauptung bedarf der Erläuterung. Da Luhmann sowohl Sprachgrenzen wie auch Gesellschaftsgrenzen ausblendet, kennt er keine Gesellschaften sondern nur ‚die Gesellschaft' (KM: 120). Darunter ist ein virtueller Kommunikationsraum zu verstehen, in dem alle tatsächlichen wie alle möglichen Operationen (Kommunikationen wie Beobachtungen) sozialer Systeme stattfinden. In ähnlicher Weise wie ein unendlicher Zahlenraum nur durch ‚unendlich' symbolisch abgeschlossen werden kann, können die Grenzen dieses Operationsraums nur durch Konstrukte von externen Beobachtern wie ‚Gott' (vgl.: Luhmann 1987) oder ‚die Aufklärung' abgeschlossen werden. Sie entlarven sich aus der Perspektive des operativen Konstruktivismus als illusionär, weil sie nicht selbständig operieren können – Operationen müssen solchen Konstrukten deshalb zugeschrieben werden (‚Gott sieht alles', Wunder, Offenbarungen des menschlichen Verstandes usw.). Da es keinen externen Beobachter geben kann, kann ‚soziale Realität', und damit auch unser Wissen über ‚die Gesellschaft' nur von internen Beobachtern erzeugt werden, die immer Teil ‚der Gesellschaft' sind. Deswegen spricht Luhmann von ‚Selbstbeschreibungen' um zu betonen, dass Beobachtungen der Gesellschaft Beobachtungen 2. Ordnung sind (= Beschreibungen), die nur von den Gesellschaftsmitgliedern selbst erzeugt werden (= Selbst) können. Das Kernargument der alten Hermeneutikdebatte (siehe oben), die fehlende Trennung zwischen Subjekt und Objekt, wird hier in neuem Gewande präsentiert.

• *Da jede Beobachtung immer einen ‚blinden Fleck' aufweist, kann nur die permanente Variation der Beobachtungsstandpunkte unser Wissen bereichern.*
Luhmanns zweite These übersetzt nicht nur Lyotards These vom Pluralismus der Diskurse in den soziologischen Gegenstandsbereich, sondern sie gibt ihr auch ein naturalistisches und deswegen höchst einflussreiches Gewand. Im Grunde geht es hier um eine Banalität bzw. um eine sehr allgemeine Grundlage menschlicher Sozialität (vgl. auch 1.3.). Jede Beobachtung muss zwangsläufig ein sehr begrenztes Bild von Realität erzeugen, da wir mit der jeweils gewählten Unterscheidung unsere Aufmerksamkeit fokussiert haben (z. B. auf die Frage, ob es gerade regnet oder nicht regnet oder was der deutsche Wähler über Angela Merkel denkt). Genau genommen muss dabei ‚ein blinder Fleck' in zweierlei Hinsicht in Kauf genommen werden: (a) zum selben Zeitpunkt können andere Beobachter andere Beobachtungen machen, die Beobachter 1 *während* seiner Beobachtung nicht registrieren kann und (b)

Beobachter 1 kann durch *einen* Beobachtungsakt kein umfassendes Bild der sozialen Realität gewinnen, da er dabei andere Unterscheidungen ausklammern muss. Da diese These auf einer sehr grundlegenden Ebene angesiedelt ist, kann man mit ihr alles Mögliche begründen. Man muss dazu allerdings –explizit oder implizit- zusätzliche Annahmen treffen. Die Forderung nach einem Pluralismus der Diskurse bzw. Paradigmen bzw. einer Variation der Beobachtungsperspektive muss dabei zusätzlich *konkurrierende ,Beobachter'* und einen *Markt für Gesellschaftsbeobachtungen* unterstellen. Nur unter diesen Bedingungen ist es plausibel, dass die Beobachter 1 bis n es vermeiden ihren blinden Fleck durch Kooperation und/ oder durch Variation der Beobachtungsperspektiven auf der Zeitachse zu minimieren. Vielmehr haben sie aufgrund dieser Bedingungen ein Interesse, nur zuvor unbekannte partikulare Beobachtungen (=,Neues'; siehe unten) zu präsentieren, um dadurch die Aufmerksamkeit anderer hervorzurufen. Daher macht es *für sie* Sinn, sehr selektiv zu beobachten und Variationsmöglichkeiten auszublenden. *Die partikularen Beobachtungen treten dann erst auf einem Markt für Gesellschaftsbeobachtungen in Beziehung zueinander.*
Version orientiert sich, wie wir gleich sehen werden, an den Relevanzkriterien der Massenmedien und nicht an der Wissenschaft. *Die These vom ,blinden Fleck' hat für die Praxis der isolierten Beobachter somit vor allem legitimatorische Bedeutung*: da man eh nicht ,alles' erfassen kann, ist es sinnvoll, mit möglichst originellen Beobachtungen Aufmerksamkeit zu suchen, was sich dann in Reputation, Festanstellung und besserer Entlohnung niederschlagen könnte.

• *Die Soziologie steht in Konkurrenz zu den Massenmedien*
Eine solche Strategie ist allerdings nicht mit dem herkömmlichen Verständnis der Soziologie als einer Fachdisziplin vereinbar, die ihren Gegenstandsbereich über eine Fachsprache systematisch zu beschreiben und erklären versucht. An diesem Punkt wird Luhmanns soziologische Analyse der Massenmedien wichtig, da er die Rolle der Soziologie nicht über das Wissenschaftssystem (ohne allerdings zu bestreiten, dass die Soziologie Teil des Wissenschaftssystems ist) sondern vielmehr als einer Konkurrentin der Massenmedien diskutiert. Wichtig ist dabei vor allem, dass nach Luhmann das Funktionssystem der Massenmedien *die Modalitäten für die Kommunikation gesellschaftlicher Selbstbeschreibungen vorgibt.*
Was das bedeutet, soll in einem kurzen Exkurs geklärt werden. Massenmedien erfüllen nach Luhmann die Funktion Orientierungswissen zu generieren: „Was wir über unsere Gesellschaft, ja über die Welt, in der wir leben, wissen, wissen wir durch die Massenmedien" (Luhmann 1996: 9). Dieser vielzitierte Satz ist so zu verstehen, dass die Massenmedien über den binären Code Information/Nichtinformation selektierte, nach Bereichen und Themen strukturierte, Beobachtungen 2. (und 3.)

Ordnung produzieren, die das Welt- und damit auch das Gesellschaftsverständnis ihres Publikums prägen. Anders als in der Vormoderne führt dies zu einem über Themen, aber nicht mehr über Konsenspflicht (Luhmann 1996: 168) strukturierten Realitätsverständnis. *Deswegen kommen die Massenmedien ohne Legitimation aus. Sie* sind also nach Lyotards Kriterien per se postmodern!

Weitere Konsequenzen dieser Codierung sind, (a) ein permanenter Zwang immer neue Informationen zu selektieren, (b) vorwiegend Irritationen in Form von Brüchen, Normverstößen und Mängeln zu kommunizieren, (c) das Publikum in Beobachtungen 2. Ordnung einzuüben (Luhmann 1997: 1100) sowie (d) Hilflosigkeit und Unzufriedenheit zu verbreiten (ebd.: 1099).

Soziologie, die öffentliche Wirkung erzielen möchte, habe daher mit Konkurrenz zu rechnen. „Das gilt vor allem für die Faktoren, die bestimmen, was jeweils als öffentliche Meinung gilt – also die Massenmedien und... auch die Protestbewegungen. In dieser Hinsicht steht die Soziologie unter dem Druck, das, was die öffentliche Meinung bewegt ... sofort zu kommentieren, so als ob sie, um ihren universellen Erklärungsversuch einzulösen, selbst zum Ereignis werden müsste" (ebd.: 1128). Für Luhmann besteht die Aufgabe der heutigen Soziologie somit darin, einen eigenen Modus für die permanente Generierung von informativen gesellschaftlichen Selbstbeschreibungen zu finden, um sich gegen die Konkurrenz der Massenmedien und der Protestbewegungen behaupten zu können.

Wenig überraschend besteht Luhmanns Lösungsvorschlag in einem „Übergang von Beschreibungen, die in der öffentlichen Meinung zeitweise Furore machen, zu theoriegeführten Analysen, die sich nur innerhalb der Wissenschaft bewähren müssen. Zugleich verschiebt sich damit der Standpunkt des Beobachters auf eine Ebene zweiter, wenn nicht dritter Ordnung. Die ‚so ist es' – Attitüde wird ersetzt durch ein Begriffsspiel, das in sich selber Halt findet" (ebd.: 1131 f.).

An dieser Aussage ist einmal der letzte Satz bemerkenswert. Für Luhmann bewirkt die „Systemtheorie der dritten Generation" (Luhmann 1984: 15ff.), das in sich selbst Halt findende Begriffsspiel. ‚Begriffsspiel' ist analog zu Lyotards ‚Sprachspiel'[7] (siehe oben) als ein auf die Anhänger bzw. Benützer dieser Version der Systemtheorie beschränkter Diskurs zu verstehen. Er bietet insofern Halt, als die Anwendung der Systemtheorie auf den soziologischen Gegenstandsbereich in Form einer Theorie sozialer Systeme eine komplexe und durch den Rekurs auf die Funktionsbedingungen von Systemen geordnete Beobachtungsperspektive generiert. ‚Halt' bietet also *nicht der Diskurs sondern die Systemtheorie*, weil sie jeder an sie anschlussfähigen Beobachtungsperspektive Verknüpfungsmöglichkeiten zu

---

7   Der Begriff geht auf Wittgenstein zurück. Er spielt in den ‚philosophischen Untersuchungen' eine zentrale Rolle; Wittgenstein 2001.

anderen ebenfalls ‚einschlägigen' Beobachtungsperspektiven bietet[8]. Die Theorie
befindet sich zwar ebenso wie die soziologischen Beobachter in der Gesellschaft (=
steht in Konkurrenz zu anderen Theorien), hat jedoch (angeblich) eine wunderbare
Eigenschaft, die ansonsten nur externe Beobachter wie Gott oder die Aufklärung
haben: mit ihrer Hilfe gelingen gesellschaftliche Selbstbeschreibungen mit dem
Anspruch auf Vollständigkeit (vgl. z. B. Luhmann 1984: 10). Einerseits wiederholt
Luhmann die schon von der Hermeneutikdebatte her hinlänglich bekannte These
einer Untrennbarkeit von Subjekt und Objekt (z. B. Luhmann 1997: 866 ff.), um
dann ‚Halt' in der ‚Objektivität' einer Theorie sozialer Systeme zu finden. Ob
und wie sich diese Position von einem Rekurs auf die von Lyotard für gescheitert
erklärten philosophisch-spekulativen Legitimationserzählungen abhebt, mag der
Leser selbst entscheiden.

Zweitens fällt an diesen Ausführungen das Postulat auf, dass sich diese theoriegeführten Analysen „nur in der Wissenschaft bewähren" müssten. Die Soziologie
als Teil des Funktionssystems Wissenschaft kann Luhmann aber nur über reproduktive Mechanismen wie Texte und Reputation beschreiben, aber nicht mehr
aus ausdifferenziertes Sprach- oder Begriffsspiel. Letzteres wird ja nicht über die
Fachterminologie auf der Ebene der Teildisziplin Soziologie verankert, sondern in
der Tradition von Mannheim (siehe oben) auf der Ebene konkurrierender Theorien
(Mannheim 1929: konkurrierende Ideologien) angesiedelt. *Insofern wird ein expliziter Theorienpluralismus als Fakt unterstellt.* Mit anderen Worten: die Fachdisziplin
Soziologie besteht für Luhmann nur noch in Form gemeinsamer Wissenschaftsstan-
dards (= Programmebene; vgl. unter 2.2). Sie werden bereits durch eine Anwendung
der Systemtheorie oder anderer Theorien auf soziologische Fragen erreicht. Dabei
finden Diskussionen über den soziologischen Gegenstandsbereich aus dieser Sicht
nur noch in geschlossenen Zirkeln statt. Als Schließungsmechanismus fungiert
dabei die ‚Halt' gebende Theorie.

Luhmann blendet vor allem einen Aspekt aus, der in der Wissenschaftsforschung,
aber auch in der Theorie der Wissensgesellschaft eine zentrale Rolle spielt: Wissenschaft muss sich *immer auch* in der *praktischen* Anwendung bewähren. Sie liefert
nicht einfach eine Erklärung ihres Gegenstandsbereichs sondern sie erklärt ihn so,
dass damit immer auch ein Spektrum operativer Möglichkeiten identifiziert wird[9].
Auch wenn sich ihr Code wahr – falsch heute nicht mehr in der Münze absoluter

---

8   Deswegen kann man sich in eine derartige Theorie überalternative Strategien der
    Begriffsverknüpfung einarbeiten. Vgl. die Anleitung für den Einstieg in die Soziologie
    Luhmanns in Baraldi u. a. 1997: 12ff.

9   Das kann man wie Horkheimer und Adorno (1988: Einleitung) beklagen oder auch
    feiern, jedenfalls wurzelt das moderne Wissenschaftssystem immer auch in der Praxis
    menschlicher Daseinsbewältigung.

Geltung rechtfertigen lässt, kann sich szientifisches Wissen in der praktischen Anwendung bewähren und auf diese Weise Wissenschaft als gesellschaftlich nützlich legitimieren. Es ist daher viel zu kurzatmig, die gesellschaftliche Funktion der Soziologie in Konkurrenz zu den Massenmedien und über deren Code Information/ Nichtinformation begreifen zu wollen.

Deswegen unterscheidet sich die Soziologie von den Massenmedien auch durch den Anspruch, Wissen über die moderne Gesellschaft bereit zu stellen, das zumindest Ansatzpunkte für die Lösung sozialer Probleme und für die Organisation sozialer Prozesse liefern kann. Wenn beispielsweise Max Weber die moderne Gesellschaft durch eine Durchrationalisierung aller gesellschaftlichen Bereiche (KM: 60) gekennzeichnet hat, dann hat er damit sicherlich keine konkreten Rezepte für die Lösung sozialer Probleme benannt, wohl aber Ansatzpunkte dafür geliefert, auf welche Art und Weise sie angegangen und soziale Prozesse erfolgreich organisiert werden können.

Es spricht nichts dagegen, beispielsweise systemtheoretisches Denken für soziologische Analysen zu nutzen. Außer geistiger Bequemlichkeit oder einem Desinteresse an alternativen Analysemethoden spricht m. E. aber auch nichts dafür, sich ausschließlich darauf zu beschränken zu wollen bzw. zu sollen. Nur Karriere- und Reputationserwartungen legen es nahe, dem ‚Markt‘ die Entscheidung über die Attraktivität ideologisch bzw. theoretisch beschränkter Gesellschaftsbeschreibungen zu überantworten. Warum sollte in einem Sprach- bzw. Begriffsspiel zum Thema moderne Gesellschaften nicht versucht werden können, konkurrierende Theorieperspektiven aufeinander zu beziehen und daraus neue Einsichten zu gewinnen?

Bevor dieses Programm in diesem und den weiteren Kapiteln verfolgt wird, nutze ich das über Luhmann eingeführte Thema Soziologie und Massenmedien noch, um das für die neueren Modernisierungstheoretiker überaus charakteristische Streben nach öffentlicher Wirkung zu behandeln und daraus Folgerungen für das weitere Vorgehen zu ziehen.

1.1.7 Gegenwartsdiagnosen – Sozialtheorie unter den Bedingungen der Massenmedien

Luhmanns Überlegungen zum Thema Massenmedien und Soziologie sind zumindest in *einer* Hinsicht durchaus plausibel. Wenn einzelne Soziologen *über eine enge Fachöffentlichkeit hinaus* gesellschaftliche Wirkung erzielen wollen, dann müssen sie sich – wie die Wissenschaftler anderer Disziplinen auch – in der Tat den Bedingungen der Massenmedien und ihrem Code Information/ Nichtinformation unterwerfen.

Üblicherweise geschieht dies punktuell und unter Mithilfe von Journalisten, die aus den fachinternen Entwicklungen das herauspicken, was als Neuigkeit vermarktbar ist. So erfährt der Leser beispielsweise, dass einer Gruppe von Physikern Messungen gelungen sind, die als Bestätigung der Existenz von Higgins- Teilchen interpretiert werden können (Sentker 2012), ohne dass auch nur der Versuch unternommen werden kann, dem Leser zu erklären, was Physiker unter Higgins-Teilchen verstehen. Er wird nur über das *Ereignis einer erfolgreichen Messoperation* informiert. In ähnlicher Form informieren die Massenmedien auch über sozialwissenschaftliche Untersuchungen.

Aus dieser Zuspitzung auf Ereignisse, die den Neuigkeitswert von Informationen in gewisser Weise verbürgen, haben möglicherweise auch Soziologen, die sich mit dem Thema moderne Gesellschaften beschäftigen, gelernt, wie Resonanz in den Medien erzeugt werden kann: durch Präsentation von ‚Neuem‘, möglichst in Form von Ereignissen. *Das hat sicherlich zur Kultivierung von Arbeitstechniken beigetragen, die sich unter dem Stichwort ‚soziologische Gegenwartsdiagnose‘ zusammenfassen lassen.* Solche Gegenwartsdiagnosen richten sich auf die Identifizierung von ‚Neuem‘, das sich gerade ereignet. Dabei sind neuartige Beobachtungsstandpunkte (= Anwendung neuartiger Begriffe und Theorieansätze) eine Art Garantie dafür, dass man fündig wird. Wenn dann noch das Neue unterhaltsam präsentiert und durch wichtige Ereignisse ‚bestätigt‘ wird, sind die Chancen groß, Einfluss auf die öffentliche Meinung zu gewinnen. Das Paradebeispiel für eine derartige Adaption an den Code der Massenmedien ist auf dem Feld moderne Gesellschaften zweifellos die ‚Risikogesellschaft‘ von Ulrich Beck, die direkt nach dem GAU von Tschernobil auf den Buchmarkt kam.

Warum ist es für Wissenschaftler attraktiv, Arbeitstechniken zu entwickeln, die auf den Code Information/ Nichtinformation zielen und deren Beitrag zum Wissenschaftscode zumindest unklar ist? Das hat in negativer Hinsicht damit zu tun, dass die oben referierten Debatten tiefe Zweifel hinterlassen haben, ob im Bereich der Geistes- und Sozialwissenschaften der Wissenschaftscode wahr/ falsch noch sinnvoll operationalisiert werden kann. In positiver Hinsicht spielen – neben Karriereerwartungen – auch Hoffnungen eine wichtige Rolle, die gesellschaftliche Entwicklung ‚positiv‘ beeinflussen zu können. Auch wenn ältere sozialtechnologische Programme ebenso wie Hoffnungen auf ‚revolutionäre Veränderungen‘ sich als weitgehend illusionär erwiesen haben, so sind doch Giddens Analysen über durch die Massenmedien in das Alltagswissen gelangende soziologische Fachbegriffe (vgl. Giddens 1988: 393ff.) nicht von der Hand zu weisen (vgl. auch Luhmann 1997: 1131).

Zusammenfassung

1. In jeder Fachwissenschaft ist es üblich, dass ein aktueller Forschungsstand fixiert wird, der die Grundlage für den weiteren Wissenszuwachs bildet. Das ist auf dem Feld ‚moderne Gesellschaften' mit immensen Schwierigkeiten verbunden, da dort (a) ein expliziter Theorienpluralismus vorherrscht und überwiegend (b) Gegenwartsdiagnosen vorgelegt werden, die begriffliche Grundlagen wie die Theorie funktionaler Differenzierung nicht kritisieren und verbessern wollen sondern sie schlicht ignorieren.
2. Diese Praxis wird – explizit oder implizit – mit erkenntnistheoretischen Sonderbedingungen der Sozial- und Geisteswissenschaften bzw. mit Lyotards These eines postmodernen Wissens begründet. Deswegen werden diese Debatten hier rekapituliert. Dabei zeigt sich, dass sie keine stichhaltige Begründung für einen expliziten Theorienpluralismus liefern können.
3. Wenn man die hohe Attraktivität von Gegenwartsdiagnosen auf dem Feld moderne Gesellschaften erklären möchte, dann hat sicherlich Lyotards Unterscheidung zwischen Moderne und Postmoderne anregend gewirkt. Der Hauptgrund wird aber im Code der Massenmedien gesehen, die immer nur ‚Neues' transportieren und verbreiten. Wenn man sich durch eigene Begriffe vom gegebenen soziologischen Wissensstand abkoppelt und in Form von Gegenwartsdiagnosen nach ‚Neuem' sucht, dann, dann sind die Chancen hoch, Resonanz in den Massenmedien und den öffentlichen Debatten zu erzeugen. Die Wissensakkumulation wird dadurch jedoch enorm erschwert.

1.2 Beobachtungsperspektiven moderner Gesellschaften – ein Vorschlag

Um den expliziten Theorienpluralismus zu überwinden und zu konsensfähigen Aussagen über moderne Gesellschaften zu kommen, werden zunächst drei Gesichtspunkte vorgeschlagen, die dem soziologischen Blick auf moderne Gesellschaften zugrunde gelegt werden *könnten*. Sie könnten geeignet sein, sowohl Suchbewegungen wie auch weitere Diskussionen innerhalb der Fachöffentlichkeit in konstruktiver Weise vor zu strukturieren. Sie ergänzen und stützen sich gegenseitig, wenn man mit Luhmann annimmt, dass jegliche zwischenmenschliche Kommunikation durch drei Sinndimensionen (KM: 123) in sozialer, sachlicher und zeitlicher Hinsicht grundlegend vorstrukturiert wird.

(a)   In sozialer Hinsicht: Theoretischer Kosmopolitismus

Während die Soziologie in ihrem Gegenstandsbereich einen Niedergang der klassischen Gesellschaftsideologien beobachtet (exemplarisch Giddens 1997), hypostasiert sie zugleich fachintern das Nebeneinander konkurrierender Paradigmen zu unüberwindbaren methodischen, teilweise auch weltanschaulichen (vgl. nur Vanberg 1975) Gräben. Die Konkurrenz um die beste Erklärung wird so transformiert in das friedliche Nebeneinander paradigmenspezifischer Teilöffentlichkeiten, die ihre jeweils partikularen Erklärungsstrategien bewahren und weiterentwickeln wollen.

Auf diese Konstellation *kann* man allerdings auch in einer Art weltbürgerlicher Perspektive im Geiste der Aufklärung blicken und in den vorhandenen Erklärungsansätzen ein zum jetzigen Zeitpunkt gegebenes Möglichkeitsspektrum an akzeptablen soziologischen Erklärungen sehen. Da eben keine perfekte und vollständige Erklärungsstrategie für moderne Gesellschaften existiert, wurden mehrere Beobachtungsperspektiven entwickelt. In ähnlicher Weise, wie man sich als Weltbürger in mehreren Kulturen bewegen kann, kann man auch unterschiedliche soziologische Beobachtungsperspektiven nacheinander und nebeneinander verfolgen. Das ist sogar wesentlich einfacher zu erreichen. Mit dem kulturellen Weltbürgertum (vgl. Beck/ Grande 2004; Hannerz 1990) hat diese Praxis gemeinsam, dass man sich nicht mit einer bestimmten Erklärungsstrategie identifiziert und Alternativen von vornherein ausblendet oder sogar ablehnt, da man mit dem gesamten Möglichkeitsraum soziologischer Erklärungen vertraut werden will und diesen als geistige Heimat ansieht. Das schließt dann auch als konkrete Praxis eine geduldige Weiterentwicklung der Erklärungsstrategien mit Blick auf Möglichkeiten der Synthese ein. *Ebenso wie ein Kosmopolit einen distanzierten Blick auf die Stärken und Schwächen der Alltagskulturen entwickelt, mit denen er vertraut ist, kann ein theoretischer Kosmopolit die entwickelten partikularen Beobachtungsperspektiven sowohl benutzen, auf Konvergenzen untersuchen wie auch zugleich deren Defizite kritisieren, weil seine geistige Heimat im gesamten Möglichkeitsraum liegt.*

(b)   In sachlicher Hinsicht: Rekonstruktion alltagspraktischer Konstruktionen des Sozialen

In sachlicher Hinsicht kann die Vielfalt der Gegenstandsbeschreibungen eingeschränkt werden, wenn man sich auf die Konvention verständigt, *dass soziologische Erklärungen immer auf die Rekonstruktion von alltagspraktischen Gesellschaftskonstruktionen abzielen sollten.* Diese Konvention vermeidet sowohl eine von der Analyse der gesellschaftlichen Realität weitgehend entkoppelte Theorieentwicklung wie auch auf Fragen der korrekten Auslegung von Klassikern konzentrierte Debatten. Weiterhin wird auf diesem Wege eine plausible Abgrenzung zur Sozialphilosophie erreicht, die keinem fachwissenschaftlichen Erklärungsanspruch verpflichtet ist.

Was meint die Formel ‚alltagspraktische Gesellschaftskonstruktion'? Sie zielt darauf ab, dass das soziale Miteinander immer Regeln folgt und dass soziale Teilhabe immer auch daran gebunden ist, dass solche Regeln *praktiziert* werden können[10]. Insofern kann jede Form des sozialen Miteinanders als soziales Konstrukt verstanden werden. Auch die Soziologie moderner Gesellschaften sollte sich darauf konzentrieren, für ihren Erklärungsbereich solche Regeln zu explizieren und ggfs. ihren Zusammenhang mit weiteren Regeln aufzuzeigen. Sie bilden den Ausgangspunkt für soziologische Erklärungen.

Regelgeleitetes Sozialverhalten ist keineswegs auf den Homo Sapiens beschränkt[11]. Vermutlich erfordert eine bereits mit Lautgesten operierende ‚Sprache im weitesten Sinne' von den Kommunikationsteilnehmern, dass sie zwischen einer kommunikativen und einer nicht-kommunikativen Rahmung unterscheiden können. Sie müssen also damit rechnen, dass Gesten und Bewegungen entweder der Kommunikation oder aber anderen Zwecken dienen. Da die Symbolsprache deutlich mehr kommunikative Möglichkeiten generiert, kann menschliches Rollenhandeln auch wesentlich komplexer differenziert werden. Es teilt aber die Befolgung von Regeln mit anderen Arten und mit anderen Kommunikationstechniken.

Regeln docken an die Fähigkeit zur Fokussierung der Aufmerksamkeit (vgl. unter 1.4) an. Sie stellen eine Verbindung zwischen schematisierter Beobachtung (z. B. Warnruf oder kein Warnruf) und daran gekoppelter standardisierter Reaktion her. Die Ordnung der Beobachtung wird mit Selbstdisziplinierung verkoppelt (vgl. 1.3- Zwang zum reentry). Das soziale Miteinander gewinnt auf diese Weise Kontinuität und eine von den konkreten Individuen abgelöste Struktur[12].

---

10 Aus der Sprachwissenschaft und dem Strukturalismus (Junge 2009) ist hinlänglich bekannt, dass einer Regel folgen zu können nicht implizieren muss, dass man sie auch benennen und erklären kann.

11 So können schon Warnsignale regelgeleitetes Sozialverhalten hervorbringen, das eine evolutionär vorteilhafte Arbeitsteilung bewirken kann. Beispielsweise können Murmeltiere mehr Nahrung aufnehmen, wenn einige Gruppenmitglieder ihre Aufmerksamkeit auf mögliche Feinde konzentrieren (Wuketits 1997: 47f.). Ein deutlich komplexeres Bsp. geben Meerkatzen (Brock 2006: 66f.), die verschiedene Warnsignale geben, weil sie auch je nach Feind unterschiedliche Fluchttechniken praktizieren.

12 Dagegen haben ausgekämpfte Rangordnungen als soziale Struktur nur eine zeitlich eng begrenze Bedeutung. Sie gelten immer nur für eine bestimmte Konstellation und die momentanen Kräfteverhältnisse (vgl. de Waal 1991: 62ff.).

(c)   In zeitlicher Hinsicht: eine historische Soziologie in systematischer Absicht.

Wenn nicht nur das soziale Miteinander in kleineren Gruppen sondern auch ganze Gesellschaften als soziale Konstrukte aufgefasst werden, die rekonstruiert werden können, dann kann jede Gesellschaft, zumindest vom Prinzip her, als Teil eines evolutionären Zusammenhanges verstanden werden. Auch noch moderne Gesellschaften der Gegenwart teilen ihre Grundlagen mit vormodernen Gesellschaften. Sie unterscheiden sich von ihnen dadurch, dass bestimmte konstruktive Stellschrauben verändert wurden und/oder weitere Regeln hinzugekommen sind. Für das Verständnis moderner Gesellschaften ist es daher wichtig, sie nicht nur vom heutigen Standpunkt aus zu analysieren und Modernes von weniger Modernem zu unterscheiden, sondern diese Denkbewegung auch umkehren zu können[13]. Denn als soziale Konstruktion konnten gegenwärtige Gesellschaften erst durch bestimmte Veränderungen ihrer vormodernen Grundlagen hervorgebracht werden[14]. Diese Grundlagen sind nur aus der Perspektive einer historischen Soziologie zu verstehen, die damit die systematische Absicht verbindet, die Evolution von Gesellschaftskonstruktionen immer besser zu verstehen. Das unterscheidet sie auch von früheren Vertretern (z. B. Alfred Weber 1953) der historischen Soziologie.

(d)   Die weitere Vorgehensweise

Die Rezeption der Klassiker (KM: 29-164) wie die Aufarbeitung der daran anschließenden Debatten (KM: 165-220) haben gezeigt, dass die Theorie funktionaler Differenzierung (trotz aller interpretativen Unterschiede) weitgehend konsensfähig ist (KM: 160f.). Auch wenn sie bei den neueren Theoretikern weitgehend ausgeblendet wird, fungiert sie bei ihnen vor allem im Detail zumindest als Instrument der Verständigung. Aufgrund dieser hohen Konsensfähigkeit ist es in sozialer Hinsicht aussichtsreich, sie zum Ausgangspunkt für die Aufarbeitung der Beiträge der neueren Theoretiker zu wählen.

Zu den Eigenschaften von differenzierungstheoretischen Argumentationen gehört auch, dass in zeitlicher Hinsicht eine Umkehr der Analyserichtung ohne

---

13   Zweifellos ist diese Umkehrung der Denkrichtung eine besondere Herausforderung für die Soziologie moderner Gesellschaften, da die Moderne ja immer die Konvention einschließt, dass man vom Standpunkt des Neuen auf das Veraltete blickt.

14   Das instruktivste Beispiel in diesem Band ist wohl die individualisierte Lebensführung (Kapitel 3). Sie baut auf Praktiken der Enttraditionalisierung auf, die bereits mit den großen Weltreligionen entwickelt wurden. Erst durch die Anbindung an das Problem der Wiederbeschaffung von Geld erfahren sie eine entscheidende Veränderung (Abschnitt 3.1- 3.3).

weiteres möglich ist. Die Begriffskette segmentäre, stratifikatorische und funktionale Differenzierung zeigt Grundzüge der Evolution von Gesellschaften auf.

Nur die sachliche Dimension muss nachgearbeitet werden, da unklar ist, wie Gesellschaftsdifferenzierung von den Akteuren genau praktiziert und hergestellt wird. Deswegen wird im folgenden Abschnitt zunächst ein Rekurs auf die Gesellschaftsbegriffe der Soziobiologie unternommen, um biologische Grundlagen der Vergesellschaftung zu umreißen. Dabei wird sich zeigen, dass die Symbolsprache ein besonders wichtiges und zugleich besonders elementares kulturelles Werkzeug ist, um auf das soziale Miteinander zu organisieren. Daher wird unter Rückgriff auf grundlegende Elemente der Symbolsprache eine Skizze der Evolution der Konstruktion des sozialen Miteinanders entworfen werden.

Zusammenfassung

In diesem Abschnitt werden drei Gesichtspunkte vorgeschlagen, die für eine Überwindung des Theorienpluralismus nützlich sein könnten: In sozialer Hinsicht eine Offenheit für alle Erklärungsansätze; in sachlicher Hinsicht die Suche nach der Konstruktion von Sozialität durch die Akteure und in zeitlicher Hinsicht eine historische Soziologie in systematischer Absicht.

1.3   Die sachlichen Ankerpunkte für die Konstruktion des sozialen Miteinanders: individualisierte geschlossene Gesellschaften, Symbolsprache und Lebenswelt/ Gemeinschaft

(a)   Drei grundlegende Muster des Sozialverhaltens – die Perspektive der Soziobiologie

Auf einem hohen Abstraktionsniveau unterscheidet die Soziobiologie drei unterschiedliche Muster des Sozialverhaltens und knüpft daran Gesellschaftsbegriffe. Sie differenziert zunächst zwischen offenen und geschlossenen Gesellschaften. „Offene Gesellschaften (Schwärme, Scharen) bestehen aus sehr vielen Individuen, die anonym im Verband leben und nahezu beliebig austauschbar sind, ohne dass sich die Grundstruktur der Sozietät ändert... Geschlossene Gesellschaften ... sind durch starke soziale Bande gekennzeichnet. Ihre Mitglieder verhalten sich gruppenfremden Individuen gegenüber anders als zu ihren Gruppengenossen... (Hier sind) die Individuen nicht beliebig austauschbar und erkennen einander sozusagen am Stallgeruch" (Wuketits 1997; 33). Geschlossene Gesellschaften wiederum zerfallen in anonyme geschlossene Gesellschaften, die relativ viele Mitglieder haben (Stichwort: Insektenstaaten) und in individualisierte geschlossene Gesellschaften mit kleiner Gruppengröße (z. B. Wolfsrudel; für Säugetiere insgesamt charakteristisch).

Auf früher Evolutionsstufe folgte auch die menschliche Entwicklung ausschließlich dem für Säugetierarten typischen Muster *individualisierter geschlossener Gesellschaften* (Henke/Rothe 2003: 7ff.). Dennoch haben nur die Menschen *auf dieser Grundlage* zahlenmäßig große Gesellschaften hervorgebracht (=Modell Insektenstaaten), die darüber hinaus organisatorisch auf der Möglichkeit des Austauschs der Individuen (=Modell offene Gesellschaften) basieren. Die menschliche Sozialität kennt also alle drei Muster. Dabei ist allerdings zu beachten, dass die Austauschbarkeit *nicht* auf die biologischen Mechanismen der Schwarmbildung zurückgreift. Anders als bei den Insektenstaaten beruht auch die gesellschaftliche Arbeitsteilung *nicht* auf kooperativer Brutpflege (,Eusozialität'[15]).

Es ist evident, dass für die menschliche Zivilisation sowohl die Überwindung der bei etwa 50 Exemplaren (vgl. Schimpansen) liegenden Schallmauer der begrenzten Gruppengröße individualisierter geschlossener Gesellschaften (vgl. Massey 2002) wie auch die Etablierung von Formen einer personenunabhängigen Arbeitsteilung zentrale Bedeutung hatte. Beide Innovationen wurden offensichtlich bereits auf *kulturellem* Wege erreicht. Daher ist die anthropologische Faustregel: auch Tierarten haben kulturelle Praktiken entwickelt, aber das menschliche Sozialverhalten ist in sehr viel höherem Maße durch Kultur geprägt (z. B. Harris 1992: 67) *nicht nur quantitativ sondern auch qualitativ zu verstehen*. Denn auf kulturellem Wege konnte sich die menschliche Gattung den gesamten sozialen Möglichkeitsraum erschließen.

(b)   Die Konsequenzen der Symbolsprache für die Konstruktion von Sozialität

Wir werden die zum Teil sehr festgefahrenen Debatten über die biologischen und kulturellen Grundlagen der Hominisation (vgl. zusammenfassend: Henke/Rothe 2003) hier nicht rekapitulieren, sondern uns nur mit den Konsequenzen *einer* Entwicklung, der Umstellung der zwischenmenschlichen Kommunikation auf die Symbolsprache befassen, weil sowohl die Überwindung der für individualisierte geschlossene Gesellschaften charakteristischen Gruppengröße wie auch

---

15   Unter Eusozialität wird eine Form der Vergesellschaftung verstanden, die durch kooperative Brutpflege und reproduktive Arbeitsteilung geprägt ist. So legt z. B. ausschließlich die Bienenkönigin Eier, die dann von einer großen Zahl unfruchtbarer Individuen arbeitsteilig versorgt werden (Wuketits 1997: 26f.).

die Entwicklung von Formen der Arbeitsteilung, die durch die Austauschbarkeit der Individuen stabil gehalten werden können, ohne symbolsprachliche Verständigung nicht vorstellbar ist (vgl. Harris 1992: 69ff.; Kuckenburg 2004: 70ff.). Dabei soll allerdings weder ein Kausalzusammenhang behauptet werden noch soll die Symbolsprache als der allein Ausschlag gebende Entwicklungsschritt unterstellt werden. Ich folge allerdings der Vermutung vieler Sozialtheoretiker (explizit u. a.: Mead, Parsons, Luhmann, Habermas), dass die Entwicklung der Symbolsprache das zwischenmenschliche Zusammenleben, die menschliche Kultur und damit auch die weitere Entwicklung zutiefst geprägt hat.

Auch wenn die zentrale Rolle der Symbolsprache für die Menschheits- und Gesellschaftsentwicklung weitgehend unumstritten ist, variieren die Begründungen erheblich, weil sie von den wichtigsten Sozialtheoretikern aus einer vorgegeben Theorieposition analysiert wird. So liefert die Unterscheidung zwischen gestenvermittelter und symbolischer Interaktion Mead ein entscheidendes Argument gegen den Behaviourismus (vgl. z. B. Keller 2009: 49f.;). Von Luhmann wird die Symbolsprache (an freilich zentraler Stelle) in sein medientheoretisches Konzept eingepasst (KM: 128). Parsons (1975: 39ff.) lokalisiert Sprache wie Schrift in einem aus dem AGIL-Schema entwickelten ‚evolutionären Paradigma‘. Habermas ist in der ‚Theorie des kommunikativen Handelns‘ vor allem an der Landnahme der Symbolsprache interessiert (Stichwort: ‚Versprachlichung des Sakralen‘; Habermas 1981; Band 2: 118ff.).

Ich werde dagegen versuchen, ohne derartige Prämissen auszukommen und an einigen *grundlegenden und universellen Merkmalen der Symbolsprache direkt ansetze*. Dabei soll entsprechend der zweiten Leitorientierung gezeigt werden, dass sie als soziale Konstrukte fungieren.

Wichtig ist zunächst, dass alle bekannten Gesellschaften und Kulturen Symbolsprachen mit einer übereinstimmenden Grundstruktur (vgl. zusammenfassend Zimmer 1986: 89ff.; Kuckenburg 2004: 17ff. und 94ff.) entwickelt haben, die immer die Kommunikation ‚trägt‘, so dass Mimik und Gestik auch in der direkten Kommunikation nur noch unterstützende Bedeutung haben. „… keine Sprache scheint prinzipiell außerstande zu sein, Wörter und Sätze so zu bilden, dass alles Sagbare auch in ihr sagbar wird. Alle Sprachen scheinen eine voll ausgebildete Grammatik zu besitzen" (Zimmer 1986: 90). Wenn sich bereits aus diesen Merkmalen wichtige Konsequenzen für das soziale Zusammenleben ableiten lassen, dann haben sie einen ebenso universellen Charakter.

(c)   Die Implikation der Vollständigkeit der sprachlich konstruierten
       Sinnwelt

Alle bekannten Symbolsprachen entwickeln in sich geschlossene und Vollstän-
digkeit beanspruchende Sinnwelten. Das Grundprinzip ist, dass ‚alles' in dem
Sinnkosmos einer (und zwar jeder beliebigen) Sprache ausgedrückt werden kann.
Das ist notwendig, da nur so begriffliche Unterscheidungen fixiert werden können.
Jeder Begriff kann ja nur deswegen eine klare Bedeutung gewinnen, weil er *alle*
denkbaren Bedeutungen ausschließt, die er nicht einschließt.

Daher ist die *Implikation der Vollständigkeit* als eine grundlegende Organisati-
onsressource zunächst der sprachlichen Verständigung zu verstehen. Wenn man
die Vollständigkeitsannahme als einen Grenzbegriff zu fassen versucht, dann kann
man hier von einer Abschlussgrenze sprechen (vgl. Globalisierung: 197). Das instruktivste Beispiel für solche Abschlussgrenzen ist das Symbol ‚unendlich' in der
Mathematik. Da jede Zahlenreihe fortgesetzt werden kann, also prinzipiell unendlich
ist, sind konkrete mathematische Operationen zunächst ausgeschlossen. Mit dem
Symbol ‚unendlich' muss daher der Zahlenraum erst abgeschlossen werden, um
darin operieren zu können. In ähnlicher Weise sind auch Sprachen aufgebaut. Nur
dadurch, dass wir von der Fiktion ausgehen, dass buchstäblich alles in einer Sprache
ausgedrückt werden kann, können wir durch die Technik der Unterscheidung (vgl.
den ‚Haken' bei Spencer Brown: 1972/1997; zur Erläuterung vgl. Luhmann 2002:
69ff.) Begriffe bilden und auf dieser Grundlage über alles Denkbare sprechen.

(d)   Die daraus folgende Vollständigkeit der Sozialwelt

Von dieser ‚*Sinnwelt*', in der auch alle Bedeutungen von Sozialität entwickelt, formuliert und ausgedrückt werden können, kann man das faktische soziale Miteinander
unterscheiden. *Auf diese Ebene ist die Vollständigkeitsannahme der Symbolsprache
übertragen worden*, so dass man von einer *Sozialwelt* sprechen kann, die über die
Symbolsprache geordnet wird. Dieser Zusammenhang ist im menschlichen Alltag
in Form einer selbstverständlich gegebenen *Lebenswelt* und eines Wissensvorrats
präsent, der vom Anspruch her die routinierte und verständige Bewältigung des
gesamten Alltags sichert (vgl. Schütz/Luckmann 1979/1984).

Auf der Ebene der Vollständigkeitsannahmen wird nicht nur eine Verbindung
zwischen der Sinnwelt und der Sozialwelt durch kosmologische, z. T. auch kosmogone Erzählungen hergestellt. Sie knüpfen vielmehr einen *direkten Zusammenhang*
zwischen der Sinnwelt der eigenen Sprache und der Ordnung des eigenen Stammes
(vgl. für die Aborinees Durkheim 1981: 144ff.; für Neuguinea vgl. Jensen 1966; einen
Überblick über religiöse Kosmogonien/ Kosmologien gibt Eliade 1978), also einer
konkreten Sozialwelt. Letztere wird in die kosmologische Ordnung eingefügt und

daraus wiederum wird die Verpflichtung zur Bewahrung der eigenen Traditionen und der sie reproduzierenden Rituale gewonnen.

(e)   Der Zwang zum Reentry

Auf einer eher alltagspraktischen Ebene haben bestimmte Begriffe der Symbolsprache eine besondere Bedeutung für die Verzahnung beider Welten, die die Sprecher und Hörer in die Beschreibung der ‚objektiven Welt‘ mit einschließen. Begriffliche Unterscheidungen wie Männer/ Frauen, gut/ böse, ehrenvoll/ ehrlos, können nur dann konsistent verwendet werden, wenn sie sowohl für die Charakterisierung Anderer wie für die Verhaltensweisen des Sprechers bzw. einer ganzen Kommunikationsgemeinschaft eine identische Bedeutung haben. Die Konsistenz zwischen Symbolsprache und sozialer Realität wird weiterhin durch die kontrafaktisch geltende Prämisse kommunikativer Aufrichtigkeit gesichert (Habermas 1981; Band 1: 408). Das Operieren mit derartigen Begriffen eröffnet nicht nur die Möglichkeit, sondern es impliziert geradezu einen *Zwang zum reentry!*

Der Begriff reentry entstammt der Systemtheorie. Darunter wird der Wiedereintritt des Beobachters in das Beobachtete (zur Erläuterung vgl. Luhmann 2002: 166) verstanden. Eine Unterscheidung, die zur Charakterisierung von etwas Objektivem verwendet wird, betrifft den Beobachter also auch selbst. Diese Paradoxie weist auf eine unter logischen Gesichtspunkten unhaltbare, mit der Sprachpraxis jedoch untrennbar verbundene Vermischung von objektiven und normativen Aspekten hin. Hinlänglich bekannt ist z. B. der paradoxe Satz eines Kreters: „Alle Kreter lügen" (Stichwort: Paradoxon des Epimenides).

Als *Zwang zum reentry* bezeichne ich den für jede symbolsprachliche Kommunikation unvermeidlichen Umstand, dass sich die Frage der Aufrichtigkeit immer zugleich für den Sprecher selbst wie für seine Aussagen zur Realität stellt. Das kann dann auch zu obiger Paradoxie führen. Der Zwang zum reentry bildet die *Brücke zwischen Symbolsprache und Gesellschaft.* Begriffe, die normierte Verhaltensweisen der Sprecher wie auch eine objektivierte Verwendung mit einschließen, können nur dann konsistent verwendet werden, wenn sich die Sprecher auch selbst der Bedeutung des Begriffs ‚unterwerfen‘ und ihr Sozialverhalten in Form der Selbstdisziplinierung daran orientieren.

Man kann hier an Elias‘ Formel vom ‚Zwang zum Selbstzwang‘ erinnern (Elias 1976; Band 2: 312ff.), ihr aber eine wesentlich allgemeinere Bedeutung abgewinnen. Während Elias auf die zivilisatorische Bedeutung einer immer weitgehenderen Selbstkontrolle der Menschen aufmerksam machen wollte, erklärt das reentry von Sprechern in ihre verwendeten sprachlichen Bedeutungskonzepte, *wieso es überhaupt zu einer von direkten individuellen Zwecken* (wie Täuschung, Überredung…) *abgekoppelten Verhaltensdisziplinierung kommen konnte.* Die der Sprache inhärente

kontrafaktische Aufrichtigkeitsprämisse (vgl. auch Habermas 1971: 119ff.) beginnt
nicht erst mit der Sprachpraxis sondern wird bereits wirksam, wenn Begriffe als
Maßstäbe an das eigene Ich der Sprecher angelegt werden[16]. So bezeichnet nach
Mead das ‚me' den „Blick, den ich auf mich durch die Perspektive der Anderen
einnehmen kann"(Keller 209: 56). Fremd- wie Selbstzuschreibungen bedienen
sich des Mediums der Sprache, ihnen liegen Begriffe zu Grunde, die (weitgehend)
einvernehmlich ausgelegt werden. Sie dienen gleichermaßen als Maßstäbe für die
Beurteilung des eigenen Verhaltens (‚Gewissen') wie auch des Verhaltens anderer
(Bewertung, ggfs. Sanktionierung).

Der Zwang zum reenry besteht nicht nur für den einzelnen Sprecher sondern
auch für die gesamte Sprachgemeinschaft, weil nur so eine konsistente Begriffs-
verwendung möglich ist. Sie schließt daher eine *der klassifikatorischen Logik der
Sprache unterworfene soziale Organisation zwingend mit ein*, die zugleich das
Verhalten aller einem Sozialverband zugehörigen Menschen faktisch diszipliniert.

Viele Individuen umfassende, arbeitsteilige Gesellschaften basieren beim homo
sapiens auf dem sprachlichen Konstrukt von Zugehörigkeitsregeln, die zunächst
über Verwandtschaftsordnungen etabliert wurden. Sie regeln die Reproduktion von
Gesellschaften als Generationenfolge, die über eine mythische Gründungserzählung
zu einer zentralen Aufgabe der Gesellschaftsmitglieder gemacht, also institutionalisiert wird. Solche Gründungserzählungen werden dadurch zu einer sozialen
Realität, dass die Stammesmitglieder sie (ganz oder punktuell) rituell nachspielen.
In derartigen *Ritualen* zeigen Stammesmitglieder bestimmte Eigenschaften oder
Verhaltensweisen nicht nur von Menschen sondern z. B. auch von Tieren oder Göttern (ausführlich: Brock 2006: 193ff. sowie 362f. Vgl. weiterhin Gehlen 1986: 155ff.).
Das Darstellungsrepertoire wird damit von der Durchsetzung eigener Interessen
und Bedürfnisse weitgehend abgekoppelt[17]. Diese Variante des reentry bildet auch
noch die Grundlage heutiger arbeitsteiliger Gesellschaften. Sie wird von einer ganzen Reihe soziologischer Grundbegriffe aufgenommen wie Rolle, Position, Status,
Organisation, Institution. *Alle Möglichkeiten zur Organisation sozialer Differenzierung gehen auf das Praktizieren des reentry sprachlicher Bedeutungsgehalte zurück.*
Deswegen wurzeln auch die grundlegenden soziologischen Differenzierungsbegriffe
(segmentäre, stratifkatorische und funktionale Differenzierung) in der Fähigkeit der

---

16   Daher wird in der Linguistik die Frage diskutiert, ob die Hauptfunktion der Sprache
      nicht in der Kommunikation bestehe sondern Sprache zunächst einmal das Denken
      forme und strukturiere (vgl. z. B. Everett 2013: 341ff.).

17   Diese Grenze können unsere nächsten biologischen Nachbarn, Bonobos und Schim-
      pansen offenbar nicht überschreiten (vgl. Gehlen ebd. sowie implizit de Waal 1991).

Gesellschaftsmitglieder, sprachliche Bedeutungsgehalte zum Maßstab für eigene Verhaltensweisen zu machen.

Wenn man nun den Klassikern folgt und beide Welten, die Sinnwelt der Symbolsprache, wie die Welt des sozialen Miteinander aus der Perspektive des Individuums erfasst, dann landet man bei den Begriffen *Lebenswelt* und *Gemeinschaft*. Lebenswelt (vgl. KM: 176f.) erfasst die Einbettung des Individuums in eine ihm selbstverständlich gegebene und damit auch immer voraussetzbare Welt symbolischer und zugleich sozialer Bedeutungen (= Alltagspraxis des reentry), über die die Welt des faktischen sozialen Miteinander im Alltag organisiert werden kann. Den Begriff der Gemeinschaft (vgl. KM: 189ff.) möchte ich an dieser Stelle weder als Gegenbegriff zu Gesellschaft (Tönnies) noch in anderen spezifischen Bedeutungen benützen. Er soll vielmehr den schon in der gemeinsamen Sprachpraxis unterstellten *Aspekt der Selbstverständlichkeit und Unauflösbarkeit des faktischen sozialen Miteinander* begrifflich markieren.

Zusammenfassung

1. Nach der Soziobiologie sind im Laufe der Evolution von Lebewesen drei unterschiedliche Varianten des Sozialverhaltens entwickelt worden. Die menschliche Gattung entstammt einer dieser Varianten, bedient sich aber seit der Entwicklung der Symbolsprache auch der beiden anderen. Daher kann man in Eigenarten der Symbolsprache die soziokulturelle Grundlage menschlicher Sozialität vermuten.

2. Jede Symbolsprache operiert mit der Implikation, dass alles in ihr ausgedrückt werden kann. Sie unterstellt damit eine Sinn*welt* (Vollständigkeitsprämisse*)*. Erst auf dieser Grundlage können präzise Begriffe gebildet werden, die auch die Sprecher und ihr Verhalten (Sozialwelt) in die Sinnwelt miteinschließen. Die eigene Sprachpraxis zwingt daher die Sprecher und Hörer, ihr Verhalten den gebildeten Begriffen anzupassen (Zwang zur Selbstdisziplinierung, Zwang zum reentry). Dadurch wird eine kulturell gewollte Modellierung des menschlichen Verhaltens unter Darstellungsgesichtspunkten jenseits konkreter Interessen oder Bedürfnisse nach dem Muster von Ritualen möglich.

1.4   Kommunikative Spezialisierung: Differenzierung der Sinnwelt

In relativ direktem Zusammenhang mit dem Übergang auf die Symbolsprache sind aber auch neue Möglichkeiten der sozialen Organisation durch *kommunikative Spezialisierung* entstanden, die die Grundlage der Gesellschafts*entwicklung* bis heute bilden.

(a)   Die Fähigkeit zur thematischen Fokussierung bildet die praktische Grundlage jeglicher Form der gesellschaftlichen Evolution.

Die symbolsprachlich konstruierte Sinnwelt, die sich dem Einzelnen in der natürlichen Einstellung als fraglos gegebene Lebenswelt zeigt, weist unendlich viele sprachliche Differenzierungsmöglichkeiten auf, die im Fluss der Alltagskommunikation auf der Zeitachse sowohl alternativ wie auch sequentiell aufeinander folgend realisiert werden können. In diesem Fluss lebensweltlicher Kommunikation können thematische Verengungen fixiert werden, so dass sich eine Kommunikationsgemeinschaft auf die systematische Auslegung eines bestimmten Themenbereichs konzentrieren kann. *In dieser Fähigkeit zur thematischen Fokussierung sehe ich die Grundlage jeglicher Form der Evolution, Rationalisierung, Entwicklung, Komplexitätssteigerung des sozialen Miteinanders.*

,Themenbereich' ist eine deskriptive Formulierung dafür, dass sich eine Kommunikationsgemeinschaft darauf verständigt, nicht mehr im Rahmen der gesamten Welt sprachlicher Ausdrucksmöglichkeiten zu kommunizieren, sondern nur noch einen Ausschnitt, also eine Teilwelt, die ihrerseits wiederum Vollständigkeit beansprüchen kann, zum Gegenstand ihrer Kommunikation zu machen. So können wir uns beispielsweise mit der Welt der Farben, der Geräusche, der Düfte oder der Magie beschäftigen. Solange wir dies tun, ist unsere Aufmerksamkeit auf diesen Gegenstandsbereich fokussiert. Dass wir auch in solchen Fällen von ,Welt' sprechen, hat damit zu tun, dass jeder dieser Bereiche sich aus sich selbst erklärt, also ebenso auf der Vollständigkeitsprämisse basiert wie die Symbolsprache insgesamt. Nur deswegen sind wir beispielsweise der Überzeugung, jede spezielle Farbnuance immer durch Rückgriff auf andere Farben erklären zu können.

Solange wir uns beispielsweise mit der Welt der Farben beschäftigen, klammern wir andere Themen und Gegenstandsbereiche aus. Insofern verengt und spezifiziert sich unsere Kommunikation, die ja gerade durch ihre thematische Offenheit charakterisiert werden kann. Diesen Preis müssen wir bezahlen, um in dem ausgewählten Bereich ein höheres Maß an sprachlicher Präzision und damit auch an kommunikativer Verständigung erreichen zu können.

Diese *grundsätzliche Rationalisierungsmöglichkeit* unserer sprachlichen Verständigung wird in der Soziologie vor allem von zwei Konzepten erläutert, die jeweils unterschiedliche Aspekte hervorheben.

(b) Rahmung der Kommunikation

Als erstes Konzept ist Goffmans Begriff des *primären Rahmens* (KM: 186f.) zu nennen (Konzept Rahmenanalyse; Goffman 1993). Goffman geht es hier, wie auch bei den meisten seiner anderen Beobachtungen darum, *auf unbewusst bleibende Regeln der Kommunikation* aufmerksam zu machen. In gewisser Weise greift der Begriff des Rahmens die interaktionistische Tradition auf, bei der die ‚Definition der Situation' eine zentrale Rolle für die Erklärung des Sozialverhaltens spielt (vgl. z. B. Keller 2009: 30ff.). Während jedoch die Rede von der Situationsdefinition suggeriert, dass wir uns explizit darüber verständigen müssen, in welcher Situation wir uns gerade befinden, hebt Goffman darauf ab, dass wir immer in unserer Kommunikation/ Interaktion ganz spezifische ‚Situationen' *unterstellen* und *voraussetzen*, sodass Interaktionspartner eben bestimmte Äußerungen oder Verhaltensweisen nur dann korrekt verstehen können, wenn sie diese *Prämissen* korrekt nachvollziehen. Erst der gemeinsame kulturelle Hintergrund einer Sprachgemeinschaft ermöglicht diese sparsame und damit auch effektive Verwendung der Symbolsprache. Dieser Aspekt spielt in der neueren Linguistik eine erhebliche Rolle (Everett 2013; Tomasello 2002).

Man muss also immer wissen, worum es einem Sprecher gerade geht, um dessen Kommunikationen verstehen zu können. Das nachvollziehen können primärer Rahmen wird damit ebenso zu einer intersubjektiven Voraussetzung zwischenmenschlicher Verständigung wie die Symbolsprache selbst.

Ein solcher intersubjektiver ‚Rahmen' ist zum Beispiel die Regel, dass man im Großstadtleben andere Menschen als anonyme Andere behandelt, was einen direkten Blickkontakt oder ein unvermitteltes Ansprechen ausschließt, aber zugleich Regeln der Höflichkeit und der Rücksichtnahme miteinschließt. Ein weiteres klassisches Beispiel ist das Verlesen des Wetterberichts im Radio (Goffman 1993: 32). Wir können der Darstellung des Sprechers nur dann folgen, wenn wir wissen, dass hier ein Wetterbericht vorgelesen wird. Solche Rahmen kürzen die Kommunikation ab und erhöhen insofern ihre Effektivität. Was als Rahmen vorausgesetzt werden kann, muss nicht mehr erklärt werden. Mit der Komplexität der Gesellschaften wie der Kommunikation steigt die Anzahl der unterstellten Rahmen, die gewechselt, also *nacheinander* benutzt werden können.

Während in die direkte Face to Face Kommunikation neue Rahmen relativ einfach eingeführt werden können, ist der Wechsel des Rahmens dort schwieriger, wo er explizit festgelegt wird (Beispiel: Wetterbericht im Radio als Programmbestandteil). Wenn wir zum Beispiel einen Passanten direkt ansprechen, dann erklären wir in

der Regel den Wechsel der Rahmens und sagen zum Beispiel: „Entschuldigen Sie
bitte, ich kenne mich hier nicht aus. Können Sie mir sagen, wie ich zur XY-Straße
komme?" Beim Radiohören können wir dagegen nur das Programm wechseln und
uns damit für andere Rahmen wie zum Beispiel ein Hörspiel entscheiden oder wir
müssen abwarten bis der im Programm vorgesehene Rahmenwechsel erfolgt. Hier
ist die Rahmung also bereits zu einer festliegenden Voraussetzung geworden, die
die Differenzierung des Programmangebots ‚trägt'.

Goffmans Rahmenanalyse zeigt uns, dass zur primären Sozialisation, also zur
Vermittlung gesellschaftlicher Interaktions- und Handlungsfähigkeit deutlich
mehr gehört als nur die Beherrschung der Muttersprache. In jedem Falle muss der
Umgang mit solchen Rahmen hinzukommen. Wichtig ist darüber hinaus, dass die
Rahmung unserer Interaktion dem sozialen Wandel unterliegt bzw. als *Grundlage
für soziale Veränderungen* dient. Beispielsweise haben viele Beobachtungen von
Norbert Elias mit Veränderungen von Rahmen zu tun: etwa mit Veränderungen
im Umgang mit der Nacktheit des eigenen Körpers oder auch der Essenpraktiken
(Elias 1976; Band 1:110ff). Auch die „feinen Unterschiede" zwischen sozialen Klassen
haben vor allem mit klassenspezifischen Differenzen bei der Rahmung alltäglicher
Verhaltensweisen zu tun (Bourdieu 1987: 405ff). Die begrenzte Verbreitung der
Rahmung ist hier allerdings beabsichtigt, weil sie die Grundlage für jede Form so-
zialer Distinktion bildet. Gerade das macht es für Aufsteiger wie auch für Absteiger
so extrem schwierig, die in ‚fremden' sozialen Kontexten allenthalben lauernden
Missverständnisse und Peinlichkeiten zu umschiffen.

Über Goffmann hinausgehend möchte ich darauf aufmerksam machen, dass
auch wichtige Schritte in der Evolution kommunikativer Verständigung nur durch
die Etablierung primärer Rahmen erreichbar waren. Jede Kommunikation über
Lautgesten (z. B. bei Primaten) setzt voraus, dass der Bewegungsapparat nicht
nur zur Bewegung sondern auch zur Kommunikation verwendet werden kann.
Die Kommunikation über Lautgesten kann also nur gelingen, wenn ‚Sender' wie
‚Empfänger' unterstellen, dass eine Bewegung nicht nur in praktischer sondern auch
in kommunikativer Absicht erfolgen kann. Die Technik der Rahmung ist daher
vermutlich älter als die Symbolsprache und auch nicht auf menschliche Sozialität
beschränkt. Mit dem Übergang auf die Symbolsprache geht dagegen eine Rahmung
einher, die besagt, dass die artikulierten Laute die Kommunikation ‚tragen', während
Mimik und Gestik nur noch eine unterstützende Rolle einnehmen. Erst auf dieser
Grundlage können sich dann Rahmen, wie sie Goffman analysiert hat, entwickeln.

(c)   Lose Kopplung

Die zweite theoretische Referenz neben dem Rahmenbegriff von Goffman bildet
der *systemtheoretische Begriff der losen Kopplung*, auf dem u. a. Luhmanns Medien-

theorie aufbaut. Parallelen drängen sich schon deswegen auf, weil Medien ebenso wie Rahmen die Kommunikation effektivieren können.

Elemente können sowohl lose wie auch fest miteinander verkoppelt werden. Für den Sachverhalt der festen Kopplung benutzt Luhmann den Begriff ‚Form', während lose Kopplung als ‚Medium' bezeichnet wird. Nebeneinander liegende Sandkörner wären beispielsweise lose miteinander verkoppelte Elemente. Sie können aber nur als ‚Form' beobachtet und kommuniziert werden, z. B. als ‚Sandburg' oder als vom Meereswasser bewirkte ‚Ablagerungen' oder von den Winden hergestellte ‚Dünen'.

Diese Relation zwischen fester und loser Kopplung überträgt Luhmann auf den soziologischen Gegenstandsbereich und wendet sie insbesondere in seiner Medientheorie an. Auch hier ist „die Unterscheidung zwischen Form und Medium ... immer relativ: Nichts ist ‚an sich' Form oder Medium, sondern immer Medium in Bezug auf eine sich durchsetzende Form" (Baraldi u. a. 1997: 59). Jedes Medium kann immer nur über die Verwendung der manifesten Formen der Kommunikation reproduziert werden. Insofern sind Medien ebenso unsichtbar wie Rahmen. Dennoch haben gerade sie, also *die lose Kopplung von Elementen zu einem Möglichkeitsraum*, entscheidende Bedeutung. Dieser Aspekt spielt vor allem bei der Ausweitung von Wahlalternativen individualisierter Lebensführung eine zentrale Rolle (Kapitel 3).

Das Zustandekommen von loser Kopplung wird bei Luhmann nicht erklärt, sondern kann immer nur ex post konstatiert werden, wobei als historischer Trend unterlegt wird, dass immer weitere Medien auf bereits vorhandene ‚aufgesetzt' werden, sodass die Kommunikation immer voraussetzungsvoller und selektiver wird.

Auf das grundlegende Kommunikationsmedium Sinn ist im Prozess der Hominisation das Medium der Symbolsprache aufgesetzt worden, darauf wiederum das Verbreitungsmedium der Schrift und so weiter. Während Verbreitungsmedien die Reichweite der Kommunikation gesteigert haben, ist ein anderer Typus von Medien, die sogenannten Erfolgsmedien auf die Steigerung der Akzeptanz von Kommunikationen spezialisiert (vgl. unter 1.8).

Der gemeinsame Nenner dieser beiden theoretischen Zugänge besteht darin, *dass Kommunikation durch die Einführung zusätzlicher Regeln, die die Verwendung der Sprache spezifizieren, effektiver werden kann. Auf diesem Wege kann sowohl die Komplexität sprachlicher Verständigung wie auch der daran geknüpften Formen gesellschaftlicher Organisation gesteigert werden.* Während Goffmans Rahmenbegriff hierbei den Akzent darauf setzt, dass solche zusätzlich spezifizierenden Regeln alternativ verwendet werden (müssen), ist der Akzent in Luhmanns Medientheorie auf die Verkopplung solcher Regelsysteme und auf den Aspekt der Komplexitätssteigerung gerichtet.

Zusammenfassung

1. Der Gebrauch der Symbolsprache ermöglicht es, dass eine Gruppe von Menschen ihre Aufmerksamkeit auf ein bestimmtes Thema richtet und dadurch zu präziseren Unterscheidungen kommt. In dieser Möglichkeit sehe ich die Grundlage jeglicher Form von Entwicklung, Rationalisierung und spezialisierter Weltauslegung.
2. An diese Eigenschaft der Sprache knüpften vor allem zwei theoretische Konstrukte an: der Begriff des primären Rahmens (Goffman) und die Unterscheidung Medium/ Form (Luhmann). Deswegen eignen sie sich m. E. in besonderem Maße, um unterschiedlichste soziologische Beobachtungen zum Thema gesellschaftliche Entwicklung mit einander zu vergleichen und in Zusammenhang zu bringen.

1.5 Die Organisation gesellschaftlicher Leistungen durch explizite Rahmung: soziale Grundlagen der Arbeits- und Aufgabenteilung

In diesem Abschnitt geht es um Rahmen bzw. Medien als *soziale Grundlage von Formen der Arbeitsteilung*. Dabei werden sie zu soziale Arrangements, die die Bindung einer Person oder einer Gruppe von Personen an einen bestimmten Rahmen/ an eine „Teilwelt" *explizit* regeln. Rahmen werden in diesem Fall nicht mehr (wie implizite Rahmen) frei wählbar, sondern sie werden zu *expliziten* Voraussetzungen der Kommunikation/ Interaktion erklärt. Auf diese Weise kann Spezialkommunikation sozial verbindlich gemacht werden.

Klassische Beispiele für *explizite Rahmung* sind die Rollen- und die Berufsdifferenzierung, die innerbetriebliche Arbeitsteilung, Organisationen und Bürokratien. Die soziologischen Begriffe für Gesellschaftsdifferenzierung (segmentäre, stratifikatorische, funktionale Differenzierung, in räumlicher Hinsicht Zentrum und Peripherie) erfassen gesamtgesellschaftlich vorherrschende Muster solcher unterstützender sozialer Arrangements.

Um die Tragweite der Einführung expliziter Rahmen zu verstehen, ist es wichtig, sich klar zu machen, dass soziales Handeln sich grundlegend verändert, sobald es an expliziten Rahmen ausgerichtet wird. *Die explizite Rahmung macht aus sozialem Handeln nämlich eine gesellschaftliche Leistung.* Während soziales Handeln immer durch interpersonelle Verflechtungen dirigiert wird und an konkrete Personen adressiert ist, sich also immer noch im für Säugetiere typischen Spektrum individualisierter geschlossener Gesellschaften bewegt, wird es durch explizite Rahmung aus diesem Spektrum heraus gelöst.

Von *gesellschaftlichen Leistungen* spreche ich dann, wenn Handlungen durch explizite Rahmung *schematisiert* werden und genau *dieser Schematisierung ein gesellschaftlicher Wert zugeschrieben wird*, von dem tendenziell beliebige, *austauschbare Gesellschaftsmitglieder* profitieren können. Ebenso wird auch der Akteur als austauschbar angesehen, der solche ‚Leistungen' hervorbringt. Er wird zum ‚Leistungs-Träger'. Von diesem Leistungsaspekt berichten bereits die Beobachter von Ritualen in Stammesgesellschaften (vgl. v. a. Benedict 1955). In modernen Gesellschaften hat er allerdings eine umfassende Bedeutung gewonnen.

Über die explizite Rahmung wird beispielsweise aus selbstverständlicher gegenseitiger Unterstützung im Rahmen von Familie, Gruppe oder Nachbarschaft ‚Arbeit' oder aus spontanem körperlichen Bewegungsdrang ‚Sport'. Während soziales Handeln sich im momentanen Ergebnis erschöpft, und im lebensweltlichen Kontext durch Merkmale wie Handlungsroutine und ‚natürliche Einstellung' (Schütz) beschrieben werden kann, wird es als ‚Leistung' zur Manifestation, zum Selbstzweck, der von anderen vor allem auf Korrektheit (Benedict 1955) hin beobachtet wird.

Techniken der expliziten Rahmung und als gesellschaftliche Leistung angesehenes Handeln sind vermutlich erstmals in den magisch- religiösen Ritualen von Stammesgesellschaften entwickelt worden. Dass es sich dabei um eine ganz eigene soziale Sphäre handelt, hat vor allem Durkheim über die Unterscheidungen sakral –profan und heilig – alltäglich herauszuarbeiten versucht (Durkheim 1981). Diese Unterscheidungen weisen explizite religiöse Rahmungen von hoher sozialer Verbindlichkeit aus, in denen die Regeln des Alltags nicht mehr gelten dürfen.

Wenn aus selbstverständlichen Handlungen gesellschaftliche Leistungen werden, dann verändert sich auch das Verhältnis der Akteure zu ihrem Handeln. Die ‚natürliche Einstellung' (Schütz/ Luckmann 1975: 27ff.) mutiert in eine für Schauspieler charakteristische Haltung (vgl. Goffman 1983: 19ff.), die auf die ‚Qualität' der Darstellung achtet und sie auf eine gesellschaftliche ‚Wertdimension' bezieht. Das hängt damit zusammen, dass sich der gesellschaftliche ‚Wert' einer Handlung nicht in ihrem Effekt erschöpft, sondern vor allem darin besteht, dass das dargestellte Verhalten möglichst exakt vorgegebenen Maßstäben entspricht, die sich aus der Rahmung herleiten.

Auf eine besonders instruktive Art und Weise hat Ruth Benedict auf der Grundlage teilnehmender Beobachtungen die ‚Verwandlung' von Stammesmitgliedern eines Indianerstammes in Darsteller ritueller Handlungen nachgezeichnet und sie in direkten Zusammenhang mit den Erwartungen des Publikums an die Darsteller gebracht (vgl. Benedict 1955: 49ff.). Ihre Beobachtungen laufen darauf hinaus, dass es beim Ritual auf höchste Sorgfalt ankommt, die bei der Kleidung (Korrektheit der Kleidung und der Masken, z. B. Zahl und Größe der Federn) beginnt und sich auf die Frage konzentriert, ob und inwieweit die von den Darstellern gezeigten Verhaltensweisen den traditionellen Vorbildern entsprechen. Um diese ‚rituelle Sorgfalt' zu erreichen, schalten die Darsteller eine Phase der Konzentration und ‚inneren Sammlung' vor ihren Auftritt.

Solange der Bereich, in dem gesellschaftliche Leistungen erbracht werden, auf die *Weitergabe von Traditionen* und auf die Reproduktion der Generationenfolge im Kontext von Verwandtschaftsordnungen konzentriert bleibt, werden Gesellschaften durch segmentäre Differenzierung geprägt. Eine einheitliche Ordnung und ein auf die korrekte Tradierung der Rituale zugeschnittener Leistungsbereich lassen nichts anderes zu als die Ausbreitung und Systematisierung (Ritualordnung; Ritualkalender) der Traditionspflege.

Sobald es aber zum *Austausch unterschiedlich bewerteter Leistungen* kommt, wird die unterschiedliche Wertigkeit gesellschaftlicher Leistungen zur neuen Grundlage der Gesellschaft. Gesellschaften werden dann durch stratifikatorische Differenzierung geprägt. Der sog ‚Frauentausch' gegen Prestigegüter in patrilinearen Gesellschaften[18] und die stellvertretende Durchführung von wichtigen Ritualen gegen Alimentierung durch Priester, Könige, Schamanen oder Magier bildeten vermutlich den Einstieg in dieses Differenzierungsmuster (Brock 2006: 279ff.; Breuer 1982; Friedman 1975; Friedman/ Rowlands 1977). Da zwischen der differentiellen gesellschaftlichen Wertigkeit solcher Leistungen und unterschiedlicher persönlicher Wertigkeit nicht unterschieden werden konnte, sehen stratifikatorisch differenzierte Gesellschaften für ihre Mitglieder ständische Lagen vor, deren Grundstruktur auf eine Dreiteilung der Gesellschaft (vgl. Dumézil 1996) hinausläuft. Einen zahlenmäßig eher kleinen Stand bilden intellektuelle Eliten, die das magisch religiöse Wissen weiter geben und entwickeln (bei den Kelten z. B. die Druiden, im alten Indien die Brahmanen). Darunter existiert ein Kriegerstand, der auch politische

---

18 Nur in Gesellschaften mit männlicher Erbfolge (=patrilineare Gesellschaften) wechseln Frauen mit der Heirat in die Sippe des Ehemannes. Nach Lévy-Strauss sorgt dieses Exogamieprinzip für die Vermeidung von Inzest. Die Herkunftsfamilie der Frau verliert dabei aber ein wertvolles Mitglied. Zwar sorgen die Heiratsregeln dafür, dass sich diese ‚Verluste' langfristig ausgleichen, insofern spricht Lévy-Strauss von ‚Frauentausch'. Kurzfristig muss aber die Herkunftssippe durch einen ‚Brautpreis' für diesen Verlust von der aufnehmenden Sippe entschädigt werden. Als Brautpreise wurden ursprünglich Prestigegüter verwendet, die von den Sippenältesten akkumuliert werden. Da nicht zwischen dem Wert der Prestigegüter und dem der Besitzer unterschieden wurde, entsteht auf diesem Wege soziale Ungleichheit. In Stammesgesellschaften mit weiblicher Erbfolge (=matrilinear) ist dieser Mechanismus unbekannt, da die Ehefrauen wie die Ehemänner in der Sippe bleiben, in der sie geboren wurden.

Herrschaftsfunktionen ausübt, während die Mehrheit der Bevölkerung als dritter Stand für die materielle Reproduktion zu sorgen hat (Landwirtschaft, Handwerk, kaufmännische Tätigkeiten). Verachtete, als ,unrein' bewertete, Tätigkeiten wie z. B. das Gerben von Häuten werden oft von Gesellschaftsmitgliedern verrichtet, die noch unterhalb der ständischen Ordnung rangieren (im alten Indien die Parias; Weber 1972: 536f. Zur Kastenordnung vgl. Weber 1988a; Band 2: 122f.; Dumont 1976).

Damit diese Ordnung bereits vor einer möglichen Aufnahme von Kommunikation erkannt werden kann, wurde sie häufig durch äußerliche Merkmale wie Kleidung (z. B. sog. Kleiderordnungen; Bolte 1967: 320f.) oder Masken sichtbar gemacht. Für das einzelne Gesellschaftsmitglied bildete die Standesehre einen die gesamte Lebensspanne umgreifenden und auch den Alltag weitgehend mit einschließenden Rahmen. Je nach Stand unterschieden diese Ehrbegriffe zwischen dem, was sich für die intellektuelle Elite, die Kriegeraristokratie bzw. das körperliche Arbeit verrichtende Volk ziemte bzw. nicht ziemte. Ausgeschlossen waren vor allem die Tätigkeiten und Ideale der anderen Stände. So sollte sich für das arbeitende Volk weder mit Wahrheitsfragen zu beschäftigen noch nach politischer Herrschaft zu streben. Beides wäre in höchstem Maße als frevelhaft, als Versündigung an einer gleichermaßen naturgegebenen wie göttlichen Ordnung angesehen worden. Deswegen wurden beispielsweise Rebellionen des dritten Standes mit besonderer Härte und Grausamkeit verfolgt (z. B. bei der Niederschlagung der Bauernaufstände im 16. Jh. im deutschen Reich; vgl. Zimmermann 1952).

Diese Logik der Rahmung wurde erst in der Frühmoderne durch eine ganze Reihe von Entwicklungen aufgebrochen wie der Monetarisierung der Kriegsführung in Zusammenhang mit der Einführung von Feuerwaffen (KM: 233ff.), der Reformation und des damit einhergehenden Problems des Zusammenlebens einer konfessionell heterogenen Bevölkerung, der allmählichen Durchsetzung der Geldwirtschaft, der Renaissance usw. Diese vielschichtigen Entwicklungen führten vor allem dazu, dass sich gesellschaftliche Leistungen nicht mehr in einen einheitlichen Ordnungsrahmen einfügen geschweige denn, sich aus ihm ableiten ließen. An die Stelle einer allumfassenden institutionellen Ordnung traten daher speziellere Rahmen, die immer nur einen bestimmten Gegenstandsbereich umfassen und ihn auf eine flexible, permanent für Innovationen offene Art und Weise ordnen. Das wird in der Soziologie unter den Begriff der funktionalen Differenzierung gebracht.

Damit das besser verständlich wird, erläutere ich die damit verbundene Veränderung der Rahmungslogik beispielhaft für die seit dem 14. Jh. in Europa einsetzende Modernisierung der Kriegsführung. Da die wesentlichen Entwicklungen bereits an anderer Stelle (KM: 251-255) dargestellt wurden, kann ich mich kurz fassen. Im Mittelalter war Kriegsführung eine Angelegenheit der Kriegeraristokratie – Ritterheere kämpften gegeneinander. Angehörige des 3. Standes waren nur insoweit beteiligt, als sie in einem Abhängigkeitsverhältnis ('Hörige') zu den an den Kriegshandlungen beteiligten Rittern standen. Die Ritter ihrerseits befanden sich in einem Abhängigkeits- und Treueverhältnis zum politischen Oberhaupt (König) und leisteten dem Heerführer Gefolgschaft – das gehörte zur Standesehre. Die militärische Macht hing also von der Zahl der abhängigen Adligen, ihrer wirtschaftlichen Prosperität und von ihrer Bereitschaft zur Heeresfolge ab. Auf dieser sozialen Grundlage kam z. B. der Sieg Ottos des Großen gegen die Ungarn im Jahr 955 zustande.

Vor allem die seit dem 14. Jh. kontinuierlich wachsende Bedeutung der Feuerwaffen, die den Gegner nicht im ritterlichen Zweikampf sondern aus der Distanz töteten und daher mit der Standesmoral der Kriegeraristokratie nicht zu vereinbaren waren, zerstörte diese Grundlage weitgehend. Von nun an hing die militärische Macht von der Verfügung über hohe Geldsummen ab, die benötigt wurden, um Soldaten ('Landsknechte') anzuwerben und möglichst viele und leistungsfähige Waffen zu kaufen. Die Heeresfolge war nicht mehr eine Frage der Standesehre, sondern der Bezahlung und der Bereicherungschancen (Plünderung). Daher waren die Kriegsparteien zunächst häufig chronisch pleite und von Geldverleihern abhängig, wie z. B. die Habsburger, die ihre amerikanischen Kolonien an Gläubiger (Stichwort: Jakob Fugger, der Reiche) verpfänden mussten. Erst über Strategien der systematischen Steigerung der Staatseinnahmen wie den Merkantilismus konnte die Umstellung auf das Geldmedium stabilisiert werden.

An diesem Beispiel ist soziologisch interessant, *dass eine explizite normative Rahmung der Heeresfolge* (Standesehre, Treueverhältnis, persönliche Loyalität) *durch das Geldmedium ersetzt wird*. Auch wenn de facto Söldner aus dem Kreis der aus der Ständegesellschaft herausgefallenen Bevölkerung rekrutiert (Pöbel, Bettler usw.) wurden, wird durch das Geldmedium vom Prinzip her die Heeresfolge sozial geöffnet – jeder, für den ein Sold- und Plünderungsangebot attraktiv ist, kann sich dafür entscheiden, muss aber nicht. Ob soziale Bindungen zustande kommen, wird zu einer Frage des Kalküls.

Von funktionaler Differenzierung als einem dominanten gesellschaftlichen Strukturprinzip kann dann gesprochen werden, wenn Leistungsbereiche mit Hilfe solcher Erfolgsmedien voneinander unterschieden werden können und wenn jeder Leistungsbereich durch 'sein' Erfolgsmedium strukturiert wird. D. h. vor allem, dass diese Medien die weiteren expliziten Rahmungen durchdringen – genau dadurch unterscheidet sich dann beispielsweise die Organisationsstruktur eines Forschungsinstituts von der eines Industriebetriebs.

Zusammenfassung

1. Die in der Symbolsprache enthaltene Möglichkeit der thematischen Fokussierung kann durch explizite Rahmung auf Dauer gestellt und zur Grundlage von Formen der Arbeitsteilung gemacht werden.

2. Handlungen nehmen unter den Bedingungen expliziter Rahmung den Charakter gesellschaftlicher Leistungen an. Sie werden schematisiert, gewinnen gesellschaftliche Wertigkeit. Ihre ‚Aufführung' verlangt vom Akteur rituelle Sorgfalt.

3. Grundmuster der expliziten Rahmung verändern sich mit dem vorherrschenden Differenzierungsmuster. In segmentär differenzierten Gesellschaften geht es um die Reproduktion des traditionellen Wissens über Rituale. Erst in stratifikatorisch differenzierten Gesellschaften ist die explizite Rahmung zum Kernelement einer arbeitsteiligen Gesellschaft geworden. Gesellschaftliche Leistungen werden unterschiedlich hoch bewertet und direkt mit der sozialen Wertschätzung der sie erbringenden Akteure verbunden. Dieser Zusammenhang löst sich in funktional differenzierten Gesellschaften auf, weil hier die explizite Rahmung an allgemein nutzbare Erfolgsmedien geknüpft ist.

1.6   Die soziale Reichweite des vorrangigen Differenzierungsmusters

Wie weit reichen solche vorrangigen Differenzierungsmuster? Ordnen sie die gesamte Gesellschaft oder nur einen Teilbereich?

Bei dieser Frage herrschte schon bei den Klassikern große Unklarheit. Bei Weber wie in Durkheims Spätwerk werden Bereiche analysiert, die nicht durch ein Differenzierungsmuster definiert sind, aber von ihm tangiert werden: Lebensführung (Weber) bzw. profaner Lebensbereich (Durkheim). Dagegen nehmen Parsons wie auch Luhmann an, dass Differenzierung einer von vier bzw. drei grundlegenden dynamischen Faktoren ist[19], die die *gesamte* Gesellschaft durchdringen. Für beide

---

19 Parsons unterstellt eine wechselseitige Durchdringung von vier Tendenzen: Standardanhebung durch Anpassung, Differenzierung, Wertgeneralisierung und Integration (vgl. KM: 81). Luhmann geht in einer dreidimensionalen Theoriearchitektur von der wechselseitigen Durchdringung von Differenzierung, Kommunikation/Medien und evolutionären Mechanismen aus (vgl. KM: 125).

alternativen Positionen sprechen jeweils gute Argumente, so dass wahrscheinlich nur sozialhistorische Konkretisierungsversuche weiter führen. Wenn man drei Grundtypen unterscheidet, segmentär, stratifikatiorisch und funktional differenzierte Gesellschaften, dann zeigt sich, dass die Reichweite des Differenzierungsmusters je nach Typ variiert, so dass nur auf dieser Ebene allgemeine Aussagen möglich zu sein scheinen.

Für segmentär differenzierte Gesellschaften gilt: Das Verwandtschaftssystem durchdringt als grundlegendes Differenzierungsmuster zwar die gesamte Gesellschaft, verbindliche Rahmungen generiert es jedoch nur für den rituellen (bzw. sakralen: Durkheim) Bereich. Das Alltagsleben wird davon zunächst nicht tangiert (vgl. exemplarisch Sahlins 1972:). In komplexeren Stammesgesellschaften mit Ackerbau und Viehzucht sind zwar deutliche Geländegewinne der rituellen Praktiken zu erkennen, aber es bleibt immer eine Grenze zwischen rituell vorgeschriebenen Praktiken und einem davon unberührten Alltagsleben.

Genau diese Grenze fällt aber in stratifikatorisch differenzierten Gesellschaften über die Grundannahme einer unterschiedlichen Wertigkeit der Gesellschaftsmitglieder, die an deren Praktiken bis hin zur Kleidung abgelesen werden kann. Zugleich reproduzieren diese Praktiken aber auch eine Ungleichheitsordnung, die auch das Alltagsleben völlig durchdringt (was man z. B. an der indischen Kastenordnung erkennen kann). Allerdings rebellieren die in stratifikatorisch differenzierten Gesellschaften entstandenen großen Weltreligionen gegen diese hermetische Ungleichheitsordnung. Sie setzen an die Stelle eines sozial zugewiesenen Status religiöse oder moralische Heilswege, für die sich Menschen unabhängig von dem ihnen zugewiesenen Status entscheiden können. Sie zielen auf die Lebensführung der Gläubigen, die sie von den Imperativen der herrschenden weltlichen Ordnung loslösen soll (vgl. Weber 1988a).

Durch funktionale Differenzierung geprägte Gesellschaften lösen den Zusammenhang zwischen unterschiedlichen Tätigkeiten und unterschiedlicher sozialer Wertigkeit der Gesellschaftsmitglieder wieder auf. Sie kennen neben den gesellschaftlichen Funktionsbereichen einen Bereich, den die Funktionsbereiche samt den zugehörigen Medien nicht ordnen sondern nur beeinflussen können. Je nach Fragestellung und Beobachtungsstandpunkt kann er als Privatsphäre, Lebenswelt, Bereich individueller Lebensführung bezeichnet werden. Das liegt daran, dass sich die Gesellschaftsmitglieder zumindest für die Leistungsrollen in den Funktionssystemen entscheiden müssen – die Mobilisierung der Gesellschaftsmitglieder für die Erbringung von Leistungen in den Funktionssystemen ist also in ähnlicher Weise entscheidungsabhängig geregelt wie die Beteiligung an den Weltreligionen.

Zusammenfassung

Während in stratifikatorisch differenzierten Gesellschaften die explizite Rahmung und damit der Leistungscharakter von Handlungen das gesamte gesellschaftliche Zusammenleben durchdringen, kennen funktional differenzierte Gesellschaften einen davon unberührten Bereich der mit den Begriffen Privatsphäre, Lebenswelt, individuelle Lebensführung umrissen werden kann.

1.7 Lebensführung versus Spezifizierung von Leistungen – zwei grundlegende Pfade gesellschaftlicher Entwicklung

Für funktional differenzierte moderne Gesellschaften können wir daher ganz grundsätzlich zwei unterschiedliche Pfade gesellschaftlicher Entwicklung erkennen und voneinander abgrenzen.

Eine grundlegende Möglichkeit gesellschaftlicher Entwicklung wird immer vom individuellen Willen direkt gesteuert. Anknüpfend an die mit der Symbolsprache gegebene Möglichkeit des Themenwechsels kann sich jedes Gesellschaftsmitglied für eine bestimmte Lebensphase oder auch für sein weiteres Leben für eine bestimmte thematische Fokussierung entscheiden. Es kann Neigungen entwickeln und ausleben, sich auf bestimmte Tätigkeiten konzentrieren, sich für eine religiöse oder politische Botschaft entscheiden usw. Auf diese Weise spezifiziert es *seinen Bezug auf den lebensweltlichen Kontext durch Formen der impliziten Rahmung.* Wenn jemand die in der symbolsprachlichen Kommunikation entwickelte Technik der thematischen Fokussierung (siehe oben) auf sein gegenwärtiges und sein zukünftiges Leben anwendet, dann dirigiert er seine Aktivitäten in eine bestimmte Richtung. Auf eine derartige Art der Fokussierung hebt der Begriff *Lebensführung* ab.

Diese thematische Fokussierung (in Form von Interessen, Neigungen, Überzeugungen) kann auf direkte oder auf eine reflexive Art und Weise die verfügbaren Ressourcen (primär: disponible Lebenszeit sowie verfügbare Erfolgsmedien) binden. Direkte Bindung liegt dann vor, wenn man sich für wichtige Dinge Zeit nimmt und/oder dafür Geld ausgibt. Sie ergibt sich ebenso, wenn man das durchsetzt, was einem wichtig ist. Werden solche Bindungen in einer Art *Lebensmethodik* realisiert, dann kann man von einer reflexiven Art und Weise der Ressourcenbindung sprechen. Das bekannteste Beispiel für eine solche Lebensmethodik liefert Webers Analyse der methodisch-rationalen Lebensführung der Anhänger des asketischen

Protestantismus (KM: 50ff.), deren weitere Schlüsselbegriffe ‚innerweltliche Askese‘ und ‚Berufsmenschentum‘ ebenfalls darauf abheben, dass hier das gesamte Leben systematisch im Hinblick auf die eigenen Glaubensüberzeugungen effektiviert wird (= effektive Nutzung der disponiblen Lebenszeit zum religiös motivierten Gelderwerb; KM: 54f.). Dieser Modernisierungsstrang ist Thema des dritten Kapitels.

Der *zweite* grundlegende Entwicklungspfad ist dagegen institutioneller Natur: Gesellschaften konstruieren und fixieren *explizite* Rahmen. Dies sichert eine spezialisierte Bewältigung wichtiger gesellschaftlicher Aufgaben dadurch, dass konkrete Personen auf diese expliziten Rahmen verpflichtet werden. So kann die personelle Besetzung derartiger Positionen dauerhaft organisiert (Rekrutierung, Entlohnung etc.) werden. Auf diese Weise organisieren Gesellschaften die Erbringung spezialisierter Leistungen – unabhängig von der persönlichen Motivation der Spezialisten. Solche expliziten Rahmen können sowohl auf die Lebenszeit von Gesellschaftsmitgliedern (Stichwort: Institutionalisierung des Lebenslaufs; vgl. Kohli 1989; Alheit 1983) wie auf verfügbare Ressourcen direkt und verbindlich zugreifen und so konkret definierte gesellschaftliche Leistungen direkt organisieren (Beispiele: Alphabetisierung/ Bildung oder militärische Sicherheit) oder sie können in Form von Erfolgsmedien auf eine abstraktere Art und Weise institutionalisiert werden.

Zusammenfassung

Für moderne, funktional differenzierte Gesellschaften ist von zwei unabhängigen Entwicklungspfaden auszugehen: einem durch explizite Rahmung ausgeflaggtem, institutionellen Leistungsbereich und einem implizit gerahmten Bereich je individueller Lebensführung.

1.8 Die Modernisierung des gesellschaftlichen Leistungsbereichs und das Problem sozialer Ordnung

Wenn es so etwas wie ein Schlüsselthema gegeben hat, an dem sich die Soziologie und ihre historischen Vorläufer abgearbeitet haben, dann an der Frage, wieso und auf welcher Grundlage moderne Gesellschaften permanenten sozialen Wandel hervorbringen und dennoch zugleich ein Potential für Ordnung und soziale Integration aufweisen. An der Frage, ob moderne Gesellschaften Ordnung und soziale Integration aus sich heraus bewirken können, oder ob dazu gezielte Eingriffe in das Gesellschaftsgefüge erforderlich seien schieden sich die Geister bis ins frühe 20. Jahrhundert hinein. Während unter dem Einfluss des Liberalismus (exemplarisch Adam Smith) wie auch der Evolutionstheorie (exemplarisch Herbert Spencer) beides miteinander vereinbar erschien, hielten vor allem französische Sozialtheoretiker und auch der von Ihnen stark beeinflusste Marxismus lange an der Notwendigkeit einer gezielt herbeigeführten Sozialintegration fest, sei es durch eine neue Religion (Saint-Simon, Comte), durch revolutionäre Veränderungen (Proudhon, Marx) oder durch Kultivierung integrativer Formen der Vergesellschaftung (Durkheim 1992; vgl. auch: Jonas 1968; Klages 1969; Korte 1992).

Die Skepsis gegen die Integrationsfähigkeit moderner Gesellschaften kann nicht überraschen, wenn man bedenkt, dass unter den Bedingungen vormoderner Gesellschaften die ganze Alltagserfahrung der Gesellschaftsmitglieder darauf hinauslief, dass gesellschaftliche Ordnung und sozialer Wandel miteinander unvereinbare Prozesse waren. Allerdings wurden bereits sehr früh Analysen angestellt, die zeigten, dass moderne Gesellschaften auch ein eigenes Ordnungspotential geschaffen hatten, weil sie an die Stelle festliegender und unantastbarer Formen der gesellschaftlichen Integration Möglichkeitsräume für soziale Ordnung eröffnet hatten, aus denen man sich flexibel bedienen konnte.

Ein historisches Dokument für einen derartigen Wandel im Verständnis von Macht ist Machiavellis ‚il principe'. In heutiger soziologischer Terminologie ausgedrückt propagiert dieses um 1513 verfasste Werk *eine Sichtweise von Macht als ein universelles Erfolgsmedium*. Schon aufgrund der Nähe des Autors zu einigen Medici-Herrschern spricht alles für die These, dass der Diplomat Machiavelli nur eine bereits in Florenz und anderen italienischen Staaten gängige Praxis zu systematisieren versucht hat. Machiavelli geht es um den genau kalkulierten Machtgebrauch, über den Herrscher – unabhängig von ihrer Herkunft und unabhängig von der Staatform – ihre Herrschaft stabilisieren und zugleich größtmögliche Wirkungen erzielen können. Nur dadurch könne, so die normative Prämisse des Autors, die Befreiung Italiens von den ‚Barbaren' und sein politischer Wiederaufstieg erreicht werden (vgl. Machiavelli 1982).

Machiavelli zeichnet ein Bild des modernen Herrschers, für den traditionelle Formen der Herrschaftsausübung und der standesgemäßen Lebensführung keine Bedeutung mehr haben. An die Stelle der Tradition tritt ein genau kalkuliertes Operieren mit Macht. Macht solle instrumentell verwendet werden, um einen größtmöglichen Effekt zu erzielen. Daher müssten Herrscher die gesamte Klaviatur des Machtgebrauchs kennen und ihre Machtmittel je nach den momentanen Erfordernissen einsetzen.

Zum Gebrauch von Macht als Erfolgsmedium gehört auch, dass man die Grenzen des Mediums kennt, also auch weiß, wo man mit Macht entweder nichts ausrichten oder keine effektiven Wirkungen erzielen kann. Solche Grenzen wurden im weiteren Verlauf des 16. Jhs. in den auf die Reformation folgenden blutigen Auseinandersetzungen um das religiöse Bekenntnis der Bevölkerung ausgetestet. Hier wird allmählich sichtbar, dass man zwar bestimmte rituelle Handlungen erzwingen kann, aber nicht den Glauben an eine bestimmte Religion. Erzwungene religiöse Handlungen können nur Heuchelei, aber keine religiösen Überzeugungen hervorrufen (vgl. Holmes 1985).

Solche Entwicklungen werden erkennbar, wenn man mit den begrifflichen Mitteln der *soziologischen Medientheorie* auf die Sozialgeschichte blickt. *Sie hat sich als soziologische Antwort auf die Leitfrage nach dem Zusammenhang zwischen sozialem Wandel und gesellschaftlicher Ordnung allmählich herauskristallisiert.* Einige wesentliche Schritte wollen wir nun kurz rekapitulieren und uns am Ende dieses Abschnitts dann mit der elaboriertesten Version, Luhmanns Theorem der Erfolgsmedien, ausführlicher auseinander zu setzen.

Seit Weber ist das Augenmerk der soziologischen Theorie moderner Gesellschaften darauf gerichtet, die dynamische Ordnungskraft der gesellschaftlichen Funktionsbereiche zu verstehen. Da von einem Primat funktionaler Differenzierung ausgegangen wird, wird weiter unterstellt, dass innerhalb jedes Funktionssystems ein spezifisches Erfolgskriterium existiert, an dem erfolgsorientiertes Handeln jeweils orientiert werden kann. Auf diese Weise ergibt sich das Konzept einer arbeitsteiligen modernen Gesellschaft, die von ausdifferenzierten und für alle Gesellschaftsmitglieder prinzipiell zugänglichen gesellschaftlichen Funktionsbereichen getragen wird, in denen sowohl gesellschaftliche Leistungen wie gesellschaftliche Ordnung erzeugt wird. Wie diese neuartige dynamische Verhaltensfestlegung in den Funktionssystemen genauer zu verstehen ist, war eine der Herausforderungen, unter der die soziologischen Klassiker moderne Gesellschaften analysiert haben.

Eine erste wegweisende Antwort lieferte Durkheim mit seinem Konzept sozialer Arbeitsteilung (vgl. ausführlicher KM: 32-40). Sein Vergleich zwischen der Ordnung segmentär und funktional differenzierter Gesellschaften ergab, dass die Solidarität in den segmentär differenzierten Stammesgesellschaften darauf beruht, dass für Alle die gleichen Verhaltenserwartungen gelten, so dass jede Abweichung als bedrohlich empfunden und mit Rache beantwortet werden muss (mechanische Solidarität, Sanktionen nach dem Muster des Strafrechts; Prinzip Rache). Dagegen erzeuge die Arbeitsteilung/ segmentäre Differenzierung in modernen Gesellschaften Gefühle wechselseitiger Abhängigkeit von den Resultaten andersartiger Tätigkeiten (=organische Solidarität), was sowohl zu einer Differenzierung der institutionellen

Verhaltensfestlegung wie auch einer rationaleren Beurteilung (Modell Vertragsrecht) und Sanktionierung (Modell: Resozialisierung) abweichenden Verhaltens führe.

Durkheims Antwort zeigt, dass er auch für moderne Gesellschaften am Modell einer allgemein verbindlichen institutionellen Verhaltensfestlegung festhält. Es sei nicht nur weitgehend verrechtlicht, sondern auch über moderne Rechtsgebiete wie das Vertragsrecht rationalisiert und liberalisiert worden. Aber auch das moderne Recht kenne von der gesamten Gesellschaft getragene Sanktionen.

Einen ersten Versuch, sich vom Modell einer starren gesellschaftlichen Verhaltensfestlegung zu lösen, unternahm Max Weber. In seinem allerdings nur skizzenhaft (vgl. Weber 1988: 1-12) präsentierten Theorem einer durch eine ‚Differenzierung der Wertsphären‘ geprägten modernen Gesellschaft (KM: 60ff.) tritt die Orientierung an kulturell konstruierten Ordnungen an die Stelle einer autoritativen gesellschaftlichen Verhaltensfestlegung. Dieses Verständnis moderner Gesellschaften geht letztlich auf seine religionsgeschichtlichen Studien zurück (vgl. Weber 1988a: 544ff.). Dort war er darauf gestoßen, dass die Weltreligionen an die Stelle der Magie formal rationale *Begründungssysteme* (Tendenz zur Dogmatisierung) entwickelt hatten, die religiöse Grundfragen, v. a. das Theodizeeproblem (vgl. KM: 53), argumentativ beantworten. Solche Begründungstechniken kultureller Ordnungen sind deswegen wichtig, weil wir unser Handeln an ihnen wegen ihrer argumentativen Schlüssigkeit (Weber 1988a; Band 1: 537) orientieren.

Während in vormodernen Gesellschaften einheitliche, religiöse oder ethische Begründungssysteme entwickelt wurden, haben sich in modernen Gesellschaften fünf Bereiche mit je spezifischer Ordnung ausdifferenziert.

Weber kann in der Differenzierung der Wertsphären allerdings nur ein zivilisatorisches Problem des modernen Individuums, den „modernen Polytheismus", erkennen (KM: 63ff.). Es besteht darin, dass die Lebensführung immer nur an *einer* Ordnung orientiert werden kann, die *einer* Wertsphäre zugehört. Moderne Gesellschaften kennen aber fünf nicht aufeinander reduzierbare, nebeneinander existierende Wertsphären.

Weber verkennt, dass diese Mehrdimensionalität auf der Ebene des Sollens, der expliziten Rahmung, also der *gesellschaftlichen* Verhaltensfestlegung, entstanden ist und unabhängig vom menschlichen Willen existiert. Anders als der Polytheismus und religiöse Ordnungskonzepte generell muss nämlich funktionale Differenzierung nicht gewollt werden, um fortbestehen zu können.

Als der eigentliche *Entdecker der Erfolgsmedien* kann *Parsons* angesehen werden. Er spricht von Austauschmedien, über die die Teilsysteme moderner Gesellschaften in andere Teilsysteme hinein wirken: das Wirtschaftssystem erreicht dies über das Geld, das politische System über Macht, die gesellschaftliche Gemeinschaft über Einfluss und das Treuhandsystem über Wertbindung (KM: 71ff.; vgl. weiterhin

Graphik 4: 85)[20]. Für die Integration *innerhalb* der Teilsysteme sorgen nach Parsons dagegen integrative Muster (KM: 83f.): der Markt im Wirtschaftssystem, das Recht im politischen System, das Vereinigungsmuster in der gesellschaftlichen Gemeinschaft und die bürokratische Organisation im Treuhandsystem.

Da Parsons Gesellschaften grundsätzlich als Zusammenhang integrierter Handlungssysteme analytisch erfasst (KM: 68ff.), deren Grundstruktur festliegt (weswegen das AGIL-Schema immer gilt) und sich im Verlauf der historischen Entwicklung nur verfeinert (Prinzip der immer weiter gehenden Differenzierung), kann er Veränderungen nur im Zusammenspiel der Funktionssysteme (Austauschmedien) und in den strukturellen Grundbausteinen (integrative Muster) erkennen. Den Ansatz zu einer soziologischen Theorie der Erfolgsmedien sehe ich in der den Austauschmedien zugeschriebenen Fähigkeit *Akzeptanz zu exportieren*, also dort zu erreichen, wo sie nicht sozial hergestellt wurde.

Erst Luhmann hat diesen Gesichtspunkt durch die Unterscheidung einer spezifischen Art von Medien nämlich der ,symbolisch generalisierten Kommunikationsmedien' bzw. der ,Erfolgsmedien' (beide Begriffe verwendet er synonym) hinreichend verallgemeinert. Das liegt daran, dass er in jeder seiner drei soziologischen ,Teiltheorien' (KM: 125ff.), also sowohl in der Evolutions- wie der Differenzierungs- wie der Medientheorie, die moderne Gesellschaft als entscheidenden Dynamisierungsschritt begrifflich fixiert. Neben den Erfolgsmedien in der Medientheorie konstatiert er in der Evolutionstheorie, dass Variation und nicht mehr die identische Wiederholung einer Kommunikation zur grundlegenden Operation in allen Funktionssystemen geworden sei. In der Differenzierungstheorie hält er daher den Übergang zum Typus der modernen Gesellschaft als Primat funktionaler Differenzierung fest.

Die Erfolgsmedien fungieren dabei als ein zentrales Bindeglied, das von den Verbreitungsmedien Schrift und Buchdruck ausgehende Impulse in funktionale Differenzierung umsetzt. Sie bilden für Luhmann eine *leistungsfähigere Alternative zur „üblichen normativen Absicherung des Zusammenhalts der Gesellschaft"*, weil sie „in Mehrzahl" (Luhmann 1997: 316f.; Hervorhebung D.B.) den schwierigen gesellschaftlichen Zusammenhalt zu Problembereichen spezifizieren und je spezifische Sinnangebote machen. Nur aufgrund dieser Differenzierung seien sie in der Lage, unter den Bedingungen hoher gesellschaftlicher Komplexität gesellschaftlichen Zusammenhalt zu organisieren. Erfolgsmedien, deren Codes besonders gut operativ handhabbar sind (Stichworte: Technisierung, Präferenzcodes, Zweitcodierung; vgl.

---

20 Habermas 1981 (Band 2; 384ff.) hat zu Recht darauf hingewiesen, dass nur Macht und Geld unabhängig von sprachlicher Verständigung als Austauschmedien fungieren können. Einfluss und Wertbindung sind dagegen Generalisierungen, die immer an sprachliche Verständigung gebunden bleiben.

Baraldi u. a. 1997: 190ff.), geben wichtige Anstöße zur Durchsetzung der funktionalen Differenzierung, die wiederum das Evolutionstempo erhöht.

Ich gehe auf Luhmanns Erfolgsmedien etwas ausführlicher ein, weil hier der Gedanke einer flexiblen, von den Akteuren dezentral hergestellten Ordnung am sorgfältigsten ausgearbeitet ist. Was sind Erfolgsmedien? „Eine Kommunikation hat Erfolg, wenn ihr Sinn als Prämisse weiteren Verhaltens übernommen wird" (Luhmann 1997: 357), also daran anschließende Kommunikationen konditioniert. Dieser Bindungen erzeugende Sinn steht nicht definitiv fest, sondern wird durch Selektion einer konkreten Form aus einem durch das Erfolgsmedium fixierten Möglichkeitsraum gewonnen (zur Beziehung Medium – Form vgl. Luhmann 1997: 190ff.). Diese Selektion soll trotz hoher Unwahrscheinlichkeit angenommen werden und daran anschließenden Kommunikationen als Voraussetzung dienen, so dass eine selbstreferentielle Schließung (Kriterium für Autonomie in operativer Hinsicht; vgl. Luhmann 2002: 77f.) im Möglichkeitsraum des jeweiligen Erfolgsmediums erreicht werden kann.

Was damit konkret gemeint ist, kann am einfachsten an einem Beispiel demonstriert werden: Ein Händler preist auf dem Basar eine Ware zu einem bestimmten Preis an. Der genannte Preis ist in Luhmanns Terminologie eine *Form* aus dem Möglichkeitsbereich des Erfolgsmediums Eigentum mit der Zweitcodierung Geld. Der Händler erzielt einen medienspezifischen Bindungseffekt, wenn ein vorbei kommender Tourist stehen bleibt und Interesse am Erwerb dieser Ware zeigt. Wenn nun über den Preis gefeilscht wird und am Ende der Tourist kauft oder nicht kauft, dann bleibt die Kommunikation immer im Bereich des Erfolgsmediums Geld (=selbstreferentielle Schließung), beide setzen die Käuflichkeit der Ware als verbindliche Rahmung ihrer Kommunikation voraus und versuchen sich auf einen Preis (= Form) zu einigen. Alle anderen Kommunikationsmöglichkeiten blenden sie aus. Wenn sie sich auf einen Preis einigen können, kommt der Positivwert des medienspezifischen Codes, nämlich ‚zahlen', zur Anwendung – andernfalls der Negativwert ‚nicht zahlen'.

Damit haben wir bereits eine wichtige Eigenschaft des Geldmediums kennen gelernt: Es ist binär codiert, wobei nur der Positivwert die gemeinsame Kommunikation motiviert[21]. In unserem Beispiel wird das daran deutlich, dass sich der Händler

---

21 Der Begriff ‚motiviert' bezieht sich nicht auf Personen, sondern auf soziale Systeme. Wie an anderer Stelle erläutert wird (KM: 118), geht es Luhmann immer nur um soziale Systeme, in deren Operation (=Kommunikation) die psychischen Systeme nicht direkt involviert sind. Wenn in Luhmanns Sprache die Selektion eines Positivwerts ‚motivieren' soll, dann ist damit gemeint, dass einschlägige Anschlusskommunikationen zustande kommen sollen. In unserem Beispiel zeigt der Händler die Ware, preist sie als besonders wertvoll an und nennt dann einen ‚günstigen' Preis. Ob der direkt angesprochene Tourist

vom potentiellen Käufer meist sehr abrupt abwendet, wenn er merkt, dass er gar nicht kaufen will, sondern nur das Feilschen ausprobieren möchte. Der Negativwert ‚nicht zahlen' kann also nicht zur Fortsetzung der Kommunikation motivieren. Luhmann kennt folgende Erfolgsmedien: Wahrheit, Werte, Liebe, Eigentum/ Geld, Kunst, Macht/ Recht (vgl. Luhmann 1997; 336). Diese Liste erinnert frappierend an Webers Wertsphären:

Luhmann: Erfolgsmedien	Weber: Wertsphären
Eigentum/ Geld	ökonomische Wertsphäre
Macht/ Recht	politische Wertsphäre
Wahrheit	intellektuelle Wertsphäre
Kunst	ästhetische Wertsphäre
Liebe	erotische Wertsphäre
Werte	-

Nur Werte haben also keine Entsprechungen bei Weber. Sie sieht Luhmann als besonders neu an und teilt auch Zweifel an den Medieneigenschaften von Werten: „Im Falle von Werten mag man zweifeln, ob überhaupt ein symbolisch generalisiertes Kommunikationsmedium vorliegt oder ob wir hier, wenn überhaupt, ein Medium im Prozess des Entstehens beobachten können..." Luhmann 1997: 340).
   Die besondere Eigenart des jeweiligen Erfolgsmediums lässt sich nach Luhmann über die Unterscheidung, ob eine Selektion dem System (=Handlung/ internale Zurechnung) oder der Umwelt (=Erleben/ externale Zurechnung) zugerechnet wird, erklären. „Entsprechend unterscheiden sich die symbolisch generalisierten Kommunikationsmedien danach, ob sie die beiden sozialen Positionen Ego und Alter als erlebend oder als handelnd voraussetzen" (335). Sowohl das Erfolgsmedium Wahrheit wie das Wertmedium wird von Ego wie Alter der Umwelt zugerechnet – die Geltung von Wahrheit wie von Werten wird also immer als objektiv, als unabhängig vom sozialen System, gedacht. Der konträre Fall liegt bei Macht und Recht vor. Beide Medien werden von Alter ‚gesetzt' und sie zielen auf Egos Verhalten. Daher greifen Macht und Recht direkt in die Handlungen der Menschen ein. Bei Eigentum/ Geld wie auch beim Kunstmedium geht die Initiative von Alter aus: er initiiert eine Form, die Ego erlebt, die für ihn also aus der Umwelt kommt, also

---

darauf eingeht oder jemand anders kaufen möchte, ist für das durch das Erfolgsmedium Geld strukturierte soziale System unerheblich. In beiden Fällen hätte *die Nennung des Preises* Anschlusskommunikationen ‚*motiviert*'.

objektiv gegeben ist. Umgekehrt liegt die Konstellation beim Erfolgsmedium Liebe. Hier Alter erfährt sich als liebend (= Information aus der Umwelt, kommt vom psychisches System von Alter), Ego kann darauf nur handelnd (= kommunikativ) reagieren. Er muss Stellung nehmen und sagen, ob er Alter auch liebt oder nicht.

Nur Wahrheit, Eigentum/Geld, Macht/Recht sind in den Augen Luhmanns perfekte Erfolgsmedien, weil ihre Codierung hinreichend ‚technisiert‘ (siehe oben) ist. Deswegen bilden sich entlang dieser Erfolgsmedien die Funktionssysteme Wissenschaft, Wirtschaft, Politik und Recht.

Dagegen sind Werte, Kunst, Liebe keine perfekten Erfolgsmedien, da ihre kommunikationstechnische Verwendbarkeit begrenzt ist. *Werten* fehlt ein binärer Präferenzcode. Zudem beanspruchen Werte situationsübergreifende Geltung. Ihnen fehlt damit der direkte Handlungsbezug. Da *Kunst* nach Luhmann die Funktion hat, die im gesellschaftlichen Zusammenleben nicht zum Zuge gekommenen Möglichkeiten sichtbar zu machen, kultiviert sie unsere Wahrnehmungen und zielt gerade nicht auf Alltagskommunikation. *Liebe* schließlich zielt auf starke Bindung immer nur zwischen zwei Personen, ist also ein Medium der „Weltkonstruktion mit den einmaligen Augen des Anderen" (ebd.: 347).

Weiterhin ist anzumerken, dass Luhmann auch weitere mit einem binären Präferenzcode ausgestattete Funktionssysteme wie Gesundheit, Bildung und Sport kennt, deren Codes er jedoch nicht als Erfolgsmedien interpretiert. Das liegt daran, dass in diesen Funktionssystemen Bezugsprobleme bearbeitet werden, die außerhalb der sozialen Systeme liegen, also die Beziehung der sozialen Systeme zu ihrer Umwelt (= zum menschlichen Organismus und zu den psychischen Systemen) betreffen. Deswegen kann hier das analytisch gesetzte und über Erfolgsmedien gelöste Grundproblem der Überwindung allzu geringer Annahmewahrscheinlichkeiten einer Kommunikation keine Rolle spielen.

Daraus ergibt sich im Umkehrschluss, dass Luhmann einen „institutionellen Kernbereich" moderner Gesellschaften kennt, der durch Erfolgsmedien samt den zugehörigen Funktionssystemen gebildet wird:

> Wirtschaftssystem – Eigentum/Geld
> Politik – Macht/ Recht
> Rechtssystem – Recht
> Wissenschaftssystem – Wahrheit

Nur für diesen institutionellen Kernbereich wollen wir Luhmanns Konzept nun einer kritischen Diskussion unterziehen. Sie konzentriert sich ausschließlich auf

Fragen nach dem Zuschnitt und der Vollständigkeit sowie nach der soziologischen Erklärungskraft seines Konzepts. Wir unterstellen also vor allem, dass die Anwendung der Theorie autopoietischer Systeme auf den soziologischen Gegenstandsbereich in beeindruckender Manier gelungen ist. Nur: was wurde damit gewonnen? Erfolgsmedien stehen dafür, dass eine Kommunikation gegen alle Wahrscheinlichkeit angenommen wird. So kann man allerdings auch generell den Effekt jeglicher Form der Institutionalisierung umschreiben. Diese Unwahrscheinlichkeit hat für Luhmann in der operativen Geschlossenheit psychischer Systeme (z. B. 1997: 341) eine prinzipielle Ursache. Daran knüpft die sozialgeschichtliche Argumentation an, dass sich dieses Problem über Schrift und Buchdruck verschärft habe, weil hier die Überredungs-/ Überzeugungsmöglichkeiten der direkten Kommunikation nicht verfügbar seien. Die eigentlich interessante Frage, warum Erfolgsmedien so erfolgreich sind (vgl. auch KM: 132), wird mit der lakonischen Antwort bedient: Weil sie erfolgreich sind und solange sie dies sind und in der Kommunikation verwendet werden.

Man muss also selbst nach Erklärungen suchen. Dabei kann man an einer Eigenschaft ansetzen, die Luhmann nur erwähnt: Die Erfolgsmedien sind nicht nur operativ verwendbar, sondern sie bieten auch eine (medienspezifische, in der Summe plurale) *Welterklärung* an (Luhmann 1997: 359). Vermutlich liegt genau hier der entscheidende Punkt: Erfolgsmedien stehen am Ende einer langen historischen Kette von postulierten Welterklärungen *und der damit immer verknüpften Aufforderung, in Einklang mit dieser Ordnung zu leben,* sie dem eigenen Handeln zugrunde zu legen oder sie sogar durch eigenes Handeln zu befördern (vgl. Abschnitt 1.3: Zwang zum reentry). Solche Aufforderungen können in der Regel nur an Kollektive gerichtet werden, die an ein und dieselbe Ordnung glauben. Deswegen nehmen sie die Form einer expliziten Rahmung ein (vgl. Abschnitt 1.5).

So kennen Stammesgesellschaften durchgängig kosmologische (teilweise auch kosmogone) Gründungserzählungen, die rituell nachgespielt werden und die Sozialstruktur prägen. Auch magisches Denken zielt auf die Nutzung einer postulierten Ordnung. Durch die Konstruktion von Göttern wird der Zusammenhang zwischen Welterklärung und daraus entwickelten Anforderungen an das menschliche Handeln direkt manifest. So soll z. B. Gottes Willen erfüllt werden. Auch stratifikatorisch differenzierte Gesellschaften leiten die Standesordnung aus einer kosmologischen Ordnung ab und legitimieren sie dadurch als gottgewollt. Ein extremes Beispiel ist die indische Kastenordnung.

Warum so etwas funktionieren kann, könnte möglicherweise mit einer Grundeigenschaft der menschlichen Symbolsprache zusammenhängen: wir können die uns umgebende Realität immer nur über Begriffe erfassen, wobei mit diesen Begriffen Vollständigkeit (vgl. unter 1. 3), also so etwas wie eine kognitive Gesamtordnung, unterstellt werden muss. Viele Begriffe sind so gebaut, dass wir uns in diese Ordnung gedanklich einfügen müssen (vgl. 1.3; Stichwort: Zwang zum reentry).

Erfolgsmedien lassen sich in diesen Zusammenhang einordnen und unterscheiden sich zugleich in zweierlei Hinsicht von den älteren Beispielen: Erstens postulieren sie, wie vor allem Weber (Stichwort: ‚moderner Polytheismus‘) und Luhmann herausgearbeitet haben, keine einheitliche Kosmologie sondern liefern spezifischere Teilerklärungen, die eine plurale Weltsicht begründen. Zweitens geben sie nicht eine Form zwingend vor, sondern fixieren über den jeweiligen Präferenzcode immer nur einen Möglichkeitsraum als verbindlich, in dem dann konkrete Formen gebildet werden können. Ihre ‚institutionelle Grundlage‘ ist also wesentlich flexibler geworden, weil sie auf die Variation von Formen umgestellt worden ist. Traditionspflege, die Bewahrung fester Formen, wird daher zur Folklore, weil sie für den Fortbestand des gesellschaftlichen Zusammenhalts entbehrlich geworden ist.

Luhmann entwickelt sein Konzept der Erfolgsmedien nur mit Blick auf den Typus der modernen Gesellschaft. Dies schließt allerdings die Analyse vormoderner Vorläufer der modernen Erfolgsmedien mit ein. Für das Konzept wäre es jedoch nützlich gewesen, sich die Frage vorzulegen, ob nicht auch vormoderne Gesellschaften *eigene* Erfolgsmedien gekannt haben. Die Antwort muss m. E. lauten: ja, aber die vormodernen Erfolgsmedien waren anders gebaut. Der gravierende Unterschied war, dass immer nach der *einen* richtigen Form gesucht wurde, so dass die erfolgreiche Variation einer Form entweder eine Gesellschaft gravierend verändert hat (Umbruch, Revolution…) oder aber zur Differenzierung zwischen Gesellschaften, Religionen etc. geführt hat. Darüber hinaus ist zu vermuten, dass segmentär differenzierte Gesellschaften nur ein Erfolgsmedium, Verwandtschaft, gekannt haben, während stratifikatorisch differenzierte Gesellschaften bereits mehrere Erfolgsmedien kannten, die hierarchisch zu ordnen versucht wurden.

Diese Thesen können hier nur kurz skizziert werden. Dass segmentär differenzierte Gesellschaften über das Verwandtschaftssystem organisiert und strukturiert sind, ist hinlänglich bekannt (vgl. die Überblicksdarstellung in Kohl 1993: 32ff.). Aber auch hier ist zu fragen, wie seine Verbindlichkeit herbeigeführt wird. Unter Rückgriff auf ethnologische Studien ist mit Durkheim zu vermuten, dass hier Gründungserzählungen maßgeblich waren, die es zum kosmologischen Grundprinzip erklären und dann die Genese des eigenen Stammes daraus erklärt haben (meist durch Verwandlung eines Tieres in einen mythologischen Urahn). Daran docken dann Heiratsregeln usw. an. Aus dem vorliegenden ethnologischen Material folgere ich, dass (a) einmal etablierte Regeln (= Form aus dem Medium Verwandtschaft) über lange Zeiträume stabil geblieben sind und Modifikationen wie der Übergang von Matri- auf Patrilineariät diese Gesellschaften grundlegend verändert haben (vgl. Bornemann 1991) und (b) dass im Vergleich zwischen Stammesgesellschaften sehr

unterschiedliche Regeln auf gemeinsamer Grundlage (insbesondere der Exogamie;
vgl. Lévy-Strauss 1981/1949) etabliert wurden. Aus dieser zweiten Folgerung ergibt
sich, dass *die menschliche Gattung* auf der Grundlage der Symbolsprache in vor- und
frühgeschichtlicher Zeit einen Möglichkeitsraum für die Regelung von Verwandt-
schaftsverhältnissen etabliert hat (diese Annahme teilt auch der Strukturalismus;
vgl. Lévy-Strauss 1981/1949), der das Zusammenleben der Gesellschaftsmitglieder
verbindlich zu ordnen vermochte. Denn jeder aus diesem Möglichkeitsraum abgeleiteten Form (=System von Heiratsregeln und Verwandtschaftsbeziehungen)
wird genau diese Ordnungsfunktion zugeschrieben. Die Übereinstimmung der
Verwandtschaftsordnung des jeweiligen Stammes mit der postulierten kosmologischen Verwandtschaftsordnung prägt einmal das Weltverständnis (vgl. z. B.
Durkheims Darstellung des Totemismus). Sie kann aber ebenso zur Maxime des
Handelns werden, dass dann z. B. Generationenfolgen durch Ackerbau bewirken will
(verstanden als Zyklus von Leben, Tod und Wiedergeburt; vgl. Brock 2006: 228ff.).

Wenn man diese Skizze als Kontrastbild zu den von Luhmann den modernen
Gesellschaften zugeordneten Erfolgsmedien benutzt, dann kristallisieren sich vor
allem zwei Besonderheiten moderner Ordnungen heraus.

Erstens: Die institutionelle Stabilität hat sich in den modernen Gesellschaften
von der allein geltenden Form auf den Möglichkeitsraum hin, also von der starren
zur losen Kopplung, verschoben. Damit könnte auch zusammenhängen, *dass es eine
gezielte, genuin gesellschaftspolitische Einflussnahme auf den Umfang der zulässigen
Möglichkeiten gibt, während die Bildung konkreter Formen entpolitisiert wurde.*
Während ein Erfolgsmedium Verwandtschaft nur auf der Ebene der Potentiale des
menschlichen Geistes gedacht werden kann (vgl. Lévy-Strauss 1981/1949), weil es
für strategische Eingriffe unzugänglich ist, scheint für moderne Erfolgsmedien
dagegen eine Tendenz zur *expliziten* Begrenzung der zulässigen Möglichkeiten
konstitutiv zu sein.

So betont Luhmann für das Machtmedium die Bedeutung einer Zweitcodierung durch das Recht, da nur noch ein rechtlich gedeckter Machtgebrauch ein
hinreichendes Maß an konfliktfreier Machtausübung sicherstellen könne. Für die
Verkäuflichkeit von Waren gegen Geld und damit für die Form der Preisbildung
konstatiert Polanyi 1979, dass erst eine Begrenzung der freien Handelbarkeit von
Arbeitskraft, Boden und Geld eine kapitalistische Gesellschaft möglich gemacht
habe. In der hier verwendeten Terminologie bedeutet das: *erst diese Beschränkungen
haben Geld zu einem universellen Erfolgsmedium gemacht, weil chaotische Nebenfolgen ausgeschaltet wurden.*

Hinzu kommt die Selbstbeschränkung. So hat sich das Wissenschaftssystem
durch die Norm Grenzen gesetzt, dass nur dort Wahrheiten behauptet werden
können, wo das Falsifikationsprinzip durch entsprechende Programme in allgemein

akzeptierte Forschungsmethoden übersetzt werden kann. Hinzu kommen kaum noch überschaubare normative wie empirisch wirksame Einschränkungen durch die Anwendung eines Mediums auf die anderen. Sie erfolgt nach Luhmann auf der Programmebene (vgl. Schimank 2000: 162ff.). Das führt beispielsweise dazu, dass eine Form im Geldmedium, sagen wir der für eine Packung Spagetti geforderte Preis, zugleich auch rechtliche (z. B. Abführung der Umsatzsteuer durch den Verkäufer) und wissenschaftliche (z. B. keine gesundheitsschädliche Substanzen) Anforderungen erfüllen muss und nicht von staatlicher Macht sanktioniert werden darf (z. B. keine Importverbote).

Zweitens: Im Verwandtschaftssystem kann die Formenbildung nicht personell oder sozial zugerechnet werden. Die Stammesgesellschaft als Einheit reproduziert die geltende Form und das Verhalten aller ist an ihr orientiert (=Traditionalismus). In modernen Gesellschaften steht die Möglichkeit der Formenbildung dagegen nur als Folge der expliziten Rahmung bestimmten Personen bzw. sozialen Systemen offen. Für den Zugang zu dieser Möglichkeit gibt es überwiegend Autorisierungskriterien und -verfahren: Für die Formenbildung im Rechts- wie im Wissenschaftssystem gelten Qualifikationsanforderungen und Ernennungsprozeduren. An der Gesetzgebung können nur gewählte Abgeordnete teilnehmen. Über die Verrechtlichung des Machtmediums wird immer auch autorisiert, wer Macht wie gebrauchen darf. Gerade darüber können Konflikte eingedämmt und kanalisiert werden.

Nur für die Formenbildung im Geldmedium reklamiert die Theorie der Preisbildung unter Wettbewerbsbedingungen, dass alle Marktteilnehmer an der Preisbildung beteiligt sind. Da hiermit weitgehende Folgerungen über die soziale Qualität der Marktwirtschaft verknüpft werden, wird die *soziologische* Relevanz unserer *systemtheoretisch* nicht sonderlich relevanten Frage, wer an der Formenbildung beteiligt ist und wer nicht, hier sehr deutlich.

Für die Beteiligung an der Formenbildung im Geldmedium ist festzuhalten, dass nicht alle Gesellschaftsmitglieder Marktteilnehmer sind und selbst unter perfekten Wettbewerbsbedingungen der Einfluss aller Marktteilnehmer ungleich ist. Er hängt immer davon ab, über wie viel Geld jeweils disponiert werden kann. Zudem wird das Dispositionsrecht an institutionelle Marktteilnehmer delegiert (wie z. B. an Investmentfonds, Pensionsfonds, Versicherungen usw.). Auf der Anbieterseite schaffen Größenunterschiede hinlänglich bekannte Asymmetrien wie z. B. Oligopole.

Während Autorisierungen wie Verfahren in den Bereichen Wissenschaft und Recht darauf zielen, dass die Formbildung im gesellschaftlichen Gesamtinteresse erfolgt (z. B. Ahndung von Datenmanipulation, Kontrolle der Formbildung durch übergeordnete Instanzen wie durch das Rechtssystem bzw. wie im Wissenschaftssystem durch Kollegen), verfolgen Marktteilnehmer ihre eigenen Interessen und Parlamentarier die ihrer Klientel bzw. Partei. Klientel- und Parteiinteressen beeinflussen über die Gesetzgebung die Formenbildung im Rechtsmedium. Zumindest in den zuletzt genannten Bereichen Wirtschaft, Politik, Gesetzgebung zielt die Frage, wer bildet Formen, wer nicht, damit auf spezifisch moderne Ungleichheitsmuster, da sie hier explizit an partikulare Interessen gebunden ist.

Über diese beiden bei Luhmann ausgeblendeten soziologischen Besonderheiten der *modernen* Erfolgsmedien hinaus, soll noch eine weitere Frage aufgeworfen werden: Ist Luhmanns Liste der Erfolgsmedien wenigstens für moderne Gesellschaften vollständig?

Die weitgehende Übereinstimmung mit Webers Wertsphären könnte uns dies vermuten lassen. Ein Abgleich mit anderen Vorläufern in Richtung Erfolgsmedien, insbesondere mit den hier nicht behandelten Formen der Vergesellschaftung bei Simmel, weckt dagegen Zweifel, die ich hier wenigstens für einen Komplex skizzieren möchte: Krieg bzw. die Unterscheidung zwischen Freunden und Feinden. Wenn es in diesem Bereich eine Entwicklung hin zum Erfolgsmedium gegeben hat, dann stand sie bereits am Beginn der Evolution stratifikatorisch differenzierter Gesellschaften (in anderer Terminologie: Alte Hochkulturen & Feudalgesellschaften). Einschlägige Monographien (z. B. Keegan 1995) wie archäologische Befunde sprechen für die These, dass es in den alten Hochkulturen erstmals zu organisierter Kriegsführung gekommen ist mit dem Ziel, Feinde zu überwältigen, sich ihrer zu bemächtigen bis hin zur Tötung und zur Vernichtung ,gegnerischer' Siedlungen. Wie bereits Simmel herausgearbeitet hat (vgl. Simmel 1992/1908: 284-382; weiterhin Coser 1965) ist die organisierte Kriegsführung an Regeln gebunden, die für beide Parteien gleichermaßen gelten und Kriegsführung in sozialer Hinsicht erst ermöglichen. D. h.: hierdurch wurden geringe Wahrscheinlichkeiten in hohe verwandelt, also Luhmanns analytisches Ausgangsproblem durch eine folgenreiche Zweitcodierung des sehr starken Präferenzcodes Freund/ Feind durch den Präferenzcode besiegen/ sich dem Sieger unterwerfen müssen gelöst. Über die Zweitcodierung wird der Negativwert der Unterscheidung zwischen Freunden und Feinden mit einer Handlungsaufforderung (Feinde sind zu besiegen) verknüpft, die zugleich den wechselseitigen Zusammenschluss (dabei helfen Freunde) erfordert, um den Präferenzwert des Zweitcodes (Sieg im Sinne von Überwältigung der Feinde) erreichen zu können.

Wie stark diese Zweitcodierung die damaligen Gesellschaften geprägt hat, zeigt sich am deutlichsten darin, dass nahezu alle Staaten seit der Achsenzeit Kriegeraristokratien ausdifferenziert haben, die neben einem Intellektuellenstand und dem arbeitenden Volk einen von drei grundlegenden Ständen bildeten. Ihre Lebensführung zielte ausschließlich auf den Kampf mit anderen Kriegern.

Für die Annahme eines derartigen Erfolgsmediums sprechen auch die aktuellen Probleme im Umgang mit ethnisch oder religiös motivierten kriegerischen Akteuren, die die vertrauten Regeln (=Formen) wie Kriegserklärung und die Markierung der

Freund- Feind Unterscheidung durch Uniformen und Symbole missachten (vgl. hierzu Kaldor 2000): Viele Probleme regulärer Armeen mit der asymmetrischen Kriegsführung solcher Gruppen hängen damit zusammen, dass beide Seiten nach ganz unterschiedlichen Regeln agieren, so dass auch eine entscheidende Form im Zweitcode nicht mehr gemeinsam gebildet werden kann: die gemeinsame Feststellung von Siegern und Besiegten, über die Kriege üblicherweise beendet werden. Die große Ratlosigkeit gerade in dieser Frage spricht deutlich für die These, dass hier ein Erfolgsmedium an Grenzen gekommen ist, weil die Formenbildung (anders als etwa im Geldmedium) nicht frei gewählt werden kann.

Zusammenfassung

1. Der klassische soziologische Befund zur modernen Gesellschaft: ‚permanenter sozialer Wandel und dennoch soziale Ordnung' lässt sich wohl am ehesten über Luhmanns symbolisch generalisierte Kommunikationsmedien (kurz: Erfolgsmedien) präzisieren: während vormoderne Gesellschaften über dauerhaft beibehaltene konkrete Formen integriert wurden, kommt es nun zu permanenter Formbildung, sodass Stabilität nur noch durch gezielte Begrenzung der zugelassenen Möglichkeiten, hergestellt werden kann.
2. Moderne Gesellschaften kennen mehrere Erfolgsmedien und mehrere Funktionssysteme, daraus folgen eine plurale Welterklärung und unterschiedliche Ordnungsmuster nebeneinander, wobei allerdings bei der Formbildung immer auch Anforderungen anderer Erfolgsmedien/Funktionssysteme erfüllt werden müssen.
3. Während soziale Ordnung in vormodernen Gesellschaften aus Welterklärungen zu folgen scheint und als ‚politisch' nicht beeinflussbar erscheint, sind die Möglichkeitsräume der Erfolgsmedien zumindest durch Ausschluss von Möglichkeiten gestaltbar geworden.

Die Makroebene moderner Gesellschaften

2.1 Einleitung

In diesem Kapitel geht es um den Beitrag der neueren Modernisierungstheoretiker zum Verständnis der Makroebene moderner Gesellschaften. Was ist darunter zu verstehen? Über eine rein klassifikatorische Verwendung hinaus erfasst der Begriff, was von den individuellen Aktivitäten abgelöst, gesellschaftlich organisiert und zur Manifestation und Machtsteigerung einer als Staatsverband organisierten Gesellschaft und ihres Zentrums verwendet wird: um arbeitsteilig erbrachte gesellschaftliche *Leistungen* der Individuen, die als *Ressourcen* sowohl die Grundlage staatlicher Aktivitäten wie auch der alltäglichen Lebensführung der Gesellschaftsmitglieder bilden.

Die Beiträge der neueren Modernisierungstheorie zu dieser Makroebene werden unter zwei Gesichtspunkten registriert und gesichtet. Erstens wird es darum gehen zu untersuchen, mit welchen begrifflichen Mitteln eine *Epochenunterscheidung innerhalb der Moderne* begründet wird und wie sie terminiert wird. Zweitens wird untersucht, ob diese Beiträge *das soziologische Verständnis moderner Gesellschaften in irgendeiner Weise vorangebracht haben.*

Beide Fragestellungen müssen gedanklich voneinander getrennt werden, da sie sich von der Logik her ausschließen. Eine Epochenunterscheidung setzt eine einheitliche Theorie voraus, die der Beschreibung des Gesamtprozesses zugrunde liegt. Wenn dagegen eine neue Epoche aus einem anderen theoretischen Blickwinkel beleuchtet wird als die vorangegangene, dann ist es unmöglich zu entscheiden, ob das ‚Neue' das Produkt einer veränderten Beobachtungsperspektive oder von Veränderungen im Gegenstandsbereich ist.

Wenn wir die Frage einer Epochenunterscheidung innerhalb der Moderne entscheiden wollen, dann benötigen wir für jede Theorievariante/ soziologische Beobachtungsperspektive eine Gesamtdarstellung der Makroebene der Moderne – die Sozialgeschichte moderner Gesellschaften müsste also sooft geschrieben werden, wie sich Theorievarianten unterscheiden lassen. Um dagegen die zweite Frage nach der heuristischen Fruchtbarkeit der neueren Modernisierungstheorie zu entscheiden, müssten wir diese Darstellungen dann nebeneinander legen, um ein Urteil über die Summe der Vergleichs(zeit)punkte zu fundieren.

Dieser gigantische Informationsbedarf ist eine logische Folge des in der Soziologie offensiv vertretenen Theorienpluralismus, wenn er mit dem Anspruch auf fachliche Expertise verkoppelt wird (vgl. Abschnitt 1.1). Er kann nicht einmal ansatzweise befriedigt werden. Das liegt vor allem daran, dass die neueren Modernisierungstheoretiker sich durchgängig als *Gegenwartsdiagnostiker* verstehen, die der Gegenwart mit neuen Beobachtungsperspektiven Neues abgewinnen und einen Markt für Gegenwartsdiagnosen zu bedienen suchen. Daher wurde eine Pluralisierung der Sozialgeschichte moderner Gesellschaften wurde nicht einmal ansatzweise versucht.

Da der Theorienpluralismus nicht dazu geführt hat, dass mehrere konkurrierende theoriespezifische Gesamtdarstellungen moderner Gesellschaften und ihrer Entwicklung vorliegen, mögliche Epochenunterscheidungen aber ohne sozialhistorische Vergleiche nicht beurteilt werden können, müssen wir auf die Theorie funktionaler Differenzierung als Verständigungsbasis zurückgreifen. Dazu eignet sich Luhmanns Version am besten. Da es Luhmann bei der Ausarbeitung dieser Theorie primär um theoretische Konsistenz, um die möglichst friktionsfreie Anwendung der „Systemtheorie der dritten Generation" (Luhmann 1984) ging, müssen hier einige Erläuterungen und Ergänzungen eingeschoben werden, damit diese Theorie auf den Gegenstand moderne Gesellschaften sinnvoll angewendet werden kann (Abschnitt 2.2). Dabei geht es zentral darum, eine Brücke zu schlagen zwischen dem differenzierungstheoretischen Zugang und der Interpretation moderner Gesellschaften als Kapitalismus.

Auf dieser Grundlage kann dann der Komplex ‚Epochenunterscheidung' in mehreren Abschnitten verfolgt werden. Hierbei versuche ich die dargelegten Schwierigkeiten so zu bewältigen, dass ich zunächst eine auf die 1970er Jahre terminierte Epochenunterscheidung zwischen klassischer und radikalisierter Moderne hypothetisch unterstelle. Auf dieser Grundlage werden dann, insoweit vorhanden, die Beobachtungen der neueren Modernisierungstheorie zur klassischen Moderne (Abschnitt 2.3) präsentiert und diskutiert. Unter 2.4 werden dann die auf den Zeitraum nach 1970 bezogenen Gegenwartsdiagnosen vorgestellt. Dieses Bild der zweiten Moderne wird im Abschnitt 2.5 um einige speziellere Beiträge angereichert, die nicht den Anspruch teilen (bzw. ihn deutlich verfehlen), eine Gesamttheorie der radikalisierten Moderne zu liefern.

In den beiden letzten Abschnitten wird dann Bilanz gezogen. Im Abschnitt 2.6 geht es um die Tragfähigkeit von Epochenunterscheidungen innerhalb der Moderne.

Im Abschnitt 2.7 wird schließlich untersucht, ob und wenn ja auf welche Weise die neueren Modernisierungstheoretiker das soziologische Verständnis moderner Gesellschaften erweitert und bereichert haben.

Der theoretische Ertrag könnte primär darin bestehen, dass die neuere Debatte eine ‚Unterfütterung' der Theorie funktionaler Differenzierung anregt, sowohl um eine Ressourcen- (2.7.3) wie um eine Ordnungskomponente (2.7.4). Das setzt aber voraus, dass der differenzierungstheoretische Blickwinkel präzisiert werden kann (2.7.2).

2.2 Funktionale Differenzierung – die strukturelle Grundlage moderner Gesellschaften

2.2.1 Einleitung

Unter den Soziologen besteht weitgehende Einigkeit darüber, dass moderne Gesellschaften durch funktionale Differenzierung geprägt sind und sich durch dieses Differenzierungsmuster von vormodernen Gesellschaften unterscheiden (eine wichtige Ausnahme ist Münch 1980; KM: 170ff.). Funktionale Differenzierung sei das primäre und damit dominierende Raster, über das sich die moderne Gesellschaft als Gesamtordnung hinreichend beschreiben lasse. Dies kann als Konsens (KM: 161; These 2) der im Band ‚Klassische Moderne' behandelten soziologischen Modernisierungstheoretiker festgehalten werden.

Allerdings müssen hier sofort zwei Einschränkungen angebracht werden. Einmal wird die Umstellung auf funktionale Differenzierung und die funktionale Differenzierung selbst bei Weber, Parsons und Luhmann in unterschiedlicher Weise beschrieben und begrifflich erfasst (KM: 161). Zum anderen ist unklar, ob dieser Konsens auch noch für *Theoretiker der radikalisierten Moderne* gilt. Sie analysieren entweder wie Zygmunt Bauman oder Ulrich Beck die radikalisierte Moderne überwiegend aus einer subjektorientierten Perspektive, unter den Vorzeichen des Konsums oder der Individualisierung, oder sie verwenden wie Giddens andere Begriffe (insbesondere Raum – Zeit – Ausdehnung), ohne sich jedoch explizit von der Theorie funktionaler Differenzierung abzusetzen (vgl. unter 2.3). Ein Merkmal der neueren Debatte ist zudem, dass wieder von ‚Kapitalismus' die Rede ist, ohne dass damit der begriffliche Zugang über funktionale Differenzierung ausgeschlossen wird.

Deswegen unterziehe ich die These von einem Primat funktionaler Differenzierung in diesem Abschnitt einem Brauchbarkeitstest.

Zunächst: welche Version des Primats funktionaler Differenzierung soll diesem Test zu Grunde gelegt werden? Im Folgenden gehen wir von Luhmanns Differenzierungskonzept aus (vgl. KM: 132 ff.), da es weniger normativ als vergleichbare Konzepte angelegt und prinzipiell falsifizierbar ist. Zum andern ist es begrifflich wesentlich weiter ausgearbeitet als andere Konzepte (vgl. auch Schimank 2000). Während Luhmann aus theorieinternen Gründen (zur ‚Halt gebenden' Systemtheorie vgl. 1.1.5) die Autonomie der Funktionssysteme betont, sind in der sozialen Realität die Abhängigkeiten und damit auch die ein- oder wechselseitigen Beeinflussungsmöglichkeiten von größerer Bedeutung. Wenn wir diese Aspekte stärker betonen, dann nehmen wir nicht nur die Kritik an Luhmanns Differenzierungstheorie auf (vgl. KM: 170ff.), sondern schlagen zugleich eine Brücke zu der ebenso einflussreichen Interpretation der modernen Gesellschaft als *Kapitalismus*. Die nachfolgende Darstellung will also vor allem Anschlussmöglichkeiten aufzeigen und Synthesen vorbereiten, an denen Luhmann nicht interessiert war (2.2.2). Weiterhin wird eine Modifikation nachvollzogen, die Luhmann selbst in den 1990er Jahren in sein Konzept der Gesellschaftsdifferenzierung eingebaut hat: die Exklusionsproblematik (2.2.3). Abschließend werden Argumente für eine Sonderrolle des Staates bzw. politischer Systeme im Rahmen der Theorie funktionaler Differenzierung vorgebracht (2.2.4).

2.2.2   Funktionale Differenzierung, Interpenetration oder Kapitalismus?

Bei der Diskussion von Münchs Interpenetrationsthese (KM: 170 ff.) hat sich gezeigt, dass seine Behauptung problematisch ist, dass stratifikatorisch differenzierte Gesellschaften durch funktionale Differenzierung, moderne Gesellschaften dagegen durch Interpenetration charakterisiert werden könnten. Dagegen folgen wir seinem Hinweis, dass die Funktionssysteme in der modernen Gesellschaft in der Tat empirisch nie ‚rein' sondern immer nur in ‚Mischformen' auftreten. Mit dieser bewusst schwammigen Formulierung möchte ich zunächst offen halten, ob Luhmanns Begriffe der *Interpenetration* und der *strukturellen Kopplung* ausreichen, um Münchs empirische Einwände aufzunehmen.

Die Theoretiker der radikalisierten Moderne verwenden an vielen Stellen den Begriff ‚*Kapitalismus*', um Gegebenheiten heutiger moderner Gesellschaften zu beschreiben. Dabei beziehen sie sich in der Regel nur sehr selektiv auf die klassische marxistische Kapitalismusanalyse. Insbesondere zwei Aspekte spielen bei diesen Rekursen auf den Kapitalismusbegriff eine zentrale Rolle. Einmal die Einschätzung, dass es auch in der heutigen modernen Gesellschaft einen *Primat der Ökonomie und der Profitorientierung* gebe, zum anderen geht es bei Giddens, aber auch bei Bauman um Beobachtungen, dass wir auch heute in einer *sozial gespaltenen Klassengesellschaft* leben. Dagegen scheint der ‚ideologische Kern‘ des klassischen Marxismus, nämlich die Mehrwertlehre und die ‚Realdialektik‘, keine Rolle mehr zu spielen. *Deswegen spreche ich hier von ‚Kapitalismusthese‘, wenn (a) ein Primat der Ökonomie behauptet wird und/ oder (b) die moderne Gesellschaft der Gegenwart als sozial gespaltene ‚Klassengesellschaft‘ verstanden wird.* Wenn es auch um den ideologischen Kern geht, spreche ich dagegen von marxistischer Kapitalismusthese.

Sowohl die These von einem Primat der Ökonomie wie auch Münchs Interpenetrationsargument beharren darauf, dass man nicht einfach bei einer Beschreibung der modernen Gesellschaft stehen bleiben kann, die von der operativen Autonomie jedes einzelnen Funktionssystems ausgeht, sodass jedes Funktionssystem alle anderen aus prinzipiellen Gründen als Umwelt behandeln muss (KM: 133f.).

Dagegen beharrt die These vom Primat der Ökonomie *in der marxistischen Version* darauf, dass andere Funktionssysteme, insbesondere das politische System aber auch der gesamte Bereich des kulturellen ‚Überbaus‘ dem herrschenden Interesse an der ungehinderten Kapitalverwertung im Wirtschaftssystem ‚dienten‘. Zwischen den Funktionsbereichen bestünde ein funktionales Abhängigkeitsverhältnis, das den Spielraum aller außer-ökonomischen Bereiche so einschneidend beschränke, dass sie mit ihrem spezifischen Code eben nicht autonom, sondern nur als Erfüllungsgehilfen der herrschenden Interessen operieren könnten. Münchs Einwand zielt dagegen darauf, dass durch die wechselseitige Durchdringung der Funktionssysteme eine ‚Zivilisierung‘ der modernen Gesellschaft erreicht worden sei, die aber durchaus noch weiter getrieben werden könne (vgl. Münch 1980; 1992: insbes. 590ff.).

Beide Thesen gehen also ‚politisch‘ in gegensätzliche Richtungen. Während die These vom Primat der Ökonomie betont, dass sich die herrschenden ökonomischen Interessen in allen Funktionsbereichen durchsetzten, geht Münch von einer Interdependenz der Funktionssysteme aus, die auch zu einer Zivilisierung der Ökonomie führe. Aus seiner Sicht spielen Ethik und Moral eben auch im Bereich des wirtschaftlichen Handelns eine zentrale Rolle, was sich dann auch im wirtschaftlichen Erfolg niederschlage. Beide politisch konträren Thesen stimmen aber in analytischer Hinsicht darin überein, *dass der Charakter der modernen Gesellschaft erst durch die Art und Weise des Zusammenwirkens der Funktionssysteme bestimmt werde.* Deswegen können beide Varianten auch am klassischen Begriff einer Gesamtgesellschaft festhalten, der für Luhmann nur noch eine leere Hülle darstellt (KM: 153).

Wenn man nun Luhmanns Theorie der Gesellschaftsdifferenzierung für diese konträren Beobachtungsmöglichkeiten öffnen möchte, dann muss man zunächst einmal deren ‚theorieideologisch' begründete Schließung rekapitulieren. Weil es ihm immer um die Übersetzung von Systemtheorie in Soziologie geht, muss Luhmann darauf beharren, dass jedes Funktionssystem autonom mithilfe eines je spezifischen binären Codes operiert, da nur so eine operative Grenze zwischen System und Umwelt durch die Operationen jedes Funktionssystems gezogen werden kann. Das bedeutet wiederum, dass ein Funktionssystem alle anderen Funktionssysteme nur als Umwelt wahrnehmen und auf deren ‚Irritationen' in eigener Autonomie reagieren kann.

Der Begriff der *strukturellen Kopplung* (vgl. Luhmann 2002: 118ff.) macht auf die Tatsache aufmerksam, dass jedes Funktionssystem, wie alle anderen Systeme und Systemarten auch, existenziell von Voraussetzungen abhängt, die jenseits seines beschränkten operativen Horizonts liegen. Sie sind *existenziell unverzichtbar, aber operativ nicht beeinflussbar.* So ist es beispielsweise für einen Vogel operativ wichtig, dass er fliegen kann. Diese Fähigkeit setzt die Schwerkraft voraus, was aber jenseits seines Horizonts und seiner operativen Möglichkeiten liegt (vgl. Luhmann 2002: 120). Für das Wirtschaftssystem könnte zum Beispiel die staatliche Umweltgesetzgebung als eine solche existenzielle Voraussetzung verstanden werden, denn die Operationen des Wirtschaftssystems dürfen nur noch so stattfinden, dass die Umweltgesetze nicht verletzt werden. Fraglich ist hier aber, ob die staatliche Umweltgesetzgebung und ihre Umsetzung nicht durch wirtschaftliche Interessen beeinflussbar sind. Nur wenn keine Einflussnahme möglich ist, könnten wir auch hier von struktureller Kopplung sprechen.

Deswegen ist es interessant, dass derartige strukturelle Kopplungen an die Leistungen anderer Funktionssysteme von Luhmann auf einer niederschwelligen differenzierungstheoretischen Ebene registriert werden, der Ebene von Programmstrukturen, Organisationen, Rollen. Das Unternehmen XY, das sein Geld z. B. mit Müllbeseitigung verdient, ist also zunächst einmal als Organisation und über eine entsprechende Programmierung beschreibbar. Diese Organisation gehört ins Wirtschaftssystem, insoweit sie mit Zahlungen operiert. Wenn nun dieses Unternehmen aus rein wirtschaftlichen Gründen einen Juristen einstellt, der dem Management Ratschläge gibt, inwieweit Gesetzeslücken für Interessen des Unternehmens genützt werden können, dann wird eine faktisch immer bestehende strukturelle Kopplung zum Rechtssystem aktiviert. Wenn das Unternehmen darüber hinaus einen Teil seiner Gewinne für die Förderung des Künstlernachwuchses verwendet, dann muss es zur Auswahl geeigneter Kandidaten mit Qualitätskriterien operieren, die dem Kunstsystem entnommen sind.

Dagegen erfasst der Begriff der *Interpenetration* Abhängigkeiten, die die Form funktionaler Interdependenzen annehmen (vgl. Luhmann 1984: 286ff.). Die bei weitem wichtigste bei Luhmann ist die Interpenetration zwischen sozialen und psychischen Systemen. Wenn der Mitarbeiter A des Abfallentsorgungsunternehmens XY mit seinem Müllauto seine tägliche Route fährt, dann operiert er zunächst als psychisches System, indem er kontinuierlich Wahrnehmungen im Medium des Sinns verarbeitet. Zugleich ist er Mitarbeiter des Unternehmens, da er sich an der unternehmensinternen Kommunikation beteiligt. Weiterhin ist er Teil des Wirtschaftssystems, weil er mit Zahlungen beziehungsweise Nichtzahlungen operiert. Autonom ist dieser Mitarbeiter nur als psychisches System. Ansonsten operiert er als Teil einer Organisation beziehungsweise des Wirtschaftssystems. *Ohne psychische Systeme könnten aber weder Organisationen noch das Wirtschaftssystem operieren.* Der Begriff bezeichnet also ein sehr enges Abhängigkeitsverhältnis, das in der Biologie als eine besonders voraussetzungsvolle Form der Symbiose, nämlich als Eusymbiose beschrieben wird.

Diese beiden Begriffe reichen m. E. nicht aus, um die Abhängigkeitsverhältnisse und das Zusammenwirken zwischen den Funktionssystemen hinreichend zu beschreiben. An dem weniger voraussetzungsvollen Begriff der strukturellen Kopplung fällt auf, dass er immer nur faktisch gegebene Voraussetzungen erfasst. Das mag für den Gegenstandsbereich der Biologie ausreichen, weil hier die Zurechnung von Aktivitäten auf bestimmte Organismen unproblematisch ist. Soziale Systeme sind aber in der Lage, sich mit ihren Voraussetzungen auseinander zu setzen und sie aktiv zu beeinflussen. Wenn, wie im oben genannten Beispiel, ein Entsorgungsunternehmen einen Juristen einstellt, dann kann er es auch vor Gericht vertreten oder über Kommentare oder ein ‚Briefing' von Lobbyisten Einfluss auf die Rechtsprechung zu nehmen versuchen.

Dies gilt nicht nur für einzelne Organisationen, sondern muss auch als Möglichkeit der Funktionssysteme verstanden werden. Wenn beispielsweise das Sportsystem durch Ausweitung des Leistungssports expandieren möchte, dann kann es durch die Einführung des Profisports versuchen, die Voraussetzungen für die Generierung sportlicher Leistungen zu verbessern. Dies bedeutet, dass dieses Funktionssystem durch Geldzahlungen (also durch Operationen im Positivwert des Wirtschaftssystems) expandieren möchte. Auf diesem Wege können dann Sportler ihr Wiederbeschaffungsproblem von Geld direkt durch sportliche Aktivitäten lösen, sodass sie mehr Zeit auf das Training verwenden können. Auf vergleichbare Zusammenhänge stößt man auch bei anderen Funktionssystemen wie dem Gesundheitssystem, dem Wissenschaftssystem, dem Kunstsystem oder dem Rechtssystem. Das bedeutet aber nichts anderes, als dass die *Expansion* dieser Funktionssysteme ebenso an die permanente Wiederbeschaffung von Geld und das Ausgeben von Geld geknüpft ist, wie die individualisierte Lebensführung (vgl. 3.1).

Geld beschaffen und Geld ausgeben können fungiert dabei weder als conditio sine qua non (ist also kein Fall von Interpenetration), noch kann es als schicksalhaft gegebene Voraussetzung (ist also auch keine strukturelle Kopplung) aufgefasst werden. Wir bewegen uns hier vielmehr im Bereich der *konditionalen Verknüpfung zwischen operativen Codes*. Ziele, die im Rahmen eines Codes formuliert sind, werden über einen Umweg, nämlich über das Operieren in einem anderen Code realisiert. Anders als bei der Eusymbiose entsteht hierbei kein existenzielles Abhängigkeitsverhältnis zwischen den beiden unterschiedlichen Operationsmodi, sondern wir haben es mit einer kontingenten (vgl. Baraldi u. a. 1997: 37f.) und daher Komplexität generierenden Konstellation zu tun, die für Strukturbildung genutzt werden kann (Luhmann 1984: 148ff.). Ihre Grundlage ist paradoxerweise die operative Autonomie der Funktionssysteme.

Während Luhmann diese Konstellation nur als elementaren Einstieg in die Möglichkeiten der Strukturbildung innerhalb sozialer Systeme benutzt, vermute ich, dass sie sich auch zwischen hinreichend ausdifferenzierten sozialen Systemen erneut ergeben kann. Dabei gibt es allerdings einen gravierenden Unterschied. In der elementaren Variante werden Ego wie Alter als autonom operierend gedacht, so dass sowohl von Alter wie von Ego ausgehende Kommunikationen der Bedingung kontingenter Reaktionen des jeweils anderen unterliegen. Hier ist dagegen vor allem eine *einseitige Kontingenzbeziehung* denkbar, wie sie wie in Kapitalismusthesen unterstellt wird.

Wenn wir zunächst einmal den Bereich des Staates beziehungsweise des politischen Systems aussparen, dann können wir *eine einseitige konditionale Anhängigkeit aller anderen Funktionssysteme vom Wirtschaftssystem* vermuten. Sie greift nicht in die Autonomie der Funktionssysteme ein, bestimmt aber die Möglichkeiten, mit dem systemspezifischen Code zu operieren, vor allem in quantitativer Hinsicht. Der Zugriff auf Geld spielt hier eine in etwa mit der Nährstoffversorgung von Pflanzen vergleichbare Rolle. Auf der alltagssprachlichen Ebene ist dieser Sachverhalt hinlänglich bekannt: Wenn die Wirtschaft wächst, dann ist das auch für die anderen Funktionssysteme eine sehr positive Nachricht. Das gilt aber auch in umgekehrter Richtung. Wenn die Funktionssysteme ihre Geldabhängigkeit steigern (beispielsweise durch eine Ausweitung des Profisports oder durch eine Ausweitung geldabhängiger Forschung), dann geraten sie in eine *einseitige Abhängigkeitsbeziehung vom Geldzufluss*. Wenn mehr Geld fließt, dann können z. B. Kranke besser medizinisch versorgt werden oder sportliche Leistungen weiter gesteigert werden. Operationen im wirtschaftlichen Code sind dann zu *faktischen* (aber keineswegs existenziellen!) Voraussetzungen für Operationen im Code des Gesundheits- oder des Sportsystems geworden.

Gegen eine solche Lesart könnte man nun argumentieren, dass in den genannten Beispielen auch die Wirtschaft von Sport und Wissenschaft abhängig geworden sei, da deren Aktivitäten zum Wirtschaftswachstum beitragen. Während das Wirtschaftssystem jedoch Ausfälle wie die Einstellung oder Kürzung der Forschungsförderung kompensieren oder sie sogar überkompensieren kann, wenn die Fördergelder z. b. in Infrastrukturprojekte gesteckt würden, haben Sport und Wissenschaft keine Erfolg versprechenden Substitutionsmöglichkeiten. Wenn man finanzielle Mittel z. b. durch Orden und Ehrungen ersetzen würde, dann würde dies wohl nur noch wenige Sportler veranlassen, weiter mit sehr hohem Zeitaufwand zu trainieren oder wenige Wissenschaftler zu weiteren Forschungsaktivitäten motivieren.

Wenn man solche Formen einer einseitigen konditionalen Verknüpfung zwischen Funktionssystemen in den Blick nimmt, dann kann man die These von einem Primat der Wirtschaft nicht nur in die Theorie funktionaler Differenzierung einbauen, sondern man kann sie auch empirisch untersuchen. Von der *Kapitalismusthese* unterscheidet sich dieses Konzept zunächst dadurch, dass hier nur die Geldabhängigkeit der Funktionsbereiche erfasst wird, aber die investive Verwendung von Geld (= Kapital) und deren sozialstrukturelle Folgen (=antagonistische Klassen) ausgeklammert bleibt. Man kann die bisherigen Überlegungen aber in diese Richtung erweitern. Dann müsste man die Beziehung zwischen den ökonomischen Aktivitäten der Funktionssysteme, die auf Verbesserung der Voraussetzungen ausgerichtet sind, zu den systemspezifischen Operationen genauer untersuchen.

Empirisch könnte man hier *Kommerzialisierungstendenzen* etwa im Bereich der Krankenhausfinanzierung oder auch des Profisports untersuchen. Die Schwelle der Kommerzialisierung könnte man dort ansetzen, wo die Steigerung der Geldbeschaffung zu einem *Selbstzweck* wird oder sie noch enger auf eine Situation beziehen, wo das Operieren mit dem systemspezifischen Code nur noch als Mittel zum Zweck der Geldvermehrung eingesetzt wird. Eine solche Stufe *direkter Profitorientierung* wäre etwa dann erreicht, wenn Krankenhäuser nur noch solche Krankheiten beziehungsweise Kranke behandeln, bei denen die Behandlung bestimmte Gewinnziele realisiert. Dann wäre die Heilung von Kranken nur noch ein Zweig der Wirtschaft wie Banken oder Einzelhandel. Ein anderes Beispiel wären Profiklubs, die Spielerkäufe beziehungsweise -verkäufe vorrangig tätigen, um daraus Gewinne zu erzielen und nicht mehr, um die sportliche Leistung der Mannschaft weiter zu steigern.

Ließe sich empirisch zeigen, dass in allen Funktionssystemen die *direkte Profitorientierung* dominiert, dann spräche dies für die Kapitalismus- These. Es würde dann wenig Sinn machen, von autonomen Funktionssystemen zu sprechen, da sie sich in das Wirtschaftssystem integriert haben. Wenn sich dieses Muster der Kommerzialisierung jedoch nicht für alle Funktionssysteme empirisch zeigen lässt, dann bildet eine um das Abhängigkeitsmuster einseitiger konditionaler Verknüpfung angereicherte Variante funktionaler Differenzierung die Realität besser ab. Wo sich Formen einer einseitigen konditionalen Verknüpfung mit dem Geldmedium des Wirtschaftssystems empirisch belegen lassen, wird das in der *Theorie* funktionaler

Differenzierung konzipierte Bild gleich*rangiger* Funktionssysteme (vgl. exemplarisch Schimank 2000: 151) jedoch nicht zu halten sein.

Obwohl Münchs Interpenetrationsthese auf einer anderen Ebene formuliert ist als die Kapitalismusthese, können wir sie dennoch unter den Begriff der konditionalen Verknüpfung bringen. Die Bedeutung moralischer Standards wie beispielsweise der Kaufmannsehre im Wirtschaftssystem kann als eine konditionale Verknüpfung zwischen Moralsystem und Wirtschaftssystem aufgefasst werden. Moralstandards werden hier zur Voraussetzung wirtschaftlicher Operationen gemacht. Gleiches gilt beispielsweise auch für Rechtsnormen. Von einer Interpenetration *aller* Funktionssysteme könnte aber nur dann die Rede sein, wenn sich die Richtung dieser Verknüpfung beliebig umkehren ließe, also *wechselseitige Verknüpfung durchgängig dominiert*. Dann würden beispielsweise nicht nur moralische Standards an ökonomische Vorgängen geknüpft (Beispiel Kaufmannsehre) werden, sondern auch umgekehrt ökonomische Operationen an moralische Standards (z. B.: Käuflichkeit von Ehre). Der von Luther kritisierte Ablasshandel kann sicherlich als ein frühes Experiment in diese Richtung (Ökonomie wurde an Religion geknüpft) gelten. Diese Variante konditionaler Verknüpfung ist nicht zufällig historisch gescheitert. Die geringe Plausibilität dieses Beispiels zeigt schon, warum es weder zu einer durchgängigen Moralisierung aller Funktionsbereiche noch einer durchgängigen Ökonomisierung aller Lebensbereiche gekommen ist. Auch Münchs Interpenetrationsthese bedarf somit der empirisch gestützten Relativierung.

2.2.3   Inklusion/ Exklusion

Die zweite Ergänzung gegenüber der Theorie funktionaler Differenzierung ist von Niklas Luhmann selbst in die Differenzierungstheorie eingeführt worden. Luhmanns Version wird hier zunächst referiert und in einem zweiten Schritt dann punktuell ergänzt.

Die Differenz Inklusion – Exklusion soll Fragen der gesellschaftlichen Integration präziser erfassen. „Inklusion muss man demnach als eine Form begreifen, deren Innenseite (Inklusion) als Chance der sozialen Berücksichtigung von Personen bezeichnet ist und deren Außenseite unbezeichnet bleibt. Also gibt es Inklusion nur, wenn Exklusion möglich ist. Erst die Existenz nichtintegrierbarer Personen oder Gruppen lässt soziale Kohäsion sichtbar werden und macht es möglich, Bedingungen dafür zu spezifizieren" (Luhmann 1997: 620 f.). Unter „Personen" will Luhmann dabei „Identitätsmarken, auf die im Kommunikationsprozess Bezug genommen wird" (ebd.: 620) verstanden wissen. Der Begriff soll also gerade nicht die für Gesellschaften wie auch alle anderen sozialen Systeme unkontrollierbaren Autopoiesen psychischer Systeme und Organismen miteinschließen.

Wichtig ist nun, dass sich mit dem Übergang von stratifikatorischer auf funktionale Differenzierung auch die Differenz zwischen Inklusion und Exklusion vervielfältigt. Während stratifikatorisch differenzierte Gesellschaften auch die Frage von Inklusion und Exklusion einheitlich lösen konnten und alle diejenigen exkludierten, die aus welchen Gründen auch immer in diesem Gefüge keinen Platz fanden, geht nun die Inklusionsfrage auf die einzelnen Funktionssysteme über. Das heißt, jedes Funktionssystem regelt die Frage der Inklusion entlang seines spezifischen Codes. *Dabei reduziert Luhmann die Frage der Inklusion auf die Benutzung des jeweiligen Codes.* Wer Geld ausgibt, also Zahlungen leistet, ist quasi automatisch in das Wirtschaftssystem inkludiert. Wer Entscheidungsträger wählt, der gehört zum politischen System. Wer Pillen kauft, greift auf die Leistungen des Wissenschaftssystems zu und so weiter.

Diese Beispiele zeigen bereits indirekt, *dass Exklusionsgründe von normativen Semantiken entkoppelt worden sind.* „Der Trend geht … dahin, Normabweichungen angesichts zunehmend legitimationsbedürftiger Kriterien als gesellschaftsinternes Problem anzusehen, sie vor allem als Problem der Therapierung und der Folgenkontrolle zu behandeln und Exklusion als normativ nicht zu rechtfertigende Tatsache – geschehen zu lassen" (ebd.: 629).

Luhmann betont, dass in der modernen Gesellschaft die Handhabung der Differenz Inklusion-Exklusion dezentral auf die einzelnen Funktionssysteme übergegangen sei. „Ob und wie viel Geld dem Einzelnen zur Verfügung steht, wird im Wirtschaftssystem entschieden. Welche Rechtsansprüche man mit welchen Aussichten auf Erfolg geltend machen kann, ist eine Angelegenheit des Rechtssystems. Was als Kunstwerk gilt, wird im Kunstsystem entschieden …" (ebd.: 630). Aufgrund dieser Dezentralisierung hält Luhmann im Übrigen auch die an Klassen- und Schichtbegriffen orientierte soziologische Ungleichheitsforschung für antiquiert und voreingenommen (vgl. ebd.: 631). Das schließt aber nicht aus, dass er selbst (offenbar angeregt durch touristische Kontakte mit den brasilianischen Favelas; Luhmann 1995) durchaus bemerkt, dass die Exklusion aus einem Funktionssystem die Exklusion aus einem anderen durchaus zu bedingen vermag. Dies hinge aber sowohl mit Mehrfachabhängigkeit von den Funktionssystemen wie mit funktionsspezifischen Formen der Abweichungsverstärkung zusammen. Dies führe de facto dazu, dass an den Rändern der Funktionssysteme durchaus auch erhebliche Teile der Bevölkerung keinen Zugang zu den Leistungen der Funktionssysteme hätten. „Die Beispiele ließen sich vermehren, und sie ziehen Querverbindungen zwischen allen Funktionssystemen. *Die Exklusion integriert viel stärker als die Inklusion*" (Luhmann 1997: 631; Hervorhebung im Original).

An diese Beobachtungen knüpft Luhmann die sehr weitgehende Hypothese, „dass die Variable Inklusion/ Exklusion in manchen Regionen des Erdballs drauf und dran ist, in die Rolle einer Meta-Differenz einzurücken und die Codes der Funktionssysteme zu mediatisieren. Ob die Unterscheidung zwischen Recht und Unrecht überhaupt zum Zuge kommt und ob sie nach rechtssystemimmanenten Programmen behandelt wird, hängt dann in erster Linie von einer vorgängigen Filterung durch Inklusion/ Exklusion ab; und dies nicht nur in dem Sinne, dass Ausgeschlossene auch vom Recht ausgeschlossen sind, sondern auch in dem Sinne, dass andere und insbesondere Politik, Bürokratie und Polizei, vom Militär ganz zu schweigen, nach eigenem Ermessen entscheiden, ob sie sich ans Recht halten wollen oder nicht" (ebd.: 632). Während Inklusion jeweils hergestellt werden muss, zieht eine Exklusion die andere nach sich.

An diesem Zitat irritiert Luhmanns These, dass es sich bei der um sich greifenden Exklusion um ein neuartiges Phänomen handele. Viel plausibler ist die Deutung, dass eine tendenziell nicht normierte Exklusion die Landnahme der modernen Gesellschaft schon immer begleitet hat. Dies zeigen einmal soziologische Studien zur Ära des Kolonialismus, wo solche Filterfunktionen entlang ethnischer, religiöser Zugehörigkeiten aber auch entlang der Nichtalphabetisierung nicht nur permanent wirksam wurden, sondern die Grundlage kolonialer Herrschaft bildeten (von Trotha 1994).

Für die allgemeine Durchsetzung des Typus der modernen Gesellschaft auf der Ebene der Funktionssysteme hatte vor allem die Garantie und Durchsetzung allgemeiner Menschenrechte zentrale Bedeutung. Von Seiten der Akteure geht es umgekehrt um den Zugang zu Ressourcen, die den Charakter allgemeiner Inklusionsvoraussetzungen haben wie beispielsweise Alphabetisierung. Aber auch innerhalb der Zentrumsgesellschaften lässt sich ein allgemeines Hineinwachsen von Bevölkerungsgruppen in eine Lebensweise beobachten, die von den Leistungen der Funktionssysteme abhängig ist (für den Aspekt der Geldabhängigkeit vgl. Kapitel 3).

Luhmanns Beobachtung, dass die Exklusion aus einem Funktionssystem die Exklusion aus anderen nach sich zieht, ist nach unseren Überlegungen zur konditionalen Verknüpfung der Funktionssysteme untereinander leicht nachzuvollziehen. Beispiele wie die, dass die Vermarktung der Arbeitskraft von der Alphabetisierung abhänge (vgl. ebd.: 631), haben eine sachliche Grundlage in konditionalen Verknüpfungen zwischen den Funktionssystemen, hier zwischen Bildungssystem und Wirtschaftssystem. Die Exklusionsproblematik demonstriert also noch einmal, wie ergänzungsbedürftig Luhmanns Bild einer in autonome Funktionssysteme zerfallenen modernen Gesellschaft ist. Die operative Autonomie der Funktionssysteme enthebt den soziologischen Beobachter nämlich keineswegs von der analytischen

Aufgabe, zu untersuchen, ob und inwieweit die Funktionssysteme füreinander Voraussetzungen schaffen, die dann als Zusammenhänge reproduziert werden müssen. Darüber hinaus muss man kritisieren, dass Luhmanns Begriff der Inklusion zu allgemein gehalten ist, weil er nicht zwischen unterschiedlichen Inklusionsniveaus unterscheidet, ohne die eine Expansion der Funktionssysteme im Zuge gesellschaftlicher Modernisierung analytisch überhaupt nicht rekonstruierbar ist. Wir werden uns im dritten Kapitel näher damit beschäftigen, dass Lebensführung auf der Grundlage von Lohnarbeit eine Leistungsabhängigkeit vom Wirtschaftssystem (Konsum, Geldverwendung) mit *Leistungsrollen* im Wirtschaftssystem verknüpfen muss (Geldbeschaffung durch Lohnarbeit). Aus der Perspektive des Wirtschaftssystems kommt es genau auf diese Verknüpfung dieser beiden unterschiedlichen Inklusionsniveaus (Leistungsrolle als Arbeitskraft – Publikumsrolle als Konsument) an.

Sieht man einmal von dem Bereich des Staates beziehungsweise der Politik ab (siehe unten), dann fällt auf, dass alle anderen Funktionssysteme nur dann expandieren können, wenn ebenfalls eine hinreichende Inklusion sowohl auf der Ebene von Leistungsabhängigkeiten wie auch von bezahlter Arbeit besteht, über die systemspezifische Leistungen erst systematisch generiert werden können. Wenn man diese beiden unterschiedlichen Inklusions*niveaus* unterscheidet, dann zerfällt sofort der Schein einer in autonome Funktionssysteme zerfallenen modernen Gesellschaft. Es wird vielmehr deutlich, dass *in dem Maße wie Funktionssysteme außerhalb von Wirtschaft und Politik Leistungen über menschliche Arbeit generieren, sie dies nur in einseitiger konditionaler Verknüpfung mit dem Wirtschaftssystem organisieren können.*

Zum Dritten muss an Luhmanns Darstellung des Exklusionsproblems kritisiert und korrigiert werden, dass er die Rolle des Staates gewaltsam an seine Version des politischen Systems assimiliert hat. Dies führt dazu, dass Luhmann dem Staat systemübergreifende Ordnungsfunktionen aus Gründen der ,Theoriearchitektur' absprechen muss. Folgende Formulierung ist eben nur teilweise mit der Realität in Übereinstimmung zu bringen. „Mit der funktionalen Differenzierung des Gesellschaftssystems ist die Regelung des Verhältnisses von Inklusion und Exklusion auf die Funktionssysteme übergegangen, und es gibt keine Zentralinstanz mehr (so gern die Politik sich in dieser Funktion sieht), die die Teilsysteme in dieser Hinsicht beaufsichtigt. Ob und wie viel dem Einzelnen zur Verfügung steht, wird im Wirtschaftssystem entschieden. Welche Rechtsansprüche man mit welchen Aussichten auf Erfolg geltend machen kann, ist eine Angelegenheit des Rechtssystems ..." (ebd.: 630). Diese Argumentation hypostasiert die operative Autonomie der Funktionssysteme in unzulässiger Weise. Sie blendet sogar aus, dass Recht auch eine Zweitcodierung von Macht ist (vgl. unter 1.8) und der politischen Regelung von Inklusion dient (z. B. Sozial- und Wohlfahrtsstaat).

Wie will Luhmann mit dieser Argumentation beispielsweise erklären, dass im Zuge der Entwicklung des Wohlfahrtsstaates das Rechtsgebiet des Sozialrechts entstanden ist, das gerade auch unter rechtssystematischen Gesichtspunkten eine hohe Eigenständigkeit und Inkompatibilität zu anderen Rechtsgebieten (vgl. Habermas 1994: 470ff.) aufweist? Dieses Rechtsgebiet ist keineswegs von Juristen *initiiert* worden, sondern es ist in Folge der Sozialgesetzgebung im Rechtssystem entwickelt worden. Formal erfüllt es selbstverständlich das Kriterium der operativen Autonomie des Rechtssystems, denn nur Juristen konnten das Sozialrecht entwickeln. Auf der anderen Seite kann man die *Existenz* des Sozialrechts nicht ohne eine entsprechende Gesetzgebung (=Recht fungiert hier als Zweitcodierung politischer Macht) erklären.

Wenn man nun diese Gesetzgebung *erklären* möchte, dann muss man auch Luhmanns Aussage in Zweifel ziehen, dass ausschließlich das Wirtschaftssystem über die Distribution von Einkommen autonom entscheide. Bekanntlich besteht ja ein wesentliches Element des Wohlfahrtsstaates darin, dass er Verteilungsergebnisse des Wirtschaftssystems nach sozialpolitischen Kriterien zu korrigieren versucht und dies, formal im Rahmen des Wirtschaftssystems aber außerhalb seiner distributiven Mechanismen, in den Medien Macht und Recht organisiert. Allein im Rahmen des Wirtschaftssystems wären Abgaben für Sozialleistungen und für Einkommenstransfer nie zu erfinden gewesen. Diese ‚Erfindungen‘ des politischen Systems hängen wiederum damit zusammen, *dass es nicht einfach auf eine Funktion der Entscheidungsfindung und des Operierens mit dem Machtmedium zugeschnitten werden kann.*

Aus einer sozialhistorisch vergleichenden Perspektive lässt sich mit relativ einfachen Mitteln erkennen, dass der moderne Nationalstaat seit der Industrialisierung vor allem über die wohlfahrtsstaatliche Programmatik zumindest teilweise Aufgaben der Daseinsvorsorge übernommen hat, die zuvor im Familienverband wahrgenommen wurden (vgl. Hentschel 1983). Weil dies so war, können Politiker eben eine Sensibilität dafür entwickeln, dass die Umstellung der Lebensführung auf eine umfassende Abhängigkeit von den Leistungen der Funktionssysteme nicht immer und nicht für alle beteiligten Gruppen zu befriedigenden Ergebnissen führen kann. Die Entwicklung des sozialen Sicherungssystems, insbesondere der Renten- und Krankenversicherung lässt sich nur rekonstruieren (vgl. v. a. Kreckel 1992), wenn man ein solches „unspezifisches" Fürsorgeinteresse gedanklich zulässt, das dann zu politischen Entscheidungen führt, die mithilfe des Machtmediums und seiner Zweitcodierung *umgesetzt* werden.

Nur auf diese Weise konnte das in den Markt- und Konkurrenzmechanismen des Wirtschaftssystems angelegte soziale Problem der Auseinanderentwicklung zwischen der Menge an produzierten Gütern und Dienstleistungen einerseits und der dabei verausgabten Lohnsumme andererseits eingegrenzt werden, das bereits Karl Marx als Grund für das Scheitern des Kapitalismus ausgemacht hatte (kapitalistischer Krisenzyklus; vgl. Mattick 1974).

2.2.4 Die Sonderrolle des Staates und des politischen Systems

Ebenso wie das Wirtschaftssystem lässt sich auch das politische System schwerlich in eine Argumentation einbauen, die eine Gleichrangigkeit der diversen gesellschaftlichen Funktionssysteme postuliert. Wir haben gesehen, dass sich die Sonderrolle des Wirtschaftssystems aus seiner besonderen strategischen Bedeutung für die Organisation gesellschaftlicher Leistungen ergibt. Sie lässt sich vermutlich (= vorbehaltlich der empirischen Überprüfung!) als ein Geflecht einseitiger konditionaler Verknüpfungen zwischen Wirtschaftssystem und weiteren Funktionssystemen fassen.

Aus diesem Abhängigkeitsgeflecht schert das politische System insofern aus, als es einen eigenständigen Weg der Finanzierung entwickelt hat. Da politische Systeme mithilfe des Machtmediums Steuern und Abgaben erheben können (,Tributlogik'; vgl. Lane 1979; Bornschier 1998: 54ff.) sind sie in der Lage, ihre materielle Grundlage selbst zu sichern.

Weiterhin hat die aktuelle Weltwirtschaftskrise hinreichend deutlich gemacht, dass – zumindest vom Prinzip her – Wirtschaftssysteme über staatliche Macht organisiert, institutionalisiert und ggfs. verändert werden. Allerdings haben sich hier manifeste Durchsetzungsprobleme ergeben, die mit der weiter fortgeschrittenen Globalisierung des Wirtschaftssystems erklärt werden können (Globalisierung: 86ff.).

Auf der anderen Seite sind auch beim politischen System sowohl die Reichweite wie auch das Ausmaß, in dem mit dem Machtmedium operiert werden kann, an die Entwicklung des Wirtschaftssystems gebunden. In dieser Hinsicht besteht vor allem eine Abhängigkeit vom Wirtschaftswachstum. Eine Sonderrolle des politischen Systems kann somit zunächst einmal damit begründet werden, dass es im Unterschied zu den anderen Funktionssystemen, die einseitig vom Wirtschaftssystem abhängen, in einem *wechselseitigen* Abhängigkeitsverhältnis zum Wirtschaftssystem steht.

Eine über diesen Aspekt wesentlich hinausgehende Sonderrolle des politischen Systems hängt damit zusammen, *dass seine gesellschaftliche Funktion nicht ein für alle Mal fest etabliert ist, sondern ihrerseits politischen Aushandlungsprozessen unterliegt.*

Das kann man daran erkennen, dass seit der ‚Erfindung' des Staatsapparates in
den alten Hochkulturen (vgl. zusammenfassend Brock 2006: 270ff.) die staatlichen
Leistungen und die Erwartungen an den Staat permanent starken Veränderungen
unterlagen. Ebenso wichtig ist, dass die legitime Nutzung des Machtmediums durch
den Staatsapparat ebenfalls in ganz unterschiedlicher Weise organisiert worden ist.

Solche Unterschiede fallen bereits ins Auge, wenn man nur einmal den Staatsapparat der Feudalgesellschaften mit dem Modell des bürgerlichen Staates im
18. und 19. Jahrhundert vergleicht und dieses Modell wiederum mit modernen
Wohlfahrtsstaaten in Beziehung setzt. Der gemeinsame Nenner zwischen diesen
unterschiedlichen Typen der Organisation staatlicher Interessen beschränkt sich
auf das formale Ziel der Sicherung der gesellschaftlichen Ordnung, was aber jeweils
etwas völlig anderes bedeutet hat. Die über den puren Ordnungserhalt hinaus
gehenden staatlichen Leistungen variieren sehr stark, weil sie jeweils den Interessen jener gesellschaftlichen Gruppen dienen, die den Staat ‚tragen' (= für seinen
Bestand einstehen). Deswegen diente der Staat in der Feudalgesellschaft primär
den persönlichen Interessen des Herrschers und den Interessen der Herrscherdynastie, im weiteren Sinne den Interessen der privilegierten Stände. Der klassische
bürgerliche Staat des 18. und 19. Jahrhunderts organisierte ebenso wie bereits zuvor
mittelalterliche Stadtrepubliken Interessen einer bürgerlichen Schicht von Kauf-
leuten und Unternehmern (KM: 241ff. und 263ff.). Erst mit der Durchsetzung des
allgemeinen und gleichen Wahlrechts bildet sich der Wohlfahrtsstaat heraus, der
neben den klassischen bürgerlichen Interessen auch Interessen der Lohnarbeiter
vertritt, wobei es auch hier einerseits um die Sicherung der existenziellen Grundlagen (soziale Sicherungssysteme, Bildungssysteme) geht. Zum anderen richten
sich die Staatsaktivitäten aber auch auf die konkrete Förderung dieser Interessen
(Ausgestaltung der sozialen Sicherungssysteme, Erweiterung des Zugangs zu Bildung, Schaffung von Voraussetzungen für mehr Arbeitsplätze).

Wenn man nun die Frage aufwirft, was denn eine mit den anderen Funktionssystemen vergleichbare historisch einigermaßen stabile Monopolisierung funktionaler
Leistungen *verhindert* habe, dann liefern uns Webers Begriffe des Patrimonialstaates (vgl. Weber 1972: 585ff.) und der patrimonialen Herrschaft (ebd.: 583f.)
erste Anhaltspunkte. Staaten haben sich in diesem Fall aus großen patriarchalisch
strukturierten Haushaltsverbänden entwickelt. Dabei mussten soziale Beziehungen
in einem zuvor unbekannten Bereich jenseits der patriarchalischen Familie und
jenseits des Grundeigentums geordnet werden. Daher müssen wir nach Weber selbst
für grundlegende Merkmale wie Rechtsprechung und militärische Machtausübung
mit einem großen Spektrum an Möglichkeiten rechnen. Beispielsweise etablierte
sich die Rechtsprechung im Spektrum zwischen einer schiedsrichterlichen Funktion
und der Ausübung patrimonialer Herrschaft. Die militärische Macht wird zwischen

den Extremvarianten ‚gelegentliche Beteiligung an Raubzügen' und ‚verbindliches Mitwirken an allen kriegerischen Auseinandersetzungen' organisiert. Welche Variante jeweils zum Zuge kommt wird vor allem durch Tradition, aber auch die Autorität und die Machtbasis des politischen Herrschers bestimmt (ebd.: 586).

Dass diese ausgeprägte Variabilität im Leistungsspektrum politischer Systeme keineswegs der Vergangenheit angehört, zeigt in der Gegenwart schon die wachsende Bedeutung sogenannter Nichtregierungsorganisationen (vgl. zusammenfassend Leggewie 2003). Sie beeinflussen vor allem die Art und Weise wie Aushandlungsinteressen als politische Leistungen organisiert werden können.

Auch Luhmann konstatiert Probleme bei der Anwendung des Machtmediums durch den Staat vor allem auf der Ebene der Konfliktlösung durch Machtanwendung. Sie seien jedoch durch Gesetzgebung lösbar, da die Zweitcodierung Recht die ‚Technisierbarkeit' des Machtmediums erhöhe (Luhmann 1997: 368). Das kann aber nur solange helfen, wie die Zweitcodierung nicht durchschaut wird und die Rechtssetzung nicht für parteilich gehalten wird.

Man kann diese Aspekte zu dem theoretischen Argument bündeln, dass das Machtmedium nur bedingt formalisierbar und institutionalisierbar ist, da die selbstreferentielle Schließung auf der Code – Ebene nur bedingt funktioniert. Wie der von Parsons benutzte Begriff des ‚goal attainment' hervorhebt, muss Macht immer für konkrete Ziele eingesetzt werden. Wenn sie definitiv erreicht sind – wozu soll dann Macht eingesetzt werden? Offenbar zu neuen Zielen, die sich aber nicht automatisch aus dem Gebrauch des Machtmediums ergeben. Vor allem bei Themen wie dem Bürokratie- und Subventionsabbau wird deutlich, *dass die selbstreferentielle Schließung immer nur auf Themenebene funktioniert.* Ansonsten spricht man von einer unangemessenen Verselbständigung des Machtapparats (vgl. Totalitarismus; Jesse 1999). Während die Steigerung des Positivwertes in den anderen Funktionssystemen unproblematisch ist und allgemein akzeptiert wird, dass es besser ist über mehr Geld, mehr Recht, mehr Wissen usw. zu verfügen, kann zwar auch Macht akkumuliert werden. Die Machtakkumulation bewerten wir aber nur dann positiv, wenn wir die Ziele, die damit verfolgt werden sollen, teilen. Ansonsten werden wir die staatliche Machtakkumulation negativ bewerten (vgl. Begriffe wie Totalitarismus, autoritäre Herrschaft, Diktatur).

Diese Aspekte sollten ausreichen, um zu zeigen, dass das Machtmedium keinen perfekten Code tragen kann. Daneben ist noch auf ein zweites offensichtlicheres theoriearchitektonisches Defizit des Machtcodes hinzuweisen. Worin liegt genau das *Leistungsmerkmal* beim Machtgebrauch und was bedeutet das für die Art und Weise, in der die Inklusion in das politische System organisiert werden kann? In alle anderen Funktionssysteme sind die Gesellschaftsmitglieder zumindest über Publikumsrollen inkludiert und kommen in den Genuss der je spezifischen Leistungen wie Güter und Dienstleistungen, Recht, Heilung, Bildung usw. Ganz offensichtlich kann man nicht in derselben Weise in den ‚Genuss' von Machtausübung kommen. Sprachlich manifestiert sich die hohe Legitimationsbedürftigkeit des Machtgebrauchs darin, *dass wir den Positivwert ‚Macht haben' immer auch als Machtmissbrauch diskreditieren können*. Während moderne Gesellschaften für alle anderen Leistungen der Funktionssysteme ein Steigerungsverhältnis kennen, verlangt das politische System vom Publikum den absoluten Verzicht zumindest auf körperliche Gewalt (Gewaltmonopol des Staates) und regelt ansonsten immer penibler den privaten Machtgebrauch (z. B. elterliche Gewalt, Bestechung usw.). Die Bürger haben zumindest in den Demokratien den staatlichen Machtgebrauch vor allem über die Durchsetzung von Bürger- und Menschenrechten erheblich eingeschränkt. Allerdings wird die Anwendung rechtlich zweitcodierter Macht des politischen Systems auf das Privatleben der Bürger permanent erweitert. Aber auch dies kann nur allzu leicht als Machtmissbrauch diskreditiert werden.

In diesen Tendenzen wird eine Eigendynamik der Ausübung von Macht deutlich: Macht kann nur dann effektiv ausgeübt werden, wenn diese Praxis auf Wenige konzentriert ist. Demokratisierbar (= Inklusion aller mündigen Bürger in das politische System) ist nur die Mitwirkung an der Festlegung von Zielen der Machtausübung. Ansonsten kultivieren Demokratien den Schutz und die strikte Kontrolle der zentralisierten staatlichen Machtausübung (Garantie von Menschen- und Bürgerrechten; umfassende rechtliche Kontrolle (Klagerechte für von Machtausübung Betroffene).

Für eine Sonderrolle des Machtmediums und damit auch des politischen Systems/ des Staates spricht vor allem aber ein drittes Argument. Der gedankliche Ankerpunkt in Luhmanns Differenzierungstheorie wird durch die These gebildet, dass jedes Funktionssystem über ein gesellschaftliches Leistungsmonopol verfügt (Luhmann 1997: 746 und 761). Das setzt eine verbindliche Institutionalisierung der Funktionssysteme voraus, die aber nur über ein staatliches Machtmonopol organisiert und aufrechterhalten werden kann. Auf der anderen Seite ergeben sich die Ziele der Machtausübung aus dem Interesse an Leistungen der Funktionssysteme. Macht gewinnt auf diese Weise, weil sie gerade *nicht* zum Selbstzweck werden kann, *eine ermöglichende wie eine dienende Funktion gegenüber der Gesellschaftsdifferenzierung insgesamt*.

Zusammenfassung

1. Die Theorie funktionaler Differenzierung bietet trotz der im vorangegangenen Abschnitt behandelten Hindernisse die besten Chancen zur Wissensakkumulation. In Form der Standardfrage: „Ist ‚X' in die Theorie funktionaler

Differenzierung integrierbar oder nicht? Wenn ja, wie?" wird die Theorie funktionaler Differenzierung in den folgenden Abschnitten als universeller Bezugspunkt benutzt. Dabei wird Luhmanns Differenzierungstheorie als die m. E. elaborierteste Variante herangezogen.

2. Luhmann hat seine Differenzierungstheorie jedoch entlang theorieimmanenter Kriterien entwickelt. Deswegen ist sie nur bedingt anwendungstauglich. Um als universeller Bezugspunkt zu fungieren, mussten daher einige Ergänzungen vorgenommen werden. Während Luhmann die in operativer Hinsicht zweifellos gegebene Autonomie und die Gleichrangigkeit der Funktionssysteme betont, stehen hier die Abhängigkeitsbeziehungen zwischen den Funktionssystemen im Vordergrund, schon um Begriffe wie Kapitalismus einbeziehen zu können. In diesem Zusammenhang führen wir neben ‚Interpenetration' und ‚struktureller Kopplung' zusätzlich den Begriff der (einseitigen) konditionalen Verknüpfung ein. Über einseitige konditionale Verknüpfungen kann vor allem die besondere gesellschaftliche Bedeutung des Wirtschaftssystems und des politischen Systems besser erfasst werden.

3. Auf dieser Grundlage werden dann Erweiterungen auf der Ebene Inklusion/ Exklusion vorgenommen. Ebenfalls müssen einige Sonderbedingungen des politischen Systems wie die Unterscheidung Staat – politisches System und Besonderheiten bei der Operation mit dem Machtmedium registriert werden.

2.3 Beiträge der neueren Modernisierungstheorie zum Verständnis der klassischen Moderne

2.3.1 Einleitung

Bei den wichtigsten Vertretern der neueren Modernisierungstheorie entwickelt sich die Kategorisierung moderner Gesellschaften nicht über eine kritische Auseinandersetzung mit der Theorie funktionaler Differenzierung, sondern über eine Auseinandersetzung mit dem Marxismus. Das hat dazu geführt, dass auf einer grundlagentheoretischen Ebene kaum Bezüge zu der Theorie funktionaler Differenzierung entwickelt, sondern vielmehr alternative Begriffskonzepte präsentiert werden, die aber möglicherweise anschlussfähig an die Theorie funktionaler Differenzierung sein könnten.

Ziel dieses Abschnitts ist, herauszufinden, wo die neuere Modernisierungstheorie wichtige inhaltliche Ergänzungen oder auch Korrekturen gegenüber dem von Par-

*sons, beziehungsweise Luhmanns erreichtem Stand einer differenzierungstheoretisch
geprägten Lesart der modernen Gesellschaft als klassische Moderne erreichen kann.*
Deswegen wird es notwendig sein, zunächst jeweils die zentralen Begriffe zu diskutieren und dann in einem zweiten Schritt eine Art Übersetzung in die differenzierungstheoretische Perspektive zu versuchen. Dabei kann dann sichtbar werden,
wo mögliche Ergänzungen und Bereicherungen des soziologischen Verständnisses
der *klassischen* Moderne liegen.

Auch wenn man zwischen der Theorie funktionaler Differenzierung und dem
Marxismus die perspektivische Gemeinsamkeit eines funktionalistischen Denkens
entdecken kann (vgl. den Abschnitt 2.2 sowie Schimank 2000: 70ff.), unterscheiden
sich beide Theorieansätze doch grundlegend in ihren begrifflichen Ausgangs-
punkten. Die Theorie funktionaler Differenzierung orientiert sich letztlich an
einem von der Biologie geprägten Verständnis der Evolution, die als Tendenz der
Komplexitätszunahme durch funktionale Differenzierung in Soziologie übersetzt
wird. Der Marxismus versucht dagegen das Funktionieren wie die gesellschaftlichen Widersprüche und Konflikte von der Differenzierung der Gesellschaft in
soziale Klassen her zu verstehen. Während die differenzierungstheoretische Lesart
der modernen Gesellschaft Ordnungsmuster herausstellt, die von den konkreten
Gesellschaftsmitgliedern und ihren sozialen Praktiken entkoppelt sein können,
unterstellt der klassentheoretische Zugang dagegen eine gesellschaftliche Ordnung, die von den nach Klassenzugehörigkeit differenzierten Individuen ausgeht.
Aufgrund dieser unterschiedlichen Ausgangspunkte ergeben sich zwischen beiden
Theorietraditionen erhebliche ,Übersetzungsprobleme'.

2.3.2 Moderne Gesellschaften bei Anthony Giddens

Giddens hat sich sowohl mit dem Marxismus wie auch mit anderen Klassentheorien kritisch auseinandergesetzt (vgl. vor allem Giddens 1973/ 1984). Das Ergebnis
dieser Auseinandersetzung ist, dass er zwar den Marxismus wie auch alle anderen
Klassentheorien in konzeptioneller Hinsicht für gescheitert hält, aber an dem gedanklichen Ausgangspunkt der marxistischen Klassentheorie festhalten möchte:
Die moderne Gesellschaft ist für Giddens zunächst eine in Klassen gegliederte
Gesellschaft.

Die marxistische Klassentheorie selbst unterzieht Giddens einer eingehenden
Kritik, die nicht nur Inkonsistenzen zwischen theoretischer und historischer Analyse aufzeigt (Giddens 1984: 37ff.), sondern vor allem auch den Determinismus und
Funktionalismus dieser Theorie hart kritisiert. Da Giddens aber an dem begrifflichen Ausgangspunkt, nämlich der Charakterisierung der modernen Gesellschaft

als Klassengesellschaft festhält, folgt aus dieser Kritik ein theoretisches Programm, das genau diesen Determinismus und Funktionalismus auszumerzen sucht. Dieses Programm entfalten vor allem Monographien zum historischen Materialismus (Giddens 1981 und 1985) und zum interpretativen Paradigma (Giddens 1984; 1976). Ein zusammenfassendes Ergebnis seiner theoretischen und konzeptionellen Überlegungen wird in „Die Konstitution der Gesellschaft" (Giddens 1988; 1984) präsentiert. Für das daraus resultierende Verständnis der modernen Gesellschaft ist Giddens 1995 besonders bedeutsam. Über seine Gegenwartsdiagnose, die auf eine neue Phase im Modernisierungsprozess zielt und in nächsten Abschnitt sowie im dritten Kapitel behandelt werden wird, informieren vor allem: Giddens 1992; 1991 und 1997/1994.

Giddens hat versucht, und dies wird sich für sein Verständnis der modernen Gesellschaft als prägend erweisen, den Determinismus der Marxschen Klassentheorie durch Rückgriffe auf die subjektorientierte Soziologie bzw. das ‚interpretative Paradigma' (vgl. z. B. Keller 2009; beide Begriffe werden hier synonym verwendet) zu korrigieren. Zugleich möchte er die subjektorientierte Soziologie von den Übertreibungen einer ausschließlich vom Standunkt des handelnden Individuums aus konzipierten Sozialität reinigen. Diese beiden konzeptionellen Veränderungen werden hier nacheinander dargestellt.

Das *Determinismusproblem* der marxistischen Klassentheorie lässt sich vor allem an zwei Theoremen aufzeigen. Einmal führt das *Basis-Überbau-Theorem* zu einer Sichtweise, die die gesamte kulturelle Dimension zu einer abhängigen Variablen der gesellschaftlichen Eigentums- und Produktionsordnung erklärt. Die kulturellen Verhältnisse (der ‚Überbau') sind gewissermaßen Reflex und Verdopplung der gesellschaftlichen Produktionsweise (= der Basis). Daher produzieren Gesellschaften solange ‚notwendig falsches Bewusstsein' bis eine als Entwicklungsmechanik gedachte Kette von evolutionären Prozessen schließlich die Klasse der Proletarier hervorbringt. Aufgrund ihrer gesellschaftlichen Lage als arbeitende und erkennbar ausgebeutete Klasse sind sie in der Lage, im Prozess des Klassenkampfes Einsichten in die gesellschaftlichen Verhältnisse zu gewinnen und so eine definitive Problemlösung herbeizuführen.

Dieses Grundkonzept wird bei Marx durch einen zweiten Begriff konkretisiert, den der *Charaktermaske*. Darunter ist zu verstehen, dass die beiden antagonistischen Hauptklassen der kapitalistischen Gesellschaft, Bourgeoisie und Proletariat, nur ein ihrer sozialen Lage entsprechendes Bewusstsein entwickeln können. Die Bourgeoisie versucht dabei ihre ausbeuterischen Interessen sowohl ökonomisch wie auch politisch durchzusetzen, ohne dass sie ein Bewusstsein dafür entwickeln kann, dass sie damit zum Totengräber des Kapitalismus wird. Dagegen können die Proletarier in ihrer Eigenschaft als arbeitende Klasse die Paradoxien der Eigentumsordnung durchschauen und bekämpfen, weil sie einerseits Produzenten des gesellschaftlichen Reichtums sind und andererseits „nichts mehr zu verlieren haben als ihre Ketten" (Marx/ Engels 1972/1848: 493). Sowohl die Proletarier wie auch die Bourgeoisie sind in Marxens Augen also nichts anderes als Erfüllungsgehilfen der gesellschaftlichen Verhältnissen. In ihren kognitiven wie politischen Möglichkeiten werde sie von der Mechanik der gesellschaftlichen Verhältnisse bestimmt.

Dem setzt Giddens nun aus der Perspektive des interpretativen Paradigmas das Bild eines Menschen entgegen, der immer eine gewisse Kompetenz sowie Kreativität entwickeln muss, um auch nur seinen Alltag zu bewältigen. Selbst eingeübte Handlungsroutinen erfordern immer eine gewisse Wachheit und Kontrolle, sodass die Individuen auch bei eingeübten Handlungsroutinen ihr Handeln immer *reflexiv steuern*. So hat beispielsweise jeder routinierte Autofahrer das Schalten und das Kuppeln habitualisiert. Dennoch fällt ihm auf, wenn im Getriebe etwas nicht in Ordnung ist.

Was die Menschen in ihrem Alltag tun, bezeichnet Giddens als *soziale Praktiken*. Damit will er betonen, dass die Menschen bei der Bewältigung ihres Alltags relativ festliegende kulturelle Formen entwickeln, die unverändert tradiert, aber immer auch begründet abgewandelt werden können. Diese sozialen Praktiken *ergeben sich nicht einfach reflexartig aus den gesellschaftlichen Verhältnissen*, sondern sie sind relativ autonome kulturelle Produkte.

So hat sich beispielsweise in den 1950er Jahren gezeigt, dass unter den kulturellen Bedingungen Japans die Fließbandtechnologie aus den USA nicht einfach übernommen werden konnte. Das hat zur Entwicklung von Formen der Gruppenarbeit geführt, die sich von Japan aus in den 90er Jahren in andere Industrieländer weiter verbreitet haben. Diese und noch andere Formen der Arbeitsorganisation können im Rahmen der kapitalistischen Verhältnisse entwickelt werden, ohne dass die kapitalistische Grundordnung dadurch in irgendeiner Weise tangiert wird. Allerdings kann die kapitalistische Klassengesellschaft nur dann relativ friktionsarm reproduziert werden kann, wenn bestimmte kulturelle Praktiken des gemeinsamen Arbeitens und der Arbeitsorganisation entwickeln werden (wie die Gruppenarbeit in Japan), die für die arbeitenden Menschen ‚lebbar' (vgl. 3.1.5) sind.

Dagegen *relativiert* Giddens die *subjektorientierte Perspektive* dort, wo es um die gesellschaftlichen Folgen kultureller Praktiken und damit grundsätzlich um die menschlichen Gestaltungsmöglichkeiten geht. Die tatsächlichen Folgen des menschlichen Handelns gehen nämlich nicht in den Handlungsabsichten auf. Giddens besteht also darauf, dass die gesellschaftlichen Verhältnisse *nicht* auf der Ebene von Handlungsmotivationen und Handlungszielen der gesellschaftlichen Akteure reproduziert werden und auf dieser Ebene auch nicht direkt verändert werden können. Was Menschen in der modernen Gesellschaft *beabsichtigen, liegt immer auf der Ebene konkreter Aufgaben und Handlungsziele und bewegt sich im Horizont individueller Lebensführung und Lebensbewältigung* (vgl. Kap. 3). *Von diesen Handlungsmotiven muss der Beitrag, den dieselben Handlungen zur Reproduktion gesellschaftlicher Strukturen leisten, analytisch strikt getrennt werden.*

Wenn beispielsweise jemand arbeitet, um auf diese Weise genügend Geld für den Lebensunterhalt zu verdienen, dann sind seine bewussten zielgerichteten Handlungen nicht nur im Erfolgsfall genau an diesem Ziel orientiert. Darüber hinaus kann man sehr gut zeigen, dass diese Handlungen ganz unabhängig von deren subjektiver Bedeutung auch zur Reproduktion allgemeinerer gesellschaftlicher Strukturen beitragen bis hin zur Grundlage jeglicher kapitalistischer Ökonomie, zum Kreislauf der Verwandlung von Geld in Ware und von Ware in Geld.

Wenn man versucht, diese Position in eine differenzierungstheoretische Argumentation zu integrieren, dann wird sich Giddens' These als bedeutsam erweisen, *dass die transintentionalen Effekte* (vgl. hierzu auch Schimank 2000: 221f.), also die unbeabsichtigte Reproduktion grundlegender gesellschaftlicher Strukturen, *mit wachsender gesellschaftlicher Komplexität zunehmen* (Giddens 1988: 62).

2.3.2.1 Theorie der Strukturierung

An dieser Stelle kommt nun ein zentraler Begriff von Giddens' sogenannter ‚Strukturierungstheorie' ins Spiel: Die ‚*Dualität von Struktur*'. Dieser Begriff wird wichtig, sobald wir diese Überlegungen zur Reproduktion gesellschaftlicher Strukturen auf eine Zeitachse setzen. Jeder Akteur handelt ja immer zu einem bestimmten Zeitpunkt in einer konkreten Situation, bei der immer bestimmte gesellschaftliche Strukturen als Voraussetzungen in sein Handeln eingehen. Sobald eine bestimmte Handlung ausgeführt ist, können wir den Beitrag dieser Handlung zur Reproduktion sozialer Strukturen verbuchen. Daher sind *Handlungen und Strukturen immer prozesshaft miteinander verschränkt*, obwohl die Soziologie meistens dazu neigt, beide Ebenen als voneinander getrennte Realitätsebenen zu fassen. Man könnte auch formulieren, dass es ohne Handlungen, denen bestimmte Strukturen zu Grunde gelegt werden, keine gesellschaftlichen Strukturen gibt und umgekehrt, dass ohne gesellschaftliche Strukturen die Menschen nicht in der Lage wären, routiniert, kompetent und zeitnah zu handeln.

Da dieser Gedanke wichtig ist, wird er hier am Beispiel der Geld-Ware-Geld-Beziehung kurz erläutert. Hierbei handelt es sich um eine sehr abstrakte, allgemeine Struktur, sodass wir nicht erwarten, dass die Geld-Ware-Geld-Beziehung bewusst, sondern nur auf der Ebene unintendierter Handlungsvoraussetzungen und Handlungsfolgen reproduziert wird. Dennoch muss man festhalten, dass diese allgemeine Struktur nur solange existiert, wie ganz konkret mit Geld Waren gekauft und Waren gegen Geld veräußert werden. Wenn jemand in die Apotheke geht, um seine Grippe mit einem Medikament zu kurieren, so will er nur gesund werden (intentionaler Effekt). Zugleich hat seine Aktivität aber den transintentionalen Effekt, dass sie zur Reproduktion der Geld-Ware-Geld-Beziehung beiträgt. Wenn derselbe Akteur sich dafür entscheidet, seine Grippe mit selbstgesammelten Kräutern zu kurieren, dann kann diese Handlung genauso zu seiner Gesundung beitragen, sie leistet aber keinen Beitrag zur Reproduktion der Geld-Ware-Geld-Beziehung – und zwar ganz unabhängig davon, was der Akteur mit seiner Handlung beabsichtigt.

Diese Überlegungen zur ‚Dualität von Struktur' lassen sich durchaus in eine differenzierungstheoretische Lesart der modernen Gesellschaft integrieren. Bei Luhmann etwa wird die Frage der Reproduktion eines Funktionssystems ebenfalls von der Handlungsmotivation abgelöst und an die Benutzung des jeweils einschlägigen binären Codes geknüpft (vgl. unter 1.8 und 2.2). Eine damit vergleichbare Ebene der gesellschaftlichen Vorstrukturierung und Effektivierung von Kommunikation markieren auch Geld (bei Luhmann institutionelle Grundlage der binären Codierung zahlen – nicht zahlen) und Ware.

Für die Entwicklung der Strukturbegriffe ist bei Giddens neben dem Konzept ‚Dualität von Struktur', noch eine zweite Überlegung maßgeblich. Nach Giddens kann man die gesellschaftliche Entwicklung auf einem zweidimensionalen Feld mit den Achsen Raum und Zeit abtragen. Den ‚Nullpunkt' würden also Stammesgesellschaften markieren, deren Sozialverhalten ausschließlich aus Face-to-Face-Kommunikationen unter Anwesenden besteht.

2.3.2.2 Gesellschaftsentwicklung und Raum-Zeit-Ausdehnung

Wenn wir diesen analytischen Nullpunkt in die menschliche Evolutionsgeschichte übersetzen wollen, dann könnten wir von kleinen sozialen Einheiten ausgehen, die noch nicht über die heutige Symbolsprache verfügen und sich nach Art der Primaten über Lautgesten abstimmen. Da die Symbolsprache nämlich neben der Gegenwart auch Vergangenheit und Zukunft kennt, eröffnet sie bereits die Möglichkeit nicht nur über Abwesende und Unbeteiligte zu kommunizieren, sondern auch Verabredungen zu treffen, die in die Zukunft reichen. Damit würde die Zeitachse über den Augenblick der Kommunikation hinaus bereits ausgedehnt.

Giddens kennt drei Grundtypen von menschlichen Gesellschaften, die er im Hinblick auf die räumlich-zeitliche Ausdehnung ihres Sozialverhaltens unterscheidet: Stammesgesellschaften, klassengegliederte Gesellschaften, moderne Klassengesellschaften (Giddens 1988: 236ff.; ausführlich Giddens 1981). In Stammesgesellschaften ohne das Medium Schrift „haben Beziehungen mit räumlich und zeitlich Abwesenden nur sporadischen Charakter und sind für die soziale Organisation nicht entscheidend. Hier fällt daher die gesellschaftliche Systemintegration mit der Sozialintegration der lokalen Gemeinschaften noch weitgehend zusammen, deren vorrangiger Mechanismus in der Bekräftigung von Traditionen innerhalb verwandtschaftlich organisierter Gruppen besteht" (Lamla 2003: 64).

Der zweite Grundtypus der klassengegliederten Gesellschaften umfasst sowohl die alten Hochkulturen wie auch die Feudalgesellschaften. Sie sind durch stabile und über die Grenze der Kopräsenz hinausgehende Austausch- und Machtbeziehungen entlang des Differenzierungsmusters Zentrum-Peripherie charakterisiert. Genauer ausbuchstabiert und mit sozialhistorischem Material unterlegt wurde dieser Typus insbesondere in den Arbeiten von Michael Mann (Mann 1990; zur Kritik vgl. Brock 2006: 276ff.). Klassengegliederte Gesellschaften erreichen erstmals eine Differenzierung von Sozial- und Systemintegration. Der Sozialintegration dienen Traditionen und gemeinschaftliche Praktiken im Rahmen des Verwandtschaftssystems. Sie erfolgen lokal und dezentral. In engem Zusammenhang mit der Staatenbildung werden davon entkoppelte Formen der Systemintegration entwickelt, die sowohl auf der Achse politischer und militärischer Machtausübung wie auch wirtschaftlicher Interdependenzen ablaufen.

Moderne Gesellschaften sind für Giddens durch zwei Merkmale charakterisiert: Sie sind *Klassengesellschaften* und sie sind durch den *Kapitalismus* geprägt. Für den Kapitalismus ist vor allem die Differenzierung wie die Interdependenz zwischen Staat und einer ausdifferenzierten Privatwirtschaft charakteristisch. Zudem hat der Staat als moderner Nationalstaat Eingriffe in lokale Lebenswelten vorgenommen (insbesondere Praktiken der Überwachung). „Das unterscheidende Strukturprinzip der Klassengesellschaften des modernen Kapitalismus ist im Auseinandertreten von Staat und ökonomischen Institutionen, die dennoch aufeinander bezogen bleiben, zu suchen. Der enormen ökonomischen Macht, die im Zuge der Instrumentalisierung allokativer Ressourcen für die Inszenierung allgemeinen technischen Fortschritts generiert wird, entspricht eine ungeheure Erweiterung des administrativen ‚Zugriffs‘ des Staates. Überwachung – die Aufbereitung von Informationen, die für die Verwaltung der Bevölkerung relevant ist, sowie deren direkte Kontrolle durch Beamte und Verwaltungspersonal jedweder Art – wird zu einem Schlüsselmechanismus in der weiteren Auseinanderentwicklung von sozialer und Systemintegration. Als Folge des Eindringens kodifizierter Verwaltungsprozeduren in das Alltagsleben lösen sich die traditionellen Praktiken immer mehr auf, ohne freilich völlig zu verschwinden. Die Orte, die den Bezugsrahmen für die Interaktion zwischen kopräsenten Akteuren darstellen, unterliegen grundlegenden Wandlungsprozessen. Die althergebrachte Stadt-Land-Beziehung wird von einer zunehmenden Ausbreitung der produzierten oder ‚geschaffenen Umwelt‘ abgelöst" (Giddens 1988: 238).

Mit dieser Dreiertypologie verfolgt Giddens vor allen heuristische Ziele: Sie soll ein Verständnis für die grundlegenden Mechanismen der gesellschaftlichen Entwicklung anregen, aber keine vollständige Klassifizierung aller bereits entwickelten und zukünftigen denkbaren Gesellschaftsformen leisten (Giddens 1988: 236; Fußnote).

2.3.2.3 Strukturbegriffe bei Giddens

Weitergehende Ansprüche verfolgt Giddens dagegen mit seinen Überlegungen zum Strukturbegriff. Sie sind für die Einschätzung seiner Beiträge zum soziologischen Verständnis moderner Gesellschaften maßgeblich. Da Giddens mit einer verwirrenden Vielfalt an Strukturbegriffen arbeitet, müssen wir an dieser Stelle relativ ausführlich werden.

In einem ersten Schritt geht es um die *allgemeine Bedeutung des Strukturbegriffs*. Schon hier gibt es zwei unterschiedliche Gesichtspunkte, die zu unterschiedlichen Varianten führen. Den einen Gesichtspunkt nennt Giddens ‚technisch'. Damit ist gemeint, dass es hier um die direkte Bedeutung von Strukturen für menschliches Handeln geht. Aus seinen machttheoretischen Überlegungen (vgl. Giddens 1988; insbes. Kapitel 5) ergibt sich, dass diese technische Bedeutung darin besteht, dass Strukturen auf der einen Seite die Zahl der Handlungsalternativen beschränken. Auf der anderen Seite besteht sie darin, dass sie den Akteuren sichere, gängige, gesellschaftlich vorstrukturierte Möglichkeiten zu Verfügung stellen, um häufig auftretende Handlungsziele zu realisieren. In dieser ‚technischen' Hinsicht definiert Giddens Struktur als „Regeln und Ressourcen, die in rekursiver Weise in die Reproduktion sozialer Systeme einbezogen sind. Struktur existiert nur in der Form von Erinnerungsspuren, der organischen Basis der menschlichen Bewusstheit und als im Handeln exemplifiziert" (Giddens 1988: 432; Glossar).

Um diese Definition nachvollziehen zu können, müssen die drei Begriffe Regeln, Ressourcen und Reproduktion sozialer Systeme erläutert werden. Die Formel ‚*Reproduktion sozialer Systeme*' hebt darauf ab, dass in Gesellschaften die sozialen Beziehungen über Raum und Zeit hinweg in der Form geordnet sind, dass bestimmte Praktiken existieren und den Gesellschaftsmitgliedern bekannt sind. Sie legen fest, wie etwas normalerweise gemacht wird und was zu tun ist. Wenn man solche Praktiken genauer analysiert, dann kann man mit Giddens sehen, dass hier immer Regeln und allokative sowie autoritative Ressourcen miteinander kombiniert worden sind. *Regeln und Ressourcen sind also gewissermaßen die sozialen Bausteine sozialer Praktiken.*

Regeln bezeichnen „verallgemeinerte Verfahrensweisen des Handelns, die eine konstitutive, den Sinn von Praktiken bestimmende, und eine ... vorschreibende oder anleitende Komponente haben" (Lamla 2003: 169; Glossar). In anderer Terminologie wird hier von ‚Alltagswissen‘ (vgl. Matthes/ Schütze 1973; vgl. auch den Regelbegriff in den ‚Philosophischen Untersuchungen‘; Wittgenstein 2003) gesprochen. Aber auch das *theoretische Wissen* zielt immer darauf ab, Praktiken unter dem Gesichtspunkt der Effizienz festzulegen.

Ressourcen sind zunächst einmal Aspekte, die unserem Handeln Macht oder auch Gestaltungskraft verleihen. *Allokative* Ressourcen sind materieller Art. Sie ergeben sich aus der Herrschaft des Menschen über die Natur (vgl. Giddens 1988: 429; Glossar). Als *autoritative* Ressourcen bezeichnet Giddens dagegen kulturelle oder auch soziale Machtmittel, die sich analytisch aus der Herrschaft von Akteuren über andere Akteure herleiten lassen. Eine autoritative Ressource wäre beispielsweise schon die Möglichkeit, jemanden mit großer Erfolgschance nach dem Weg fragen zu können. Autoritative Ressourcen haben also immer mit der Mobilisierung von Hilfe, Unterstützung aber auch mit einschränkenden Regeln zu tun. So ist es beispielsweise als Frau in Saudi-Arabien nicht angebracht, sich an das Steuer eines Autos zu setzen, auch wenn man über ein Auto (= allokative Ressource) in legitimer Weise (Eigentum) verfügt. Das Autofahren von Frauen wird in diesem Land nämlich strafrechtlich sanktioniert (= fehlende autoritative Ressource)!

Damit haben wir die technische Bedeutung des Strukturbegriffs erläutert. Neben dieser technischen Bedeutung kennt Giddens auch noch eine „allgemeine“ (Giddens 1988: 240) Bedeutung des Strukturbegriffs. Hier geht es ihm um den Aspekt der *Institutionalisierung von Strukturen*. Eine in modernen Gesellschaften weit verbreitete Form der Institutionalisierung ist beispielsweise die Verrechtlichung. Ein wichtiges Kriterium der Institutionalisierung von Strukturen ist bei Giddens wiederum die raumzeitliche Ausdehnung. Im Hinblick darauf können wir zum Beispiel feststellen, dass ein Autofahrverbot für Frauen nur in Saudi-Arabien existiert und wir können untersuchen, wie lange diese Regelung bereits gilt und welche Zukunftschancen sie hat. Für diesen institutionellen Aspekt von Struktur verwendet Giddens den Begriff der „*Strukturmomente*“ (Giddens 1988: 240).

Wenn man nun danach fragt, was *die Verbindlichkeit* sozialer Strukturen im Alltag ausmacht, dann muss man nach Giddens drei unterschiedliche Aspekte voneinander analytisch trennen, die in allen sozialen Praktiken enthalten sind und von jedem bewusst und kompetent handelnden Akteur auch identifiziert werden: *Signifikation, Herrschaft, Legitimation*. Im ersten Falle geht es um die Identifikation des Sinns einer Handlung, im zweiten um den Machtaspekt und im dritten um mögliche Sanktionen (vgl. Giddens 1988: 81 ff.).

2.3.2.4 Reproduktionskreisläufe und Strukturprinzipien

Nach dem Strukturbegriff werden wir nun in einem nächsten Schritt Giddens makrosoziologische Analyseperspektive kennenlernen. Ähnlich wie für Marx und Luhmann gilt auch für Giddens die Überzeugung, dass man ein makrosoziologisches Phänomen dann hinreichend analytisch erfasst hat, wenn man seine Reproduktion und daraus ableitbare Reproduktionsbedingungen erklären kann. Dies wird von Giddens als „*Reproduktionskreislauf*" beschrieben und grafisch folgendermaßen dargestellt:

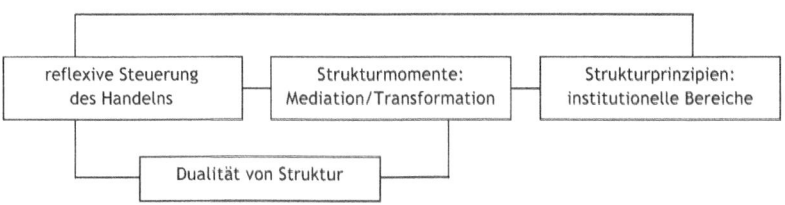

Abb. 1   Giddens 1988: 246; Abbildung 11

Das Schaubild zeigt, dass hier *vier Begriffe* miteinander verknüpft werden, die wir erst teilweise kennengelernt haben. Der Begriff *Dualität von Struktur* wurde bereits dargestellt. ‚*Reflexive Steuerung des Handelns*' ist eine Formulierung für den schon erläuterten Sachverhalt, dass Menschen immer zweckgerichtet, intentional und reflexiv handeln, auch wenn sie bestimmte Handlungen habitualisiert haben. Der Begriff *Strukturmomente* hält den ebenfalls bereits erläuterten Aspekt der Institutionalisierung von Strukturen fest. Hier ist soziologisch interessant, ob institutionalisierte Strukturen identisch reproduziert werden oder ob es zu einer Veränderung, also zu einer Transformation, kommt.

Das Schaubild zeigt nun, wie diese drei Begriffe miteinander verknüpft werden. Wenn wir von der reflexiven Steuerung des Handelns ausgehen, können wir sagen, dass die Reproduktion beliebiger sozialer Strukturen zunächst einmal immer die Existenz bewusster und handlungsfähiger Gesellschaftsmitglieder voraussetzt, die zweitens in vorgesehener Weise handeln und damit gegebene gesellschaftliche Praktiken reproduzieren (Dualität von Struktur). Von dieser Alltagspraxis ist es abhängig, ob die institutionelle Struktur einer Gesellschaft unverändert reproduziert oder modifiziert wird. Wenn beispielsweise sich immer nur einzelne Frauen in Saudi-Arabien trauen, Auto zu fahren und die Bestrafung dieser Frauen nicht zu permanenten Bürgerprotesten führt, dann ist eine identische Reproduktion wahrscheinlicher als wenn es zu sozialen Protesten kommt oder das Autofahrverbot etwa durch massenweises und zeitlich koordiniertes Autofahren unterlaufen wird.

Nun kann der bisher noch nicht behandelte vierte Strukturbegriff, die *Strukturprinzipien*, eingeführt werden. Er bezeichnet die höchste Abstraktionsebene. Ich möchte ihn am Beispiel der gesellschaftlichen Arbeitsteilung erläutern. Gesellschaftliche Arbeitsteilung ist zweifellos ein allgemeines Strukturprinzip. Nur wo Formen der Arbeits- und Aufgabenteilung existieren, kann es zu gesellschaftlichem Fortschritt kommen. Auf der Ebene sozialer Praktiken existiert aber nicht ein allgemeines Prinzip der Arbeitsteilung, vielmehr können immer nur bestimmte Formen von Arbeitsteilung praktiziert werden: Wir können beispielsweise die Arbeitsteilung zwischen Betrieben unterscheiden, Formen der innerbetrieblichen Arbeitsteilung und Formen einer beruflichen Arbeitsteilung. In jedem dieser Bereiche bilden sich konkrete Formen der Arbeitsteilung heraus, deren raum-zeitliche Verbreitung festgestellt werden kann. Aus *einem* Strukturprinzip ergeben sich also *zahlreiche konkrete Anwendungen*. Das Schaubild zeigt nun, dass solche abstrakten Strukturprinzipien immer nur über deren konkrete Anwendung (Praktizierung jeweils einer konkreten Form von Arbeitsteilung) reproduziert werden können. Aus dem Schaubild geht weiterhin hervor, dass über diese konkretisierte Praxis jedes Strukturprinzip immer *Spuren im menschlichen Gedächtnis, in den konkreten sozialen Praktiken und auf der Institutionalisierungsebene hinterlassen muss*.

Auch wenn es sich hier sicherlich nur um eine grobe Skizze handelt, lohnt es sich dennoch, die gedanklichen Grenzen dieses Schemas auszutesten. Eine kritische Frage lautet: *Wie kommt es zu neuen konkreten Anwendungsformen der allgemeinen Strukturprinzipien, die beispielsweise an die Stelle alter treten können?*

Aus Giddens' Überlegungen zum Reproduktionskreislauf kann man nur Bedingungen für die Reproduzierbarkeit neuer Varianten ableiten, aber nicht erklären, wieso Innovationen an die Stelle alter Formen treten. Weiterhin fällt auf, dass der Zusammenhang zwischen der Reproduktion von Strukturen und der Lebensführung von Akteuren ausgeblendet bleibt. Für moderne Gesellschaften ist aber charakteristisch, dass viele soziale Praktiken alternativ verfügbar sind, Akteure also immer Entscheidungen darüber treffen, ob sie das eine oder das andere tun (vgl. 3.1). Vor die ‚reflexive Steuerung des Handelns' ist also von Seiten der Akteure immer noch die Frage der Selektion sozialer Praktiken vorgeschaltet: Welche sozialen Praktiken werden von wem warum benutzt und von wem nicht? Gerade wenn Giddens Strukturmomente wie den Arbeitsvertrag diskutiert (Giddens 1988: 230f.), dann wird deutlich, dass die sozialen Praktiken, in diesem Fall berufliches Handeln, ja nicht um ihrer selbst willen praktiziert werden. Zumindest in posttraditionalen Gesellschaften muss es immer subjektive Gründe geben (z. B. arbeiten, um Geld zu verdienen; vgl. Kap. 3), die nicht mit der gesellschaftlichen Bedeutung identisch sind.

Das ist deswegen wichtig, weil über die Analyse solcher Reproduktionskreisläufe
ja die raumzeitliche Ausdehnung sozialer Strukturen erklärt werden soll. Dabei
haben wir bereits gesehen, dass ‚soziale Strukturen' ein sprachlicher Kürzel dafür
sind, dass konkrete soziale Praktiken immer in allgemeinere soziale Strukturen
(Strukturmomente, Strukturkomplexe) eingelassen sind, die wiederum als Mani-
festationen abstrakter Strukturprinzipien begriffen werden können. Da Strukturen
nur in den sozialen Praktiken der Menschen eine objektivierbare Existenz haben,
ergibt sich ihre soziale Relevanz aus dem Ausmaß, in dem sie diese Aktivitäten
für einen bestimmten Zeitraum binden und prägen. Das ist aber zunehmend von
Wahlhandlungen zwischen alternativen Praktiken abhängig, die bei Giddens
ausgeblendet bleiben.

Abschließend soll ein weiterer Aspekt von Giddens' Strukturbegriff wenigstens
kurz gestreift werden: *das Konzept des strukturellen Widerspruchs.* Vom Marxismus
übernimmt Giddens die Vorstellung, dass die gesellschaftliche Entwicklung durch
das Prozessieren realer gesellschaftlicher Widersprüche vorangetrieben werde. Diese
grundlegende Quelle gesellschaftlicher Entwicklungsdynamik wird im klassischen
Marxismus als Widerspruch zwischen der dynamischen Entwicklung der Produktivkräfte und den statischen gesellschaftlichen Produktionsverhältnissen begriffen.
Auch entwickelt Giddens eine grundsätzlichere Herangehensweise und unterscheidet
zwischen *existenziellen und strukturellen Widersprüchen* (z. B. Giddens 1988: 248).
Während *existenzielle Widersprüche das Verhältnis Mensch-Natur charakterisieren*
und für Stammesgesellschaften prägend gewesen sind, wird die Gesellschaftsdy-
namik der modernen Gesellschaft von *strukturellen* Widersprüchen bestimmt.

Den *primären strukturellen Widerspruch* verortet Giddens im Verhältnis zwischen der öffentlichen Sphäre des Staates und der *privaten Sphäre der bürgerlichen
Gesellschaft.* Letztere sei über den modernen Nationalstaat geschaffen worden, habe
sich von diesem abgesondert und sei in ein „gespanntes Verhältnis" (ebd.: 252) zu
diesem geraten. Zwischen dem Widerspruch von bürgerlicher Gesellschaft und Staat
und dem zwischen privater Aneignung und vergesellschafteter Produktion sieht
Giddens zumindest eine gewisse Parallele (ebd.: 253). „Der kapitalistische Staat als
ein ‚vergesellschaftendes' Zentrum, dass die Macht der Gemeinschaft im Ganzen
repräsentiert, hängt von jenen Mechanismen der Produktion und Reproduktion
ab, an deren Zustandekommen er selbst mitwirkt, die jedoch von ihm abgesondert
sind und ihm antagonistisch gegenüberstehen." (ebd.: 253)

Aus diesem die klassische Moderne, also den Kapitalismus des 19. und frühen
20. Jahrhunderts, prägenden Widerspruch sei durch die „Internationalisierung
des Kapitals (und der Mechanismen der kapitalistischen Produktion überhaupt)"
ein sekundärer Widerspruch gegenüber der „Einzel- bzw. nationalstaatlichen
Verfasstheit der Gesellschaften" (ebd.: 253) entstanden.

Diese Argumentation macht zugleich deutlich, auf welcher Ebene Giddens strukturelle Widersprüche ansiedelt, nämlich auf der Ebene der Strukturprinzipien, die als *Strukturprinzipien der Systemorganisation*, also von abstrakten Ordnungen jenseits der Kopräsenz konkretisiert werden können (ebd.: 254).

2.3.2.5 Die vier institutionellen Dimensionen moderner Gesellschaften

Nach diesen vorbereitenden Erläuterungen kann nun Giddens' Charakterisierung der modernen Gesellschaft eingeführt und besprochen werden. Im Mittelpunkt dieses Konzeptes stehen vier „institutionelle Dimensionen": Kapitalismus, Industrialismus, militärisches Gewaltmonopol und die Überwachungs- und Kontrollkapazitäten von Nationalstaaten. *Sie liegen auf der Ebene der Strukturmomente und nicht der Strukturprinzipien.* Giddens spricht von institutionellen Dimensionen und nicht von Strukturmomenten, weil es sich hierbei jeweils um ein ganzes Cluster von Strukturmomenten handelt, die gedanklich durch ‚Familienähnlichkeit' (Wittgenstein) und empirisch-historisch dadurch miteinander verbunden sind, dass sie in einem Reproduktionszusammenhang stehen. Als Strukturprinzip geht in alle vier institutionelle Dimensionen der Widerspruch zwischen Privatwirtschaft und Nationalstaat ein (siehe oben). Daher drücken diese vier institutionellen Dimensionen auch das Strukturprinzip und den strukturellen Widerspruch moderner Gesellschaften aus.

Bevor diese vier Dimensionen besprochen werden, möchte ich noch auf eine gedankliche Schwierigkeit aufmerksam machen. Nicht nur innerhalb der vier institutionellen Dimensionen sind reproduktive Zusammenhänge erkennbar, sondern vor allem auch in ihrem Zusammenwirken. Auch Giddens geht in ähnlicher Weise von der wechselseitigen Durchdringung dieser institutionellen Dimensionen aus, wie das auch im Rahmen der Theorie funktionaler Differenzierung gesehen wird (vgl. KM: 170ff. sowie 159). Wenn sich nun die sozialen Praktiken aber überwiegend auf eine wechselseitige Durchdringung dieser institutionellen Dimensionen zurückführen lassen, dann stellt sich die Frage, mit welcher Berechtigung Giddens genau diese vier institutionellen Dimensionen der Moderne unterscheidet. Warum sind das nicht zwei, fünf, sieben oder zehn? Schwierigkeiten entstehen auch dadurch, dass die institutionellen Komplexe viele Aspekte mit einschließen, zwischen denen bei anderen Theoretikern plausibel unterschieden wird. Z. B. enthalten die institutionellen Dimensionen sowohl Medien wie auch integrative Ressourcen (im Sinne von Parsons; vgl. KM: 84; Grafik 4).

Die zuletzt gemachte kritische Anmerkung kann man im Sinne des Autors wohl folgendermaßen beantworten: Da Medien wie Integrationsressourcen und weitere

institutionelle Elemente für die Verbindlichkeit und damit auch die Raum-Zeit-Ausdehnung sozialer Praktiken sorgen, müssen sie gleichermaßen erwähnt werden.
Warum Giddens zu genau vier institutionellen Dimensionen kommt, lässt sich
vermutlich am ehesten über seine Rezeptionspraxis erklären. Ganz ähnlich wie
zuvor schon Parsons versucht auch Giddens nicht nur sozialhistorische Arbeiten
sondern auch die Ansätze zeitgenössischer Sozialtheoretiker aufzunehmen und in
seine Argumentation einzufügen. Dabei hat seine kritische Auseinandersetzung
mit dem Marxismus und Neomarxismus zur Unterscheidung zwischen Kapitalismus und Nationalstaat geführt und vor allem eine kritische Beschäftigung mit
der Entwicklung des modernen Nationalstaats angeregt (vgl. Giddens 1985). Über
die Aufarbeitung von Klassentheorien hat Giddens die Unterscheidung zwischen
Kapitalismus und Industrialismus übernommen (vgl. Giddens 1984/1973). Im
soziologischen Diskurs um staatliche Machtausübung existieren die gedanklichen
Stränge ‚staatliches Gewaltmonopol‘ (vgl. z. B. Elias) als Grundlage des modernen
Staates und über den Staat institutionalisierte ‚Disziplinierungs- und Überwachungspraktiken‘ (vgl. insbesondere Foucault 1994; zur Rezeption von Foucault
vgl. v. a. Giddens 1988: 199ff.).

Giddens *erster institutioneller Komplex* ist der *Kapitalismus*. Er hebt ähnliche
Merkmale hervor wie Marx, nur versucht er dessen ökonomischen Reduktionismus
zu vermeiden. Auch für Giddens sind *Kapital*, insbesondere die private Verfügung
über Produktionsmittel, und *Lohnarbeit*, gefasst als Vertragsverhältnis, das juris-
tisch fixiert und von direkter Macht- oder Gewaltausübung weitgehend frei ist, die
zentralen Merkmale. Im Anschluss an Marx und Wallerstein betont er auch die
wechselseitige Verschränkung von Kapital und Lohnarbeit. Nur im Zusammenspiel
können sich beide Elemente historisch durchsetzen und die Wirtschaft moderner
Gesellschaften prägen. Den Siegeszug des Kapitalismus macht Giddens wie Marx
an der Landnahme der Warenform fest. Er kann also daran abgelesen werden, dass
möglichst Alles und Jedes zur Ware wird.

Aber nicht nur die Interdependenz von Kapital und Lohnarbeit sondern *gleichermaßen* die Verbindung zwischen Kapitalismus und Industrialismus und zwischen
Kapitalismus und dem modernen Nationalstaat sind nach Giddens konstitutiv für
die moderne Gesellschaft.

Unter der *zweiten institutionellen Dimension des Industrialismus* versteht Giddens,
ähnlich wie Marx (Vgl. KM: 273f.) die Nutzung der natürlichen Ressourcen und
der Naturgesetze zu produktiven Zwecken. Wissenschaft und Technik machen also
im Wesentlichen den Industrialismus aus. Wir können uns an dieser Stelle fragen,
wieso Giddens weder direkt den differenzierungstheoretischen Vorbildern folgt und
statt Industrialismus nicht vom modernen Wissenschaftssystem spricht noch sich
am marxistischen Vorbild orientiert, wonach die Industrialisierung direkt mit dem

Kapitalismus zusammenhängt. Man kann an dieser Stelle nur vermuten, dass er an der marxistischen Argumentationsfigur vom Doppelcharakter des kapitalistischen Produktionsprozesses festhalten möchte, aber auf eine konsequentere Art und Weise.

Die These vom Doppelcharakter der kapitalistischen Produktion unterscheidet zwischen einer veränderbaren ,Oberfläche', bei der es um Profit und Kapitalverwertung geht und der immer bestehenden Produktion von Gebrauchswerten mit Hilfe menschlichen Wissens (vgl. Brock 2002: 65ff). Auch Giddens ist es wichtig zu betonen, dass die Produkte menschlicher Arbeit einen Gebrauchswert unabhängig davon entfalten können, ob sie als Ware gehandelt werden oder nicht. Während sich für Marx die Pointe dieser Unterscheidung bei der Selbstabschaffung des Kapitalismus (tendenzieller Fall der Profitrate, Grenzen der Wertform, unvermeidliche Revolution; vgl. z. B. Brock 2002: 70f.) zeigt, liegt sie für Giddens vor allem in der ebenfalls nicht an die Warenform gebundenen umfassenden *Transformation der menschlichen Lebenszusammenhänge durch die Produkte des Industrialismus*. Sowohl die moderne Urbanität wie auch die neuen Möglichkeiten der Überwindung und Kontrolle von Raum und Zeit, angefangen von der mechanischen Uhr bis zum Internet, haben letztlich damit zu tun, *dass sich die Folgen der Industrialisierung nicht auf ökonomische Aspekte wie Wirtschaftswachstum oder Bruttosozialprodukt reduzieren lassen,* sondern ganz wesentlich mit der *Nutzung* der Gebrauchswerte zu tun haben.

Daraus folgt aber keineswegs zwingend, dass man hier institutionell getrennte Komplexe unterscheiden muss. Eher handelt es sich hier um eine analytische Unterscheidung, die etwas sichtbar macht, was in der Alltagsrealität (in marxistischer Terminologie auf der Oberflächenebene der ,Erscheinungsformen') nicht erkannt wird.

Die beiden anderen institutionellen Dimensionen haben mit dem modernen Nationalstaat zu tun – hier könnte man eine Unterscheidung zwischen internen und externen Effekten vermuten – jedenfalls bezieht sich *die dritte institutionelle Dimension der staatlichen Überwachung und Kontrolle* auf das Verhältnis zwischen dem modernen Nationalstaat und seinen Bürgern. „Der Nationalstaat wird von Giddens als vorrangiger Machtbehälter der Moderne verstanden, in dem verschiedene Modi der Überwachung verkoppelt werden, um eine koordinierte Kontrolle über ein weites und scharf begrenztes Territorium zu erlangen" (Lamla 2003: 90). Neben Formen der direkten Beobachtung und Kontrolle (hierarchische Dimensionen in Organisationen; Polizei, spezialisierte Formen wie Überwachung von Patienten, Resozialisierung usw.) thematisiert Giddens auch Formen der Sammlung und Archivierung von Informationen (wie Bevölkerungsstatistiken, Selbstmordstatistiken, Einkommens- und Verbrauchsstichproben usw.). Formen der direkten

Überwachung erfordern darüber hinaus die Konstruktion von Devianz und die Verrechtlichung von Überwachungspraktiken.

Das Binnenverhältnis zwischen Nationalstaat und Bürgern wird aber auch durch das Konzept der Volkssouveränität und daraus folgende diverse Rechtsgarantien geprägt. Giddens ordnet auch diese Aspekte der Überwachung und Kontrolle zu, weil sie nur über das Machtmedium organisiert werden können. Die Idee der Volkssouveränität und die daraus folgende demokratische Regierungsform, bei der das Mehrheitsprinzip entscheidet, ermöglicht es jedoch auch, dass soziale Konflikte, für Giddens insbesondere Konflikte zwischen ökonomischen Klassen, um die Ausweitung sozialer Rechte in institutionalisierter und pazifizierter Form ausgetragen werden können (Meinungs-, Presse- und Versammlungsfreiheit, Zusammenschluss zu politischen Parteien und Gruppierungen usw.).

Dieses Bild ist offensichtlich stark durch die Optik Foucaults geprägt, der Modernisierung als Prozess der Durchsetzung von Disziplinarmacht thematisiert hat. Dabei fallen andere Aspekte, die beispielsweise bei Weber und Parsons thematisiert werden, unter den Tisch. Sowohl in Webers Begriff der Partei wie auch in Parsons Analysen zum Vereinigungsprinzip (KM: 107) kommt zum Ausdruck, dass für moderne Gesellschaften Formen der Selbstorganisation und des Zusammenschlusses unter Gleichen essentiell sind, um zu bindenden Entscheidungen über die Anwendung des Machtmediums zu kommen. Mir erscheint es daher plausibler, nicht von Überwachung und Kontrolle, sondern von einer institutionellen Dimension der *Organisation des Machtmediums* zu sprechen (vgl. auch 2.2.4).

Die *vierte Dimension* schließlich bezieht sich auf die Nutzung des Machtmediums nach außen, also gegenüber anderen Staaten. Giddens spricht deswegen von *„militärischer Macht"* (Giddens 1995: 80). Daher geht es hier um kriegerische Gewalt und deren Organisation etwa in Bündnissystemen und Kontrollvereinbarungen (Abrüstungsvereinbarungen usw.).

Soweit die Darstellung der vier institutionellen Dimensionen der modernen Gesellschaft. Durch diese vier Dimensionen hebt sich nach Giddens die moderne Gesellschaft von ihren Vorläufern ab, die Giddens als ‚klassengegliederte‘ Gesellschaften (Giddens 1988: 236; ausführlich Giddens 1981) bezeichnet. *Um von einem neuen Gesellschaftstyp sprechen zu können, muss man aber klare Diskontinuitäten herausarbeiten können. Die Frage ist daher, ob Giddens' vier Dimensionen diesen Anspruch erfüllen können.*

Ich bin deswegen hier ziemlich skeptisch, weil Giddens die institutionelle Eigenart der Moderne letztlich auf die widersprüchlichen Strukturprinzipien eines privatwirtschaftlichen Kapitalismus und einer über den Nationalstaat laufenden Vergesellschaftung zurückführt. Es ist jedoch historisch ziemlich evident (Vgl. KM: 241ff), dass sich genau diese Differenzierung und das Zusammenspiel zwischen Staat und Privatwirtschaft bereits in den unabhängigen mittelalterlichen Stadtstaaten entwickelt und spätestens im 13. Jahrhundert in Venedig bereits feste Formen angenommen hat. Die Nationalstaaten haben dieses Muster dann nur noch auf Flächenstaaten übertragen (KM: 251ff). Wenn Giddens Wallerstein (1974) folgt und die moderne Gesellschaft mit den Flächenstaaten Niederlande und Großbritannien beginnen lässt, dann wären nicht die widersprüchlichen Strukturprinzipien sondern institutionelle Mechanismen ausschlaggebend, die eine Ausdehnung des bereits bestehenden Musters des kapitalistischen Staates auf Flächenstaaten ermöglicht haben.

Auf der Ebene der vier institutionellen Dimensionen wiederholt sich dieses Problem mangelnder sozialhistorischer Trennschärfe vor allem für den Kapitalismus. Bei der Frage der Abgrenzbarkeit eines *modernen* Kapitalismus fällt Giddens hinter die um 1900 geführte Debatte zwischen Sombart und Weber zurück. Sombart hatte (etwa an der Entwicklung der Buchführung; vgl. KM: 239f.) gezeigt, dass kapitalistisches Denken in Italien bereits im 14. Jahrhundert entwickelt worden war. Ebenso wurde in den Manufakturen Venedigs in großem Ausmaße Lohnarbeit verrichtet. In kritischer Auseinandersetzung mit Sombarts historischem Material unterschied dann Weber zwischen Kapitalismus und modernem Kapitalismus (KM: 50f). Während Kapitalismus für Weber sehr allgemein als gewinnorientiertes Wirtschaftshandeln gilt, das bereits Jahrtausende alt sei, ist der moderne Kapitalismus durch ein permanentes und systematisches Gewinnstreben charakterisiert (KM: 50f.). Dies setzt, durchaus im Einklang mit Sombarts Einschätzungen, erst nach der Reformation ein, also im ausgehenden 16. und frühen 17. Jahrhundert. Bei genauem Hinsehen zeigt sich also, dass Webers Protestantismusthese weniger darauf abzielt, den modernen Kapitalismus zu erklären, sondern vor allem dessen Durchbruch auf der Ebene alltäglicher wirtschaftlicher Praktiken (vgl. auch KM: 58).

Aber auch im Vergleich mit Luhmanns Wirtschaftssoziologie wie auch mit dem Kapitalismusverständnis von Karl Marx bleibt der Kapitalismusbegriff bei Giddens vage und unscharf. In seiner Wirtschaftssoziologie hat Luhmann gezeigt, dass weniger die Verwandlung von Produkten in Waren die alltäglichen Praktiken der Menschen grundlegend verändert hat, sondern vielmehr die Einführung der Geldwirtschaft und das damit zwangsläufig verbundene Wiederbeschaffungsproblem von Geld. Deswegen konnte Wallerstein in seinen historischen Analysen plausibel aufzeigen, dass, unter den damaligen Bedingungen des Edelmetallstandards, der massenweise Import von Gold und Silber aus Südamerika nach Europa die europäische Wirtschaft entscheidend modernisiert und dynamisiert hat. Diese Importe haben nämlich die umlaufende Geldmenge drastisch erhöht und damit den Austausch von Waren gegen Geld entscheidend stimuliert (vgl. dagegen Graeber 2012: 328ff.). In diesem Kontext konnte sich die bereits geldwirtschaftlich strukturierte Kriegsführung weiterentwickeln und hat ihrerseits den Nationalstaat über das Wiederbeschaffungsproblem von Geld unter Modernisierungsdruck gesetzt (vgl. KM: 251f.).

2.3.2.6 Kritik – konzeptionelle Schwachstellen bei Giddens

Giddens komplexe Strukturbegriffe wurden auch deswegen etwas ausführlicher behandelt, damit der Leser nun wesentliche Schwachstellen des Konzepts nachvollziehen kann. Zwar ist es sicherlich verdienstvoll, dass die These der Dualität von Struktur für eine ‚Erdung' sozialtheoretischer Überlegungen im sozialen Alltag sorgt. Allerdings bleibt sein Analysekonzept der wechselseitig miteinander verschränkten Reproduktion von Strukturen und Handlungen auf die Reproduktion *bestehender* Mechanismen beschränkt.

Dieses Problem wurde bereits in den 1980er Jahren in einer Kontroverse zwischen Giddens und Margaret Archer debattiert (Archer 1982; 1988), allerdings auf eine meines Erachtens noch unzureichende Art und Weise. Es ist leicht zu sehen, dass Giddens' Reproduktionskonzept tatsächlich auf die Reproduktion der bestehenden Sozialstruktur hin zugeschnitten ist. Deswegen ist es auch kein Zufall, dass seine Standardbeispiele (vgl. vor allem seine Rezeption von Willis 1979; Giddens 1988: 343ff.) die Reproduktion identischer Strukturen zeigen. Dieser implizite Konservatismus hängt mit der Übersetzung der Grundkonzepte der subjektorientierten Soziologie in das Theorem der Dualität von Struktur zusammen.

In der subjektorientierten Soziologie geht es immer um Alltagsroutinen und damit um die Reproduktion des Bestehenden (vgl. nur die ‚natürliche Einstellung' bei Schütz; vgl. Schütz/ Luckmann 1975: 80ff.; weiterhin den Abschnitt 4.3) in einem weitgehend homogenen sozialen Umfeld. Sozialer Wandel kann sich hier nur langsam vollziehen und wird vor allem als individueller Lernprozess auf der Ebene des Wissensvorrats (ebd.: 27ff.) erfasst. Hieran knüpft die Theorie der Strukturierung über Begriffe wie soziale Praktiken und die Reflexivität der Akteure an. Perspektivische Korrekturen nimmt sie vor allem mit der Unterscheidung zwischen der subjektiven Handlungsrationalität (Ziele, Motive) und der transintentionalen Reproduktion allgemeiner Strukturen (= Strukturen von erheblicher zeitlicher Dauer und/oder räumlicher Ausdehnung) vor.

Margaret Archer hat nun einen sehr aufwendigen Versuch unternommen (vgl. Archer 1988) den Aspekt des sozialen Wandel in Form des sozialen Konflikts (ganz im Sinne des Giddenschen Verständnisses sozialer Konflikte; vgl. Giddens 1988: 366ff.) auf der gedanklichen Ebene der Dualität von Struktur einzuführen. Ihr Beispiel ist die Reformation, also eine kulturelle Innovation, die zunächst nur von einer kleinen Minderheit vertreten wird, sich aber im Laufe der Zeit in bestimmten

Regionen/ Ländern zu einer Mehrheitsposition entwickelt. Sozialer Konflikt auf der Ebene der Dualität von Struktur impliziert u. a., dass Akteure nicht bedingungslos ihren eingespielten sozialen Erfahrungen vertrauen wie die ‚Lads' den Erfahrungen der Arbeiterklasse über die Relevanz des britischen Schulsystems (Giddens 1988: 354ff.), sondern dass sie zugleich andere Gruppen von Akteuren beobachten und ihre eigenen sozialen Praktiken mit den davon abweichenden Praktiken anderer Gruppen vergleichen. Das kann zu Sanktionen gegenüber ‚Abweichlern' führen, die erwidert werden. Über solche sozialen Konflikte werden die Karten jedoch immer wieder neu gemischt. Der soziale Konflikt kann also zu Lernprozessen der Konfliktparteien jenseits individueller Alltagserfahrungen führen. Das Ergebnis für die ‚Dualität von Struktur' (siehe oben) ist, dass Handlungen auf diese Weise an *veränderte* kulturelle Voraussetzungen geknüpft werden können, die nicht als Resultat vorangegangener Handlungen fassbar sind.

Wenn man den sozialen Konflikt in das Theorem der Dualität von Struktur einführt, dann wird deutlich, dass sich die Akteure (einschließlich der von ihnen bevorzugten sozialen Praktiken) immer auch sozialstrukturell verorten. Zur Reflexivität des Alltagshandelns gehört eben auch, dass die Akteure wissen, ob sie beispielsweise Außenseiter sind, eine Minderheit oder die gesellschaftliche Majorität verkörpern und sich so definieren. In den Sozialkontakten zwischen unterschiedlichen Gruppen, die sich keineswegs nur auf soziale Konflikte beschränken, liegt eine wichtige Quelle des sozio-kulturellen Wandels.

In einem Aspekt greifen meines Erachtens die interessanten Analysen von Margaret Archer allerdings zu kurz. In ihrem Beispiel setzt sie eine kulturelle Innovation, die Reformation, voraus, ohne dass sie erklärt, wie es zu dieser Innovation gekommen ist. *Genau in diesem Aspekt, der Ausblendung kultureller Umbrüche, sehe ich ein prinzipielles Defizit in Giddens Strukturierungstheorie und dem daraus folgenden Verständnis der modernen Gesellschaft.* Mein Hauptargument ist, dass seit der Achsenzeit kulturelle Innovationen in der Regel von spezialisierten Eliten hervorgebracht und popularisiert wurden. Diese Popularisierung kann man sich nicht als einfache Modifikation eines gegebenen Wissensvorrats vorstellen sondern als drastischen Umbau, der auch über Entwertungsprozesse läuft. Exemplarisch sind Formen der ‚Bekehrung'. So wurde beispielsweise Saulus zum Paulus. Der Namenswechsel symbolisiert, dass er durch diese Bekehrung zu einem ‚neuen' Menschen wurde, der mit seiner Vergangenheit radikal gebrochen hat.

Diesem Aspekt ist vor allem Max Weber nachgegangen (vgl. auch Eisenstadt 1993 und 1995). In seinen religionssoziologischen Überlegungen hat er der Dogmatisierungstendenz von Religionen, die im Zusammenhang mit deren Verschriftlichung (‚Buchreligionen') analytisch greifbar wird, große Aufmerksamkeit geschenkt. Unter Dogmatisierung ist zu verstehen, dass an die Stelle von mythischen Erzählungen, die für sogenannte Naturreligionen charakteristisch sind, Gedankengebäude treten, die auf interne Stimmigkeit hin konstruiert sind. Das Zwingende und gedanklich Verbindliche einer Religion liegt damit (zumindest zunächst) *nicht* in ihrer lebensweltlichen Existenz als selbstverständlicher Handlungsvoraussetzung (= Perspektive der subjektorientierten Soziologie), *sondern es wird über die soziale Attraktivität gedanklicher Schlussfolgerungen hervorgebracht*. Deswegen war die Ausbreitung der großen Weltreligionen mit der Ausbreitung neuer Weltbilder verbunden, die die gesamte Lebensführung der Gläubigen revolutionierten.

Die Weltreligionen sind aus intellektuellen Suchprozessen kleiner kultureller Eliten hervorgegangen, wobei immer nur vereinfachte und an den Volksglauben anknüpfende Varianten popularisiert werden konnten (für Beispiele vgl. Globalisierung: 139 f.; Weber 1988b: 254ff. und 337ff.) Für die Kritik an Giddens ist nun entscheidend, *dass die Dogmatisierung der Weltreligionen nur ein erstes Beispiel dafür ist, dass gesellschaftliche Innovationen von Eliten in spezialisierten Diskursen hervorgebracht werden, die auf eine radikale Art und Weise von den Alltagspraktiken, also dem was Giddens unter Dualität von Struktur soziologisch fassen möchte, abgesondert (=sozial differenziert) sind*. Nach demselben Muster wurden auch politische Ideologien wie Liberalismus und Marxismus entwickelt und verbreitet. Auch das von der modernen Wissenschaft erzeugte theoretische Wissen wird von Spezialisten hervorgebracht und kann nur über die Entwertung von Alltagswissen verbreitet werden. Alle diese kulturellen Innovationen spalten die Gesellschaft in Experten und Laien.

Daraus folgt nun mit Blick auf Giddens die These, *dass sich der Reproduktionskreislauf gesellschaftlichen Wissens schon weit vor der modernen Gesellschaft vom Reproduktionskreislauf alltäglicher Praktiken getrennt hat.* Für die moderne Gesellschaft muss daher ein komplexeres Gefüge mehrerer Reproduktionskreisläufe angenommen werden. Insofern ist Giddens Modell des Reproduktionskreislaufs mit dem Zentralelement der Dualität von Struktur auf eine wesentlich grundsätzlichere Weise defizitär, als dies in der Kontroverse mit Margaret Archer thematisiert wurde.

Wir können also zunächst festhalten, dass ein ausschließlich auf den gesellschaftlichen Alltag hin strukturiertes Reproduktionsmodell zentrale gesellschaftliche Innovationen ausklammert. Es vollzieht nicht nach, dass sie im Zuge gesellschaftlicher *Entwicklung* aus dem Alltagsleben ausgeklammert wurden und offensichtlich einem anderen Reproduktionsmodell folgen. Wenn wir Giddens Gedankengänge zum Industrialismus folgen, dann muss es, neben Kapitalismus und Industrialismus, auch noch einen dritten Reproduktionskreislauf geben, der auf die Entwicklung und Durchsetzung kultureller Innovationen abzielt. Zwischen diesen drei Reproduktionskreisläufen besteht ein Interdependenzzusammenhang.

Nehmen wir als Beispiel eine Innovation, die Produkt des Industrialismus ist, das I-Pad. Damit es in den Alltag einziehen kann, ist zunächst einmal in kultureller Hinsicht gesichtsunabhängiges Vertrauen (Giddens 1995: 116) in die Werbebotschaften des Herstellers erforderlich, damit es in erheblichem Umfang gekauft wird. Sein Nutzen wird zunächst einmal durch die Arbeit und die Ideen der technischen Spezialisten der Herstellerfirma fixiert. In seiner Eigenschaft als Nutzer muss der Käufer nicht die Technik des I-Pad verstehen, wohl aber die Möglichkeiten, die es im Alltagsleben bietet (Industrialismus).

Für die Nutzung des I-Pad spielen dann auf dieser Grundlage die Merkmale eine Rolle, die zur ‚reflexiven Steuerung des Handelns' gehören. Die Reproduktion des I-Pad, also seine dauerhafte Nutzung im Alltag, ist einerseits davon abhängig, dass, ganz ähnlich wie bei kulturellen Praktiken, Praktiken der alltäglichen Nutzung des I-Pad entwickelt werden. Darüber hinaus muss der Nutzer weiterhin dem I-Pad vertrauen und es nicht durch alternative Produkte ersetzen. Vergleichbares gilt für die Herstellerfirma.

Diese kurze Skizze zeigt bereits, dass zusätzlich zu den Merkmalen des einen Reproduktionskreislaufs, die oben besprochen wurden, nun eine ganze Reihe weiterer Aspekte treten, von denen die Reproduktion der durch den Industrialismus geschaffenen Umwelt und der darin entwickelten sozialen Praktiken abhängig ist. Vor allem wird deutlich, dass ein grundlegender Satz der Strukturierungstheorie nicht (mehr?!) zutrifft: „Alle Strukturmomente sozialer Systeme ... sind Mittel und Ergebnis der kontingent ausgeführten Handlungen situativer Akteure" (Giddens 1988: 246). Vielmehr wird die Reproduktion alltäglicher Praktiken von den Ergebnissen entkoppelter Reproduktionskreisläufe abhängig.

Man kann Giddens keineswegs vorwerfen, dass er derartige Mechanismen nicht sieht, man muss aber kritisieren, dass er diese für die klassische moderne Gesellschaft bereits konstitutiven Zusammenhänge nicht hinreichend in sein Konzept moderner Gesellschaften eingebaut hat.

Giddens registriert derartige Mechanismen unter den Begriffen Embedding/ Re-Embedding. Dieses Begriffspaar fixiert eine Beobachtungsperspektive, die unter den Gesichtspunkten raum-zeitlicher Bindung auf die sozialen Praktiken blickt. Unter dieser eher beschreibend-katalogisierenden Perspektive registriert er, dass soziale Praktiken in der Moderne und noch stärker in der entfesselten Moderne aus ihren lokalen lebensweltlichen Zusammenhängen herausgelöst und in Abhängigkeit zu tendenziell globalisierten Mechanismen etwa der kapitalistischen Weltökonomie gebracht werden. Dies führt dazu, dass sie über abstraktere Mechanismen und in größeren raum-zeitlichen Zusammenhängen neu geordnet werden (re- embedding). Für diese Neuordnung spielen die Produkte des Industrialismus eine zentrale Rolle. Giddens Beispiele sind die mechanische Taschenuhr, die dazu geführt hat, dass

Alltagspraktiken auf abstraktere Weise und gesichtsunabhängig neu organisiert werden können, oder der Fahrplan, der effektivere Formen räumlicher Mobilität auf der Ebene des Nationalstaats vorstrukturiert. *Die Reichweite dieser Veränderungen wäre aber erst dann hinreichend soziologisch begriffen, wenn diese Zusammenhänge auf der Ebene von Veränderungen in den gesellschaftlichen Reproduktionskreisläufen modelliert werden können.* Erst dann könnte Giddens' Theoriesprache den für die Moderne charakteristischen Prozess der Enttraditionalisierung hinreichend erfassen.

So bleibt die Paradoxie, dass trotz ständig wachsender Innovationsdynamik Giddens' Modell des Reproduktionskreislaufes ebenso wie der Begriff der Dualität von Struktur auf die Reproduktion identischer Praktiken abstellt, obwohl derartige reproduktive Mechanismen auch für Giddens eher zu den grundlegenden Merkmalen vormoderner Gesellschaften zählen. Eine hinreichend entwickelte Modernisierungstheorie müsste gerade auf der Ebene von Mechanismen und Modellen aufzeigen können, dass die Reproduktion der widersprüchlichen Strukturprinzipien der Moderne (Kapitalismus und Nationalstaat) über beständige Innovationen und Modifikationen von Strukturen und Praktiken abläuft.

2.3.2.7 Giddens Beiträge zum Verständnis der klassischen Moderne

Unbeschadet dieser immanenten Probleme der Strukturierungstheorie hat Giddens wichtige Beiträge zum Verständnis der klassischen Moderne geleistet, die das von den Klassikern gezeichnete Bild insbesondere in zweierlei Hinsicht ergänzen.

(a) *Die wichtigste Ergänzung liegt m. E. in der Analyseperspektive.* Sieht man einmal von Simmel ab, dann haben die Klassiker die moderne Gesellschaft immer von oben und von außen betrachtet und, beginnend mit Durkheims These einer sozialen Arbeitsteilung, nach strukturellen Grundlagen der Vergesellschaftung gesucht, die sich nur in der Moderne finden lassen. Das hat zu der weitgehend akzeptierten These eines Primats funktionaler Differenzierung geführt (vgl. 2.2 sowie KM: 161). *Giddens geht umgekehrt von der Subjektperspektive aus und fragt, was sich aus der Perspektive der Akteure und der sozialen Praktiken mit der Entwicklung der modernen Gesellschaft verändert hat.* Zwar konstatiert auch Giddens – in Form des widersprüchlichen Zusammenhangs zwischen Kapitalismus und modernem Nationalstaat – eine neue Grundlage der Vergesellschaftung, aber seine Beiträge zielen wesentlich stärker auf deren Konsequenzen für den Alltag der Menschen. Begriffe wie die ,raum-zeitliche Abstandsvergrößerung' oder der Mechanismus von ,Embedding' und ,Re-Embedding' halten dies ebenso fest wie die These einer selbst geschaffenen Umwelt, eines über den Industrialismus veränderten Verhältnisses zwischen Mensch und Natur.

In dem Band zur klassischen Moderne hatte sich eine große Diskrepanz gezeigt zwischen den von den Analysen und Beschreibungen der modernen Gesellschaft (KM; 29-220) durch die soziologischen Klassiker und den sozialhistorischen Beschreibungen (KM: 221-370). Sie kann mit Giddens in wesentlichen Punkten überwunden werden. Die beiden wichtigsten Modernisierungstrends der Industriemoderne, nämlich der Siegeszug industrieller Lohnarbeit (KM, 283ff.) und die mit dem Eisenbahnbau einsetzenden Verkehrs- und Kommunikationstechnologien (KM: 309ff.) werden von Giddens an zentraler Stelle aufgenommen (neben den bereits genannten Begriffen vor allem in Form der Interdependenzen zwischen Kapitalismus, Industrialismus und modernem Nationalstaat).

Ähnlich wie auch Beck (vgl. insbes. 1993) hat sich Giddens in diesem Zusammenhang mit einer weiteren Konsequenz der gesellschaftlichen Modernisierung eingehend beschäftigt: der Bruchlinie zwischen Experten und Laien. Eine zentrale Folge des Industrialismus ist ja, dass nicht nur die Produktion sondern auch der gesellschaftliche Alltag durch zahllose Innovationen revolutioniert wird. Was sich auf einer abstrakteren Ebene als Veränderung im Verhältnis Mensch-Natur bilanzieren lässt, muss auch in seinen alltagspraktischen Konsequenzen durchbuchstabiert werden. In einer anderen Theoriesprache kann man formulieren, dass mit der breiten Anwendung der Ergebnisse moderner Wissenschaft in Ökonomie und Alltag die Menschen mit Dingen konfrontiert werden, deren Grundlagen sie nicht deshalb verstehen, weil es hier um unerklärliche Naturphänomene gehen würde, sondern weil hier Spezialwissen zur Anwendung kommt, das sich immer weiter von dem Horizont des menschlichen Alltagswissens entfernt hat. Dieses Themenfeld wird von Giddens insbesondere unter dem Stichwort ‚*Vertrauen in Expertensysteme*‘ aufbereitet.

Was damit gemeint ist, soll an einem Beispiel geklärt werden. Grundlage des Luftverkehrs ist beispielsweise ein solches Expertensystem, also die Kombination von Spezialwissen in Verbindung mit der Arbeit beruflicher Spezialisten. Gleiches gilt bereits für den Eisenbahnverkehr im 19. Jahrhundert. Beide Verkehrssysteme konnten sich nur durchsetzen, weil genügend Menschen ‚gesichtsunabhängiges Vertrauen‘ (vgl. Giddens 1995: 116) in die jeweiligen Expertensysteme entwickelten. Nur weil wir davon ausgehen, dass Passagierflugzeuge technisch sicher sind, permanent gewartet werden, sodass nur ein minimales Unfallrisiko besteht, besteigen wir immer häufiger Flugzeuge, um auf diese Weise möglichst schnell weit entfernte Orte zu erreichen. Auch die rasante Ausweitung des Eisenbahnnetzes und des Eisenbahnverkehrs (KM: 312) war nur möglich, weil die Menschen ihre anfängliche Angst, dass der Mensch Geschwindigkeiten von über 30 Stundenkilometern nicht aushalten könne, überwanden und zudem penibel geführte Eisenbahnunfallstatistiken (vgl. Meyers Konversationslexikon 1895: 553ff.) die Menschen davon überzeugten, dass man dem Expertensystem Eisenbahn vertrauen könne.

Die Formel ‚Vertrauen in Expertensysteme‘ zeigt zugleich auf, welche Mechanismen greifen, wenn die *Voraussetzungen* weit verbreiteter Alltagspraktiken von beruflichen Spezialisten mit Hilfe von Spezialwissen ‚reflexiv gesteuert‘ werden. Daher müsste auch die Grundkategorie der ‚reflexiven Steuerung‘ des Handelns für die Gegebenheiten moderner Gesellschaften modifiziert werden! In Zusammenhang mit der raum-zeitlichen Abstandsvergrößerung übertragen die Menschen nach Giddens offenbar das unter den Bedingungen der Kopräsenz entwickelte ‚gesichtsabhängige Vertrauen‘ (Giddens 1995: 107ff.) auf Expertensysteme. Aber auch im sozialen Nahbereich *ist Vertrauen ein Mechanismus, der dort einsetzt, wo eine ‚reflexive Steuerung des Handelns‘ nicht mehr möglich ist.*

So macht zum Beispiel in einer Stammesgesellschaft die Absprache, übermorgen zu einer gemeinsamen Jagd aufzubrechen, obwohl die Jagdteilnehmer in der Zwischenzeit an unterschiedlichen Orten unterwegs sind, nur Sinn, wenn man auf die Zuverlässigkeit der Beteiligten vertrauen kann. Formen der Arbeitsteilung und noch grundsätzlicher die Entwicklung von Spezialwissen haben nun offenbar dazu geführt, dass dieser Mechanismus der Vertrauensbildung ‚entsprechend‘ ausgedehnt wurde. Auch wenn zu bemängeln war (siehe oben), dass diese Begriffe nicht präzise in die Theorie der Strukturierung eingebaut sind, liegt hier eine wichtige Ergänzung unseres Verständnisses der klassischen Moderne vor.

(b) Aber noch auf einer zweiten Ebene ergänzt Giddens das soziologische Verständnis moderner Gesellschaften. *Mit der Betonung der Interdependenz zwischen Kapitalismus und modernem Nationalstaat bietet Giddens einen wichtigen Schlüssel zum soziologischen Verständnis von Modernisierungsprozessen.* Auch hier erreicht er wiederum eine größere Nähe zum sozialhistorischen Material als die klassische Modernisierungstheorie, weil die Theorie funktionaler Differenzierung nicht streng genug zwischen der theoretischen Gleichrangigkeit der Funktionssysteme und der faktischen Bedeutung der Funktionssysteme für den gesellschaftlichen Modernisierungsprozess unterscheidet (vgl. 2.2.2). Vor allem die Sozialgeschichte der klassischen Moderne legt es nahe, dem Zusammenspiel zwischen Wirtschaft und Staat eine besondere Bedeutung beizumessen.

2.3.2.8 Integrationsmöglichkeiten in die Theorie funktionaler Differenzierung

Abschließend stellt sich noch die Frage, ob und inwieweit diese Beiträge in die Theorie funktionaler Differenzierung integrierbar sind. Dies wird für die meines Erachtens elaborierteste Variante, Luhmanns Differenzierungstheorie (einschließlich der im Abschnitt 2.2im dritten Abschnitt dieses Kapitels vorgenommenen Ergänzungen), nun kurz diskutiert.

Bis auf einen allerdings entscheidenden Punkt scheinen mir Giddens' Analysen durchaus in die Theorie funktionaler Differenzierung integrierbar zu sein. Das liegt daran, dass Giddens das Verhältnis zwischen Kapitalismus und Nationalstaat durch die Differenzierungsbrille betrachtet.

Das wird zum Beispiel deutlich, wenn Giddens einen wesentlichen Vorteil des westlichen Gesellschaftsmodells gegenüber dem Realsozialismus in der *Differenzierung* von Verantwortlichkeit und Zurechenbarkeit sieht. Während nämlich im Realsozialismus die Politik für alle gesellschaftlichen Missstände verantwortlich gemacht werden könne, weil hier ein Primat des politischen Systems institutionalisiert wurde, seiend die Verantwortlichkeiten und Zuständigkeiten im westlichen System durch die Differenzierung zwischen Privatwirtschaft und Nationalstaat verteilt und im Einzelnen oft gar nicht genau fixierbar. So kann zum Beispiel aufgrund der funktionalen Differenzierung eine Regierung von ihren Bürgern nicht einfach für das Fehlen von Arbeitsplätzen verantwortlich gemacht werden. Denn die Aufgabe der Politik kann es ja nur sein, möglichst günstige Voraussetzungen dafür zu schaffen, dass das Wirtschaftssystem Arbeitsplätze schafft.

Darüber hinaus könnte man versuchen, Giddens' Kategorie des Industrialismus als Wissenschaftssystem zu fassen. Auch in weiteren Analysen unterstellt Giddens beispielsweise ein unabhängiges Rechtssystem, das ebenso in die Theorie funktionaler Differenzierung gehört.

Wenn man den bereits monierten Mangel der Differenzierungstheoretiker, dass sie das abstrakte Bild der Funktionssysteme nicht systematisch auf die Ebene der Sozialstruktur übertragen/ anwenden sondern es höchstens beispielhaft konkretisieren, durch entsprechende Analysen ergänzt (vgl. den Abschnitt 2.2), dann bieten sich auch gute Chancen, die Giddensschen Analysen mit einzubauen.

Erst auf der konkretesten Ebene, die bei Luhmann in differenzierungstheoretischer Hinsicht durch den Rollenbegriff und in systemtheoretischer Hinsicht durch die Begriffe Kommunikation und Beobachtung markiert wird, ergeben sich systematische Schwierigkeiten. Hier wird deutlich, dass Giddens mit dem Begriff der ‚sozialen Praktiken' und der ‚reflexiven Steuerung des Handelns' wesentliche Aspekte des Alltagslebens erfasst, für die es in Luhmanns Differenzierungstheorie allenfalls teilweise Andockpunkte gibt. Mit dem Argument, dass für einen empirisch nachvollziehbaren Begriff sozialer Systeme nur die eindeutig unterscheidbare Operation der Kommunikation in Frage komme, blendet Luhmann zweifellos Gegebenheiten der gemeinschaftlichen Daseinsbewältigung begrifflich aus, die zumindest als Anlässe zur Kommunikation auch in ein systemtheoretisches Konzept eingebaut werden könnten. Über den Begriff ‚Erwartungen' scheint es dagegen für ein differenzierungstheoretisches Konzept ohne weiteres machbar zu sein, die Kritik am Rollenbegriff aufzunehmen (vgl. Giddens 1988: 137ff.) und soziale Praktiken als unterste Ebene der gesellschaftlichen Organisation von Funktionssystemen anzusetzen.

Zumindest in einer Hinsicht könnte eine Einarbeitung von Giddens' Beiträgen zum Verständnis der klassischen Moderne zu einer Akzentverschiebung der Theorie funktionaler Differenzierung führen, die sie realitätsangemessener macht. Dabei geht es um Folgendes: Die Theorie funktionaler Differenzierung erzeugt über ihre beiden grundlegenden Prämissen das Bild einer vom Prinzip her egalitären modernen Gesellschaft. Da das Verhältnis der Funktionssysteme untereinander sowohl durch *Gleichartigkeit* wie durch *Gleichrangigkeit* charakterisiert wird und alle Funktionssysteme auf die Inklusion aller Gesellschaftsmitglieder zumindest vom Prinzip her angelegt sind, ergibt sich dieses Kontrastbild gegenüber einer in ihren Grundlagen auf Ungleichrangigkeit abstellenden, stratifikatorisch differenzierten, vormodernen Gesellschaft. Dieses Bild wurde zwar durch konkretisierende Ergänzungen wie die Exklusionsproblematik in modernen Gesellschaften und durch die Markierung gravierender Unterschiede in der Art und Weise der Inklusion (etwa die Unterscheidung zwischen Leistungs- bzw. Publikumsrollen; vgl. Schimank 2006: insbes. 90ff.) der Realität angenähert. Es bleibt aber als grundsätzlicher sozialer Zugang auf die moderne Gesellschaft erhalten.

Giddens Bild der modernen Gesellschaft wird dagegen durch Begriffe wie abstrakte Systeme, symbolische Zeichen, Expertenwissen und Vertrauen geprägt. Sie konkretisieren, wie in der modernen Gesellschaft die raum-zeitliche Abstandsvergrößerung organisiert ist, also *Sozialbeziehungen unter Abwesenden*. Für die Organisation *dieser* Sozialbeziehungen spielt, das machen vor allem Giddens' Überlegungen zum Thema Expertensysteme deutlich, die *Aufspaltung der Gesellschaft in Wissende und Nicht-Wissende* eine zentrale Rolle. Sie lässt sich nicht auf die Unterscheidung zwischen Leistungs- und Publikumsrollen reduzieren, da sie darüber hinaus die Möglichkeiten der reflexiven Kontrolle des Handelns anderer entscheidend vorstrukturiert.

Unter den Bedingungen unmittelbarer Kooperation (vgl. Marx 1972: 341ff.) kontrolliert und steuert jeder Akteur nicht nur das eigene Handeln sondern auch das der anderen Beteiligten. Er ist dazu in der Lage, weil er dazu über ein hinreichendes Wissen verfügt. Zwar ist auch unter den Bedingungen der Arbeitsteilung und der beruflichen Spezialisierung eine Form der Kooperation möglich, bei der die reflexive Steuerung des Handelns an einem Arbeitsplatz mit den Erfordernissen an dem vor- bzw. nachgelagerten Arbeitsplatz abgestimmt ist, sodass insgesamt ein optimales Produktionsergebnis zustande kommen kann (vgl. den Begriff der gefügeartigen Kooperation bei Popitz u. a. 1957b: 54ff.). Dazu muss aber gemeinsames Wissen aufgebaut werden. A muss genau wissen, was seine Handlungen für B bedeuten und B muss genau wissen, ob und inwieweit A unter seinen technischen Bedingungen B's Vorgaben erfüllen kann. (vgl. ebd.: 67; Stichwort: Improvisationschance).

Die unverzichtbare Bedeutung *gemeinsamen* Wissens für die *reflexive Steuerung sozialer Zusammenhänge* ist in der Soziologie vor allem für den lebensweltlichen Kontext herausgearbeitet worden (Berger/ Luckmann 1969: 140). Unter den Bedingungen der Arbeitsteilung und der Entwicklung und explosionsartigen Vermehrung theoretischen Wissens reicht der gemeinsame Wissenshorizont aber immer weniger aus, um das Verhalten anderer kontrollieren zu können. Das spielt nicht nur entlang der Unterscheidung zwischen Leistungs- und Publikumsrollen eine entscheidende Rolle. Es macht für die Verständigung über eine mögliche Hilfeleistung eben einen Unterschied aus, ob Mediziner A für seinen Kollegen B eine medizinische Leistung erbringen soll oder für die Bäuerin C, die von naturwissenschaftlich fundierter Medizin keine Ahnung hat. Vor diesem Hintergrund wird die hohe Relevanz des Begriffes ‚gesichtsunabhängiges Vertrauen' für die Rekonstruktion von Sozialbeziehungen in modernen Gesellschaften deutlich. Der Mechanismus des Vertrauens greift ja immer nur dort, wo weder unser Wissen noch unsere Macht ausreichen, um gegenwärtige oder zukünftige Handlungen anderer einschätzen oder gar kontrollieren zu können. Im Anschluss an Eriksons Analyse des Urvertrauens zwischen Mutter und Kind gewinnt für Giddens der Vertrauensbegriff zentrale Bedeutung für die Lebbarkeit sozialer Beziehungen in einer hoch arbeitsteiligen Wissensgesellschaft. Der abstrakten Koordination von Handlungen und Arbeitsprodukten über Geld oder andere symbolische Zeichen muss ebenfalls Vertrauen unterlegt werden, um komplexe Vernetzungsstrukturen jenseits der Kopräsenz aufbauen zu können. Auf welcher Grundlage sonst sollten Akteure in solchen Vernetzungszusammenhängen Zeit- und Ressourcenbindungen eingehen?

Für derartige Fragestellungen fehlen der klassischen Modernisierungstheorie die geeigneten Begriffe. Während zumindest Luhmann auf die Veränderungen der Sozialbeziehungen durch die Überwindung der Grenze der Kopräsenz mit einer ausgearbeiteten Medientheorie reagieren kann, *fehlt ein vergleichbares Instrumentarium für die Überwindung der Grenze des gemeinsam geteilten Wissens.*

2.3.3 Die klassische Moderne bei Ulrich Beck

Auch für Becks Verständnis der modernen Gesellschaft ist die Auseinandersetzung mit dem Klassenbegriff ausschlaggebend, wobei für ihn Max Webers Begriff der ‚sozialen Klasse' wichtiger ist als die marxistische Klassentheorie.

Um diesen Ausgangspunkt rekonstruieren zu können, muss hier kurz an zwei wesentliche begriffliche Differenzierungen erinnert werden, durch die Weber den soziologischen Diskurs um soziale Ungleichheit geprägt hat. Einmal war seine analytische Unterscheidung zwischen *Klasse* als einem ökonomischen Ungleichheitsphänomen (weiter unterteilt in Besitz- und Erwerbsklassen), *Stand* als einer davon unabhängigen zweiten Ungleichheitsdimension, die auf gegenseitiger sozialer Wertschätzung beruht, und drittens *Partei*, als eine aus dem sozialen und politischen Zusammenschluss herrührende Quelle sozialer Ungleichheit, wesentlich (vgl. Hradil 1999: 105ff.; Kreckel 1992: 54ff.).

Von dieser auf der gedanklichen Linie der Idealtypen liegenden Unterscheidung muss der Begriff der ‚sozialen Klasse' strikt getrennt werden. Hier geht es nicht um die Registrierung unterschiedlicher *Quellen* sozialer Ungleichheit, sondern um die empirische Erfassung des *Auftretens* sozialer Ungleichheit. Deswegen gibt Weber auch für die Erfassung sozialer Klassen das Kriterium der Heiratskreise an: Klassengrenzen sind empirisch fassbar als Heiratsschranken (vgl. vor allem Giddens 1984: 55ff. sowie Kreckel 1992: 124f.).

Während Giddens die marxistische Klassentheorie für *theoretisch* gescheitert hält, ist Beck eher an der *Sozialstruktur* der modernen Gesellschaft interessiert und vermutet hier, *dass Webers Begriff der sozialen Klasse* (der die drei Dimensionen ökonomische Klasse, Stand und Partei in sich einschließt) *an empirische Grenzen stößt*. Diese *empirische Grenze* versucht Beck *theoretisch zu reflektieren*, um darauf ein soziologisches Verständnis der Gegenwartsgesellschaft zu gründen, das nicht mehr mit dem Begriff der sozialen Klasse sondern dem der *Individualisierung* erfasst werden kann.

Während Giddens Überlegungen zur Theorie moderner Gesellschaften sich in sehr vielen Texten finden, gibt es bei Beck einen eindeutigen Referenztext: „Jenseits von Stand und Klasse?" (Beck 1983). Dort beschreibt er die „klassische Industriemoderne" als eine moderne Gesellschaft, die zwar auf dem Kapitalismus und anderen „allgemeinen Prinzipien" beruhe, aber die in sozialer Hinsicht noch eine Großgruppengesellschaft (gewesen) sei, also einen ständischen Traditionskern (in Form sozialer Klassen; siehe oben) aus der Vormoderne übernommen habe. Insofern habe Modernisierung Enttraditionalisierung in einem ganz konkreten und zugespitzten Sinne bedeutet: Auflösung und allmähliches Abschmelzen von ständischen Kollektividentitäten. Am Ende dieses Prozesses der Enttraditionalisierung sei dann das vereinzelte Individuum gestanden, auf das gesellschaftliche Strukturen nun direkt zugriffen (Beck 1986: 205ff.). Mit dem Aufzehren des Traditionskerns habe eine neue Epoche begonnen, die Beck als ‚Risikogesellschaft‘ (Beck 1986: 23), ‚reflexive Moderne‘ (ebd. 243) beziehungsweise ‚zweite Moderne‘ (wird zum expliziten Etikett mit der ‚Edition zweite Moderne‘; vgl. z. B. Beck 1998: 271) bezeichnet.

An dieser Stelle interessieren wir uns nur für Becks Skizze der klassischen Moderne, die sich vor allem in Beck 1983/ 1994 findet. Entsprechend seiner Beobachtungsperspektive ist sie durch Enttraditionalisierungsprozesse geprägt und kommt folglich zu einem Ende, wenn die ‚Traditionskerne‘ aufgezehrt sind. *Die entscheidende Frage ist daher: lässt sich ein Ende der Enttraditionalisierung belegen?*

2.3.3.1 Das Ende der Enttraditionalisierung in der klassischen Moderne

Wie begründet Beck seine Enttraditionalisierungsthese? Sein begrifflicher Ausgangspunkt ist die Industriegesellschaft bzw. die ‚klassische Industriemoderne‘, als deren prägende „Sozialformen – Klasse, Schicht, Beruf, Familie, Ehe" (Beck 1994: 43) gelten. „Auf dem Hintergrund eines vergleichsweise hohen materiellen Lebensstandards und weit vorangetriebener sozialer Sicherheiten wurden die Menschen in einem historischen Kontinuitätsbruch aus traditionalen Klassenbindungen und Versorgungsbezügen der Familie herausgelöst und verstärkt auf sich selbst und ihr individuelles (Arbeitsmarkt-)Schicksal ... verwiesen (ebd.: 44). In einer noch härteren Variante wird diese These in der ‚Risikogesellschaft‘ wiederholt, wo von *Freisetzung* (Beck 1986: 115) die Rede ist, „ähnlich wie (die Menschen) im Laufe der Reformation aus der weltlichen Herrschaft der Kirche in die Gesellschaft ‚entlassen‘ wurden" (ebd.).

An anderer Stelle (z. B. 1986: 116) spricht Beck von einem „Individualisierungsschub", was sich in das Bild einer von vielen Individualisierungsschüben geprägten Modernisierungsgeschichte übersetzen ließe, wenn diese Deutungsvariante nicht mit der These verbunden würde, das „der oder die einzelne selbst ... zur lebensweltlichen Reproduktionseinheit des Sozialen" (ebd.: 119) wird. *Der behauptete aktuelle Modernisierungsschub würde sich demnach in seinen soziologischen Konsequenzen von möglichen früheren dadurch unterscheiden, dass nun die Kollektivmerkmale Klasse, Schicht, Beruf, Familie, Ehe,* (an anderer Stelle ist auch noch von einer Freisetzung aus Geschlechtslagen die Rede; ebd.: 118), *ihre Bedeutung für die Reproduktion des Sozialen in lebensweltlichen Kontexten definitiv einbüßen.* Daraus ergibt sich die Folgerung, dass frühere Enttraditionalisierungsprozesse, selbst wenn sie ‚schubweise‘ ablaufen, für die lebensweltliche Reproduktion des Sozialen weitgehend folgenlos waren. Sie haben nämlich nicht zum lebensweltlichen Bedeutungsverlust der über Kollektivbegriffe laufenden Vergesellschaftung geführt. Aus dieser Argumentation folgere ich, dass Beck einen *in seinen soziologischen Konsequenzen definitiven Enttraditionalisierungsprozess* behauptet. Dafür werden in der nun folgenden Diskussion die handlicheren Formeln vom ‚Ende der Enttraditionalisierung' bzw. einem ‚Aufzehren kollektiver Vergesellschaftungsmuster' gebraucht.

Insbesondere für die Sozialstruktur moderner Gesellschaften in der Phase zwischen 1945 und 1975 stellen sich zunächst einmal die Fragen, (a) ob Beck hier eine zutreffende Analyse vornimmt und (b) ob seine Analyse über Deutschland hinaus verallgemeinert werden kann.

Prinzipiell sind für Becks Individualisierungsthese mehrere Interpretationen möglich. Wenn man hier keine Gegenwartsdiagnose, sondern eine theoretisch-konzeptionelle Innovation sieht, dann drängt sich die Interpretation (Möglichkeit a) auf, dass man selbstverständlich fast immer fündig wird, wenn man die sozialstrukturelle Entwicklung auf mögliche Individualisierungsprozesse hin durchleuchtet. Damit ist eine Erweiterung der Analysemöglichkeiten verbunden, die Thema des dritten Kapitels ist (zu Becks Individualisierungsthese vgl. den Abschnitt 3.2). *Die kritische Frage* (Möglichkeit b) *zielt daher auf Becks Epochenunterscheidung,* weil damit ja ein *definitives Ende* des Herauslösungsprozesses aus Klassen-, Schicht-, Berufs-, und Familienbindung postuliert wird. Eine zweite deutlich ambitioniertere Interpretation dieser Epochenunterscheidung wäre, dass wir es hier mit einer soziologisch gehaltvollen Gegenwartsdiagnose zu tun haben. Dann sollten die behaupteten Veränderungen in der Sozialstruktur auch aus anderen theoretischen Blickwinkeln als nur der Individualisierungsthese beobachtet werden können.

Die nachfolgende Darstellung orientiert sich an der ersten vorsichtigeren Interpretationsvariante, da sich bereits hier gravierende Probleme ergeben. Es wird sich zeigen, dass selbst diese Variante noch deutlich eingeschränkt werden müsste, um den Übergang von einer ‚Großgruppengesellschaft' zu Formen individualisierter Vergesellschaftung über den Nachweis von Enttraditionalisierungsprozessen stichhaltig belegen zu können.

Welche Möglichkeiten gibt es, ein definitives Ende von Enttraditionalisierungsprozessen zu belegen? Wir zeigen an anderer Stelle (Abschnitte 3.4 und 3.6) ausführlich, dass man für den Bereich der abgetretenen Zeit (Erwerbsarbeit-Verkauf der Arbeitskraft) *kontinuierliche* Individualisierungsprozesse beobachten kann, die auch seit den 70er/80er Jahren des letzten Jahrhunderts weiter gegangen sind.

Zumindest für die soziologisch ziemlich gut erforschte deutsche Arbeiterschaft kann man im Hinblick auf Beck zwei Dinge zeigen. Erstens bedeutete Lohnarbeit von Anfang an individualisierte Lebensführung – zunächst im Sinne eines Überlebenskampfes, dann zunehmend auch auf die Nutzung dispositiver Möglichkeiten (dispositive Lebensführung; vgl. Brock 1991: 154ff.) ausgerichtet. Zumindest die prekären Formen individualisierter Lebensführung lieferten unablässig fließende Alltagserfahrungen, die, wie gerade das autobiographische Material zeigt, *kollektive Deutungsmuster des eigenen Schicksals* speisten (ebd.: 130ff.). Zu einem Erosionsprozess dieser kollektiven Deutungsvariante kommt es, sobald sich Muster dispositiver Lebensführung in den Vordergrund schieben. Dieser auch im autobiographischen Material fassbare Trend setzt bei gut verdienenden Arbeitern bereits vor dem ersten Weltkrieg ein (ebd.: 152ff.).

An diesem Befund wird zweitens ein gravierendes Problem deutlich. Möglicherweise lässt sich die modernisierungstheoretische Standardbeobachtung von Enttraditionalisierungsprozessen für die Sozialstruktur nicht auf den allgemeinen Nenner ‚Aufzehrung der Kollektivvergesellschaftung durch individualisierte Vergesellschaftung‘ bringen. Der eine ‚Vergesellschaftungsmodus‘ kann nämlich durch den anderen kaum *vollständig* ersetzt werden. Unter den Bedingungen der Geldwirtschaft ist Lebensführung immer insoweit individualisiert, als sie über die Verwendung und Wiederbeschaffung von Geld unter Marktbedingungen organisiert werden muss (vgl. insbesondere die Abschnitte 3.1 – 3.4). Das schließt aber keineswegs aus, dass man sich dabei an Mustern der Lebensführung anderer orientiert (vgl. z. B. Schulze 1992), noch dass man Aspekte dieser Lebensführung unter Kollektivbegriffe bringt. Das machen beispielsweise Sennetts Analysen (vgl. Abschnitt 3.6) deutlich. Er zeigt für den gegenwärtigen flexiblen Kapitalismus, dass hier der *kollektive* Erzähltypus einer durch Fleiß und kontinuierliche Arbeit erreichten ‚Karriere‘ erodiert, die aber immer nur individuell verfolgt werden kann.

Wesentlich plausibler scheint Becks Analyse dagegen für den Bereich der frei verfügbaren Lebenszeit zu sein, insbesondere für die in der Risikogesellschaft behaupteten Individualisierungstendenzen in Familie und Partnerschaft. Aber auch hier sind die von Beck herausgestellten Individualisierungstendenzen nur Glieder einer längeren Kette von ‚Individualisierungsprojekten‘, deren definitives Ende nicht abzusehen ist (vgl. den Abschnitt 3.7).

Diese kurze Skizze macht bereits hinreichend deutlich, dass der kritische Punkt in Becks Analysen nicht beim Nachweis von Individualisierungsprozessen liegt, auf den sich die Debatte in Deutschland nahezu ausschließlich konzentriert hat (vgl. insbesondere Zapf 1991; weiterhin: Burkart 1991; Herlyn/ Vogel 1991), sondern dass die behauptete Zäsur, also die These eines in der Gegenwart definitiv aufgezehrten ‚Traditionskerns‘, gelinde formuliert höchst problematisch ist. Mit dieser These steht und fällt aber Becks Argumentation. Da er die zweite (oder reflexive) Moderne als eine Beschäftigung der Moderne mit sich selbst versteht, die mit den Traditionselementen auch die Fortschrittssemantik verloren habe, muss eine *entsprechende sozialstrukturelle Zäsur* auch belegt werden können.

Mit dem Zäsurargument sind darüber hinaus auch *theoretische Probleme* verbunden, die letztlich auf die Frage hinauslaufen, was man sich als individualisierte Vergesellschaftung vorstellen kann. Dieses Problem wird aber bei den wesentlich stärker zugespitzten Thesen Baumans noch näher diskutiert werden müssen. An dieser Stelle sollte aber erwogen werden, *ob man nicht durch eine wesentlich vorsichtigere Argumentation Becks These einer Epochenunterscheidung zwischen erster und zweiter Moderne retten könnte.*

Da es bei Beck ganz zentral um die Unterscheidung geht, ob ,die Gesellschaft' auf ihre Mitglieder in Form von Kollektivbegriffen oder individualisiert zugreift, *könnte man auch von einer kritischen Schwelle im weiterlaufenden Individualisierungsprozess sprechen,* von der ab ein solcher *Zugriff dominant* wird. Die These eines Umschlagens im gesellschaftlichen Zugriffs könnte man konkretisieren, wenn man auf Giddens' These zurück greift, wonach der moderne Nationalstaat die moderne Gesellschaft organisiert. Wenn man das nämlich unterstellt, kann man für *rechtliche und sozialstaatliche Regelungen untersuchen, ob sie zunächst an ständischen Differenzierungen ansetzen und dann einem egalitären und insofern individualisierten Zugriff auf die Gesellschaftsmitglieder Platz gemacht haben.* Diese These verlangt allerdings, dass der Übergang von der klassischen Moderne zur Risikogesellschaft neu begründet werden müsste. Die „Risikogesellschaft" müsste gewissermaßen neu geschrieben werden!

Was spricht empirisch für die hier erwogene Variante? Beispielsweise wurde bei der erstmaligen Etablierung der Rentenversicherung durch Bismarck zwischen einer Arbeiter- und einer Angestelltenversicherung unterschieden. Diese Unterscheidung war keineswegs formal sondern sie zielte auf ganz unterschiedliche Leistungsniveaus. Während die Angestelltenversicherung eine volle Deckung der Lebenshaltungskosten erreichen sollte, sollte die Arbeiterversicherung nur einen Beitrag zum Unterhalt liefern (vgl. Hentschel 1983: 21). Solche Unterscheidungen zwischen Arbeitern und Angestellten *als unterschiedlich zu behandelnden sozialen Klassen* existierten im Tarifrecht bis in die 1970er Jahre hinein. Ein weiteres Beispiel liefert das Familienrecht, das noch nach dem Zweiten Weltkrieg deutlich patriarchalische Züge aufwies, sodass Frauen beispielsweise bei der Aufnahme einer Beschäftigung von der Zustimmung ihres Ehemannes abhängig waren (vgl. Schäfers 1976: 212). Ein drittes Beispiel ständischer Differenzierung liefert das immer noch dreigliedrige deutsche Schulsystem, das drei hierarchisch gestufte Abschlüsse kennt. Hier ist die Auflösung dieses Differenzierungsmusters in den 1970er Jahren gescheitert (=keine Durchsetzung des egalitären Modells der Gesamtschule). Zudem liefern die bis heute anhaltenden Auseinandersetzungen um ständische Differenzierungen im Schulsystem viel empirisches Material zur Frage, ob und mit welchen Konsequenzen in Deutschland noch ständische Differenzierungen existieren.

Eine solche deutlich vorsichtigere Lesart von Becks Epochenunterscheidung zwischen Erster und Zweiter Moderne ist auch theoretisch plausibler, weil sie Individualisierungsprozesse nicht gegen kollektive Identitäten ausspielen muss. Auch wenn man nicht dem harmonistischen Konzept einer Ich-Wir-Balance (Norbert Elias) anhängt, ist es doch plausibel anzunehmen, dass auch eine radikale Individualisierung nie vollständig ohne Wir-Kategorien auskommt. Für eine solche Lesart sprechen auch die in der deutschen Sozialstrukturanalyse verwendeten Milieuansätze (Sinus 1984; Vester 1993; zusammenfassend Geißler 1996: 79ff.), die in der Regel ein zweidimensionales Feld aufspannen, das neben einer Modernisierungsdimension immer auch eine vertikale Dimension aufweist, die sich in etwa an der international weitgehend üblichen Unterscheidung zwischen (a)Funktionseliten, (b)Bürgertum (bzw. Angestellten; White Collar; qualifizierte Beschäftigung) und (c) Arbeiterklasse (bzw. geringqualifizierte Beschäftigung; Blue-Collar) orientiert (vgl. Giddens 2009).

Damit hätte sich auch eine weitere kritische Debatte um Becks Individualisierungsthese und seinen Blick auf die klassische Moderne entschärft, die mit der Frage eingeleitet wird, ob Beck in der „Risikogesellschaft" nun eine Gegenwartsdiagnose für die Bundesrepublik Deutschland oder für moderne Gesellschaften insgesamt vorgelegt habe. Beck selbst hält sich in dieser Frage bedeckt (vgl. Beck 1994: 60; Anm. 1). In der ‚Risikogesellschaft' argumentiert er ausschließlich auf der Ebene der Sozialstrukturanalyse der Bundesrepublik Deutschland (vor der deutsch-deutschen Vereinigung), seine Epochenunterscheidung zwischen erster und zweiter Moderne, zwischen klassischer Industriemoderne und Risikogesellschaft, ist dagegen eine allgemeine modernisierungstheoretische Aussage. Das lässt nur den Schluss zu, dass die Sozialstruktur der Bundesrepublik Deutschland hier exemplarisch benutzt wird, um dem Leser allzu unübersichtliche empirische Bezüge zu ersparen. Das wiederum lässt aber sofort die Frage aufkommen, ob sich beispielsweise in der französischen und britischen Sozialstruktur vergleichbare Individualisierungsprozesse ereignet haben. Diese Frage ist deswegen etwas pikant, weil sowohl in der britischen (vgl. exemplarisch Giddens 2009) wie in der französischen Sozialstrukturanalyse (vgl. exemplarisch Bourdieu 1987) mit Klassenmodellen gearbeitet wird, die in etwa mit Webers Begriff der sozialen Klasse kompatibel sind. Der von Simmel in die deutsche Soziologie eingeführte Beobachtungsstandpunkt der Individualisierung ist in der französischen wie in der angelsächsischen Tradition kaum präsent.

Wenn man nun versuchen würde, von einem einheitlichen Blickwinkel aus international vergleichend zu beobachten und zu analysieren (vgl. z. B. Hradil/ Immerfall 1997; Putnam 2001; Bornschier 1998), dann könnte man für die Phase der klassischen Moderne zu folgender These kommen. *Es gibt durchaus nationale Unterschiede hinsichtlich des Ausmaßes, in dem Traditionselemente in die Sozial-*

struktur moderner Gesellschaften eingeflossen sind. Mit Giddens könnte man dies theoretisch damit begründen, dass der in spezifisch nationalen Ausprägungen etablierte moderne Nationalstaat die jeweilige Gesellschaft und damit auch ihre Sozialstruktur organisiert hat.

Im Sinne einer ganz groben Unterscheidung könnte man zunächst für die *Eliten* behaupten, dass der Zeitpunkt und die Art und Weise, wie ein bestimmter Nationalstaat die Industrialisierungsphase organisierte und bewältigte, das Ausmaß der für die Elitenzugehörigkeit institutionalisierten Traditionselemente geprägt hat. Während sich in den vorwiegend protestantischen Ländern, die sich zunächst industrialisierten, also in Großbritannien und den Niederlanden, eine neue Elite aus niedrigem Adel und bürgerlichen Patrizierfamilien bildete (Pollard 1979), entwickelte sich im absolutistisch geprägten Frankreich eine eher administrativ ausgerichtete Elite, die nach der Französischen Revolution vor allem über Bildungskapital reproduziert wurde (entscheidende Bedeutung haben die fünf Grandes Ecoles, insbesondere die ENS und die ENA; vgl. auch Bourdieu/ Passeron 1971; Bourdieu 1987: erstes Kapitel).

In Deutschland und in den USA, in denen die Industrialisierung wesentlich später einsetzte, aber eine viel stärkere Dynamik entwickelte, kam es zu einer ganz anderen Entwicklung. Während sich in den USA Eliten über den je individuellen, jedoch sozial akzeptierten (Warner u. a. 1970; 22) wirtschaftlichen Erfolg empirisch herauskristallisierten (Puhle 1979: 239f.; Kolko 1969), wurde Deutschland bis weit in die 1950er Jahre hinein durch eine gespaltene Elite geprägt, die eine gespaltene, teilweise noch agrarisch-patrimonial und teilweise bereits industriell geprägte Sozialstruktur widerspiegelt (vgl. Parsons 1942/1954; Kocka 1979; Lepsius 1973). Auf der einen Seite existierten administrative Eliten in der preußischen Tradition eines nicht oder nur ansatzweise demokratisierten Absolutismus, die erst durch den Nationalsozialismus gebrochen wurde (Kocka 1979). Relativ unabhängig davon entwickelten sich ökonomische Eliten in den wirtschaftlichen Zentren des Deutschen Reiches (Ruhrgebiet, Berlin, Sachsen) nach ähnlichen Kriterien wie in den USA.

Ohne dass das hier im Einzelnen ausgeführt werden kann, müssten ähnliche Analysen auch für das Bürgertum und die Arbeiterklasse durchgeführt werden, um die sehr unterschiedlichen Traditionselemente wenigstens in etwa zu umreißen, die jeweils in die moderne Gesellschaft hineingewachsen sind. In einem zweiten Schritt könnte dann diskutiert werden, ob und inwieweit diese Traditionselemente in der klassischen Moderne unter Individualisierungsdruck gekommen und ‚aufgezehrt' worden sind.

Diese Überlegungen verstärken die Bedenken ganz erheblich, die die von Beck vertretene Variante der Individualisierungsthese, also der Behauptung eines definitiven Endes der Enttraditionalisierung, hervorruft. Es wird vor allem deutlich, dass im internationalen Vergleich große Unterschiede angenommen werden müssen. Dies spricht wiederum für die oben erwogene vorsichtigere Interpretation, nur auf die Erosion ständischer Differenzierungen *im staatlichen Zugriff* auf die Gesellschaftsmitglieder abzuheben und *hier* eine Individualisierungsschwelle zu erforschen.

Aber auch hierbei ergeben sich etwa für die USA viele offene Fragen. Lässt man einmal die Entwicklung in den Südstaaten bis zum Bürgerkrieg außer Betracht, dann hat der amerikanische Nationalstaat keine vormoderne Ständegesellschaft überwinden und umorganisieren müssen (KM: 102). Daher ist auch die Sozialstrukturanalyse in den USA sehr stark auf alltägliche Diskriminierungen hin orientiert und nimmt insbesondere die Faktoren 'race' und 'gender' ausführlich in Augenschein (vgl. u. a. die Veröffentlichungen des US Census Bureau und aus dem American Community Survey). Zumindest für diese beiden Faktoren kann man zwar von einem Abbau staatlicher Diskriminierung, aber kaum von der Überwindung einer kritischen Schwelle bei der Diskriminierung im Lebensalltag sprechen.

2.3.3.2 Becks Beitrag zum soziologischen Verständnis der klassischen Moderne

Nach dieser kritischen Diskussion der sozialstrukturellen Implikationen wenden wir uns nun der Frage zu, *ob und inwieweit Beck das theoretische Verständnis der klassischen Moderne erweitert und bereichert hat.* Beck teilt mit Giddens nicht nur den Klassenbegriff als Ausgangspunkt sondern auch die subjektorientierte Herangehensweise. Während Giddens hier einen eigenen Zugang entwickelt (siehe oben. Stichworte: soziale Praktiken; reflexive Steuerung des Handelns; Dualität von Struktur; Raum-Zeit- Ausdehnung; Rückgriffe auf Kulturtheorie, Praxisphilosophie, Anthropologie und das Interpretative Paradigma), nimmt Beck die bereits bei Simmel entwickelte individualisierungstheoretische Perspektive auf. Eine durch Weber geprägte Soziologie der Moderne soll gewissermaßen durch Anleihen bei Simmel auf neue Grundlagen gestellt werden (vgl. Beck 1994: 45)!

Gerade aufgrund dieser engen Bezüge auf Simmel und seinen Begriff der Vergesellschaftung ist es wichtig, sich klar zu machen, wo die Unterschiede zwischen Beck und Simmel liegen. Sie liegen primär in der Fragestellung, also in der soziologischen Beobachtungsperspektive. Während Simmel unter dem Einfluss der Lebensphilosophie sich über längere Zeiträume hinweg mit der Frage beschäftigt hat, was Vergesellschaftung *für die Entfaltung menschlicher Individualität* bedeutet (vgl. vor allem Dahme/ Rammstedt 1983; KM: 41ff.), versucht Beck eine Epochenunterscheidung zwischen klassischer Moderne und Risikogesellschaft individualisierungstheoretisch zu begründen. Während es für Simmel ausreichend war zu konstatieren, dass die moderne Gesellschaft dem Individuum in Form selbstgewählter sozialer

Kreise (vgl. KM: 45) neue Entfaltungsmöglichkeiten eröffnet habe, muss Beck eine *radikale Umstellung im Wandel des Vergesellschaftungsmodus* konstruieren. Für dieses Vorhaben ist Simmels Individualisierungsthese zwar eine notwendige, aber keine hinreichende Grundlage (vgl. die kritische Diskussion oben).

Das Verdienst von Beck liegt meines Erachtens eher darin, dass er eine Reihe interessanter Fragen teilweise neu gestellt, teilweise (etwa verglichen mit Durkheims Konzept der sozialen Arbeitsteilung) auch anders akzentuiert hat. In konzeptioneller Hinsicht weiterführend scheint mir eine Verknüpfung dieser innovativen Fragen mit zentralen Annahmen bei Giddens.

Einmal kann man im Anschluss an dessen Überlegungen zum modernen Nationalstaat die These eines Wechsels im Modus der Vergesellschaftung auf die Organisation der Gesellschaft durch den Nationalstaat über Recht, Sozialpolitik und andere Mechanismen hin konkretisieren (siehe oben). Darüber hinaus könnte man unter Rückgriff auf Giddens' Generalthese einer raum-zeitlichen Abstandsvergrößerung versuchen, in dem ganz offenbar unabgeschlossenen Prozess der Enttraditionalisierung/Individualisierung Phasen und Etappen zu unterscheiden. In diesem Zusammenhang wäre es auch wichtig, den evidenten Einfluss der Verbreitungsmedien auf Individualisierung genauer zu untersuchen. Eine Konsequenz solcher Analysen könnte darin bestehen, dass man genötigt wird, genauer zwischen Individualisierung im Sinne individueller sozialer Positionierung und soziokultureller, sich in den Köpfen der Menschen abspielender Individualisierung zu unterscheiden. Wer beispielsweise völkische Ideen im Internet verbreitet, ist von der sozialen Positionierung her individualisiert, sobald er für sich und nicht für eine Organisation spricht. In soziokultureller Hinsicht kann er sich dennoch als Element der ,nordischen Rasse' verstehen (oder unter andere Kollektivbegriffe subsumieren).

2.3.4   Bauman und die klassische Moderne

Bauman teilt mit Giddens und Beck die Orientierung am Klassenbegriff und am Subjekt. Ähnlich wie Beck hat auch Bauman einen Begriff der klassischen Moderne nur als Kontrastbegriff benötigt, um das Neuartige oder Andersartige der Gegenwart besser erklären zu können. Diese Gegenwart hat er vor dem Erscheinen von „Liquid Modernity" (Bauman 2000) als Postmoderne bezeichnet, danach als flüchtige Moderne (Junge 2006: 79ff.). Dieser Wechsel in den Epochenunterscheidungen könnte auch auf einen Wechsel im Verständnis der klassischen Moderne hindeuten. Deswegen werden hier beide Schaffensphasen auch im Hinblick auf das Verständnis der klassischen Moderne unterschieden.

2.3.4.1 Die Unterscheidung zwischen Moderne und Postmoderne

Baumans Verständnis der klassischen Moderne wurde vor allem durch seine Studie über den Holocaust (Bauman 1992/ 1989) geprägt, obwohl sicherlich auch die Arbeiten Foucaults einflussreich gewesen sein dürften. Eine Zusammenfassung bietet vor allem ‚Moderne und Ambivalenz' (Bauman 1995/1991).

Die klassische Moderne ist nach Bauman durch ein Ordnungsdenken geprägt, dass sich als ein zivilisatorisches Projekt begreift. Dies wird in seiner Metapher vom Staat als Gärtner besonders prägnant artikuliert. Gärtnern (der Ackerbau insgesamt) kann als ein Ordnungsprojekt verstanden werden, bei dem bestimmte Pflanzen auf einer genau definierten Fläche konzentriert und damit zwangsläufig gegen andere Arten durchgesetzt werden sollen. Diese Praxis wurde nach Bauman in der Moderne auf das gesellschaftliche Miteinander übertragen, das nun ebenso nach Ordnungskategorien gestaltet wurde.

Bauman versieht diese Ordnungspraktiken mit einer neuartigen Pointe: dem Ambivalenzproblem. Dabei geht es um Folgendes. Jede Ordnung basiert auf binären Unterscheidungen mit jeweils einer positiven und einer negativen Ausprägung (vgl. auch binäre Codes bei Luhmann; KM: 138f.). Solche Ordnungskategorien sind zum Beispiel Freunde oder Feinde, rechtschaffene Bürger oder Kriminelle, Steuerzahler oder Steuerhinterzieher. Wer immer solche Ordnungskategorien nicht nur kommunizieren sondern auch *sozial verbindlich* durchsetzen möchte, der muss versuchen, immer eine genaue soziale Trennlinie zu fixieren, jenseits der die negative Ausprägung vorliegt und sanktioniert werden muss. Beispielsweise müssen die Finanzbehörden genaue Festlegungen treffen, ab wann Steuerhinterziehung vorliegt und als kriminelles Delikt verfolgt werden muss. Reicht dazu ein auf Unkenntnis beruhender Fehler in der Steuererklärung? Lassen sich nicht gezahlte Steuern durch Selbstanzeige und freiwillige Zahlung heilen? Welche Praktiken der ‚Steuervermeidung' sind legal, unter Umständen sogar erwünscht, welche müssen dagegen kriminalisiert werden?

Sobald man gedanklich in solche Details geht, wird Baumans These vom Ambivalenzproblem sehr plausibel. Bauman behauptet nämlich, dass es im Grunde unmöglich ist, eine solche Linie definitiv zu ziehen. Daher wirkt jeder Präzisierungsversuch auf die Akteure demoralisierend, weil er den Glauben an die Objektivität des Ordnungsdenkens unterminiert. Die Protagonisten der Moderne zeichnet nach Bauman aus, dass sie dennoch ständig um Ordnung ringen und an ihren Ordnungskategorien festhalten. Das hat vor allem institutionelle Gründe.

Hauptakteur ist nämlich, wie die Metapher vom Staat als Gärtner bereits andeutet, der moderne Nationalstaat (beginnend mit dem Absolutismus). Nicht nur die Durchsetzung des Steuer- und Gewaltmonopols verlangt die Entwicklung von Ordnungskategorien sondern vor allem auch das Projekt der Zivilisierung, Alphabetisierung und Bildung der Bevölkerung. Hier müssen Ordnungsvorstellungen bis hinein in Lehrpläne und Prüfungsordnungen (vgl. auch Gellner 1995: 58ff.; Foucault 1974: 238ff.) operationalisiert und durchgesetzt werden. Über derartige national-staatliche Ordnungsprojekte werden auch die Bürger mit dem Ordnungsdenken ,infiziert' und lassen sich im Umgang untereinander von Ordnungskategorien leiten, die immer das Problem der Ambivalenz mit sich tragen.

Auf dieser Ebene liefert Bauman einige interessante Skizzen, die um das Problem der Assimilierung der Juden in den europäischen Nationalstaaten, insbesondere in Deutschland kreisen. Aufschlussreich ist einmal seine Analyse der vergeblichen Assimilierungsversuche des jüdischen Bildungsbürgertums. Um zu voll anerkann-ten Deutschen zu werden, haben sie gewissermaßen Strategien der Überanpassung praktiziert. Diese schlossen nicht nur den Übertritt zum Katholizismus oder Protestantismus mit ein sondern erstreckten sich vor allem auch auf das Feld der deutschen Kultur und des deutschen Geisteslebens, das von ihnen virtuos beherrscht und praktiziert wurde (Bauman 1995: 140ff.). So ist es für Bauman sicherlich auch kein Zufall, dass sehr viele der deutschen Nobelpreisträger in der Blütezeit des deutschen Bildungs- und Wissenschaftssystems Juden waren (vgl. Liste der deut-schen Nobelpreisträger 2013). Ein genauerer soziologischer Blick zeigt aber schnell, dass diese Strategien ihr Ziel verfehlen mussten, weil sich das Judentum genau durch diese Strategien von dem eher selbstverständlichen Umgang des deutschen Bürgertums mit Bildungsgütern unterschied (Bauman ebd.).

Von besonderer Bedeutung ist Baumans Studie „Die Moderne und der Holocaust" (Bauman 1992/1989). Dort weist Bauman nach, dass rassistisches Denken als Pro-dukt des *Wissenschaftssystems* in nahezu allen führenden westlichen Ländern in den ersten Jahrzehnten des 20. Jahrhunderts kursierte! Der Grundgedanke scheint die Übertragung von Züchtungspraktiken auf die Bevölkerung gewesen zu sein. In ähnlicher Weise, wie durch Züchtungspraktiken die durchschnittliche Milchleistung von Kühen erhöht werden kann, so müssten durch die Übertragung derartiger Züchtungspraktiken auf die Bevölkerung auch die Leistungen der Mitglieder einer Gesellschaft systematisch erhöht werden können.

Aus diesen Analysen folgt dann, dass der Holocaust wie auch die systematische Vernichtung der Sinti und Roma sowie von Geisteskranken nur deswegen in einer fürchterlichen Präzision im nationalsozialistischen Deutschland stattfand, weil hier das rassistische Denken die staatliche Praxis bestimmen konnte. Die beängstigende Konsequenz dieser Analyse ist, dass sich das nationalsozialistische Deutschland also als besonders ,modern' und ,fortschrittlich' erwiesen hat, weil es versucht hat, die eigene Bevölkerung unter rassistischen Gesichtspunkten zu züchten. Zu einer Ermordung von Menschen in einem derartigen Ausmaß ist es aber auch deshalb ge-kommen, weil die deutsche Administration als bürokratischer Apparat im Sinne von

Max Weber funktioniert hat, dessen Akteure sich über die moralische Problematik dieser Ordnungskategorien keine eigenen Gedanken gemacht hat (vgl. hierzu auch Arendt 1964). Die gigantische moralische Dimension, die das Ambivalenzproblem bei diesem rassistischen Ordnungsentwurf bekommen hat, wurde zunächst offenbar nur von wenigen, die mit dem Holocaust zu tun hatten, erkannt. Wer andere Menschen aus Gründen der ‚Rassehygiene' umbringt, zerstört ganz zwangsläufig damit auch die zivilisatorische Grundlage der modernen Gesellschaft, nämlich das erstmals in der amerikanischen Verfassung fixierte Recht auf Selbstentfaltung, dass jeden Menschen prinzipiell als Selbstzweck setzt (vgl. zum Widerstand gegen den Holocaust: Lustiger 2002; Zentrum für Antisemitismusforschung 1996).

Auf einer prinzipiellen Ebene hat Bauman den Fremden (Globalisierung: 158ff.) als eine Verkörperung des Ambivalenzproblems im sozialen Miteinander eingeführt. Während sowohl Freunde wie auch Feinde einen festen Platz im gesellschaftlichen Ordnungsgefüge haben und deswegen eben auch berechenbar sind, sind Fremde Menschen, die in eine Gesellschaft hineinkommen ohne das klar ist, wann sie wieder gehen und welchen Platz sie dort einnehmen sollen. Während vormoderne Gesellschaften dieses Problem der fehlenden sozialen Positionierung der Fremden durch die Institution der Gastfreundschaft gelöst haben, hat die moderne Gesellschaft, die sich ja auf Sozialkontakte jenseits der Kopräsenz gründet, keine vergleichbaren Institutionen entwickeln können.

2.3.4.2 Beiträge zum Verständnis der klassischen Moderne

Ich habe keine kritischen Einwände gegenüber diesem Verständnis der Moderne vorzubringen, sondern möchte abschließend Baumans Beitrag zum Verständnis der Moderne diskutieren. Hierbei konzentriere ich mich auf zwei Aspekte. Zunächst einmal geht es um die Fortschrittlichkeit der Moderne und in einem zweiten Schritt werden dann Bezüge auf die Theorie funktionaler Differenzierung hergestellt.

Üblicherweise wird in der neueren Modernisierungstheorie die Position vertreten, dass der Siegeszug der Moderne zur umfassenden Enttraditionalisierung geführt habe, sodass danach die Moderne nur noch mit sich selbst konfrontiert sei. Dies habe zum Verlust der Fortschrittssemantik und zur Betonung der selbst geschaffenen Risiken geführt (vgl. insbesondere Beck; 2.3.3). Auch Bauman argumentiert mit einem Siegeszug der Moderne. Seiner Auffassung nach führt aber nicht ein Aufzehren der Traditionsbestände zum Verlust der Fortschrittssemantik sondern die Einsicht in die Aussichtslosigkeit des modernen Ordnungsdenkens. *Die Moderne produziert die Selbstkritik an der Moderne also aus sich selbst heraus.* Deswegen kann man bei etwas oberflächlicher Betrachtung Bauman unter die Rubrik der Modernitäts(bzw. Kapitalismus-)kritiker verbuchen. Damit verschenkt man sich jedoch möglicherweise eine intensivere Auseinandersetzung mit seiner interessanten These.

Man kann nämlich auch versuchen, Baumans Argumentation in die Theorie funktionaler Differenzierung einzuarbeiten. Was Bauman als modernes Ordnungsdenken bezeichnet und an den oben genannten Beispielen illustriert, kann aus der Perspektive der Differenzierungstheorie als strukturelle Kopplung zwischen mehreren Funktionssystemen und deren Medien rekonstruiert werden. Zum Holocaust ist es aus dieser Analyseperspektive gekommen, weil eine Aussage im Wissenschaftscode (wahr/falsch) mit dem Machtmedium und den Instrumenten staatlicher Machtausübung verkoppelt wurde. Dabei hat Baumans Analyse deutlich gemacht, dass die *Richtung* der staatlichen Machtausübung durch den wissenschaftlichen Diskurs bestimmt wurde (vgl. auch die Anmerkungen zum Machtmedium unter 2.2.4).

Dieses Merkmal können wir durchaus verallgemeinern, wenn wir an beliebige Gebiete staatlicher Machtausübung denken (Beispiele: Atomrecht, Umweltschutz, Regulierung der Finanzmärkte). Wenn wir Baumans oder auch Foucaults Analysen differenzierungstheoretisch umformulieren, dann können wir die These aufstellen, *dass die Ausrichtung der Aktivitäten des modernen (National-)Staates von den anderen Funktionssystemen bestimmt wird. Sie geben dem politischen System und der Verwendung des Machtmedium Themen und Ziele vor, auf die sich dann die staatliche Machtausübung keineswegs nur mechanisch sondern auch reflexiv bezieht.* Die Regulierung der Finanzmärkte wäre beispielsweise das Ergebnis eines solchen reflexiven Bezugs. Einerseits existiert dieses Ziel durch krisenhafte Entwicklungen im Wirtschaftssystem. Andererseits aber kann das Wirtschaftssystem weder die Art der Regulierung noch die Entscheidung, ob überhaupt reguliert werden sollte, bestimmen.

Wenn man diesen Gedanken weiter durchspielt, dann landet man bei einer sozialhistorisch ziemlich stichhaltigen Unterscheidung zwischen Vormoderne und Moderne, die durch eine *veränderte Rolle des Staates* geprägt ist. Hierbei gehen wir von der Prämisse aus, dass Macht sich selbst keine Ziele setzen kann, sondern sich nur selbst manifestieren kann (beliebige Beispiele: Prunkbauten, das ,goldene Vlies', Truppenparaden oder auch die Parteitage von ,Staatsparteien'). Solche Ziele wurden in der Vormoderne entweder von der Person des Herrschers fixiert, weswegen deren Charakterisierung auch die Art der Herrschaftsausübung umschreiben konnte (Karl der Kühne, Philip der Gute usw.). Zum anderen wurden dynastische Ziele verfolgt, sobald die Herrschaftsausübung an eine bestimmte Familie gebunden war (z. B. die Herrschaftsziele der Dynastie der Habsburger). In der Moderne kommt es nun zu einer *Versachlichung der Machtausübung* dadurch, dass nun die Ziele von den Funktionssystemen vorgegeben werden und das politische System auf eine

Art Management im Zusammenspiel zwischen den Funktionssystemen und den Gesellschaftsmitgliedern konzentriert wird. In diesem Sinne kann man von einer ‚Versachlichung' im Gebrauch des Machtmediums sprechen. Die Moderne kann deswegen über ihr ‚Ordnungsdenken' charakterisiert werden, weil die Funktionssysteme nur noch systematisch begründetes Handeln und sachlich begründete Leistungen kennen, die auf dem Wege struktureller Kopplung den Gebrauch des Machtmediums versachlichen.

Wenn man nun eine erste sozialhistorische Abklärung dieser differenzierungstheoretischen Lesart von Bauman versucht, dann wird man bei beiden charakteristischen Entwicklungspfaden zum modernen Nationalstaat (KM: 263ff.) fündig. Bei beiden Varianten kann man Übergangsformen zum versachlichten Machtgebrauch erkennen. Beim Absolutismus französischer Prägung siegt zwar an der Oberfläche die Machtkonzentration auf eine Person („L'État, c'est moi"), bei genauerem Hinsehen (vgl. Elias 1976) kann diese Machtkonzentration aber nur noch in versachlichter, an Funktionssysteme gebundener Form, ausgeübt werden: in Formen des Merkantilismus gegenüber der Wirtschaft, durch Systematisierung im militärischen, fiskalischen wie auch im juristischen Bereich. In England ist dagegen die Entwicklung des politischen Systems seit der Magna Charta durch die Rivalität zwischen Monarchen (dynastische Interessen) und dem Bürgertum (Protektion der Wirtschaftsinteressen des Bürgertums und des niedrigen Adels) geprägt. Bei der erstmaligen Durchsetzung der bürgerlichen Interessen unter Oliver Cromwell wurde dann rasch deutlich, dass nur eine Trennung zwischen Legislative und Exekutive den Prozess der Bindung des Machtmediums an zunächst wirtschaftliche Ziele *als politischen Prozess* erkennbar und gestaltbar machen konnte (vgl. KM: 266). Unter diesen Bedingungen ermöglicht als erst die Gewaltenteilung eine als politischen Prozess gestaltbare strukturelle Kopplung der Machtausübung an explizite sachliche Ziele (Legislative). Die Exekutive kann erst dann auf die Zielverwirklichung festgelegt werden.

Auch das Ambivalenzproblem lässt sich in eine differenzierungstheoretische Lesart fruchtbar einbringen. Denn *erst die Verbindung* wissenschaftlichen, moralischen oder ökonomischen Ordnungsdenkens mit dem Machtmedium führt zum Ambivalenzproblem als einem Problem des staatlichen Umgangs mit gesellschaftlichen Gruppen. Allerdings lässt sich auch im zwischenmenschlichen Bereich ein Ambivalenzproblem identifizieren, wo es um Machtausübung, etwa in Form der Sanktionsmacht von Individuen bzw. Gruppen geht. Das Bestreben nach Assimilation ist ja immer ein Bestreben, bestimmte Stigmatisierungen als Nicht-Zugehöriger zu vermeiden.

Bereits diese kurze Skizze zeigt, dass Baumans Analyse des modernen Ordnungsdenkens heuristisch fruchtbar in die Theorie funktionaler Differenzierung integriert werden kann. Dabei kann sie auch die These von Giddens präzisieren, dass der moderne Nationalstaat die moderne Gesellschaft organisiere. Jetzt wird zusätzlich deutlich, dass die historischen Prozesse, die zum modernen Nationalstaat führen, eben auch mit der Umstellung der Gesellschaftsorganisation auf funktionale Differenzierung zu tun haben. Nur weil der systematische Gebrauch des Macht-mediums nicht mehr an persönlichen oder dynastischen Interessen haftet und auf der Ebene des Nationalstaats zentralisiert worden ist, gelingt eine durch politische Prozesse gesteuerte Synthese zwischen Funktionssystemen und Machtmedium. Das hat zur Folge, dass der moderne Staat insbesondere über die Zweitcodierung des Rechts regulierend in alle Bereiche der modernen Gesellschaft eingreift.

Am Beispiel des Holocaust lässt sich zudem erkennen, dass dieser politische Prozess auch dazu führen *kann*, dass gedankliche Ordnungen *nicht* in gesellschaft-liche Praktiken übersetzt werden. Er fungiert also als eine Art Filter beim Einsatz staatlicher Macht, was sich auch an der permanenten Problematik zeigt, ob und inwieweit Mechanismen des Wirtschaftssystems über das Machtmedium gebremst, relativiert, eingehegt und durch Verbote begrenzt werden müssen. Charakteris-tische Unterschiede im politischen Prozess etwa zwischen den angelsächsischen Nationalstaaten und Zentraleuropa haben deswegen auch zu unterschiedlichen Varianten der Institutionalisierung der kapitalistischen Privatwirtschaft geführt (vgl. vor allem Richta et al. 1968).

2.3.4.3 Die Unterscheidung Moderne – flüchtige Moderne

Beginnend mit Liquid Modernity (2000) rückt Bauman von der Unterscheidung zwischen Moderne und Postmoderne ab und zeichnet von der Gegenwart das Bild einer flüchtigen Moderne (vgl. zusammenfassend Junge 2006: 109ff). An dieser Stelle interessiert nur, welche Konsequenzen dies für Baumans Verständnis der klassischen Moderne hat.

Mit dieser Umorientierung verbindet sich eine Akzentverschiebung weg von den Ebenen Nationalstaat und gesellschaftliche Öffentlichkeit hin zu einer *Betonung des kapitalistischen Wirtschaftssystems*. Hier unterscheidet Bauman zwischen schwerem und leichtem Kapitalismus. Dabei charakterisiert der ‚schwere Kapitalismus‘ die klassische Moderne. Er ist durch Industrieproduktion und fordistische Organisa-tionsstrukturen (zum Fordismus vgl. Braverman 1977) charakterisiert. Über die in der Industriesoziologie gängigen Beschreibungen hinaus ist vor allem interessant, dass Bauman mit dem schweren Kapitalismus eine Disziplinarmacht des Kapitals gegenüber dem menschlichen Körper der Arbeitenden verbindet.

2.3.4.4 Diskussion

Sowohl die Charakterisierung der Moderne als Ordnungsprojekt wie der Begriff des schweren Kapitalismus leisten wichtige Beiträge zum soziologischen Verständnis der klassischen Moderne. Eine gedankliche Verbindung zwischen beiden Analyseperspektiven kann man über Giddens Formel einer widersprüchlichen Verbindung zwischen Nationalstaat und Kapitalismus herstellen. Wenn man Baumans Werk in Schaffensperioden untergliedert (vgl. Junge 2006), dann zeigt sich, dass er in seiner ersten Phase den nationalstaatlichen und in seiner zweiten Phase den privatwirtschaftlichen Pol dieses Widerspruchs bearbeitet. Dabei macht Bauman auf substanzielle kulturelle Veränderungen sowohl zwischen Moderne und Vormoderne wie auch zwischen erster und zweiter Moderne aufmerksam.

Die gesellschaftsorganisierende Funktion des Nationalstaats in der klassischen Moderne wird in kultureller Hinsicht als Geländegewinn des modernen Ordnungsdenkens greifbar. Dagegen erfordert die Organisation des Industrialisierungsprozesses in privatwirtschaftlicher Regie die Disziplinarmacht der Kapitalisten, aber auch der staatlichen Obrigkeit, gegenüber dem menschlichen Körper. Nur so kann über menschliche Arbeit in hinreichender Weise verfügt werden.

Eine neue Phase moderner Gesellschaften wird dann in kultureller Hinsicht als ein nachmodernes Stadium soziologisch fassbar, weil es zu einer Erosion sowohl des gesellschaftlichen Ordnungsdenkens wie auch der Disziplinarmacht kommt. Welche Elemente an ihre Stelle treten, wird Thema des nächsten Abschnitts sein.

Zusammenfassung

1. In diesem Abschnitt wurden die Beiträge von Giddens, Beck und Bauman zum soziologischen Verständnis der klassischen Moderne vorgestellt und diskutiert.
2. Giddens leistet vor allem wichtige Beiträge zum Verständnis der Verschränkung individueller Praktiken mit der gesellschaftlichen Entwicklung (Strukturierungstheorie). Da er die Makroebene über den Widerspruch zwischen dem die Gesellschaft organisierenden Nationalstaat und der Privatwirtschaft analysiert, nähert er sich wesentlich stärker an die Sozialgeschichte der modernen Gesellschaften an als noch die Klassiker. Konzeptionelle Schwachstellen liegen vor allem bei der Analyse des sozialen Wandels und bei der Fixierung der institutionellen Dimensionen moderner Gesellschaften.
3. Becks Beitrag zum Verständnis der klassischen Moderne besteht vor allem in der These, dass wir es hier – entgegen der Auffassung der Klassiker – mit einer nur halbmodernen Gesellschaft zu tun haben, deren ‚Traditionskerne‘ sich

allmählich auflösen. Das läuft auf das Konzept eines Endes der Enttraditionalisierungsprozesse hinaus, das jedoch allenfalls in einer sehr eingeschränkten
Variante den Fakten standhalten kann.

4. Bauman liefert zwei wichtige Beiträge zum Verständnis der klassischen Moderne, die sich mit Erkenntnisgewinn in die Theorie funktionaler Differenzierung bzw. in Giddens Verständnis der moderne Gesellschaft einarbeiten
   lassen. Der erste Beitrag besteht in der Betonung des modernen, Staat und
   Zivilgesellschaft prägenden Ordnungsdenkens, das perspektivisch am Ambivalenzproblem zerbricht. Der zweite Beitrag wird durch sein Verständnis der
   Disziplinierungsimperative des Industriekapitalismus umrissen (‚schwerer
   Kapitalismus‘).

2.4   Risikogesellschaft, radikalisierte Moderne, flüchtige Moderne: Gegenwartsdiagnosen und Epochenunterscheidungen

2.4.1   Einleitung

In diesem Kapitel werden die wichtigsten Thesen und Argumente für eine Zäsur
innerhalb der Moderne und damit verbundene Charakterisierungen einer zweiten
Moderne vorgestellt und diskutiert.

Die Überschrift gibt schon zu erkennen, dass die konkrete Etikettierung von
Epochenunterscheidungen nicht für sehr wichtig genommen wird. Neben den
in der Überschrift genannten Begriffen wird noch der Begriff Spätmoderne oder
Postmoderne (z. B. von Bauman und Rosa) verwendet. Dabei kann (z. B. bei Rosa
2005) eine Anlehnung an den älteren Begriff des ‚Spätkapitalismus‘ beabsichtigt
sein, mit dem die Endlichkeit/ Überwindung des Kapitalismus betont werden
sollte. Beide Begriffe können aber nur dann mehr beanspruchen als die Zuordnung
des jeweiligen Autors zum ‚Lager‘ linker Gesellschaftskritik bzw. ‚der‘ kritischen
Theorie, wenn ein solches Ende auch soziologisch aufgezeigt werden kann. Solange
das nicht erfolgt, bleiben die Etiketten austauschbar. Insbesondere Beck verwendet
die in der Überschrift genannten Etiketten nahezu synonym.

Problematisch und begründungsbedürftig ist dagegen die Behandlung von
Giddens als ‚Zäsurtheoretiker‘, da er *auch* die Kontinuität der Moderne betont.
Sie rechtfertigt sich durch seine Unterscheidung zwischen einer nationalstaatlich
geordneten und einer durchgängig globalisierten Moderne, mit der auch inhaltliche

Veränderungen und vor allem spezifische Risikodimensionen (Giddens 1995: 211) verbunden werden, die die zukünftige Möglichkeit einer Nachknappheitsordnung enthalten. Da es sich hierbei um eine politische Option handelt, wird dieser zuletzt genannte Beitrag von Giddens hier ausgeblendet. Er würde die Beschränkung auf soziologische Diagnosen sozialer Strukturveränderungen sprengen.

2.4.2 Risikogesellschaft – Auf dem Weg in eine andere Moderne

Mit diesem 1986 von Ulrich Beck veröffentlichten Titel setzt die Diskussion um eine zweite Moderne ein. Deshalb beginnt dieser Abschnitt mit diesem Buch, das die zentralen Thesen von Beck bringt. Eine spätere Modifikation (Beck/ Lau 2005) diskutiere ich im Abschnitt 2.6.4.

Vielleicht sind Becks Thesen für den Leser besser zu verstehen, wenn wir zunächst an das in der Soziologie nahezu kanonisierte Verständnis der modernen Gesellschaft als eine *erstmals in allen ihren Sphären durchrationalisierte und damit in umfassender Weise enttraditionalisierte Gesellschaft* erinnern. Es geht auf Max Weber zurück, der diese Interpretation in der Einleitung in sein wichtigstes Werk, die ‚Wirtschaftsethik der Weltreligionen‘, gegeben hat (Weber 1988b: 1-6).

Dieses Verständnis moderner Gesellschaften fungiert in zweifacher Weise als Messlatte für die ‚Risikogesellschaft‘ und das kaum rezipierte, aber für das Verständnis von Becks Argumentation wichtige Nachfolgewerk ‚Gegengifte‘ (Beck 1988). Einmal möchte Beck Weber widerlegen, indem er nachweist, dass diese umfassende Rationalisierung erst in der Gegenwart, also nicht im ausgehenden 19. sondern erst im ausgehenden 20 Jahrhundert erfolgt. Zum anderen aber ist dieser Widerlegungsversuch zutiefst von Webers Modernitätsbegriff, vor allem von seiner Gleichung Modernisierung = Enttraditionalisierung geprägt.

Die enge Orientierung an Weber belegt auch das folgende Weber-Zitat bei Beck. „‚Irgendwann‘, schreibt Max Weber zu Beginn dieses Jahrhunderts, ‚wechselt die Farbe: die Bedeutung der unreflektiert verwendeten Gesichtspunkte wird unsicher, der Weg verliert sich in der Dämmerung. Das Licht der großen Kulturprobleme ist weiter gezogen. Dann rüstet sich auch die Wissenschaft, ihren Standpunkt und ihren Begriffsapparat zu wechseln.‘ (1968, S. 214) Max Webers ‚Irgendwann‘ ist unsere Gegenwart, unsere Ratlosigkeit unsere Aufgabe.“ (Beck 1988; 16).

Die sich für Beck abzeichnende Epoche der Risikogesellschaft steht für die bereits durchrationalisierte, weil umfassend enttraditionalisierte Gesellschaft. Dagegen hält er die klassische Industriegesellschaft und die ihr zugeordnete ‚Industriemoderne‘ (Beck) für halbmodern. Für Weber war dagegen der noch durch die protestantische Ethik religiös geprägte ,moderne Kapitalismus' halbmodern, während die Industriemoderne ein Höchstmaß an Rationalität aufwies. Zwischen beiden ,Epochen' lag für Weber die religiöse Enttraditionalisierung, die Säkuala-risierung der westlichen Industriegesellschaften.

Wie versucht nun Beck den Epochenwechsel zu begründen und zu belegen? Um diese Frage zu beantworten zielt die nachfolgende Darstellung primär auf Becks Argumentationsstrategie und verzichtet schon aus Gründen der Übersichtlichkeit darauf, die Themenfelder im Einzelnen nachzuzeichnen, auf denen Beck die Debatte eröffnet. In einem ersten Zugriff können wir aber bereits festhalten, dass Beck auf drei Themenfeldern argumentiert: der damals hochaktuellen Ökologiedebatte, der soziologischen Debatte um eine Modernisierung sozialer Ungleichheit und der Debatte um eine Verwissenschaftlichung gesellschaftlicher Diskurse.

Während Beck erst in der ,Risikogesellschaft' den noch ausstehenden soziolo-gischen Beitrag zur damals hochaktuellen Ökologiedebatte liefern möchte, hat er auf den beiden anderen Themenfeldern in den Jahren zuvor bereits wichtige Bei-träge veröffentlicht. In einem Beitrag zum Thema ,Soziale Ungleichheit' hat er mit Enttraditionalisierungsargumenten für eine Modernisierung des soziologischen Blicks auf die soziale Ungleichheit plädiert (Beck 1983; vgl. auch die Diskussion unter 2.3.3). Diese Argumentation wird in der Risikogesellschaft aufgegriffen und für die Bereiche Familie, Arbeitsmarkt, Bildung ausbuchstabiert (vgl. hierzu auch aus Becks soziologischem Umfeld: Berger 1986). Der Weg der Wissenschaft aus dem Elfenbeinturm in die gesellschaftlichen Debatten hat ihn, zumindest für das eigene Fach, bereits das ganze Jahrzehnt zuvor beschäftigt (vgl. insbes. die Disser-tationsschrift Beck 1974, sowie Beck 1982 und Beck/ Bonß 1984; vgl. weiterhin aus Becks Umfeld: Bonß/ Hartmann 1985; Lau 1984).

Wieso diagnostiziert Beck erst für seine damalige Gegenwart eine vollständige Durchrationalisierung der gesellschaftlichen Verhältnisse? Weil erst jetzt die Ent-traditionalisierung definitive Züge angenommen habe. Zuvor hätten (entgegen Webers Charakterisierung) in die Industriegesellschaft übernommene Traditi-onselemente eine wirklich substanzielle Durchrationalisierung der modernen Gesellschaften verhindert.

Erst nach deren Enttraditionalisierung komme es zu einer reflexiven Moderni-sierung. Darunter ist eine Konfrontation der Moderne mit sich selbst zu verstehen. Dieser Grundgedanke ist auf den ersten Blick sehr einleuchtend. Wenn nämlich gesellschaftliche Modernisierung nichts mehr mit der Überwindung vormoder-ner Verhältnisse zu tun hat, dann *kann* sich die Moderne nur noch mit sich selbst beschäftigen.

Wir werfen zunächst einen Blick darauf, wie Beck diese Argumentation auf den drei Themenfeldern konkretisiert und fragen dann in einem zweiten Schritt nach ihrer Stimmigkeit.

Auf dem ersten Feld der ‚gesellschaftlichen Reichtumsproduktion' (Beck 1986: 25- 112) behauptet Beck, dass erst über die Ökologiedebatte eine Durchrationalisierung im Verständnis des Verhältnisses Mensch- Natur erfolge, weil erst jetzt die „Nachtseite" (ebd.: 27) jeder Produktion; die aus ihr für Mensch wie Natur (ökologische Kreisläufe) erwachsenden Risiken thematisiert würde. Die Ökologiedebatte sei daher nicht zufällig entstanden, sondern ein Ergebnis des Siegeszugs des industriellen Kapitalismus. Wenn man nämlich das Projekt der Moderne gedanklich an den Industrialisierungsprozess (wie ihn Karl Marx verstanden hat) anschließt, dann hat der definitive Siegeszug der Moderne auch in eine industrielle Zivilisation geführt, die das alte Problem des Überlebens unter Knappheitsbedingungen durch „Nutzbarmachung der Natur" (ebd.: 26) definitiv gelöst habe. Erst die „Überentwicklung der Produktivkräfte" (ebd.: 27) habe die Risiken der menschlichen Naturbeherrschung sichtbar werden lassen. Dieses ‚sichtbar werden lassen' sei durchaus wörtlich zu verstehen, denn der Siegeszug des Industrialismus habe es unmöglich gemacht, den Industriemüll unbemerkt in die Peripherie abzuschieben. Zudem seien die Auswirkungen ökologischer Gefährdungen insofern ‚demokratisch', als sie die Lebensgrundlagen aller beträfen, also universelle, klassenübergreifende Abhängigkeiten schaffen (ebd.: 70), während die Menschen von der ‚Reichtumsproduktion' in unterschiedlichem Maße profitieren.

Mit dem Umweltproblem löse sich die Produktion zudem von den durch die menschliche Bedürfnisnatur gegebenen Grenzen. Denn ökologische Risiken könnten nur wissensabhängig identifiziert werden und die neue Aufgabe der Risikovermeidung mache die Produktion von dem klassischen ‚Bedarf' unabhängig. Sie könne nun selbstreferentiell, also zum Selbstzweck werden: „An die Stelle vorgegebener oder manipulierbarer Bedürfnisse als Bezugspunkt der Warenproduktion tritt das *selbstherstellbare* Risiko." (ebd.: 74: Hervorhebung im Original)

Auf dem zweiten Feld geht es um die „Enttraditionalisierung industriegesellschaftlicher Lebensformen" (ebd.: 113) und die daraus folgende „Individualisierung sozialer Ungleichheit" (ebd.) Wie wir bereits unter 2.4.3 gesehen haben, bildet die These einer Erosion kollektiver Vergesellschaftungsmuster – insbesondere soziale Klassen, Beruf, Ehe und Familie – den gedanklichen Ausgangspunkt für diese Argumentation (vgl. bereits Beck 1983). Daraus folgt dann die Beschreibung der Gegenwart als individualisierte Risikogesellschaft. Die Risiken liegen hier nicht auf der Ebene gesellschaftlicher Daseinsbewältigung, sondern der je individuellen, selbst verantworteten Lebensführung. Sie ergeben sich einerseits aus der Marktabhängigkeit dieser Lebensführung, aber auch aus einem nicht mehr möglichen Rekurs auf selbstverständlich gegebene, festliegende Lebensformen.

Während den Risiken im Verhältnis Mensch – Natur eine per se negative Konnotation anhaftet, weil von festliegenden ökologischen Kreisläufen ausgegangen wird, sind die Risiken individualisierter Lebensführung ambivalent, weil sie immer auch Chancen auf ein selbstbestimmteres Leben eröffnen.

Das dritte und letzte Feld, auf dem die moderne Gesellschaft einen entscheidenden Rationalisierungsschub erfahren haben soll, handelt von Wissenschaft und Politik. Hier komme es zu einer „Generalisierung von Wissenschaft und Politik" (ebd.: 249). Die für die Gegenwart charakteristische „reflexive Modernisierung" (ebd.: 249) werde hier direkt sichtbar, weil, laut Beck, Wissenschaft wie Politik jene Funktionssysteme bilden, in denen die Moderne Gesellschaft ihre reflexiven und zukunftsgestaltenden Potentiale organisiert habe. Daher soll dieses dritte Feld auch als Klammer zwischen den doch sehr unterschiedlichen Risikobegriffen der beiden ersten Teile fungieren.

In diesem Schlussteil will Beck die These belegen, dass „reflexive Modernisierung, die auf die Bedingungen *hochentwickelter* Demokratie und *durchgesetzter Verwissenschaftlichung* trifft, ...zu charakteristischen *Entgrenzungen* von Wissenschaft und Politik (führe). Erkenntnis- und Veränderungsmonopole werden ausdifferenziert, wandern aus den dafür vorgesehenen Orten ab und werden in einem bestimmten, veränderten Sinne allgemeiner verfügbar ...Dies bedeutet: die heute aufbrechenden Risiken unterscheiden sich von allen früheren über die bisher erarbeiteten Merkmale hinaus erstens durch ihre *gesellschaftsverändernde Reichweite* ... und zweitens durch ihre besondere *wissenschaftliche Konstitution.*" (ebd.: 253; Hervorhebungen im Original)

Während in den beiden ersten Teilen für die Bereiche Produktion und Lebensformen/ Biographien gezeigt werden sollte, dass das Zerreiben traditioneller Gewissheiten zu einem drastischen Anwachsen sowohl des öffentlichen Entscheidungsbedarfs über die Gestaltung der industriellen Zivilisation wie des privaten Entscheidungsbedarfs über die eigene Lebensführung führt, soll der dritte Teil zeigen, dass sich zugleich neue Möglichkeiten der Entscheidungsfindung herauskristallisieren, weil Wissenschaft und Politik im Begriff seien, den Elfenbeinturm isolierten Spezialistentums zu verlassen.

Becks gedanklichen Ausgangspunkt bildet eine Kritik an den bisherigen Grenzen demokratischer Entscheidungsfindung. In diesem Zusammenhang diagnostiziert Beck für das politische System der Gegenwart eine Entdifferenzierungs- und Entgrenzungstendenz, da die wichtigsten Zukunftsentscheidungen *außerhalb* des politischen Systems, vor allem in Wissenschaft und Wirtschaft, getroffen würden. Um politische Entscheidungen in der Gegenwart soziologisch zu erfassen, müsse man daher nicht nur das ‚offizielle', demokratisierte, politische System, sondern das gesamte Spektrum gesellschaftlicher Modernisierungsentscheidungen erfassen. In seiner Sprache „das Spektrum von Haupt-, Neben, Sub- und Gegenpolitik" (ebd.: 368). Dabei werde die demokratisch nicht legitimierte ‚Subpolitik' der Entscheidungsinstanzen in Wirtschaft und Wissenschaft zum eigentlichen gesellschaftlichen Gestaltungszentrum.

Über Entgrenzungsprozesse in Politik und Wissenschaft sei die Risikogesellschaft in einer reflexiven Moderne angekommen, was in perspektivischer Hinsicht signalisiere, dass privat wie gesellschaftlich nun wirklich das Schicksal in die eigene Hand genommen werden könne. „Mit der Risikogesellschaft wird … die *Selbsterzeugung* gesellschaftlicher Lebensbedingungen Problem und Thema (zunächst negativ in der Forderung nach Abwendung der Gefahren)… Die Moderne hat die Rolle ihres Gegenparts – der zu überwindenden Tradition, des zu beherrschenden Naturzwangs – noch mit übernommen. " (ebd.: 300; Hervorhebung im Original)

In Webers Bild einer umfassend rationalisierten modernen Gesellschaft hatten nur die Individuen für diese Durchrationalisierung den Preis des Sinn- und Freiheitsverlustes zu entrichten (vgl. KM: 63ff.). Als Mitglieder von Großorganisationen drohte ihnen der Freiheitsverlust und auf Sinnfragen der Lebensführung lieferte ihnen der ‚moderne Polytheismus' ausdifferenzierter Wertsphären keine verbindliche Antwort mehr. In der ‚Risikogesellschaft' müssen dagegen nicht nur die Individuen mit dem Verlust verbindlicher Lebensformen zu Recht kommen. Auch den gesellschaftlichen Debatten kommt die Selbstverständlichkeit des Fortschrittsoptimismus abhanden, weil das Gegenbild einer traditionellen Gesellschaft immer mehr verloren geht. Die ‚große Erzählung' von der Fortschrittlichkeit moderner Gesellschaften weicht einer Nüchternheit, die gelernt hat, die Vor- und Nachteile jeder Innovation nüchtern abzuwägen.

Bevor wir nun dieses Konzept der Risikogesellschaft auf den Prüfstand stellen, müssen wir noch *eine* substanzielle Ergänzung vornehmen: die sogenannten Risikotechnologien. Abgesehen von dem an anderer Stelle abgehandelten Globalisierungsaspekt (Globalisierung: 16f.) kann ich in den späteren Veröffentlichungen Becks keine weiteren substanziellen Erweiterungen oder Veränderungen erkennen.

Wir erinnern uns: Die ‚Risikogesellschaft' war unmittelbar nach dem GAU von Tschernobyl auf den Markt gekommen, der vor allem Becks Plädoyer dafür, immer auch die Risiken des industriellen Fortschritts mit zu bedenken, höchste Aktualität verschaffte. Nur ist in dem Text von den Risiken der Kernkraft in einem soziologisch informativen Sinne nirgendwo die Rede gewesen. Beck hat hier ‚nachgebessert' und bereits 1988 ‚Gegengifte' auf den Markt gebracht, das vor allem vom Umgang mit Risikotechnologien handelte.

Risikotechnologien sind bei Beck Kernkraft, Gentechnik, Chemie. Von ‚traditionellen' Technologien werden sie durch das Argument unterschieden, dass bei ihnen die üblichen Laborversuche nicht mehr ausreichen, um die mit der technischen Innovation möglicherweise verbundene Gefahren und Risiken zu identifizieren. Hier können Innovationen nur noch über Realexperimente implementiert werden, in denen die realen ökologischen Kreisläufe direkt mit den wissenschaftlich-technischen Innovationen konfrontiert werden. Die Welt selbst werde damit selbst zum Labor (Beck 1988: insbes. 183ff.).

Wie passt das in Becks Argumentation im ersten Teil der Risikogesellschaft? Einerseits belegen die Risikotechnologien deren Relevanz. Sie machen nachhaltig darauf aufmerksam, wie hoch das Risiko heute geworden ist, Risiken auszublenden oder zu verharmlosen. Auf der anderen Seite liefern sie jedoch Argumente für ein definitives Ende von Debatten und schüren darüber hinaus perspektivische Zweifel gegen die Relevanz öffentlicher Debatten/ Diskurse. Risikotechnologien werfen ja das Problem *unkalkulierbarer* Risiken auf. Wie sollen unkalkulierbare Risiken in eine Kosten-Nutzen-Rechnung eingehen? Rational scheint nur zu sein, solche unkalkulierbaren Risiken nicht einzugehen, also solche Technologien generell zu verbieten und Forschung, die in diese Richtung geht, rigoros abzubrechen. Diese Position nimmt (nicht nur) Beck ein.

Für unser Thema interessanter ist jedoch eine weitere Überlegung, die auf die Frage antwortet, wo denn die Grenze zwischen ergebnisoffenen Debatten und der Rationalität des definitiven Abbruchs weiterer Forschung und Entwicklung zu ziehen sei. Sie lautet: Immer dann, wenn sich Versicherungen weigern, etwas zu versichern, weil Versicherungsmathematiker das Risiko nicht berechnen können (Beck 1993: 44), sei die Schwelle von einem ergebnisoffenen Risikodiskurs zum definitiven Verbot überschritten. Beck hat diese Idee eher zögerlich aufgegriffen (z. B. Beck 1988: 62ff.). Vermutlich deswegen, weil sie u. a. impliziert, dass wissenschaftlich- technischer Fortschritt gerade dort, wo er substanzielle Innovationen bewirkt, offenbar das genaue Gegenteil einer offen über ihre Zukunft diskutierenden reflexiven Moderne herbeizuführen vermag. Er setzt der Menschheit gewissermaßen die Pistole auf die Brust: entweder das Abenteuer unkalkulierbar gewordener Innovationen wagen oder aus Gründen der Sicherheit weitere Forschung und Entwicklung abzubrechen. Geld oder Leben!

Mit den Risikotechnologien scheint sich die moderne Gesellschaft also nicht in Richtung auf eine reflexive Modernisierung zu bewegen, sondern eher ein archaisches religiöses Verdikt über den menschlichen Erfindungsreichtum zu bestätigen: die Erbsünde. Weil Adam und Eva vom Baum der Erkenntnis gegessen haben, wurden sie aus dem Paradies vertrieben. Wenn wir die Schlange durch die Aufklärung und

Gott durch die Rationalität der Risikovermeidung ersetzen, landen wir direkt bei den Risikotechnologien!

Wohlgemerkt: hier soll keineswegs für eine Hazard-Zivilisation plädiert werden. Wir müssen nur zur Kenntnis nehmen, dass es Beck ebenso wenig wie 70 Jahre zuvor Weber zu gelingen scheint, ein auch nur einigermaßen soziologisch stimmiges Bild einer *vollkommen* enttraditionalisierten Gesellschaft zu zeichnen! Der sozialtheoretisch informierte Leser wird sich hier sicherlich an die ‚Dialektik der Aufklärung' erinnert fühlen, wo Horkheimer und Adorno für den gesamten gesellschaftlichen Modernisierungsprozess das ineinander übergehen von Mythos und Aufklärung demonstriert haben (Horkheimer/ Adorno 1988).

Damit sind wir bereits bei dem zweiten Schritt angekommen, nämlich der kritischen Würdigung der Risikogesellschaft. Das Hauptproblem ist bereits benannt: Zwar ist es plausibel, wenn Beck gegen Weber zeigt, dass die klassische Industriemoderne alles andere als eine vollkommen enttraditionalisierte Gesellschaft war. Ebenso ist seine Interpretation der Ökologiedebatte als Reflexivitätssteigerung gegenüber einer ökologisch blinden ‚Reichtumsproduktion' zweifellos ein wichtiger soziologischer Beitrag. Aber es ist nicht überzeugend daraus – in der Traditionslinie von Max Weber – zu folgern, die moderne Gesellschaft bewege sich nun endlich auf einen Zustand *unbeschränkter* ‚reflexiver Modernisierung' zu. Beck These, dass die Risikotechnologien die Welt zum Labor machten, ist ebenso plausibel und wichtig. Nur zeigt sie eben auch, dass das Problem der Risikovermeidung nicht nur in eine andere Moderne sondern auch zurück in den *uralten Diskurs der Fortschrittsvermeidung* führt.

Davon handelt nicht nur das Alte Testament, in dem es ja zentral darum geht, eine Stammesreligion gegen den schon in Mesopotamien üblich gewordenen religiösen Pluralismus mit dem damals innovativen Mittel der Verschriftlichung zu bewahren. Bedeutsamer ist, dass sich nach heutigem Stand nur sechs primäre Zivilisationen autonom entwickelt haben (Service 1977), während alle anderen Stammesgesellschaften offensichtlich Mittel und Wege gefunden hatten, die sowohl im Tausch wie in der Patrilinearität enthaltenen Entwicklungsmechanismen hin zur Staatenbildung zu stoppen. In diesem Kontext könnte auch die ultima ratio eines Verbots von Risikotechnologien gehören.

Diese Art der Problemlösung spricht gegen das Bild der Risikogesellschaft als einer *durchgängig* enttraditionalisierten Gesellschaft, aber es muss nicht von vornherein gegen die These einer Epochenunterscheidung innerhalb der Moderne sprechen. Das vorsichtigere Bild einer *radikalisierten* Moderne (Giddens) könnte sowohl mit Becks Überlegungen zur Ökologiethematik begründet wie auch über die Risikoproblematik plausibilisiert werden. Über die zunehmende Einbeziehung von Risiken in Entscheidungen könnte man auch erklären, wieso im Zuge gesellschaftlicher Modernisierung die Interpretation der modernen Gesellschaft als Fortschrittsprojekt zunehmend verblasst.

Ähnliche Probleme aber auf einer etwas konkreteren Ebene ergeben sich auch aus der Enttraditionalisierungsthese im *zweiten Teil*. Auch hier erweist sich die Version einer *vollständig* enttraditionalisierten Gesellschaft als nicht haltbar. Da es hier um Lebensführung geht, diskutieren wir diese Problematik im nächsten Kapitel ausführlich (Abschnitt 3.2) und sparen sie hier noch aus.

Eine kritische Diskussion des *dritten Teils* der Risikogesellschaft wird dadurch erschwert, dass Beck sich nur unpräzise auf die Theorie funktionaler Differenzierung bezieht. Dieses Problem wird besonders virulent bei seiner oben referierten These einer Entgrenzung- und Entdifferenzierung der Politik. Ihr ist eine an Marx erinnernde Differenzierungsthese unterlegt. Beck unterscheidet nämlich zwischen dem Bürger, der als *citoyen* an der politischen Willensbildung Teil hat und als *bourgeois* auf dem Feld der Wirtschaft seine privaten Interessen verfolgt (vgl. ebd.: 301ff). Wir haben bereits im vorangegangenen Abschnitt registriert, dass Giddens ganz ähnlich von einem Grundwiderspruch moderner Gesellschaften zwischen gemeinsamer Entscheidungsfindung im modernen Nationalstaat und einem privatwirtschaftlich verfasstem Kapitalismus ausgeht. Bei Giddens liegt dieser Widerspruch auf der Ebene der ‚Strukturprinzipien‘ moderner Gesellschaften, Beck verortet ihn auf der Ebene sozialer Differenzierung.

Das ist schon deshalb bedeutsam, weil er aus der Entgrenzungs- und Entdifferenzierungsthese weitgehende Schlüsse zieht: In dieser Entgrenzung „kündigt sich eine *andere Epoche der Modernisierung* an, die hier mit dem Merkmal der ‚Reflexivität‘ bezeichnet wurde: Das ‚Gesetz‘ der funktionalen Differenzierung wird durch *Ent*differenzierungen (Risikokonflikte und –kooperationen, Moralisierung von Produkten, Ausdifferenzierung von Subpolitik) unterlaufen und außer Kraft gesetzt. Bei dieser Rationalisierung *zweiter Stufe* treten die Prinzipien von Zentralisierung und Bürokratisierung … in Konkurrenz zu den Prinzipien der *Flexibilität* …“ (ebd.: 369; Hervorhebungen und in Anführungszeichen gesetzte Begriffe im Original).

Diese weitgehende Folgerung wirft sofort die Frage auf, auf welche Differenzierungstheorie (vgl. KM: 32-144; 168-175) sich Beck hier wohl beziehen mag. Auf Luhmann, Parsons, Weber oder eine andere, noch nicht präsentierte Theorie? Aus dem vorliegenden Text kann man nur folgern: auf keine! Wenn er auf die Differenzierung zwischen citoyen und bourgeois aufmerksam macht, dann benutzt er lediglich den Differenzierungs*begriff*. Historisch geht es dabei um eine Rollen- und Funktionsdifferenzierung, die sich seit der Frühmoderne für den modernen Staat als prägend erwiesen hat (vgl. KM: 263- 268). Sie wird von Beck mit einem aus der Totalität ökologischer Gefährdungen ‚abgeleiteten‘ Anspruch auf umfassende Politisierung und Demokratisierung konfrontiert. Daraus folgt dann die ‚Entdeckung' eines Funktionsverlustes des institutionalisierten politischen Systems und einer sich aktuell abzeichnenden Entdifferenzierung und Entgrenzung der Politik. Auf der Ebene der Fakten erweist sich diese ‚Entdeckung' als wenig stichhaltig. ‚Entdifferenziert' und ‚entgrenzt' war die Politik bereits im mittelalterlichen Venedig (KM: 245-249) ebenso wie im britischen Empire, in der Phase der Kolonialisierung (vgl. nur die Kolonialgeschichte Indiens; Rothermund 2006) ebenso wie in der Phase Industrialisierung (Stichwort Eisenbahnpolitik 1895; KM: 319-325). Auch die ‚Subpolitik' hatte für allen diese Beispielen zentrale Bedeutung. Es waren nämlich die führenden Familien Venedigs, die bedeutendsten Kaufleute und Industriellen des Empire, der East India Company oder der lokalen Wirtschaftsinteressen, die dem politischen System die entscheidenden Themen und Problemstellungen vorgaben.

Die Erfolgschancen wie Risiken dieser wirtschaftlichen Vorhaben bestimmten auch schon vor der Ökologiedebatte das Wohlergehen der gesamten Bevölkerung. So hingen die Beschäftigungschancen der ‚kleinen Leute' in den Manufakturen von Murano, in Liverpool oder in Birmingham schon immer vom Ausgang wirtschaftlicher und sie begleitender kriegerischer Abenteuer ab, an deren Zustandekommen sie keinen Anteil hatten! Damit soll aber keineswegs verkannt werden, dass die Ökologiethematik das alte Problem gesellschaftlicher Modernisierung über nicht legitimierte privatwirtschaftliche Entscheidungen erheblich verschärft hat.

In sozialtheoretischer Hinsicht ist nicht erst seit Weber und Schumpeter, der unternehmerische Tätigkeit als „schöpferische Zerstörung" traditionell gegebener Faktorkombinationen verstanden hat (vgl. insbesondere Schumpeter 1934: 99ff.), bekannt, dass die Wirtschaft und nicht die Politik der entscheidende Motor der Enttraditionalisierung und der gesellschaftlichen Modernisierung ist. Becks ‚Entdeckung' ist zudem mit den Begriffen ‚Entdifferenzierung' und ‚Entgrenzung' auf eine Weise ausgeflaggt, die deutlich hinter den Stand soziologischer Differenzierungstheorien zurück fällt. Diese Charakterisierung ergab sich ja daraus, dass Beck den durch empirische Anschauung gewonnenen Befund der ‚Subpolitik' mit einem ‚ganzheitlichen Modell' eines politischen Systems konfrontiert, in dem alle Aktivitäten mit Modernisierungsrelevanz politisch verhandelt und legitimiert werden (sollen). Sieht man einmal von Lenins Konzept eines durch die kommunistische Partei zentral gelenkten Modernisierungsprogramms ab, dann handelt es sich bei diesem Modell entweder um ein normatives Postulat (‚sollen') oder um den Ausfluss einer naturgesetzlich feststehend interpretierten Differenzierungsstruktur. In allen gängigen Differenzierungstheorien (vgl. KM: 32-164 und 168-175) wird eine Differenzierungsstruktur dagegen immer nur in *empirisch gegebenen* Ausprägungen erfasst, deren Reproduktionsmechanismen es zu identifizieren gilt. Viel spricht dafür, dass Beck hier – bewusst oder unbewusst – in Lenins Fußstapfen wandelt und von einer vollständig politisch gelenkten Gesellschaftsentwicklung träumt, die er jedoch nicht als Parteidiktatur sondern als ‚umfassende und allzuständige Demokratie' (exemplarisch Beck 1993) konzipiert.

Ein solches normatives Konzept liegt deutlich außerhalb des soziologischen Aufgabenbereichs, so dass ich es dem neugierigen Leser überlasse, sich zu fragen, ob eine allzuständige Demokratie praktikabel, sinnvoll oder gar wünschenswert ist oder ob es sich hier nur um eine Fata Morgana ähnlich der soziologischen Standardutopie einer totalen Enttraditionalisierung handelt. Ich stelle nur fest, dass Beck die These einer Entdifferenzierung/ Entgrenzung der Politik nicht soziologisch plausibel begründen kann.

Das spricht aber auch dafür, zu untersuchen, ob man das sicherlich nachvollziehbare Unbehagen des Autors an einem immer nebensächlicher werdenden Politikbetrieb nicht in differenzierungstheoretischer Terminologie reformulieren und so in eine soziologisch besser handhabbare Version bringen könnte. Gedanklicher Ausgangspunkt ist dabei wiederum Luhmanns Differenzierungstheorie in der im dritten Abschnitt dieses Kapitels auf die Analyse von Abhängigkeitsbeziehungen hin ergänzten Version.

Anders als bei Wirtschaft, Wissenschaft, Kunst oder auch Sport und Bildung liegt die Leistung des politischen Systems nicht immer in verdinglichter Form vor. Auch kann sie – unter demokratischen Bedingungen – nicht ohne institutionalisierte Formen der Zustimmung der Bevölkerung erbracht werden. Deswegen kann das übliche Schema nicht ausreichen, das eine Inklusion aller auf der Ebene von Publikumsrollen (Konsumenten, Patienten, Zuschauer usw.) vorsieht, die von den Leistungen der aktiv operierenden Leistungsträger (Leistungsrollen; arbeitsförmige Aktivitäten, Entscheidungen; Künstler, aktive Sportler …) in irgendeiner Weise profitieren (vgl. z. B. Schimank 2006). Der Politikbetrieb funktioniert nur, wenn das Publikum zumindest teilweise selbst aktiv wird. Es muss nicht nur über die Ausübung des Wahlrechts für die zeitlich begrenzte Legitimation der Operationen des politischen Systems mit dem Machtmedium (und dessen Zweitkodierung als Rechtsetzung) sorgen, sondern auch in einem intermediären Bereich der politischen Meinungsbildung und Interessenorganisation (‚Zivilgesellschaft'; Vereine, Verbände, Interessenorganisationen, Gewerkschaften, Parteien, Bürgerinitiativen, Protestaktivitäten, Nichtregierungsorganisationen, Massenmedien, soziale Bewegungen, Lobbyisten; vgl. auch Kreckel 1992: 149ff.) Impulse für die inhaltliche Ausrichtung des Machtmediums setzen. Umgekehrt müssen die Leistungsträger im politischen System dafür sorgen, dass ihre Operationen mit dem Machtmedium zumindest auf ein gewisses Mindestmaß an positiver Resonanz des Publikums stoßen. Habermas spricht in diesem Zusammenhang von Massenloyalität, die auf der Grundlage sozialstaatlicher Leistungen über Kommunikation via Massenmedien, Parteien, und über andere Strukturen des intermediären Bereiches erreicht werden soll (Habermas 1973: 96ff.; 1981; Band 2: 509ff.).

In einen derartigen begrifflichen Rahmen lassen sich auch die von neuen Inhalten wie dem Ökologiethema ausgehende Impulse einfügen, die auf eine Ausweitung der Staatsaufgaben (z. B. Umweltgesetzgebung, Ausbau des Verbraucherschutzes, Steuerungsimpulse für eine ökologische Sensibilisierung von Unternehmensentscheidungen usw.) drängen bzw. in alternativen Politikformen (z. B. NGOs) kanalisiert werden. Tatsächlich haben sich seit dem Erscheinen der Risikogesellschaft viele Forschungsaktivitäten in Soziologie und Politikwissenschaft entwickelt, die derartige Entwicklungen nachzuzeichnen versuchen. Sie können hier nicht einmal ansatzweise angeführt werden.

Auch wenn von einer auf die Ausdifferenzierung politischer Systeme folgenden zweiten Stufe der Rationalisierung keine Rede sein kann, sollte man doch prüfen, ob sich in Becks Argumentation nicht Ansatzpunkte für eine allerdings deutlich niedriger gehängte Unterscheidung einer neuen Phase im gesellschaftlichen Modernisierungsprozess finden.

Wichtige Ansatzpunkte für solche Überlegungen liefert das 7. Kapitel, das unter dem Etikett einer „reflexiven Verwissenschaftlichung" (Beck 1986: 254) einerseits Geländegewinne des Wissenschaftssystems registriert und andererseits in erkenntnistheoretischer wie sozialer Hinsicht die Entzauberung des Wahrheits- und Aufklärungsanspruchs behandelt.

Für die Ausbreitung wissenschaftlichen Denkens und des theoretischen Wissens, also den ersten Aspekt, soll hier nur mit Beck festgehalten werden, dass sich ein sehr direkter Zusammenhang zum Ökologiethema ergibt. Denn unser Wissen über ökologische Gefährdungen ist in hohem Maße wissenschaftsabhängig. Die Entwicklung der Wissenschaft schlägt sich nicht zuletzt in Form der Identifizierung ökologischer Risiken nieder. Vergleichbare Abhängigkeitsbeziehungen haben sich auch zwischen Wissenschafts- und Wirtschaftssystem entwickelt. Sie sind das zentrale Thema der Theorie der Wissensgesellschaft, die im nächsten Abschnitt behandelt wird.

Das Ökologiethema bietet darüber hinaus zumindest reichhaltiges Anschauungsmaterial für die beiden anderen Aspekte der Verwissenschaftlichung. Weil ökologische Fragen nur noch entlang wissenschaftlicher Erkenntnisse verhandelt werden können, muss sich auch der politische Risikodiskurs zumindest partiell der Wissenschaftssprache bedienen. Damit werden als Folge der Expansion des Wissenschaftssystems auch tradierte Gräben (entlang der Differenz kompetent – inkompetent) zwischen Experten und Laien zumindest ansatzweise eingeebnet, weil auch der Protest punktuell der Wissenschaftssprache benutzen muss. Auch der wissenschaftsinterne Prozess der Entzauberung des wissenschaftlichen Wahrheits-

und Aufklärungsanspruchs – theoretisches Wissen vermag als Wissen von zeitlich beschränkter Gültigkeit keine ontologische Sicherheit mehr zu stiften – prägt die politischen Risikodiskurse: wissenschaftliche Ergebnisse können immer in Zweifel gezogen werden. Der methodische Zweifel und die sich daraus ergebende Zurückhaltung der Wissenschaftler bei der Verallgemeinerung von Forschungsergebnissen kann immer auch politisch instrumentalisiert werden.

Diese Beispiele demonstrieren zugleich, dass sich politische Prozesse verändern, wenn es zu Geländegewinnen *anderer* Funktionssysteme kommt, obwohl sich, wie ich gegen Beck zu zeigen versucht habe, die Grundstrukturen des politischen Systems gerade nicht verändert haben. Die Erklärung liegt in den *wachsenden Abhängigkeiten zwischen den Funktionssystemen* (vgl. 2.2.2). Wenn man das in Rechnung stellt, dann bekommt auch ein Argument aus dem ersten Teil der Risikogesellschaft ein neues Gewicht. Beck argumentiert dort mit Geländegewinnen der kapitalistischen Ökonomie: Weil sie global geworden sei, könnten ökologische Risiken nicht mehr räumlich separiert werden. Aus einer differenzierungstheoretischen Perspektive kann man das Aufkommen des Themas ökologischer Risiken auf die Globalisierung des Wirtschaftssystems (vgl. Globalisierung: 23ff.) und die Tendenz zur Verwissenschaftlichung zurückführen. Beide Tendenzen ziehen, insofern Abhängigkeitsbeziehungen bestehen, Veränderungen in anderen Funktionssystemen wie Politik oder Recht nach sich. Um den „Weg in eine andere Moderne" (Beck 1986: Untertitel) soziologisch auszuflaggen, muss man daher keineswegs in der Tradition Webers einen Rationalisierungsschub in allen Funktionssystemen (oder allen wichtigen Bereichen) nachweisen!

2.4.3 Die radikalisierte Moderne bei Anthony Giddens

2.4.3.1 Einleitung

Da die Grundlagen von Giddens' Strukturierungstheorie und sein Verständnis der modernen Gesellschaft bereits im vorangegangenen Abschnitt ausführlich dargestellt wurden, kann sich dieser Teil ganz auf die Frage konzentrieren, ob und inwieweit Giddens Argumente für eine Epochenunterscheidung zwischen erster und zweiter Moderne liefert. Dabei werden zwei Veröffentlichungen ‚Konsequenzen der Moderne' (Giddens 1995) und ‚Jenseits von Rechts und Links' (Giddens 1994) im Mittelpunkt stehen, wobei der Fokus einmal auf seine Überlegungen zur Modernisierung der „institutionellen Dimensionen" der modernen Gesellschaft und zum anderen auf Giddens Verständnis von Reflexivität liegt.

2.4.3.2 Die Modernisierung der institutionellen Dimensionen

Da Giddens Fragen der gesellschaftlichen Entwicklung auf den Aspekt ihrer raum-zeitlichen Ausdehnung konzentriert sind, liegen seine Argumente konsequenterweise auch auf dieser Ebene. Zu Giddens' Verständnis der (klassischen) Moderne gehört aber auch, von einer steigenden Eigendynamik des Modernisierungsprozesses zu sprechen. Besonders anschaulich wird diese Auffassung beim Bild des Dschagannath-Wagens, der einen Hügel hinab rollt und dabei immer schneller und deswegen auch für die zusehenden Passanten immer gefährlicher wird (Giddens 1995: 187ff.). Dieses Bild lässt sich konzeptionell auf die These einer zunehmenden raum-zeitlichen Abstandsvergrößerung bringen. „In der Moderne ist das Niveau der raum-zeitlichen Abstandsvergrößerung sehr viel höher als in irgendeinem früheren Zeitalter, und die Beziehungen zwischen örtlichen oder entfernten sozialen Formen und Ereignissen werden dementsprechend ‚gedehnt' " (ebd.: 85). Die steigende Eigendynamik drückt sich also in raum-zeitlicher Hinsicht als ‚Dehnung' aus.

Dieser Dehnungsvorgang stößt mit der Globalisierung an eine ‚natürliche' Grenze. Weitere räumliche Ausdehnungsprozesse wären erst mit der Besiedlung anderer Planeten möglich, womit dann eine weitere Phase im Modernisierungsprozess begründet werden könnte. *Daher ist für Giddens mit dem Prozess einer Globalisierung der Sozialbeziehungen die räumliche Expansion der Moderne an ihr natürliches Ende gekommen* – in ähnlicher Weise, wie die ‚open frontier' die Sozialstruktur der USA solange prägen konnte, bis die Besiedelungswelle die Pazifikküste erreicht hatte.

Diese Expansionsthese übersetzt Giddens nun in jene vier institutionellen Dimensionen, die seiner Auffassung nach die modernen Gesellschaften geprägt haben (vgl. 2.3.2.5). Auf diese Weise wird aus dem ‚Kapitalismus' die ‚kapitalistische Weltwirtschaft', aus dem ‚Industrialismus' die ‚internationale Arbeitsteilung', aus der ‚Informationskontrolle und sozialen Beaufsichtigung' durch den Nationalstaat ein ‚System der Nationalstaaten', aus der Kontrolle über die Mittel der Gewaltanwendung durch den Nationalstaat eine ‚militärische Weltordnung'.

In einem ersten Schritt werde ich zunächst erläutern, was Giddens unter diesen vier Dimensionen versteht, um daran anschließend zu diskutieren, ob und inwieweit es ihm gelungen ist, die generelle These eines Endes des für die bisherige Moderne charakteristischen Dehnungsvorgangs auf der institutionellen Ebene zu präzisieren.

Die Konsequenzen der Dehnungsvorgänge der Privatwirtschaft entfaltet Giddens in den Dimensionen ‚kapitalistische Weltwirtschaft' und ‚internationale Arbeitsteilung'. Sein Verständnis der *kapitalistischen Weltwirtschaft* trägt viele Züge einer dritten Globalisierungsphase, zu der sich viele Beschreibungen aktueller wirtschaftlicher Globalisierungsphänomene zusammenfassen lassen (vgl. Globalisierung: 45ff.). Auch Giddens charakterisiert die kapitalistische Weltwirtschaft über global agierende Wirtschaftsunternehmen. „Geschäftsfirmen, besonders die transnationalen Gesellschaften, können unerhörte wirtschaftliche Macht zum Einsatz bringen und besitzen die Fähigkeit, politische Maßnahmen an der Heimatbasis und an anderen Orten zu beeinflussen. Heute verfügen die größten transnationalen Unternehmen über Finanzmittel, die die der meisten Nationen in den Schatten stellen" (Giddens 1995: 93). Weiterhin steht die kapitalistische Weltwirtschaft für eine globale Ausbreitung der Grundprinzipien kapitalistischen Wirtschaftens. Darüber hinaus betont Giddens noch den Differenzierungsaspekt, der diese von den drei weiteren institutionellen Dimensionen trennt.

Die *internationale Arbeitsteilung* umfasst nach Giddens mehrere Aspekte, die ansonsten vielfach gedanklich getrennt werden. Einmal geht es hier um die „Ausweitung der globalen Arbeitsteilung" (ebd.: 99), die nun auch die nicht industrialisierten Regionen einschließt. Auf diese Weise hat schon Wallerstein (Globalisierung: 23ff.; Wallerstein 1974) die Entstehung des ‚modernen Weltsystems' erläutert. Darüber hinaus gehört zur internationalen Arbeitsteilung auch eine aufeinander abgestimmte regionale Spezialisierung der Industrie und des Arbeitsmarktes. In diesem Zusammenhang hat sich ein System global voneinander abhängiger Standortentscheidungen entwickelt, das auch zu Prozessen der Deindustrialisierung in der ersten und zur erstmaligen Industrialisierung in der Dritten Welt geführt hat. Schließlich steht die internationale Arbeitsteilung auch für die umfassende Verbreitung der modernen Technik bis hinein in die Landwirtschaft. Die Konsequenz dieses Siegeszugs des Industrialismus sind auch bei Giddens neuartige ökologische Fragestellungen.

Die beiden anderen institutionellen Dimensionen der Globalisierung kreisen um den modernen Nationalstaat. Hier beginnen die Schwierigkeiten bereits bei der Darstellung. An die Stelle, die bei den institutionellen Dimensionen der klassischen Moderne mit dem Überwachungsaspekt besetzt war (‚Überwachung, Informationskontrolle und soziale Beaufsichtigung') tritt das *System der Nationalstaaten*. Den Ansatzpunkt für die Entwicklung zwischenstaatlicher Beziehungen sieht Giddens in der wechselseitigen Anerkennung der territorialen Grenzen. Auf diese Weise legitimieren die Staaten ihre Souveränitätsausübung in territorialer Hinsicht wechselseitig. Dies sei „einer der Hauptfaktoren, durch die sich das nationalstaatliche System von vormodernen Staatensystemen unterscheidet" (ebd.: 96). Insofern mache auch der Begriff „internationale Beziehungen" nur unter modernen Bedingungen einen Sinn (ebd.: 96). Internationale Institutionen wie die UNO (ebd.), die in größerem Umfange nach dem Zweiten Weltkrieg entstanden sind (vgl. Leggewie 2003) führen in der Konsequenz zur globalen Durchsetzung eines derartigen Staatensystems, da sie staatliche Akteure voraussetzen. Deswegen können sie erst dann eine globale Reichweite gewinnen, nachdem auch in der ‚Peripherie' (Wallerstein) Nationalstaaten etabliert wurden (ebd.: 96f.).

Der Leser fragt sich an dieser Stelle, ob es sich hier tatsächlich um die Beschreibung der ‚Dehnung' der institutionellen Dimension der Überwachung handeln kann. Wenn man wie Giddens argumentiert, dann haben wir es eher mit zwei unterschiedlichen aber miteinander verschränkten Dimensionen von Staatlichkeit zu tun. Die eine beschreibt das Binnenverhältnis zwischen Staat und Bürgern und die andere das Außenverhältnis zwischen staatlichen Akteuren. Die Ausübung staatlicher Macht im Inneren setzt die Anerkennung des staatlichen Territoriums durch andere Staaten voraus und umgekehrt kann ein Staat im System der Nationalstaaten nur dann legitim auftreten, wenn er mit dem Machtmedium innerhalb seines Territoriums legitim und souverän operieren kann. Dieser Zusammenhang setzt allerdings eine gedankliche Ergänzung des von Giddens unter die Rubrik ‚Überwachung' gebrachten Binnenverhältnisses zwischen Bürgern und Staat voraus. Wie ich bereits im voran gegangenen Abschnitt (2.3.2.5) kritisiert habe, kann unter modernen, demokratischen Bedingungen die staatliche Souveränität nur durch die Zustimmung der Bürger legitimiert werden. Nur auf dieser Grundlage können moderne Staaten das Machtmedium im Inneren einsetzen (‚Überwachung').

Diese Version würde allerdings auch bedeuten, dass zu den die Globalisierung kennzeichnenden ‚Dehnungsvorgängen' auch die flächendeckende *innergesellschaftliche* Machtausübung hinzukommen müsste. Nur wenn sie gegeben ist, können internationale Vereinbarungen, etwa über den Klimaschutz, global umgesetzt werden.

An staatliche Akteure ist noch eine weitere Dimension der Globalisierung geknüpft, die *militärische Weltordnung*. Zu einer solchen hat sich die zu den Institutionen der Moderne gezählte militärische Machtausübung durch den Nationalstaat entwickelt. Die Dimension des Dehnungsvorgangs ist hier eindeutig erkennbar und der Begriff der militärischen Weltordnung bedarf kaum der Erläuterung. Sie wird einerseits durch Bündnissysteme und andererseits durch „Industrialisierung des Krieges" (ebd.: 97) und die Verbreitung moderner Rüstungstechnologien bis hin zur Ausbreitung von Kernwaffen charakterisiert. Die immense Zerstörungskraft moderner Rüstungstechnologien hat zur Folge, dass im Rahmen des Staatensystems und der internationalen Beziehungen Vorkehrungen getroffen werden müssen, damit dieses militärische Gewaltpotential nicht zur Anwendung kommt, sondern nur der ‚militärischen Abschreckung' anderer Staaten dient. Derartige Charakterisierungen der militärischen Weltordnung waren unter der Formel eines ‚Gleichgewichts des Schreckens' in der Ära des ‚Kalten Krieges' (1947-1989) weit verbreitet.

Zusammenfassend kann man an dieser Stelle festhalten, dass Giddens ähnlich wie Wallerstein, jedoch in einer ausgewogeneren Terminologie, den Siegeszug der im frühmodernen Europa entwickelten „Strukturprinzipien" des privatwirtschaftlich organisierten Kapitalismus und des modernen Nationalstaats beschreibt. Wenn die entsprechenden „Dehnungsvorgänge" an die ökologische Grenze des Planeten gestoßen sind, hat sich mit dem europäischen Gesellschaftsmodell die Moderne durchgesetzt bzw. zumindest in diesen genannten institutionellen Dimensionen die Vormoderne verdrängt. Die radikalisierte Moderne ist also bei Giddens ebenso wie bei Beck durch Enttraditonalisierungsprozesse geprägt. Von Beck unterscheiden sie sich aber dadurch, dass es hier um eine Enttraditionalisierung *auf der institutionellen Makroebene* geht.

2.4.3.3 Kritik

Ich komme nun zur kritischen Bewertung von Giddens Begründung für einen Epochenwandel innerhalb der Moderne. Die zentrale perspektivische Leitfrage ist dabei, ob es gelungen ist, über die These eines ‚natürlichen' Endes des räumlich gedachten Dehnungsvorgangs der Moderne zu einer hinreichenden Beschreibung der institutionellen Ebene heutiger Gesellschaften zu kommen. Der Einstieg in diese Fragen erfolgt über einige kleinformatigere Schwierigkeiten, die einmal mit dem *Konzept des modernen Nationalstaats und den beiden daraus entwickelten institutionellen Dimensionen (a)* zusammenhängen (System der Nationalstaaten; militärische Weltordnung). Weitere Probleme ergeben sich aus Giddens *traditionellem Verständnis eines an die Klassenverhältnisse gebundenen Kapitalismus (b)*. Sie zeigen sich in den beiden anderen Dimensionen (kapitalistische Weltwirtschaft; internationale Arbeitsteilung).

(a)   Probleme beim Verständnis der Ausdehnung des modernen Nationalstaats

Zunächst zu den Ungereimtheiten im Konzept des modernen Nationalstaats. Ein Problem in Giddens Argumentation besteht darin, dass er nur unzureichend zwischen den historischen Innovationen unterscheiden kann, die mit der Entwicklung von Staatlichkeit in den alten Hochkulturen zusammenhängen und jenen, die sich erst aus dem europäischen Modell des modernen Nationalstaates ergeben haben. Vor allem grundlegende historische Texte zeigen, dass die Ansammlung militärischer Macht und das daraus resultierende Problem der Kriegsführung zwischen Staaten ganz zweifelsfrei bereits ein Produkt der Entwicklung von Staatlichkeit in den alten Hochkulturen war (Keegan 1995: 127ff.). Deswegen ist es auch wenig überraschend, dass Giddens' Skizze der militärischen Weltordnung bereits die Gegebenheiten der Bronzezeit trifft, auch wenn es hier selbstverständlich noch nicht zu globalen Ordnungen gekommen ist.

Sobald Staaten feste territoriale Grenzen etabliert und militärische Macht zur Verteidigung dieser Grenzen organisiert hatten, mussten auch internationale Beziehungen entwickelt werden, um einerseits durch Bündnisse die eigene militärische Macht zu erhöhen und andererseits für den Fall, dass der Gegner nicht militärisch vernichtet werden konnte, Formen eines Modus vivendi aushandeln zu können (vgl. hierzu v. a. Zangger 1994: 41ff.). Deswegen ist es schlicht unzutreffend Staatensysteme und staatenübergreifende militärische Ordnungsstrukturen erst der Moderne zuzuordnen.

Die Dehnungsvorgänge, von denen Giddens hier spricht, setzen also bereits in jener Zeit ein, in der Archäologen erstmals Befestigungen und kriegerische Zerstörungen registriert haben, also in jedem Fall im dritten Jahrtausend vor unserer Zeitrechnung im Bereich des sogenannten „Silbernen Halbmonds" (vgl. zusammenfassend Keegan 1995: 197ff.). Hinreichend dokumentiert (vgl. Keeegan 1995: 263ff.; Zangger 1994: 180ff.) sind Vorgänge wie der ‚Friedensvertrag' zwischen Ramses II. und Hattusili III. von 1259 v. u. Z., der nahezu unvermeidbar geworden war, weil die vorangegangene Schlacht bei Kadesch (1274) trotz enormer militärischer Anstrengungen beider Seiten zu keinem definitiven Ergebnis geführt hatte. Neuere Untersuchungen der im östlichen Mittelmeer weit verbreiteten Berichte über die ‚Invasion der Seevölker' um 1200 v. C. haben zur Rekonstruktion von Bündnissystemen und sehr komplexen politischen wie wirtschaftlichen Verflechtungen geführt, die in die These eines ersten Weltkrieges in der Bronzezeit einmünden (vgl. Zangger 1994: 214ff.).

Dagegen unterschätzt oder übersieht Giddens, dass sich das für moderne Gesellschaften westlichen Typs charakteristische Interdependenzverhältnis zwischen Nationalstaat und Kapitalismus nur entwickeln konnte, weil die staatliche Souveränität in ihrem Kern auf den freiwilligen Zusammenschluss von Bürgern zurückgeführt wurde (Idee der Volkssouveränität; Praxis der selbstständigen mittelalterlichen Stadtstaaten und dann der ersten modernen europäischen Flächenstaaten England, Niederlande, Frankreich nach der Französischen Revolution; KM: 241-250 und 263-268). Wenn man wie Giddens einen entscheidenden Unterschied zwischen Moderne und Vormoderne darin ausmacht, dass im vormodernen Staat das Wirtschaftssystem noch nicht ausdifferenziert werden konnte, sondern als integraler Bestandteil staatlicher Aktivitäten angesehen wurde (vgl. vor allem die Charakterisierung vormoderner Wirtschaftssysteme als redistributive Wirtschaftssysteme; Polanyi 1966), dann muss man sowohl den Ausdifferenzierungsvorgang wie auch die Art und Weise des Zusammenspiels zwischen Wirtschaft und Nationalstaat rekonstruieren können.

In der institutionellen Dimension der Überwachung sind diese institutionellen Grundlagen freilich nicht enthalten. Sie werden jedoch greifbar, wenn man sich mit der Renaissance der ziemlich alten Idee der Volkssouveränität beschäftigt. Sie ist bekanntlich der Ausgangspunkt für die Entwicklung der demokratischen Tradition in England. Diese beginnt 1215 mit der Magna Charta, in der ältere Traditionen schriftlich fixiert wurden. Auf letzteren basierte u. a. die politische und militärische Formierung von ‚Völkern' in der Völkerwanderungszeit. Diese waren keineswegs ethnisch homogen. Die militärischen Führer wurden überwiegend gewählt (vgl. z. B. Wirth 2006; für eine soziologisch informative Interpretation von ‚Volk' vgl. Bosl 1991: 149ff.).

Diese alten Praktiken gewinnen in dem Moment eine *neue Bedeutung*, wo es um den Zusammenschluss von städtischen Bürgern geht, die als Handwerker oder Kaufleute eine marktabhängige Lebensführung entwickelt haben. Ihre Existenz hing also nicht mehr von bäuerlicher Subsistenzwirtschaft sondern von Märkten und dem Wiederbeschaffungsproblem von Geld (KM: 241 ff.; Abschnitt 3.1) ab. Hier kehrt sich der historische Vorgang der Ausdifferenzierung einer privaten Wirtschaft aus dem staatlichen Aufgabenbereich gedanklich um. *Aus der Perspektive der Bürger* kann die Staatenbildung nämlich erst als ein sekundärer Vorgang verstanden werden, bei dem die Bürger Teile ihrer als gegeben unterstellten Souveränität freiwillig abtreten (vgl. auch die naturrechtliche Argumentation bei Hobbes 1998/ 1651). Daher kann Staatlichkeit als Zusammenschluss freier (= nicht leibeigener) Bürger unter der Voraussetzung des individuellen beziehungsweise familialen Eigentums (insbesondere Eigentum an Produktionsmitteln, Handelskapital etc.) verstanden werden. Auf dieser Legitimationsgrundlage kann dann ein gemeinsamer Ordnungsrahmen gebildet werden, der die Garantie von Freiheitsrechten und Eigentum mit einschließt, die Durchsetzung einer Marktordnung mit Hilfe des staatlichen Gewaltmonopol erlaubt und Erwerbschancen für die Bürgerschaft generiert.

Auch historisch entstand der bürgerliche Staat zunächst einmal mit der Inklusion der Eigentümer an Produktionsmitteln (= Handwerker) und an Handelskapital (= Kaufleute). Die arbeitende Klasse blieb zunächst ohne Stimmrecht und wurde auch zum Objekt von Kommodifizierungs- und Disziplinierungsstrategien staatlicher Instanzen (vgl. exemplarisch das Projekt der Arbeitshäuser; Marzahn 1981). Die weitere Entwicklung zum Bildungs-, Sozial- und Wohlfahrtsstaat schließt dann auch die Klasse der Lohnarbeiter in den Mechanismus der politischen Willensbildung mit ein und realisiert auf diese Weise die Idee der Volkssouveränität.

Diese Grundlagen tragen auch noch den von Giddens registrierten Dehnungsprozess zu einem Staatensystem. Daher hätten sie stärker einbezogen werden müssen. Aus diesem hier ergänzten Blickwinkel kann man zumindest für die Gegenwart die Frage aufwerfen, ob unter den Bedingungen einer Wissensgesellschaft (vgl. unter 2.5) das Privateigentum an Bildungskapital heute nicht ebenso große ökonomische Chancen eröffnet wie das Privateigentum an Produktionsmitteln oder an Handelskapital (vgl. zum Beispiel die Argumentation von Robert Reich 1993: 271ff.). Dieser ganze Komplex bleibt bei Giddens weitgehend unterschätzt beziehungsweise ausgeklammert. Daher kann er *auch für die Phase der Globalisierung keine Veränderungen im Verhältnis zwischen Staat und Bürgern registrieren.*

(b)   Probleme beim Verständnis der Ausdehnung der kapitalistischen Klassengesellschaft

Ebenso verkürzt wie die These einer bloßen Ausdehnung des Modells des europäischen Nationalstaats ist auch die These einer Ausdehnung der kapitalistischen Klassengesellschaft in Folge der wirtschaftlichen Globalisierung. Meines Erachtens kann für die Gegenwart nur dann ein Fortbestehen des Modells einer durch das Kriterium des Eigentums an den Produktionsmitteln charakterisierten kapitalistischen Klassengesellschaft behauptet werden, wenn man sich in irgendeiner Weise mit dem Problem der Technisierung unmittelbar wertsetzender Arbeit auseinandersetzt.

Erinnern wir uns (KM: 275-282) daran, dass Marx in der durch die Industrialisierung möglich gewordenen technischen Substitution repetitiver und harter körperlicher Arbeit (‚ergon‘) die historische Chance zur Abschaffung jeglicher Form der Klassenherrschaft sah, an der der Kapitalismus zerbrechen müsse, weil er nur auf der Grundlage der antagonistischen Klassen der Produktionsmittelbesitzer und der Arbeitskraftverkäufer, Bourgeoisie und Proletariat, funktionieren könne. Die ökonomischen Mechanismen der Grenzen der Wertform und des tendenziellen Falls der Profitrate würden in Verbindung mit dem politischen Mechanismus des Klassenkampfes unweigerlich zur ‚klassenlosen Gesellschaft‘ führen. Wenn man nun wie Giddens zwar den Marxismus verwirft, aber an der Denkfigur einer kapitalistischen Klassengesellschaft festhält, dann muss man zumindest erklären können, *wieso die kapitalistische Klassengesellschaft die weitgehende technische Substitution unmittelbar wertsetzender Arbeit in den kapitalistischen Zentrumsstaaten überleben konnte.*

Bauman, der ebenfalls an einer klassentheoretischen Argumentation festhält, hat auf diese Veränderungen immerhin mit einer Veränderung der Kommodifizierungsthese reagiert. Seiner Auffassung nach ist im gegenwärtigen Kapitalismus nämlich die Kontrolle des menschlichen Körpers überflüssig geworden, weil er als Arbeitsmechanismus nicht mehr gebraucht wird. Sie sei durch einen allgemeinen Trend zur Fitness abgelöst worden, worunter die intensivierte Handlungs-, Entscheidungs- und Erlebnisfähigkeit menschlicher Akteure zu verstehen ist (ausführlicher unter 3.4).

Eine Möglichkeit, im Giddenschen Fahrwasser auf dieses Problem zu reagieren, besteht meines Erachtens darin, dass man aus einer Differenzierung der Märkte auf Differenzierungsprozesse der Sozialstruktur schließen könnte und dadurch insbesondere zu einem komplexeren Verständnis des ‚Kapitalisten‘ kommt. Im Anschluss an Schumpeter könnte man die Kapitalisten als Personengruppe konkretisieren, die sozialen Wandel über die Konzeption und Durchsetzung neuer Faktorkombinationen herstellt.

Schon bei dem klassischen Fall der Weiterentwicklung der Dampfmaschine zur Anwendungsreife durch James Watt (Vgl. KM: 295-299) sind wir auf zwei unterschiedliche Typen von Kapitalisten gestoßen: Auf James Watt, der durch jahrzehntelange Beschäftigung mit der Dampfmaschine Fachwissen, also Bildungskapital, akkumulieren konnte, das ihn in die Lage versetzte, Dampfmaschinen mit einem zuvor ungekannten Wirkungsgrad zu entwickeln. Dazu war er aber nur in der Lage, weil er zuvor auf dem Kapitalmarkt einen Financier gefunden hatte, der zunächst dieses zwölf Jahre lange Studium der Dampfmaschine finanziert und dann jenes ökonomische Kapital eingebracht hat, dass erforderlich war, um die zur Herstellung der verbesserten Dampfmaschine erforderlichen Produktionsmittel anzuschaffen. Entscheidend für die Innovation war zweifellos das von James Watt angesammelte Bildungskapital. Aber ohne jemanden, der die Akkumulation dieses Bildungskapitals finanziert hätte, und ohne einen Financier für die Beschaffung der Produktionsmittel, wären Watts Anstrengungen erfolglos geblieben.

An diesem einfachen Beispiel kann man sehen, dass bereits zu Marx' Zeiten der Begriff des Kapitalisten gelinde gesagt unvollständig war. Marx musste aus Gründen der Theoriearchitektur ,den' Kapitalisten als Protagonisten einer nicht arbeitenden Klasse zeichnen, obwohl manche der realen Kapitalisten als Erfinder und Organisator gearbeitet haben. In der beginnenden Industrialisierung bis hinein in das 20. Jahrhundert führten technische Innovationen dazu, dass ganze Arbeiterheere harte körperliche Arbeit leisten mussten, um den neuen industriellen Reichtum zu produzieren. Daher war zumindest der entscheidende Begriff der ,arbeitenden Klasse' empirisch absolut nachvollziehbar. Seitdem hat sich jedoch das Verhältnis von geistiger und körperlicher Arbeit, von Forschung und Entwicklung auf der einen und Routineproduktion auf der anderen Seite, stark verändert (vgl. z. B. Reich 1993 und Gorz 1994). Während Marx noch davon ausging, dass die neuen Maschinen die Klassenverhältnisse polarisieren würden, hat die Technisierung real zur immer weiteren Zunahme qualifizierter Spezialisten geführt (vgl. nur Kern/Schumann 1984). Das heißt: die technische Substitution menschlicher Arbeit erfordert in großem Umfang Bildungskapital, sowohl auf der Seite der Forschung und Entwicklung wie auch bei der Anwendung der Innovationen.

Schon das historische Beispiel von James Watt zeigt, dass *Bildungskapital die klassische Grenze zwischen Kapitalisten und Arbeiter untergräbt*. James Watt wurde zunächst seine Forschungs- und Entwicklungstätigkeit finanziert, er fungierte also zumindest sinngemäß als Arbeitnehmer, da sein Financier Kapital in Reproduktionskosten investierte. Nach dieser Entwicklungsarbeit wurde James Watt zum Kapitalisten, weil er definitionsgemäß Produktionsmittel erworben hat.

Unter heutigen Bedingungen scheint es geradezu typisch zu sein, dass hochqualifizierte Spezialisten (=Verfügung über besonders gewinnträchtiges Bildungskapital) je nach Gegebenheiten Arbeitsverhältnisse eingehen oder unternehmerisch tätig werden (Reich 1993: 103). Im globalisierten Kapitalismus sind nun sowohl Löhne wie auch Gewinnmargen für diese Personengruppe, die als Symbolanalytiker bezeichnet wird (siehe Globalisierung: 53; Reich 1993: 191ff.), rasant angestiegen. Das hängt auch damit zusammen, dass globalisierte Märkte die Vermarktungschancen auch für hoch spezialisierte Innovationen ganz erheblich gesteigert haben.

Hinzu kommt noch, dass auch die Antwort das Kapitalismus auf das Problem des ‚tendenziellen Falls der Profitrate' mit *Qualifikation* und *Innovation* zu tun hat. Josef Schumpeter hatte sich in den 1930er und 1940er Jahren mit dem Problem tendenziell fallender Profitraten intensiv beschäftigt und den Ausweg des Pionierunternehmers aufgezeigt, der über Innovationen, die durch Patente zeitweise gegen Konkurrenz geschützt sind, hohe Profitraten realisieren kann.

Zudem weist Bildungskapital eine Eigenschaft auf, die Sachkapital fremd ist und eine ökonomische Monopolisierung ausschließt. Während erfolglose Kleinproduzenten wie Großkapitalisten über den Markt enteignet werden können mit der Folge immer größerer Konzentrationen von Produktionsmitteleigentum und -vermögen, *kann das Bildungskapital selbst nicht enteignet werden.* Nur seine Resultate können, etwa in Form von Patenten, abgetreten werden und unterliegen daher den ökonomischen Mechanismen.

Diese knappen Anmerkungen zum Bildungskapital sollten bereits hinreichend deutlich gemacht haben, dass der Siegeszug des Industrialismus nicht nur repetitive und harte körperliche Arbeit vernichtet sondern zugleich qualifizierte menschliche Arbeit hervorgebracht hat, die eine Schlüsselrolle im globalen Kapitalismus gewonnen hat und die sich nicht in die Dichotomie von Kapital und Arbeit einsperren lässt. In sozialstruktureller Hinsicht führt das zum Obsolet werden des Modells dichotomer Klassen.

Diese Skizze soll nur verdeutlichen, mit welchen Themen sich Giddens m. E. hätte auseinandersetzen müssen, bevor er eine stabil gebliebene Bindung des Kapitalismus an die Klassengesellschaft behaupten kann.

(c)   **Hat sich die durch den Widerspruch zwischen modernem Nationalstaat und privatem Kapitalismus geprägte moderne Gesellschaft nur globalisiert ohne sich dabei zu verändern?**

Ich komme nun zur Grundlagenkritik an der Anlage von Giddens' Epochenunterscheidung innerhalb der modernen Gesellschaft. Zwar ist die These einer raum-zeitlichen Abstandsvergrößerung sicherlich von großer heuristischer Fruchtbarkeit. Wie die gesamte Anlage der Theorie der Strukturierung verführt sie aber zu einem letztlich konservativen Denken, weil der Ansatz zu stark auf die Analyse der Reproduktion identischer Strukturen konzentriert worden ist und kein gedankliches Gerüst für die Fixierung von Formen des sozialen Wandels bereit stellt. Giddens vier Dimensionen der Globalisierung können deswegen auch nur die Landnahme des widersprüchlichen Zusammenhangs von Kapitalismus und Nationalstaat nachzeichnen, der heute zweifellos eine globale Verbreitung erreicht hat. Mit dieser Verbreitung hat er sich m. E. aber auch inhaltlich stark verändert. Für diese Behauptung sollte die obige Diskussion bereits hinreichende Argumente geliefert haben. Diese Veränderungen kann Giddens nicht registrieren, da ihm die entsprechenden begrifflichen Raster fehlen.

Was mit solchen inhaltlichen Veränderungen gemeint sein kann, möchte ich zumindest für den von Giddens unterstellten Grundwiderspruch zwischen den auf die Organisation von Gesellschaften abzielenden Nationalstaaten und dem durch Individualinteressen charakterisierten Kapitalismus nun etwas genauer nachzeichnen.

Während noch bis in die ökonomischen Krisen der 1970er Jahre hinein dieser Widerspruch zumindest ganz überwiegend im nationalen Rahmen prozessierte, hat er sich inzwischen globalisiert. Bis in die 1970er Jahre hinein hat sich auf der einen Seite sich der bürgerliche Nationalstaat in den Wohlfahrtsstaat transformiert, der eine überwiegend aus Lohnarbeitern bestehende Bevölkerung über Bildungssysteme und soziale Sicherungssysteme organisiert und integriert. Auf der anderen Seite bemühte sich eine privatwirtschaftlich verfasste Wirtschaft um eine Erschließung neuer Geschäftsfelder und kämpfte im nationalen Rahmen gegen staatliche Umverteilung an. Auch große Unternehmen, sogenannte multinationale Konzerne, waren damals noch in einer nationalen Volkswirtschaft verankert.

Dies hat sich seit den 1980er Jahren rapide verändert, sodass man die heutige Konstellation eher durch ein System der Nationalstaaten charakterisieren kann, das sich gegenüber einer kapitalistischen Weltwirtschaft auf Maßnahmen für eine Stabilisierung des globalen Kapitalismus verständigen muss (Beispiel: Sicherung systemrelevanter Banken, Sicherung des internationalen Geldkreislaufs). Dagegen verlieren die ‚systemrelevanten‘ wirtschaftlichen Akteure zunehmend ihre Verankerung in der nationalen Volkswirtschaft, so dass Experten ein „Ende des nationalen Champions" (Reich 1993: 135) konstatieren. Diese neuen ‚Global Players‘ verfolgen ihre wirtschaftlichen Interessen aber nicht nur innerhalb eines als gegeben unterstellten globalen Ordnungsrahmens. Sie machen auch Profite, indem sie die Schwächen der globalen Wirtschaftsordnung austesten.

Der Widerspruch zwischen privatisierten Wirtschaftsinteressen und vom Staatensystem verfolgten Allgemeininteressen *verlagert sich* damit zunehmend auf Größen wie die Geldmenge, die seit der Aufhebung des Goldstandards zu einer politisch manipulierbaren Größe geworden ist. Während das Staatensystem den globalen wirtschaftlichen Kreislauf im Krisenfall durch eine Ausweitung der Geldmenge zu sichern sucht, generiert sie damit zusätzliches privates Eigentum, dass überwiegend nicht konsumiert sondern investiert wird, also auf profitable Anlage bis hin zur Spekulation drängt. Je weniger die Realwirtschaft dafür hinreichende Anlagemöglichkeiten bieten kann, desto eher wird die private Verwendung der Geldmenge wiederum auf ein Austesten der globalen Wirtschaftskreisläufe auf spekulativ nutzbare Schwächen hinauslaufen. *Je mehr aber die Politik der Nationalstaaten durch solche globalen Verantwortlichkeiten bestimmt wird, desto größer wird die Diskrepanz gegenüber dem nationalen Rahmen staatlicher Legitimationsbeschaffung.* Vom Grundverständnis des bürgerlichen Staates her muss er seine Praxis der Machtausübung ja dadurch legitimieren, dass er kollektive Interessen der gesellschaftlichen Gemeinschaft verfolgt und durch Ordnung und Gewaltmonopol das Wohlergehen der *eigenen* Staatsbürger fördert. Diese Interessen hängen jedoch nur auf eine höchst abstrakte Art und Weise mit der Sicherung des internationalen Wirtschaftskreislaufs zusammen, sodass das Binnenverhältnis zwischen Staat und Bürgern in dem Maße fast zwangsläufig zerrüttet wird, *wie internationale Verpflichtungen an die Stelle konkreter Politik für die eigenen Bürger* treten.

Derartige Aspekte könnten in Giddens Grundkonzept einer auf raum-zeitliche Ausdehnung zugespitzten Modernisierung nur dann eingebaut werden, wenn die raum-zeitliche Ausdehnung zugleich als ein sich intensivierender Vergesellschaftungsprozess verstanden würde. Diese Möglichkeit ist zweifellos in Giddens Ausgangspunkt enthalten, da die Raum-Zeit-Ausdehnung ja durch die Überwindung einer allein auf Kopräsenz basierenden Sozialorganisation ermöglicht wird. ,Überwindung' steht dabei für komplexere und zusätzliche Abhängigkeiten etablierende Sozialbeziehungen. Innovationen wie z. B. die Staatenbildung ermöglichten erst das Vorankommen der raum-zeitlichen Ausdehnung.

Solange diese Komponenten aber fehlen, können wir Giddens Beitrag zum Verständnis einer zweiten, radikalisierten Moderne nur über seinen eher formalen Globalisierungsbegriff verbuchen. Damit würden wir allerdings eine ganze Reihe interessanter Überlegungen ausblenden, die Giddens unter dem Vorzeichen einer „Politik des dritten Weges" angestellt hat, die also mit der politischen Gestaltbarkeit unserer Gegenwart zu tun haben. Die folgende Darstellung konzentriert sich auf das in dieser Hinsicht wohl wichtigste Werk „Jenseits von Links und Rechts" (Giddens 1994).

2.4.3.4 Reflexivität und reflexive Modernisierung

Wichtig für Giddens Verständnis der heutigen Gesellschaft ist der Begriff der Reflexivität beziehungsweise der *reflexiven Modernisierung*. Der Grundgedanke ist dabei, dass wir heute in einer Welt leben, in der es *keine unverrückbaren Gewissheiten mehr gibt*.

Ganz ähnlich wie Beck im ersten Teil der Risikogesellschaft diagnostiziert auch Giddens, dass wir heute in einer Welt *hergestellter Unsicherheit* leben. Sie ist nach Giddens zwar objektiv gesehen das Produkt der Industrialisierung. Nur hatten die Menschen davon zunächst kein Bewusstsein, „weil der Prozess der einfachen Modernisierung die Oberhand hatte. Bei einem solchen Modernisierungsvorgang scheint die Entwicklung des Kapitalismus oder der Industrie ein vorhersagbarer Prozess zu sein ... Es wird allgemein akzeptiert, dass die Wissenschaft und die mit ihr verbundenen technologischen Fortschritte Anspruch auf unantastbare Wahrheiten haben, während dem Wachstum der Industrie eine klare Richtung zugesprochen wird." (Giddens 1994: 118). Die klassischen Gesellschaftsideologien wie der Marxismus oder der Liberalismus wurzeln in solchen Gewissheiten über den Verlauf des Fortschritts. Deshalb verlieren sie in einer durch Reflexivität beziehungsweise reflexive Modernisierung geprägten Welt ihre bindende Kraft, sodass eben eine der Gegenwart angemessene Politik nur jenseits der klassischen Gesellschaftsideologien funktionieren kann.

Hier interessieren aber nicht die argumentativen Grundlagen von Giddens' Politik des dritten Weges sondern nur seine Begründung, *warum es zu einem Umschlagen von einfacher zu reflexiver Modernisierung* gekommen sei. Reflexive Modernisierung führt Giddens auf drei Komplexe zurück, auf die „Wirkung der Globalisierung", „Veränderungen im Alltag und im persönlichen Leben" sowie die Herausbildung „einer posttraditionalen Gesellschaft" (ebd.: 118).

Globalisierung führt, da sie mit globaler Echtzeitkommunikation und Mobilität in jeder Hinsicht verbunden ist, zur ständigen Freisetzung und Vermischung von kulturellen Elementen, gesellschaftlichen Gruppen oder auch medialer Einflüsse. „Unter Globalisierung sollten wir uns keinen einheitlichen Prozess vorstellen, der in eine einzige Richtung tendiert, sondern eine komplexe Menge von Veränderungen mit gemischten und recht häufig auch widersprüchlichen Ergebnissen" (ebd.: 119). Auf Grund dieser ‚Chaotik' der Entbettungsvorgänge kann es auch keine klaren Rezepte für das Re-Embedding geben, sodass nur Reflexivität bleibt. „Globalisierungseinflüsse haben die Tendenz zur Verlagerung lokaler Handlungskontexte, die dann von den Betroffenen reflexiv umgeordnet werden müssen ... Daher kommt es im innersten Geflecht des Alltagslebens zu bedeutenden Veränderungen, die sogar den Aufbau der Personenidentität prägen. Das Ich wird zum reflexiven Projekt, und in immer höherem Maße gilt das für den Körper." (ebd.: 120).

Am Beispiel von Unterernährung versucht Giddens seine Unterscheidung zwischen einfacher und reflexiver Modernisierung schlaglichtartig deutlich zu machen. Unterernährung unter den Bedingungen einfacher Modernisierung sei eine direkte Folge von Armut gewesen. Unter den Bedingungen reflexiver Modernisierung hätten sich dagegen „Störungen des Essverhaltens" wie „Anorexie, Bulimie und sonstige pathologische Verhaltensweisen bei der Ernährung" (ebd.: 121) entwickelt, die zu demselben Ergebnis eines „eingeschrumpften Körpers", aber eben auf ganz anderem Wege geführt hätten. Derartige Essstörungen sind für Giddens das extreme Ergebnis einer „Vielfalt von Wahlmöglichkeiten zwischen verschiedenen Nahrungsmitteln", die sich in Zusammenhang mit der Globalisierung entwickelt habe (ebd.). Dies habe der Tendenz nach dazu geführt, dass unser tägliches Leben experimentell geworden sei und dies sei dessen „konstitutives Merkmal" (ebd.: 122) geworden.

Giddens stellt also einen direkten Zusammenhang zwischen der Komponente Globalisierung und den *Veränderungen des Alltagslebens* her. In diesem Kontext fügt er auch den Begriff der *posttraditionalen Gesellschaft* ein, denn: „Wir gehören der ersten Generation an, die in einer durch und durch posttraditionalen Gesellschaft lebt" (ebd.: 123). Für Giddens ist die posttraditionale Gesellschaft keine Gesellschaft ohne Traditionen sondern eine Gesellschaft, die auch mit ihren Traditionen reflexiv umgeht, sie auf den Prüfstand stellt oder auch selektiv aus Traditionsbeständen auswählt. Diese Veränderungen versucht er am Begriff des Fundamentalisten zu erklären, den er für neuartig hält (ebd.: 124f.). Er bezeichne „jemand, der die Tradition in traditioneller Weise zu verteidigen bestrebt ist" (ebd.: 124). Diese Charakterisierung habe erst unter der kulturellen Vorherrschaft von Praktiken eines reflexiven Umgangs mit Traditionen aufkommen können.

Diese kurze Argumentationsskizze zeigt bereits, dass Giddens keine kausale Erklärung formulieren möchte, sondern eher eine Interdependenz zwischen Reflexivität, Globalisierung und Entbettung sieht. Das betont auch das nachfolgende Zitat, das Giddens' Verständnis von Reflexivität erläutert. „Die soziale Reflexivität ist sowohl Voraussetzung als auch Ergebnis der posttraditionalen Gesellschaft. Entscheidungen müssen auf der Basis mehr oder weniger ununterbrochener Reflexionen über die Bedingungen des eigenen Handelns getroffen werden. Hier bezieht sich ‚Reflexivität' auf den Gebrauch von Informationen über die Bedingungen der Tätigkeit, um auf diese Weise die Beschaffenheit dieser Tätigkeit regelmäßig umzuordnen und neu zu bestimmen. Sie betrifft einen Handlungsbereich, in dem die sozialen Beobachter ihrerseits sozial beobachtet werden – und heute ist ihr Spielraum wahrhaftig global." (ebd.: 126)

Die These einer Umstellung von einfacher auf reflexive Modernisierung scheint nun, allerdings auf einem zu niedrigen Generalisierungsniveau, genau die Lücke zu füllen, die oben beklagt wurde. Denn sie beschreibt ja inhaltliche Veränderungen des westlichen Modells von privatem Kapitalismus und modernem Nationalstaat in Folge seines Siegeszugs über den Planeten. Die Globalisierung hat also das Gesellschaftsmodell der Europäer doch verändert!

Was ist nun von dieser Argumentation zu halten? Zunächst einmal fällt auf, dass Giddens eine gegenüber Beck deutlich vorsichtigere Variante von Enttraditionalisierung wählt. Während für Beck mit dem Ende der Großgruppengesellschaft die Enttraditionalisierung beendet ist, hat sich für Giddens ‚nur' der Umgang mit Traditionen verändert. Über die reflexive Modernisierung werden sie gewissermaßen entzaubert, verlieren die für Traditionen allerdings konstitutive Eigenschaft einer selbstverständlichen Praxis.

So überzeugend diese Argumentation auf den ersten Blick anmutet, so unklar wird sie jedoch bei genauerem Hinsehen. Zunächst einmal muss man sich die Frage stellen, ob nicht bereits Weber in der Protestantischen Ethik (KM: 54ff.) schon für das 17. Jahrhundert eine solche posttraditionale Gesellschaft zumindest im Bereich des asketischen Protestantismus beschrieben hat. Der asketische Protestantismus unterscheidet sich von Giddens' Bild der posttraditionalen Gesellschaft nämlich nur dadurch, dass hier ontologische Sicherheit darüber existierte, an welchen Kriterien man die Sinnhaftigkeit von Traditionen überprüfen könne. Gleiches gilt übrigens auch für den von Giddens erwähnten heutigen Fundamentalismus. So kommunizieren beispielsweise im Internet zirkulierende Bekennervideos auch Enttraditionalisierungsprozesse, die unter einer festliegenden Zielsetzung hervorgebracht wurden.

Während diese historische Unschärfe möglicherweise durch eine etwas komplexere Enttraditionalisierungstypologie behebbar wäre, zeigen wir an anderer Stelle (3.5.6.3) dass die Wiederbelebung ständischer Traditionen (z. B. Etikettierung von Autos als Mittel- oder Oberklasse-Fahrzeuge) ein wichtiges Geschäftsmodell des zeitgenössischen Kapitalismus geworden ist. Sie funktioniert aber nur, wenn Traditionen von den Adressaten traditionell verstanden, also gerade *nicht* reflektiert werden. Das lässt daran zweifeln, ob die reflexive Überprüfung von Traditionen tatsächlich zu einem *universellen* Merkmal geworden ist.

Hinsichtlich des bei Giddens hergestellten Zusammenhangs zwischen gegenwärtiger Globalisierung und reflexiver Modernisierung muss eingewendet werden, dass Interkulturalität im Sinne von Giddens nicht erst im Rahmen einer kapitalistischen Weltökonomie und unter den Bedingungen globaler Echtzeitkommunikation entstanden ist sondern bereits wesentlich früher. Wie an anderer Stelle (Globalisierung: 119ff.) ausführlich erläutert wurde, war bereits vor 4000 Jahren in Mesopotamien eine kosmopolitische Gesellschaft entstanden, die auch das Phänomen des Fundamentalismus, zumindest von der Sache her, kannte. Wie anders können wir die im Alten Testament berichtete Anweisung verstehen, die der Stammesgott Jahwe seinem Anhänger Abraham gegeben hat, nur den eigenen Stammesgott zu verehren? Da Mesopotamien einen Götterkosmos kannte, in dem die Lokalgötter aller für Mesopotamien relevanten Stämme vereinigt waren und gemeinsam die Wertschätzung der mesopotamischen Gesellschaft erfuhren, geht es in dieser Botschaft Jahwes eindeutig um eine fundamentalistische Regression auf einen ursprünglich isolierten Stammeskult.

Auch für Giddens Beispiel der ‚pathologischen Essstörung‘ findet man durchaus historische Parallelen. Hierbei muss man nur ergänzen, dass aus der Binnensicht der ‚Essgestörten‘ ihre Praxis unerlässlich ist, um ein von ihnen für verbindlich gehaltenes Bild ihres eigenen Körpers zu produzieren. Vor diesem Hintergrund kann man sich dann beispielsweise in die indische Religionsgeschichte begeben und auf hoch anerkannte Praktiken des ‚meditativen Verhungerns‘ (vgl. Eliade 1979; Band 2: 82) hinweisen, die ebenfalls eine tendenziell tödliche asketische Einstellung gegenüber dem eigenen Körper repräsentierten. Zumindest für die religiösen Virtuosen etwa zu Zeiten Gautama Buddhas existierte ein ganzes Spektrum alternativer Möglichkeiten der Körperkontrolle, die nicht nur allesamt als reflexiv im Sinne von Giddens bezeichnet werden können, sondern zwischen denen auch gewählt werden *musste*. Jeder ‚Heilige‘ (=Wanderasket) versammelte eine Schar Jünger um sich, die sich für dessen Methoden der Körperkontrolle entschieden hatten. Eine solche Jüngerschaft war durchaus reversibel (vgl. ebd.: 77ff.).

Giddens Argumentation zum Thema reflexive Modernisierung bezieht sich sowohl auf Praktiken der Lebensführung wie auch auf die institutionelle Ebene, die in diesem Kapitel im Mittelpunkt steht. Die institutionelle Ebene erreicht Giddens insbesondere dort, wo es um die *Reflexivität von Wissen geht*. Denn nicht nur die Alltagspraktiken sondern auch unser heutiges theoretisches Wissen vermittelt keine ontologische Sicherheit mehr. Es gilt auf Zeit und die Bedingungen seiner Geltung müssen permanent reflektiert werden (zum Beispiel in Form von Poppers Falsifizierungsprinzip). Bereichert diese Argumentation unser Verständnis der gegenwärtigen Moderne oder ist sie bereits in der Theorie funktionaler Differenzierung enthalten? Wenn man sich für die Theorie funktionaler Differenzierung an Luhmann orientiert, dann ist letzteres eindeutig der Fall. Was bei Giddens als Verlust ontologischer Sicherheit beschrieben wird, wird bei Luhmann als Umstellung der Funktionssysteme auf permanente Variation formuliert. In der Sache sehe ich hier keine Unterschiede.

Giddens wohl wichtigster Beitrag zum Verständnis der radikalisierten modernen Gesellschaft besteht m. E. in der Formel ‚Vertrauen in Expertensysteme‘. Er zeigt auf, dass Expertensysteme nur implementiert werden können, wenn die Nutzer/Kunden dem Expertensystem Vertrauen entgegenbringen. Expertensysteme erbringen ja Leistungen durch das Zusammenwirken spezialisierter Experten und beruhen daher auf Spezialwissen, welches für die Nicht-Experten unverständlich ist. Deswegen können sie die Grundlagen von Expertensystemen nicht beurteilen, sondern ihnen nur Vertrauen oder Misstrauen entgegenbringen. Anders als in der direkten Interaktion und in sozialen Zusammenhängen, die durch das Verwandt-schaftssystem strukturiert sind, handelt es sich hier um gesichtsunabhängiges, also sozial hoch generalisiertes Vertrauen. Dieser Aspekt gehört zur Darstellung der institutionellen Ebene gegenwärtiger Gesellschaften, da nur auf dieser Grundlage in der Wissensgesellschaft (vgl. den nächsten Abschnitt) weitere Innovationen realisierbar sein werden.

Auch hier kann man natürlich begründete Zweifel hegen, ob diese Form des generalisierten Vertrauens ein Produkt der modernen Gesellschaft ist oder ob wir nicht davon ausgehen müssen, dass sie bereits am Beginn jeder Form institutionalisierter Arbeitsteilung und des institutionalisierten Tausches stehen. Man kann zumindest vermuten, dass gesichtsunabhängiges Vertrauen zunächst im magisch-religiösen Bereich entwickelt wurde (vgl. z.B. die Charakterisierung imitativer Magie bei Frazer 1989: 18ff).

Wie passt gesichtsunabhängiges Vertrauen in Expertensysteme zur Generalthese einer reflexiven Moderne? Zunächst einmal macht es für die arbeitsteilige Wissensgesellschaft *Grenzen* der Reflexivität sichtbar, wie wir sie in ähnlicher Weise oben bereits für die ökonomische Nutzung von Traditionen ausgemacht haben. Es verhält sich zudem spiegelbildlich zu Becks Forderung eines Verbots unkalkulierbarer Risikotechnologien, wo ja *Grenzen des Vertrauens* in Expertensysteme fixiert werden sollen.

Man kann nun nach der Systematik solcher Grenzen der Reflexivität in der radikalisierten Moderne fragen. Eine mögliche Antwort könnte lauten, dass es zwar zum Selbstverständnis der radikalisierten Moderne gehört, grundsätzlich alles in Frage zu stellen, *dass in der Alltagspraxis die gesellschaftlichen Grundlagen jedoch nicht in Zweifel gezogen werden dürfen.* Eine über begrenzte Expertenzirkel hinaus gehende Ausdehnung der Reflexivität auf diese Grundlagen würde ja die auf ihnen fußenden Handlungsketten zerstören. Globalisierte Handlungsketten haben wir bereits als Merkmal der gegenwärtigen Moderne kennen gelernt. In jedem Fall können wir aber festhalten, dass selbst Giddens vorsichtigere Enttraditionalisierungsthese keine uneingeschränkte Geltung beanspruchen kann.

2.4.4 Baumans Beitrag zum Verständnis der Strukturprinzipien und der institutionellen Grundlagen der radikalisierten Moderne

Baumans Zeitdiagnosen bewegen sich nahezu ausschließlich auf der Ebene der Lebensführung in Gegenwartsgesellschaften. Sie werden daher einen Schwerpunkt des dritten Kapitels bilden. Dagegen kann man seinen Beitrag zur Makroebene eher indirekt erschließen, da Veränderungen der Lebensführung ja immer auch Reaktionen auf Veränderungen auf der institutionellen Ebene sind. Für Bauman wird dieser Zusammenhang über den *Begriff der Vergesellschaftung* fassbar.

Junge 2006 hat gezeigt, dass sich bei Bauman die Begriffe ,moderne Vergesellschaftung' und ,postmoderne Vergesellschaftung' spiegelbildlich zueinander verhalten. Während *moderne* Vergesellschaftung auf „Unterwerfung des Individuums unter kollektiv geteilte Normen, deren Geltung erzwungen werden kann" (Junge 2006: 79), hinausläuft, *bleibt postmoderne Vergesellschaftung ziellos und vermittelt keine gesellschaftliche Ordnung.* „Sozialität ist in der Postmoderne fragmentiert und episodisch, sie erzeugt keine Geschichtlichkeit und damit auch keinen kontinuierlichen Strom kollektiver Probleme … (Sie) führt aber … dazu, dass der Führungsanspruch der Gesellschaft gegenüber den Individuen verloren geht. Daraus resultiert ein spezifisches Unbehagen in der Postmoderne" (ebd.: 79f).

Während das Unbehagen in der Moderne mit dem Ambivalenzproblem und damit mit einem Übermaß an gesellschaftlichen Ordnungsvorstellungen zu tun hatte (vgl. unter 2.3), rührt das Unbehagen in der Postmoderne vom Fehlen durchgängiger Ordnungsentwürfe her. Dieser Sichtweise liegt die Deutung einer festen institutionellen Ordnung als anthropologische Notwendigkeit zugrunde, die bereits Arnold Gehlen zur Entwicklung seiner Institutionentheorie bewegt hat (vgl. insbesondere Gehlen 1986; Jonas 1966). An Gehlens Verständnis der institutionellen Ordnung knüpft Bauman zumindest implizit an. In einem Punkt geht er jedoch entscheidend über Gehlen hinaus. Während Gehlen in seiner Zeitdiagnose das Problem des Subjektivismus, also eines instrumentellen Umgang mit sozialer Ordnung in den Mittelpunkt stellte (Gehlen 1957: 57ff. Vgl. auch das Trittbrettfahrerproblem; Diefenbach 2009), versucht Bauman sowohl unter dem Vorzeichen der Postmoderne wie auch später unter dem Vorzeichen der flüchtigen Moderne Möglichkeiten der Vergesellschaftung zu durchdenken, die ohne eine intersubjektiv verbindliche Ordnung auskommen.

Während es beim Subjektivismus darum geht, dass Ordnungen ihre Unantastbarkeit verlieren, wenn dem je individuellen strategischen Kalkül unterworfen werden, geht Bauman also davon aus, *dass es keinen generellen gesellschaftlichen Ordnungsanspruch mehr gäbe.*

Diese Gegenwartsdiagnose erinnert an Becks Individualisierungsthese. Beck löst die Beobachtung einer Erosion kollektiver Identitäten jedoch ganz anders auf. Während er Formen einer *individualisierten Vergesellschaftung* konstatiert, die zu einem Aushandeln und zur Erfindung neuer Lebensformen tendiere, spielt Bauman die Möglichkeiten *zielloser Vergesellschaftung* durch. Während individualisierte Vergesellschaftung vom Selbst, der sozialen und personalen Identität des Individuums dirgiert wird (vgl. auch Simmels selbstgewählte soziale Kreise; KM: 44ff.), rechnet Bauman mit der Möglichkeit einer Auflösung oder Verflüssigung sozialer Identitäten. *Wenn sowohl die Gesellschaft wie auch die Individuen ihre Ordnungsansprüche aufgeben, dann wird die Vergesellschaftung ziellos.*

Mit dieser Interpretation setzt sich Bauman auch von Giddens Life-Politics Konzept ab. Zwar laufen auch Giddens Begriffe der posttraditionalen Gesellschaft und der reflexiven Modernisierung darauf hinaus, dass in der Gegenwart Ordnungen nicht mehr als solche verfügbar sind. Deswegen müssten sie jedoch permanent modifiziert und adaptiert werden. Da Bauman diese Möglichkeiten nicht ins Auge fasst und die ziellose Vergesellschaftung für defizitär hält (vgl. die ausführliche Diskussion in den Abschnitten 2.5 und 2.7), geraten seine Gegenwartsdiagnosen ungewollt in das Fahrwasser einer konservativen Sozialkritik. Darunter verstehe ich eine Kritik, die die Gegenwart an Modellen einer besseren Vergangenheit misst (vgl. Brock 2009: 127).

Wenn man eine solche Deutung vornimmt, dann darf man allerdings nicht übersehen, dass Baumans Gegenwartskritik von der Analyse eines zwar nicht vom Prinzip her unveränderten, aber von seinen Sozialisationseffekten her durchaus veränderten Kapitalismus ausgeht. Sie knüpft an die im vorigen Abschnitt bereits erläuterte Unterscheidung zwischen leichtem und schwerem Kapitalismus an. Dabei wird die Gegenwart vom leichten Kapitalismus geprägt, der kapitalistische Wertschöpfung unter den Bedingungen einer weitestgehend technisierten und durchrationalisierten Landwirtschaft und Industrie betreibt. Deswegen stehen Dienstleistungen wie Innovationen im Mittelpunkt. Wenn man wie Bauman von der Funktionsgruppe der Symbol-Analytiker (vgl. unter 2.5.3) absieht und an durchschnittliche Arbeitnehmer im heutigen Kapitalismus denkt, dann fällt auf, dass mit der Technisierung auch die klassische Disziplinargesellschaft mit Arbeitskräften, die auf harte körperliche Arbeit hin sozialisiert worden waren, funktionslos geworden ist. Bauman zufolge, und das deckt sich trotz unterschiedlicher Terminologie weitgehend mit den Beobachtungen von Beck und Giddens über den Siegeszug der industriellen Revolution, geht es deswegen im leichten Kapitalismus nur noch um ‚Fitness', also darum, im Spiel zu bleiben, Entscheidungen zu treffen, den permanenten Wandel zu leben.

Man kann Baumans Analyse des gegenwärtigen Kapitalismus aber auch darauf zuspitzen, dass zumindest für die gegenwärtige Ökonomie die Vorstellung fester Leitbilder und Ordnungen hinderlich geworden ist. Ähnlich wie Sennett (vgl. unter 3.6) bezweifelt auch Bauman, dass ein solcher abstrakter Funktionskapitalismus noch für die durchschnittlichen Gesellschaftsmitglieder lebbar ist.

Wenn Kapitalismusanalysen in die Theorie funktionaler Differenzierung integrierbar sind (vgl. unter 2.2), dann gilt das auch für Baumans Analyse. Sie bereichert ein von der Theorie funktionaler Differenzierung geprägtes Gegenwartsverständnis zumindest durch die *Ebene der 'Lebbarkeit'* und durch das Insistieren auf Kategorien wie Sozialisation und Vergesellschaftung. Deutliche Grenzen haben Baumans Beiträge zur Makroanalyse der Gegenwart meines Erachtens vor allem deshalb, weil er nicht wie Giddens zwischen Strukturprinzipien (etwa des Kapitalismus) und der Ebene der Institutionalisierung, unterscheidet. Insofern ist Baumans zumindest immer wieder implizit gezeichnetes Bild einer atomistischen Gegenwartsgesellschaft das Produkt einer unscharfen gesellschaftsanalytischen Optik.

Zusammenfassung

1. In diesem Abschnitt geht es um Gegenwartsdiagnosen, über die Epochenunterscheidungen innerhalb der Moderne begründet werden. Behandelt werden einschlägige Thesen von Beck, Giddens und Bauman.

2. Der in diese Thematik einführende Text ist Becks Risikogesellschaft. Hier wird eine Epochenunterscheidung auf drei unterschiedlichen Feldern (Ökologiethematik, Individualisierung, Entgrenzung von Wissenschaft und Politik) vorgeschlagen, die die These des Übergangs der klassischen Industriemoderne in eine neue Epoche der 'Risikogesellschaft' tragen soll. Die kritische Diskussion wird in diesem Abschnitt auf den Ökologie- und den Entgrenzungsteil konzentriert. Dabei zeigt sich: die These, dass ökologische Risiken charakteristische Produkte des Siegeszugs der Industrialisierung sind, ist zwar plausibel, allerdings kann der Komplex Risikotechnologien nicht in das Verständnis der Risikogesellschaft als einer umfassend enttraditionalisierten Gesellschaft integriert werden. Wenig plausibel ist dagegen die Entgrenzungsthese. Vor allem ist es alles andere als neu, dass politische Entscheidungen außerhalb des politischen Systems getroffen werden.

3. Auch wenn Giddens eher die Kontinuität moderner Gesellschaften betont, registriert er, dass die institutionellen Dimensionen der modernen Gesellschaften sich heute globalisiert haben. Damit ist auch die raum-zeitliche Ausdehnung an eine Grenze gestoßen. Leider konzentriert sich Giddens zu stark auf die

Landnahme des westlichen Gesellschaftmodells und beschäftigt sich zu wenig mit Veränderungen während dieser Landnahme. Dieses Defizit wird teilweise durch seine Unterscheidung zwischen einfacher und reflexiver Modernisierung aufgefangen, die offensichtlich als Epochenunterscheidung verstanden wird. Giddens geht nämlich davon aus, dass wir heute in einer posttraditionalen Gesellschaft unter den Bedingungen hergestellter Unsicherheit leben. Obwohl Giddens Enttraditionalisierung vorsichtiger definiert, ergeben sich auch hier gravierende Probleme. Es ist weder plausibel, dass diese Variante der Enttraditionalisierung heute umfassend realisiert worden ist, noch ist die Unterscheidung zwischen einfacher und reflexiver Modernisierung sozialhistorisch trennscharf.

4. Obwohl sich Bauman überwiegend essayistisch mit der Mikroanalyse des Lebens in modernen Gesellschaften beschäftigt, markiert er sowohl für den modernen Nationalstaat wie den gegenwärtigen Kapitalismus Epochenunterscheidungen. Seine Unterscheidung zwischen moderner und postmoderner Vergesellschaftung hebt hervor, dass Formen der ziel- und ordnungslosen Vergesellschaftung an die Stelle der Unterwerfung unter kollektiv geteilte Normen getreten sei. Parallel dazu erfordere der gegenwärtige ‚leichte' Kapitalismus nur noch das Streben nach fitness. Es gehe darum, im Spiel zu bleiben und permanent Entscheidungen zu treffen. Baumans Analysen werden im dritten Kapitel eingehend diskutiert.

2.5   Thematisch begrenzte Gegenwartsdiagnosen

2.5.1   Einleitung

In diesem Abschnitt werden einige Beiträge zum Verständnis der radikalisierten Moderne vorgestellt, die jeweils *einen bestimmten Aspekt* und keine Gesamtbetrachtung *der radikalisierten Moderne* in den Mittelpunkt stellen. Von anderen spezialisierten Beiträgen, die hier ganz ausgeklammert werden, unterscheiden sie sich dadurch, dass sie dennoch zu einer *Gesamtdiagnose gegenwärtiger moderner Gesellschaften* zu kommen suchen.

2.5.2 Hartmut Rosa:
Die Veränderung der Zeitstrukturen in der Moderne

Die Überlegungen von Hartmut Rosa zur sozialen Beschleunigung liefern eine auf den Aspekt der Zeit fokussierte Theorie der modernen Gesellschaft, die vor allem *Veränderungen in der Zeiterfahrung* eine Schlüsselrolle für das Verständnis moderner Gesellschaften zuschreibt. Rosa will sowohl einen *theoretischen Beitrag* zum Verständnis moderner Gesellschaften liefern wie auch eine *Gegenwartsdiagnose* auf der Grundlage einer Epochenunterscheidung vornehmen, die geeignet ist, das Programm der neueren *kritischen Theorie* (Dubiel 1992) im Anschluss an Habermas und Honneth zu erneuern.

2.5.2.1 Die ungeklärte Bedeutung von Zeit und Beschleunigung im Gesamtkontext gesellschaftlicher Modernisierung

Für das Verständnis seiner Thesen ist es wichtig, zunächst festzuhalten, dass der Autor Zeit nicht einfach als ein Themenfeld gesellschaftlicher Modernisierung neben anderen versteht. Das begründet er soziologisch plausibel damit, dass Zeit als „eine zentrale und konstitutive Dimension" (Rosa 2005: 110) in allen wesentlichen Modernisierungskomplexen enthalten sei.

Das würde m. E. für eine dimensionale Gesellschaftstheorie nach dem Vorbild von Luhmann sprechen, der jeder seiner drei Sinndimensionen (KM: 120ff.) eine ‚Teiltheorie' zuordnet. Die bei Rosa im Mittelpunkt stehende Zeitdimension wird bei Luhmann durch die Evolutionstheorie besetzt (KM: 125), während die Sachdimension durch die Differenzierungstheorie und die Sozialdimension durch die Kommunikations- und Medientheorie aufgeschlüsselt werden soll (zu dieser ‚Theoriearchitektur' vgl. KM: 126). Ähnlich der Vorstellung eines dreidimensionalen Raumes durchdringen sich dabei die Dimensionen, so dass wir einen Punkt in einem geschlossenen Raum nur unter Rückgriff auf alle drei Dimensionen lokalisieren können. Analog dazu würde die Analyse jedes wichtigen Aspekts im gesellschaftlichen Modernisierungsprozess *Rückgriffe auf alle drei Teiltheorien* erfordern.

Rosa weist Luhmanns Konzept mit folgender Begründung zurück: „Beschleunigung wäre dann einfach ein zentrales Entwicklungsprinzip in der Zeitdimension der Moderne" (Rosa 2005: 110). Diese Argumentation schätzt die Möglichkeiten der dimensionalen Theoriearchitektur Luhmanns m. E. falsch ein: Beschleunigung könnte hier nicht nur ein Entwicklungsprinzip darstellen, sondern an Stelle der Evolutionstheorie die Zeitdimension besetzen. Damit würde Beschleunigung zur Erklärung *aller* Modernisierungsaspekte herangezogen werden.

Der gedankliche Haken bei Rosa wird aus der folgenden Argumentation er-
sichtlich: „… die hier vertretene These lautet, die Entwicklung in den Sach- und
Sozialdimensionen folge just der temporalspezifischen Veränderungslogik der
Beschleunigung" … Die Reinterpretation des Modernisierungsprozesses unter dem
Aspekt der sozialen Beschleunigung erhebt daher einen umfassenderen Anspruch
als es die Unterscheidung der drei (Sinn-) Dimensionen nahe legt" (ebd.: 111).
Wenn Luhmanns Gewichtung der Zeitdimension überboten werden soll, dann
müsste erklärt werden können, in welcher Weise Beschleunigung sich die beiden
anderen Dimensionen ‚einverleibt' oder in anderer Weise (etwa nach dem Modell
der Kolonialisierung) unterwirft.

Da Rosa diese Konsequenz jedoch nicht zieht, folgt aus der Zurückweisung des
dreidimensionalen Konzepts nur, dass seine gesamte Analyse an der fehlenden
Einordnung des Beschleunigungsthemas krankt: es repräsentiert weder einen
Themenkomplex noch eine Dimension im Modernisierungsprozess sondern wird
als Schlüsselthema angesehen. Das ist kaum zu bezweifeln. *Nur bleibt unklar, welche
Ergänzungen erforderlich wären, um eine vollständige Beschreibung und Analyse
moderner Gesellschaften zu erreichen.*

2.5.2.2 Das Analysekonzept

Rosas Analysen unterscheiden sich von anderen Zeitdiagnosen sozialer Beschleunigung (vgl. z. B. Conrad 1999; Bermann 1988; Kosellek 1989; Laslett 1988; Lübbe
1998; Garhammer 1999) vor allem dadurch, dass er ein alle Aspekte sozialer Beschleunigung einbeziehendes Modell anstrebt.

Wenn man wie der Autor unter sozialer Beschleunigung zunächst einmal eine
mengenmäßige Zunahme pro Zeiteinheit versteht, dann ist damit bereits eine
gewisse Standardisierungsnotwendigkeit unterstellt, da jede Form einer gedanklichen Quantifizierung die Festlegung eines Vergleichsgesichtspunktes erfordert.
Das erklärt auch, warum Beobachtungen und Diagnosen sozialer Beschleunigung
auf ganz unterschiedlichen Feldern gemacht wurden bzw. werden.

Für solche Beschleunigungsbeobachtungen bietet sich zunächst einmal der *Industrialismus* an, denn Geschwindigkeit ist eine ausschlaggebende Eigenschaft von
Maschinen oder Transportmitteln. Rosa spricht hier von *technischer Beschleunigung*
(vgl. Rosa 2005; 161ff.) Ein zweiter thematischer Ort für Beschleunigungsbeobachtungen ist der soziale Wandel (ebd.; 176ff.). Bis in die Anthropologie und die Soziobiologie hinein hat sich die Ansicht durchgesetzt, *dass sich der soziale Wandel* im
Laufe der Menschheitsentwicklung *immer weiter beschleunigt habe* (vgl. z. B. Wilson
1975). Vor allem in den Analysen Simmels stößt man auf eine dritte Dimension
sozialer Beschleunigung, die Rosa im Anschluss an Simmel treffend als *Tempo des*

Lebens fasst (Rosa 2005; 195ff.; vgl. auch Simmel 1897/ 1992). Diese Kategorie hat sowohl eine objektive (man hat weniger Zeit für eine bestimmte Handlung) wie eine subjektive Seite (die Zeiterfahrung unterliegt der Beschleunigung).

Rosa kann nun zeigen, dass die Zeitstrukturen „sich in der Entfaltung der Moderne nach einem einheitlichen Muster" (Rosa 2005: 460) verändern. Es wird durch einen Interdependenzzusammenhang dieser drei Dimensionen sozialer Beschleunigung gebildet, den er als „Akzelerationszirkel" (ebd.: 251) bezeichnet. Er lässt sich ausgehend von der technischen Beschleunigung wohl am prägnantesten verstehen. Neue Maschinen, Transport- und Kommunikationstechnologien bewirken eine Beschleunigung des sozialen Wandels, da sie die Raum- und Zeitstrukturen verändern. So kann man heute z. B. ein Hotelzimmer per Mausklick ordern, während Meister Eder noch per Brief von der Reservierung eines Pensionszimmers erfahren hat (vgl. Meister Eder und sein Pumuckl Folge 6). Diese neuen technischen Möglichkeiten führen nach Rosa vor allem aus Gründen der Konkurrenz zu sozialem Wandel: die Individuen haben Angst, sie könnten den Anschluss verlieren. „...Die kulturelle Logik entspricht hier exakt der physikalischen: Die Akteure fühlen sich unter Stress und Zeitdruck gesetzt, mit den Veränderungen Schritt zu halten...Die kulturelle Verarbeitung neuer Informationen ...ist unvermeidlich zeitaufwendig. Dies ist ein wesentlicher Grund für die Erfahrung des ‚Zeitdrucks'..." (ebd.: 192f; Hervorhebungen im Original). Dieses „Slippery-Slope-Syndrom" (ebd.: 200) sorgt dafür, dass die Individuen dem Druck nachgeben und ihr Lebenstempo zunehmend beschleunigen (ebd.: 471). So würde Meister Eder heute wahrscheinlich auch per Internet sein Zimmer bestellen und sein Smartphone mit Internetflatrate zum Wochenendausflug mitnehmen, um ja keine wichtige Kundenanfrage zu verpassen. Durch die Beschleunigung des Lebenstempos hat der Mensch immer weniger Zeit für einzelne Handlungen zur Verfügung, was wiederum technische Beschleunigung nötig macht (vgl. ebd.: 310 ff.). Technische Beschleunigung und Lebenstempo-Beschleunigung stehen also in einer paradoxen Beziehung zueinander (vgl. ebd.: 471).

Obwohl dieser Akzelerationszirkel in der Moderne längst ein sich selbst tragender Prozess geworden ist (ebd. 243ff.), identifiziert Rosa *drei exogene Mechanismen sozialer Beschleunigung (‚Motoren'): Ökonomie, Kultur und Sozialstruktur.* Auch hier nimmt der Autor überwiegend Systematisierungsleistungen vor, verknüpft also an sich Bekanntes miteinander. So schließt sein Verständnis der ökonomischen Antriebskräfte, der „ökonomische Motor" (ebd.: 472) an Marx an, der in seiner Wertlehre die Grundlage des Kapitalismus in der quantifizierbaren menschlichen Arbeit gesehen hat (vgl. Rosa 2005: 259 ff.). Hinzu kommen Aspekte wie die über den Arbeitsvertrag definierte Unterscheidung zwischen Arbeit und arbeitsfreier Zeit oder auch die Konkurrenz um Innovationen, bei der der Zeitpunkt der Innovationen ganz wesentlich über den wirtschaftlichen Erfolg entscheidet. Die kapitalistische

Wirtschaftsform beruhe auf „dem Erarbeiten und Ausnützen von Zeitvorsprüngen als Wettbewerbsvorteilen" (ebd.: 472).

Bei der Charakterisierung des ‚kulturellen Motors' (vgl. ebd.: 472) knüpft Rosa an Webers Überlegungen zur protestantischen Ethik an, und schlägt dann eine zeitsoziologische Variante der Säkularisierungsthese vor: Es gebe in der Neuzeit kaum mehr eine Vorstellung von einer Heilszeit nach dem Tod. Sie sei durch die Vorstellung eines ausgefüllten Lebens im Diesseits ersetzt worden. Als ‚kultureller Motor' würde ein Ethos der Moderne fungieren, in „dem Beschleunigung gleichsam zu einem Ewigkeitsersatz und zu einer Strategie der Angleichung von Weltzeit und Lebenszeit geworden ist" (ebd.: 472).

In sozialstruktureller Hinsicht greift Rosa auf die Theorie funktionaler Differenzierung zurück. Hier ortet er „den strukturellen Motor der funktionalen Differenzierung" (ebd. 472). Da jedes Funktionssystem eine hohe Binnenkomplexität durch Abnabelung von äußeren Einflüssen ausbildet und sich nur noch dynamisch stabilisieren lässt, steht es noch ausgeprägter als andere soziale Systeme unter permanenten Selektions- und Entscheidungsdruck, da immer rechtzeitig operiert werden muss. Dauerreflexion wäre lähmend. Das führt dann zur „Temporalisierung von Komplexität" (ebd. 295; Luhmann 1984: 77ff.), also dazu, nicht realisierte Möglichkeiten für die Zukunft offen zu halten, so dass die Komplexität perspektivisch immer weiter zunimmt. Daher kommt es „zu einer Steigerung der Produktions- und Verarbeitungsgeschwindigkeit in allen ausdifferenzierten Teilsystemen" (Rosa 2005: 472).

Eine Theorie gesellschaftlicher Beschleunigung muss immer auch über Sensoren für gegenläufige Entwicklungen verfügen. Daher stellt Rosa den Beschleunigungsmechanismen, fünf Muster der Beharrung gegenüber. Hierbei geht es sowohl um Entschleunigung wie um nicht zu beschleunigende Prozesse (Rosa 2005: 463 f.): (1) natürliche Geschwindigkeitsgrenzen wie z. B. die biologische Geburtszeit (Rosa 2005: 139 ff.); (2) Entschleunigungsinseln im Sinne von „territoriale[n] (…) soziale[n] oder kulturelle[n] Nischen" (ebd. 143; z. B. japanische Teezeremonie oder Meditation); (3) unbeabsichtigte Nebenfolgen von Beschleunigungsprozessen (vgl. Rosa 2005: 144 f.); (4) intentionale Entschleunigung, wobei er noch zwischen funktionaler Entschleunigung, die letztlich zur Beschleunigung beiträgt (z. B. Yogaseminare in Betrieben, um die Arbeitsfähigkeit zu verbessern; vgl. Rosa 2005: 149) und ideologischer Entschleunigung (z. B. Aussteigerleben; vgl. Rosa 2005: 146 ff.) unterscheidet und schließlich (5) Erstarrung (vgl. Rosa 2005: 152).

2.5.2.3 Wesentliche Ergebnisse

Rosas *theoretischer Beitrag* zur Soziologie moderner Gesellschaften besteht vor allem im Nachweis der zentralen Bedeutung von sozialer Beschleunigung. Er kann zeigen, dass Beschleunigungsprozesse zu wichtigen Veränderungen auf allen 4 Feldern führen, die er im Anschluss an van der Loo/ von Reijen (1997) als zentral für den gesellschaftlichen Modernisierungsprozess markiert hat (vgl. die Übersicht: Rosa 2005: 435). Das *Verhältnis Mensch-Natur* sei durch Formen der technischen Beschleunigung entscheidend verändert worden. Ebenso werde die *Gesellschaftsstruktur* moderner Gesellschaften durch permanente Beschleunigung, durch Desynchronisation der gesellschaftlichen Funktionssysteme und den immer schnelleren sozialen Wandel von Rollen und sozialen Gruppen geprägt. Die *Kultur* sei durch „Gegenwartsschrumpfung", d. h. durch immer weitere Verkürzung jener Zeiträume entscheidend geprägt, „für die von stabilen Wissensbeständen, Handlungsorientierungen und Praxisformen ausgegangen werden kann" (ebd.: 433). Die Beschleunigung des Lebenstempos schließlich habe „gravierende Konsequenzen" (ebd. 432) für die Entwicklung von *Identität und Persönlichkeit*. Vor allem seien an die Stelle relativ stabiler Identitätsmuster situative Identitäten (ebd.: 362ff.) getreten.

Dieser Befund beansprucht keine Originalität. Er nimmt vielmehr wichtige Beobachtungen und Thesen der Individualisierungsdebatte, des Globalisierungsdiskurses, aus Luhmanns Systemtheorie wie auch aus Sozialgeschichte und der Philosophie auf. Rosas Leistung besteht darin, dass er alle diese Befunde und Beobachtungen in das Beschleunigungsthema integrieren kann und auf diese Weise eine konsistente Gesamtansicht gegenwärtiger moderner Gesellschaften zu liefern versucht.

Dieses auf der Ebene konventioneller Modernisierungstheorie (vgl. auch Wehling 1992) liegende Panorama konfrontiert Rosa in einem zweiten gedanklichen Schritt mit einer *kritischen Gegenwartsdiagnose, die auf paradoxe Effekte von auf die Spitze getriebenen sozialen Beschleunigungsprozessen aufmerksam macht*. Auf denselben vier Feldern zeigen sich für den Autor nämlich zugleich Prozesse der ‚sozialen Erstarrung‘.

Infolge der technischen Beschleunigung zeigen sich im *Verhältnis Mensch- Natur* sowohl immer mehr Störungen bei der Bedienung technischer Systeme wie auch eine wachsende Immobilität des menschlichen Körpers. Im Anschluss an Virillo diagnostiziert Rosa daher eine „beschleunigungsgeschichtliche Überholtheit" (ebd.: 458) des menschlichen Körpers. In *gesellschaftsstruktureller* Hinsicht führten die Verselbständigung der Wachstums- und Beschleunigungszwänge zu einer Verengung der Selektionsfilter, so dass substanzielle gesellschaftliche Veränderungen zunehmend ausgeschlossen würden (vgl. auch Offe 1986). „Die Gesellschaft verliert damit ihren Charakter als politisch zu gestaltendes Projekt; sie hat, so scheint es, ihre utopischen Energien und Sinnressourcen erschöpft." (Rosa 2005: 437). Auf dem Feld der *Kultur* „lautet die Gegendiagnose, dass der rasche kulturelle Wandel in Wirklichkeit Entwicklungslosigkeit verberge. Aus akzelerationsspezifischen Gründen wird die Wahrnehmung des *Endes der Geschichte* und der *Wiederkehr des Immergleichen* in der Spätmoderne …sehr dominant" (ebd.: 437; Hervorhebungen im Original). Auf dem vierten Feld der Persönlichkeit diagnostiziert Rosa das dazu parallele Phänomen existenzieller Langeweile. So zeigen empirische Studien beispielsweise, dass die Menschen viel Zeit vor dem Fernseher verbringen, obwohl sie daraus nur geringe Befriedigung ziehen können und sich kaum an das, was sie gehen haben, erinnern können (ebd. 222ff.).

Rosa begreift diese Paradoxien, die er auf die von Virillo entlehnte Formel vom ‚rasenden Stillstand' bringt, als Spezifikum der *Spätmoderne*. Dazu unterscheidet er drei Phasen innerhalb der Moderne, leistet also auch einen eigenen Beitrag zur Frage der Epochenunterscheidung innerhalb der Moderne. Wenig überraschend unterscheidet er in temporaler Hinsicht von einer Phase der ‚*klassischen Moderne*' eine *vor- und frühmoderne* wie auch eine *spätmoderne* Phase (vgl. vor allem die Übersicht auf S. 446).

Diese Unterscheidung lässt sich m.E. am besten nachvollziehen, wenn man von der Charakterisierung der ‚klassischen Moderne' ausgeht. Sie ist durch ein *generationales Wandlungstempo* gekennzeichnet, bei dem sich der Struktur- und Kulturwandel in etwa im Rhythmus einer Generation, also von ca. 30 Jahren vollzieht. Jede Generation wächst also in ein anderes soziokulturelles Umfeld hinein. Daher wandeln sich auch Familienstrukturen und Berufe, die als Indikatoren für die Unterscheidung dieser 3 Phasen angesehen werden, in diesem Tempo (ebd.: 446). Dieses Beschleunigungstempo hat zur Folge, dass es sowohl zu einer *Verzeitlichung des Lebenslaufs wie des Geschichtsverständnisses* kommt. Der Lebenslauf wird plan- und erzählbar als individuelle Entwicklungsgeschichte auf der Grundlage einer stabilen und selbstbestimmten Identität. Die Geschichte wird als ein versteh- und gestaltbarer Prozess begriffen, in dem Fortschrittsideen realisiert werden können (ebd.).

Dagegen ist das Tempo des endogenen sozialen Wandels in der Vor- und Frühmoderne noch deutlich langsamer. Das hat zur Folge, dass die drei, maximal vier zusammenlebenden Generationen subjektiv in derselben Zeit leben. Es besteht somit noch eine weitgehende Entsprechung zwischen dem gemeinsamen Erwartungshorizont und dem Erfahrungsraum. Dementsprechend bilden die Berufs- und Familienstrukturen noch eine intergenerational stabile Einheit. Die Geschichtsperspektive ist statisch. Die Lebensperspektive ist noch stark auf die Bewältigung von metaphysisch und kulturell „eingebetteten" (ebd.: 446) Tagesproblemen fokussiert.

Diese Unterscheidung zwischen Frühmoderne und klassischer Moderne geht im Wesentlichen auf Arbeiten von Reinhard Koselleck (1989; 2000) zurück, der

einen entscheidenden Beschleunigungsschub im Zeitraum 1770-1830 („Sattelzeit";
vgl. Rosa 2005: 477) ausmacht, der perspektivisch zum Übergang in die klassische
Moderne führt.

Dagegen geht die Unterscheidung zwischen klassischer Moderne und Spätmoderne auf eigene Überlegungen von Rosa zurück. Er macht einen weiteren
Beschleunigungsschub im Zeitraum 1970- 1989 (ebd.: 476) für den Übergang in
eine spätmoderne Phase verantwortlich. *In der Spätmoderne übersteigt das Tempo
des exogenen sozialen Wandels die Generationenspanne.* Daher verändern sich auch
die Berufs- und Familienstrukturen innerhalb einer Generation. Lebenspartner
werden tendenziell zu Lebensabschnittspartnern, lebenslang ausgeübte Berufe
werden von einer Aufeinanderfolge zeitlich begrenzter Jobs abgelöst.

Sowohl für das Geschichtsverständnis wie für die individuellen Lebenspers-
pektiven konstatiert Rosa ‚*Entzeitlichungstendenzen*': es komme zu einer De-In-
stitutionalisierung des Lebenslaufs, einer Regression auf situative Identität (ebd.
446). Das Geschichts- und Politikverständnis werde von Wahrnehmungen eines
rasenden Stillstands geprägt: Das Tempo der Politik werde immer rasanter und
zugleich stelle sich das Gefühl ein, dass die Gesellschaft nicht mehr politisch verändert werden könne.

2.5.2.4 Bewertung und Kritik

Rosas Verdienst ist zweifellos, dass er unter den Gesichtspunkten der Beschleunigung
und der Entzeitlichung eine Gesamtansicht gegenwärtiger moderner Gesellschaften
vorlegt, die viele im neueren Modernisierungsdiskurs entwickelten Thesen und
Beobachtungen miteinander verbindet. Rosa macht vor allem auf parallele Entwicklungen auf ganz unterschiedlichen Feldern aufmerksam. In dieser Hinsicht
gelingt eine Synthese zwischen Beobachtungen und Analysen auf den Ebenen
Persönlichkeit, Kultur, Sozialstruktur, Verhältnis Mensch-Natur, die an Parsons
(KM: 69) und Habermas (1981) erinnert. Rosas Epochenunterscheidungen signalisieren, dass die Entwicklung auf diesen Ebenen einem einheitlichen Strickmuster
der Ver- und Entzeitlichung folgt: Prozesse der sozialen Beschleunigung führten
dazu, dass das kulturelle Programm der Moderne zunächst in der klassischen
Moderne lebbar wird – und zwar sowohl in Form verzeitlichter Lebensläufe wie
einer verzeitlichten Fortschrittsprogammatik in Kultur und Politik. Die sich immer
weiter steigernde Beschleunigung führt in der Gegenwart jedoch in den politischen
und biographischen Stillstand, da die kulturellen Versprechen der Moderne auf
individuelle Autonomie und rationale politische Gestaltung der Gesellschaft nun
nicht mehr eingelöst werden könnten. Mit dieser Interpretation verbindet Rosa

den Anspruch einer umfassenden Gegenwartsdiagnose mit dem Anspruch auf
eine Erneuerung der kritischen Theorie.

Ich möchte nun vor allem untersuchen, ob die Selbstbindung des Autors an
das Programm der kritischen Theorie seine Gegenwartsdiagnose befruchtet oder
beeinträchtigt hat. Jede Selbstbindung an ein bestimmtes Theorieprogramm hat den
Vorteil, dass man damit zugleich an ausgearbeitete Analysemethoden anknüpfen
kann. Das kann aber auch zu einer unkontrollierten Begrenzung möglicher Beobachtungsstandpunkte, also zur Einseitigkeit, führen (vgl. auch die Diskussion einer
Halt gebenden Theorie am Beispiel Luhmann im Abschnitt 1.1.6).

Rosa versteht sich als Vertreter der neueren kritischen Theorie. Er möchte im
Anschluss an Habermas und Honneth empirisch fundierte Kritik an aktuellen
Entwicklungstendenzen üben und damit verknüpfte ‚Emanzipationsinteressen‘
identifizieren. So hat Habermas seine Kritik auf die These einer Kolonialisierung
der Lebenswelt fokussiert (Habermas 1981) während Honneth die Anerken-
nungsverhältnisse und Probleme der Desintegration in den Mittelpunkt seiner
soziologischen Analysen gerückt hat (Honneth 1994). Rosa sieht den Schlüssel für
eine auf Emanzipation zielende Gesellschaftskritik dagegen in einer Kritik der
„Temporalstrukturen oder der Zeitverhältnisse" (Rosa 2005: 480).

Jede Form der Gesellschaftskritik benötigt einen Maßstab, um ‚Pathologien‘
identifizieren zu können. Solche Maßstäbe können entweder einer in bestimmter
Hinsicht als „besser" verstandenen Vergangenheit entnommen werden oder aber
in Form von Modellen einer ‚besseren‘ Zukunft expliziert werden (vgl. Brock 2009:
127). Unabhängig vom jeweiligen politischen Anspruch geht es im erstgenannten
Fall um Bewahrung, also um konservative Ziele. Auch Rosa möchte sowohl die
Autonomie- und Fortschrittsversprechen der klassischen Moderne bewahren
wie auch die Verzeitlichung der Geschichte und ‚des Lebens‘. Diesen impliziten
Konservatismus teilt Rosa mit anderen Vertretern der kritischen Theorie (vgl. z. B.
Adornos Kulturkritik; Adorno 1955).

Dieser Maßstab führt direkt zu Rosas Erstarrungsdiagnose: die ‚Zeitverhältnisse‘ erlaubten weder eine auch nur halbwegs autonome Gestaltung des eigenen
Lebensverlaufs noch eine politische Gestaltung der gesellschaftlichen Verhältnisse.
Diese Diagnose ist schon deshalb kein reines Artefakt der gewählten Theorie-
perspektive, weil sie hinsichtlich der Gestaltung des eigenen Lebensverlaufs mit
Sennetts Analyse des ‚driftens‘ (Abschnitt 3.6) übereinstimmt. Einen Rückgang
der politischen Gestaltungsmöglichkeiten erkennt nicht nur Offe (1986), der
ebenfalls dem Programm der kritischen Theorie verpflichtet ist, sondern auch
Beck (‚Demokratiedefizit; vgl. unter 2.4) sowie Luhmann (KM: 153). Dagegen ist
die Konvergenz auf der kulturellen Ebene in Rosas Gegenwartsdiagnose auf die
Vertreter der kritischen Theorie beschränkt (vgl. z. B. Habermas 1988). Nur sie

interpretieren die kulturellen Strömungen der Posthistoire und der Postmoderne als Apologie des gesellschaftlichen Stillstands.

Trotz dieser Konvergenzen muss kritisiert werden, dass Rosa in empirischer Hinsicht stark vereinfacht und überzeichnet, was letztlich auch auf konzeptionelle Unklarheiten beim Verständnis sozialer Beschleunigung verweist. Er vereinfacht m. E. vor allem die Effekte der Beschleunigung, die alle Gesellschaftsmitglieder gleichermaßen zu betreffen scheinen. So muss man fragen, ob die wachsenden Teilpopulationen der Rentner, der Arbeitslosen, der Reichen der Beschleunigung des Lebenstempos in gleicher Weise unterworfen sind wie die Erwerbstätigen. Hat sich das Lebenstempo von Unternehmern, Bauern, Freiberuflern in gleicher Weise bis hin zum rasenden Stillstand beschleunigt wie das der abhängig Beschäftigten? Auch spielen die von Rosa ja ebenfalls registrierten Entschleunigungseffekte in seiner Bilanz keine Rolle.

Schon diese wenigen ‚Differenzierungsfragen‘ machen darauf aufmerksam, dass Beschleunigung auch entkoppeln, differenzieren und ausgrenzen kann. Rosa macht es sich in konzeptioneller Hinsicht zu einfach, wenn er Marktabhängigkeit und Konkurrenz über die alltagskulturelle Formel ‚mithalten wollen, um nicht abgehängt zu werden‘ (vgl. z. B. Rosa 2005: 471 sowie 192ff.) zu einem allgemeinen Imperativ stilisiert. Diese Formel suggeriert fälschlicherweise Homogenität, wo genauere Analysen von Zeitabhängigkeiten erforderlich wären.

Sicherlich erfordert jedes soziologische Gesamtbild, dass mit Vereinfachungen und Stilisierungen gearbeitet werden muss. Dieser Preis muss immer entrichtet werden. Nur sollten sie weder die Realität bis zur Unkenntlichkeit verzerren noch die Effekte des untersuchten Prozesses verfälschen. Diese Probleme wirft Rosa gesellschaftskritische Gegenwartsdiagnose in der Tat auf. Rosa erzeugt das Bild einer allgemeinen Unterworfenheit unter die universelle soziale Beschleunigung. Sie scheint einer Dampfwalze zu gleichen, die alle und alles platt macht. Meines Erachtens müsste zumindest ernsthaft erwogen werden, *ob soziale Beschleunigung nicht eher differenziert und atomisiert*, was dann zu ganz anders gelagerten Gegenwartsdiagnosen führen würde. Ich möchte diese Gegenthese hier zumindest kurz skizzieren.

Wenn man sich nicht nur für physikalische Definitionen (Rosa 2005: 113), sondern auch für die technische Nutzung von Beschleunigung interessiert, dann stößt man auf die Zentrifuge. Beschleunigung wird hier eingesetzt, um Stoffe von unterschiedlicher Dichte zu trennen. So trennt unsere Waschmaschine im Schleudergang das Wasser von der Wäsche. Mit Hilfe der Beschleunigung kann man auch Saft herstellen, also die Flüssigkeit von Früchten vom Fruchtfleisch trennen. Aber auch bei der Urananreicherung oder in der Raumfahrt werden Zentrifugen eingesetzt. Das Grundprinzip ist immer das gleiche: mit Hilfe immer schnellerer

Drehbewegungen können zusammenhängende Partikel oder Medien getrennt werden, wenn sie eine unterschiedliche Dichte aufweisen. Die Partikel mit der höheren Dichte wandern aufgrund der höheren Trägheit nach außen, die mit der geringeren Dichte bleiben innen. Alles Weitere hängt von der Außenwand der Zentrifuge ab. Ist sie durchlässig, dann werden getrennte Partikel definitiv geschieden wie Wasser und Wäsche oder Fruchtfleisch und Saft. Ist sie undurchlässig, dann kann die Beschleunigung dauerhaft erfahren werden wie auf dem Kettenkarussel.

Wenn wir im sozialen Bereich nach Analogien suchen, dann werden wir schnell fündig. Vermutlich gibt es einen universellen Zusammenhang zwischen Beschleunigung und Differenzierung, dem man sich aber nicht zu ‚technisch' vorstellen darf. Sobald Beschleunigung erfahren wird, werden Differenzen evident und können dann sprachlich markiert und sozial organisiert werden. Selbst das möglicherweise sehr beschauliche und in unseren Augen absolut entschleunigte Leben von Wildbeutern (vgl. Sahlins 1972) kennt ein Lebenstempo, das von Imperativen der Nahrungsbeschaffung angetrieben wird. Dabei können sich Unterschiede in der Beweglichkeit zwischen Mutter- Kind- Gruppen und Männergruppen zeigen, die dann Anlass zur sozialen Differenzierung entlang von Geschlecht und Alter geben.

Ein bekanntes Beispiel wäre die Differenzierung zwischen weitgehend beschleunigungsresistenter häuslicher Reproduktionsarbeit und beschleunigungsfähiger Erwerbsarbeit. Nur die Abtrennung von direkten reproduktiven Verpflichtungen gegenüber Familienangehörigen ermöglicht rationalisierbare Erwerbsarbeit. Sobald nicht nur Männer sondern auch Frauen aus der häuslichen Reproduktionsarbeit freigesetzt werden, muss sie unter Beachtung der Differenzen zur Erwerbsarbeit tendenziell neu organisiert werden (z. B. Kinderbetreuung, Ganztagsschulen). Alternativ dazu ist nur eine Reduzierung oder Auflösung reproduktiver Verpflichtungen möglich (Kinderlosigkeit, Einpersonenhaushalte, Leben im Hotel). Nur wenn das nicht passiert, wird eine Beschleunigung im Bereich der Erwerbsarbeit auch auf den häuslichen Bereich ‚durchschlagen'. Die Beschleunigung des Lebenstempos gleicht in ihren Effekten eben nicht der Dampfwalze sondern der Zentrifuge. Sie ist ein Differenzierungs- und Entkopplungsmechanismus.

Das hat im Übrigen bereits einer der Kirchenväter der Gesellschaftskritik, Karl Marx, erkannt. Im Mittelpunkt seiner Analysen stand ja die durch Technisierung möglich gewordene enorme Beschleunigung der Produktionsprozesse, die die menschliche Handarbeit tendenziell überflüssig gemacht hat. Marx betont, dass die verbleibende vor und nachgelagerte wie prozessbegleitende menschliche Arbeit sich weder dem neuen Tempo anpassen kann noch muss, sondern eigenen Zeitrhythmen folgt. Genau diese Entkopplung mache erst eine humanere Gesellschaft möglich (vgl. ausführlich: KM: 273ff.)!

Vor diesem Hintergrund wirkt nicht nur Rosas Gegenwartsdiagnose, sondern auch seine Unterscheidung zwischen Frühmoderne, klassischer Moderne und Spätmoderne allzu vordergründig, da Ver- und Entzeitlichung vermutlich *universelle Begleitprozesse sozialer Differenzierung* sind. So war auch das Leben in der Vor- und Frühmoderne selbstverständlich in hohem Maße verzeitlicht. Es folgte vor allem den Zeitrhythmen der Jahreszeiten und der bäuerlichen Arbeit (vgl. Freyer 1955: 15 ff.). Rosas Epochenunterscheidung ist daher nur als Apologie einer klassischen Moderne zu verstehen, die durch universelle, sozialstaatlich gerahmte Lohnarbeit charakterisiert ist. Sie liefert die für Rosa maßgeblichen Zeitmodelle des Normalarbeitstages, der Normalbiographie und der Problemlösungsgeschwindigkeit der parlamentarischen Demokratie.

Dass sie in eine Krise geraten sind, die als ‚Entzeitlichung' und ‚rasender Stillstand' diagnostiziert werden kann, ist durchaus plausibel und wird durch hinreichende Konvergenzen (siehe oben) bestätigt. Nur ist damit so wenig gewonnen wie aus anderen konservativen Gegenwartsdiagnosen (etwa Spenglers Beschwörung des Untergangs des Abendlands oder Gehlens Hypermoral). Wenn man den gesellschaftskritischen Maßstab einer in bestimmter Hinsicht als ‚besser' bewerteten Vergangenheit abgewinnt, dann kann man damit eben immer nur bestimmte Aspekte des sozialen Wandels identifizieren und als ‚Verfall' thematisieren.

Wir können daher festhalten, dass Rosa mit dieser Vorgehensweise weder seinen eigenen ‚umfassenden' (vgl. unter 2.6.2.1) Anspruch einlösen noch die kritische Theorie erneuern kann. Dieses Theorieprogramm erfordert immer auch die Identifizierung emanzipatorischer Interessen, die über eine bloße Bewahrung einer ‚besseren' Vergangenheit hinausgehen.

Wenn Rosas These eines Beschleunigungsschubs im ausgehenden 20. Jahrhundert zumindest für wichtige Bereiche moderner Gesellschaften zutrifft, dann wäre es meines Erachtens interessant zu untersuchen, welche Differenzierungsprozesse und Neuarrangements dadurch in Gang gekommen sind. So scheint zum Beispiel die auch von Rosa registrierte Beschleunigung des globalisierten Kapitalismus vor allem die soziale Ungleichverteilung der Einkommen und Vermögen zu verschärfen. Unter den Bedingungen einer marktabhängigen Lebensführung (vgl. 3.1-3.3) werden damit aber auch die Zwänge der Wiederbeschaffung von Geld ausdifferenziert (vgl. 3.8.3). In dieser Hinsicht kommt es zu *zentrifugalen* Effekten. Nur noch in einem schrumpfenden mittleren Bereich, in dem das Wiederbeschaffungsproblem durch kontinuierliche Erwerbsarbeit gelöst werden kann, werden die Leistungs- und Qualifikationsanforderungen des auch von Rosa analysierten ‚flexiblen Kapitalismus' unabweisbar. Im wachsenden ‚oberen' Bereich mutieren diese Zwänge dagegen zu unverbindlichen Möglichkeiten einer an der eigenen Identität orientierten Lebensgestaltung jenseits der Zwänge von unabweisbarer

Lohnarbeit, eines institutionalisierten Lebenslaufs und der Normalbiographie. Dagegen werden die Imperative der Lohnarbeit und der Normalbiographie für eine ebenfalls wachsende Teilpopulation der Abgehängten und sozial Deklassierten zwar nicht suspendiert, aber zu einer unerreichbaren Fata Morgana. Hier trägt der Alltag zunehmend Züge der Frühmoderne mit einer auf den alltäglichen Überlebenskampf zugespitzten Zeitstruktur.

Weiterhin leuchtet es mir nicht ein, dass Rosa Tendenzen einer weiteren Verzeitlichung der Normalbiographie ohne weiteres der durch Entzeitlichung und rasenden Stillstand charakterisierten Spätmoderne zuordnet. Ich denke hierbei vor allem an die Verzeitlichung familiärer Lebensformen, den Trend vom Lebenspartner zum Lebensabschnittspartner (Rosa 2005: 446), aber auch an Verzeitlichungstendenzen der Identitätsentwicklung und die Entwertung beruflicher Qualifikationen. Warum sollen diese Verzeitlichungsprozesse nicht auch Ansatzpunkte für ein erfüllteres Leben im Sinne der klassischen Moderne enthalten (für die Entwertung beruflicher Qualifikationen vgl. z. B. den ‚Abspaltungstyp‘ bei Brock/Vetter 1986: 177f.)? Hier scheint mir der als Analysestrategie gewählte Konservatismus in ein Ressentiment gegenüber aktuellen sozialen Entwicklungen umzuschlagen. Es ist nicht plausibel, dass alles Neue (z. B. auch im Bereich der social media) per se zu einer nicht mehr handhabbaren Beschleunigung des Lebenstempos führen muss. Warum sollten hier nicht auch neue Chancen für ein gelingendes Leben zu entdecken sein?

In analytischer Hinsicht erscheint mir die Diagnose des rasenden Stillstands *bei der Gestaltung der Zukunft* nur plausibel, wenn man hier ein Monopol des politischen Systems und der klassischen Modalitäten politischer Willensbildung unterstellt (vgl. Rosa 2005: 391ff.). Mit Beck ist hier einzuwenden, dass ‚politische‘ Zukunftsentscheidungen zunehmend in anderen Funktionssystemen fallen, insbesondere in Wissenschaft und Wirtschaft (vgl. unter 2.4.2).

Meine Kritik lässt sich dahingehend zusammenfassen, dass ich Rosas ausschließlich am Programm der kritischen Theorie orientierte Analysemethode für zu eng halte, um zu einer Gesamtansicht der Beschleunigungsverhältnisse in modernen Gesellschaften zu kommen. Für ebenso verkürzt halte ich sein soziologisches Verständnis der Beschleunigungsphänomene, das auf mögliche Synthesen fokussiert ist und durch Beschleunigung ausgelöste Differenzierung und soziale Segmentierung kaum registriert Daher erspare ich es mir auch, auf die unter (2.5.2.1) angesprochenen Unklarheiten bei der Reichweite des Beschleunigungsaspekts näher einzugehen.

2.5.3   Manuel Castells und die Netzwerkgesellschaft

Dass die *Digitalisierung der Kommunikation* beziehungsweise *das Internet* das zwischenmenschliche Zusammenleben möglicherweise auf eine neue Grundlage gestellt hat, wird in den letzten Jahren in der Soziologie zunehmend vermutet (vgl. auch Papsdorf 2014). Wie diese Veränderungen aber genau zu verbuchen sind bleibt schon deshalb nebulös, weil sich in der Soziologie über Theorien funktionaler Differenzierung hinaus kein einheitliches Verständnis der modernen Gesellschaft geschweige denn ein allgemein anerkanntes Analyseraster der modernen Gesellschaft herauskristallisiert hat. Die These eines mit der Digitalisierung beziehungsweise dem Internet verbundenen Umbruchs lässt sich aber nur unter Rückgriff auf ein Gesellschaftsmodell kommunizieren. Dieses Problem hat Manuel Castells, der die wohl am meisten beachtete Gegenwartsdiagnose zum Thema Digitalisierung/ Internet vorgelegt hat, *durch Rückgriff auf den Begriff des Netzwerks* zu lösen versucht (Castells 2003).

Soziale Netzwerke sind zu einem wichtigen Feld mikrosoziologischer Analysen geworden, seitdem die These allgemeine Anerkennung erfahren hat, dass „weak ties", also schwache soziale Bindungen unterhalb der Ebene von Freundschaft und festen sozialen Beziehungen, sehr viel über die soziale Verortung eines Menschen aussagen und vor allem für den Einzelnen eine wichtige Ressource darstellen (Granovetter 1973). Diesen Gesichtspunkt versucht Castells nun auch für seine Analysen fruchtbar zu machen. Im Schlusskapitel des ersten Bands seiner Trilogie zum Informationszeitalter hält der Autor „als historische Tendenz" fest, „dass die herrschenden Funktionen und Prozesse im Informationszeitalter zunehmend in Netzwerken organisiert sind. Netzwerke bilden die neue soziale Morphologie unserer Gesellschaften und die Verbreitung der Vernetzungslogik verändert die Funktionsweise und die Ergebnisse von Prozessen der Produktion, Erfahrung, Macht und Kultur wesentlich" (Castells 2003a; 527). Zwar habe es Netzwerke schon immer gegeben, aber erst im Informationszeitalter werde die Gesellschaftsorganisation durch Netzwerke bestimmt, sodass die Teilhabe an ihnen zu einer unabdingbaren Voraussetzung werde, um Einfluss und Macht ausüben zu können.

Neben dem Netzwerkkonzept besteht der zweite Grundbaustein in Castells' Argumentation im sogenannten *Paradigma der Informationstechnologie.* Ähnlich wie Rosa und auch Giddens identifiziert Castells den Industrialismus als Grundlage jeglicher moderner Gesellschaft. Im Informationszeitalter, so seine These, sei der Einsatz kostengünstiger Informationen zur technologischen Grundlage geworden. Diese neue Grundlage charakterisiert Castells durch folgende fünf Merkmale:

- Erstens ist Information zum grundlegenden gesellschaftlichen Rohstoff geworden, deswegen hätten „Technologien, die Informationen bearbeiten" (ebd.: 76) grundlegende Bedeutung gewonnen.
- Zweitens: „Weil Information integraler Bestandteil jedweder menschlicher Tätigkeit ist, werden alle Prozesse unserer individuellen und kollektiven Existenz direkt durch das neue technische Medium geprägt" (ebd.: 76).
- Drittens: In direktem Zusammenhang mit dieser neuen technologischen Grundlage verbreite sich die „Netzwerklogik" (ebd.: 76). Dahinter verbirgt sich die Auffassung, dass Netzwerke die Organisationsform mit der größtmöglichen Offenheit seien. Dies prädestiniere sie zur Organisation sozialer Prozesse unter den Bedingungen hoher Komplexität und größtmöglicher Offenheit.
- Viertens sei das informationstechnologische Paradigma durch Flexibilität bestimmt. Die „Fähigkeit zur Rekonfiguration" (ebd.: 77) sei eine entscheidende Eigenschaft in einer durch Wandel und Mobilität gekennzeichneten Gesellschaft.
- Das fünfte Merkmal schließlich bestehe in der „Konvergenz spezifischer Technologien zu einem hochgradig integrierten System" (ebd.: 77).

Beide Grundbausteine (Gesellschaft als Netzwerk und das ‚informationstechnische Paradigma') verkettet Castells über die These, dass das informationstechnologische Paradigma die technologische Grundlage für die Ausbreitung der Netzwerklogik bereitstelle. Ähnlich wie Rosa *hat auch Castells das Zusammenspiel zwischen veränderter technologischer Grundlage und dadurch induziertem sozialem Wandel im Visier.* In den weiteren Abschnitten der Trilogie, die hier nicht referiert werden können, versucht Castells daher die Durchsetzung neuer technologischer Grundlagen und einer damit verknüpften Netzwerklogik auf diversen Themenfeldern zu analysieren. Während sich der erste Band auf das Wirtschaftssystem konzentriert, kreist der zweite um das Thema soziale Bewegungen, Politik und Staat. Diese beiden gedanklichen Fäden werden dann im dritten Band miteinander verbunden, der das heutige „Weltsystem" im Zusammenspiel zwischen Ökonomie und Politik behandelt.

Auch wenn der Zusammenhang zwischen Informationstechnologie, Internet und Netzwerkstrukturen höchst evident ist, hinterlässt Castells Werk zumindest beim kritischen Leser mehr offene Fragen als es überzeugende Antworten zu geben vermag. Sicherlich ist es plausibel, dass etwa die Fragen der Inklusion/Exklusion in der Informationsgesellschaft in hohem Maße auf die Partizipation an informationellen Netzwerken hinauslaufen. Auf der anderen Seite wirkt Castells' Argumentation zur informationstechnologischen Revolution sehr vordergründig. Man möchte doch gerne erfahren, wieso es in der gegenwärtigen Gesellschaft so sehr auf Information ankommt. Sind alle Informationen gleichermaßen wichtig oder dominiert in Castells' Analysen faktisch eine Gleichsetzung zwischen Information und der Frage des Zugangs zu theoretischem Wissen? Wenn dies so ist, dann wäre die informationstechnologische Revolution aber als eine Folge der Wissensgesellschaft zu verstehen.

Aber noch in anderer Hinsicht wirkt die Argumentation zur informationstechnischen Revolution allzu vordergründig. Zumindest möchte der kritische Leser gerne wissen, nach welchen Kriterien man eine ‚technologische Grundlage‘ überhaupt identifizieren kann. Eine gewisse Klärung solcher offenen Fragen kann ein Rekurs auf etwas ältere zeitdiagnostische Arbeiten liefern, die ebenso Epochenunterscheidungen innerhalb der Moderne zu treffen suchen. Sie sind Thema des nun folgenden Abschnitts.

2.5.4 Daniel Bell und die Theorie der Wissensgesellschaft

In einer ersten groben Annäherung können wir *Wissensgesellschaften als Gesellschaften bezeichnen, in denen theoretisches Wissen zentrale Bedeutung gewonnen hat.* Diese allgemeine Feststellung kann man dann in Richtung auf Geltungskriterien von Wissen und die Rolle von Wissenschaft sowie Forschung und Entwicklung für das gesellschaftliche Selbstverständnis, das wirtschaftliche Wachstum, die Berufs- und Beschäftigungsstruktur usw. ausbuchstabieren. Was heute als theoretisches Wissen angesehen wird, hat sich zusammen mit dem europäischen Modell von Kapitalismus und Nationalstaat aus sehr unterschiedlichen Quellen entwickelt (vgl. Kron 1984).

Den inneren Zusammenhang zwischen dem heute dominierenden Wissensverständnis und dem modernen Kapitalismus haben Horkheimer und Adorno im Einleitungskapitel der „Dialektik der Aufklärung" prägnant herausgearbeitet (Horkheimer/Adorno 1988). Unter Rückgriff auf einen der Pioniere der Wissensgesellschaft, Francis Bacon (1561 bis 1626) zeigen sie, dass es hier um ein Wissen geht, das auf praktische Naturbeherrschung zielt und auf experimentellem Wege gewonnen wird. Von theoretischem Wissen kann man insofern sprechen, als es für beliebige Zwecke und Ziele instrumentalisierbar sein soll. Auf eine sehr instruktive Weise wird dieses Konzept erstmals in Newtons Mechanik konkretisiert. Die Industrialisierung macht dann praktische Zusammenhänge zwischen allgemeinen wissenschaftlichen Gesetzesaussagen und daraus resultierenden wirtschaftlich nutzbaren Innovationen sichtbar. Insofern gehören theoretisches Wissen und Moderne immer zusammen.

Daniel Bell ist durch seine bereits 1973 veröffentlichten Überlegungen zur nachindustriellen Gesellschaft zu einem klassischen Vertreter der These von der Wissensgesellschaft geworden (vgl. Bell 1975; 1979). Er bricht mit der seit Clark 1940 und Fourastié 1949 gängigen These, dass die Industriegesellschaft durch die

Dienstleistungsgesellschaft abgelöst werde. Die Tertiarisierung schrumpft bei Bell auf nur noch eine von fünf Dimensionen der nachindustriellen Gesellschaft. Deren axiales Prinzip – der Begriff liegt in etwa auf der Linie von Giddens Strukturprinzipien (vgl. unter 2.3.2.4) – bestehe dagegen in der *„Zentralität theoretischen Wissens als Quelle von Innovation"* (Bell 1975; 32) sowie *als Grundlage des gesellschaftlichen und politischen Selbstverständnisses.* Die Berufsstruktur der nachindustriellen Gesellschaft charakterisiert er daher durch den „Vorrang einer Klasse professionalisierter und technisch qualifizierter Berufe" (ebd.: 32).

Damit sind die drei wichtigsten Merkmale fixiert, die typischerweise mit dem Begriff der Wissensgesellschaft in Zusammenhang gebracht werden: Die Zentralität theoretischen Wissens als Quelle sowohl des technisch-ökonomischen Fortschritts wie auch des gesellschaftlichen Selbstverständnisses. Eine *Folge* der ständigen Bedeutungszunahme des theoretischen Wissens besteht dann im „Vorrang" (ebd.: 171ff.) der Berufe, bei denen der Umgang mit theoretischem Wissen zentrale Bedeutung hat.

Vergleichbar mit der Rolle des menschlichen Wissens in der Dienstleistungsgesellschaft wird auch im Konzept der Wissensgesellschaft das theoretische Wissen als dynamisches Element verstanden, das wirtschaftliche Entwicklungen und wirtschaftliches Wachstum trägt, nachdem der Wachstumsmotor der klassischen Industrialisierungsphase in seinen Möglichkeiten ausgeschöpft worden und zu einem historischen Ende gekommen ist. Anders als die Dienstleistungsthese reflektiert die These der Entwicklung zur Wissensgesellschaft nicht nur den Wandel in der Arbeitsplatz- und Berufsstruktur sondern sie reflektiert auch veränderte Bedingungen wirtschaftlicher Wertschöpfung. Auch wenn das theoretische Wissen bereits in der klassischen Industrialisierungsphase wichtig war, kann dennoch eine Art *Epochenunterscheidung* mit dem Argument postuliert werden, dass die Ressource der harten körperlichen Industriearbeit aufgebraucht sei, sodass in einer neuen Phase das theoretische Wissen zur Grundlage des Modernisierungsprozesses werde.

Diese Art der Argumentation zeigt, dass der Komplex Wissensgesellschaft aus der Industrialismusdebatte und dem Bemühen hervorgegangen ist, eine Phase des Postindustrialismus (vgl. insbesondere Touraine 1972) zu charakterisieren. Während die menschliche Arbeit die grundlegende Ressource der industriellen Produktion war, tritt das theoretische Wissen in der nachindustriellen Gesellschaft an seine Stelle.

Mit diesem Wechsel in der grundlegenden Ressource, auf deren Ausschöpfung der Modernisierungsprozess beruht, sind jedoch zumindest zwei zentrale sozialstrukturelle Veränderungen verknüpft. Einmal ist „Wissensarbeit" nicht mehr, wie die klassische Industriearbeit, „Jedermannarbeit" (Asendorf-Krings u. a. 1976), sondern eine auf besondere Fähigkeiten weniger Experten beschränkte Möglichkeit. Wenn bereits Bell von „Vorrang" spricht, dann deutet sich hier eine *gesellschaft-*

liche Spaltung innerhalb der abhängig Beschäftigten/Lohnarbeiterklasse an. Marx hatte am klassischen Industrialisierungsprozess des 19. Jahrhunderts zu zeigen versucht, dass die Nivellierungstendenzen in der großen Industrie zu einer sozialen Vereinheitlichung der Arbeiterklasse führen würden. Mit der These der Wissensgesellschaft wird nun ein zur Polarisierung führender Gegentrend herausgearbeitet, wobei nicht ganz geklärt ist, (a) ob ein auf Innovation umgestelltes globalisiertes Wirtschaftssystem nur eine vergleichsweise geringe Anzahl an Wissensarbeitern benötigt (Vgl. Martin/Schumann 1996, Reich 1993, Rifkin 1996), (b) ob es von der Wissensvermittlung her Grenzen der Qualifizierbarkeit gibt, die entweder auf die unterschiedliche Verteilung von Begabungen zurückgeführt werden könnten oder auf Grenzen der Wissensvermittlung in der zweiten Phase der Bildungsrevolution.

Die zweite ebenso wichtige sozialstrukturelle Implikation der These von der Wissensgesellschaft ist, *dass der Zugang zu theoretischem Wissen*, das ja immer nur arbeitsteilig existiert und nie vollständig von einer einzigen Person angeeignet werden kann, *zu einer zentralen gesellschaftlichen Ressource wird*. Genau das unterstellt auch Castells in seinen Analysen der Netzwerkgesellschaft.

Mit anderen Worten: *Castells' informationstechnologische Revolution ist nur unter den Bedingungen der Wissensgesellschaft eine solche. In der klassischen Industriegesellschaft wären deren Effekte wesentlich beschränkter gewesen.* Weiterhin können wir an dieser Stelle festhalten, dass sich beide Diagnosen, Wissensgesellschaft wie Netzwerkgesellschaft, auf die Giddenssche Dimension des Industrialismus beziehen. Daher können sie die bei Giddens monierte inhaltliche Lücke zumindest teilweise füllen. Wir hatten Giddens dafür kritisiert, dass er nur die raum-zeitliche Ausdehnung (Stichwort: Globalisierung) markiert, aber damit verbundene inhaltliche Veränderungen ausblendet. Die Diagnosen von Castells und Bell zeigen nun zumindest, in welcher Weise der Industrialismus produktionsseitig auf eine neue Grundlage gestellt wurde.

Weitere Beiträge zu Veränderungen des modernen Nationalstaats wie des Kapitalismus unter den Bedingungen der Globalisierung wurden bereits an anderer Stelle vorgestellt und diskutiert (Globalisierung: 23-116), sodass wir in den beiden folgenden Abschnitten Bilanz ziehen können.

Zusammenfassung

1. In diesem Abschnitt werden thematisch begrenzte Gegenwartsdiagnosen besprochen, die zu einer Epochenunterscheidung innerhalb der Moderne kommen. Sie ergänzen das bisherige Argumentationsspektrum um die Aspekte Beschleunigung und technologische Grundlagen.

2. Hartmut Rosa liefert unter dem Aspekt der Beschleunigung eine Gegenwartsdiagnose. Er konstatiert, dass die Beschleunigung in der Gegenwart auf allen
   wesentlichen Feldern ein Tempo angenommen habe, das weder eine gezielte
   Gestaltung der gesellschaftlichen Verhältnisse noch des eigenen Lebens erlaube.
   Er bringt die gegenwärtige Spätmoderne auf die Formel eines ‚rasenden Stillstands' und grenzt sie damit von der klassischen Moderne ab, wo das Tempo
   der Beschleunigung noch eine gezielte Gestaltung des individuellen Lebens
   wie der Gesellschaft ermöglicht habe. Kritisiert wird vor allem, dass Rosa
   nicht immer empirisch plausible Verallgemeinerungen vornimmt und in der
   Gegenwart nur Rückschritt zu erkennen glaubt. Seine Gegenwartsdiagnose
   trägt insofern konservative Züge, als es dem Autor um die Bewahrung der
   Beschleunigungsverhältnisse der klassischen Moderne geht.
3. Für Manuel Castells ist mit dem Internet ein neuer Typus von Gesellschaft
   aufgekommen – die Netzwerkgesellschaft, in der der Zugang zum Rohstoff
   der technisch verarbeiteten Kommunikation zentrale Bedeutung gewinnt.
   Castells theoretische Argumentation (‚informationstechnologisches Paradigma') wirkt vordergründig. Die Netzwerkgesellschaft lässt sich wohl am
   ehesten als Variante der nachindustriellen Gesellschaft verstehen, die die
   technisch verarbeitete Kommunikation anstelle des theoretischen Wissens
   in den Mittelpunkt stellt.
4. Die von Daniel Bell angestoßene Postindustrialismus-Debatte knüpft an den
   Marxismus an. Sie hat vor allem die weithin anerkannte These hervorgebracht,
   dass theoretisches Wissen in der nachindustriellen Gesellschaft zu entscheidenden Produktivkraft wird, weshalb die Investition in Bildung und damit
   in Humankapital entscheidende Bedeutung gewinnt.

2.6   Gibt es eine neue Phase im gesellschaftlichen Modernisierungsprozess? Eine zeitdiagnostische Bilanz zur Frage einer zweiten, radikalisierten Moderne

2.6.1   Einleitung

Nach der Diskussion der wichtigsten Thesen in den beiden vorangegangenen
Abschnitten könnte eine Bilanz des zeitdiagnostischen Potentials der neueren
Modernisierungstheorie, die auch die Frage nach plausiblen Epochenunterschei-

dungen einschließt, lakonisch kurz ausfallen: in der Sache wenig überzeugend, aber als Popularisierungsstrategie verständlich.

Ein solches Urteil lässt allerdings zwei perspektivische Fragen unbeantwortet im Raum stehen. Man kann trotz aller Kritik an der Ausführung nämlich durchaus die Frage aufwerfen, ob es denn nicht auch aus einer fachwissenschaftlichen Sicht Sinn machen könne, Epochenunterscheidungen innerhalb des Typus moderner Gesellschaften anzustreben. Falls es dafür gute Gründe geben sollte, dann kann man zweitens fragen, ob sich hierfür in den bisherigen Debatten fruchtbare Ansatzpunkte erkennen lassen.

Also: macht es aus fachwissenschaftlicher Perspektive überhaupt Sinn Epochenunterscheidungen innerhalb des Typus ‚moderne Gesellschaften‘ anzustreben? Ist es nicht wissenschaftlicher, auf die Relativität und Beliebigkeit jeglicher Phasenmodelle zu verweisen und daher auf weitere Bemühungen zu verzichten? Anders als im 18. und 19. Jahrhundert, als Epochenunterscheidungen und Phasenmodelle konzipiert wurden, um das Walten des Fortschritts auf der Ebene von Fachdisziplinen und Themenbereichen zu konkretisieren, kann man sich heute nicht mehr selbstverständlich auf einem derartigen Fundament bewegen. Die Kritik hat diese metaphysischen Wurzeln der Aufklärung längst erkennbar gemacht (vgl. hierzu Habermas 1988). Jeder Epochenunterscheidung, jedem Phasenmodell liegen daher Unterscheidungen zugrunde, die immer auch durch andere ersetzt werden können – mit entsprechend andersartigen Konsequenzen (Luhmann 1997, 515f.). Ist es daher nicht wissenschaftlicher, sich auf immer kleinteiligere Themen zu konzentrieren und die Finger von solchen unseriösen Dingen zu lassen?

Leider ist diese verständliche Reaktion keine seriöse Alternative. Wie schon Horkheimer und Adorno für die mythischen Grundlagen unseres Wissens gezeigt haben, kann man sich den Fragen nach den Grundlagen unserer Zivilisation entweder stellen oder man verdrängt sie. Dazu gehört zweifellos auch die Frage, ob wir immer noch in der klassischen Moderne leben. Wenn man sich dieser Frage nicht stellt, dann kann man die zwanghafte Wiederkehr des Verdrängten kaum vermeiden (für die Frage nach den zivilisatorischen Grundlagen unseres Wissens vgl. Horkheimer/ Adorno 1988; vor allem Kapitel 2 und 3). In einer weniger philosophischen Sprache hat Lord Keynes dieselbe Problematik für die Wirtschaftswissenschaften so formuliert: „Ideen aus den Wirtschaftswissenschaften und der politischen Philosophie sind … wirkungsmächtiger, als allgemein angenommen wird… Männer der Praxis, die sich ganz frei von allem intellektuellen Einfluss dünken, sind gewöhnlich Nachbeter irgendeines obsoleten Wirtschaftswissenschaftlers" (Keynes 1936; zit. nach Gellner 1993: 10) – ohne dass sie sich dessen bewusst sind. In der kleinteiligen Forschung kommen die verdrängten Fortschritts- und Entwicklungsfragen vor allem in den Prämissen der Themen wie der Befunde zum Vorschein.

Woran liegt das? Zeitliche Vergleiche bilden offenbar eine unvermeidbare Beobachtungsperspektive im menschlichen Alltagswissen. Unsere Sprache nötigt uns
in jedem Satz zur permanenten Unterscheidung von Vergangenheit, Gegenwart
und Zukunft. Daran knüpfen offenbar schon immer Generalisierungen an. So
postulieren nahezu alle Religionen zeitliche Verlaufsmuster. Diese Art von Beobachtung findet sich ebenso bereits in den ältesten schriftlichen Aufzeichnungen
(von Soden 1961: 561f.). Die Identität von Stammesgesellschaften wurde vermutlich
universell über Rituale reproduziert, die die *Kontinuität* dieser Gesellschaften als
Generationenfolge wie als Bewahrung der Traditionen veranschaulichen bzw. bewirken sollten. Auch die moderne Wissenschaft verwendet erhebliche Potentiale,
um die Grundfrage, woher wir kommen, auf zahlreichen Ebenen zu beantworten.
Sie reichen von Theorien der Entstehung des Universums, über Klärungsversuche
der biologische Abstammungsgeschichte bis hin zur soziokulturellen Entwicklung
der Menschheit. Disziplinen, die sich diesen Fragestellungen verweigern, sorgen
nur dafür, dass der Wissensdurst aus anderen, weniger seriösen Quellen gestillt
werden muss. Nur diese Alternative existiert.

Epochenunterscheidungen innerhalb der modernen Gesellschaften machen vor
diesem Hintergrund also durchaus Sinn. Die nachfolgende Darstellung ist daher
an der Frage orientiert, welche fruchtbaren Ansatzpunkte für das Ausmachen von
Diskontinuitäten innerhalb der Moderne sich in den bisherigen Debatten finden
lassen.

In einem ersten Abschnitt (2.6.2) wird untersucht, welche Beiträge zu möglichen
Epochenunterscheidungen die *klassische* Modernisierungstheorie liefern kann.
Daran schließt sich dann eine Diskussion der Ansatzpunkte im neueren Moder-
nisierungsdiskurs an (2.6.3). Der Abschnitt endet mit einem kurzen Fazit (2.6.4).

2.6.2   Die Perspektive der klassischen Modernisierungstheorien

Wie bereits in der Einleitung erläutert wurde, lassen sich gesellschaftliche Veränderungen innerhalb der modernen Gesellschaft nur dann ausmachen, wenn die
gesamte Entwicklung der modernen Gesellschaft von ein und demselben Beob-
achtungsstandort aus analysiert wurde. Diese Bedingung erfüllt am ehesten die
klassische Modernisierungstheorie mit ihrem Kernelement der Theorie funktionaler
Differenzierung. Da von der neueren Modernisierungstheorie eine substantielle
Veränderung im Modernisierungsprozess, die auch als eine neue Phase mit Begriffen wie zweite Moderne, radikalisierte Moderne oder Risikogesellschaft etikettiert
wurde, für die 1970er beziehungsweise 1980er Jahre vermutet wird, *kommt an dieser
Stelle von den Vertretern der klassischen Position nur Niklas Luhmann infrage.* Nur

er konnte sich eingehend mit möglichen Veränderungen in den letzten Dekaden des 20. Jahrhunderts beschäftigen. Zudem hat sich Luhmann punktuell mit den Thesen der neueren Modernisierungstheorie auseinandergesetzt und ist auch auf die philosophische Postmoderne-Diskussion eingegangen (Vgl. insbesondere Luhmann 1986; 1992; 1997).

Für eine Bilanz ist nun wichtig, inwieweit Luhmann Beobachtungen in seine dreidimensionale Theorie der modernen Gesellschaft (KM; 125) eingebaut hat, die *für* solche Epochenunterscheidungen sprechen.

Vor allem aus der evolutionären Perspektive, also in der Zeitdimension seiner Theorie, hat Luhmann beobachtet, dass die gesellschaftlichen Funktionssysteme in der Gegenwart dazu tendieren, ihre Funktion der Problemverarbeitung in sachlicher Hinsicht nicht mehr hinreichend zu erfüllen. Die daraus herrührende Gegenwartskritik wurde an anderer Stelle bereits ausführlich zitiert (KM: 153). Dabei spielt der *Aspekt der Beschleunigung* eine zweifache Rolle. Einmal wurde nach Luhmann über die funktionale Differenzierung eine Beschleunigung der gesellschaftlichen Problemverarbeitung erreicht, da beständige Variation bereits die Grundlage der Funktionssysteme ist (Vgl. KM: 146f.). Zum anderen aber müssen die Funktionssysteme der Gegenwart mit einer immer größeren Umweltkomplexität unter den Bedingungen knapper Zeit zu Entscheidungen kommen. Dies führt nach Luhmann zu Entscheidungen wie der Entscheidung des politischen Systems, nicht zu entscheiden, bei denen die Bearbeitung gesellschaftlicher Probleme in sachlicher Hinsicht zu kurz kommt. Zu demselben Ergebnis kommen mit anderen begrifflichen Mitteln Offe 1986 und Rosa 2005.

Wenn man diese These auf die Differenzierungstheorie rückbezieht, dann wird durch diese immanente Beschleunigungstendenz die Grundlage der funktionalen Differenzierung (Luhmann 1997: 746ff.), nämlich die Monopolisierung von Problemlösungsfunktionen, beschädigt. Dies spiegelt sich in gegenwärtigen Debatten sowohl zum politischen System wie auch zum Wirtschaftssystem, die sich ganz zentral darum drehen, ob diese Funktionssysteme, so wie sie heute existieren, ihre gesellschaftlichen Funktionen noch erfüllen können oder ob man nicht bessere Alternativen finden müsse. In der vorliegenden Form ist dies zwar keine Epochenunterscheidung, aber eine Argumentation, die nicht nur sehr gut zur These einer durchgesetzten Moderne passt sondern auch den risikogesellschaftlichen Komplex ergänzt, sodass man durchaus untersuchen könnte, *ob und wann sich in welchen Funktionssystemen Tendenzen einer postideologischen Systemkritik zeigen.*

Zusammenfassend können wir also festhalten, dass Luhmann keine Epochenunterscheidung kennt, dass er die meisten Aspekte der Debatte zur radikalisierten Moderne in seine Theorie einordnen kann, dass er aber bei dem für jede Theorie

funktionaler Differenzierung zentralen Leistungsaspekt in der Gegenwart gravierende Veränderungen sieht.

2.6.3 Die Ansatzpunkte für Epochenunterscheidungen bei den Vertretern der neueren Modernisierungstheorie

Die These vom Siegeszug der Moderne wird von allen Vertretern des neueren Modernisierungsdiskurses mehr oder weniger stark ausgeprägt vertreten. Dagegen
stoßen wir auf unterschiedliche Akzente, sobald es darum geht, diesen Siegeszug in
soziologisch gehaltvolle Beobachtungen zu übersetzen. Da die damit verbundenen
Probleme bereits diskutiert wurden, gebe ich hier nur noch einen Überblick über
die wichtigsten Ansatzpunkte.

(a)   Das Enttraditionalisierungsargument

Das wichtigste Argument für eine Unterscheidung von Phasen innerhalb der Moderne ist die *These vom Ende der Enttraditionalisierung*. Hier hat die Diskussion
im Abschnitt 2.3 gezeigt, dass die harte Variante, die ein *definitives* Ende von
Enttraditionalisierungsprozessen behauptet, unhaltbar ist. Das gilt nicht nur für
Beck sondern auch für die vorsichtigere Version von Giddens. Andererseits ist Modernisierung soziologisch vor allem in Form von Enttraditionalisierungsvorgängen
fassbar. Daraus folgt, dass man nach Möglichkeiten suchen könnte, sich auf strategisch besonders relevante Enttraditionalisierungsprozesse zu konzentrieren und
nur für diese untersucht, ob und wenn ja wann ein definitives Ende vormoderner
Sozialformen feststellbar ist.

Eine Möglichkeit wurde im Abschnitt 2.3.3.1 durchgespielt. Hier wurde vorgeschlagen, sich auf Individualisierungsvorgänge *im Modus staatlich organisierter
Vergesellschaftung* zu konzentrieren. Eine Phase der Moderne wäre dabei dann
zu Ende gegangen, wenn Aspekte ständischer Differenzierung (bzw. ethnische
Herkunft oder Geschlecht) im staatlichen Zugriff auf die Gesellschaftsmitglieder
völlig verschwunden sind.

Zusätzlich möchte ich an dieser Stelle noch auf eine zweite Möglichkeit aufmerksam machen. Sie setzt daran an, dass Enttraditionalisierung ganz unterschiedliche
soziale Folgen haben kann. Diskontinuitäten oder Epochenunterscheidungen könnte
man daher eventuell nicht mit Enttraditionalisierung, sondern *mit neuartigen
gesellschaftlichen Folgen (kapitalistischer) Enttraditionalisierung* begründen. Für
diese Variante spricht das Konvergenzargument. Nahezu alle Autoren, explizit
Sennett, Beck, Giddens, Bauman, sowie die Theoretiker der Beschleunigungsthese,
des Postindustrialismus und der Wissensgesellschaft beschäftigen sich mit den

sozialen Folgen von Enttraditionalisierung. Dagegen spricht, dass diese Variante nur schwer auf das Argument vom Siegeszug der Moderne bezogen werden kann. Solche neuartige gesellschaftliche **Folgen** der permanenten Enttraditionalisierung sind insbesondere:

- dass auch im white collar Bereich Arbeitsbiographien nicht mehr als Karriere erzählt werden können (Sennett 2006);
- dass auch die Risiken und die Rückstände des kapitalistischen Produktionsprozesses kalkuliert werden müssen (Beck 1986);
- dass die Raum- Zeit- Ausdehnung gesellschaftlicher Verflechtungen an die natürliche Grenze des Planeten Erde gestoßen ist (= Globalisierung; Giddens 1995);
- dass das Leben in der flüchtigen Moderne keine hinreichende Identitätsentwicklung mehr zulässt (Bauman 2003; ähnlich Rosa 2005).

(b)   Das Risikoargument

Das zweite grundlegende Argument für eine Epochenunterscheidung innerhalb der Moderne ist der *Risikoaspekt*. Der Grundgedanke, der die Unterscheidung zwischen Risiken und Gefahren voraussetzt, lautet, dass jeder Fortschritt, jede Entwicklung, jede Anwendung neuen Wissens mit Risiken behaftet ist. Risiken sind gewissermaßen die Schattenseite jeglichen Fortschritts. Aus dieser grundlegenden Gegebenheit kann erst dann eine Epochenunterscheidung konstruiert werden, wenn *zusätzliche Annahmen* getroffen werden.

Wir haben bereits gesehen, dass Beck in der ‚Risikogesellschaft' in jedem der drei Teile unterschiedliche Zusatzargumente formulierte. Im ersten Teil der Risikogesellschaft, in dessen Zentrum die ökologischen Risiken stehen, wird mit dem *Siegeszug des Industrialismus* argumentiert, der es verunmögliche, Risiken in die Peripherie abzuschieben und deswegen tendenziell zur Weltrisikogesellschaft, zu globalen Risikodiskursen führe. Dieses Argument ist problematisch, weil bereits viele Zivilisationen vor der Industrialisierung an den selbst produzierten ökologischen Risiken gescheitert sind.

Im zweiten Teil der Risikogesellschaft entwickelt Beck das Zusatzargument, dass *nach dem Wegfall bremsender Traditionselemente für die Arbeitnehmer neue und egalitärere Chancen* (jenseits patriarchalischer Familienstrukturen, jenseits von Bildungsprivilegien) *entstanden seien*, deren Nachtseite eben in höheren biographischen Risiken (sowohl über den Arbeitsmarkt vermittelt wie auch Risiken in Partnerschaft und Familie) bestünde. Auch dieses den Risikoaspekt spezifizierende Zusatzargument wird problematisch, sobald man über den Tellerrand der Nachkriegsära hinaus schaut und beispielsweise sich mit den Chancen und Risiken der Arbeitnehmer unter frühindustriellen Bedingungen beschäftigt. Auch Friedrich

Engels hätte sehr gute Gründe gehabt, seinen Bericht über die Lage der arbeitenden Klassen mehr als hundert Jahre vor Beck mit dem Etikett Risikogesellschaft zu versehen (vgl. zum Forschungsstand über frühe Industriearbeit auch Brock 1991; Kap 3).

Schließlich entwickelt Beck noch ein drittes Zusatzargument, das zwar geeignet ist, eine solche Zäsur zu markieren, aber über den Bereich der Risikotechnologien hinaus nicht verallgemeinerbar ist. Das Argument lautet, dass der Siegeszug der modernen Wissenschaft auch zu Risikotechnologien führt, also zu technischen Innovationen, deren Folgen nicht mehr über Laborexperimente geklärt werden können. Hier zerstört also der Siegeszug der modernen Wissenschaft das Fortschrittsprogramm systematischer Naturbeherrschung, das an ihrem Anfang stand.

Das *Begriffspaar Risiko und Vertrauen* hat bei Giddens ebenfalls einen zentralen Stellenwert. Wir haben im Abschnitt 2.4.3 bereits gesehen, dass Giddens das Argument vom Risiko als einer Schattenseite jeglichen zivilisatorischen Fortschritts mit einer anthropologischen Dimension versieht. Das fokussiert seine Überlegungen stärker auf den Aspekt der *Risikobewältigung* als auf den Aspekt der Risikogenerierung.

Dennoch gibt es auch bei Giddens Ansatzpunkte für ein Zäsurargument auf der Ebene der Risikogenerierung. Es hängt mit der Durchsetzung von Reflexivität in der Moderne zusammen, die bereits den Begriff der posttraditionalen Gesellschaft trägt. Dabei kommt es zum *Verlust der mit Wissen zuvor verbundenen ontologischen Sicherheit*. Wir sind uns heute bewusst, dass jegliches theoretisches Wissen nur Wissen auf Zeit ist, das irgendwann durch besseres theoretisches Wissen ersetzt werden wird. In Verbindung mit dem wissensgesellschaftlichen Komplex könnte hieraus das Zäsurargument entwickelt werden, dass sich die zweite Moderne letztlich über kulturell durchgesetzte *Reflexivität der Wissensgenerierung* von anderen Phasen der Moderne unterscheide.

(c)   Das Globalisierungsargument

Dagegen halte ich Giddens' Versuch, eine Zäsur über *das Globalisierungsargument* zu begründen, für gescheitert. Damit würde man nur den Siegeszug eines bestimmten Gesellschaftsmodells erklären können, aber nicht dessen Wandlungsprozesse infolge seiner Globalisierung. Dennoch sollte man den Globalisierungsaspekt auf der Rechnung behalten.

Aussichtsreich erscheint mir eine Verbindung zur Theorie funktionaler Differenzierung in der Form, dass mit der faktischen Ausbreitung der Funktionssysteme auch deren Institutionalisierung global abstimmt werden muss (Vgl. hierzu ausführlich Globalisierung 226-236).

(d)   Die Industrialismus-Postindustrialismus Debatte

In dieser Debatte besteht der gemeinsame Nenner in der Überzeugung, dass wir in einer postindustriellen Gesellschaft leben. Was aber als die Grundlage der postindustriellen Gesellschaft anzusehen ist, wird kontrovers diskutiert. Wir haben vor allem drei Ansatzpunkte kennengelernt, die sich vielleicht zusammenfügen lassen. Der erste Ansatzpunkt ist, dass an die Stelle der Industrie das theoretische Wissen getreten sei (Bell 1975). Der zweite Ansatzpunkt besteht in der These, dass Reflexivität, also die permanente Überprüfung aller Praktiken zur neuen gesellschaftlichen Grundlage geworden sei (Giddens). Drittens kann postuliert werden, dass sich die technologische Grundlage geändert habe. Das führt zur These einer informationstechnologischen Revolution (Castells), aber auch zur Feststellung, dass die Mikroelektronik oder auch das Internet zu einer neuen Basistechnologie geworden seien (z. B. Bornschier 1998).

Diese drei Argumente hängen in der Sache eng miteinander zusammen. Wenn man begründen möchte, wieso das theoretische Wissen zur Grundlage (Bell: axiales Prinzip) der postindustriellen Gesellschaft geworden sei, dann kann man das mit Reflexivität beziehungsweise reflexiver Modernisierung erklären, die einen unendlichen Bedarf an theoretischem Wissen stimuliert. Die Nutzung theoretischen Wissens zur beständigen Revision sozialer Praktiken ist aber nur möglich, wenn ein sowohl schneller wie auch universeller Zugang zu dem immer weniger übersehbaren gesellschaftlichen Wissen ermöglicht wird. Hier greifen dann die Thesen einer informationstechnologischen Revolution in globalisierten Kommunikationsnetzen.

(e)   Beschleunigung

Schließlich lässt sich die These vom Siegeszug der Moderne noch über den Beschleunigungsaspekt operationalisieren (Rosa 2005). Das scheint auf den ersten Blick höchst chancenreich zu sein, da über die These vom rasenden Stillstand empirische Kriterien für ein Umschlagen von Modernisierungsprozessen in sozialen Stillstand angeben lassen. Die Diskussion dieses Ansatzes hat jedoch erhebliche Zweifel aufkommen lassen, dass Prozesse sozialer Beschleunigung in der Gegenwart zu *durchgängigen* und sozial prägenden Blockaden sowohl der Funktionssysteme wie der Lebensführung geführt haben.

2.6.4   Ein erster Synthetisierungsversuch: Beck/ Lau 2005

2.6.4.1   Einleitung

Becks Epochenunterscheidung zwischen einer ersten Industriemoderne und einer zweiten reflexiven Moderne wurde Thema eines Sonderforschungsbereichs und damit auf eine sehr ausgiebige Art und Weise zur Grundlage empirischer Forschung gemacht. Zwar sind Theorien dieser Reichweite kaum in toto überprüf- und falsifizierbar, aber ihre heuristische Fruchtbarkeit kann sich daran erweisen, ob und mit welchen Ergebnissen sie in konkrete Forschungsprojekte übersetzt werden kann. Auf dieser Ebene projektspezifischer Fragestellungen kann dann auch die Stimmigkeit des Gesamtkonzepts getestet werden. Daraus wiederum kann eine Bilanz gezogen werden und es können Rückschlüsse auf die Stimmigkeit der Epochenunterscheidung erfolgen. Eine erste Rückkopplung ist in Form eines 2005 in der Sozialen Welt publizierten Aufsatzes erfolgt.

2.6.4.2   Eine Korrektur der ‚Risikogesellschaft'

Der Aufsatz zeigt zunächst einmal, dass aus Sicht der Autoren Becks Epochenunterscheidung weder in vollem Umfang bestätigt noch widerlegt wurde. Als Tenor können wir zunächst festhalten, dass (a) sich der Anspruch, auf eine veränderte Gesellschaft mit einer neuen Theorie zu reagieren, bewährt habe, jedoch (b) die Epochenunterscheidung zwischen erster und zweiter Moderne nicht nur präzisiert, sondern auf veränderte Grundlagen gestellt werden müsse.

Mit welchen Argumenten wird begründet, dass an dem Anspruch festgehalten werden soll, eine neue Theorie moderne Gesellschaften direkt mit einer Epochenunterscheidung zu verknüpfen? Hierzu erfährt der Leser nur, dass bereits René König in einem Beitrag von 1979 diese Position vertreten habe (Beck/ Lau 2005: 107f.). Er könne als ‚Gewährsmann' und früher Vertreter des Beckschen Ansatzes angesehen werden (ebd. 108). Ansonsten habe die Projektarbeit, die aber aus Komplexitätsgründen nur sehr allgemein skizziert werden könne, die heuristische Fruchtbarkeit dieser Position bestätigt (ebd.: 112f.) Es wird also an einer Epochenunterscheidung festgehalten, die zumindest zentrale Elemente der urspünglichen Beckschen Argumentation (vgl. 2.3.3. und 2.4.2) beibehält.

Kernpunkt der Revision ist, dass die *These eines definitiven Endes der Enttraditionalisierung (vgl. 2.3.3.1) fallen gelassen wird.* Nun wird argumentiert, die erste, klassische Moderne sei eine Gesellschaft des ‚entweder-oder' gewesen. Sie sei durch klare Unterscheidungen geprägt gewesen, die dann auch klare Entscheidungen (wie Freund- Feind, Inklusion– Exklusion) ermöglicht hätten. Dagegen sei die zweite

Moderne eine Gesellschaft des 'sowohl als auch'. Hier würden Nebenfolgen stärker reflektiert. Sie gingen auch explizit in gesellschaftliche Entscheidungen ein. Dies wird nicht als Folge eines Enttraditionalisierungsprozesses sondern als *Modernisierungsschub* verstanden.

Diese Interpretation unterscheidet die Position von Beck/ Lau 2005 grundlegend von der 'Risikogesellschaft'. Dort war die *klassische Moderne* als *halbmoderne und zugleich halbtraditionelle* Gesellschaft ausgeflaggt worden. Dies habe zu übersichtlichen Ordnungen geführt, in denen sich die Individuen eingerichtet hätten. Die Aufzehrung dieser Traditionskerne habe zur Freisetzung aus diesen Ordnungen geführt, Konfliktpotentiale freigesetzt. Sie erfordere und ermögliche zugleich eine Art Neuerfindung einer genuin modernen Ordnung. Neben dem wohl unlösbaren Problem, einen definitiven Endpunkt im gesellschaftlichen Entraditionalisierungsprozess auszumachen, wurden dem Leser in der 'Risikogesellschaft' drei nicht miteinander kompatible Versionen dieses Gedankengangs offeriert. In ersten Teil wurde das Traditionselement als Reichtumsproduktion auf der Grundlage einer unendlichen Instrumentalisierbarkeit der Natur gedacht. Im zweiten Teil als Klassen- und Ständegesellschaft und im dritten Teil als funktional differenzierte Gesellschaft (zur Kritik vgl. 2.4.2).

Dieser 'gordische Knoten' soll nun unter Rückgriff auf die von Bauman in seinen späteren Veröffentlichungen nicht weiter verfolgte Ambivalenzthese (vgl. Bauman 1995) zerschlagen werden. Daher wird die in dem Zeitraum von ca. 1850-1960 lokalisierte (Beck/Lau 2005: 109) erste Moderne als eine durch kategoriale Unterscheidungen nach dem Muster des 'entweder-oder' geprägte Phase charakterisiert. An die Stelle der Enttraditionalisierung tritt also das (nach Bauman immer illusionäre) Streben nach klaren Unterscheidungen An die Stelle der Sympathie mit den begrifflich Ausgeschlossenen (Bauman 1995) setzen Beck und Lau die 'Sowohl-als-auch-Gesellschaft'. Da auch in der 'reflexiven Moderne' entschieden werden müsse, könne das Ambivalenzproblem nur sequenzialisiert werden.

Hierbei ist zu beachten, dass Beck und Lau nicht behaupten, die erste Moderne habe kein 'sowohl als auch' gekannt. Die These ist vielmehr, dass es erst in der zweiten Moderne *anerkannt und zur Grundlage von Entscheidungen* gemacht werde. Die 'Epochenunterscheidung' ist also in ihrer Reichweite erheblich geschrumpft. Sie konzentriert sich auf die These eines Institutionenwandels. Grundlegende Institutionen wie Familie oder Nationalstaat hätten in der zweiten Moderne 'Sowohl als auch-Ordnungen' entwickelt.

Da diese Aussage so formuliert ist, dass sie widerlegt werden kann, *wird sich die nachfolgende Diskussion ausschließlich auf diesen Punkt konzentrieren.* Zuvor soll wenigstens erwähnt werden, dass sich die Autoren bemüht haben, ihre These auch durch eine Analyse der ersten Moderne, deren Interpretation ja verändert wurde, zu untermauern. Das ist ein Schritt, aber auch nicht mehr, in die richtige Richtung, da man Epochenunterscheidungen nie durch Gegenwartsdiagnosen, sondern immer nur über den sozialhistorischen Vergleich belegen kann. Für die vergleichende Analyse von erster und zweiter Moderne wird zwischen Basisprinzipien (wohl in Anlehnung an Giddens Begriff der Strukturprinzipien; vgl. 2.3.2.4) und Basisinstitutionen unterschieden. In diesem Kontext wird die Enttraditionalisierungsthese in der ‚Risikogesellschaft' gedanklich umgekehrt in die These einer nachholenden Modernisierung. Da die Basisinstitutionen den Modernisierungsprozess in der ersten Moderne getragen hätten, wären sie selbst weitgehend unverändert geblieben und würden daher in der zweiten Moderne unter forcierten Modernisierungsdruck geraten. Für den Wertewandel wurde eine in etwa parallele These empirisch belegt (vgl. Jagodzynski 1885; Meulemann 1985). Da diese Argumentation im abschließenden Fazit jedoch nicht erwähnt wird, gehe ich nicht weiter auf dieses deutlich voraussetzungsvollere Konzept ein.

Auch muss erwähnt werden, dass die in den Teilprojekten untersuchten Fragestellungen eindeutig für die heuristische Fruchtbarkeit der Thematik sprechen – ganz unabhängig davon, ob eine Epochenunterscheidung hinreichend belegt werden kann oder nicht.

2.6.4.3 Diskussion

Was ist von der These eines Institutionenwandels von ‚Entweder-oder-Ordnungen' zu ‚Sowohl-als-auch-Ordnungen' zu halten? Zunächst einmal muss registriert werden, dass es sich hierbei um kein Gegensatzpaar sondern um unterschiedliche Komplexitätsniveaus handelt. ‚Sowohl-als-auch-Ordnungen sind nur eine komplexere Variante von ‚Entweder-oder-Ordnungen', da sie an die Stelle einer Unterscheidung mehrere setzen. Baumans Ambivalenzproblem wird hierdurch nicht gelöst, sondern multipliziert.

Hierbei muss man allerdings beachten, dass auch Bauman das Ambivalenzproblem nicht lösen, sondern seine sozialen Konsequenzen entschärfen wollte. Warum in Baumanns Analysen die sozialen Konsequenzen des Ambivalenzproblems in einem enormen Spektrum zwischen Typberatung und Holcaust differieren, konnte Bauman nicht erklären, da er jeden Rückgriff auf die Theorie funktionaler Differenzierung vermieden hat. Ansonsten hätte er aus seiner Analyse des Holocaust (Bauman 1992; Bauman 1995: 59ff.) folgern können, dass erst die *strukturelle Kopplung* staatlicher Machtausübung (auf der Grundlage eines staatlichen Gewaltmonopols) an Ergebnisse des Wissenschaftssystems (Bauman 1995: 59ff.) derartige soziale Folgen hervorbringen konnte. Dies ist verallgemeinerbar: erst wenn im Wissenschaftssystem etablierte Unterscheidungen den staatlichen

Machtgebrauch dirigieren, kann Wissenschaft drastische soziale Konsequenzen bis hin zum Genozid haben.

Bei Beck und Lau geht es ebenfalls um soziale Konsequenzen des Ambivalenzproblems. Die soziale Relevanz soll hier durch den nicht genauer ausbuchstabierten Rückgriff auf Institutionen garantiert werden. Sie könnte präzisiert werden durch Rückgriffe auf Funktionssysteme und dort institutionalisierte Erfolgsmedien (vgl. 1.8). Dann würden die gewählten Beispiele auch plausibler. Ich möchte das für das Beispiel des Todeszeitpunkts (Beck/ Lau 2005: 123) erläutern. Aufgrund medizinischer Fortschritte gibt es heute mehrere Verfahren den Todeszeitpunkt festzustellen. Neben dem klassischen Verfahren, den Herztod, also einen irreversiblen Kreislaufstillstand zu diagnostizieren, kann man u. a. auch den Hirntod bestimmen. Verfahren zur Feststellung des Todeszeitpunkts bekommen erst dann die von den Autoren behauptete soziale Relevanz, wenn z. B. Mediziner qua Gesetz (=Recht als Zweitcodierung des Machtmediums) zur Organentnehme ermächtigt werden sollen und Menschen sich zur Organspende bereit erklären sollen. Eine andere praktische Folge ist z. B. nach welcher Todes-Diagnose im Krankenhaus die künstliche Beatmung abgestellt wird. Erst wenn also wissenschaftliche Verfahren und ihr Code mit anderen Funktionssystemen verknüpft werden (hier mit dem Gesundheitssystem und dessen Code krank- gesund und mit dem politischen System mit den Codes Macht und Recht), dann werden mehrere alternativ verwendbare Unterscheidungen zum *sozialen* Problem. Man könnte z. B. vermuten, dass die für die Organentnahme vom Gesetzgeber vorgeschriebene Diagnose eines Hirntods nur deswegen gewählt worden sei, um *transplantationsfähige* Organe entnehmen zu können, was bei restriktiveren Methoden vielleicht schwieriger sein könnte. Der von den Autoren hervorgehobene Aspekt, dass die Wissenschaft wegen der Pluralität der Messmethoden die Bestimmung eines definitiven Todeszeitpunkts aufgegeben habe, und hier nur noch eine Definitionsfrage sehe, hat dagegen nur mit innerwissenschaftlichen Entwicklungen zu tun, die auch ohne die Theorie reflexiver Modernisierung erklärt werden können (vgl. auch den nächsten Abschnitt).

Nach dieser Erläuterung einiger Implikationen untersuche ich in einem zweiten Schritt die *sozialtheoretische Herkunft* der These. Die Autoren berufen sich auf Bauman, Foucault und René König. Hierbei wäre es hilfreich gewesen, wenn der Bezug auf Foucault erklärt worden wäre. Wichtiger scheint mir aber zu sein, dass eine interessante Referenz entweder ausgeblendet oder übersehen wurde. Hans Freyer hat in seinem wichtigsten Werk in der Nachkriegsära (Freyer 1955) in genau derselben Weise auf die ‚erste Moderne' geblickt wie Beck und Lau 2005. Allerdings bezog er sein Kontrastbild nicht aus der ‚reflexiven Moderne' sondern aus der Vormoderne! Das ist schon deswegen interessant, weil es den von Beck und Lau registrierten sozialhistorischen Horizont erweitert.

Freyer benutzt an Stelle von ‚entweder-oder-Ordnung' den Begriff ‚sekundäre Systeme' (Freyer 1955: 79ff.). Sein Blick auf diese sekundären Systeme ist durch eine Analyse vormoderner Ordnungen (ebd.: 176ff.) geprägt, die deren ‚sowohl als auch' Charakter hervorhebt und ihn als „pluralistisch" (ebd.: 249ff.) versteht. Den Begriff Pluralismus verwendet Freyer in derselben Weise wie Beck und Lau. Freyer betont, dass vormoderne Ordnungen keine theoretischen Konstruktionen seien, die systematisch auf eine oder mehrere Unterscheidungen gegründet werden, sondern dass sie unsystematische Ansammlungen von jeweils bilateral entwickeltem Gewohnheitsrechten bzw. – Pflichten und Privilegien darstellen. Dies habe sie authentisch, lebensnah und vor allem ‚lebbar' gemacht. Wichtig ist nun, dass vor diesem Hintergrund die ‚sekundären Systeme' der ersten Moderne nur als punktuelle, auf *unumgängliche Kategorien* reduzierte Konstrukte verstanden werden. Die Modernisierung besteht also in einer drastischen Komplexitätsreduktion.

> „Man nehme … an, eine soziale Struktur sei so gebaut, dass keine vorgefundene Ordnung in sie aufgenommen … wird. Vielmehr soll alles, was in diese Struktur eingeht, in ihrem Bauplan … vorgesehen sein. … Es ist, als ob die Denkweise der exakten Naturwissenschaft … zur Wirklichkeit geworden wäre… wie dort gedacht wird, so wird hier gebaut… es wird nur mit solchen (menschlichen) Antriebskräften und Dispositionen gerechnet, die kaum aus der menschlichen Natur wegzudenken sind… von all den sozialen Ordnungen, die bis an die Schwelle des Industriezeitalters … gegolten haben, ist das Modell des sekundären Systems sehr weit entfernt." (Freyer 1955:83ff.)

Freyers damalige Gegenwartsdiagnose kann m. E. durchaus als Beleg für die ‚Entweder-oder-Ordnung' der ersten Moderne herangezogen werden. Nur würde sein Blickwinkel dafür sprechen, die institutionelle Ordnung der ersten Moderne für einen historischen ‚Ausreißer' zu halten, der nun zunehmend korrigiert wird. Das spricht allerdings eher dagegen, genau hier den Ansatzpunkt für eine Epochenunterscheidung zu suchen.

Ich möchte mir Freyers Argumentation nicht zu eigen machen. Sie zeigt aber, wie wichtig eine weit gesteckte sozialhistorische Vergleichsperspektive für wissenschaftlich fruchtbare Epochenunterscheidungen ist. Leider ging der Gesichtspunkt des sozialhistorischen Vergleichs nicht in die Themenliste der Teilprojekte des SFB 536 ein, die sich verständlicherweise auf die Gegenwart konzentriert haben. Wenn der Anspruch, dass eine neue Gesellschaft mit einer neuen Theorie untersucht werden müsse, allerdings wissenschaftlich fundiert werden soll, dann erfordert das eine ausgiebige Beschäftigung mit der Vergangenheit. Diese Pointe eines geballten Modernismus ist nicht ohne Ironie!

In einem dritten Schritt versuche ich nun eine *direkte Widerlegung der von Beck und Lau vorgeschlagenen Unterscheidung zwischen erster und zweiter Moderne*. Die These kann widerlegt werden, wenn man zeigen kann, dass bereits die Institutionen in der Phase zwischen 1850 und 1960 als ,Sowohl-als-auch-Ordnungen' verstanden werden können.

Für meinen Widerlegungsversuch benütze ich die Institution des Nationalstaats, da sie nicht nur in allen drei Aufzählungen von Institutionen enthalten ist, sondern auch beispielhaft erläutert wurde (Beck/ Lau 2005: 113 und 128). Nach Beck und Lau hat der Nationalstaat im Zeitraum 1850-1960 als ,Entweder- oder-Ordnung' fungiert. Seitdem sei der Rahmen des Nationalstaats auf komplexe Art und Weise mit alternativen Rahmen, insbesondere mit transnationalen und globalen Zusammenhängen verknüpft worden. Ich möchte nun zeigen, dass das *keine* erst nach 1960 einsetzende Entwicklung ist.

Bekanntlich existierten im Zeitraum von 1917 bis 1989 zwei, in den 1930er und 1940er Jahren sogar drei unterschiedliche Gesellschaftsmodelle nebeneinander, in denen der Staat unterschiedliche Funktionen hatte. Während er im Gesellschaftsmodell des bürgerlichen Kapitalismus der widersprüchlichen (Giddens; vgl. 2.3.2.4) Fortschreibung eines privatwirtschaftlichen Kapitalismus diente, sollte er im Realsozialismus wie im Faschismus den Umbau der Gesellschaft in Richtung Sozialismus bzw. um Einflusssphären kämpfender Führerdiktaturen vorantreiben.

Im Realsozialismus war das Konzept des Nationalstaats schon aus ideologischen Gründen zunächst überhaupt nicht vorgesehen. Erst unter dem Druck der Ereignisse, zunächst der ausbleibenden ,proletarischen Revolution' (,Sozialismus zunächst in einem Land') in den ,reifen' westlichen Industriegesellschaften und dann durch Überfall Hitler-Deutschlands auf die Sowjetunion (,großer vaterländischer Krieg'), wurde der nationale Rahmen allmählich etabliert. Er war aber immer in komplexer Art und Weise mit transnationalen Elementen verknüpft – so wurde die Sowjetunion *zugleich* als ,Vaterland *aller* Werktätigen' verstanden. Eng mit dem ,Nationalstaat' Sowjetunion verknüpfte Institutionen wie der RGW oder die Komintern waren explizit transnational ausgelegt. Die Sowjetunion selbst wurde als Zusammenschluss mehrerer autonomer ,Völker' verstanden.

Im deutschen, aber auch im japanischen und im italienischen Faschismus wurde der eigene Nationalstaat immer nur als Machtbasis gesehen, die eine weit über die nationalen Grenzen hinausgehende Einflusssphäre erobern und organisieren sollte. Auch hier existierten, wie dann auch die Besatzungspraxis im 2. Weltkrieg veranschaulicht, weitere Rahmen: Die Nationalstaaten agierten nach faschistischer Lesart in einer (ähnlich wie bei Huntington) aus Einflusssphären bestehenden Weltordnung. Transnationale Freund- Feind- Konstellationen wie das ,Weltjudentum', die ,Endlösung der Judenfrage' nicht nur in Deutschland sondern in ganz Europa, die ‚transnationale' Unterscheidung zwischen der ‚germanischen Rasse' und ‚minderwertigen Rassen' prägten das politische Programm des deutschen ‚Nationalstaats' in der Ära der NS-Diktatur. Die letztgenannte Kategorie der ‚Rasse' führte nicht nur zur Ungleichbehandlung eroberter Staaten, sondern auch der deutschen Staatsangehörigen. Zwar bestand einerseits das Ziel, die deutsche Staatsangehörigkeit an den ‚Ariernachweis' zu binden, andererseits ging der Anteil der ‚Nichtarier' unter den in Deutschland beschäftigten Arbeitskräften, insbesondere durch Millionen von Zwangsarbeitern bis zum Kriegsende immer weiter zurück (vgl. Ruck 2006: 110).

Wenn wir für das westliche Gesellschaftsmodell nur einen kurzen Blick auf die USA werfen, dann können wir erkennen, dass nahezu für den gesamten Zeitraum, nämlich von Mitte des 19. Jahrhunderts bis 1941 das zentrale innenpolitische Konfliktfeld darin bestand, aus zu buchstabieren, wie das Konzept des Nationalstaats zu verstehen sei. Grob vereinfacht, interpretierten es die meist dominierenden Isolationisten restriktiv. Vor allem sollte sich die US-Administration aus den europäischen Konflikten heraushalten. Die Einwanderung sollte im Wesentlichen auf Migranten beschränkt bleiben, die sich in das Leitbild des WASP (=White Anglo-Saxon Protestant) einfügen ließen. Die Gegenrichtung sah dagegen die nationale Sicherheit und die nationale Prosperität nur dann gewährleistet, wenn das eigene liberal-kapitalistische Gesellschaftsmodell durch internationale Institutionen abgesichert und verbreitet würde. Deswegen drang Franklin D. Roosevelt, der wichtigste Vertreter des Antiisolationismus, auch zu Beginn des Eintritts der USA in den 2. Weltkrieg auf die Formulierung *ausschließlich transnationaler Kriegsziele* (Stichwort: Atlantikcharta), obwohl die engsten Verbündeten hier hartnäckigen Widerstand leisteten. Erst seitdem kann man für die USA von einem in etwa festliegenden Modell des Nationalstaats ausgehen, das nach Ende des zweiten Weltkrigs mit unterschiedlich strukturierten transnationalen Rahmen verknüpft war: der Weltgemeinschaft (UN), der „westlichen Welt" (OECD, WTA, Bretton Woods), der nordatlantischen Verteidigungsgemeinschaft (NATO).

Diese kurze Skizze sollte ausreichen, um zu sehen, dass die eine allein auf den Nationalstaat gestützte staatliche ‚entweder-oder'-Ordnung auch für die Zeit vor 1960 in den Bereich der Legendenbildung gehört. In jedem Fall müsste für diese wie auch für weitere ‚Institutionen' sehr akribisch untersucht werden, ob man hier eine zeitliche Zäsur für den Übergang zu ‚sowohl als auch-Ordnungen' ausmachen kann.

2.6.4.4 Fazit

Als Fazit kann festgehalten werden, dass auch die revidierte Version der Unterscheidung zwischen erster und zweiter Moderne mehr Interpretationsprobleme aufwirft als löst. Die Hauptprobleme sind: Kann die Fokussierung auf einen Institutionenwandel von ‚Entweder- oder-Ordnungen' zu ‚Sowohl als auch-Ordnungen' tatsächlich eine Epochenunterscheidung innerhalb der Moderne tragen? Lässt sich tatsächlich ein zeitlich synchroner Institutionenwandel belegen?

Diese Probleme können und müssen hier nicht gelöst werden. Wichtiger scheint es mir, eine Antwort auf die Frage zu suchen, wieso sich zweifellos brillante Soziologen wie Ulrich Beck und Christoph Lau in eine derartige Position manövrieren? Mir ist nur folgende Antwort eingefallen: Weil der Anspruch unter allen Umständen aufrecht erhalten werden musste, dass eine neue Gesellschaft einer neuen Theorie bedürfe. In diesem Anspruch hat sich die Suche nach Resonanz in den Massenmedien und die Orientierung an ihrem Code soweit gegen das wissenschaftliche Interesse an einer soziologisch gehaltvollen Rekonstruktion moderner Gesellschaften verselbständigt, dass sie nicht mehr eingefangen werden konnte. Das hat eine unter wissenschaftlichen Gesichtspunkten absolut naheliegende Reaktion verhindert, sich nämlich entweder auf die ergebnisoffene Suche nach Epochenunterscheidungen innerhalb der Moderne zu begeben oder die heuristische Fruchtbarkeit einer Theorie reflexiver Modernisierung ohne eine zeitliche Prämisse zu testen und dabei auch Verbindungen zu anderen ‚Theorierichtungen' nicht von vornherein auszuschließen.

2.6.5   Möglichkeiten der Einbindung der Argumente für eine Epochenunterscheidung innerhalb der Moderne in eine differenzierungstheoretische Argumentation

Wenn man den wissenschaftlichen Anspruch den Imperativen der Massenmedien opfern möchte, dann bleibt immer nur die Möglichkeit eine Gegenwartsdiagnose zu produzieren, die in der Gegenwart eine entscheidende Zäsur ausmacht und damit ‚Neues' von einer für die Massenmedien hinreichenden Aktualität ‚entdeckt'. Wenn man dagegen nach ausschließlich wissenschaftlichen Kriterien Möglichkeiten für Epochenunterscheidungen prüfen möchte, dann sind wenig spektakuläre Ergebnisse wie mehrere und punktuellere Zäsuren nicht von vornherein auszuschließen. Unter diesen Vorzeichen macht es Sinn, mögliche Diskontinuität auf die Konstante zu beziehen, die nach übereinstimmender Auffassung moderne Gesellschaften insgesamt charakterisiert: funktionale Differenzierung.

Auch wenn Parsons Formel einer ‚ongoing differentiation', eines ständig voranschreitenden Differenzierungsprozesses, nicht allzu wörtlich genommen werden darf (vgl. die empirischen Einwände; KM: 168ff.), kann man in der funktionalen Differenzierung das entscheidende Strukturmuster sehen (Luhmann 1997: 776). Da wir (im Abschnitt 2.2) die differenzierungstheoretische Argumentation um die

Analyse von Abhängigkeitsbeziehungen ergänzt haben und im nächsten Abschnitt zusätzlich den Ressourcenaspekt einbauen werden (2.7.3), können auch aus in differenzierungstheoretischen Analysen Diskontinuitäten identifiziert werden, insbesondere auf der Ebene von *Folgen ungleichgewichtiger und ungleichzeitiger Entwicklung der Funktionssysteme.*

In einem ersten Schritt holen wir das Versäumnis der neueren Modernisierungstheoretiker (vgl. unter 2.3. und 2.4) nach und prüfen, ob sich zumindest die Zäsurargumente in die Theorie funktionaler Differenzierung übersetzen oder in anderer Weise auf sie beziehen lassen.

Die grundlegende Denkfigur eines abgeschlossenen Siegeszuges der Moderne lässt sich zwar problemlos in die These einer vollständigen Durchsetzung des Primats funktionaler Differenzierung umformulieren. Dabei bleibt das Grundproblem jedoch bestehen, dass sie in dieser Pauschalität nicht überprüfbar ist.

Dagegen lässt sich *das Enttraditionalisierungsargument* in zwei plausibleren Varianten nun präzisieren. Die erste Variante betont, dass Traditionen routinemäßig überprüft werden. Die zweite Variante unterstellt, dass es weniger auf die Enttraditionalisierung sondern auf deren Folgen ankommt.

Bei der ersten Variante hatte sich das Problem ergeben, dass nicht alle Traditionen routinemäßig überprüft werden. Es kann nun beseitigt werden, wenn wir postulieren, dass es nur auf solche Traditionen ankommt, *die für die Generierung von Leistungen der Funktionssysteme relevant sind.* Diese Form der Enttraditionalisierung ist eine Folge der Umstellung der Funktionssysteme auf permanente Variation (Luhman 1997: 498ff.).

Die zweite Variante des Enttraditionalisierungsarguments (‚es kommt auf die Folgen an') kann in die Theorie funktionaler Differenzierung integriert werden, sobald der Output, aber auch der Input, der Funktionssysteme als Ressourcen gedacht werden können. Diese Erweiterung wird im Abschnitt 2.7.3 vorgenommen. Sie ermöglicht es, Folgen genauer zu erfassen.

Weiterhin erlaubt es diese Erweiterung, sowohl Sennetts Kritik am flexiblen Kapitalismus wie Baumanns Analyse des Problems der Identitätsbildung (ergänzt um Habermas' Analysen der Folgen der Kolonialisierung der Lebenswelt; Habermas 1981) als neuartige Gefährdungslage der menschlichen Ressourcen zu verstehen. Diese Interpretation leistet vor allem dann einen Beitrag zur Wissensakkumulation, wenn wir diese Gefährdungen mit ihren historischen Vorläufern in Beziehung setzen (etwa dem Problem der Altersarmut (z. B. Weber 1912), dem übermäßigen körperlichen Verschleiß (z. B. Engels 1953), der sozialen Verelendung (z. B. Polanyi 1979).

Auf einer noch grundlegenderen Ebene zivilisatorischer Voraussetzungen, könnte man untersuchen, ob es nicht anthropologische Grenzen der Enttraditionalisierung gibt – etwa hinsichtlich der Belastbarkeit menschlichen Vertrauens

(Giddens) oder auch der Variabilität von Identitätskonstruktionen (Bauman; Rosa). Auf dieser Ebene liegt auch Luhmanns Befürchtung, dass die Funktionssysteme die Fähigkeit einbüßen können, Probleme zu lösen, wenn sie in immer kürzeren Taktzeiten operieren müssen. Entlang solcher Themen und unter Rückgriff auf den *Beschleunigungs*aspekt könnte man, gegenläufig zur Generalthese vom Siegeszug der Moderne, eine Zäsurthese entwickeln, *wonach das modernen Gesellschaften zugrunde liegende Gesellschaftmodell zunehmend an zivilisatorische Grenzen stößt.* Eine möglicherweise geeignete Metapher wäre, dass die Dynamik der Funktionssysteme zunehmend in ,rote Bereiche' führe, wo ,zivilisatorische Warnlampen' aufzuleuchten beginnen.

Diese Möglichkeit ist ansatzweise bei Rosa 2005 ausprobiert worden. Die Diskussion dieses Ansatzes hat jedoch gezeigt, dass es in solchen ,roten Bereichen' zu Differenzierungsprozessen kommt, bei denen der menschliche Körper und auch der menschliche Verstand partiell aus gesellschaftlichen Leistungsbereichen ausgegliedert wird. Hierin liegen, wie schon Marx für die Technisierung menschlicher Handarbeit erkannt hat, immer auch eminente zivilisatorische Chancen. Dies spräche dann allerdings für eher ,optimistische' Epochenunterscheidungen, die nicht von Aufklärungs- und zivilisationskritischen Diskursen dunkel eingefärbt sind.

Anders gelagerte Folgen der Entraditionalisierung zeigen sich, wenn der Siegeszug der Funktionssysteme dazu zwingt, *ökologische Bedingungen wie die räumlichen Grenzen des Planeten Erde oder auch die Komplexität ökologischer Kreisläufe* einzublenden, da von ihnen sowohl die Reproduktionsmöglichkeiten von Ressourcen wie das Überleben der menschlichen Gattung abhängen. Dieser Aspekt wird jedoch direkter unter dem Risikoargument thematisiert.

Für das *Risikoargument* werden die Vorzüge einer differenzierungstheoretischen Analyseperspektive m. E. besonders klar erkennbar. Deswegen werde ich hier etwas ausführlicher. Wichtig ist zunächst zu registrieren, dass es hier immer nur um solche Risiken geht, die von bestimmten Funktionssystemen ausgehen.

Risiken, die in einem Funktionssystem erzeugt werden, können nicht nur im System für Irritationen sorgen (z. B. im Wirtschaftssystem: Arbeitsunfälle, Explosion in einer Fabrik) sondern ebenso extern wirksam werden, in anderen Funktionssystemen oder in der Lebenswelt (z. B. im Wirtschaftssystem erzeugte ökologische Risiken). Sie können sich sowohl direkt aus den Operationen des Systems ergeben (z. B. Finanzkrise als Folge spekulativer Risiken), die Risiken werden hier intern (Firmenpleiten), wie extern (Staaten, Verarmung der Bevölkerung) wie auch über die strukturelle Kopplung der Operationen wirksam. Letzteres wird auf der Ebene des Industrialismus beobachtbar, wo sich Risiken z. B. aus der strukturellen Kopplung des ökonomischen Kalküls an materielle Objekte, an menschliche Arbeit usw. ergeben können. Als Faustregel können wir unterstellen, dass immer nur intern wirksam werdende Risiken auf der Ebene von Organisationen/ juristischen Personen bearbeitet und in Grenzen gehalten werden können.

Besonders instruktiv für eine über den Risikobegriff laufende Zäsurargumentation scheinen mir Berichte über den aus heutiger Sicht unerklärlich sorglosen, geradezu lächerlich scheinenden Umgang mit Kernenergie in den 40er – 60er Jahren (vgl. Herzog 2012). Eine Rückbindung an die Theorie funktionaler Differenzierung bietet die Chance, solche Einzelbeobachtungen über die *These einer stufenweisen Expansion des Wissenschaftssystems* zu präzisieren und zu verallgemeinern.

Während sich der Einstieg in die zunächst nur militärische Nutzung der Kernenergie auf *theoretisches Wissen* gründete – die Atombombe wurde erst durch revolutionäre Durchbrüche in der theoretischen Physik überhaupt denkbar –, wurden externalisierte Risiken zunächst nur unter Rückgriff auf Alltagserfahrungen registriert. Beim Atombombenprojekt wurde nur das Risiko einer unter- oder überdimensionierten Sprengkraft der Bombe mit der wissenschaftlichen Methode des Experiments überprüft, wobei man ganz selbstverständlich keine Labor- sondern Realexperimente durchführte (Herzog 2012; 54ff.). Die durch die zahlreichen Atomtests in dieser Zeit freigesetzte Radioaktivität wurde dagegen erst wesentlich später registriert. Das hing ganz wesentlich damit zusammen, dass radioaktive Strahlung sich der menschlichen Erfahrung entzieht, also nur durch Messinstrumente registriert werden kann, die aber erst entwickelt werden mussten. Für diese Entwicklung musste es erst Anstöße geben.

Im Abschnitt 2.4 haben wir bereits gesehen, dass sich Becks Argumentation im ersten Teil der Risikogesellschaft systematisieren lässt, wenn man sie auf *Expansionsprozesse des Wissenschaftssystems* zurück führt. Im Sinne einer groben Skizze unterscheiden wir zunächst zwei Expansionsstufen. Eine erste Stufe wird erreicht, wenn *theoretisches* Wissen zu *neuartigen* Produkten führt. Während im klassischen Industrialisierungsprozess traditionell gegebene Produkte 'ertüchtigt' wurden (bei den Kutschen wie den Pferdebahnen wurden die Pferde durch Dampfmaschinen bzw. Motoren ersetzt, ähnliche Innovationen führten zuvor zur Textilindustrie; vgl. KM: 295ff.) führt wissenschaftlicher Fortschritt zu komplett neuartigen Produkten. Diese Expansionsstufe setzt nicht erst mit der Atombombe ein sondern wesentlich früher mit elektrischer Energie und der chemischen Industrie.

Expansion bedeutet hier, dass die strukturelle Kopplung des Wirtschaftssystems an das Wissenschaftssystem, die mit der Industrialisierung einsetzte, nun neuartige Ausmaße annimmt und neuartige Effekte hervorruft. Symptomatisch ist sicherlich, dass die Atombombe nur von Physikern entwickelt werden konnte, denn wissenschaftliche Qualifikation wird nun direkt für industrielle Herstellungsprozesse gebraucht. Forschungs- und Entwicklungsabteilungen und damit auch wissenschaftlich ausgebildete Ingenieure ziehen nun in erheblichem Umfang in die

Unternehmen ein. In dieser Expansionsstufe liegt auch *ein* Ausgangspunkt für die These der Wissensgesellschaft (vgl. Bell 1975; 119: Tabelle 1.2).

Für das Verständnis dieser Entwicklungsstufe ist es nun wichtig, dass über solche erweiterten Anwendungsbezüge wirtschaftliche und politische Interessen am Ausbau des Wissenschaftssystems entstehen (vgl. Bell ebd.), die v. a. durch zusätzliche finanzielle Mittel zu einer gezielten Expansion des Wissenschaftssystems führen. So wird eine zirkuläre Entwicklung in Gang gesetzt, die von Protagonisten der These einer Entwicklung zur Wissensgesellschaft auch quantitativ nachgezeichnet wurde (vgl. Bell 1975: 144; Tab. 2-4). Dabei bleiben die operative Autonomie wie die innere Dynamik des Wissenschaftssystems gewahrt. Aber *zum Motor der Expansion werden die Abhängigkeitsbeziehungen zwischen dem Wissenschaftssystem und den Funktionssystemen Wirtschaft und Politik und ihren Medien Geld und Macht.* Dieser Aspekt wird unter 2.7.3 theoretisiert werden.

Gerade weil die operative Autonomie des Wissenschaftssystems erhalten bleibt, führt die wachsende Verflechtung zu *gravierenden Veränderungen in Wirtschaft wie Politik.* Für die Wertschöpfung im Wirtschaftssystem wird auf Unternehmensebene der Anschluss an ‚relevante' Forschung immer attraktiver (z. B. Bell 1975: 203) – entweder durch eigene Beteiligung am Wissenschaftssystem (Forschung im Unternehmen) oder durch Kooperationen mit Forschungsinstituten, Rekrutierung von Wissenschaftlern für das Unternehmen usw. Hier setzt eine Entwicklung ein, die perspektivisch dazu führt, den Unternehmenswert über die Fähigkeiten eines Unternehmens zu definieren, wissenschaftlichen- technischen Fortschritt in neue Produkte und Geschäftsideen zu gießen (vgl. Globalisierung: 51ff). Das lässt sich auch am Einfluss neuer Patente und neuer Produkte auf die Aktienkurse der börsennotierten Unternehmen ablesen.

Für das politische System werden Themen wie Förderung von Forschung, Wissenschaft und Bildung zu zentralen Aufgaben, weil von diesen Standortfaktoren die Entwicklungschancen zunehmend abhängen (vgl. z. B. Reich 1993: 337ff.).

Eine *zweite Expansionsstufe des Wissenschaftssystems wird durch eine Ausweitung des Anwendungsbezugs von Wissenschaft auf die Identifikation von Risiken und die Erforschung relevanter risikobewirkender Faktoren erreicht.* Herzogs Beobachtungen über den „Irrsinn im Atomzeitalter" (Herzog 2012: Untertitel) fallen in eine Phase, wo Risiken noch kein Thema waren und Hinweise auf durch radioaktive Strahlung verursachte Gesundheitsschäden noch bagatellisiert wurden. Mit dieser zweiten Expansionsstufe entsteht eine Interdependenz zwischen wachsendem Risikobewusstsein und wissenschaftlicher Risikoforschung (vgl. Beck 1986: 35ff.). Dabei wird die Wahrnehmungsschwelle menschlicher Alltagserfahrung immer weitgehender überwunden und es entsteht ein besonders expansiver Anwendungsbereich, weil immer mehr Risiken infolge einer permanenten Verfeinerung bestehender und

Generierung neuer Erfassungs- und Messmethoden „entdeckt" werden. Weiterhin ist zu erwarten, dass mit wachsender gesellschaftlicher Entwicklungsdynamik auch immer neue Risiken in die Welt gesetzt werden (Beck ebd.). Auch hier verändern sich wiederum die Themen und die zentralen Problemfelder in den Abhängig-keitsbeziehungen zu Wirtschaft und Politik Das führt wiederum zu substanzielle Veränderungen in den ,abhängigen' Funktionssystemen. Hinzu kommen, vor allem via Massenmedien, Auswirkungen auf Alltagsbewusstsein und Lebensführung.

Für die Unternehmen im Wirtschaftssystem bedeuten immer neue Erkenntnisse über Gesundheitsrisiken bzw. ökologische Risiken einerseits ein zusätzliches Ent-wertungsrisiko, andererseits eröffnen sie neue Geschäftsfelder, auf denen private bzw. öffentliche Bedürfnisse nach Gesundheit und Intaktheit ökologischer Kreis-läufe befriedigt werden. Entgegen Becks Behauptung (Beck 1986: 30) erreicht das Wirtschaftssystem damit gerade keine selbstreferentielle Geschlossenheit. Denn die Wissenschaft tritt zwischen die durch wirtschaftliche Aktivitäten erzeugten und bearbeiteten Risiken. Einerseits wird sie erforderlich, um Risiken überhaupt erst identifizieren zu können, andererseits ist theoretisches Wissen erforderlich, um sie zu bearbeiten. *Die Wissenschaftsabhängigkeit nimmt daher noch einmal zu*, was sich dann auch in den Unternehmen auf Feldern wie der Produktentwicklung, aber auch beim Image und im Marketing zeigt.

Eine vergleichbare Wissenschaftsabhängigkeit entwickelt sich auch für das *Alltagsbewusstsein* und die *Praktiken der Lebensführung*: wer gesund leben will und einen möglichst kleinen ökologischen Fußabdruck hinterlassen möchte, der ist in hohem Maße auf einschlägige Massenmedien angewiesen, die Forschungs-ergebnisse des Wissenschaftssystems so aufbereiten, dass sie zumindest für den gebildeten Bürger verständlich sind. Im Unterschied zur Ratgeber-Literatur auf anderen Themenfeldern, auf die man zurückgreifen kann aber nicht muss, kann hier das Alltagswissen keine Rezepte bereit stellen, wenn es nicht zuvor einen Input durch das Wissenschaftssystem via Massenmedien gegeben hat. *Auch hier nimmt also die Wissenschaftsabhängigkeit stark zu.*

Gleiches gilt für das politische System – hieraus ergibt sich das Neue und nicht etwa aus angeblichen strukturellen Veränderungen im politischen System, die Beck nicht belegen kann (vgl. Beck 1986: 300ff.). Auf der niedrigeren Expansionsstufe des Wissenschaftssystems speisten sich politische Interessen und daraus resultierende soziale Bewegungen, die dem politischen System neue Ziele zu setzen versuchen (vgl. Abschnitt 2.2.3), noch aus offenkundigen *sozialen* Problemen. Sie bestanden z. B. in Form von im Alltag sichtbaren Verteilungsungleichheiten – und Ungerechtigkeiten oder konnten auf Gängelung und soziale Diskriminierung zurückgeführt werden. Mit dieser zweiten Expansionsstufe des Wissenschaftssystems *muss nun das politisch zu bearbeitende Problem von Spezialisten entdeckt und in wissenschaftlicher*

Terminologie erklärt werden. Politische Relevanz gewinnt es in dem Moment, wo etwa über symbolische Aktionen, die möglichst spektakuläre Bilder liefern (=Adaption des Codes der Massenmedien), große Resonanz in den Medien erzeugt werden kann, über die dann Parteigänger rekrutiert werden können, die Geld (= strategische Ressource; Abschnitt 2.7.3) spenden und politischen Einfluss ausüben. Dabei besteht dann (vgl. Wikipedia: Brent Spar) das neuartige Risiko darin, dass eine solche Kampagne auf einer wissenschaftlichen Fehleinschätzung beruhen bzw. dass sie durch neue wissenschaftliche Erkenntnisse gegenstandslos werden kann.

Aufgrund der neuartigen Wissenschaftsabhängigkeit geht *im politischen Diskurs* die Möglichkeit verloren, ein politisches Anliegen *ausschließlich* alltagssprachlich zu kommunizieren. Selbstverständlich kann man beispielsweise anklagen, was eine hohe Strahlenbelastung für einen selbst, die eigenen Kinder und kommende Generationen bedeute, nur kann man die Höhe der Strahlenbelastung immer nur in Form von Messergebnissen von xy Bequerell und unter Rekurs auf Halbwertzeiten freigesetzter Isotope kommunizieren. Deswegen wird aber aus einem betroffenen Bürger kein ebenbürtiger Diskussionspartner gegenüber einem Kernphysiker. Die politische Auseinandersetzung über mögliche Schäden und Gegenmaßnahmen kann aber immer nur unter Rückgriff auf wissenschaftliche Expertise geführt werden.

Genau diese substanzielle Abhängigkeit vom Wissenschaftssystem verändert das politische System in seiner Substanz. Auch die aus dem Ökologiethema resultierenden neuen Aufgabenbereiche bzw. die Forderungen an das politische System nach politischer Regulierung verlangen immer nach einer ‚Übersetzung‘ von Wissenschaft in Politik und von politischen Entscheidungen in wissenschaftliche Untersuchungen. Das wird beispielsweise bei der Frage nach einem Endlager für Kernbrennstäbe deutlich, für dessen Eignung zunächst wissenschaftliche Kriterien gefunden werden müssen. Dagegen ist es von politischen Kriterien abhängig, welche möglichen Lagerstätten untersucht werden dürfen und welche praktischen Maßnahmen tatsächlich erfolgen.

Diese Skizze sollte zeigen, dass sich das Begriffsinstrumentarium der Differenzierungstheorie sehr gut eignet, um mögliche gesellschaftliche Zäsuren zu identifizieren. Dabei haben wir weiterhin gesehen, dass gesellschaftliche Zäsuren durchaus von Geländegewinnen *eines* Funktionssystems ausgehen können. Aufgrund der Verflechtungen mit anderen Funktionssystemen kann es bereits hierdurch zu gravierenden Veränderungen der gesamten Gesellschaft kommen. Deswegen ist es für die Diagnose eines gesellschaftlichen ‚Epochenwandels‘ nicht zwingend erforderlich, wie Beck parallele Strukturbrüche auf allen möglichen gesellschaftlichen Feldern ausfindig zu machen. Schließlich hat sich gezeigt, dass man Zäsuren innerhalb der Moderne möglicherweise auf Geländegewinne des Wissenschaftssystems zurück führen kann.

Einen weiteren wichtigen Baustein für eine denkbare differenzierungstheoretische Argumentation, die Veränderungen moderner Gesellschaften in der zweiten Hälfte des 20. Jhs. auf eine Expansion des Wissenschaftssystems zurückführt, liefert Giddens Theorem der Reflexivität von Wissen. Damit sind vor allem zwei Aspekte verknüpft: einmal die These, dass wissenschaftliche Erkenntnisse eine immer wichtigere Rolle bei der permanenten Überprüfung der Adäquatheit sozialer Praktiken spielen; zum anderen die Feststellung, das theoretisches Wissen keine ontologische Sicherheit mehr vermitteln könne. Die zweite These interpretiere ich so, dass hier eine interne Entwicklung im Wissenschaftssystem – das Abrücken von dem Konzept einer naturgesetzlich geordneten Welt, deren Ordnung es nur zu entdecken gelte und die Institutionalisierung des Zweifels in Form eines immer nur auf Zeit geltenden Wissens –, in weitere Funktionssysteme wie in die Lebenswelt ausstrahlt. Das kann man auf die sehr eng gewordenen Abhängigkeiten sowohl der Funktionssysteme wie des Alltagslebens vom Wissenschaftssystem zurückführen. Sie haben die individuelle wie kollektive Akteure genötigt, sich ein auch Bild von der begrenzten Verbindlichkeit wissenschaftlicher Aussagen zu verschaffen. Mit dem Verlust der ontologischen Sicherheit ist in praktischer Hinsicht verbunden, dass die Bereitschaft zur Revision bisher gängiger Praktiken zu einer selbstverständlichen Routine wird und den Charakter einer schwierigen Zäsur verliert. Sie muss in Organisationen daher auch nicht mehr als Glaubensfrage kommuniziert und mit personellen Umbrüchen verknüpft werden.

Da der dritte Ansatzpunkt (Globalisierung) bereits anderer Stelle theoretisiert wurde und keinen direkten Beitrag zur Erklärung von Zäsuren im Modernisierungsprozess liefern kann, wird er hier ebenso wenig diskutiert wie der vierte (Postindustrialismus; Wissensgesellschaft), der bereits in die differenzierungstheoretische Lesart der Risikothematik eingeflossen ist. Ebenso ist der Beschleunigungsaspekt bereits in den Komplex Enttraditionalisierung integriert worden.

Zusammenfassung

1. Auch wenn die vorliegenden Gegenwartsdiagnosen einer kritischen Überprüfung nicht standhalten, wird dafür plädiert, nach Möglichkeiten für Epochenunterscheidungen innerhalb der Moderne zu suchen. Allerdings ist es nicht aussichtsreich wie Beck/Lau 2005 die Verbindung einer Epochenunterscheidung mit einem neuen theoretischen Blickwinkel zur Prämisse von wissenschaftlichen Suchprozessen zu machen.
2. In diesem Abschnitt wird ein Überblick über mögliche Ansatzpunkte gegeben, die trotz aller Kritik nur in einem Punkt über das bisher diskutierte Spektrum

hinausgehen. Wenn man die Theorie funktionaler Differenzierung stärker von den Abhängigkeitsbeziehungen zwischen den Funktionssystemen und gegenüber gesellschaftlichen Ressourcen aus entfaltet, dann bietet sie gute Chancen für empirisch tragfähige Epochenunterscheidungen, in auch die zentrale Begriffe und Diagnosen aus der neueren Debatte integriert werden könnten.

3. Plädiert wird dafür, anstelle einer Gegenwartsdiagnose die gesamte Moderne auf mögliche Diskontinuitäten hin zu untersuchen.

2.7 Sozialtheoretische Bilanz

2.7.1 Einleitung

In diesem Abschnitt soll nun eine sozialtheoretische Bilanz gezogen werden. Im Mittelpunkt dieser Bilanz steht die Frage, ob und wenn ja: wie die Beobachtungsperspektive (= Begriffe, Herangehensweise) der neueren Modernisierungstheorie das von den Klassikern erarbeitete Verständnis moderner Gesellschaften ergänzen, bereichern und präzisieren kann. Die Frage ist schlicht und ergreifend: Was kann die heutige Soziologie, was können Soziologen/innen, auf dem Gebiet moderne Gesellschaften *in konzeptioneller Hinsicht* aus den Debatten der letzten Jahrzehnte lernen?

Unter einem fachwissenschaftlichen Interesse am Thema moderne Gesellschaften geht es darum, eine Bilanz des Forschungsstandes zu ziehen, die anschlussfähig für weitere Forschung ist. Die Frage ist immer: was kann am bisherigen Forschungsstand als solides Fundament für weitere Forschung angesehen werden, wo sind Zweifel angebracht, was bedarf der Modifikation oder der Ergänzung?

In diesem Abschnitt wird zunächst (unter 2.7.2) die Frage eingehend untersucht, ob, und wenn ja, in welcher Hinsicht die neuere Modernisierungstheorie über das bei den Klassikern dominierende differenzierungstheoretische Verständnis moderner Gesellschaften hinausgekommen sind. Dabei zeigt sich, dass viele ihrer Beobachtungen nicht in die Differenzierungstheorie integriert werden können, die Gesellschaften immer nur als Leistungszusammenhang erfassen kann. Deswegen benötigen wir einen allgemeineren begrifflichen Zugang, um alle gesellschaftlichen Phänomene erfassen zu können. Dafür eignet sich Giddens Begriff ‚soziale Praktiken‘, wenn man ihn etwas ergänzt. Das erlaubt es, *die gesellschaftliche Bedeutung und vor allem die Reproduktionsbedingungen der Funktionssysteme präziser zu fassen.*

Die gesellschaftlichen Funktionssysteme können ihre Leistungen nur in Form von Ressourcen erbringen, wenn sie ihrerseits auf Ressourcen, vor allem auf menschliche Akteure, zugreifen können. Wenn man diesen Aspekt theoretisiert (das wird unter 2.7.3 skizziert), dann lassen sich viele Analysen und Beobachtungen der neueren Debatte in die Theorie funktionaler Differenzierung einbauen.

Auch in einer weiteren Hinsicht kann sich die Auseinandersetzung mit dem Analysen der neueren Modernisierungstheoretiker als äußerst fruchtbar erweisen. Seit Durkheims Überlegungen zur ‚sozialen Arbeitsteilung' (KM: 32ff.) steht eine konsensfähige Antwort auf die Frage nach der für moderne Gesellschaften charakteristischen sozialen Ordnung aus. Eine Bilanz zu dieser Thematik wird in 2.7.4 gezogen.

2.7.2 Die perspektivische Grenze der Theorie funktionaler Differenzierung

Gerade wenn man die Theorie funktionaler Differenzierung für ausbaufähig hält, muss man auch registrieren, welche Themen und Diagnosen der neueren Modernisierungstheoretiker sich in diesen begrifflichen Rahmen nicht oder nur unter eminenter Verkürzung einfügen lassen, weil sie einem völlig andersartigen Blick auf das gesellschaftliche Zusammenleben entstammen. Im Hinblick auf eine umfassende Theorie moderner Gesellschaften können so Grenzen der differenzierungstheoretischen Perspektive ausgelotet werden, die dann substanzielle Ergänzungen notwendig machen.

Unter diesem Gesichtspunkt ist es geradezu ein Glücksfall, dass die neueren Theoretiker der modernen Gesellschaften den Blickwinkel der Differenzierungstheorie nicht verinnerlicht haben, sondern ihre Beobachtungsperspektive vor allem über eine kritische Auseinandersetzung mit dem Marxismus entwickelt haben. Was unterscheidet nun die differenzierungstheoretische von der marxistischen Beobachtungsperspektive in *soziologischer*, also in gesellschaftsanalytischer, Hinsicht? Dabei kann es nicht um *politische* Bewertungen (wie progressiv – affirmativ, kritisch- unkritisch etc.) gehen.

2.7.2.1 Perspektivische Ergänzungen in der Tradition des Marxismus und dualistische Ansätze.

Im ersten Kapitel haben wir den gesellschaftsanalytischen Blickwinkel der Differenzierungstheorie als einen charakterisiert, der das Zustandekommen gesellschaftlicher Leistungen erklären möchte (vgl. unter 1.5). Daher ist mit der Differenzierungstheorie immer ein strategischer Blick von außen und auch von oben auf das zwischenmenschliche Zusammenleben verknüpft, der dazu tendiert es auf seine Bedeutung für das Erbringen gesellschaftlicher Leistungen zu reduzieren. Die Fokussierung auf gesellschaftliche Leistungen ist allerdings nicht mit einer klassischen Herrschaftsperspektive (die z. B. im Begriff der disjunkten Herrschaft bei Coleman fixiert wird; Coleman1995; 90ff.) gleichzusetzen, weil es in der Tradition des rituellen Handelns hierbei immer auch um Praktiken der Selbstdisziplinierung und der Darstellung von Verhaltensweisen (vgl. unter 1.5) geht.

Dieser Blickwinkel existiert – in verengter und politisierter Form – auch im Marxismus in Form der Wert- und Kapitalismusanalyse als einer von zwei Blickwinkeln. Aufgrund dieser inneren Verwandtschaft ist auch eine Integration des Kapitalismusbegriffs in die Theorie funktionaler Differenzierung möglich (vgl. Abschnitt 2.2).

Im Marxismus wird ihm eine anthropologisch unterfütterte Beobachtungsperspektive des ‚Stoffwechsels Mensch –Natur‘ (vgl. die Auseinandersetzung mit Feuerbach: Marx/ Engels 1845/46; 21ff.) gegenüber gestellt, in der der Mensch als arbeitendes Tier konzipiert wird, das sich durch die Praxis seiner aktiven Auseinandersetzung mit der Natur (=produktive Arbeit; =konkret nützliche Arbeit) von allen anderen Arten unterscheide. Aus diesem Blickwinkel wird der Industrialisierungsprozess zu einer epochalen Neuerung, die die soziale Organisation der Menschheit als Herrschaftsverband entbehrlich mache, weil er das Ergon, also die mühevolle Plackerei arbeitender Klassen abschaffe (ausführlich KM: 274ff.). Dieses Konzept wendet Marx konsequent auf die Analyse des Industrialisierungsprozesses an, der beides zugleich sei, sowohl Kapitalverwertungsprozess wie Herstellungsprozess von Gebrauchswerten (zum Doppelcharakter des kapitalistischen Produktionsprozesses vgl. zusammenfassend Brock 2000: 65ff.).

Auch in anderen Konzepten artikuliert sich, in freilich ganz unterschiedlicher Form, die Vermutung einer auf unterschiedlichen Grundlagen beruhenden, in irgendeiner Art und Weise *gespaltenen Vergesellschaftung*. Nach Mead wird das menschliche Selbst nicht nur vom ‚me‘, also dem Feedback der Interaktionspartner über das eigene Rollenhandeln, sondern ebenso vom ‚I‘ geformt, konkreten persönlichen Eigenarten (vgl. zusammenfassend Keller 2009; 56). Goffman analysiert zwar primär das zwischenmenschliche Rollenspiel aus der Perspektive der Darstellung von Rollen. Daneben kennt er aber auch einen Bereich hinter der Bühne, in dem der Darstellungsgesichtspunkt außer Kraft gesetzt ist. In diesen beiden Fällen haben sich präzise Analytiker des Rollenhandelns genötigt gesehen, Grenzen dieses vorherrschenden Modells zwischenmenschlicher Interaktion zu markieren, die allerdings nur Residualcharakter haben.

Dagegen haben außer Marx noch weitere Gesellschaftsanalytiker neben eine vorherrschende Form der Vergesellschaftung noch eine damit unvereinbare zweite gestellt, die der menschlichen Natur mehr entspreche, bewahrt werden müsse, aber überlagert ,verdrängt ,an die Seite geschoben worden sei. Für Habermas ist das die aus der Teilnehmerperspektive erfassbare Lebenswelt, die nur in diskursiver Verständigung reproduziert werden kann (Habermas 1981; Bd.2, 173ff.). Für Tönnies kommt der Gemeinschaft, in der sich der ,Wesenwille' entfalten kann (Tönnies 1979; insbes. 106ff.), genau diese Bedeutung zu.

Für die Gegenwartsdiagnosen der neueren Modernisierungstheoretiker spielen einmal Kategorien eine Rolle, die in Anlehnung an Marx vom Verhältnis Mensch- Natur und den daraus abgeleiteten Begriffen ,Arbeit' und ,Entwicklung der Produktivkräfte' ausgehen. Diese Begriffe haben grundlegende Bedeutung für die Reproduktion der menschlichen Gattung. Daher müssen sie unabhängig von den veränderbaren herrschenden Verhältnissen gedacht werden. Zu dieser begrifflichen Ebene gehört vor allem die Kategorie des *Industrialismus*, die wir bei Giddens kennen gelernt haben (vgl. unter 2.3.2.5). Hier geht es über die Entwicklung der Produktivkräfte hinaus vor allem auch um eine Transformation menschlicher Lebenszusammenhänge durch die Produkte des Industrialismus, was sozialhistorisch von der Taschenuhr bis zum Internet geht. Giddens interpretiert sie als Raum-zeitlichen Dehnungsprozess (vgl.2.3.2.2).

In direkter Nähe zum Begriff des Industrialismus liegt die unter 2.5.3 skizzierte Postindustrialismus-Debatte einschließlich der daran geknüpften Begriffe der Wissensgesellschaft, der Netzwerkgesellschaft (2.5.2) und des informationstechnologischen Paradigmas (2.5.2). Auch die Rolle des theoretischen Wissens und der universitären Bildung als neue Produktionsfaktoren lässt sich nur denken, wenn man gedanklich in irgendeiner Weise an das Marxsche Verständnis konkret nützlicher Arbeit anknüpft. Der gemeinsame Nenner dieser Debatten liegt im Versuch, die Entwicklungsbedingungen gesellschaftlicher Arbeit nach der weitgehenden Substitution quantifizierbarer menschlicher Arbeit durch Maschinen und Automaten zu klären.

Beck versteht seine Analyse ökologischer Risiken im ersten Teil der Risikogesellschaft (vgl. 2.4.2) als Ergänzung der Marxschen Analyse des Verhältnisses Mensch- Natur. Ihm geht es um die ,Nachtseite' der produktiven Tätigkeit des Menschen, die im Marxismus ebenso wenig registriert wird, wie die vorwiegend weibliche Reproduktionsarbeit (Mies 1988).

Wenn es trotz mehrfachen Perspektivwechsels eine Konstante in Baumanns Analysen gibt, dann besteht sie in seinem analytischen Interesse an der Nahtstelle zwischen gesellschaftlicher Ordnung und menschlicher Lebenspraxis (vgl. 2.3.4). Er versucht zu verstehen, wieso gesellschaftliche Ordnungen nicht nur wenig perfekt, sondern von ihrer Anlage her, also grundsätzlich, ,unlebbar' (zum Aspekt der Lebbarkeit vgl. Freyer 1955; 229ff.) sein können, weil sie das menschliche Leben nicht in eine zu ihm passende Form gießen können. Insofern sind auch Baumanns Arbeiten vom Marxismus zutiefst geprägt. Man kann sie auch als einen resignierten Kommentar zum allzu oberflächlichen Postulat der Abschaffbarkeit der Herrschaft von Menschen über Menschen lesen. Nicht nur scheitern klassische kategoriale Ordnungsmodelle am Ambivalenzproblem, auch das Projekt einer postmodernen Ordnung scheitert in der flüssigen Moderne. Hier erweist sich, dass das menschliche Leben der Beschleunigung des Vergesellschaftungsprozesses nicht gerecht werden kann (vgl. auch Rosa 2005). Vor allem in seinem Spätwerk verabschiedet sich Bauman von der optimistischen Anthropologie des Marxismus und ihrem Glauben an eine unendliche Plastizität des Menschen.

Damit stoßen wir neben dem Industrialismus-Postindustrialismus-Komplex noch auf eine weitere Beobachtungsperspektive, die nicht ohne erhebliche Auflösungsverluste in die Theorie funktionaler Differenzierung integriert werden kann. Sie ist auf Konstanten der menschlichen Natur fokussiert, die den Vergesellschaftungsprozess einerseits erst ermöglichen, ihm andererseits aber auch Grenzen setzen. Auf solche *menschlichen Rahmenbedingungen* macht auch Giddens aufmerksam, der im Anschluss an Erickson zumindest Grenzen in der sozialen Flexibilität ortet, die ihre Quelle im Urvertrauen haben (Erikson 1992). In Form des gesichtsunabhängigen Vertrauens in Expertensysteme wird es zugleich zu einer Grundlage unserer heutigen technischen Zivilisation. Auch in Analysen über die Beschleunigung, über die ständige Zunahme des Lebenstempos, muss zumindest die bange Frage nach anthropologischen Grenzen mitlaufen (vgl. Rosa 2005).

2.7.2.2 Wo liegt die prinzipielle Grenze differenzierungstheoretischer Analysen?

Damit haben wir zwei Komplexe (Industrialismus/ Postindustrialismus und menschliche Natur) im gesellschaftstheoretischen Denken der neueren Modernisierungstheoretiker markiert, die sich deutlich sowohl vom Blickwinkel der Differenzierungstheorie wie auch von der Kapitalismusanalyse abheben. In einem zweiten Schritt soll nun begründet werden, *dass sie nicht ohne Auflösungsverluste in die Theorie funktionaler Differenzierung eingebaut werden können.* Wir werden uns diesen Schwierigkeiten zunächst über ein exemplarisches Thema, die ökologischen Risiken, annähern.

Im Jahr 1986 ist nicht nur Becks Risikogesellschaft veröffentlicht worden, sondern auch Luhmanns Antwort auf den ersten Teil der Risikogesellschaft. Sie trägt den programmatischen Titel ,ökologische Kommunikation'. Während Beck wort- und metaphernreich den Tanz auf dem zivilisatorischen Vulkan (Beck 1986: 23) beschrieben hat, versucht Luhmann dem Leser klar zu machen, dass für uns Menschen die ökologischen Risiken nur in Form ökologischer Kommunikation existieren. Das ist in der Tat die Konsequenz seiner soziologischen Systemtheorie. Ökologische Risiken liegen außerhalb der sozialen Systeme. Da sie selbst nicht kommunizieren können, gehören sie zur Umwelt. Deswegen können sie existierende soziale Systeme nur irritieren und sie zu ökologischer Kommunikation veranlassen. Deren Folge kann, aber muss keineswegs, ein veränderter Umgang mit der Umwelt (z. B. Mülltrennung) sein.

Ist das wirklich so? Luhmann selbst ist durchaus zu irritieren gewesen. So haben die brasilianischen Favellas, die er nach seiner Emeritierung gesehen hat (vgl. Luhmann 1994), erstaunliche Spuren in seiner Sozialtheorie (insbesondere in Form des Themas Exklusion) hinterlassen. Aber selbst wenn er vom Flugzeug aus Mondlandschaften wie z. B. das iranische Zagros-Gebirge gesehen hätte, das schon vor der Zeitenwende von den vorderasiatischen Hochkulturen entwaldet und damit der Bodenerosion preisgegeben wurde, hätte er seine Ansicht kaum revidiert. Er hätte zwar Umweltprobleme sehen, sie aber auch nur in der Umwelt sozialer Systeme lokalisieren können. Die Systemumwelt ‚menschliche Organismen‘ einschließlich der daran gekoppelten ‚psychischen Systeme‘ musste aus diesen lebensfeindlich gewordenen Gegenden auswandern – daher existieren hier auch keine sozialen Systeme, die darüber in ökologische Kommunikation eintreten könnten. Also für den Sozialtheoretiker Luhmann völlig uninformativ! Wir können daher nur vermuten, dass Luhmann nach einem kurzen Blick aus dem Fenster sich wieder in seine Lektüre vertieft hätte. Vielleicht hätte ihn aber auch ein anderer Passagier in ökologische Kommunikation verwickeln können z. B. mit der Bemerkung, dass man hier ganz gut sehen könne, wie die Menschen ihre eigenen Lebensgrundlagen zerstörten. Luhmanns Antwort auf derartige Beobachtungen ist bekannt: das ist eben das Risiko jeder Art, dass sie Umweltbedingungen voraussetzen muss, die sie operativ nicht beeinflussen kann. So setze die Entwicklung der Fähigkeit zu fliegen die Schwerkraft voraus. Analoges gelte für soziale Systeme (Luhmann 2002). Ihre Autopoiesis laufe über Kommunikation, was wiederum von vielen unbeeinfluss-baren Voraussetzungen abhänge.

Ich möchte hier nicht in der Tradition der griechischen Philosophie einen fik-tiven Dialog führen sondern dem Leser nur den Ausgangspunkt aus der Biologie entlehnter soziologischer Konzepte plastisch in Erinnerung rufen. *Analog zum Organismus wird auch die Gesellschaft als Selbstzweck aufgefasst, der sich gegen seine Grundlagen verselbständigt hat.* In dieser Traditionslinie bewegt sich auch die Theorie funktionaler Differenzierung, insbesondere Luhmanns Version, die uns auch hier als Orientierungsmarke gilt. Daher können Positionen, die mit der menschlichen Natur wie dem Industrialismus argumentieren, nicht direkt integriert werden. Denn hier werden ja *Grenzen der Verselbständigung* gesellschaftlicher Strukturen ausgelotet, also die theoretische Prämisse in Frage gestellt.

Mit der Anlehnung an Organsimen erben biologistische Konzepte auch deren auf die operative Selbstreproduktion begrenzten Aufmerksamkeitshorizont. Diese Verengung wird durch die Frage nach Grenzen der Verselbständigung aufgesprengt. Über sie kann man zu allgemeineren Erklärungen gelangen, die die Perspektive sich selbst reproduzierender Systeme in ihren Begrenzungen von außen beobachten. Das setzt allerdings voraus, dass sowohl die Verselbständigung funktionaler Differenzierung wie auch deren Begrenzung mit realen sozialhistorischen Vorgängen identifiziert werden können. Daher müssen wir an dieser Stelle zumindest einen knappen Sondierungsversuch vornehmen.

Spätestens mit dem mesopotamischen Götterkosmos, der für das dritte Jahrtausend v. u. Z. nachgewiesen ist, *wurden Gesellschaften ganz real als Selbstzweck konstruiert*. Schon die Herrscher in den mesopotamischen Stadtstaaten wie Uruk oder Eridu präsentierten sich nämlich als Sprachrohr eines fiktiven lokalen Stadtgottes (Inanna in Uruk; Enki in Eridu), dessen Willen es auszuführen galt. Nissen (1995) weist auf „das ältere Konzept" hin, „nach dem … ein Stadtgott Anspruch auf den Besitz der ganzen Stadt hatte" (Nissen 1995; 191). Für das ebenso alte Kisch ist eine Erzählung belegt, in der die Stadtgründung einer Gottheit zugeschrieben wurde (v. Soden 1961; 538). Auf diese Weise konnte nicht nur die Politik sondern das gesamte Sozialsystem dieser Stadtstaaten gegen mögliche Interessen der Gesellschaftsmitglieder immunisiert werden. Deswegen war es auch nur konsequent, dass mit der Entstehung von Großreichen die lokalen Stadtgötter der zugehörigen Städte zu einem Götterkosmos zusammengefasst wurden (vgl. von Soden 1961; 560; zu den soziologischen Grundlagen der alten Imperien vgl. Mann 1990; Brock 2006; 269-323).

Eine wichtige Folge dieser Art der Legitimation besteht darin, dass die ‚einfachen‘ Gesellschaftsmitglieder ebenso wie deren Produkte zu *Ressourcen*, zu Voraussetzungen der Gesellschaftsorganisation und der gesellschaftlichen Selbstbehauptung/ Reproduktion insbesondere in militärischer Hinsicht werden. Charakteristisch ist folgende Aussage zu den sumerischen Mythen: „Auch die Erschaffung der Menschen war nicht Thema eines Mythus, obwohl deutlich gesagt wird, *dass sie um der Versorgung der Götter willen geschaffen wurden…*"(v. Soden 1961; 561; Hervorhebung D. B.). Das unterscheidet die verselbständigten Sozialsysteme der alten Imperien in soziologischer Hinsicht ganz grundlegend von den auf die Herstellung von Konsens angewiesenen Stammesgesellschaften, die soziologisch als Kultgemeinschaften fassbar sind (Brock 2006; 123-216).

Obwohl sich heutige, demokratisch verfasste Staaten/ Gesellschaften zweifellos meilenweit von solchen ‚orientalischen Despotien' (Wittfogel) unterscheiden, kennen auch sie verselbständigte soziale Prozesse. *Sie werden von der differenzierungstheoretischen Analyseperspektive erfasst.* Im ersten Kapitel haben wir gesehen, dass die binären Präferenzcodes der zentralen Funktionssysteme zugleich als Erfolgsmedien rekonstruiert werden können, also die Eigenschaft haben, zur Annahme von Kommunikationen auch gegen den ‚eigentlichen Willen' von Akteuren zu motivieren (vgl. Luhmann 1997: 320). Wenn wir nun noch in Rechnung stellen, dass die Akteure als psychische Systeme zur Systemumwelt zählen, dann kann man kaum umhin, hierin eine recht präzise Rekonstruktion verselbständigter Sozialität zu sehen. Dafür spricht auch die recht hohe Akzeptanz und breite Rezeption von Luhmanns Differenzierungstheorie in der Soziologie (vgl. nur Schimank 2000).

Keine andere ‚theoriearchitektonische' Entscheidung Luhmanns wurde so vehement kritisiert, wie die Verbannung der konkreten Menschen, insofern sie als Organismus und als psychische System rekonstruiert werden können, aus der Sozialtheorie. Da es hier auf einer grundsätzlichen Ebene um die Frage nach der Verselbständigung sozialer Systeme und ihrer Grenzen geht, macht es Sinn, einen kurzen Blick auf diese Debatte zu werfen.

Luhmann begründet seine Entscheidung mit drei sehr unterschiedlich gelagerten Argumenten. Das Hauptargument reklamiert Grundlagen der systemtheoretischen Analysemethode: Da autopoietische Systeme schon aus Gründen der Anschlussfähigkeit immer nur durch *eine* Klasse von Operationen charakterisiert werden können, habe der Systemtheoretiker keine andere Wahl. Dieses im weitesten Sinne ideologische (vgl. 1.1) Argument wird durch ein Trendargument unterstützt. Es sei am aussichtreichsten, die hochkomplexen zwischenmenschlichen Beziehungen nach dem Modell von black boxes zu konzipieren, da niemand wirklich wissen könne, was der andere denke (Luhmann 1984; 156f.). Das dritte Argument, das wir in diesem Zusammenhang beachten müssen, liegt dagegen auf einer sozialhistorischen Ebene. Es ergibt sich aus dem Kontext von Luhmanns Medientheorie. Es lautet: die Medienentwicklung führt zunächst zur Kultivierung der Kommunikation durch das Medium der Sprache. Mit dem Medium der Schrift kommt es dann zur Abkopplung der Kommunikation von unterstützender Gestik, Mimik usw. durch die Person des Sprechers sowie zur raumzeitlichen ‚Dehnung' der Sprechhandlung. Mit anderen Worten: die Evolution der menschlichen Gattung hat zunächst zur Konzentration der zwischenmenschlichen Verständigung auf sprachliche Kommunikation geführt. Daran knüpfen weitere Verengungen an. *Die analytische Trennung zwischen sozialen Systemen, psychischen Systemen und Organismen vollzieht somit einen evolutionären Spezifizierungstrend nur nach.* Dieses Argument liegt auf der Traditionslinie des analytischen Realismus, auf die vor allem Parsons seine Theoriekonstrukte, insbesondere das AGIL-Schema, gestützt hatte (vgl. v. a. Wenzel 1991).

Das erste Argument kann man nur zur Kenntnis nehmen. Es illustriert den Preis, den jeder auf *ein* Paradigma setzender Sozialtheoretiker für ideologische Konsistenz entrichten muss. Das zweite, black-box Argument stützt sich vor allem auf in der Psychologie geläufige Attributionstheorien. Als Soziologen sollten wir uns aber auch dafür interessieren, *ob nicht auch in der sozialen Realität Techniken der Anonymisierung verwendet werden.* Man wird hier schnell fündig und kann etwa an Anonymisierungstechniken bei Leistungsrollen denken, die die ‚Objektivität' z. B. der Rechtsprechung oder der Forschung sicherstellen sollen. Auch bei der Verwendung des Macht- und des Geldmediums kommt es gerade nicht darauf an, was z. B. eine Verkäuferin über das Auftreten eines Kunden oder ein Polizist über die Person eines ‚Verkehrssünders' denkt (vgl. 1.5). Solche Techniken der Anonymisierung erleichtern die Kommunikation durch Komplexitätsreduktion. Sie blenden Aspekte aus, die in anderen sozialen Konstellationen z. B. gegenüber Familienangehörigen oder Freunden starken Einfluss auf den Umfang wie die Art der Kommunikation haben. Als Sozialtheoretiker sollte man sich dafür interessieren, warum und in welchen Fällen Kommunikationszusammenhänge gegen die Sprechakteure verselbständigt werden, es also offenbar gesellschaftlich erwartet wird, dass man den Kommunikationspartner als black box behandelt.

Trotz aller Plausibilität muss daher vermutet werden, dass Luhmann über das black box Argument wichtige Differenzierungen in der zwischenmenschlichen Kommunikation ausblendet.

Wenn sich Luhmann dafür interessiert hätte, dann hätte er sein drittes Argument und wohl auch seine gesamte Medientheorie modifizieren müssen, denn es ist evident, *dass nicht alle Verbreitungsmedien zur ‚Entpersonalisierung' der zwischenmenschlichen Kommunikation tendieren.* Gerade solche Kommunikation, bei der wir uns für die Persönlichkeit des Kommunizierenden interessieren, also in keine anonymisierte Kommunikation eintreten *wollen,* wird tendenziell auf solche Medien verlagert, die nicht nur ‚reine Sprache', sondern auch Bilder und Töne transportieren. Damit können sie den Grundlagen personalisierter Kommunikation Rechnung tragen, wo es für die Kommunikationspartner darauf ankommt, Bilder der Sprecher bzw. Hörer zu sehen und ihre verbale Kommunikation auch akustisch mit zu bekommen (Beispiel: ‚skypen'). Das bedeutet aber keineswegs, dass alle Medien, die Bild und Ton transportieren, auf persönliche Kommunikation zugeschnitten wären (vgl. z. B. Film und Fernsehen). Dass auch persönliche Kommunikation über Verbreitungsmedien laufen kann, wird bei Luhmanns Verbreitungsmedien schlicht ausgeblendet, weil er die mit dem Medium der Schrift einsetzende hergehende Ablösung der Kommunikation von Sprechern und Hörern vorschnell verallgemeinert und daher auch nur die technische Unterbrechung der Kommunikation in Fernsehen und Massenmedien beachtet.

Halten wir also fest: Nur dort, wo wir uns *nicht* für die Person interessieren, mit der wir kommunizieren, sondern über gesellschaftliche Leistungen oder Ressourcen und deren Austausch kommunizieren, ist es vorgesehen, dass wir den Anderen als black box behandeln. Deshalb ist es auch kein Zufall, dass Luhmanns Blaupause für Verbreitungsmedien, die Schrift, ebenso wie alternative Techniken (Tokens, Zählschnüre) zunächst nur für Spezialkommunikation entwickelt wurden, bei der es um die *Verwaltung von Ressourcen* ging (vgl. Kuckenburg 2004; 98-212).

Dieser kleine Exkurs demonstriert recht deutlich, *dass sich die soziale Verselbständigung von Kommunikation offenbar auf die gesellschaftlichen Funktions- und Leistungsbereiche konzentriert*, für deren Organisation seit den alten Imperien der Staat als Selbstzweck etabliert wurde.

Daraus ergeben sich nun zwei Folgerungen. Erstens: die differenzierungstheoretische Perspektive erfasst zwar die gesellschaftlichen Funktions- und Leistungszusammenhänge aber damit nicht das gesamte gesellschaftliche Leben. Zweitens: Die gesellschaftlichen Funktions- und Leistungszusammenhänge greifen auf ein ,materielles Substrat' zu, dass sie nicht selbst produzieren können. Sie vollziehen ihren eigenen Verselbständigungsprozess gegenüber diesem materiellen Substrat als Ablösungsprozess nach.

Die erste Folgerung knüpft u. a. an das dualistische Gesellschaftskonzept von Habermas (Habermas 1981; KM 178ff.) an. Dort wird der Lebensweltbegriff und die damit verknüpfte Perspektive der gemeinsamen Selbstauslegung der uns umgebenden sozialen Welt auf der Grundlage unseres Alltagswissens *nicht* als ein soziologisches Paradigma verstanden, also als eine unter vielen Möglichkeiten Soziologie zu betreiben, sondern als eine Rekonstruktion der Gesellschaft aus der Perspektive der Kommunikations- und Interaktionsteilnehmer. Diese Rekonstruktion blendet die verselbständigten Funktions- und Leistungszusammenhänge schon deswegen aus, *weil sie sich nicht zwanglos aus einer derartigen Kommunikation ergeben können.* Der Lebensweltbegriff ist aber nicht das einzige soziologische Konzept, das diesen Aspekt der Gesellschaft erfasst. Die Perspektive der Netzwerkanalyse (vgl. Easley/ Kleinberg 2010) und damit zusammenhängende Konzepte (vgl. Granovetter 1973) erfasst ebenso gesellschaftliche Zusammenhänge auf der Grundlage von Sprachgemeinschaften (vgl. Bußmann 2002; als soziologischen Begriff vgl. Brock 2006).

2.7.2.3 Auf welches gesellschaftliche ‚Rohmaterial' greifen die Funktionssysteme zurück?

Für diesen Abschnitt ist vor allem die zweite Folgerung entscheidend. Wenn die gesellschaftlichen Funktions- und Leistungszusammenhänge nicht mit der gesamten Gesellschaft zusammenfallen, aber das gesellschaftliche Zusammenleben nicht nur normativ sondern auch faktisch organisieren, dann müssen sie in irgendeiner Weise auf *externes* gesellschaftliches Zusammenleben *zugreifen* können.

Die Unterscheidung intern/extern ist eine Folge der Verselbständigung der gesellschaftlichen Leistungszusammenhänge. Sie kann damit empirisch belegt werden, dass sich die Reproduktionsbedingungen der Funktionssysteme spezifiziert haben und von denen des menschlichen Lebens unterscheiden.

Was damit gemeint ist, lässt sich sowohl am Kapitalismusbegriff des klassischen Marxismus wie an Luhmanns Differenzierungstheorie zeigen. Nach Marx kann sich die kapitalistische Produktionsweise nur solange halten, wie ihr spezieller Reproduktionsmechanismus, der Kapitalverwertungsprozess (G-W-G') funktioniert. Dafür ist nicht nur der Zugriff auf menschliche Arbeitskraft über die Institution des Arbeitsvertrags(= Lohnarbeit) unabdingbar, sondern die menschliche Arbeit muss auch quantifizierbar, de facto also manuelle Arbeit sein. Nur so kann Mehrwert, also die Differenz zwischen G und G', produziert werden. Im Bestreben nach ständiger Profitsteigerung setzen die Kapitalisten jedoch immer mehr Maschinen ein, womit sie zwar immer mehr produzieren, aber zugleich die menschliche Handarbeit überflüssig machen, die aber für den Kapitalverwertungsprozess unabdingbar ist. Die Folge ist, dass der Reproduktionsmechanismus immer krisenhafter wird (zyklische Verwertungskrisen) und die Profitraten immer geringer werden (tendenzieller Fall der Profitrate). Schließlich *kollabiert der* ökonomische Reproduktionsmechanismus (Grenzen der Wertform) der bürgerlich-kapitalistischen Gesellschaft, da ihm sein Rohstoff für Ausbeutung ausgegangen ist.

In vergleichbarer Weise wird auch die Reproduktion der gesellschaftlichen Funktionssysteme als ein verselbständigter Mechanismus verstanden, *der auf externe Ressourcen angewiesen ist.*

In Luhmanns Differenzierungstheorie werden für jedes Funktionssystem spezifische Reproduktionsbedingungen in Form des jeweiligen binären Präferenzcodes angegeben. Es ist wichtig, sie sowohl von der Seite des Funktionssystems wie auch der gesellschaftlichen Akteure zu denken. Die Funktionssysteme können sich solange als funktionsspezifische Kommunikation reproduzieren, wie ihr Code allgemein benutzt wird. Wenn man nun fragt, wovon es abhängt, ob ein konkreter Akteur A den jeweiligen Code benutzt, dann wird es etwas komplizierter. Dabei kippt auch Luhmanns Prämisse, dass es hier immer *ausschließlich* um die Operation der Kommunikation gehen könne.

Diese Prämisse kann nämlich nur solange gehalten werden, wie A als Beobachter gedacht wird, also als jemand, der die jeweiligen Präferenzcodes zum Zwecke der Unterscheidung benutzt. Nehmen wir an, Akteur A ist Bildleser und liest gerade die Schlagzeile ‚Griechenland ist pleite‘. Dann trägt er als Beobachter zur kulturellen Reproduktion des Wirtschaftssystems bei, wenn er den Mitteilungssinn der Schlagzeile versteht, da ihm der Code ‚zahlen/ nicht zahlen‘ geläufig ist. Zuvor muss A jedoch selbst den Code *praktizieren*, also *Münzen geben*, um dafür bedrucktes Papier zu bekommen. Wenn er die Bildzeitung am Kiosk gekauft hat, dann hat er wahrscheinlich zunächst gesagt „Die Bildzeitung" und sie mit der Antwort „Bitte, macht 70 Cent!" auch bekommen. Die Kommunikation konnte er jedoch nur deswegen erfolgreich abschließen, weil er nicht nur den Mitteilungssinn verstanden, sondern dann auch entsprechende Münzen auf den Ladentisch gelegt hat. Insofern hat A das Wirtschaftssystem nicht nur kommunikativ sondern durch eine *reale Zahlung* reproduziert. Dafür hat er eine *reale Ware* bekommen.

Auch bei den anderen Funktionssystemen werden mithilfe kommunikativer Codes Vorgänge verhandelt, die nicht auf Kommunikation reduzierbar sind. Z. B. werden über den Code krank-gesund reale medizinische Behandlungen von Krankheiten organisiert. Wenn binäre Präferenzcodes also *nicht* für die ausschließlich kommunikative Operation der Beobachtung sondern ‚lebenspraktisch‘ verwendet werden, dann docken an ihnen immer auch weitere sprachliche wie nichtsprachliche Operationen an. Nur deswegen können Funktionssysteme ‚Leistungen‘ erbringen. Für die Reproduktion der gesellschaftlichen Funktionssysteme sind also immer auch nichtsprachliche Vorgänge unverzichtbar, die aber immer *auch* kommuniziert werden.

Weiterhin ist zu beachten, dass A nur deswegen die Bildzeitung kaufen oder sich in ärztliche Behandlung begeben kann, weil er gegen Lohn arbeitet und deswegen Geld bekommt, mit dem er Zahlungen etwa an die Krankenkasse oder am Kiosk leisten kann. Während jeder kommunikationsfähige Mensch problemlos alle binären Codes aller Funktionssysteme als Beobachter verwenden kann, ist die ‚lebenspraktische‘ Verwendung daran gebunden, dass z. B. A in beiden Beispielen über reales Geld verfügen muss, da auch das Gesundheitssystem strukturell an das Wirtschaftssystem gekoppelt ist (vgl. 2.2).

Weil Geld auf dem Wege der strukturellen Kopplung auch für die Inklusion gesellschaftlicher Akteure in die Leistungen der gesellschaftlichen Funktionssysteme eine zentrale Rolle spielt, ergänzen wir den differenzierungstheoretischen Zugang durch ein drittes Kapitel zu Lebensführung, bei dem die Lösung des Wiederbeschaffungsproblems von Geld und geldabhängige Lebensführung eine zentrale Rolle spielen. Zu dieser Thematik haben die neueren Modernisierungstheoretiker wichtige Beiträge geleistet.

An dieser Stelle registrieren wir nur das theoretische Argument, dass die Reproduktionsbedingungen der gesellschaftlichen Akteure nicht mit denen der gesellschaftlichen Funktionssysteme zusammenfallen. Für die Reproduktion der Funktionssysteme im Hinblick auf reale Leistungen ist nur wichtig, dass gesellschaftliche Akteure Leistungsrollen ausfüllen und Leistungen konsumieren. Welche Akteure das konkret sind, ist unerheblich. Für die Funktionssysteme und ihre Kommunikation sind sie grundsätzlich austauschbar. Das bedeutet u. a., dass ein Wirtschaftssystem theoretisch denkbar ist, das überwiegend Leistungen für Milliardäre erbringt und auch in seine Leistungsrollen nur eine Minderheit überwiegend hochqualifizierter Spezialisten einschließt (vgl. perspektivisch: Martin/ Schumann 1996), obwohl alle Gesellschaftsmitglieder den Code zu Beobachtungen nutzen können.

Die einzelnen Akteure sind dagegen an ihre eigene Reproduktion existenziell gebunden, sie haben keine anderen Leben. Sie können nur weiter leben, wenn ihr Organismus mit Nahrung und ggfs. auch mit medizinischer Hilfe versorgt wird, ihre Psyche intakt bleibt und zumindest ein gewisses Maß an Sozialkontakten nicht unterschritten wird. Dabei ist theoretisch denkbar, dass Gesellschaftsmitglieder ihr Überleben auch außerhalb der Funktionssysteme organisieren können.

Da diese Fragen der Lebensführung im dritten Kapitel weiter verfolgt werden, können wir sie hier ausklammern und uns der Realität konkreter Organisationen, Unternehmen, Forschungseinrichtungen, Verwaltungen annähern. Diese Ebenen werden in Luhmanns Differenzierungstheorie zumindest erwähnt, vor allem in Form von Konkretisierungsebenen, in die die allgemeinen Merkmale des Funktionssystems übersetzt werden müssen: der allgemeine binäre Präferenzcode muss über Programme konkretisiert werden, Organisationen müssen gebildet und Rollen definiert und ausgeführt werden (vgl. zusammenfassend: Schimank 2000; 162ff.). Die grundsätzliche Frage an dieser Stelle muss nun lauten, ob diese Ebenen allein durch Deduktion und Konkretion der Theorie funktionaler Differenzierung ausgefüllt werden können oder ob nicht auch hier Reproduktionsbedingungen auftreten, die *nicht* mit den Reproduktionsbedingungen der Funktionssysteme zusammen fallen. Wenn sich das zeigen sollte, dann stellt sich wiederum die Frage nach dem Zusammenhang unterschiedlicher Reproduktionskreisläufe (zum Begriff vgl. 2.3.2.4).

Auch hier bietet es sich wiederum an, die Komplexität der Frage über ein Beispiel zu reduzieren. Ich wähle das Beispiel theoretisches Wissen, weil es in der Postindustrialismus-Debatte eine zentrale Rolle spielt und Giddens wie Beck hier Beiträge geleistet haben. Theoretisches Wissen wird vom Wissenschaftssystem hervorgebracht, wobei wir die Codeebene (wahr-falsch) über die Programmebene deduktiv konkretisieren müssen. Die Wissenschaft kann ihr generelles Anliegen, wahre von falschen Aussagen zu unterscheiden, ja immer nur für konkrete Wissenschaftsdisziplinen und konkrete Themen (hier: Soziologie; Thema: moderne Gesellschaften) durchführen. Wenn wir uns weiter dem realen Wissenschaftsbetrieb annähern wollen, dann müssen wir zusätzlich konkrete Forschungsinstitute, Projekte, finanzielle Rahmenbedingungen und auf dem jeweiligen Gebiet forschende Wissenschaftler einblenden. Das fügt sich alles in ein deduktives Schema.

Interessant wird es erst, wenn wir einen weiteren Schritt machen und uns der praktischen Anwendung theoretischen Wissens zuwenden. Während der Wissenschaftler immer im Besonderen das Allgemeine sucht, wie Newton im vom Baum fallenden Apfel die physikalischen Gesetze der Beschleunigung, muss der Anwender den umgekehrten Weg gehen und neues theoretisches Wissen in neue Produkte oder effizientere Produktionsverfahren usw. ‚übersetzen'. Neues theoretisches Wissen wird bekanntlich ja dann zu einer Schlüsseltechnologie, wenn viele Anwender es auf den unterschiedlichsten Feldern anwenden können. Dann kann es, wie Mikroelektronik oder Gentechnologie, in zahllose Innovationen übersetzt werden.

In theoretischer Hinsicht trennen sich an dieser Stelle die Reproduktionskreisläufe und die Reproduktionsbedingungen des theoretischen Wissens vom angewandten Wissen. Das theoretische Wissen ‚lebt' so lange, als es nicht wiederlegt wird. Danach ist es nicht mehr ‚aktuell' sondern nur noch Teil der Wissenschaftsgeschichte. Davon unabhängig ist die Frage, ob es für das Unternehmen XY nützlich ist, auf seiner Grundlage das Produkt Z zu entwickeln. Als Teil des Produkts Z überlebt es so lange, wie sich das Produkt am Markt halten kann. Davon können wir noch seine Lebensdauer als Teil des Knowhow des Unternehmens XY unterscheiden. Angewandtes Wissen unterliegt also den Reproduktionsbedingungen des Wirtschaftssystems. Durch Anwendung verändern sich also die Reproduktionsbedingungen von Wissen!

Die Auffassung ist weit verbreitet, dass sich in der praktischen Anwendung der *gesellschaftliche Nutzen* der Wissenschaft zeige. Wenn es zur ‚Diffusion', zur Verbreitung theoretischen Wissens kommt, dann profitieren davon Viele in unterschiedlicher Weise. Neues theoretisches Wissen kann z. B. über die Ratgeberliteratur Menschen ihr Leben erleichtern oder ihnen etwas erklären. Es kann Unternehmen mehr Umsatz bescheren, die Belastung der Umwelt mit Emissionen verringern und neue Arbeitsplätze für Akademiker schaffen. Dennoch handelt es sich aus der Perspektive der Wissenschaft dabei immer um ein Abfallprodukt, um eine unbeabsichtigte Nebenfolge aus der Operation mit dem Wissenschaftscode. Wissenschafts*politiker* werden das selbstverständlich anders sehen und darauf verweisen, dass es wichtig sei, den gesellschaftlichen Nutzen der Wissenschaft herauszustellen, vor allem ihre Bedeutung für den Wirtschaftsstandort Deutschland. Nur so könne man erreichen, dass noch mehr Steuergeld in Forschungs- und Förderprogramme fließt.

Ich werde nun versuchen, diese bekannten Aussagen vom gesellschaftlichen Nutzen der Wissenschaft in das Begriffsraster funktionaler Differenzierung zu bringen. Dabei wird sich zeigen, dass das nur teilweise funktioniert, weil eben die Funktionssysteme nicht die gesamte Gesellschaft ausmachen. Das soll noch einmal demonstrieren, dass man die Funktionssysteme nicht wie Luhmann und weitere Differenzierungstheoretiker mit der modernen Gesellschaft gleichsetzen kann. Darüber hinaus möchte ich aber auch zeigen, dass diese Beeinflussung auf der Ebene ‚transintentionaler Effekte' liegt.

Zunächst: Wo endet das Wissenschaftssystem? Ist Anwendung noch Wissenschaft? Eine genaue Grenze kann hier kaum gezogen werden. Wenn wir uns an dem Wissenschaftscode orientieren, dann ist Anwendung keine Wissenschaft, da es ja nicht um neue Erkenntnisse geht. Innovationen wie z. B. ein neues Produkt auf der Grundlage neuer wissenschaftlicher Erkenntnisse müssen jedoch mit wissenschaftlichen Methoden getestet werden. Bei der Produktentwicklung selbst kann es zu neuen Erkenntnissen und zu Patenten kommen. In den Entwicklungsabteilungen werden viele Arbeitskräfte mit wissenschaftlicher Ausbildung, teilweise auch mit Forschungserfahrung beschäftigt. Schließlich können Probleme und Erfahrungen aus dem Anwendungsbereich durchaus Impulse für weitere Grundlagenforschung liefern. Wenn wir von einer Grauzone ausgehen, dann bedeutet das aber auch, dass im Bereich von Anwendung und Entwicklung nicht nur Wissenschaft gemacht wird.

Wirtschaftswissenschaftler heben hervor, dass die Anwendung theoretischen Wissens eine zentrale Rolle für die wirtschaftliche Wertschöpfung und damit für die Reproduktion wie die Expansion des Wirtschaftssystems gewonnen hat (z. B. Reich 1993; 191 ff.). Das können wir theoretisch so verstehen, dass Anwendung und Entwicklung als investive Geldverwendung aufgefasst wird, also dem Wirtschaftssystem *und* dem Code zahlen/ nicht zahlen zugerechnet wird. Was bedeutet das konkret? Es bedeutet *nicht*, dass Ökonomen Entwicklungsarbeit machen, sondern, dass Entwicklungsarbeit ökonomisch bewertet und über Geld organisiert wird. Auch die Organisation über Geld erfolgt zunächst abstrakt auf der Ebene der Allokation von Ressourcen. Die inhaltliche Arbeit kann ebenso wenig aus dem Geldmedium abgeleitet werden wie der Entwurf eines Betriebsgebäudes. Trotz der hohen Bedeutung theoretischen Wissens kann die praktische Anwendung und alles, was damit zusammen hängt, nicht aus der Wissenschaft abgeleitet werden – sie liefert nur theoretische Grundlagen, die auf konkrete Fälle anzuwenden sind unter Berücksichtigung vieler weiterer Faktoren.

Neues theoretisches Wissen kann auch außerhalb der Funktionssysteme gesellschaftlichen Nutzen stiften. Für die Nützlichkeit z. B. neuer Erkenntnisse über gesundheitliche Effekte bestimmter Lebensmittel ist es unerheblich, ob dieses Wissen von Herstellerfirmen, Kaninen, Restaurants benutzt wird oder ob es die

Ernährungspraktiken von Singles oder Familien verändert. Wichtig ist nun weiter, dass es die Wissenschaft wie jedes andere Funktionssystem auch nicht in der Hand hat, welche Folgerungen aus ihren Ergebnissen gezogen werden. Wissenschaftler können zwar Empfehlungen aussprechen, der Nutzen ihre Erkenntnisse besteht jedoch unabhängig davon – wichtig ist nur, dass sie allgemein zugänglich werden. Dann können Akteure, sowohl in Rollen innerhalb von Funktionssystemen wie auch außerhalb der Funktionssysteme selbst entscheiden, ob und in welcher Weise sie dieses Wissen zu Voraussetzungen ihres Handelns machen wollen. Für die Verbreitung theoretischen Wissens wie für Leistungen anderer Funktionssysteme gilt daher prinzipiell Transintentionalität, sonst könnte man auch nicht von einer sozialen Verselbständigung der Funktionssysteme sprechen.

Wenn wir diese Skizze nun mit Giddens Theorem der Dualität von Struktur (vgl. unter 2.3.2.1) in Beziehung setzen, dann können wir eines der bei diesem Grundlagentheorem vernachlässigten Einfallstore des sozialen Wandels erkennen. In modernen Gesellschaften sind die Voraussetzungen neuer Handlungen zum Zeitpunkt t1 nicht gleich zu setzen mit den durch Handlungen zum vorangegangenen Zeitpunkt t0 reproduzierten Strukturen. Wie Giddens an anderer Stelle selbst betont (vgl. z. B. Reflexivität), können neue z. B. durch Beobachtung der Praktiken anderer Akteure aber auch durch Massenmedien erlangte Informationen die bestehenden Strukturen verändern. In welcher Weise, das entscheidet der Akteur selbst.

Denken wir nur an das auch von Giddens benutzte und oben referierte Beispiel der Ernährungsgewohnheiten. Die zu einem bestimmten Zeitpunkt für die Person X gegebenen Strukturen bestehen nicht nur aus den eigenen Ernährungspraktiken und der Reflektion ihrer Resultate (‚Ich bin zu dick – ich muss da was tun' etc.), sondern auch aus den Informationen über alternative Möglichkeiten und über die Erfahrungen anderer Personen (sowohl aus den Medien wie dem eigenen Bekanntenkreis). Innerhalb dieses Möglichkeitsraums kann X auch experimentell vorgehen und Varianten testen (z. B. eine neue Diät ausprobieren). Ein solch hohes Maß an Reflexivität bei Alltagspraktiken ändert jedoch nichts daran, dass wir sie als gesellschaftlich geformt ansehen müssen. Das Beispiel zeigt nur, dass diese Formung immer komplexer wird und immer höhere Anteile von individuell vorgenommener Selektion enthält. Das schließt allzu einfache Muster wie eine direkte Übernahme von Leistungen der Funktionssysteme aus und erfordert auch, dass wir Theoreme wie ‚Dualität von Struktur' in hinreichend komplexe Modelle übersetzen.

2.7.2.4 Soziale Praktiken und die soziale Bindung menschlicher Lebenszeit

Ich komme nun zu einem Fazit in Form eines Vorschlags. Das soziale Substrat, aus dem die gesellschaftlichen Funktionssysteme gebildet werden und auf das sie zurückwirken (Stichwort: Anwendung), kann im Anschluss an Giddens als ‚soziale Praktiken' bezeichnet werden. Über die von Giddens betonten Merkmale (vgl. 2.3.2.1) hinausgehend möchte ich betonen, dass die sozialen Praktiken menschliche Lebenszeit ‚binden', insoweit sie Wachzeit ist und zu Aktivitäten verwendet wird. Schlafen, Träumen und bloßes Herumhängen binden zwar auch Lebenszeit, aber nicht sozial.

Auch weitere Abgrenzungsprobleme etwa bei Trance, Meditation, Rauschzuständen usw. übergehe ich an dieser Stelle achselzuckend, da der Aufwand beträchtlich wäre. Wichtiger ist dagegen, dass die Bindung der Lebenszeit immer sozial geformt ist und je individuell vorgenommen wird. Das soziale Einfallstor ist das Handlungswissen, ohne das es keine Praktiken geben kann. Es ist zwar überwiegend Alltagswissen, enthält aber auch (wie in obigem Beispiel) theoretisches Wissen, Wissen über die Funktionssysteme, über Natur, Umwelt, praktische Arbeitsverrichtungen usw.

Wohlgemerkt: Über die Kategorie soziale Praktiken soll selbstverständlich nicht die Reproduktion menschlichen Lebens erfasst werden, das ist Gegenstand von Biologie und Medizin. Sie fokussiert unsere Aufmerksamkeit vielmehr auf das, *was wir mit unserer Lebenszeit anfangen.* Da jede denkbare Gesellschaft Lebenszeit bindende soziale Praktiken und darauf bezogenes Alltagswissen entwickelt hat, sind beide Kategorien universell anwendbar. Kommunikation spielt in diesem Kontext eine zentrale Rolle, deckt aber nicht alle Aspekte ab. Sie wird nicht nur durch die Formung unseres Bewegungsapparats (vgl. z. B. Wilson 2002; Plessner 1928) ergänzt, sondern auch durch Imperative der Nahrungsbeschaffung (Sahlins 1972), darauf bezogene Organisationsformen (Stichwort: Kooperation; vgl. Marx 1972; 341ff.) wie auch durch Formen der Organisation der biologischen Reproduktion (Verwandtschaftssystem als Einstieg in Institutionenbildung und Gesellschaftsdifferenzierung; vgl. z. B. Levy- Strauss 1967) sowie der Sozialisation und des Schutzes Heranwachsender (Portmann 1956; Eibl-Eibesfeldt 2004; 254ff.).

2.7.3 Ressourcen – der soziale Unterbau der Funktionssysteme

2.7.3.1 Beiträge der neueren Debatte

In den Analysen der neueren Modernisierungstheoretiker spielt vor allem die Nutzung neuer und veränderter Ressourcen eine zentrale Rolle. Da wir gerade gesehen haben, dass jedes Funktionssystem über Ressourcen in die Gesellschaft (= in andere Funktionssysteme und soziale Praktiken der Gesellschaftsmitglieder) hinein wirkt und umgekehrt in seinen Möglichkeiten von der Mobilisierung von Ressourcen abhängt, können wir diese Aspekte in die Theorie funktionaler Differenzierung integrieren. Wenn es zudem gelingt, den Ressourcenbegriff zu theoretisieren, können wir die Einbettung der Funktionssysteme in die Gesellschaft besser verstehen.

Wenn man von den Funktionssystemen aus auf die Themen der neueren Modernisierungstheoretiker blickt, dann kann man erkennen, dass sie vor allem die Folgen der Expansion des Wissenschaftssystems für andere Funktionssysteme und die Gesellschaft insgesamt registriert haben. Im Themenkreis Postindustrialismus/ Wissensgesellschaft wurde die wachsende Bedeutung des Wissenschaftssystems für das Wirtschaftssystem beobachtet. Von neuen wissenschaftlichen Erkenntnissen gehen zunehmend die entscheidenden Impulse für die Wertschöpfung im Wirtschaftssystem aus. Um diese realisieren zu können, wird immer mehr wissenschaftlich qualifiziertes Personal benötigt, so dass die volkswirtschaftliche Bedeutung einschlägiger Hochschulabschlüsse, die Bildungsexpansion und auch die Werbung für natur- und ingenieurwissenschaftliche Studiengänge zu wichtigen Feldern der Standortkonkurrenz werden.

Aber auch der erste Teil von Becks Risikogesellschaft kann als eine Beobachtung der eng mit dem Wissenschaftssystem verkoppelten Landnahme des Wirtschaftssystems gelesen werden. Das Ökologiethema versteht Beck als eine Folge der weltweiten Expansion des westlichen Kapitalismus. Es wirkt über öffentliche Debatten in das politische System hinein und ruft dort Reaktionen hervor, die vor allem dem Wissenschaftssystem neue Impulse geben, aber auch dem Wirtschaftssystem neue Geschäftsfelder erschließen. Dieser komplexe Zusammenhang wird aber erst beobachtbar, wenn man die Produktionsfaktoren im Wirtschaftssystem als stoffliche Ressourcen denkt, die sich nach ihrer Nutzung nicht in Luft auflösen, sondern als Müll weiter existieren. Hinzu kommt, dass z. B. Emissionen in Zusammenhang mit der Schädigung der menschlichen Gesundheit gebracht werden, also die wichtige Ressource des menschlichen Lebens schädigen können. Erst wenn daraus wichtige politische Themen werden, kommt es zu den oben skizzierten Rückwirkungen auf das Wissenschaftssystem und das Wirtschaftssystem. Hierbei ist es wichtig zu sehen, dass diese Rückwirkungen in Form zusätzlicher Ressourcen ‚von außen‘

die Funktionssysteme stimulieren (Geld für Umweltforschung, Umweltsanierung, umweltschonende Produktionsverfahren usw.).

Becks Thematik der Risikotechnologien ist dagegen in ganz anderer Weise auf die Funktionssysteme bezogen. Definitionsgemäß handelt es sich hier um Anwendungen theoretischen Wissens (= Diffusion in das Wirtschaftssystem), deren Folgen auf ökologische Kreisläufe nicht beherrschbar sind. Deswegen sollen derartige Anwendungen mit Hilfe des Codes politischer Macht gestoppt werden. Risikotechnologien sind Erfolgsgeschichten des Wissenschaftssystems, gerade deswegen erreichen sie eine Komplexität, die die praktische Anwendung als Ressourcen für wirtschaftliche Wertschöpfung so gefährlich macht. *Daher werden hier Grenzen der gesellschaftlichen Organisierbarkeit funktionaler Differenzierung sichtbar.* Denn die Funktionssysteme können ja immer nur dann in ihrem Code operieren, wenn ihnen aus sozialen und/ oder ökologischen Zusammenhängen herausgelöste Ressourcen zufließen. Sie können umgekehrt gesellschaftliche Leistungen immer nur in Form von Ressourcen erbringen, deren Verwendung sie nicht bestimmen können. Dieses Modell stößt bei den Risikotechnologien an Grenzen.

Auch Giddens' wohl am meisten beachteter Beitrag zur Theorie moderner Gesellschaften, seine These, dass in der heutigen globalisierten Welt keine Abschottung von Lebenszusammenhängen mehr möglich ist (Stichwort: embedding and reembedding), kann als Beobachtung zur Expansion der Funktionssysteme, insbesondere zur globalen Ausdehnung des ökonomischen Systems gelesen werden. Die These besagt ja, dass unser soziales Leben überall auf diesem Planeten in hohem Maße vom Wirtschaftssystem abhängig geworden ist, weil wir auf Waren und Dienstleistungen angewiesen sind und deswegen unseren Geldbedarf über Lohnarbeit decken müssen. In anderer Terminologie: weil wir alle Ressourcen brauchen, die das Wirtschaftssystem hervorbringt, müssen wir vom Wirtschaftssystem als menschliche Ressourcen gebraucht werden. Ob und zu welchen Konditionen das der Fall ist, entscheidet wirtschaftliches Kalkül mit häufig wechselndem Ergebnis. Die Gewinner von heute können die Verlierer von morgen sein und umgekehrt. Unter diesen Bedingungen sind die menschlichen Lebenschancen und daran anknüpfende Lebenszusammenhänge im globalen Maßstab vom Wirtschaftssystem und damit auch voneinander abhängig geworden.

Auch die These, dass unser heutiges Wissen keine ontologische Sicherheit mehr vermitteln kann, beschreibt *eine* Folge der Expansion des Wissenschaftssystems, die vor allem mit der Diffusion wissenschaftlicher Erkenntnisse nicht nur in andere Funktionssysteme sondern auch in das zwischenmenschliche Alltagsleben (etwa über eine inflationär wachsende Ratgeberliteratur) zu tun hat. Um dieses Wissen als Ressource in unserem Alltag sinnvoll integrieren zu können, müssen wir auch damit vertraut sein, dass es nur solange Geltung beanspruchen kann, wie es nicht widerlegt und durch besseres Wissen ersetzt worden ist.

In Baumans Essays über das Leben in der flüchtigen Moderne spielen Ressourcen aus dem Wirtschaftssystem und ihre kulturellen Folgen eine zentrale Rolle. Über die Massenmedien werden uns alle Kulturen, Lebensformen und Religionen kognitiv zugänglich. Über die modernen Verkehrsmittel bleibt uns zumindest vom Prinzip her und abgesehen von politischen Restriktionen keine Region dieses Planeten verschlossen.

Diese ausgewählten Bezüge sollten ausreichen, um zweierlei zu erkennen. Wenn Ressourcen so etwas wie eine materielle Membrane zwischen jedem Funktionssystem und seiner Umwelt bilden, dann haben die neueren Modernisierungstheoretiker Beobachtungen gemacht und Themen gesetzt, die in die Theorie funktionaler Differenzierung nicht nur integrierbar sind. Durch den Bezug auf die Differenzierungstheorie werden sie systematisierbar und können unser Verständnis funktionaler Differenzierung beträchtlich erweitern und bereichern. *In konzeptioneller Hinsicht hätte das aber zur Folge, dass wir uns stärker mit dem Ressourcenbegriff beschäftigen sollten.*

2.7.3.2 Zum Ressourcenbegriff

Was ist unter ‚Ressourcen‘ zu verstehen? Der Begriff spielt immer dann eine zentrale Rolle, wenn man durch Eigentum und Tausch geprägte soziale Beziehungen analysieren möchte. Bei Coleman und anderen RC- Theoretikern gehört er daher zu den elementaren Kategorien. „Das minimale System umfasst zwei Arten von Elementen und zwei Arten, wie sie miteinander in Beziehung stehen. Die Elemente sind Akteure und Dinge, über die sie Kontrolle ausüben und an denen sie irgendein Interesse haben. Ich nenne diese Dinge, je nach ihrem Wesen, Ressourcen oder Ereignisse. Die Beziehungen zwischen Akteuren und Ressourcen sind … Kontrolle und Interesse" (Coleman 1995: 34).

Bourdieu bezeichnet die Handlungsressourcen im Alltag als ‚Kapital‘ und unterscheidet dabei zwischen ökonomischem, kulturellem (einschließlich dem Bildungskapital), sozialem und symbolischem Kapital (vgl. zusammenfassend Junge 2009: 330f.).

In der Theorie der Strukturierung unterscheidet Giddens zwischen autoritativen und allokativen Ressourcen. Er kennt also einerseits Machtressourcen, die über soziale Strukturen verfügbar sind (Beispiel: patriarchalische Strukturen) und andererseits materielle Ressourcen (Eigentum, Geld, Güter …). Giddens begreift sie als Produkt politischer (Macht und Herrschaft) beziehungsweise ökonomischer (Eigentum an Dingen) Institutionen in der Verfügung bzw. der Nicht – Verfügung über autoritative wie allokative Ressourcen konkretisiere sich gesellschaftliche Herrschaft, deren Theoretisierung hier ansetzen müsse (Vgl. Giddens 1988: 84f).

Beck zeigt in einer kurzen theoretischen Skizze in der ‚Risikogesellschaft', dass Individualisierung die Zugänglichkeit standardisierter allokativer Ressourcen voraussetzt (Beck 1986: 210ff.).

2.7.3.3 In der Differenzierungstheorie wird der Ressourcenaspekt ausgeblendet

Obwohl sich die gesellschaftlichen Funktionssysteme ohne Tausch nie hätten entwickeln können und es beim Austausch immer um Ressourcen geht, werden diese Aspekte in der Differenzierungstheorie ausgeblendet. Das gilt auch für die hier zugrunde gelegte Version von Luhmann. Deswegen ist die Differenzierungstheorie in dieser Hinsicht ergänzungsbedürftig. Das wird schon bei grundlegenden Aspekten deutlich.

Den Ankerpunkt in Luhmanns Differenzierungstheorie bildet die Überlegung, dass Funktionssysteme über die *Monopolisierung gesellschaftlicher Leistungen* institutionalisiert werden (vgl. KM: 138). Erst unter dieser Voraussetzung ist dann im gesellschaftlichen Alltag die Kommunikation über Leistungen der Funktionssysteme durch binäre Codes mit jeweils einem Positiv- und einem Negativwert gesichert. *Wieso sich aber eine derartige Leistungskommunikation entwickeln und verselbstständigen kann und wieso es möglich ist, Leistungen zu monopolisieren, ist ohne den Begriff der Ressource nicht zu erklären.* So kann z. B. die Pflege von Kranken erst zu einer gesellschaftlichen Leistung werden, die im Gesundheitssystem monopolisiert werden kann, wenn sie aus dem familiären Alltag (Pflege von Familienangehörigen) herausgelöst werden kann und damit als Ressource für das Funktionssystem allgemein verfügbar wird.

2.7.3.4 Strategische Ressourcen

Um Konfusion zu vermeiden, halte ich es für sinnvoll zwischen *Ressourcen* und *strategischen Ressourcen* zu unterscheiden. Ich habe bisher betont, dass menschliche wie materielle Ressourcen immer stofflich konkret gedacht werden müssen. Jedes Funktionssystem kann sein Leistungsmonopol nur dann sinnvoll nutzen, wenn es gelingt, das ‚richtige' Personal zu rekrutieren und besonders geeignete Räumlichkeiten, Maschinen usw. zur Verfügung zu haben. Dafür muss im Funktionssystem selbst gesorgt werden, in der Regel dezentral. In welchem Ausmaß das passieren kann, hängt allerdings von *Rahmenbedingungen* ab, die durch **strategische Ressourcen** definiert werden. Geld und teilweise auch Macht können als strategische Ressourcen fungieren, weil sie ‚gesellschaftliche Nützlichkeit' in symbolisch generalisierter Form verkörpern. Nur deswegen kann Geld als *universelles Tauschmittel* und staatlich monopolisierter und verrechtlichter Machtgebrauch als *legitime Form autoritativer Ressourcenbeschaffung* fungieren. Damit weisen Geld und Macht neben der Funktion als Erfolgsmedium und als binärer Präferenzcode eines Funktionssystems (zur Verbindung dieser beiden Eigenschaften vgl. unter 1.8) noch eine dritte Eigenschaft auf. Sie kann als *gesellschaftliche Autorisierung zur Leistungserbringung in quantitativer Hinsicht* verstanden werden. Diese Eigenschaft kann über das politische System organisiert werden. So kann z. B. mit zusätzlichen Steuergeldern (also über die Kopplung von Macht und Geld) für Umweltforschung das Wissenschaftssystem zu einschlägiger Forschung angeregt werden. Um an diese strategischen Ressourcen zu kommen, müssen alle Funktionssysteme außer Wirtschaft und Politik entweder eine strukturelle Kopplung an das Wirtschaftssystem herbeiführen, also ihre Leistungen verkaufen, um mit diesen Einnahmen die eigenen Ressourcen zu halten oder gar zu erweitern. Die andere Möglichkeit besteht in der Einflussnahme auf das politische System (Lobbyarbeit). Oftmals kann erst das Zusammenspiel beider Ebenen für hinreichende gesellschaftliche Autorisierung zur Leistungserbringung sorgen.

Ein gutes Beispiel bildet das Patentrecht. Von der grundsätzlichen Konstruktion her ist das Wissenschaftssystem ja darauf angelegt mit seinem Code potentiell allen Gesellschaftsmitgliedern theoretisches Wissen/ Grundlagenwissen zur Verfügung zu stellen. Das erfolgt in der Regel über allgemein zugängliche Publikationen. Da daraus keine oder keine nennenswerten Einnahmen entstehen, ist die Reproduktion des Wissenschaftssystems von Steuergeldern abhängig. Ohne diese Grundlagen in Frage zu stellen, eröffnet das Patentrecht für einen begrenzten Bereich anwendungsbezogener Forschung die Möglichkeit, über systemspezifische Leistungen selbst an die strategische Ressource Geld zu kommen und so gewisse Bereiche im Wissenschaftssystem von staatlicher Alimentierung abzukoppeln. Das setzt aber den Einsatz politscher Macht in Form einer entsprechenden Gesetzgebung in der Zweitcodierung als Rechtssetzung voraus. Das Patentrecht schränkt die allgemeine Nutzung neuen Wissens für einen begrenzten Zeitraum explizit ein, indem es dem Erfinder ein Eigentumsrecht an seiner Erfindung zuspricht. Die Entscheidung, ob es sich um neues Wissen handelt, wird dabei staatlich organisiert (Patentämter) und explizit fixiert (Erteilung eines Patents). Das Patentrecht ermöglicht es Teilen des Wissenschaftssystems im Bereich anwendungsnaher Forschung selbst für eine hinreichende quantitative gesellschaftliche Autorisierung zu weiterer Forschung zu sorgen. Es macht es auch für Unternehmen attraktiver, sich am Wissenschaftssystem zu beteiligen.

Aus der Eigenschaft von Macht und Geld, als strategische Ressourcen für die Organisation spezifischer Leistungen der Funktionssysteme zu dienen, kann man eine *Erklärung* für die besondere Bedeutung der Funktionssysteme Wirtschaft und Politik gewinnen. Bisher wurde sie, vor allem bei der Frage funktionale Differenzierung oder Kapitalismus (vgl. 2.2.3), nur konstatiert. Nur diese beiden Funktionssysteme können ihren quantitatives Wachstum selbst autorisieren, weil ihr Medium zugleich als strategische Ressource fungieren kann! Das ist vor allem für die Bereiche Staat und öffentliche Verwaltung häufig beobachtet (z. B. Parkinson's Gesetze; Parkinson 1957; Wagnersches Gesetz; Wagner 1893; Andel 1988), aber bisher nicht in die Theorie funktionaler Differenzierung eingebaut worden. Da alle anderen Funktionssysteme dies nicht können, weil ihr Code nicht als strategische Ressource verwendet werden kann, müssen sie Formen der Abhängigkeit vom Wirtschaftssystem und/oder politischen System eingehen. Ihre Autonomie und ihre prinzipielle Gleichrangigkeit (vgl. z. B. Schimank 2000) beginnen erst, *nachdem* strategische Ressourcen in Ressourcen getauscht wurden.

2.7.3.5 In die Funktionssysteme hineinfließende menschliche Ressourcen

Wenn man den Ressourcenaspekt in die Theorie funktionaler Differenzierung einbauen möchte, dann kann man weiterhin zwischen Ressourcen unterscheiden, die in ein Funktionssystem hineinfließen und solchen, die aus ihm herausfließen. Im ersten Fall geht es um Ressourcen für die Erbringung systemspezifischer Leistungen, im zweiten um Leistungen der Funktionssysteme, die von anderen Funktionssystemen bzw. vom Publikum als Ressource genutzt werden können. Während Produkte und fixierbare Leistungen problemlos transferiert werden können, handelt es sich bei der wichtigsten Ressource, die in die Funktionssysteme hineinfließen muss, dem menschlichen Arbeits- und Leistungsvermögen, um ein Potential, was sich nicht so einfach ablösen und verselbständigen lässt. Um diese Schwierigkeit geht es hier. *Nur für Menschen müssen wir strikt zwischen der Nutzung von Ressourcen und der Nutzung als Ressource unterscheiden.*

Einige der oben erwähnten Ressourcenkonzepte (vgl. insbesondere Bourdieu und Giddens) sind nur auf die menschliche Nutzung von Ressourcen zugeschnitten. Die Verwandlung menschlicher Lebenszeit in eine Ressource spielt dagegen bei Coleman (und natürlich auch bei Marx) eine zentrale Rolle.

Inwiefern kann der Mensch zur Ressource für andere Menschen werden? Da die ‚konsequente' Variante der Sklaverei mit den moralischen wie politischen Grundlagen moderner Gesellschaften unvereinbar ist, bleiben nur Lohnarbeit, ehrenamtliche Arbeit und erzwungene Arbeit (Wehrdienst, Schulpflicht, Formen der Zwangsrekrutierung).

Für Lohnarbeit, die mit Abstand wichtigste Variante, also für eine freiwillige Abtretung von Lebenszeit gegen Geld, liefern Coleman und Marx unterschiedliche Erklärungen. Wenn wir sie miteinander verbinden und eine Prämisse beider Erklärungen in Erinnerung rufen, dann erreichen wir eine relativ vollständige Version. Coleman argumentiert auf der Grundlage des RC- Ansatzes folgendermaßen (Coleman 1995; Band 1: 90ff.): Wenn Menschen ihr Arbeitsvermögen selbst schlechter nutzen können als andere, dann ist es rational, dass sie ihr Dispositionsrecht über ihr Arbeitsvermögen gegen einen Geldbetrag verkaufen, der höher ist als ein in Eigenregie erzielbares Einkommen. Marx argumentiert dagegen: wer selbst über keine Produktionsmittel verfügt, der hat gar keine Wahl, als seine Arbeitskraft an den Meistbietenden zu verkaufen (Marx 1972; 183). Beide Erklärungen ergänzen sich, da Marx Coleman nur eine Erklärung für beschränkte Nutzungsmöglichkeiten der eigenen Arbeitskraft hinzufügt, die aber ihrerseits ergänzungsbedürftig ist. Wer will ausschließen, dass neben dem Privateigentum an Produktionsmitteln auch Faktoren wie Organisationstalent, Erfindungsgabe, Wissen ebenso eine Rolle bei der Nutzung von Arbeitsvermögen spielen?

Beide Erklärungen beschäftigen sich nicht hinreichend mit dem in unterschiedlicher Weise unterstellten Geldbedarf. Coleman unterstellt wie Marx, dass jeder zumindest ein Existenzminimum in Form eines Geldbetrages zum Überleben benötigt. Da Geld aber auch aus Transferleistungen des sozialen Sicherungssystems fließen kann oder unter Familienmitgliedern geteilt werden kann, kann auch Nichtstun oder ein Hausfrauendasein einen hinreichenden Zugang zu Ressourcen bewirken. Dabei bleibt aber noch weiterhin unterstellt, dass die Akteure nur gegen Geld an die für ihr Leben und Überleben erforderlichen Ressourcen kommen. Eine solche geldabhängige Lebensführung muss aber erst hergestellt werden. Sie hat nicht immer bestanden, sondern sich gegen Formen autarker Selbstversorgung vor allem über die Etablierung von Grundeigentum und Geldwirtschaft durchgesetzt, so dass sie heute zu den biographischen Selbstverständlichkeiten gehört. Der Mensch braucht in jedem Falle Lebensmittel zum Überleben, die er zwar üblicherweise kauft, aber auch selbst produzieren oder aus der Mülltonne holen kann.

In ähnlicher Weise kann man auch die Angewiesenheit der Funktionssysteme auf menschliche Arbeit erfassen: unabdingbar ist, dass sie zur Verfügung steht, unabhängig davon, ob sie im Austausch gegen Geld geleistet wird, freiwillig zur Verfügung gestellt wird oder über staatliche Macht zwangsrekrutiert wird.

Mit der Ressource ‚menschliches Arbeitsvermögen' ist das Problem verknüpft, wie erklärt werden kann, dass Menschen eigenverantwortlich arbeiten, obwohl sie doch die Anweisungsbefugnis verkauft haben. Auch diese Frage beantwortet

Coleman m. E. überzeugender als Marx, der nur mit der Sanktionsmacht des Kapitalisten argumentiert. Laut Coleman (1995; Bd. 2; 127ff.) bedeutet die Übertragung der Anweisungsbefugnis ja auch, dass der Käufer (konkret: die Unternehmen als juristische Person) Teile dieser Anweisungsbefugnis spezifizieren und gewissermaßen an Spezialisten rückübertragen kann. Erst der Kauf der Anweisungsbefugnis ermöglicht also den Unternehmen eine Organisationsstruktur zu bilden, die auf die Realisierung der Unternehmensziele zugeschnitten ist. Nur deswegen macht es auch für Arbeitnehmer Sinn, sich für Führungs- oder Manageraufgaben zu qualifizieren. Im Rahmen einer solchen Organisationsstruktur mit ungleich verteilter Anweisungsbefugnis existieren dann auch Arbeitsplätze, wo es nur auf die – eigenverantwortliche – Ausführung von Anweisungen ankommt. Hier spielen dann sicherlich Sanktionsmöglichkeiten eine größere Rolle.

2.7.3.6 Aus den Funktionssystemen herausfließende Ressourcen

Kommen wir nun zur Nutzung systemspezifischer Leistungen in Form von Ressourcen. Solche Ressourcen können sowohl von anderen Funktionssystemen wie auch von einzelnen Gesellschaftsmitgliedern für private Zwecke genutzt werden. Sie können als Waren gegen die strategische Ressource Geld eingetauscht werden oder sie sind wie z. B. veröffentlichte Forschungsergebnisse allgemein zugänglich.

Die strategische Rolle des Konsums für die Entwicklung des Wirtschaftssystems, aber auch für die Expansion weiterer Funktionssysteme ist schon vor Jahrzehnten thematisiert worden (z. B. von John Kenneth Galbraith 1963; 127 ff.; grundlegend Keynes 1936). Diese Thematik wird u. a. in Baumans Analysen der flüchtigen Moderne wieder aufgenommen und in gesellschaftliche Anforderungen an den atomisierten zeitgenössischen Bürger (‚Konsumpflicht‘) übersetzt (Bauman 2001). Insoweit Ressourcen stofflich gedacht werden müssen, hat sich am Konsum immer auch Wachstumskritik entzündet, die überwiegend ökologische Argumente (vgl. nur Meadows 1973) benützt. Entlang dieses Dilemmas haben sich sowohl neue Impulse für das Wirtschaftssystem (effektivere Nutzung stofflicher Ressourcen, Recycling, erneuerbare Energie usw.) wie auch prinzipielle Antworten in Form von Konzepten eines ‚qualitativen, ressourcenneutralen Wachstums‘ herauskristallisiert.

In diesen zumindest auf den ersten Blick eher soziologiefernen Themenkreis lassen sich vor allem zwei Themen aus der neueren Modernisierungsdebatte einfügen: Risikotechnologien (Beck) und Expertensysteme – Vertrauen (Giddens). Vor allem Giddens zeigt indirekt *soziale* Grenzen des Wachstums auf, während Beck auf eine Grenze der Expansion des Wissenschaftssystems aufmerksam macht. Beide Analysen wurden bereits dargestellt und diskutiert (vgl. unter 2.4). Daher können wir uns hier auf ihre Bedeutung für eine um den Ressourcenaspekt erweiterte Differenzierungstheorie konzentrieren.

An Giddens Argumentation ist wichtig, dass die Expansion des Wissenschaftssystems, vor allem aber die immer umfassendere gesellschaftliche Nutzung theoretischen Wissens nicht immer nur als Wissenszunahme, Wissensgesellschaft usw. gedacht werden darf, sondern auch als Spezialisierungsvorgang entlang der Differenz von Wissen/ Nichtwissen und der damit verbundenen Zuschreibung von Kompetenz/ Inkompetenz analysiert werden muss. Offensichtlich ist, dass die menschliche Lernkapazität schon in physiologischer Hinsicht eng begrenzt ist. Daher kann sich ein einzelner Mensch M selbst dann nur noch immer kleinere Teile des exponentiell wachsenden gesellschaftlichen Gesamtwissens aneignen, wenn er sein gesamtes Leben lang lernt. Dieses Problem verschärft sich, wenn wir uns diesen Menschen als Konsumenten von Waren und Dienstleistungen denken, in denen immer mehr an theoretischem Wissen steckt und von denen er immer mehr als Ressourcen nutzen soll. Der Konsument muss daher zunehmend als *versierter Nutzer* gedacht werden. Hinzu könnte noch kommen, dass M keinesfalls seine Gesundheit schädigen und vielleicht auch noch ökologisch verantwortungsvoll konsumieren möchte. Daher kann er seine Handlungsfähigkeit als Konsument nur aufrechterhalten, wenn er eine menschliche Grundeigenschaft zeigt, nämlich schlicht darauf vertraut, dass alles in Ordnung ist. Je komplexer jedoch nicht nur das Wissen, sondern auch die Handlungsketten sind, die in ein Produkt einfließen, desto größer die Wahrscheinlichkeit, dass ein mit immer besseren Kontrollmethoden ausgestattetes Kontrollsystem immer mehr Risiken aufdeckt. Die immer weiter ausufernde Abhängigkeit von undurchschaubarem Spezialwissen wird daher vor allem als Risikokommunikation sichtbar, die vor allem von Massenmedien transportiert wird. Diverse ‚Skandale' haben gezeigt, dass Vertrauen eine äußerst kostbare zivilisatorische Voraussetzung ist, die nicht nur immer mehr strapaziert wird, sondern durchaus Schaden nehmen kann und alles andere als unzerstörbar ist.

Mit den Risikotechnologien Atomkraft, Chemie, Gentechnik macht Beck darauf aufmerksam, dass die Leistungen des Wissenschaftssystems eine Komplexität annehmen können, die ihre Weiterverwendung als Ressource vor allem für das Wirtschaftssystem blockiert. Beide Themen machen darauf aufmerksam, dass die Komplexität des Modells funktional differenzierter Gesellschaften nicht problemlos immer weiter steigerbar ist, so dass es durchaus an Grenzen stoßen kann. Die Formel der Klassiker von der immer weiter gehenden Modernisierung (vgl. auch Wehling 1989) wird also auch von soziologischer Seite mit Fragezeichen versehen.

2.7.3.7 Reproduktionskreisläufe der Funktionssysteme

Vor diesem Hintergrund kann nun konkretisiert werden, welche sozialen Prozesse sich hinter der allgemeinen Formel einer ‚Monopolisierung der gesellschaftlichen Funktionssysteme' verbergen. Da sich Funktionssysteme immer nur in dem Maße entfalten können, wie strategische Ressourcen in sie hineinfließen und der Ressourcenzufluss auch auf der Zeitachse stabilisiert werden kann, müssen sie über den Staat, mit Hilfe der Medien Macht und ihrer Zweitkodierung Recht institutionalisiert werden. Dabei muss einerseits dieser Ressourcenzufluss, in der Regel der Geldzufluss (ersatzweise Zwangsverpflichtung von Arbeitskräften), andererseits der Zugang zu den Leistungen geregelt werden. Es muss also ein *Kreislauf* institutionalisiert werden, der sowohl auf Seiten des Ressourcenzuflusses wie der Ressourcennutzung dynamische Komponenten aufweist. Das führt zu folgendem Modell.

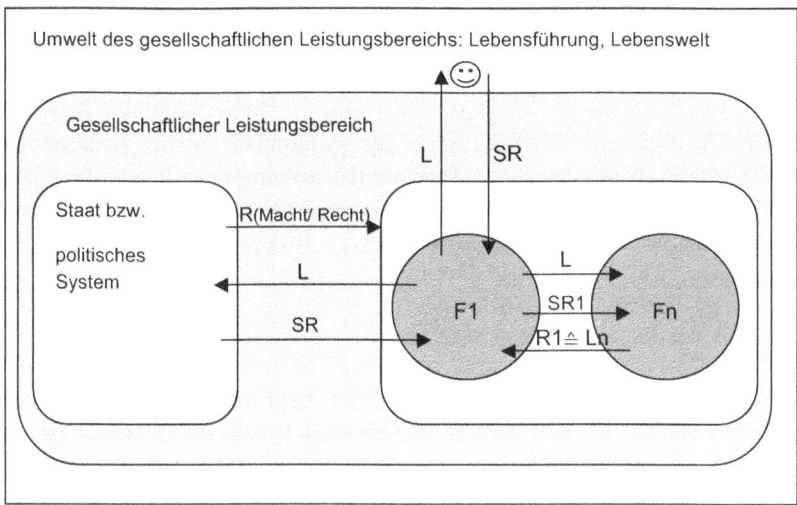

Abb. 2 Dynamischer Ressourcenkreislauf

Legende
L = Leistungen, Ln = Leistungen anderer Funktionssysteme, SR = Strategische Ressourcen, SR1 = Strategische Ressourcen des Funktionssystems 1, R1 = Ressourcen für das Funktionssystem 1, R(Macht/ Recht) = Rahmenbedingungen mit Hilfe der Medien Macht und Recht, ☺ = Akteure

Erläuterung: Das Schaubild zeigt, dass der gesellschaftliche Leistungsbereich sich aus dem Staat/ politischen System sowie den weiteren Funktionssystemen (exemplarisch F1 unf Fn) zusammensetzt. Sowohl die Lebenswelt wie auch die Praktiken der Lebensführung bilden die Systemumwelt des Leistungsbereichs.

Innerhalb des gesellschaftlichen Leistungsbereichs institutionalisiert der Staat mit Hilfe der Medien Macht und Recht einen dynamischen Ressourcenkreislauf, also: R(Macht/ Recht). Auf dieser Grundlage fließen zu einem Zeitpunkt t0 strategische Ressourcen (SR) in Form von Geld in das Funktionssystem (F1), ersatzweise können Ressourcen auch über Macht/ Recht mobilisiert werden. Mit Hilfe strategischer Ressourcen (SR1) kann sich F1 spezifische Leistungen anderer Funktionssysteme (Ln) als Ressourcen (R1) sichern. Auf dieser Grundlage kann das Funktionssystem spezifische Leistungen (L) für die anderen Funktionssysteme, das politische System und die gesellschaftlichen Akteure erbringen. Diese Leistungen können wiederum sowohl von anderen Funktionssystemen wie auch von privaten Akteuren als Ressourcen genutzt werden und dort gewollt oder ungewollt Innovationen anstoßen[22], insofern sie in hinreichendem Maße über geeignete strategische Ressourcen verfügen (Geld, Macht, Anrechte, Kommunikation).

Wenn man das Modell auf die Zeitachse setzen würde, dann wird weiterhin die Entwicklungsdynamik der Funktionssysteme sichtbar. Im Vergleich zum Zeitpunkt t0 können zum Zeitpunkt t1 mehr oder weniger Leistungen des Funktionssystems F1 (z. B. Gesundheitssystem) genutzt werden. Dementsprechend fließen mehr oder weniger strategische Ressourcen (SR) in das Funktionssystem hinein. Je nachdem, ob sie höher oder niedriger ausfallen als zum Zeitpunkt t0, kann das Funktionssystem zum Zeitpunkt t1 entweder expandieren (z. B. mehr Arztpraxen oder Krankenhausbetten im Gesundheitssystem etablieren) oder es muss schrumpfen. Für das Entwicklungsniveau des gesamten gesellschaftlichen Leistungsbereichs erweisen sich damit Prozesse der Akkumulation strategischer Ressourcen, insbesondere Monetarisierung, Steigerung der Geldmenge, aber auch die Erhöhung des Steueraufkommens als entscheidende dynamische Potentiale.

Eine wichtige Folge dieser Abhängigkeit der Funktionssysteme vom Zufluss strategischer Ressourcen ist, dass die Versorgung mit funktionsspezifischen Leistungen starke Ungleichgewichte aufweist, wenn ein oder mehrere Funktionssysteme zugunsten anderer vernachlässigt werden, auf die die strategischen Ressourcen konzentriert werden. Ein extremes Beispiel für solche Disparitäten ist sicherlich Nordkorea, das seine wenigen strategischen Ressourcen auf den militärischen Sektor konzentriert hat (Rigoulot 2003) und dafür sogar Hungersnöte in Kauf nimmt. Auch die These, dass westliche Industriegesellschaften Disparitäten aufweisen (vgl. die sog. Disparitätsthese; Brandt u. a. 1969) könnte über vergleichende Analysen der Zuweisung strategischer Ressourcen und der Refinanzierungsmöglichkeiten der Funktionssysteme konkretisiert werden.

---

22 Vgl. auch den Abschnitt 2. 7, wo eine Zäsur innerhalb der Moderne auf Innovationen aus dem Wissenschaftssystem zurückgeführt wurde.

Durch den Einbau des Ressourcenbegriffs in die Theorie funktionaler Differenzierung kann erklärt werden, wieso die Monopolisierung gesellschaftlicher
Leistungen die soziale Grundlage der funktionalen Differenzierung bildet. Sie ist
erforderlich, damit Ressourcen in hinreichender Weise standardisiert werden können. Denn nur über standardisierte Ressourcen können sich die Funktionssysteme
gegenseitig stimulieren.

Der Ressourcenbegriff weist allerdings eine Implikation auf, die es nun aufzulösen gilt: Über *strategische Ressourcen* können persönliche Hilfeleistungen
(z. B. die Pflege des kranken Kindes durch die eigene Mutter) und solidarische
wechselseitige Unterstützung (z. B. Nachbarschaftshilfe)) nämlich nur deswegen
substituiert und gesellschaftsweit organisiert werden (Beispiel: Gesundheitssystem),
weil sie zugleich die Eigenschaften von Erfolgsmedien aufweisen. Erst wenn solche
Erfolgsmedien als allgemein akzeptierte Voraussetzungen zwischenmenschlicher
Kommunikation etabliert werden können, können spezifische Leistungen allgemein
verfügbar werden. Was das konkret bedeutet, kann man sich vielleicht am besten
am Beispiel Geld klarmachen.

Bedrucktes Papier oder auch Münzen funktionieren als erst dann allgemeines
Tauschmittel und werden zu einer zentralen strategische Ressource, wenn sie als
Geld angesehen werden und andere Menschen, die uns gar nicht kennen müssen,
dazu veranlassen, im Austausch gegen Geld, uns Waren zu geben oder Dienstleistungen wie eine medizinische Behandlung zukommen zu lassen. Erfolgsmedien
ersetzen dann persönliche Motive der Zuneigung oder Verbundenheit. Dabei muss
allerdings beachtet werden, dass in der Regel nicht alles käuflich ist. Jede Gesellschaft fixiert immer auch moralische und rechtliche Grenzen der Käuflichkeit. Zum
anderen darf das Vertrauen in die Medieneigenschaften nicht erschüttert oder gar
zerstört werden. Denn sobald sich die Befürchtung breit macht, dass andere nicht
mehr bereit sein werden, Geld als Tauschmittel zu akzeptieren, können Münzen
und Scheine ihre Medieneigenschaft an andere Tauschmittel wie z. B. an Zigaretten
oder fremde Währungen verlieren.

Da spezialisierte Leistungen der gesellschaftlichen Funktionssysteme nur organisiert werden können, wenn strategische Ressourcen in die Funktionssysteme
hineinfließen, sichert genau diese Eigenschaft von Erfolgsmedien, persönliche
Motive zu ersetzen (vom Individuum aus gedacht: auszublenden) die Organisierbarkeit gesellschaftlicher Leistungs-/Funktionsbereiche. Die in jedem Gesell-
schaftssystem existierende Grenze der Käuflichkeit demonstriert allerdings, dass
persönliche Motive weder umstandslos noch generell durch Erfolgsmedien außer
Kraft gesetzt werden. Das ist wesentlich, um pauschalisierende Deutungen des auf
den Erwerb bzw. Tausch von Ressourcen zugeschnittenen sozialen Handelns zu
vermeiden. Solche Grenzen der Käuflichkeit, ebenso auch der legitimen staatlichen

Machtausübung, zu ziehen ist ein zentrales gesellschaftspolitisches Problem, um dessen Lösung in nahezu allen Gesellschaften erbittert gerungen wird. Positionen wie ein generelles Verbot der Sklaverei, die Garantie von Bürger- und Menschenrechten, das Verbot der Todesstrafe, die Forderung nach Religionsfreiheit, sind zivilisatorische Errungenschaften, die aus Debatten, politischen Kontroversen und militärischen Auseinandersetzungen[23] über Grenzen der Käuflichkeit und über Grenzen des staatlichen Machtgebrauchs entstanden sind.

Für die Theorie moderner Gesellschaften folgt aus diesen Überlegungen vor allem die Einsicht, dass über Begriffe wie funktionale Differenzierung, Tausch, Ressourcen usw. nie das gesamte zwischenmenschliche Zusammenleben erfasst werden kann, sondern nur ein auf die Produktion und Verteilung von Leistungen/ Ressourcen spezifizierter Bereich, in dem eigene Regeln gelten. Eine ergänzende Analyseperspektive bieten Begriffe wie Lebenswelt, Lebensführung, Verwandtschafts- und Freundschaftszusammenhänge, die umgekehrt den Ressourcen und Leistungsbereich ausklammern. Dieses auf mehrerer voneinander unabhängigen, weil eigenen Reproduktionsbedingungen unterliegenden, Komplexen fokussierte Verständnis moderner Gesellschaften wird am Ende des letzten Kapitels näher erläutert (Abschnitte 4.3 und 4.4).

2.7.4   Gesellschaftliche Ordnung in modernen Gesellschaften

2.7.4.1   Vorbemerkung

Die Institutionentheorie von Arnold Gehlen, (vgl. v. a. Gehlen 1986; Jonas 1966) hat das soziologische Verständnis gesellschaftlicher Ordnung nachhaltig geprägt (vgl. auch Wöhrle 2010). Einflussreich war vor allem seine anthropologische Grundaussage, dass der Mensch der Institutionen bedürfe, gerade weil er umweltoffen und in hohem Maße lernfähig sei. Daher könnten nur institutionalisierte Verhaltensweisen ein hinreichendes Maß an Handlungssicherheit und selbstverständlicher Alltagsbewältigung gewährleisten. Über diese kaum angreifbare Argumentation war die gesellschaftspolitische Formel von der ,Halt gebenden Ordnung' auf eine Weise in soziologisches Denken integriert worden, die auch evolutionistische Deutungen zuließ. Denn die Institutionen erlaubten ja die Fokussierung der menschlichen Lern- und Innovationsbereitschaft auf immer neue Felder der zivilisatorischen Entwicklung, die dann wiederum institutionalisiert wurden, um die intellektuellen Energien auf weitere Felder zu lenken (vor allem zum stabilen Institutionenwan-

---

23   Das klassische Beispiel ist der um die Abschaffung der Sklaverei geführte amerikanische Sezessionskrieg 1861-1865.

del vgl. Schelsky 1952; 1953; 1973 im Anschluss an Malinowski 1944). Gehlens Grundeinsicht erwies sich auch als anschlussfähig an das interpretative Paradigma (Lau 1978, Berger/ Luckmann 1969) und als tragfähig für empirische Studien (z. B. Melville/Rehberg 2004; Marx/ Rehberg 2006).

2.7.4.2 Wie kann gesellschaftliche Ordnung in modernen Gesellschaften soziologisch erfasst werden?

Aber wie passt diese Argumentation zur Theorie funktionaler Differenzierung? Dort geht es ja auch um Integration, aber auf der Ebene arbeitsteiliger Leistungserbringung. Daher wurde die auf David Lockwood zurückgehende Unterscheidung zwischen Sozial- und Systemintegration (Lockwood 1971; 1964) dazu benutzt, den Gegenstandsbereich der Institutionentheorie als Sozialintegration zu etikettieren und ihn aus der Theorie funktionaler Differenzierung auszugrenzen, wo es ausschließlich um Systemintegration gehe.

Der Leser ahnt wahrscheinlich schon, dass dies eine allzu vorschnelle Entscheidung war. Wenn wir an dieser Stelle Giddens Theorem der Dualität von Struktur (vgl. 2.4.2.1) ins Spiel bringen, dann wird sofort verständlich, warum die Ordnungsthematik (= Sozialintegration) nicht einfach ausgeblendet werden kann. Nach diesem Theorem kann ausnahmslos jede soziale Struktur, auch wenn sie noch so abstrakt ist, nur über konkrete Handlungen reproduziert werden. Wenn Gehlens Argumentation zumindest in ihrer Substanz zutrifft, dann hängt die menschliche Handlungsfähigkeit an den Institutionen, also an einer funktionierenden Sozialintegration. Sie ist damit auch die Grundlage der Funktionssysteme und der Systemintegration, die handlungsfähige Menschen als Ressource voraussetzen müssen.

Festzuhalten ist, in welcher Weise die Funktionssysteme auf menschliche Handlungsfähigkeit angewiesen sind. Sie können sich zwar nur über ‚einschlägige‘ menschliche Handlungen und Kommunikationen reproduzieren. Dabei ist es jedoch unerheblich, *auf welche Weise* die menschliche Handlungsfähigkeit gesichert worden ist. Denn die Funktionssysteme können ja, wie auch andere soziale Strukturen von hohem Allgemeinheitsgrad, durch ganz unterschiedliche soziale Praktiken reproduziert werden. *Genau dies macht die für moderne Gesellschaften charakteristische Ordnungsproblematik aus: Für die Funktionssysteme ist es irrelevant, was die Akteure denken und warum sie etwas wie tun, solange sie nur ‚einschlägige Handlungen‘ produzieren.* ‚Einschlägig‘ können wir dabei operationalisieren als Handlungen, die unter den Positivwert des jeweiligen systemspezifischen Codes fallen.

Diese relative *Indifferenz der Funktionssysteme* gegenüber dem Lebensalltag der Menschen schafft die für das Leben in modernen Gesellschaften charakteristische Offenheit. Während die soziale Ordnung in den Feudalgesellschaften aufgrund ihrer Bauart und ihrer Logik das gesamte Leben der Gesellschaftsmitglieder bis in Details hinein reglementieren musste, können sich in modernen Gesellschaften Möglichkeitsräume (vgl. z. B. den Abschnitt 3.7.3) bilden, in denen zwischen unterschiedlichen Varianten gewählt werden kann und sogar neue Formen entwickelt werden können.

Da dieser Punkt wichtig ist, möchte ich ihn an einem Beispiel illustrieren. In Feudalgesellschaften war auch der Konsum streng reglementiert, da jeder ‚standesgemäß' zu leben hatte. So regelten z. B. Kleiderordnungen (Bolte 1967: 320f.), ob und wenn ja welchen Schmuck Frauen eines bestimmten Standes tragen durften. Dabei spielte es eben keine Rolle, ob sie sich teuren Schmuck leisten konnten oder nicht. In modernen Gesellschaften kann dagegen aus einem riesigen Angebot ausgewählt werden. Grenzen setzen dabei nur die finanziellen Möglichkeiten. Für das ökonomische System ist es nicht nur unerheblich, wer welchen Schmuck warum kauft, sondern auch, ob jemand Schmuck gerne trägt oder ihn ablehnt und sein Geld lieber spendet oder in Aktien anlegt. In einem *für das Funktionssystem* negativen Sinne systemrelevant wäre nur, wenn jemand mit seinem Geld Organisationen finanziert, die den Kapitalismus erfolgreich abschafften oder begrenzten. Andererseits wissen wir, dass wir mit unserem Geld vieles nicht dürfen z. B. Diebesgut oder Kinderpornographie erwerben. Auch die Unterstützung der Geldwäsche oder des Drogenhandels wäre strafbar.

Dieses einfache Beispiel zeigt uns viele theoretisch interessante Aspekte. Erstens illustriert es das Ausmaß systemischer Indifferenz gegenüber unseren Handlungen. Beim Geldmedium reproduziert sogar Konsumverzicht das Funktionssystem, da das Geld dadurch gespart, also letztlich für investive Zwecke reserviert wird. Zweitens zeigt es, dass die gesellschaftliche Indifferenz gegenüber unserer Geldverwendung deutlich geringer ist als die Indifferenz des jeweiligen Funktionssystems. Es gibt also eine *gesellschaftliche* Begrenzung der Möglichkeiten des Wirtschaftssystems. Sie kann zumindest teilweise über Interpenetration (2.3.1) bzw. die zusätzliche politische Codierung der Geldverwendung (Machtmedium in der Zweitcodierung durch das Rechtssystem) erklärt werden, wobei wir bereits gesehen haben, dass Macht inhaltlich offen ist (vgl. unter 2.3.3), so dass dieses Medium viele Interessen und Impulse aufgreifen kann. So sollen Verbote z. B. auch der Gesundheitsvorsorge dienen (vgl. den ganzen Komplex Verbraucherschutz). Drittens zeigt das Beispiel, dass ein Ausklammern des Gesichtspunktes der Sozialintegration nicht nur Erklärungsverzicht zur Folge hat, sondern zugleich ein verzerrtes Bild moderner Gesellschaften erzeugt. Unser Beispiel zeigt ja, dass die Indifferenz der Funktionssysteme zwar unbestreitbar wichtig für das Verständnis moderner Gesellschaften ist, dennoch kann sie die soziale Realität nie vollständig prägen. Selbst extreme Visionen liberaler Ideologen wie die Privatisierung der Gefängnisse und des Gelddruckens

(z. B. v. Hayek 1976) kommen nie ohne ein Mindestmaß an staatlicher Regulierung aus. Daraus können wir nun viertens folgern: *es gibt auch in der Moderne soziale Ordnung, die aber weder vom Ordnungsverständnis der Institutionentheorie erfasst noch von den Funktionssystemen gestaltet wird.*

Gehlens Institutionentheorie ist funktionalistisch angelegt. Sie postuliert Institutionen aufgrund der biologischen Beschaffenheit des Menschen als unverzichtbar. Dadurch umgeht sie Webers Frage nach der sozialen Legitimation gesellschaftlicher Ordnung. Empirisch hat Gehlen seinen Institutionenbegriff über Rückgriffe auf die Ur- und Frühgeschichte gewonnen (vgl. Gehlen 1986; zur Vorgehensweise ebd.: 7ff.). Sein historisches Modell der institutionalisierten Gesellschaft bilden Stammesgesellschaften nach der Neolithischen Revolution (vgl. explizit Gehlen 1957). Daran ist zunächst nichts auszusetzen. Nur müsste eben die Übertragbarkeit dieses Begriffsmodells auf moderne Gesellschaften genau untersucht werden. Auf diesen Schwachpunkt macht bereits Friedrich Jonas (1966: 33ff.) aufmerksam, ohne daraus freilich Konsequenzen zu ziehen. Ich kann die fehlende Analyse hier nur durch eine kurze Skizze halbwegs zu kompensieren versuchen.

Um Webers Frage nach der Legitimation gesellschaftlicher Ordnung zu beantworten, reicht eine funktionalistische Argumentation nicht aus, da sie weder erklären muss noch kann, warum Menschen an die Legitimität einer verbindlichen und haltgebenden Ordnung glauben oder geglaubt haben. Für die Stammesgesellschaften vor und nach der Neolithischen Revolution können wir nur vermuten, dass sie kein Legitimationsproblem kannten. Für sie hat sich in den Institutionen ihre Kosmologie konkretisiert, wonach sie sich als Bestandteil einer Generationenkette verstanden haben (vgl. Durkheim 1981; Eliade 1972; 1978; 38-61). Das äußerte sich auch in einem unbedingten Traditionalismus, wonach man sich in Zweifelsfällen am Vorbild der Alten und an der Überlieferung zu orientieren habe. Dieser Traditionalismus wurde zwar bei der Herausbildung der alten Hochkulturen gebrochen, weil hier personifizierter Götter und deren menschliche Repräsentanten als Machthaber verstanden wurden, die innerhalb eines vorgegebenen kulturellen Rahmens nach eigenem Willen agieren konnten. Dabei blieb die Grundvorstellung, dass man in erster Linie Glied einer Generationenkette sei, zumindest im einfachen Volk offenbar bis in die frühe Neuzeit hinein ungebrochen. Das belegt vor allem die Studie von Ariès über Todesszenen nachdrücklich. Selbst das für uns heute ganz selbstverständlich individuelle Ereignis des Todes wurde bis in die frühe Neuzeit hinein als Verlust der Gemeinschaft der Lebenden verstanden. Der Sterbende segnete die Überlebenden für ihren weiteren Überlebenskampf, bei dem er die Gemeinschaft von nun an nicht mehr unterstützen konnte (Ariès 1982: 13-42 und 774ff.). Erst in der frühen Neuzeit wurde der Tod in sozialer Hinsicht individualisiert (ebd. 781ff.).

Dem vormodernen Menschen ging es also nicht darum, seine Lebensspanne für individuell gesetzte Ziele zu nutzen, er verstand sich immer als Teil der gemeinschaftlichen Lebensbewältigung, die von Institutionen verbindlich geformt war. Das schloss Zweifel an deren Legitimität aus, da sich in ihnen die Sozialintegration verkörperte, in die die individuelle Lebensspanne *von vornherein* eingebettet[24] war. Daher bestand das existenzielle Risiko des vormodernen Lebens auch vor allem darin, dass man als Individuum aus dieser ‚Halt gebenden Ordnung' herausfiel (entweder qua Geburt oder man konnte durch ein unglückliches Schicksal verschleppt oder versklavt werden; vgl. auch Bolte 1967: 270).

Während also nach vormodernem Verständnis die soziale Ordnung die Prämisse der Lebensspanne ist, setzt Weber umgekehrt soziales Handeln und Akteure voraus (vgl. §§ 1 und 2 seiner Kategorienlehre; Weber 1972; 1-13)[25], die ihr Handeln an einer als legitim interpretierten Ordnung orientieren *können* (§§ 5 -7; Weber 1972; 16-20). Er hypostasiert damit in ähnlicher Weise, wie später die Vertreter des RC-Ansatzes, eine offenbar in der sozialen Realität erfolgte Umkehrung *des Verhältnisses zwischen sozialer Ordnung und individueller Lebensspanne. Sie ist vor allem ein Produkt von Geländegewinnen der für moderne Verhältnisse grundlegenden Erfolgsmedien Macht/Recht und Eigentum/Geld* (vgl. auch Abschnitt 1.8).

Wenn Macht wie Eigentum/ Geld in der Soziologie als Erfolgsmedien verstanden werden, dann wird dabei ganz selbstverständlich unterstellt, dass es sich dabei um *individuell* nutzbare Ressourcen (vgl. 2.7.3.4: strategische Ressourcen) handelt. Historisch haben jedoch Macht wie Eigentum/ Geld sowohl als kollektive wie als individuell zugerechnete Ressourcen existiert. Es ist davon auszugehen, dass die kollektive Ausprägung älteren Datums ist. Kollektive Ressourcen sind uns heute nur noch als Problem bzw. als Irrglaube bekannt. Kollektives Eigentum war vor allem Eigentum an Grund und Boden, z. T. handelte es sich um traditionelles Gewohnheitsrecht, das heute vor allem noch in Afrika die Grundlage der traditionellen Landwirtschaft bildet. In der Ökonomie und auch der Soziologie kennen wir es nur noch als Allmende*problem* (vgl. Hardin 1968; Ostrom 1999; ideologiekritisch Radkau 2002). Nach altem Verständnis handelte es sich hierbei dagegen um eine ‚natürliche Ordnung', die sich letztlich auf kollektive Macht gründete. Kollektive, vom Individuum nicht beherrschbare Macht wurde traditionellerweise vor allem symbolischen Bedeutungen zugeschrieben. Sie war vor allem Grundlage des magischen Denkens im weitesten Sinne (zu den ethnologischen Befunden vgl. Frazer

---

24 Heutige fundamentalistische Selbstmordattentäter sehen das genauso und irritieren gerade dadurch, dass sie das aus moderner Sicht Unverzichtbarste, nämlich das eigene Leben, instrumentalisieren.

25 Ähnlich explizit auch die RC-Theorie; vgl. z. B. Diefenbach 2009: 239f.

1989; 15ff.). Wir kennen das heute nur noch in Rudimenten wie Horoskopen, Unglückstagen oder in Form der schwarzen Katze, die sich in einer unglücksträchtigen Richtung bewegt.

Sobald Ressourcen über Austausch und Handel erworben oder veräußert werden, müssen sie individuell zugerechnet werden. Genau dies wird bei den *Medien* Macht/ Recht und Eigentum/ Geld unterstellt. An diese neuen Gegebenheiten mussten aber auch die Kosmologien angepasst werden, was wiederum Folgen für die institutionelle Ordnung hatte. Daher kann in von Austausch und Handel geprägten Gesellschaften nicht mehr die soziale Ordnung als unhintergehbare Prämisse des menschlichen Lebens behandelt werden. An ihre Stelle treten nun die Akteure und ihre Handlungen/ Aktivitäten, über die sie eben nicht nur Ressourcen erwerben, sondern sich auch in die gesellschaftliche Ordnung integrieren. Soziale Ordnung wird daher nicht mehr als Voraussetzung des menschlichen Zusammenlebens, sondern als eine Folge menschlicher Aktivitäten verstanden. Die (bürgerlichen) Individuen und ihr Grundrecht auf freie Entfaltung (wie erstmalig in der amerikanischen Verfassung festgehalten und in Bürger- und Menschenrechtskatalogen fixiert) werden damit auch zum Ankerpunkt der gesellschaftlichen Ordnung. In einer derart individualisierten Kosmologie *geraten auch die traditionellen Institutionen unter den Druck des individuellen Kalküls.* Sie können nicht mehr als unzweifelhaft gegeben angesehen werden, sondern bedürfen der Legitimation als vernünftig, vorteilhaft[26] usw.

Zusammenfassend können wir nun die Leerstelle in der Theorie moderner Gesellschaften zum Thema gesellschaftliche Ordnung lokalisieren:

a. Die gesellschaftlichen Funktionssysteme setzen handlungsfähige Akteure und damit auch Sozialintegration voraus, sind aber indifferent gegenüber konkreten Formen der institutionellen Festlegung menschlichen Handelns.
b. Klar ist nur, dass Sozialintegration über Aktivitäten der gesellschaftlichen Akteure erfolgt, die ihr Handeln an einer als legitim verstandenen Ordnung orientieren. Abweichend von der Institutionentheorie kann daher die soziale Ordnung in der Moderne nicht mehr als unhintergehbare Prämisse verstanden werden. Sie bedarf vielmehr einer rationalen Begründung als legitim, vernünftig, plausibel, praktikabel, usw., damit sich die Akteure an ihr orientieren.
c. Daher existieren in der Moderne Formen der Sozialintegration, die weder über die Theorie funktionaler Differenzierung noch über die Institutionentheorie angemessen verstanden werden können.

---

26 Charakteristische literarische Beispiele für diesen gesellschaftlichen Umbruch sind Machiavelli: Il Principe 1531 (1986) und Thomas Hobbes: Leviathan 1651 (1980).

2.7.4.3 Das Ordnungsthema bei den neueren wie auch bei einigen älteren Modernisierungstheoretikern

Die Gegenwartsdiagnosen der neueren Modernisierungstheoretiker enthalten wichtige Beiträge zum Verständnis der gesellschaftlichen Ordnung in modernen Gesellschaften.

Bei Bauman ist das Ringen um das Verständnis der gesellschaftlichen Ordnung in den modernen Gesellschaften der Gegenwart zweifellos *die* Konstante in seinen Veröffentlichungen. Dieses Thema prägt sowohl seine Kritik der klassischen Moderne (exemplarisch: Bauman 1992; 1995a). Es steht auch im Zentrum seiner Soziologie der Postmoderne (exemplarisch: Bauman 1995b; Junge 2006: 79) und bildet die Klammer für die Veröffentlichungen zur flüchtigen Moderne (exemplarisch: Bauman 2003; Junge 2006: 110).

Bei Giddens wie bei Beck spielt ‚life politics', also die ‚Erfindung' und das Austesten angemessener Formen des sozialen Miteinander eine zentrale Rolle (vgl. 3.7.4.1). Auch wenn ich viele Argumente *gegen das gegenwartsdiagnostische Potential* dieser Konzepte vorgebracht habe und auch noch im dritten Kapitel vorbringen werde, geben sie wichtige theoretische Anregungen, um die *konzeptionelle* Lücke im soziologischen Verständnis von Sozialintegration in modernen Gesellschaften zu schließen. Die nachfolgenden Überlegungen zeigen, dass man sich dabei keineswegs von den Klassikern distanzieren muss, sondern auf deren Analysen zurückgreifen kann.

Ausgehend von der oben eingeführten These einer individualisierten Kosmologie, in der nicht die gesellschaftliche Ordnung sondern die Akteure und ihr Handeln als Prämisse angesehen werden, verändert sich das Verhältnis zwischen den gesellschaftlichen Akteuren und der gesellschaftlichen Ordnung grundlegend. Bei ihrem Handeln müssen die Akteure, wie im Theorem der Dualität von Struktur (vgl. unter 2.3.2.1) erläutert wird, soziale Strukturen, also auch existierende Ordnungsvorstellungen und institutionelle Gegebenheiten zwar als empirisch gegeben aber nicht mehr zwangsläufig als in normativer Hinsicht geboten voraussetzen. Sie können sich ihrer bedienen (=Perspektive soziologischer Medienkonzepte; vgl. insbes. der Erfolgsmedien bei Luhmann). Sie können aber auch versuchen, sie gemäß ihrer eigenen Interessen zu modifizieren (vgl. 3.7.4.1 Stichwort: life politics). Bereits Machiavelli (1532/ 1982) behandelt den Machtgebrauch der Fürsten auf dieselbe Art und Weise. Das führt perspektivisch dazu, dass nicht mehr zwangsläufig *eine* intersubjektiv verbindliche Form reproduziert wird, sondern ein *Spektrum von Möglichkeiten* z. B. legitimer fürstlicher Machtausübung im 16. Jh. oder auch des legitimen familialen Zusammenlebens im 20. und 21.Jh.

Daher kann die gesellschaftliche Ordnung in modernen Gesellschaften nicht mehr als Produkt eines verallgemeinerten gesellschaftlichen Gesamtwillens (volontée generale; vgl. Rousseau 1986) verstanden werden. Sie ergibt sich vielmehr dezentral aus den selbständigen Handlungen der Akteure, die zunächst gemäß eigener Interessenlage agieren. Von einer gesellschaftlichen Ordnung kann man hier dennoch aus mehreren Gründen sprechen. Einmal erweisen sich immer nur bestimmte Varianten als erfolgversprechend (Perspektive des Utilitarismus; vgl. RC (z. B. Diefenbach 2009). Zum utilitaristischen Dilemma vgl. Münch 2003: 47) und zum anderen werden nur bestimmte Varianten von anderen als legitim toleriert (Perspektive des Idealismus; vgl. Münch 2003: 47 ff.; vgl. bereits Durkheim; KM: 36).

In ein solches aus der Alltagspraxis der Akteure hervorgehendes Spektrum an erfolgreichen und zugleich als legitim angesehenen[27] sozialen Praktiken kann nun der Staat als institutioneller Akteur eingreifen, indem er über das staatliche Machtmonopol und die Zweitkodierung des Rechts einerseits bestimmte Praktiken ausschließt (z. B. Rauchverbot in öffentlichen Räumen), das Spektrum also weiter einengt und andererseits die gegebenen Verhältnisse kanonisiert (Beispiel: Legalisierung der ,Homo-Ehe'). Das Möglichkeitsspektrum kann aber auch durch staatliche Interventionen erweitert werden (Beispiel: Deregulierung der Wirtschaft). Die soziale Grundlage der staatlichen Machtausübung bilden, zumindest unter demokratischen Bedingungen, parlamentarische Mehrheiten, in denen sich sowohl Interessenlagen wie auch öffentliche Debatten und Einschätzungen der Stimmungslage unter den Wählern widerspiegeln.

Gegenüber dem Ordnungsverständnis der Institutionentheorie macht diese Skizze auf wichtige Unterschiede aufmerksam. Moderne Ordnungen setzen keine Kosmologien (oder auch ,Leitideen'; Hariou 1965) in verbindliche Praktiken um, sondern legen nur noch punktuell (Beispiel: Verkehrsregeln) verbindlich fest, wer, was, wie zu tun habe. Überwiegend jedoch begrenzen sie ein Spektrum legitimer Möglichkeiten, fixieren also nur noch, was *nicht* getan werden darf. Weiterhin genügen moderne Ordnungen dem Bild einer ,Halt gebenden Ordnung' schon deshalb nicht, weil sie, im Wechselspiel zwischen den vielfältigen Interessen nachgehenden gesellschaftlichen Akteuren und darauf bezogenen Reaktionen der Öffentlichkeit und des Gesetzgebers, prozesshaft fixiert und permanent modifiziert werden. Das schließt auch normative Überhöhungen nach dem Muster ,heiliger Ordnungen' oder normativer ,Reinheit' weitgehend aus. Eine solche Funktion können nur Grundprinzipien gewinnen (Beispiel: Verfassungen, Verfassungsgrundsätze), die konkrete Eingriffe in die gesellschaftlichen Verhältnisse legitimieren können. ,Halt' geben in modernen Gesellschaften eben nicht institutionelle Ordnungen sondern er muss als individuelles Merkmal von den Individuen in Sozialisationsprozessen

---

27 Vgl. die Perspektive der voluntaristischen Handlungstheorie von Parsons; Münch 2003: 51ff.

250 Die Organisation gesellschaftlicher Leistungen

kontinuierlich erworben werden (Identitätsbildung, Erwerb gesellschaftlicher Handlungsfähigkeit, soziale Verortung…). Drittens handelt es sich hierbei schon deshalb immer noch um *gesellschaftliche* Ordnungen, weil eben ‚die öffentliche Hand', also der Staat mit den Medien Macht und Recht korrigierend in dezentral von den Akteuren in ihrer Alltagspraxis hervorgebrachte Praktiken eingreift. Damit ist auch eine implizit bleibende Autorisierung der Gesellschaftsmitglieder verbunden, die legitimen Möglichkeiten auch zu praktizieren (vgl. auch Durkheims Analyse der nichtvertraglichen Grundlagen des Vertrags; KM: 36).

2.7.4.4 Potentiale der Ordnungsgenerierung

(a) Herstellen gesellschaftlicher Ordnung

Für soziologische Analysen zum Ordnungsthema könnte es sich als fruchtbar erweisen, nach der *Herstellung gesellschaftlicher Ordnung*[28] zu fragen. Diese Beobachtungsperspektive schließt an die Klassiker an, die ja auch in unterschiedlichen Begriffen festgehalten haben, dass sich die Individuen sozial integrieren *indem* sie handeln. Die Klassiker haben sich dabei jedoch mehr oder weniger ausgeprägt für die Übernahme von Konventionen[29] interessiert. Wie Webers Analysen zur protestantischen Ethik (KM: 50ff.) zeigen, können daher auch Großgruppen in den Fokus rücken, die den Alltag revolutionieren, weil sie sich an religiösen Ordnungskonstruktionen orientieren, die den systematischen Traditionsbruch als individuelle Alltagspraxis fordern. Die Klassiker haben darauf bestanden, dass soziale Ordnung zwar über individuelle und dezentrale Aktivitäten generiert wird, aber zu *verallgemeinerbaren* und *für Großgruppen verbindlichen* Resultaten führt.

Diese methodische wie inhaltliche Grenze haben die neueren Modernisierungstheoretiker überwunden. Bei ihnen scheint ein impliziter Konsens darin zu bestehen, dass konventionelle Formen gesellschaftlicher Ordnung zunehmend problematisch bis unmöglich werden. Weil sowohl die Übernahme tradierter gesellschaftlicher Ordnungsmuster wie auch neu etablierte Konventionen den immer vielschichtiger werdenden gesellschaftlichen Realitäten und den diversifizierten Erwartungen nicht mehr gerecht werden können, müssen Beziehungen zunehmend ausgehandelt werden (‚Life-Politics'), treten individualisierte Wahlhandlungen an die Stelle von

---

28 Als Gegenwartsdiagnose vgl. Junge 2003.Exemplarische Bedeutung hat ^ das doing-gender Konzept; West/ Zimmerman 1987.

29 Vgl. v. a. Parsons und Durkheim. Bei Weber ist dieser Aspekt vor allem in seinem Grundkonzept einer verstehenden Soziologie als Methode fixiert; vgl. die Erläuterung des §1 seiner Kategorienlehre; Weber 1972; S.1ff.

Traditionen und Konventionen (Individualisierungsthese bei Beck). Auch Baumans Unterscheidung zwischen Moderne und Postmoderne beziehungsweise flüchtiger Moderne basiert auf der Beobachtung, dass die für die klassische Moderne charakteristische Praxis des Herstellens allgemein verbindlicher Ordnungen an praktische Grenzen gestoßen ist (Ambivalenzproblem; Bauman 1995a).

Wie Bauman und Rosa und entgegen der Auffassung von Beck halte ich solche ‚Individualisierungsphänomene' allerdings nicht für ein Merkmal, das eine zweite von einer ersten Moderne trennt, sondern für ein generelles Merkmal jeder modernen, von den Akteuren und ihren Handlungen ausgehenden Ordnung. Wenn die gesellschaftliche Ordnung nicht von vornherein feststeht, sondern erst über das Handeln der Akteure hergestellt wird, dann muss zunächst immer selektiert werden. Solche individuell vorgenommenen Selektionen können, müssen aber nicht an bestehenden Konventionen orientiert werden. Aus unkonventionellen Selektionen müssen nicht zwangsläufig, aber können durchaus neue Konventionen entstehen. Nur sind uns solche Prozesse von den Klassikern nicht überliefert worden, weil sie ihr analytisches Interesse von vornherein auf das sozial Typische fokussiert haben. Sucht man nach älteren Beispielen wird man daher nur bei den Sozialhistorikern oder auch in Autobiographien fündig.

Ich skizziere hier kurz zwei Beispiele für ältere ‚Individualisierungsphänomene'. In deutschen Haushaltstatistiken stößt man gegen Ende des 19. Jhs. auf die Kategorie ‚Schlafgänger'. Schlafgänger waren alleinstehende Arbeiter ohne eigene Wohnung, die sich bei einer Familie ein Bett gemietet hatten. Teilweise teilten sich auch mehrere ‚Schlafgänger' ein Bett. Historische Vorbilder waren offensichtlich wandernde Handwerksburschen, die darauf rechnen konnten, während der Wanderschaft bei Meistern ihres Handwerks kostenlos Unterkunft und Verpflegung zu bekommen. Dies galt offenbar auch noch im ausgehenden 19. Jh., da in Autobiographien erwähnt wird, dass man als Geselle gegenüber ‚Ungelernten' bei der Arbeitssuche genau diesen Vorteil habe (vgl. Bromme 1905). Sieht man einmal von der Vertreibung der ostdeutschen Bevölkerung nach dem 2. Weltkrieg ab, dann strebte gegen Ende des 19. Jhs. die Mobilität in Deutschland einem später nie mehr erreichten Höhepunkt zu (vgl. v. a. Crew 1981). Da sie sich überwiegend zu Fuß abspielte, kann man vermuten, dass anknüpfend an dieses Muster Betten gegen Geld zunächst an wandernde Arbeiter und dann auch für längere Zeit vermietet wurden. Ende des 19. Jhs. war diese Praxis offenbar weit verbreitet, sonst wäre sie nicht in Haushaltstatistiken erfasst worden (vgl. Kaiserliches Statistisches Amt 1909).

Den Einstieg muss man sich aber von beiden Seiten her individualisiert vorstellen: Wandernde Arbeiter haben – ohne dass es zunächst Vorbilder gab – nach einem Bett für die Nacht gesucht und dafür Geld geboten. Familien haben sich

– zunächst gegen geltende Traditionen und Konventionen – entschlossen, gegen Geld Betten zu vermieten.

Während das Schlafgängerwesen eine historische Episode geblieben ist, wurde das Jugendalter zu einer stabilen Konvention. Zumindest in der Arbeiterschaft spielten hierbei ganz ähnliche zunächst individualisierte Prozesse wie beim Schlafgängerwesen eine entscheidende Rolle. Traditionell lebten Männer wie Frauen permanent in Familien – bis zur Heirat in der Herkunftsfamilie, nach der Heirat in der ‚eigenen‘ Familie (Gestrich/ Krause/ Mitterauer 2003). Dieses Muster wurde ebenfalls durch die massenhafte Arbeitsmigration im ausgehenden 19. Jh. gebrochen. Anknüpfend an handwerkliche Traditionen war es für junge Männer relativ einfach, sich auf Wanderschaft zu begeben. Waren sie ‚ungelernt‘ kamen die Traditionen der Gesellenbruderschaften nicht infrage. Sie agierten also auf sich gestellt, individuell. Da eine Heirat in der Regel aufgeschoben wurde, bis man sich in ‚gesicherten Verhältnissen‘ wähnte und die Konvention, für gezeugte Kinder ‚geradezustehen‘ durch die Faktizitäten der Arbeitsmigration ausgehöhlt wurde, entstand eine Lebensphase ohne familiäre Bindungen, in der jeder nur für sich handeln konnte (vgl. z. B. die Autobiographie Werner 1929). Sie unterschied sich von der bürgerlichen Jugendphase spiegelbildlich. Während bürgerliche Jugendliche in der Familie immer längere Bildungsphasen durchliefen, in denen sie *kognitiv und emotional ‚erwachsen‘* wurden, wurden proletarische Jugendliche zunächst *finanziell selbständig*. In Verbindung mit Migration konnte so bei Arbeiterjugendlichen eine Lebensphase ohne familiäre Bindungen entstehen. Im Bereich des Bürgertums entwickelte sich die Jugendphase dagegen als kulturelles Projekt: aus individuellen Ausbruchsversuchen entwickelte sich eine Jugendbewegung mit festen Mustern (vgl. z. B. Giesecke 1981; Knoll 1988).

Vor diesem Hintergrund kann man Giddens lakonischer Feststellung, dass in der Moderne soziale Praktiken gewohnheitsmäßig überprüft werden, nur zustimmen. Sie bedarf aber der Ergänzung. Beide Beispiele zeigen nämlich, dass sozialer Wandel vielfach dadurch zustande kommt, dass Menschen in Situationen kommen, für die sie keine passenden Rezepte haben. Dort helfen dann oft Beobachtungen sozialer Praktiken aus anderen Sozialschichten weiter. Die für die Moderne sicherlich charakteristische Praxis des permanenten Überprüfens und infrage Stellens beschränkt sich also keineswegs auf eine permanente Selbstbeobachtung, sie erzieht auch zur Fremdbeobachtung, zum Interesse dafür, wie andere Menschen, aber auch andere ‚Kreise‘ mit bestimmten Situationen und deren Anforderungen umgehen (Beispiel: Schlafgängerwesen als Konsequenz der Beobachtung von Praktiken der Handwerksgesellen). Daher führt die gewohnheitsmäßige Überprüfung nicht nur zu permanenter Veränderung, sondern sie modifiziert auch die soziale Reichweite solcher Praktiken sowohl in Richtung Diversifizierung (Beispiel: zunächst unterschiedliche Ausprägungen der Jugendphase im bürgerlichen bzw. proletarischen Milieu) wie auch in Richtung Vereinheitlichung (klassisches Beispiel: nivellierte Mittelstandsgesellschaft; Schelsky 1967: 218ff.).

Dabei darf ebenso wenig übersehen werden, dass bei der permanenten Überprüfung eigener Praktiken auch weitere gesellschaftliche Einflüsse wirksam werden können wie Erwartungen an die Rationalität und Begründbarkeit von Handlungen[30] aber auch an die Legitimität sozialer Praktiken. Die Möglichkeiten für die Aushandlung von Formen des Zusammenlebens hängen immer auch davon ab, wie weit die Toleranz des sozialen Umfelds reicht.

Auch innerhalb des kalkulierenden Denkens und Handelns hat es sozialgeschichtliche Veränderungen gegeben, die sich vor allem unter das Beschleunigungsthema (vgl. 2.5.1.) bringen lassen. In welchen Zeitrhythmen nicht nur die ‚Dinge‘, sondern auch die sozialen Bedingungen, unter denen man lebt, ‚auf den Prüfstand gestellt‘ werden müssen, unterliegt sozialen Konventionen und ist Gegenstand machtbasierter rechtlicher Regelungen. Beispielsweise unterliegen Konventionen, wie viel Frust man wie lange in einer Beziehung oder auch einer Freundschaft eben aushalten müsse ohne gleich die Exit-Option zu wählen, dem sozialen Wandel.

Von den Märkten geht ein insbesondere über die Werbung laufender permanenter Druck aus, diese Zeitrhythmen immer weiter zu verkürzen, um eben ‚up to date zu sein‘ und z. B. die aktuell billigste Flatrate zu haben oder das gerade angesagteste Outfit spazieren zu führen. Zygmunt Bauman (2002) hat vor allem unter dem programmatischen Titel ‚Liquid Modernity‘ untersucht, welches Maß an Beschleunigung und Reversibilität die Sozialkontakte noch aushalten. Die Fluchtlinie dieser Tendenzen sieht er in der präventiven Vermeidung verbindlicher Sozialkontakte. Diese Gegenwartsdiagnose wird in seinen Lebensstilanalysen am deutlichsten. Spaziergänger, Vagabunden, Touristen und Spieler eint genau dieses Bestreben (Bauman 1997; Junge 2006; 97). Auch wenn diese Realexperimente sicherlich noch nicht bis zu letzten Konsequenz durchgespielt wurden, kommt

---

30 Die für moderne Gesellschaften charakteristische Kosmologie einer vom individuellen Handeln ausgehenden Ordnung ist Grundlage des in der Soziologie populären RC – Ansatzes – allerdings auf eine Art und Weise, die subjektiv rationale Wahlhandlungen auf der Grundlage eines Kosten/ Nutzenkalküls zur Grundlage jeglichen menschlichen Handelns verklärt. Teilweise wird auch ein direkter Anschluss an die Ideologie des Liberalismus gesucht (vgl. Diefenbach 2009; 240ff.) oder ein angeblich naturgegebener Individualismus gegen einen ‚falschen‘ Kollektivismus ausgespielt (exemplarisch: Vanberg 1975). Viel fruchtbarer für das Verständnis moderner Gesellschaften wäre es allerdings, wenn untersucht würde, *wie die sozialhistorischen Geländegewinne des Kosten/ Nutzenkalküls abgelaufen und zu erklären sind.*

Bauman schon heute zu dem Ergebnis, dass eine verflüssigte Moderne ‚unlebbar‘ (im Sinne von Freyer 1955) ist (vgl. auch die Abschnitte 3.5 und 3.7).

(b)   Strukturprinzipien

Wenn die Sozialintegration ein Begleitmoment der Kommunikation und des sozialen Handeln ist und dem permanenten Wandel unterliegt, dann können dem gesellschaftlichen Alltag zumindest abstrakte Grundwerte entnommen werden, die es zu bewahren gilt. Auf dieser Ebene kann man zumindest versuchen, Konturen einer ‚Halt gebenden Ordnung‘ festzuhalten. An solche Gegebenheiten knüpft Giddens Kategorie der Strukturprinzipien (vgl. unter 2.4.2.4) an. Sie kann daher nicht mit den gesellschaftlichen Funktionssystemen gleich gesetzt werden, sondern ist auf einer noch allgemeineren Ebene angesiedelt. So liegt das *Strukturprinzip des Tausches von Geld gegen Ware* allen Funktionssystemen zu Grunde. Daneben würde ich in *Verfassungsgrundsätzen* und Grundsätzen der Schaffung von Recht Strukturprinzipien sehen, an denen die Herstellung gesellschaftlicher Ordnung orientiert werden kann.

An anderer Stelle wurde bereits gezeigt, wieso Macht und Geld nicht nur die Erfolgsmedien der Funktionssysteme Wirtschaft und Politik, sondern darüber hinaus auch Grundbausteine für die Generierung personenunabhängiger Leistungen sind, die auch den weiteren Funktionssystemen zu Grunde liegen (vgl. 2.2.1 und 2.2.3). Deswegen macht es m. E. Sinn genau hier zu versuchen, Strukturprinzipien zu identifizieren.

(c)   Arbeitsteilung und theoretisches Wissen

Im Anschluss an die Postindustrialismus-Debatte und an Theoretiker der Wissensgesellschaft kann man im *theoretischen Wissen* und damit in den *Leistungen des Wissenschaftssystems* einen weiteren gesellschaftlichen Ordnungsfaktor sehen. Da theoretisches Wissen immer nur Wissen auf Zeit ist, das durch neue Erkenntnisse entwertet werden kann, begrenzt es nicht wie die Strukturprinzipien die gesellschaftlichen Möglichkeitsräume sondern begleitet als dynamisches, auf permanente Variation und Selektion umgestelltes Erfolgsmedium den dezentralen Prozess des Herstellens von Ordnung. Bezogen auf das Theorem der Dualität von Struktur und das Merkmal der routinemäßigen Überprüfung der sozialen Praktiken können wir die Theoretiker der Wissensgesellschaft so interpretieren, *dass die Orientierung an theoretischem Wissen in der Moderne immer weitere Geländegewinne zu verzeichnen hat.*

In der Frühmoderne verändert neues theoretisches Wissen nur innerhalb des Wissenschaftssystems Praktiken und schafft neue Orientierungen. Außerhalb des Wissenschaftssystems wird sein Output vor allem auf Konformität hin beobachtet, insbesondere gegenüber religiösen Dogmen (und ggfs. als Ketzerei verfolgt). Im 17. und 18. Jh. beginnt die ‚Rationalität‘ wissenschaftlicher Methoden vor allem auf Praktiken des Machtgebrauchs auszustrahlen (vgl. exemplarisch Foucault 1994). Die im 18. Jh. einsetzende Industrialisierungsphase signalisiert dann eine erste Phase der ‚Landnahme‘ (R. Luxemburg; vgl. Lutz 1989; 57ff.). Für das Wirtschaftssystem wird neues theoretisches Wissen zu einem zentralen Impulsgeber (insbesondere theoretisiert in der Theorie der langen Wellen; vgl. für einen soziologischen Zugang Bornschier 1998: 77ff. sowie Lutz 1989: 44ff.). Im ausgehenden 19.Jh. orientieren sich weitere Funktionssysteme an theoretischem Wissen (vor allem Gesundheitssystem, Staatsapparat) bzw. werden auf dieser Grundlage flächendeckend institutionalisiert (exemplarisch: Bildungssystem). Für die letzten Jahrzehnte können wir im Anschluss an Beck registrieren, dass die mit Industrialisierung und Verwissenschaftlichung verknüpften Risiken und Gefahren immer systematischer zum Gegenstand der Wissenschaft werden (vgl. unter 2.4.2.). In diesem Zusammenhang werden auch Alltag und Lebenswelt von theoretischem Wissen und seinen Anwendungsformen zunehmend durchdrungen.

Wie wir bereits beim Thema Anwendung theoretischen Wissens (vgl. unter 2.7.2.3) gesehen haben, folgen aus theoretischem Wissen nur in Ausnahmefällen konkrete Praktiken. In der Regel muss es auf den konkreten Anwendungsfall bezogen und spezifiziert (zur Methode der Spezifizierung vgl. auch Parsons 1976: 187 f.; Erläuterung bei Jensen 1976: 12 ff.) werden. *In dieser Hinsicht* ergeben sich deutliche Parallelen zur Anwendung von Strukturprinzipien.

Einschneidende Formen der *Abhängigkeit von theoretischem Wissen* ergeben sich dort, wo die Ressource theoretisches Wissen nicht zusammen mit seinen Produkten transferiert werden kann, sodass hier immer mehr disjunkte Beziehungen zwischen Herstellern und Nutzern entstehen. Solche Beziehungen funktionieren nur, wenn von Seiten der Nutzer den Produkten und Dienstleistungen gegenüber Vertrauen entgegengebracht wird (vgl. Giddens 1995: 128. Stichwort: gesichtsunabhängiges Vertrauen in Expertensysteme).

Hierbei ist wiederum zu beachten, dass wir es mit keinem neuartigen oder ausschließlich in modernen Gesellschaften existierenden Phänomen zu tun haben. Spezialwissen mit dem nur abgesonderte Gruppen vertraut sind, auf dessen *Effekte* aber ganze Gesellschaften *vertrauen*, ist seit jeher eine der Quellen gesellschaftlicher Arbeitsteilung. Vermutlich ist es beim Übergang von kollektiven Ritualen zur stellvertretenden Ausführung dieser Rituale durch Spezialisten (Magier, Priester…) entstanden. Während als archaisch geltende Stammesgesellschaften wie die Aboriginees, die Ka! oder die San bei bestimmten Ritualen versuchen, kollektiv den Zustand der Trance zu erreichen, kennen andere Stammesgesellschaften bereits magische Spezialisten (Schamanen), die über Spezialwissen und über ausgefeilte

Praktiken verfügen, die sie nur an ausgewählte Personen weiter geben (vgl. die Darstellung bei Brock 2006; 205ff.). Schamanismus existiert überall dort und so lange wie ein Publikum auf dessen Effekte (Krankenheilung, Heilung und Schutz des Viehs durch Vertreibung von Geistern) *vertraut*.

Von solchen Mustern unterscheidet sich das Vertrauen in Expertensysteme dadurch, dass die Expertensysteme nicht auf Geheimwissen sondern auf allgemein zugänglichem theoretischem Wissen beruhen. Nur hat das theoretische Wissen schon im 17., spätestens im 18. Jh. ein Ausmaß erreicht, das die Aneignungsmöglichkeiten eines einzelnen Menschen bei weitem übersteigt (vgl. für das 20. Jh. Bell 1975: 182ff.). Deswegen weisen auf theoretischem Wissen basierende Gesellschaften ein immer feinmaschiger werdendes Gefälle zwischen wenigen kompetenten Spezialisten und dem großen Rest der ,Inkompetenten' auf, also derer, die ,*nicht mitreden*' können. Da theoretisches Wissen auf sprachlicher Spezialisierung beruht, wird hier die für menschliche Sozialität essentielle Verständigungsgrundlage der gemeinsamen Sprache ausgehebelt, so dass nur noch archaische Mechanismen wie eben Vertrauen (Giddens 1995: 102ff.; Coleman 1995, Band1: 115ff.; Luhmann 1984: 179ff.) zum Zuge kommen können.

(d)   Formale Organisation

Wie bereits Weber (1972; Kapitel 9; vgl. weiterhin Luhmann 1976; Coleman 1995, Band 2: 127ff.) registriert hat, ist die bürokratische (oder formale) Organisation eine wichtige Ressource, um menschliches Arbeitsvermögen/ menschliche Anstrengungs- und Handlungsbereitschaft für beliebige explizite Zielsetzungen zu nutzen. Die Bereitschaft, in einer Organisation mitzuwirken, ist an die Akzeptanz der Organisationsziele geknüpft.

2.7.4.5   Der moderne Nationalstaat als Ordnungsfaktor

Für die Sozialintegration in modernen Gesellschaften spielt der moderne Nationalstaat eine wichtige Rolle. Sie ist aber kaum zu erkennen, wenn man den Nationalstaat aus dem Blickwinkel der Theorie funktionaler Differenzierung ausschließlich als ,politisches System' analysiert, das politische Entscheidungen generiert (vgl. Luhmann 2000) und sich selbst reproduziert. Der staatliche Machtgebrauch wird *auch* durch eine Pazifizierungs- und Ausgleichsfunktion geprägt, die in der Konflikttheorie (vgl. Bonacker 2008), aber auch von Autoren wie Kreckel 1992; 149ff. thematisiert wird. Das zeigt, dass Staaten immer auch die Gesellschaft als Ganzes repräsentieren und *deren* Reproduktion *steuern*. Deswegen können sie die für die Funktionssysteme insgesamt charakteristische Indifferenz gegenüber der Sozialintegration der gesellschaftlichen Akteure nur partiell durchhalten. Dabei spielt die Verrechtlichung des staatlichen Machtgebrauchs eine wichtige Rolle.

Vor allem dort, wo Probleme oder gar Krisen im gesellschaftlichen Zusammenleben identifiziert werden (in der Regel in Form einer in der politischen Öffentlichkeit geführten Debatte), müssen Staaten immer auch Fragen der Sozialintegration bearbeiten. Weiterhin stehen sie auch für die Identifikation mit dem gesellschaftlichen Ganzen. Wie anders können wir Sezessionsbestrebungen verstehen oder die Tendenz neu entstandener Staaten, eine eigene Kultur und eine eigene Hochsprache zu konstruieren (vgl. Gellner 1995; 58ff.), sich also ein eigenes sozio-kulturelles Fundament zu geben. Wie bereits Gramsci (1986) erkannt hat, können Staaten daher auch kaum gegen die Zivilgesellschaft regiert werden. Darunter verstand er nicht nur die politische Öffentlichkeit, sondern auch formierte und informell organisierte gesellschaftliche Interessen. Die Konflikttheoretiker (vgl. vor allem Dahrendorf 1994; insbes. 270f.) haben gezeigt, dass die Regeln des demokratischen Parlamentarismus nicht zuletzt der Integration widerstreitender gesellschaftlicher Interessen in ein System dienen, das Pluralismus mit der Fähigkeit verkoppelt, dennoch bindende Entscheidungen zu treffen. Diese Entscheidungen werden im Medium der politischen Macht getroffen, in der Regel als Rechtssetzung.

Unter modernen Bedingungen wird staatliche Macht auf dem Feld der Sozialintegration eingesetzt,

a. um den Bürgern neue Entfaltungsmöglichkeiten über vor allem über kollektive Güter (v. a. Infrastrukturprojekte wie Straßenbau, Energieversorgung, Bildung usw.) zu erschließen;
b. um die Bürger vor Schaden/persönlichen Risiken zu bewahren (Verbrechensbekämpfung; Gesundheitssystem, aber auch konkrete Ge- und Verbote wie Rauchverbote, Gurtpflicht bei Autofahrten, Tragen einer roten Warnweste bei Unfällen usw.
c. um Rahmenbedingungen moderner Lebensführung zu sichern und zu verbessern (soziale Sicherungssysteme einschließlich Armutsbekämpfung; Beschäftigungs- und Erwerbsmöglichkeiten, Schutz vor gesundheitlichen, ökologischen und kriegerischen Risiken).

2.7.4.6 Die ‚Institutionalisierung' der Funktionssysteme durch den modernen Nationalstaat

Im Rahmen der Theorie funktionaler Differenzierung und der ausschließlichen Interpretation des modernen Staates als Funktionssystem ist die historische Tatsache schwer zu verstehen, dass moderne Nationalstaaten die gesellschaftlichen

Funktionssysteme auf nationaler Ebene ‚institutionalisiert' haben. Hierbei handelte es sich teilweise um Neuschöpfungen (Beispiel: Bildungssystem), teilweise
um Modifizierungen (Beispiel: Wirtschaftssystem) teilweise um beides (Beispiel:
Gesundheitssystem).

Wie ist diese ‚Institutionalisierung' durch den Nationalstaat zu verstehen?
Institutionalisierung bedeutet einmal, dass organisiert werden muss, wie jedes
Funktionssystem an für seinen Fortbestand und seine Aufgaben hinreichende strategische Ressourcen kommt. So werden nationale Bildungssysteme üblicherweise
zur Staatsaufgabe erklärt und deswegen aus Steuereinnahmen finanziert. Erhebliche Unterschiede bestehen jedoch bei der Zulassung von Ausnahmen sich selbst
finanzierender Bildungseinrichtungen (sog. Privatschulen bzw. – Universitäten) und
durch Organisationen finanzierter Bildungseinrichtungen (In Deutschland vor allem
von den Kirchen finanzierte Bildungseinrichtungen, aber auch Berufsausbildung
in den Unternehmen). Den konträren Fall stellt das Wirtschaftssystem dar, dessen
Unternehmen ihre Reproduktion selbst organisieren müssen. Aber auch hier gibt es
Ausnahmen, wo Leistungsbereiche zum Staatsmonopol erklärt und in staatlicher
Regie betrieben werden (klassisch: Post und Telekommunikation, Energieversorgung, teilweise Eisenbahn). Beim dritten Beispiel, dem Gesundheitssystem existieren
höchst unterschiedliche Varianten im Spektrum zwischen einem verstaatlichten
(Großbritannien) und einem zumindest theoretisch denkbaren privatwirtschaftlich
betriebenen (starke Elemente in dieser Richtung in den USA) Gesundheitssystem.
Eine weitere Möglichkeit stellen über eine staatlich organisierte Zwangsversicherung
finanzierte Gesundheitssysteme (Deutschland, Skandinavien) dar.

Mit der Art der Finanzierung korrelieren Niveaus staatlicher Einflussnahme auf
die Funktionssysteme. Im Sinne einer allgemeinen Faustregel konzentriert sich der
Einfluss bei Selbstfinanzierung auf die Festlegung von Rahmenbedingungen und
allgemeinen Zielvorgaben. Direkte Eingriffe bleiben punktuell. Bei staatlicher Finanzierung ist die Regelungsdichte dagegen meist erheblich höher. Was das bedeutet,
kann man sich am Beispiel des Bildungssystems klarmachen. Hier definiert der
Gesetzgeber einmal Rahmenbedingungen wie Dauer der Schulpflicht und Qualifikationsniveaus (Bsp. Abitur), die für staatliche wie private Bildungseinrichtungen
gelten. Bei den staatlich finanzierten Schulen werden zusätzlich Bildungsinhalte
und Lehrpläne fixiert, während Privatschulen hier autonom sind, solange sie die
definierten Qualifikationsniveaus erreichen.

Dieses Beispiel zeigt, dass es immer gesellschaftlicher Aushandlungsprozesse
bedarf, um zu fixieren, wo genau die Autonomie der Funktionssysteme beginnt.
Auch können sich die Grenzen im Laufe der Zeit in beide Richtungen verschieben,
wie klassische Beispiele von Privatisierung (Post und Telekommunikation) wie
von Verstaatlichung (Banken, Förderung von Bodenschätzen usw.) zeigen. Bei

Privatisierung spielen Gesichtspunkte wie Effizienz und Wettbewerb, aber auch die Ausweitung von Geschäftsfeldern eine zentrale Rolle. Bei der Erhöhung staatlicher Einflussnahme stehen meist ‚kollektivistische' Ziele im Vordergrund wie allgemeine Versorgungssicherheit, die praktische Durchsetzung allgemeiner Rechtsgarantien (wie Recht auf medizinische Versorgung aller Gesellschaftsmitglieder unabhängig von den finanziellen Möglichkeiten) sowie die Anhebung materieller Standards (z. B. Bildungsniveau oder Finanzierung einer Grundversorgung durch Verstaatlichung der Förderung von Bodenschätzen wie Erdöl oder Diamanten).

Zu dem eigentlichen Knackpunkt dringt man mit der Frage vor, ob sich der moderne Staat denn auch selbst institutionalisiert habe. Ich denke, dass man diese Frage bejahen muss! Meine Argumentation gliedert sich in zwei Schritte. Zunächst gilt es Gesellschaft und Staat zu unterscheiden. Auf dieser Grundlage kann dann die Institutionalisierung politischer Systeme skizziert werden.

Zur Unterscheidung zwischen Gesellschaft und Staat ist es nützlich, an eine vor Jahrzehnten geführte Debatte zwischen Ralf Dahrendorf und Christian Sigrist zu erinnern (Dahrendorf 1964; Sigrist 1964). Sigrist hatte Dahrendorfs vorschneller These einer ‚Universalität von Herrschaft' ethnologische Befunde entgegen gehalten, die durchaus „Gesellschaften ohne Staat" (vgl. den gleichnamigen Reader: Kramer/ Sigrist 1978) erkennen lassen. Dahrendorf hat daraufhin seine These korrigiert und sieht nur noch einen Zusammenhang zwischen sozialem Wandel und Staat (Dahrendorf 1974). Daran knüpfe ich mit der These an, dass gesellschaftlicher Entscheidungsbedarf immer in einer Weise organisiert wird, die zur vorübergehenden oder auch dauerhaften Ausbildung einer Entscheidungs*instanz* führt. Diese etwas umständliche Formulierung soll sowohl Tautologien vermeiden wie auch die zahlreichen Fälle berücksichtigen, wo solche Entscheidungsinstanzen nur punktuell wirksam werden – etwa wenn Stämme oder Völker im Kriegsfall immer einen Anführer wählen. Mit der Formulierung Entscheidungsinstanz soll ausgesagt werden, dass mindestens Konventionen/ Regeln für die gesellschaftliche Entscheidungsfindung entwickelt worden sein müssen, damit ansatzweise von Staat gesprochen werden kann. Dies verfestigt sich vor allem dann weiter, wenn Positionen (z. B. Häuptling) oder Gremien von Positionsinhabern (z. B. Rat der Sippenoberhäupter) etabliert werden, die autorisiert sind, für den Stamm oder das Volk zu sprechen und die Entscheidungsfindung zu organisieren bzw. selbst als Entscheidungsorgan gelten. Wie Dahrendorf nehme ich an, dass der gesellschaftliche Entscheidungsbedarf mit der Intensität des gesellschaftlichen Wandels und mit dem Aufkommen divergierender Interessen wächst. Daraus folgt dann, dass politische Entscheidungen von einem bestimmten gesellschaftlichen Komplexitätsniveau an kontinuierlich getroffen werden müssen und der gesellschaftliche Aufwand der Entscheidungsfindung begrenzt werden muss. Das begünstigt die Etablierung einer Entscheidungsinstanz, die dann auch ihre Legitimation organisiert (= Staat). Mit der Etablierung einer solchen Entscheidungsinstanz kann man definitiv von einem Staat sprechen. Historisch ist dieser Vorgang als Trennung zwischen Palast (=staatliches Zentrum) und Zentraltempel (=religiöses und kulturelles Zentrum) fassbar. Für Mesopotamien lokalisiert Nissen 1995 diesen Differenzierungsprozess in die späte Frühdynastische Zeit (ca. 2500- 2350 v. u. Z.)[31].

Den Ansatzpunkt für die Institutionalisierung eines politischen Systems sehe ich in dem Problem, mit dem früher oder später wohl jede gesellschaftliche Entscheidungsinstanz, jeder Staat, konfrontiert wird: dem Widerstand der Unzufriedenen, deren Interessen und Intentionen tatsächlich oder vermeintlich nicht hinreichend berücksichtigt wurden. Meine These ist, dass tiefgreifende Konflikte etwa zwischen ethnischen Gruppen, divergierenden religiösen Bekenntnissen, divergierenden ökonomischen Interessen, die zur Auflösung oder zur Dezentralisierung[32] eines Staatsverbandes führen können, nur durch die Ausdifferenzierung eines politischen Funktionssystems bewältigt werden können, dessen Grundlage allgemein akzeptiert wird. Das wird dadurch erreicht, dass eine die staatliche Entscheidungsinstanz selbst bindende Legitimationsbasis etabliert wird, *die in der Regel die Reichweite ihrer politischen Entscheidungen begrenzt und den Gebrauch des Machtmediums spezifiziert.*

Welches sind bzw. waren die wichtigsten Institutionalisierungsmuster? Das historisch wichtigste Muster ist zweifellos religiöser Natur. Danach ist die Entscheidungsinstanz von Gott/ bzw. den Göttern zur politischen Herrschaft autorisiert oder gilt, wie in Mesopotamien, als Sprachrohr des göttlichen Willens. Im Extremfall kann der Herrscher selbst als Gott angesehen werden (z. B. Ägypten, altes Reich). Die Reichweite der politischen Entscheidungen wird hier dadurch begrenzt, dass immer eine Übereinstimmung mit den religiösen und kulturellen Traditionen und konkret die Unterstützung durch die religiöse Elite erreicht werden muss. Ein anderes Muster postuliert eine politische Führerfigur, dem Vasallen zur Gefolgschaft verpflichtet sind und dafür z. B. mit Grundeigentum belehnt werden (Beispiel: Wilhelm der Eroberer; Dirlmeier/ Fuhrmann 2006: 201). Für die Gegenwart sind zweifellos parlamentarische Demokratien das wichtigste Institutionalisierungsmuster. Hier wird das Volk bzw. die Gesellschaft als Souverän angesehen. Es delegiert seine Macht auf Zeit an durch Wahlen festgelegte Vertreter, deren Machtgebrauch

---

31   Vgl. auch die Diskussion der archäologischen Belege: Nissen 1995: 153ff.

32   So z. B. hat die militärisch nicht lösbare konfessionelle Spaltung (fixiert im Augsburger Religionsfrieden) de facto das Deutsche Reich relativ autonome fürstliche Machtbereiche zerfallen lassen.

weitgehend verrechtlicht und durch das Prinzip der Gewaltenteilung sowie durch Verfassungen spezifiziert ist.

In jedem Institutionalisierungsmuster werden Reproduktionsbedingungen des politischen Systems festgelegt. Solange sie eingehalten werden, kann das politische System mit seiner Legitimationsgrundlage reproduziert werden.

Beim religiösen Muster spielt die Reproduktion der Priesterschaft und deren Loyalität gegenüber dem politischen System eine zentrale Rolle[33]. Das Führer- Gefolgschaftsmuster war hochlabil und gewann keine feste Ausprägung. Für seine Reproduktion waren Loyalitätsbekundungen der Vasallen essentiell, vor allem die Thronfolge konnte nur so legitimiert werden. Die Labilität dieses Musters ist vor allem darauf zurückzuführen, dass es hierarchisiert und dezentralisiert war. Jeder mit Grundeigentum belehnte Vasall war auf ‚seinem' Territorium der Souverän seiner Untergebenen. Zum anderen war die Machtausübung wenig spezifiziert, so dass sie sehr stark von der Persönlichkeit der Herrscher geprägt war[34].

Zur parlamentarischen Demokratie möchte ich nur darauf hinweisen, dass die Nagelprobe für ihren Fortbestand darin besteht, dass politische Machtwechsel friedlich und geordnet von statten gehen. Das wird vor allem dann zu einem Test, wenn sich dabei die politische Ausrichtung der Regierung stark verändert.

Der Gebrauch des Machtmediums ist beim Grundmuster der parlamentarischen Demokratie am stärksten spezifiziert. Das hängt einmal damit zusammen, dass es entlang der Dimension zentral – dezentral mehrere Ebenen mit je spezifischem ‚Regierungsauftrag' gibt. Zum anderen sorgt ein Katalog von staatlich garantierten Bürger- und Freiheitsrechten für Grenzen des Machtgebrauchs. Allerdings wird es immer schwieriger, diese Freiheitrechte gegen den Auftrag staatlicher Gefahren- und Risikovorsorge abzuwägen.

Aus diesen Überlegungen ergibt sich, wieso man m. E. zwischen einem Staatsverband als politischer Manifestation des gesellschaftlichen Miteinander und einem politischen Funktionssystem unterscheiden kann. Im ersten Fall geht es um die Reproduktion der Gesellschaft als Ganzes, die unter den Bedingungen des sozialen Wandels nicht mehr ausschließlich über die Weitergabe einer traditionell gegebenen Sozialordnung erfolgen kann, sondern eben auch politischer Entscheidungen im weitesten Sinne bedarf. Das kann dann zur Institutionalisierung eines politischen

---

33 Nur so lassen sich die archäologischen Befunde zu Mesopotamien verstehen. Sie deuten einerseits auf eine säkulare Gesellschaft hin (vgl. z. B. Klengel 1991), die aber in jeder größeren Stadt eine gigantische Tempelanlage hinterlassen und offenbar auch eine umfangreiche und wohlbetuchte Priesterschaft gekannt hat.

34 Das kommt schon in Etikettierungen mittelalterlicher Herrscher zum Ausdruck wie: der Gute, der Reiche, der Schreckliche usw.

Systems führen, dessen Fortschreibung an eigene, vom gesellschaftlichen Ganzen unterscheidbare, Bedingungen geknüpft ist.

Zusammenfassung

1. Gerade weil die neuere Modernisierungstheorie stärker vom Marxismus als von der Theorie funktionaler Differenzierung beeinflusst ist, zeichnet sie Modelle gegenwärtiger moderner Gesellschaften, die zu einer Präzisierung der Theorie funktionaler Differenzierung wie des Verständnisses gesellschaftlicher Ordnung nötigen.

2. Wenn man die theoretischen Anregungen des neueren Diskurses mit dem soziologischen Wissensstand der Klassiker verbinden möchte, wird es erforderlich zunächst über die Differenz zwischen Gesellschaft und den gesellschaftlichen Funktionssystemen (= dem gesellschaftlichen Leistungsbereich) nachzudenken. Hier wird vorgeschlagen, den gesellschaftlichen Leistungsbereich über sozialhistorische Verselbständigungstendenzen gegenüber Alltag und Lebenswelt zu rekonstruieren, die sich unter den Gesichtspunkten verselbständigter Reproduktionskreisläufe wie auch einer divergenten Rahmung der Kommunikation soziologisch präzisieren lassen (2.7.2).

3. Auf dieser Grundlage kann die Theorie funktionaler Differenzierung über eine Ressourcentheorie unterfüttert werden, die sowohl das Zusammenwirken zwischen den Funktionssystemen wie auch das Zusammenspiel zwischen dem gesellschaftlichen Leistungsbereich und der ‚Restgesellschaft' genauer zu erfassen erlaubt (2.7.3). Zahlreiche Analysen und Beobachtungen aus dem neueren Modernisierungsdiskurs lassen sich auf dieser Grundlage in die Theorie funktionaler Differenzierung einarbeiten.

4. Die Analysen der neueren Modernisierungstheoretiker kreisen auch um das Verständnis gesellschaftlicher Ordnung, ohne dass sie bereits eine hinreichende Ordnungstheorie liefern. Dieser Stand regt zu einigen Systematisierungsleistungen an (2.7.4), die zumindest die soziologischen Suchprozesse vorstrukturieren könnten.

3.0   Einleitung: Warum konzentriert sich dieses Kapitel auf Lebensführung?

Mit diesem Kapitel soll zunächst einmal darauf reagiert werden, dass die Vertreter der neueren Modernisierungstheorie sehr viele Analysen und Beobachtungen vorgelegt haben, die die Rolle und die Befindlichkeiten des ‚modernen Individuums‘ auszuloten versuchen. Offenbar werden gerade hier substanzielle Veränderungen vermutet. Bei dieser Thematik bewegen sie sich in den Fußstapfen gesellschaftskritischer Gegenwartsdiagnosen der frühen Nachkriegszeit (Gehlen 1957, Freyer 1955, Riesman u. a. 1958, Marcuse 1957, Adorno 1955, usw.). Dagegen haben die soziologischen Klassiker, sieht man einmal von Weber und Simmel ab, das moderne Individuum eher in Zusammenhang mit der gesellschaftlichen Ordnung gebracht (vgl. auch van der Loo/van Reijen 1992).

Diese Gemengelage hat es für die neueren Modernisierungstheoretiker erheblich erschwert, ihren Anspruch, eine neue Theorie für eine neue Gesellschaft vorzulegen, auf der Mikroebene konsequent zu verfolgen und auszuweisen. Es fehlten schlicht die Möglichkeiten, sich an den Positionen der Klassiker abzuarbeiten. Das hat etwa bei Bauman dazu geführt, das Veralten von Freud und von Vertretern des interpretativen Paradigmas wie Mead aufzuzeigen (vgl. z. B. Bauman 2009: 31ff.). Dagegen berufen sich Beck wie Rosa explizit auf den soziologischen Klassiker Simmel (vgl. 3.2).

Diese wesentlich unübersichtlicheren Anknüpfungs- und Absetzbewegungen haben auch Folgen für mein Konzept, die Frage möglicher theoretischer Innovationen am Leitfaden der Klassiker und vor allem an der Theorie funktionaler Differenzierung zu überprüfen. Da die Klassiker für die Mikroebene gesellschaftlicher Modernisierung kein vergleichbares konvergentes Konzept entwickelt haben, muss ein theoretischer Bezugspunkt erst entwickelt werden.

Für die Mikroebene kann man daher auch die Leitfrage, ob die Vertreter des neueren Modernisierungsdiskurses einen substantiellen theoretischen Beitrag geliefert haben, bereits vorab positiv beantworten. Sie haben die Theorie moderner Gesellschaften bereichert, weil sie die auf das Feld der Gesellschaftskritik und der Gegenwartsdiagnose ausgelagerte Frage nach dem ‚Subjekt‘ und seiner Befindlichkeit wieder in die Theorie moderner Gesellschaften eingebracht haben. Dagegen können theoretische Absetzbewegungen nur so punktuell, wie sie erfolgt sind, diskutiert und überprüft werden. Sie haben keinen direkten Einfluss auf die Bewertung des theoretischen Beitrags.

Diese Ausgangslage hat auch Konsequenzen für die zweite Leitfrage nach einem möglichen Epochenwandel innerhalb der Moderne. Sie kann für die Mikroebene nur dann einigermaßen konsistent beantwortet werden, wenn es gelingt, eine theoretisch stimmige soziologische Beobachtungsperspektive zu fixieren, die systematische Vergleiche ermöglicht. Während Autor wie Leser sich im zweiten Kapitel mit den Folgeproblemen des Theorienpluralismus herumschlagen mussten, erschweren in diesem dritten Kapitel Theoriedefizite unsere Aufgabe, einen einigermaßen überschaubaren Forschungsstand zu fixieren.

Wenn wir nicht nur formal, sondern auch auf eine theoretisch gehaltvolle Weise genauer ausflaggen wollen, worin eine Bereicherung der klassischen Modernisierungstheorie durch ‚subjektorientierte‘ Analysen der neueren Modernisierungstheoretiker bestehen kann, dann ist es nützlich, auf eine Überlegung aus dem zweiten Kapitel zurückzugreifen. Sie liefert ein weiteres tragendes Motiv für dieses ‚Mikrokapitel‘.

Im zweiten Kapitel (vgl. unter 2.7.2)konnte gezeigt werden, dass die erste große Modernisierungswelle, die insbesondere zur Staatenbildung geführt hat, über die Verselbständigung des Leistungsbereichs gegen die Solidargemeinschaft erreicht wurde. Insoweit die ‚einfachen Gesellschaftsmitglieder‘ mit der Generierung von gesellschaftlichen Leistungen zu tun haben, wird der Grund ihrer Existenz in den alten Hochkulturen daher als ‚Arbeit für die Götter‘, also als *dienende Funktion gegenüber den herrschenden Mächten*, identifiziert (vgl. ebd.).

Die soziale Grundlage aller Stammesgesellschaften, die aus *gleichberechtigten Teilnehmern* bestehende Kult-, Sprach- und Solidargemeinschaft, bleibt zwar neben diesem Leistungsbereich bestehen. Mit der Herausbildung einer zur Staatenbildung führenden verselbständigten Tauschsphäre wird sie jedoch gewissermaßen ‚enthauptet‘ und auf eine nur noch für die Sozialisation und Reproduktion der Gesellschaftsmitglieder zuständige Residualkategorie zurechtgestutzt. Das führt dazu, dass in den staatlich organisierten Gesellschaften von nun an zwei divergente Blickwinkel auf die Gesellschaftsmitglieder unverbunden nebeneinander existieren: Einmal werden sie als herrschaftsabhängige Leistungs- und Funktionsträger einem

Arbeitszwang unterworfen. Zum anderen bleiben sie wie in den Stammesgesellschaften prinzipiell gleichrangige Teilnehmer der Sprachgemeinschaft und des alltäglichen Zusammenlebens.

An dieser divergenten Vergesellschaftung ändert sich mit der Transformation der Feudalgesellschaften in durch funktionale Differenzierung organisierte moderne Gesellschaften nichts Grundlegendes. Allerdings wird die *soziale* Trennlinie zwischen herrschenden Intellektuellen- und Kriegerständen und dem auf Leistungen der materiellen Reproduktion hin funktionalisierten ,dritten Stand' versachlicht. Von nun an kommen vom Prinzip her alle Gesellschaftsmitglieder in den Genuss funktional differenzierter gesellschaftlicher Leistungen. Ebenso sind vom Prinzip her alle an der Leistungserbringung beteiligt. An die Stelle einer hierarchisierten Gesellschaft treten nun zwei Lebensbereiche, die allen Gesellschaftsmitgliedern zugänglich sind, aber auch ein ,Umschalten' zwischen unterschiedlichen Modalitäten des sozialen Lebens erfordern – ein gesellschaftlicher Leistungsbereich und eine ,Lebenswelt', in der noch die Perspektive prinzipiell gleichberechtigter Teilnehmer gilt.

Diese divergente Vergesellschaftung hat auch die soziologische Rekonstruktion der ,Gesellschaftsmitglieder' bzw. ,Subjekte' gespalten. Sie können einerseits als Rollen- und Funktionsträger rekonstruiert und in die Analyse des gesellschaftlichen Leistungsbereichs integriert werden. Dieser Blickwinkel dominiert in den Analysen der Klassiker Durkheim, Parsons und Luhmann[35]. Er ist aber auch bei Simmel und Weber präsent. Nur registrieren Weber wie Simmel auf unterschiedliche Weise *auch*, dass die Gesellschaftsmitglieder nicht nur Rädchen im Funktionsgefüge sind, sondern dass sie ebenso in dieses Funktionsgefüge aktiv und prinzipiell gleichberechtigt eingreifen – in Form selbst initiierter sozialer Kreise (Simmel) bzw. als revolutionäre Kraft über die methodisch- rationale Lebensführung (Weber).

Aus diesen Überlegungen folgt, dass die Theorie moderner Gesellschaften nur bereichert werden kann, *wenn die vom gesellschaftlichen Leistungsbereich in mehrfacher Hinsicht verdrängte aktive Gestaltungsperspektive systematisch rekonstruiert wird.* Als Rollen- und Funktionsträger innerhalb der gesellschaftlichen Funktionssysteme können die gesellschaftlichen Akteure dagegen keine eigenständige Bedeutung gewinnen.

Für eine solche soziologische Rekonstruktion bietet sich zunächst ein weitgehend konsensfähiges Konzept an: die um den Begriff Lebenswelt in Anknüpfung

---

35 Bei Luhmann ist die Analyse der Gesellschaft als Leistungsprojekt am weitesten theoretisiert worden, da die Teilnehmerperspektive den psychischen Systemen zugewiesen und damit aus der Soziologie ausgegliedert wurde. Allerdings ermöglicht erst die Andockung sozialer an psychische Systeme die Operationsfähigkeit der sozialen Systeme.

an Husserl entwickelte phänomenologische Analyseperspektive. Nur entwickelt dieses von Schütz, Luckmann u. a. ausgearbeitete Konzept keine ergänzende Beobachtungsperspektive auf den Prozess gesellschaftlicher Modernisierung. Gerade Schütz interessiert sich für die Bewältigung des Alltags durch die gesellschaftlichen Akteure in der Perspektive der ‚natürlichen Einstellung', also für Handlungsroutinen und die Kontinuität des Alltagslebens. Zwar haben Berger/ Luckmann 1969 auch den sozialen Wandel der Lebenswelt thematisiert. Dabei greifen sie aber über den Begriff der Institutionalisierung auf die Makroebene zurück. Ein *eigenständiger* Beitrag zur Theorie moderner Gesellschaften sollte daher versuchen, das *in den gesellschaftlichen Akteuren und ihrem Wollen bestehende Veränderungspotential* über Webers Analysen zur methodisch-rationaler Lebensführung hinaus zu verallgemeinern.

3.0.1 Überblick über die weitere Argumentation

Daher wird im *ersten Abschnitt* zunächst das Konzept Lebensführung skizziert, um einen auch theoretisch gehaltvollen Bezugspunkt für die Sichtung der Beiträge der neueren Modernisierungstheoretiker zum modernen Individuum als eigenständigem Faktor im gesellschaftlichen Modernisierungsprozess zu gewinnen.

Die Sichtung des Forschungsstands beginnt im zweiten Abschnitt mit den Beiträgen von Rosa und Beck, die unter den systematischen Gesichtspunkten der Beschleunigung des Lebenstempos bzw. der Individualisierung Zäsuren in der Lebensführung ausmachen. Dabei wird sich zeigen, dass bei Rosa vor allem die Verknüpfung der einzelnen ‚Theoriebausteine' der Kritik nicht standhält, während bei Beck nicht überzeugen kann, dass er die Individualisierung ausschließlich für die risikogesellschaftliche Phase der Moderne reserviert.

Die durch die Diskussion von Rosa und Beck erreichten Präzisierungen des Konzepts Lebensführung werden in einer Zwischenbetrachtung fixiert (Abschnitt 3.3). Dabei ist eine wichtige Erkenntnis, dass individualisierte Lebensführung in vier unterschiedliche Aufgabenfelder zerfällt. Diese Aufgabenfelder werden in den folgenden Abschnitten gesondert abgehandelt: Kommodifizierung (3.4), Konsum (3.5), soziale Beziehungen in der Arbeitswelt (3.6) und in der frei verfügbaren Lebenszeit (3.7). Diese Darstellungsweise bietet sich vor allem deswegen an, weil auch die Beiträge der neueren Modernisierungstheoretiker oftmals nur auf eines dieser Felder konzentriert sind. Das Kapitel schließt mit einem Fazit (3.8).

3.1   Das Konzept Lebensführung

3.1.1   Implizite Rahmung und ein strategischer Blick auf die Lebenswelt

Anknüpfend an die im ersten Kapitel eingeführte Unterscheidung zwischen expliziter und impliziter Rahmung (vgl. unter 1.5) können wir diese eigenständige Ebene
*zunächst als jenen Lebensbereich kennzeichnen, in dem es auf implizite Rahmung
ankommt.* Hierbei möchte ich in Erinnerung rufen, dass diese Unterscheidung
zwischen impliziter und expliziter Rahmung eine grundsätzliche Weichenstellung
bei der Konstruktion von Sozialität erfasst.

Der von Goffman systematisierte Begriff der *Rahmung* macht darauf aufmerksam,
dass sprachliche Äußerungen nur dann verstanden werden können, wenn wir neben
der direkten Kommunikation die dabei vom Sprecher immer unterstellte Rahmung
erkennen. Dabei handelt es sich immer um Rückgriffe auf *gemeinsames kulturelles
Wissen*, das unterstellt und nicht expliziert wird. Die ethnologisch vergleichende
Linguistik geht davon aus, dass alle Sprachen derartige Rahmen unterstellen (vgl.
z. B. Everett 2013: 226ff.). Der Effekt dieses universellen „kulturellen Werkzeugs"
(ebd.) liegt in der Rationalisierung der verbalen Kommunikation durch Fokussierung.

Dieses Rationalisierungsinstrument wird auch im gesellschaftlichen Leistungsbereich in Form *expliziter* Rahmung verwendet – etwa, wenn Rollenerwartungen
institutionalisiert werden. Außerhalb der Leistungskommunikation existieren
aber nach wie vor *implizite*, also vom Sprecher in eigener Verantwortung und nach
eigenem Willen gewählte Rahmen. Der Sprecher entscheidet (und muss auch immer
entscheiden), *welchen Ausschnitt der gemeinsamen Überlieferung er gerade thematisieren möchte.* Bei ‚normaler' Alltagskommunikation wird über ‚Gott und die Welt',
also über ‚alles' *nacheinander* geredet, sodass der gesamte gemeinsame kulturelle
Hintergrund über die Sprachpraxis erinnert und auf diese Weise reproduziert wird.

Erst wenn Sprecher einen *strategisch verengten Blickwinkel auf die gemeinsame
Kultur* einnehmen, werden sie nur noch bestimmte Rahmen wählen und damit
einen gezielteren und u. U. auch ‚gefilterten' Rückgriff auf die gemeinsame Lebenswelt tätigen. Das führt dazu, dass sich für sie die gemeinsame Kultur und die
intersubjektiv geteilte Lebenswelt verengt. Setzen sich bestimmte ‚Filter' in einer
Sprachgemeinschaft allgemein durch, dann werden sich damit auch die Alltagskultur
und vermutlich auch die alltäglichen Praktiken drastisch verändern.

Einen solchen strategisch verengten Bezug auf die Lebenswelt haben zum Beispiel die Anhänger des asketischen Protestantismus entwickelt. Wie Weber in der
‚protestantischen Ethik' (1988) gezeigt hat, haben sie die tradierten alltäglichen
Praktiken im Hinblick auf ihre Zweckdienlichkeit für ihre religiösen Ziele und

Heilswege selektiert und rationalisiert. Die gedankliche Grundlage für Webers international vergleichende Analyse der „Wirtschaftsethik der Weltreligionen" war, dass *alle* Weltreligionen ihren Anhängern religiöse Heilswege aufzeigen. Diese Heilswege geben strategische Zielsetzungen vor, unter denen die tradierte Lebenswelt selektiv verarbeitet und rationalisiert wird. Genau deswegen konnte Weber in den Weltreligionen (aber auch in politischen Heilslehren) das weltgeschichtlich wichtigste revolutionäre Element ausmachen (KM: 54ff.).

Aber auch Simmels Analyse der vom modernen Individuum selbst initiierten sozialen Kreise ist ein Beispiel für implizite Rahmung. Auch hier wird eine strategische Haltung gegenüber der tradierten Lebenswelt eingenommen. Sie wird jedoch nicht einem Kreis von Anhängern oder Gläubigen fest vorgegeben, sondern muss je individuell, je nachdem welche persönlichen Neigungen oder Interessen in sozialen Kreisen gelebt werden sollen, entwickelt werden. Auch auf diese Weise kann die Lebenswelt verändert werden.

Webers wie Simmels Analysen bilden allerdings nur *Beispiele* für vom individuellen Willen ausgehende und über implizite Rahmung wirksam werdende strategische Zielsetzungen gegenüber der Lebenswelt. Neben dem gesellschaftlichen Leistungsbereich sind sie die gesuchte *zweite Quelle des sozialen Wandels*[36]. *Für implizite Rahmen, die sich auf die Ausrichtung eigener Aktivitäten und auf die Verwendung der eigenen Lebenszeit in einem gegebenen sozialen Umfeld beziehen, verwende ich den Begriff ‚Lebensführung'.*

3.1.2 Das Problem knapper Lebenszeit

Ich verstehe Webers wie Simmels Analysen als Beispiele dafür, dass eine allgemeine, unspezifische Teilnehmerperspektive gegenüber der Lebenswelt, wie sie etwa für Sprachgemeinschaften oder auch für archaische Stammesgesellschaften charakteristisch ist, durch eine *strategische Einstellung durchbrochen und eingeklammert werden kann*. Meine These ist, dass hierbei *Knappheitsprobleme*[37] eine entscheidende Rolle spielen.

Ethnologische Darstellungen sogenannter archaischer Stammesgesellschaften, die sich bis in die Gegenwart hinein unabhängig von ‚unsrer' globalisierten Zivilisation entwickeln konnten, heben meist zwei Merkmale hervor, in die die beobachtete

---

36 Das Verhältnis zwischen gesellschaftlichem Leistungsbereich und Lebensführung wird erst im 4. Kapitel eingehend untersucht; vgl. unter 4.4.4

37 Dagegen führe ich die Herausbildung des gesellschaftlichen Leistungsbereichs auf Kontingenzprobleme in Kosmologien zurück.

Differenz übersetzt werden kann. Diese Gesellschaften leben nahezu ausschließlich in der Gegenwart und sie beschäftigen sich mit den gegenwärtigen Ereignissen, in deren Fluss sie integriert sind (vgl. exemplarisch: Everett 2013: 358f.).

Diese absolute Selbstverständlichkeit des Lebensflusses gerät unter den Druck von Fragen und möglichem Zweifel, sobald die Gegenwart mit der Vergangenheit in Zusammenhang gebracht oder eine in irgendeiner Weise *kontingente Zukunft* gedacht wird. Sobald diese prinzipiellen Möglichkeiten der Symbolsprache ins Spiel kommen, wachsen den Stammesgesellschaften im weitesten Sinne religiöse Aufgaben zu wie die ‚Sicherung' der Generationenfolge in der Gegenwart durch rituelle Handlungen (Brock 2006: 193ff.) oder die Mitwirkung am Kreislauf von Leben, Tod und Wiedergeburt (ebd.: 230ff..). Die Gesellschaftmitglieder wirken über derartige Aufgaben an einer als existenziell gedachten Verknüpfung von Vergangenheit, Gegenwart und Zukunft mit.

Dieser zunächst weitgehend statische religiös-rituelle Bereich gerät unter Veränderungsdruck, sobald den kollektiven Ritualen keine hinreichende Wirksamkeit mehr zugeschrieben wird. *Hier kommen erstmals Probleme auf, die als Knappheitsprobleme*[38] *verallgemeinert werden können.* Sobald Rituale von Magiern oder Priestern stellvertretend für die gesamte Kultgemeinschaft durchgeführt werden, hat sich die Vorstellung endgültig etabliert, dass magische Effekte *steigerbar* und magische Fähigkeiten daher ‚knapp' sind.

Jedes Knappheitsproblem zerstört die natürliche Einstellung gegenüber der Lebenswelt, also den absoluten Traditionalismus. Die Lebenswelt ist zwar nach wie vor naturwüchsig vorgegeben, aber *für das Knappheitsproblem* kann sie keine ultimativen Antworten mehr geben. Vielmehr muss das tradierte Handlungswissen auf Effektivierungsmöglichkeiten hin abgeklopft werden.

Wenn beispielsweise die magischen Wirkungen von Ritualen als unsicher oder als steigerbar angesehen werden, dann wird tradiertes Handlungswissen dem *systematischen Zweifel* eines Knappheitsproblems ausgesetzt. Damit beginnt die

---

38 In den Wirtschaftswissenschaften wird Knappheit als eine Diskrepanz zwischen dem Bedarf an einem Gut und der beschränkten Produktion dieses Gutes verstanden. Der Preis einer Ware drückt dann deren Knappheit aus. Er ist also ein Maßstab für die Diskrepanz zwischen dem höheren Bedarf und den prinzipiell beschränkten Produktionskapazitäten. Vgl. z. B. die Definition von Knappheit in Gablers Wirtschaftslexikon. Dieses Verständnis von Knappheit ist für soziologische Analysen nicht hinreichend, da es die soziokulturellen Prozesse ausblendet, die den Bedarf an Gütern oder eben auch an Zeit erst als *steigerbar* erscheinen lassen. Denn vollständig traditionelle Lebensformen stellen immer ein Gleichgewicht zwischen Angebot und Nachfrage durch die soziokulturelle Begrenzung der Nachfrage her.

Suche nach Steigerungs- und Verbesserungsmöglichkeiten. Solche ‚experimentellen Bereiche' gab es offensichtlich schon in frühgeschichtlichen Kultgemeinschaften[39]. Der Begriff Knappheitsproblem ist eine Formel dafür, dass Effekte, auf die man angewiesen ist oder zu sein glaubt, prinzipiell unsicher sind, so dass eine ganze Skala von Wirkungen, von der Wirkungslosigkeit bis hin zur größtmöglichen Wirkung, permanent gedacht und als Bewertungsmaßstab verwendet wird.

Das Bewirken des Kreislaufes von Leben, Tod und Wiedergeburt war nach heutigem Wissensstand ein *kollektives*, die Kultgemeinschaft als Ganzes betreffendes *Knappheitsproblem*. Dagegen hat die Frage, was nach dem Tod kommt, die *Individuen* seit Jahrtausenden beschäftigt[40]. Die Weltreligionen haben erstmals dogmatisch plausible Antworten auf diese individuelle Frage entwickelt und popularisiert. Dabei zeigen sie den Gläubigen religiöse Heilswege (Weber) auf, über die das Problem des ‚Seelenheils' je individuell gelöst werden kann. Dabei wird – und das wird sich für die Praxis von Lebensführung als grundlegend erweisen – das diesseitige Dasein, die Lebensspanne zwischen Geburt und Tod, als *individuelles Knappheitsproblem* aufgefasst[41]. Die ‚knappe' Lebenszeit muss möglichst effektiv

---

39   Davon zeugt jedenfalls die vor allem von Gimbutas (1995) analysierte Ikonographie zum Kreislauf von Leben, Tod und Wiedergeburt. Tiere, die diese Symbolik der Wiedergeburt in besonderer Weise veranschaulichen, wie die sich häutende Schlange oder der jeden Winter ein neues Geweih ausbildende Hirsch, wurden als symbolische Zeichen auf das dauerhafteste Material, nämlich Stein geritzt, offenbar um diesen Kreislauf zu bewirken oder zu unterstützen. Meist werden mehrere gleichartige Symbole oder ein Symbol mehrfach nebeneinander gesetzt, um die dem Symbol zugeschriebenen Wirkungen vermutlich weiter zu steigern (ebd. z. B. 293).Ebenso sollten wohl auch Megalithgräber, also die Verwendung des *dauerhaftesten* Materials Stein in *gigantischem* Ausmaß die Wiedergeburt der Toten mit höchster Wahrscheinlichkeit ‚bewirken' (v. Reden 1978).

40   Diese Frage wird bereits in dem wohl ältesten ‚kulturellen' Text der Welt, dem Gilgamesch Epos behandelt. Sie wird aber schon wesentlich früher in allen Stammesgesellschaften aufgekommen sein, die Trance-Erfahrungen gesucht haben. Im Zustand der Trance erfährt man, dass man seinen eigenen Körper verlässt. Das führt dann zur Unterscheidung zwischen Körpern mit begrenzter Lebenszeit und Seelen. Vgl. zum Komplex Trance und Frühgeschichte auch Clottes/Lewis-Williams 1997.

41   Wenn man fragt, wie aus kollektiven individuelle Knappheitsprobleme wurden, dann spielt vermutlich die Entwicklung von Formen des Tausches eine zentrale Rolle. Auch bei archaischen Tauschformen wie dem Frauentausch oder dem Austausch von Magie gegen Prestigegüter, die stellvertretend für die ganze Sippe durchgeführt wurden, geht es teilweise schon um individuelle Zuschreibungen (vgl. unter 4.4.3.). Allerdings wird im Erfolgsfall das Knappheitsproblem durch den Tausch gelöst. Es bleibt daher immer episodisch. Für das Aufkommen und die allgemeine Verbreitung permanenter individualisierter Knappheitsprobleme haben daher erst die Weltreligionen gesorgt.

genützt werden, um den von der jeweiligen Religion aufgezeigten Heilsweg möglichst erfolgreich zu beschreiten.

Dieses Knappheitsproblem wird von den Weltreligionen insofern sozial verbindlich geregelt, als einer (in der Regel) von den jeweiligen Gründern vorgelebten vorbildlichen Verwendung der eigenen Lebenszeit nachgeeifert werden muss. Diese Idealbilder können aber nie in voller Perfektion erreicht werden. Das gilt gleichermaßen für die vorbildliche Lebensführung von Jesus, Buddha, Mohammed, Laotse oder Kungfutse.

Mit der durch die großen Weltreligionen verbreiteten Interpretation der Lebensspanne als knapp, die die Verwendung der eigenen Lebenszeit zu einem Knappheitsproblem werden lässt, kommen bereits Muster auf, die Beck in seinem Individualisierungskonzept als typisch für die Risikogesellschaft bzw. Rosa als typisch für die klassische Moderne ansehen (vgl. unter 3.2). Da sie die Verallgemeinerbarkeit des hier eingeführten Konzepts individualisierter Knappheitsprobleme demonstrieren, gehe ich an dieser Stelle bereits kurz darauf ein.

Nach Beck (1986: 203) ist für die Risikogesellschaft charakteristisch, dass die Gesellschaft nicht auf ihre Mitglieder als Angehörige von Großgruppen sondern je individuell zugreift. Das sei der soziologische Kern von Individualisierung. In diesem Sinne sind aber bereits die Anhänger der Weltreligionen ‚individualisiert‘. Sowohl für Arbeitnehmer in der ‚Risikogesellschaft‘ wie auch für die Anhänger der Weltreligionen gilt, dass sie ihre Lebenszeit eigenverantwortlich zu verwenden haben. Weder die Marktwirtschaft noch die Weltreligionen können ihnen diese Verantwortung abnehmen. Die Weltreligionen können nur Angebote in Form religiöser Heilswege und noch weiter konkretisiert z. B. in Form eines institutionalisierten Mönchstums machen. Auch die kapitalistische Wirtschaft kann nur Arbeitsplätze, Waren und Dienstleistungen zu bestimmten Konditionen anbieten und Arbeitnehmer können sich an kollektiven Mustern orientieren. In allen Fällen müssen die Konsequenzen der ‚Entscheidung‘ individuell getragen und verantwortet werden – sei es beim ‚jüngsten Gericht‘ oder in Form des Kontostands am Monatsende.

Sobald *individuelle* Knappheitsprobleme aufkommen, kann es *für die Verwendung der eigenen Lebenszeit keine kollektiv verbindlichen Formen der Vergesellschaftung mehr geben*. Das schließt es aber keineswegs aus, dass sich bestimmte Verwendungsmuster herausbilden und stabilisieren.

Nach Rosa erklären „Verpassensangst und der Anpassungszwang" (2005: 218) „den empfundenen Zeitdruck". Die Verpassensangst sei die Konsequenz des „kulturellen Versprechen(s) der Beschleunigung" (ebd.): die Subjekte *wollen* schneller leben. Dagegen liege im Anpassungszwang „der strukturelle Beschleunigungszwang". Er habe zur Folge, „dass Subjekte schneller leben *müssen*" (ebd.: 219; Hervorhebung im Original).

Diese nach Rosa für die klassische Moderne wie für die Spätmoderne symptomatische *Problemlage* kannten allerdings schon die ersten Anhänger der großen Weltreligionen. So erfahren wir beispielsweise bei der Lektüre des Neuen Testaments, dass Jesus seine Anhänger dafür zu sensibilisieren suchte, *in jedem Augenblick ihres Lebens* das moralisch Richtige zu tun, also ihre gesamte Lebenszeit als eine Phase religiöser Bewährung anzusehen (vgl. z. B. das Gleichnis vom barmherzigen Samariter). In genau derselben Weise ist die Lebensführung während der gesamten Lebensspanne für den gläubigen Hindu dafür maßgeblich, ob man einen niedrigen oder einen hohen Wiedergeburtsstatus erreicht. Immer sind die guten Taten wie auch das sündige Verhalten *steigerbar*. Zutiefst sündhaft ist daher die Achtlosigkeit. Der Gläubige muss immer auf dem Sprung sein, Gelegenheiten für gute Taten zu identifizieren und zu nutzen und die stets lauernden vielfältigen Versuchungen zu erkennen.

Die Forderung nach einer, gemessen an religiösen Kriterien, effektiven Nutzung der eigenen Lebenszeit hat, wie Weber ausführlich gezeigt hat (KM: 54ff.), der asketische Protestantismus auf die Spitze getrieben. Ein Gott wohlgefälliges Leben zu führen, bedeutete hier vor allem, keine Zeit für ,Müßiggang' oder gar ,Vergnügungen' zu ,verschwenden', damit man unablässig in der Welt ,wirken' könne. In diesem Sinne *wollen* also bereits die Anhänger der Weltreligionen ihr Lebenstempo steigern. Damit stehen sie unter dem ständigen Druck der Verpassensangst. Dagegen scheinen, die Anhänger der Weltreligionen Rosas zweiten Faktor, den Anpassungszwang an den technischen und sozialen Wandel, noch nicht zu kennen. Sie verweigern allerdings die Anpassung. Für den klassischen Taoismus gelten beispielsweise Existenzen als Einsiedler in der ,Wildnis' als vorbildlich. Einige Sekten wie die Amish People lehnen die Anpassung an den technischen Wandel rundweg ab. Sehr viel häufiger verweigern sich Sekten bzw. religiöse Bewegungen dem sozialen Wandel etwa der Familienstrukturen oder der Sprache (Beispiel: Hutterer). Wenn wir weiterhin in Betracht ziehen, dass Gründerfiguren wie Jesus, Buddha oder Laotse ihr Leben ganz auf den religiösen Bereich fokussiert haben und Institutionen wie das Mönchstum genau dasselbe bezwecken, dann wird deutlich, dass es sich bei diesen Beispielen von *Anpassungsverweigerung* keineswegs um exotische Ausnahmefälle handelt.

Allerdings hat das Verbreitungsinteresse die Weltreligionen durchweg zu Kompromissen genötigt. Anders als die ,religiösen Virtuosen' (Weber) lebten die durchschnittlichen Gläubigen immer auch ein weltliches Leben mit seinen Anpassungszwängen. Diesem Beschleunigungsfaktor wurde jedoch explizit durch eine Abstufung der Heilswege Rechnung getragen (vgl. z. B. den Mahayana-Buddhismus; Globalisierung: 139f.). Die Weltreligionen kannten also bereits das Anpassungsproblem. Sie scheinen jedoch damit anders umgegangen zu sein als die ‚modernen Individuen'.

An dieser Stelle erübrigt es sich, diesen Unterschieden weiter nachzugehen. Diese Exkurse sollten vielmehr hinreichend demonstriert haben, *dass die für jede Form von Lebensführung charakteristische strategische Einstellung gegenüber der Lebenswelt immer auf Knappheitsprobleme zurück geführt werden kann.* Das älteste, mit der Problematisierung des Todes eingeführte Problem ist die Knappheit der eigenen Lebenszeit. *Kollektive* Knappheitsprobleme haben sich offenbar (a) über die Entwicklung einer zunächst nichtökonomischen Tauschsphäre und dann (b) über die Ausweisung der Lebenszeit als Knappheitsproblem in den Weltreligionen in *individuelle* verwandelt. Der Lebensführung obliegt es, sie je individuell zu bearbeiten. Solche Knappheitsprobleme und ihre Veränderung sind kulturelle Innovationen, die immer auf das Wollen, auf die implizite Rahmung der Kommunikation abzielen.

Im Sinne einer sehr groben Periodisierung können wir an dieser Stelle weiter festhalten, dass über die individuelle Lebensführung bearbeitbare Knappheitsprobleme in Zusammenhang mit der Entwicklung der großen Wellreligionen (zwischen ca. 500 v. u. Z. bis ca. 600 n. u. Z.) zunächst im ethisch- moralisch- religiösen Bereich aufgekommen sind. Für die Moderne scheint dagegen charakteristisch zu sein, dass sie unter dem Einfluss der Renaissance, des Humanismus und der Aufklärung (a) in Knappheitsprobleme individueller Bildung und Entwicklung (ca. 1400 – 1750) und (b) vor allem unter dem Einfluss des Liberalismus und des Marxismus in materielle Knappheitsprobleme umgedeutet werden (ca. 1750-1900).

3.1.3 Materielle Knappheit: Eigentum und Geld

In materieller Hinsicht waren alle vorindustriellen Gesellschaften Knappheitsgesell-schaften, in denen die arbeitende Bevölkerung unter den Maximen der Anspruchs-losigkeit und Genügsamkeit versuchen musste, die wenigen verfügbaren Gütern maximal zu nutzen (vgl. Brock 1988: 420). Für heutige Praktiken der Lebensführung ist dagegen nicht die reale Knappheit sondern ein *Knappheitskalkül* prägend, dass durch *Eigentum* und *Geld* geprägt wird.

Dass ein Knappheitskalkül zu materieller Knappheit führen kann, hat Heinrich Popitz an einem ebenso überzeugenden wie unverfänglichen Beispiel demonstriert (Popitz 1992:187ff.). Stellen Sie sich einen Passagierdampfer vor mit einem Deck, auf dem sich eine bestimmte Anzahl von Liegestühlen befindet. Sie reicht erfah-rungsgemäß aus, damit jeder, der sich gerade in die Sonne legen oder ausruhen will, einen Liegestuhl findet. Die Liegestühle werden aber sofort knapp, wenn sich die Angst einschleicht, gerade dann, wenn man einen Liegestuhl benützen möchte, könnten alle belegt sein. Sobald dieses antizipierte Knappheitsproblem je individuell so verarbeitet wird, dass man einen Liegestuhl ‚vorsorglich' besetzt, indem man z. B. ein Kleidungsstück dort ablegt, reichen die Liegestühle plötzlich nicht mehr für alle aus.

Instruktiver kann man die Idee des *individuellen* Eigentums nicht erklären. An dem Beispiel ist aber weiterhin wichtig, dass die durch die Eigentumsordnung generierten Knappheitsprobleme zur Kooperation und perspektivisch auch zur Arbeitsteilung zwingen. Wenn sie den offenen Konflikt oder gar eine Revolte vermeiden wollen, dann müssen beim Liegestuhlbeispiel die ‚Eigentumslosen' in irgendeiner Weise kooperieren, um einen Liegestuhl benutzen zu können. Sie können z. B. einen ‚Liegestuhlbesetzer' freundlich bitten, ob sie ‚seinen' Liegestuhl vielleicht ‚nur ganz kurz' benutzen könnten.

Wenn wir nun aber vom ‚Liegestuhleigentum' auf die historisch typische Form des Grundeigentum wechseln, dann wird das Janusgesicht dieser durch das Eigentum erzwungenen Form der Kooperation offensichtlich. Kooperation bedeutet immer, dass Abhängigkeitsbeziehungen unter Ungleichen eingegangen werden. Wer z. B. ‚fremdes Grundeigentum' nutzen möchte, muss daher, je nach sozialer Konstellation und gesellschaftlichen Kräfteverhältnissen, als Pächter dafür bezahlen oder sich als ‚Leibeigener' verdingen.

Mit dem allgemeinen Tauschmittel Geld, nach Luhmann eine „Zweitcodierung" des Eigentums (vgl. unter1.8), wird der Zwang zu Kooperation und Arbeitsteilung dynamisiert, *weil hier die materielle Knappheit mit der Zeitknappheit untrennbar verbunden wird.* Während Eigentum, insbesondere Grundeigentum über lange Zeit hinweg bestehen bleiben kann, ist Geld an den Taktgeber Zeit gebunden. Das ist schon an der Geldschöpfung durch Kredit unmittelbar erkennbar (vgl. z. B. Borchert 2003). Wir können eine gegebene Menge an Geld nur vermehren, wenn wir es (in der Regel zu einem bestimmten Zinssatz) verleihen. Das ist für den Kreditnehmer nur dann lukrativ, wenn er im Ausleihezeitraum mehr als die geliehene Summe erwirtschaften kann.

Für das soziologische Verständnis dieser Verbindung von Zeitknappheit und Geldknappheit ist vor allem wichtig, dass sich der mit dem Eigentum verknüpfte Kooperationszwang damit ebenso dynamisiert. Wie bereits Marx herausgearbeitet hat, tendiert eine *Eigentumsordnung* dazu, dass Gesellschaften ihre materielle Reproduktion über soziale Abhängigkeits- und Kooperationsverhältnisse nach dem Muster ‚Arbeit der Eigentumslosen gegen das zur Verfügung stellen von Eigentum zur produktiven Nutzung' organisieren (Marx/Engels 1848/1972). Daraus können sich relativ stabile Ungleichheitsordnungen herauskristallisieren, die allen Beteiligten ein ‚standesgemäßes Auskommen' geben. Diese Abhängigkeits-/ Kooperationsbeziehungen werden nun durch das Geldmedium entscheidend dynamisiert, da in der Geldwirtschaft *alle* Akteure dazu verdammt sind, über Kooperations- und Abhängigkeitsbeziehungen permanent zu Geld zu kommen. Dieses Knappheitsproblem dirigiert damit nicht nur die Verwendung der eigenen knappen Lebenszeit sondern prägt auch den Blick auf die sozialen Beziehungen.

3.1.4 Von der sozial standardisierten zur individualisierten Lebensführung: Möglichkeitsräume und Identitätsbildung prägen die Lebensführung

Da Lebensführung immer vom Wollen der Akteure bestimmt wird, kommt der Identitätsbildung zentrale Bedeutung für die Lebensführung zu. Sie ist die Instanz, die unter den Bedingungen individualisierter Knappheitsprobleme die implizite Rahmung der Lebensführung bestimmt. Während die Identifikation von Knappheitsproblemen, insbesondere der Knappheit von Zeit und Geld, ein gesellschaftlicher und kultureller Faktor ist, der zur Lebensführung antreibt, bestimmt die Identitätsbildung die langfristigen Ziele der Lebensführung. Sie ist mit der je individuellen Lebens- und Sozialisationsgeschichte eng verknüpft. Sie kann, muss aber keineswegs zwangsläufig Unterschiede zwischen der Lebensführung der gesellschaftlichen Akteure hervorbringen.

Solange die Lebensführung tendenziell lebenslang an festen Vorbildern – theoretisch formuliert: an festen Formen – orientiert ist, bleibt die Identitätsbildung ein eher selbstverständliches Begleitmoment des Lebens. Man weiß grundsätzlich, wer man ist, weil man sich entweder an religiösen oder an weltlichen Vorbildern orientiert. Schon deswegen war es für alle religiösen wie politischen und sozialen Bewegungen wichtig, konkrete wie auch abstrakte Vorbilder herauszustellen und zu feiern. Diese Rolle spielen im Katholizismus z. B. Märtyrer und Schutzheilige. Auch auf dem politischen Feld wurden immer wieder Märtyrer konstruiert und verehrt wie Rosa Luxemburg bei KPD und SED oder Horst Wessel bei der NSDAP. In abstrakterer Weise sollten auch religiöse Heilswege oder die Beschwörung einer ,konsequent revolutionären Haltung‘ oder des ,klassenbewussten Arbeiters‘ feste Anhaltspunkte für die Identitätsbildung liefern. Auch die Verehrung von ,Kriegshelden‘ sollte Vorbilder schaffen, mit denen man sich nicht nur identifizieren sondern denen man auch nacheifern sollte. In diesen Fällen geht es um sozial standardisierte Identitätsbildung, bei der Individuierung als Abweichung thematisiert und sozial sanktioniert werden kann (Ketzer, Verräter, Saboteure, Feiglinge…).

Es ist in meinen Augen kein Zufall, dass sich die Parteien der ,bürgerlichen Mitte‘ in puncto Heldenverehrung immer schwer getan haben und wohl nicht nur in Deutschland die ,Väter der Demokratie‘ immer etwas blass blieben. Sobald die

Orientierung an festliegenden Formen nämlich von Mustern individualisierter Lebensführung verdrängt wird, bei der Knappheitsprobleme nicht definitiv durch politische oder religiöse Heilslehren ‚gelöst‘, sondern durch die je individuelle Bearbeitung von Knappheitsproblemen *biographisch bewältigt* werden sollen, kann sich die Identitätsbildung weder an religiösen oder politischen Vorbildern noch an einem festliegenden Familienmodell orientieren. Die Lebensführung muss gegenüber *aller* Tradition, einschließlich Religionen und politische Weltanschauungen, eine experimentelle Einstellung gewinnen (Stichworte: Privatisierung und Säkularisierung), und individuell ‚passende‘ Lösungen suchen bzw. selektieren.

Diese experimentelle Einstellung kann sich auch gegenüber der familialen und beruflichen ‚Normalbiographie‘ (KM: 289ff.) entwickeln. So tritt z. B. an die Stelle eines festliegenden Familienmodells ein offeneres Modell einer schrittweisen Familienbildung, in dem immer auch Alternativen denkbar und praktizierbar bleiben (vgl. unter 3.7). In theoretischer Sprache wird damit eine festliegende Form durch einen Möglichkeitsraum abgelöst, in dem gewählt werden kann, aber auch gewählt werden muss.

Erst unter diesen Bedingungen wird die Identitätsbildung zu einer echten Lebensaufgabe. Nur wenn man für sich herausfindet, wer man ist, vor allem aber, *was man will*, kann man Präferenzen entwickeln und ggfs. zwischen alternativen Möglichkeiten wählen. Für den Umgang mit den gesellschaftlich vorgegebenen Knappheitsproblemen, insbesondere mit der Knappheit von Geld und Lebenszeit, wird maßgeblich, was je individuell für wichtig erachtet wird und was nicht. Nur wenn man das weiß, kann man je individuell versuchen, ‚das Beste aus seinem Leben zu machen‘. Aber auch getroffene Entscheidungen müssen, selbst wenn keine ‚echten‘ Wahlmöglichkeiten bestanden, in die eigene Identität integriert werden. Selbst solche Identitätskonstruktionen, die dem soziologischen Beobachter eher als ‚Selbstbetrug‘ erscheinen, haben in jedem Fall die Bedeutung, die individuelle Handlungsfähigkeit zu stabilisieren. *Eine individualisierte Identitätsbildung ist also ein notwendiges Korrelat einer ‚offenen‘, auf Möglichkeitsräume bezogenen Lebensführung.* Hierfür verwende ich den Begriff *individualisierte* Lebensführung.

Dieses ‚offene‘, auf die biographische Bewältigung zeitlicher und materieller Knappheitsprobleme zugeschnittene Muster individualisierter Lebensführung schließt aber auch eine Ablehnungs-*Option* mit ein. Man kann ‚den westlichen Lebensstil‘, das Streben nach Gelderwerb und Konsum, auch ablehnen und den bei jeder geld- und marktabhängigen Lebensweise erforderlichen individuellen Entscheidungen jegliche Relevanz für die eigene Lebensführung absprechen. Vor allem relativ kleinen religiösen Sekten oder nach außen abgeschlossenen weltanschaulich- politischen bzw. terroristischen Zirkeln gelingt es, ihre Mitglieder in eine je eigene Welt einzubinden. Unter diesen Bedingungen ist die Identitätsbildung auf diese, alleinige Relevanz beanspruchende, partikulare Welt zugeschnitten. Die Lebensführung ist hier wieder sozial standardisiert.

Bei derartigen, an einer festen Form orientierten Mustern der Identitätsbildung beantwortet sich die auch theoretisch interessante Frage fast von selbst, wie eine von der eigenen Identität geprägte implizite Rahmung von den Kommunikationspartnern verstanden werden kann. Dieses Problem kommt immer dann auf, wenn sich die Akteure über ihre Lebensführung selektiv auf die Lebenswelt beziehen. Unter diesen Bedingungen kann die gemeinsam geteilte Lebenswelt nicht mehr für das erforderliche kulturelle Wissen sorgen, um derartige implizite Rahmen zu verstehen. Es besteht also die Gefahr, dass man ‚aneinander vorbei redet‘ und sich ‚unverstanden fühlt‘.

Bei festen religiösen oder weltanschaulich geprägten Identitätsmustern kann man sich über Sinnfragen der eigenen Lebensführung unter Gleichgesinnten verständigen etwa im Rahmen der religiösen Gemeinde oder unter ‚Gesinnungsgenossen‘. Dieses nahezu selbstverständliche Verstanden werden ist bei einer individualisierten Identitätsbildung nicht möglich. Hier kommt es dann darauf an, dass sich andere in die Lage und das Denken ihres Kommunikationspartners hineinversetzen können. Beispielsweise wurde die Literaturgattung des bürgerlichen Romans vor allem im ausgehenden 19. und frühen 20. Jahrhundert von dieser damals offenbar für viele Leser neuen und faszinierenden Frage entscheidend geprägt. Heute fällt vor allem auf, dass die Akteure ihrem Gegenüber Hinweise auf ihre Identität geben. Sie signalisieren durch Kleidung, Frisur, Musikgeschmack, aber auch durch direkte ikonographische Hinweise (Tatoos, Sticker, aufgedruckte Botschaften, Markenlogos usw.) wer und wie sie sein wollen. Auf dieser Grundlage können Gleichgesinnte sicherlich einfacher zueinander finden und die Lebenswelt in diverse Cliquen, Szenen, mehr oder weniger fragile Gruppierungen (vgl. auch Schulze 1992) zumindest partiell segmentieren.

3.1.5 Der ‚Ernstcharakter‘ der Lebensführung – gesellschaftlich auferlegte ‚Lebensprobleme‘ in der Geldwirtschaft

Vormoderne Lebensformen[42] (zum Begriff vgl. Borst 1981: 14 sowie 660ff.) haben die Identitätsbildung mit qua Geburt zugewiesenen gesellschaftlichen Aufgaben so eng

---

42 Der Begriff wird hier anders gebraucht als von Wittgenstein in den ‚philosophischen Untersuchungen‘ (Wittgenstein 1962). Nach Wittgenstein verweisen Sprachspiele generell auf Lebensformen. M. E. ist dieser Zusammenhang nur für vormoderne Gesellschaften plausibel, da in der Moderne einerseits Spezialsprachen kultiviert werden (z. B. in Form von Wissenschaftssprachen) sowie Mehrsprachigkeit institutionalisiert werden kann

zu ständischen Lagen miteinander verzahnt, dass sie sich gegenseitig bestimmten und erklärten. Das ‚Wollen‘ und das ‚Müssen‘ ließ sich nicht klar voneinander trennen. In modernen Gesellschaften haben sich für beide Fragen dagegen voneinander getrennte Möglichkeitsräume entwickelt, in denen selektiert werden *muss* (zum Verhältnis von Freiheit und Zwang vgl. ausführlich den Abschnitt 3.2.5). Die zur Identitätsbildung führenden Fragen nach dem individuellen Wollen[43] – ‚wer bin ich?‘ und ‚was möchte ich?‘ – stellen sich zunächst unabhängig von der Frage nach der materiellen Reproduktion[44]. Das entpuppt sich zwar als Illusion, sobald man gezwungen ist, selbst Geld zu verdienen. Der Zwang zu Geld zu kommen, verkörpert in modernen Gesellschaften den Ernstcharakter, das Müssen, also den Gegenpol zur selbstbestimmten Identitätsbildung. Hierum geht es in diesem Abschnitt.

Wie ist es dazu gekommen, dass der Zwang des ‚zu Geld kommen Müssens‘ an die Stelle standesspezifischer Verpflichtungen getreten ist? In seiner Wirtschaftssoziologie arbeitet Luhmann heraus, dass der Übergang zur Geldwirtschaft, der in Europa seit dem 16. Jahrhundert zunehmend erfolgt ist, zu einer Abhängigkeit neuer Art führt, die er ‚*Wiederbeschaffungsproblem von Geld*‘ nennt[45].

Seit der Renaissance spielt die Geldwirtschaft in Europa eine zunehmende Rolle, wobei dann erst der Import von Edelmetallen im 16. und 17. Jahrhundert eine allgemeine Verbreitung und Durchsetzung der Geldwirtschaft ermöglichte (Wallerstein 1974; Braudel 1985; KM: 251ff. und 269; konträr Graeber 2012). Neben dem Bereich staatlicher Aktivitäten (vgl. KM: 251ff.), der hier ausgeklammert bleibt, spielt Geld zunächst im städtischen Bereich (KM: 241ff.), vor allem im Handel eine wichtige Rolle. Das Wiederbeschaffungsproblem kann hier durch erfolgreiche Investitionen gelöst werden. Die Differenz zwischen dem Erwerb beziehungsweise den Herstellungskosten von Waren und den Verkaufserlösen soll ähnlich wie die Nutzung des Grundbesitzes eine Rendite erwirtschaften. Wenn die tatsächlich

---

(z. B. Schweiz) und andererseits die für Lebensformen charakteristische räumliche wie soziale Trennung zunehmend durchbrochen wird (vgl. kulturelle Globalisierung).

43 Die Bedeutung der Unterscheidung zwischen wollen, sollen und müssen für die Organisation von Differenzierungsprozessen in modernen Gesellschaften hat vor allem Renate Mayntz betont (Mayntz 1988)

44 Zumindest entspricht dies dem bürgerlichem Familienideal und der Praxis, das Jugendalter als Moratorium, als eine Art Schonraum gegenüber der Arbeitswelt zu verstehen. Dieses Modell wurde mit dem Verbot und der moralischen Ächtung der Kinderarbeit in den modernen Gesellschaften des 19. Jahrhunderts institutionalisiert. Auch der moderne Begriff der Berufswahl setzt eine bereits weitgehend vollzogene Identitätsbildung voraus. Vgl. auch Simmels drittes Apriori: man muss den für einen persönlich geeigneten Platz in der Gesellschaft finden (Simmel 1992/1908: 59f.).

45 Nach Luhmann (1988: 135) „ist die Wiederbeschaffung von Geld ein Problem...“

erzielten Renditen hoch genug sind, dann führt die investive Geldverwendung zu einer zunehmenden Bereicherung. Gelingt dies nicht, geht die Existenzgrundlage verloren. *Diese Dynamik nach oben wie nach unten unterscheidet die investive Verwendung von Geld von den statischen Verhältnissen des Grundeigentums.* Darstellungen des Frühkapitalismus in Europa (vgl. Sombart 1916) belegen, dass erfolgreiche Unternehmungen zunächst extrem hohe Renditen abwarfen, wobei man aber auch die damals mit fast jeder unternehmerischen Aktivität verbundenen hohen Scheiternsrisiken beachten muss. Die unternehmerischen Aktivitäten hatten zunächst in den bäuerlich-traditional geprägten Gesellschaften geringen Umfang und erschienen absolut exotisch[46]. Unter diesen Bedingungen kam es nicht auf systematisches Kalkulieren an. Wichtig war vor allem Wagemut (vgl. Schumpeter 1993). Vor diesem Hintergrund erklärt sich relativ direkt, wieso das Zeitalter der Entdeckungen Europas Weg in den Kapitalismus einläutete.

Über die Geldwirtschaft erfolgte eine entscheidende Modernisierung der Eigentumsordnung, weil auf diese Weise sehr komplexe und vielgliedrige Handlungs- und Abhängigkeitsketten (vgl. bereits Simmel 1900) etabliert werden können, die sich aber nur durch ständige Geldzirkulation stabilisieren lassen (vgl. bereits Marx 1973). Mit der Entwicklung von Kredit und Buchgeld spitzt sich dies auf die Frage zu, ob Schuldner ihre Verbindlichkeiten noch bedienen können oder nicht (Graeber 2012: 323ff.).

Bei dieser sehr plausiblen Analyse blendet Luhmann allerdings aus, dass beim Wiederbeschaffungsproblem Geld noch zu etwas anderem wird, als nur zu einem binär codierten Eingangstor in ein monetäres Wirtschaftssystem. Wirtschaftlich relevant ist ja nur, ob man Geld hat oder nicht und ob man es für Zahlungen verwendet oder spart (so der Blickwinkel der volkswirtschaftlichen Gesamtrechnung). *Wie die Wirtschaftsakteure ihr je individuelles Wiederbeschaffungssystem lösen, ist für das Wirtschaftssystem selbst und sein Funktionieren irrelevant. Sozialtheoretisch bedeutet das, dass wir, sobald wir das Wiederbeschaffungsproblem von Geld näher analysieren, uns aus dem Bereich der Funktionsdifferenzierung hinaus bege-*

---

46 Ein charakteristisches Beispiel für diese Exotik sind die sogenannten „Venedigermännchen", die vor allem in Süd- und Mitteldeutschland das ganze Mittelalter hinweg nach Edelmetallen suchten. Dahinter steckten venizianische Kaufleute, die kleinwüchsige Menschen ausschickten, um in relativ dünn besiedelten Gegenden nach Gold- und Silbervorkommen zu suchen und diese mit primitiver Technik und in relativ kleinem Umfang abzubauen. Kleinwüchsige Menschen hatten den Vorteil, dass sie nur niedrige Gänge in das Gestein schlagen mussten. Gegen die Gefahren des Bergbaus waren sie nur ungenügend durch große Zipfelmützen geschützt. Diese Aktivitäten blieben den lokalen Herrschern weitgehend verborgen. Ihre punktuellen Kontakte zur bäuerlichen Bevölkerung schlugen sich unter anderem in der Legendenbildung und in Volksmärchen (Thema: Zwerge mit Schätzen) nieder (vgl. z. B. Falkner 1963: 166).

ben. Damit verändert sich der modernisierungstheoretische Blickwinkel auf das Geldmedium: Wir wechseln von dem Bereich der Enttraditionalisierung durch den Übergang auf funktionale Differenzierung zum Bereich der Enttraditionalisierung durch Praktiken der Lebensführung.

Was damit genau gemeint ist und wo die Schnittstelle zwischen beiden Bereichen liegt, lässt sich vielleicht am instruktivsten an einem kleinen Beispiel präzisieren. In einer journalistischen Recherche, bei der am Beispiel eines H&M-T-Shirts gezeigt wurde, wie wirtschaftliche Globalisierung konkret funktioniert (Uchatius 2010), kommt in einer Textpassage eine junge Näherin aus Bangladesch ins Spiel, die ihr Heimatdorf verlassen hat, um in einer Manufaktur als Näherin Geld zu verdienen. Sie arbeitet für einen auch nach lokalen Maßstäben geringen Lohn, von dem sie gerade leben, aber sich auch ab und an Dinge wie einen Lippenstift leisten kann. Da wir nicht mehr über diese junge Frau erfahren, kann man an dieser Stelle nur vermuten, dass sie auf irgendwelchen Wegen, sei es über Fernsehbilder oder Touristen von der Existenz von Lippenstiften erfahren hat. Da sie ihr Aussehen auch auf diese Weise verschönern möchte, stellt sich für sie die Frage, wie sie zu dem Geld kommt, um diesen Lippenstift kaufen zu können. Diese Frage ist das soziologische Einstiegstor in die alltagsweltliche Bedeutung von Geld unter den Bedingungen individualisierter Lebensführung. Für das Wirtschaftssystem ist sie nicht relevant. Es kann die Näherin nur als Konsumentin und als Arbeitskraft registrieren.

Um das Wiederbeschaffungsproblem zu lösen, hat sich die junge Frau aus ihrer traditionellen dörflichen Lebenswelt ebenso heraus begeben wie aus den familiären Bindungen und sich ein ‚eigenes Leben' an einem Ort aufgebaut, wo sie zumindest derzeit ihr persönliches Wiederbeschaffungsproblem lösen kann.

Dieses Beispiel unterscheidet sich von den Enttraditionalisierungspraktiken der Anhänger religiöser oder auch politischer Bewegungen zunächst einmal dadurch, dass spezifisch individuelle Ziele verfolgt werden. Die traditionelle Lebenswelt wird nicht aufgrund einer religiösen oder politischen ‚Bekehrung' verlassen, sondern weil die junge Frau sich persönliche Konsumwünsche erfüllen möchte. Um sich diese Wünsche erfüllen zu können, gibt es auch keinen religiösen Heilsweg oder ein feststehendes revolutionäres Ziel, unter dem die gesamte Lebensführung rationalisiert werden könnte.

Daneben gibt es selbstverständlich noch andere Wege zur Lösung des Wiederbeschaffungsproblems. Luhmann erwähnt (a) die *staatliche Lösung* des Wiederbeschaffungsproblems, die einer Tributlogik folgt, sowie (b) die *unternehmerische Lösung* des Wiederbeschaffungsproblems, die in profitorientierten Investitionen (siehe oben) besteht (Luhmann 1988; 135ff.). Darüber hinaus gibt es noch die Möglichkeit, (c) durch *Selbstvermarktung der eigenen Qualifikation* (insbesondere sogenannte freie Berufe) oder (d) durch den Bezug von Transferleistungen (soziale Sicherungssysteme) das Wiederbeschaffungsproblem zu lösen.

Zwei dieser insgesamt fünf Wege sind institutioneller Natur ((a)Tributlogik und (d) Transferleistungen). Unter den Bedingungen von Kapitalgesellschaften, die Familienunternehmen aber nicht völlig verdrängt haben, ist auch die unternehmerische Lösung (b) weitgehend vom Lebensführungsaspekt entkoppelt worden (vgl. Schumpeter 1993: 253ff.). Es bleiben also die Selbstvermarktung der eigenen Qualifikation (c) und der Verkauf der Arbeitskraft (e). An dieser Stelle wird aus Gründen der Vereinfachung nur die heute zahlenmäßig dominierende[47] Lösung (e) Lohnarbeit behandelt.

3.1.6 Lebensführung unter den Bedingungen von Lohnarbeit

Ausgehend von ‚archaischen Berufen' wie dem Schamanen könnte man eine historische Linie bis zu heutigen beruflichen Spezialisten (insbesondere den in der Berufssoziologie analysierten ‚Professions') ziehen und zeigen, dass sich aus der Vermarktung der eigenen beruflichen Leistungen, sowohl in Form von Waren wie auch von Dienstleistungen, Maximen der Lebensführung ergeben, die durchaus noch an die sozialen Ausgangspunkte erinnern. Das würde allerdings die hier beabsichtigte grobe Skizze schnell zu einer eigenständigen Abhandlung aufblähen. Deswegen begnügen wir uns hier mit dem Hinweis, dass wir es bis zur Industrialisierung immer nur mit Minderheiten zu tun haben, die in Städten konzentriert waren. Das Vermarkungskalkül kann erst mit der allmählichen *Institutionalisierung der Lohnarbeit* die Lebensführung einer Bevölkerungsmehrheit prägen.

Da dieser Prozess bereits an anderer Stelle ausführlich behandelt wurde (KM: 283ff.), können wir uns hier mit dem Hinweis begnügen, dass sich das Vermarkungskalkül erheblich verändert, wenn es nicht mehr auf die Produkte eigener Arbeit zielt, sondern auf die Abtretung von Lebenszeit als Arbeitszeit. Nicht die Resultate des eigenen Tuns sondern das Kontrollrecht (Coleman 1995: 59f.) über die eigene Lebenszeit wird gegen Geld abgetreten. Knapp sind aus dieser Perspektive Geld wie Lebenszeit[48].

---

47 Nach Kreckel 1992: 114 lebten 1989 3,1 % der deutschen Wohnbevölkerung von selbständiger Arbeit, 39.5 % dagegen von Lohnarbeit. 36,4 % lebten von privatem Unterhalt (Haushaltmitglieder; Hausfrauen, Schüler, Kinder) und 23,7 % von Transferleistungen (Renten, Pensionen, Sozialhilfe).

48 Die Abtretung des Kontrollrechts rechtfertigt es durchaus, Vergleiche zur Sklaverei anzustellen (vgl. nur Marx 1972: 210f.; Graeber 2012: 173ff.), wo das Kontrollrecht über die gesamte eigene Lebenszeit verloren gegangen ist.

Die Spezifik der Lebensführung ergibt sich daraus, dass *das Kontrollrecht über eigene Lebenszeit gegen Geld* verkauft wird, mit dem die *eigene Person* bzw. die Familie *ihre Reproduktion* bestreitet (Reproduktionskosten bei Marx). Das materielle Knappheitsproblem muss und kann in diesem Rahmen eigenverantwortlich gelöst werden[49]. Lohnarbeiter/innen sind auf zweifache Weise von Tauschvorgängen unmittelbar existenziell abhängig. Sie müssen Lebensmittel und alles sonst zum Überleben Notwendige gegen Geld eintauschen. Um kontinuierlich an das dazu erforderliche Geld zu kommen, muss das Kontrollrecht über die eigene Arbeitskraft erfolgreich verkauft werden. Beide Prozesse sind konditional miteinander verknüpft. Nur wenn die Vermarktung der eigenen Arbeitskraft gelingt, dann kommt man auch an die überlebensnotwendigen Waren und Dienstleistungen.

In dem Maße, wie andere Möglichkeiten ausscheiden und das Überleben vom Konsum abhängig ist, wird die Sicherung des kontinuierlichen Geldflusses, also *die erfolgreiche Lösung des Knappheitsproblems von Geld zur zentralen Lebensaufgabe.* Anders als bei selbständigen Warenproduzenten geht es hierbei nicht um Arbeitsprodukte sondern unmittelbar um die eigene Person, ihr Arbeitsvermögen und um die Befriedigung ihrer Überlebensbedürfnisse.

Geld und Markt sind aber nur grundlegende Mechanismen, über die *unterschiedlichste* Konstellationen von Angebot und Nachfrage und damit verbundene soziale Prozesse geknüpft und reproduziert werden können. Genau diese Offenheit macht ihre Universalität aus. Auf diesem Wege können daher ganz unterschiedliche soziale Verhältnisse reproduziert werden. Sie reichen von frühindustriellem Elend, das sich heute mit dem Kapitalismus in viele Weltregionen ausbreitet, bis hin zu Luxusexistenzen wie berühmten Profisportlern oder Schauspielern. Im ersten Falle trifft eine Massenware, ungelernte Arbeit, auf ein begrenztes Angebot. Auf diese Marktkonstellation trifft Marxens Analyse zu, wonach Lohnarbeit nur eine besonders perfide Variante des Arbeitszwangs darstelle, die Arbeit am Existenzminimum entlohnt und verbrauchte Arbeitskraft dem Verhungern preis gibt. Im anderen Fall beehren sich gefragte Künstler, ihre Dienste nicht nur gegen Unsummen, sondern meist auch gegen ausgefeilte Kataloge von Sonderwünschen zu vermarkten, die der glückliche Käufer ebenso zu bedienen hat[50]. Dieselbe Spannbreite weist auch die Konsumseite auf. Während es auf der einen Seite um ein notdürftiges Überleben ohne Perspektive geht, bemühen sich auf der anderen Seite beispielsweise

---

49   Selbständige Warenproduzenten und Dienstleister müssen dagegen vordringlich ihre Marktposition, von der ihre Existenz abhängt, und dafür unabdingbare Produktionsmittel reproduzieren. Bei Sklaven fällt dagegen diese Aufgabe dem Sklavenhalter zu.

50   Ein Beispiel für eine derartige Vertragsgestaltung bildete der Wechsel des brasilianischen Faßballstars Neymar zum FC Barcelona im Sommer 2013.

Spezialisten darum, den Londoner Investmentbankern ein besonders exquisites Ambiente zu kreieren.

Daher liegen die *allgemeinen* Unterschiede gegenüber vormodernen Mustern der Lebensführung auf anderen Ebenen als dem Reproduktionsniveau:

a. Sobald nicht mehr Eigentum, sondern dessen Zweitkodierung Geld das Wirtschaftssystem prägt, wird auch die Lebensführung der Akteure bestimmten *Zeitrhythmen* unterworfen. Diese Veränderung reflektiert insbesondere die Nationalökonomie des frühen 19. Jahrhunderts, die die *in einem bestimmten Zeitraum erwirtschafteten Renditen* der Produktionsfaktoren als die entscheidenden Größen auffasst. An die Stelle des Grundeigentums tritt die damit erwirtschaftete Grundrente, an die Stelle des Geldeigentums die Verzinsung des eingesetzten Kapitals. Nur der dritte Produktionsfaktor Arbeit kennt per se den durch den Verkauf der Arbeitskraft für einen bestimmten Zeitraum erzielten Lohn. Das weist die Lohnarbeit als ein genuines Produkt der Geldwirtschaft aus.

Die beiden anderen Produktionsfaktoren entwickeln sich zu Beginn der Neuzeit. Ein dauerhaftes kapitalistisches Kalkül wird mit der systematischen doppelten Buchführung etabliert (KM: 240). Parallel dazu setzt sich auch in der Landwirtschaft seit dem 13./ 14. Jahrhundert das Renditedenken[51] durch. Der ökonomische Erfolg kann daher immer nur für einen bestimmten Zeitraum gemessen und mit vorangegangenen Erträgen bzw. den Erträgen anderer verglichen werden. Solche Zeitzyklen haben eine operative Grundlage. Die Rendite der Bodennutzung kann sinnvollerweise am Ende eines Vegetationszyklus, also jährlich festgestellt werden. Ebenso kann die Profitrate von Handels- oder Produktionskapital erst am Ende einer Transaktion, nach dem Verkauf erworbener oder hergestellter Waren, fixiert werden. Am kürzesten kann der Zeitraum sein, in dem der Verkäufer der eigenen Arbeitskraft den Erfolg seiner Transaktion bilanzieren kann. Hier reicht ein Arbeitstag aus, um erkennen zu können, ob (und wenn ja auf welchem Niveau) der erzielte Arbeitslohn zum Überleben reicht.

Vor allem, wenn die erwartete Rendite ausbleibt, müssen die eigenen Entscheidungen überprüft werden. Aber auch erfolgreichere Konkurrenten liefern Anlässe zur *ständigen Überprüfung der eigenen Praktiken*. Aber nur für die Verkäufer der eigenen Arbeitskraft folgt daraus die *Bereitschaft, den Zuschnitt des eigenen Lebens ständig zu überdenken und ggfs. zu verändern.* Die allgemeine

---

51 Das klassische Beispiel für diesen Umbruch ist die Umwandlung von Ackerflächen in Weideland für die rentablere Schafzucht, was zur Vertreibung der Pächter und ihrer Familien und zur Entvölkerung ländlicher Regionen zunächst in England führte.

Dynamisierung der sozialen Beziehungen durch die Geldwirtschaft (vgl. bereits Simmel) prägt hier ganz unmittelbar die Lebensführung.

b. Die Nationalökonomie des 19. Jahrhunderts hat auch die Klassenverhältnisse an die Produktionsfaktoren und die dahinter liegende Eigentumsordnung geknüpft (vgl. insbes. Ricardo). Dieses Konzept einer aus Grundeigentümern, Kapitaleigentümern und Arbeitskraftbesitzern bestehenden Klassengesellschaft hat Marx dann auf eine dichotomische Zweiklassengesellschaft reduziert, deren arbeitende Klasse vom Verkauf ihrer Arbeitskraft, deren nichtarbeitende Klasse dagegen vom Kapitalertrag lebt. Beiden Konzepten liegt die nicht zuletzt durch die Alltagserfahrung des 19. Jahrhunderts unterstützte Hypothese zugrunde, *dass die Klassenverhältnisse nur noch über Geldeinkommen reproduziert werden können.* Sie geraten damit unter enormen Modernisierungsdruck. Für das Thema dieses Kapitels ist daran wichtig, dass auch die *Lebensführung der vom Grundeigentum oder vom Sach- und Geldeigentum lebenden Klassen vom Problem der Geldbeschaffung abhängig wird.* Misserfolg bedeutet hier zwar nicht, dass das Überleben unmittelbar gefährdet wird, wohl aber führt er zu Statusverlust und kann die Umstellung auf eigene Lohnarbeit erzwingen.

Unter dem Druck des Problems der Wiederbeschaffung von Geld verliert *auch die standesgemäße Lebensführung den Charakter eines Selbstzwecks, einer festliegenden Lebensform.* Sie gewinnt zunehmend instrumentelle Bedeutung[52] für den zum Selbstzweck werdenden Gelderwerb. Deswegen kann Bourdieu auch für das Großbürgertum überzeugend von kulturellem, sozialem und von Bildungs*kapital* sprechen (vgl. Bourdieu 1983).

Zusammenfassung

5. In diesem Abschnitt wurden zentrale Merkmale von Lebensführung erläutert, die in den folgenden Abschnitten des dritten Kapitels eine wichtige Rolle spielen. Vom gesellschaftlichen Leistungsbereich unterscheidet sich Lebensführung grundsätzlich dadurch, dass die Kommunikation wie auch die Verarbeitung des gesellschaftlichen Umfelds durch individuell gesetzte implizite Rahmungen fokussiert wird. Sie werden durch Knappheitsprobleme

---

52 Dieses Problem hat vor allem in Süd- und Mittelamerika die Geschichte der von Europa ausgehenden Kolonialisierung geprägt. Die spanischen Conquistadores strebten nach Reichtum, um sich ein für nichtarbeitende Klassen typisches Leben leisten zu können. Vgl. nur Las Casas Bericht „über die Verwüstungen der westindischen Länder" (Sievernich 2005)

geprägt. Daher stehen Formen der Lebensführung immer in Distanz zur vorgegebenen Lebenswelt.

6. Grundlegende individuelle Knappheitsprobleme bilden die Knappheit der Lebenszeit und die Geldknappheit. Die Weltreligionen und politische Weltanschauungen kennen intersubjektiv verbindliche Lösungen des Knappheitsproblems der Lebenszeit, daher geben sie ihren Anhängern sozial standardisierte Muster der Lebensführung vor.

7. Wird dagegen von nur je individuell lösbaren Problemen der Zeit- und der Geldknappheit ausgegangen, kommt es zur *individualisierten Lebensführung*. Hier bestimmt die Identität die subjektive Ausrichtung der Lebensführung. Sie tritt an die Stelle der gemeinsamen Kultur bzw. religiöser oder politischer Heilswege. Durch das Wiederbeschaffungsproblem von Geld und durch das Lösungsmuster Lohnarbeit wird die individualisierte Lebensführung für eine Bevölkerungsmehrheit gesellschaftlich vorstrukturiert.

3.2 Soziologische Gegenwartsdiagnosen zur individualisierten Lebensführung – Rosa und Beck

3.2.1 Einleitung

Wenn es um die Befindlichkeiten in der Gegenwart geht, dann finden vor allem essayistische Diagnosen öffentliche Resonanz. Meister des soziologischen Essays wie Richard Sennett oder auch Zygmunt Bauman setzen ihre Sonden ganz bewusst punktuell an und präsentieren dem nachdenklichen Leser ausgewählte Beobachtungen etwa des ‚driftens' (Sennett) oder der ‚Sehnsucht nach einer fiktiven Gemeinschaft' (Bauman 2009), die als symptomatisch für die emotionalen Befindlichkeiten der Gegenwart verstanden werden. Auf diese Art und Weise kann man den offenbar vorhandenen Markt für anregende soziologische Unterhaltung immer wieder mit ‚Neuem' und ‚Interessantem' versorgen. Für das wissenschaftliche Alltagsgeschäft der Wissensakkumulation sind solche Beiträge allerdings äußerst sperrig – man muss sie registrieren, aber wie soll man sie in ein Gesamtbild integrieren?

Insofern beginnen wir unsere Aufarbeitung des Forschungsstands mit zwei eher untypischen Ansätzen, die darauf hin angelegt sind, den soziologischen Forschungsstand auf diesem Feld zusammenzufassen und zu umfassenderen Gegenwartsdiagnosen zu bündeln. Beide Autoren – Rosa wie Beck – beziehen sich zudem, allerdings in unterschiedlicher Weise, auf Georg Simmel, der für beide Ansätze hat Simmel die entscheidenden Stichworte geliefert hat – Lebenstempo für Rosa, Individualisierung für Beck. Damit stehen zwei wichtige Merkmale des im ersten Abschnitt skizzierten Lebensführungskonzepts im Vordergrund.

Dort haben wir einmal gesehen, dass mit dem Aufkommen von Knappheitsproblemen (3.1.2 und 3.1.3) vor allem die Verwendung der eigenen Lebenszeit als ,knapp' angesehen und eine *Steigerung des Lebenstempos zu einer wichtigen Bewältigungsstrategie* wird. Aus diesem Blickwinkel kommt Rosa zu einer Epochenunterscheidung und plädiert zugleich für eine unter den Gesichtspunkt der Beschleunigung gebrachte Sozialtheorie.

Weiterhin haben wir gesehen, dass bei individualisierter Lebensführung die Ausrichtung entscheidend von der Art der Identitätsbildung abhängt (3.1.4). Während bei kollektiv geprägten Identitäten die Lebensführung an Heilswegen und festliegenden sozialen Formen orientiert wird, haben individualisierte Identitätskonstruktionen zu Folge, dass sich die Lebensführung ebenfalls individualisiert. Genau daran setzt Beck mit seiner These an, *dass in der Gegenwart die individualisierte Lebensführung dominant geworden sei.*

3.2.2 Beschleunigt sich das Lebenstempo zum rasenden Stillstand? Hartmut Rosas Gegenwartsdiagnose zur Lebensführung in der Spätmoderne

Da Rosas gesamter Ansatz bereits im Abschnitt 2.5.2 besprochen wurde, können wir uns hier ausschließlich auf den Aspekt des Lebenstempos konzentrieren.

3.2.2.1 Lebensführung und Lebenstempo

Die Vermutung, dass das Lebenstempo heute nicht nur wesentlich höher als früher gewesen, sondern auch dass es ,zu hoch' geworden sei, scheint eine nahezu universelle Wahrnehmung zu sein (vgl. Rosa 2005: 71ff. und 195). Eingang in die Soziologie hat das Thema Lebenstempo vor allem durch Arbeiten von Georg Simmel gefunden, der es in Zusammenhang mit der besonderen Modernität des Großstadtlebens (Simmel 1903/1995) wie auch mit dem Geldmedium (Simmel 1897/1992) bringt. Ich stimme Rosas Urteil (ebd.: 197) zu, dass eine plausible Operationalisierung von Lebenstempo hier immer noch aussteht, so dass man seriöserweise nur die subjektive Seite festhalten kann: Die Menschen *erfahren* eine Temposteigerung des Lebens. M.E. hängt das damit zusammen, dass ihre Lebensführung auf die Bearbeitung von Knappheitsproblemen abzielt.

Auch wenn Rosa durchaus Eigendynamiken der Beschleunigung des Lebenstempos kennt, hat er sich einer Zeitsoziologie verschrieben, die letztlich darauf abzielt, das funktionalistische Programm endlich überzeugend zu realisieren. Das gilt in besonderem Maße für das Thema dieses Abschnitts. Daher beginnt auch sein hierfür maßgebliches 11. Kapitel mit folgendem Satz: „Zeitstrukturen … stellen den paradigmatischen Ort der Verknüpfung von sozialer Struktur und Kultur dar, *erst sie leisten die erforderliche Übersetzung systemischer Erfordernisse in individuelle Handlungsorientierungen*, weil auch sie in einer posttraditionalen Gesellschaft normative Verbindlichkeit, ein hohes Maß an Erwartungsstabilität, sowie einen gleichsam als Naturtatsache empfundenen Orientierungsrahmen des Handelns stiften" (Rosa 2005: 352; Hervorhebung D.B.). Die entscheidende Formulierung in diesem Zitat lautet ‚erforderliche Übersetzung' – wenn wir das nicht deterministisch verstehen müssen – wie sollen wir es sonst interpretieren? Jede deterministische Version wird aber dadurch dementiert, dass Rosa für die klassische Moderne zeigen möchte, dass hier das kulturelle Versprechen der Moderne von der ‚Autonomie' der ‚Individuen' bzw. ‚Subjekte' durch ein Verständnis des eigenen Lebens *„als ein zeitlich zu gestaltendes Projekt"* (ebd.: 355; Hervorhebung im Original) eingelöst worden sei. Ein sein Leben aktiv und eigenverantwortlich gestaltendes Individuum verträgt sich kaum mit funktionalistischen Konzepten, in denen das Individuum nur die Stelle einer kleinsten Einheit in einem sozialen Räderwerk der Funktionserfüllung einnimmt. Was kann dann aber „übersetzen" bedeuten?

Für die Rezeption folgt aus dieser konzeptionellen Unklarheit zunächst nur, dass man die von Rosa angegebenen Übersetzungsschritte zwischen sozialen Strukturen bzw. systemischen Erfordernissen und dem (hier unter dem Begriff Lebensführung zu rekonstruierenden) biographischen Handlungsrahmen daraufhin unter die Lupe nehmen muss, ob, und wenn ja, wo genau, der Autor zu sachlich unangemessenen funktionalistischen oder deterministischen Fehlschlüssen kommt. Dieser Verdacht rechtfertigt auch die Suche nach Verkürzungen und Auslassungen.

Für die objektive Seite analysiert Rosa vier *Strategien* der Beschleunigung des Lebenstempos (ebd. 199ff.), die vom Akteur gewählt werden können, aber eben nicht müssen:

a. Das Handeln selbst kann beschleunigt werden (z. B. schneller gehen).
b. Pausen und Leerzeiten können reduziert bzw. eliminiert werden.
c. Mehrere Handlungen können gleichzeitig ausgeführt werden (Multitasking).
d. Langsame Aktivitäten können durch schnellere ersetzt werden (z. B. Fastfood anstatt Restaurant/ bzw. anstatt selbst kochen).

Plausible Beispiele für solche Beschleunigungsstrategien findet Rosa in „Feuilletons und in kulturkritischen Büchern" (ebd.: 200), aber ebenso auch in wissenschaftlichen Untersuchungen (z. B. bei Schulze 1992; 1994). Perspektivisch laufen diese Strategien der Beschleunigung des Lebenstempos für Rosa darauf hinaus, dass Beschleunigung zum Selbstzweck wird. „Die Zeitstrukturen der Spätmoderne scheinen in hohem Maße durch Fragmentierung gekennzeichnet zu sein, d. h. das Zerlegen von Handlungs- und Erlebnisfolgen in immer kleinere Sequenzen mit schrumpfenden Aufmerksamkeitsfenstern. Eriksen erblickt ebendarin ein herausragendes Charakteristikum der spätmodernen ,Tyrannei des Augenblicks'..." (ebd.: 203). Aus instrumentell einsetzbaren Strategien werden also ,Selbstläufer', daher geht die Autonomie der Lebensführung in der Spätmoderne verloren.

Auf den ersten Blick ist das sehr gut nachvollziehbar – nicht zuletzt auch an eigenen Stresserfahrungen, mit denen sich wohl jeder herumschlagen muss. Wenn man dagegen die Autonomie der Lebensführung nicht wie Rosa auf ein kulturelles Versprechen der Moderne zurückführt, sondern darin begründet sieht, dass sich *individuelle* Knappheitsprobleme gar nicht anders bearbeiten lassen, dann könnte sich Rosas Folgerung jedoch als voreilig herausstellen. Wenn man seine intellektuellen Suchbewegungen nicht von vornherein auf Strategien der Beschleunigung festlegt, sondern offener nach Strategien der Bewältigung von Knappheitsproblemen, insbesondere der Knappheit von Zeit und Geld[53] fragt, dann wird sofort deutlich, dass es Alternativen zu diesen vier Beschleunigungsstrategien gibt. Rosas Analyse bedarf daher bereits hier der Ergänzung.

Bei der Diskussion von Rosas Ansatz im zweiten Kapitel hatte sich schon gezeigt, dass es nicht nur Gegenstrategien der Entschleunigung sondern auch ,seitliche Ausstiege' (analog zu den Löchern in der Wand der Zentrifuge) aus den Eigendynamiken der Beschleunigung gibt (vgl. unter 2.5.2.4). Die Beschleunigung des Arbeitstempos wurde nur von Charlie Chaplin in dem bekannten Stummfilm ,Modern Times' bis ins Absurde gesteigert. Dagegen wurde im realen Kapitalismus die menschliche Handarbeit bekanntlich überwiegend technisiert, so dass die *Beschleunigung* der menschlichen Handarbeit für die Akteure zu einem *Randthema* wurde. Analoge Möglichkeiten existieren auch für den individuellen Umgang mit knapper Zeit und knappem Geld auf der Ebene der Lebensführung.

Ich möchte diese Behauptung an einem historischen Beispiel illustrieren. Wenn wir Reiseberichte aus dem 18. und auch noch aus dem frühen 19. Jahrhundert lesen,

---

53 Geld wird bei Rosa als ,ökonomischer Motor' von Beschleunigung registriert, der via technischer Innovationen und sozialem Wandel auch auf das Lebenstempo einwirkt (vgl. Rosa 2005: 309 Schaubild). Dabei wird ausgeblendet, dass das Problem der kontinuierlichen Geldbeschaffung ganz direkt die Lebensführung prägt.

dann spielt in diesen Texten das Elend damaliger Transportsysteme eine tragende Rolle. So mussten z. B. Deutsche (exemplarisch: Goethe), die sich einmal im Leben den Wunsch erfüllen wollten, mit eigenen Augen Italien zu sehen, Wochen in unbequemen Pferdekutschen zubringen, die sich auf höchst gefährlichen Pfaden über Alpenpässe quälten. Auch Seereisen ins Mittelmeer waren damals zeitraubend und gefährlich – wenn man Pech hatte, landete man in Ketten (via Algier) auf einem orientalischen Sklavenmarkt. Dennoch waren die damaligen Transportsysteme, Segelschiffe wie Kutschen, ausgereifte und im Hinblick auf Beschleunigung bereits weitgehend ausgereizte Produkte – sie waren Jahrhunderte lang weiterentwickelt und immer schneller gemacht worden. Wer sich nicht auf Schusters Rappen auf den Weg machte, sondern diese teuren Transportsysteme benutzte, wollte nicht zuletzt die Reisezeit minimieren. Rosas Strategien a, b und d (ansatzweise auch c) kamen also schon bei Goethe und seinen Zeitgenossen zum Einsatz. So merkwürdig uns das heute vorkommen mag, waren sie für das biographische Ziel, mit eigenen Augen Italien zu sehen, bereits weitgehend ausgereizt worden.

Im 19. und 20. Jahrhundert haben dann bekanntlich die technischen Innovationen Eisenbahn, PKW und Flugzeug diese historischen Transportzeiten geradezu pulverisiert. Ähnlich wie bei der menschlichen Handarbeit in weitgehend automatisierten Fabriken spielen Beschleunigungsstrategien bei einem Flug Frankfurt-Rom nur noch eine marginale Rolle. Wir brauchen sie schlicht nicht mehr, um schnell nach Italien zu kommen. Solche Prozesse registriert zwar auch Rosa. Er sieht in solchen Zeitgewinnen allerdings nur ein Paradoxon gegenüber der allfälligen Beschleunigungstendenz. Das liegt m. E. nicht zuletzt daran, dass er *auf der Ebene von Strategien der Lebensführung* keine Folgerungen aus der Möglichkeit technischer Zeitersparnis ziehen kann, weil seine Analyse von vornherein auf Strategien der Be- oder der Entschleunigung fokussiert ist.

Wenn wir an einer umfassenden Bestandaufnahme von Lebensführung unter den Bedingungen knapper Zeit und knappen Geldes interessiert sind, dann müssen wir neben diesen vier von Rosa registrierten Strategien weitere strategische Möglichkeiten einblenden. Ohne Anspruch auf Vollständigkeit kommen in unserem Beispiel zunächst einmal technische Innovationen als *strategische Möglichkeit* der Einsparung von Geld und Lebenszeit in den Blick. Wie Giddens an vergleichbaren Beispielen herausgearbeitet hat, strukturieren sie menschliche Handlungen nach dem Muster von Institutionen (Giddens 1988). Das bedeutet, als dass hier die Strategien a-c wenig Ansatzpunkte finden und wir es hier mit einer weiteren für die Moderne sicherlich charakteristischen strategischen *Möglichkeit (e)* zu tun haben, *Zeit „zurückzugewinnen"* So stellt es sich jedenfalls in einer historisch vergleichenden Perspektive dar, die auch Rosa kennt, aber m. E. nicht hinreichend als Möglichkeit eines *seitlichen* Ausstiegs (nach dem Modell der Zentrifuge; vgl.2.5.2.4) aus dem

Akzelerationszirkel beachtet. Hier wird nicht einfach eine schnellere Handlung (Strategie d) gewählt, sondern es findet eine Entlastung von, wie die Umgangssprache prägnant formuliert, ‚zeitraubenden‘ Aktivitäten statt.

Führt die Möglichkeit von Strategien der Zeitgewinnung und ebenso der Geldersparnis (e) nicht dazu, dass wir uns die objektive Seite der Beschleunigung des Lebenstempos gerade in der Moderne nach dem Muster eines Nullsummenspiels vorstellen müssen? Wichtig ist jedenfalls, dass wir mit mehreren ‚Exit-Optionen‘ aus dem Laufrad immerwährender Beschleunigung rechnen müssen, die allerdings nur aus konkreten Mustern, nicht aber aus dem Beschleunigungsthema insgesamt herausführen. Eine altbekannte, nicht erst in der Moderne aufgekommene Exit-Strategie besteht in der *Delegation von Aktivitäten der Lebensführung (f)*. Diener, Sekretäre/ Sekretärinnen, Dienstleister aller Art können uns ‚den Rücken frei halten‘ und von Aktivitäten entlasten, die wir nicht so hoch schätzen, dass wir sie unbedingt persönlich ausführen müssen. Bei dieser Möglichkeit entlastet man sich von der Zeitknappheit in der Moderne durch Geldzahlung, in der Vormoderne vielfach auch durch Ausnutzung von Abhängigkeitsverhältnissen wie Sklaverei und Leibeigenschaft oder durch Zuarbeit von Familienangehörigen.

Für Menschen mit geringem Einkommen, also hoher Geldknappheit, ist es dagegen oft attraktiv, das Problem der Geldknappheit durch die Übernahme zusätzlicher Aufgaben zu bearbeiten – hier wird also in umgekehrter Richtung *Geldknappheit in Zeitknappheit transferiert (g)*. Beispiele für diese Strategie sind nicht nur Zweit- und Drittjobs, sondern auch mit dem Kauf preisgünstiger Produkte verbundene Aktivitäten (Voß/Rieder 2005) wie z. B. dem Zusammenbau von Möbeln. Die Strategien (e), (f) und (g) zeigen, dass die strategischen Möglichkeiten der rationalen Entlastung von Stress offenbar sehr viel mit sozialer Ungleichheit zu tun haben. ‚Reiche‘ und ‚Herrschende‘ haben objektiv mehr Möglichkeiten Zeitknappheit strategisch zu bearbeiten. Eine weitere prinzipielle Möglichkeit besteht in der *Revision der Aufgaben- und Aktivitätsstruktur (h)*. Man kann sich immer auch dafür entscheiden, für bestimmte Dinge in Zukunft keine Zeit mehr zu haben.

Diese Möglichkeiten kommen Rosa möglicherweise auch deshalb nicht als Strategien in den Blick, weil er zwei Tendenzen stark betont: das mithalten wollen (Konkurrenzmotiv) und das mithalten müssen (Konkurrenzzwang). Wenn wir keine anthropologische Konstante annehmen (eine m. E. unhaltbare Annahme), dann ist das mithalten *wollen* ebenfalls eine Strategie der Lebensführung, bei der eine *tendenziell inflationäre Erweiterung der Aktivitäten bzw. des Zeitverbrauchs in Kauf genommen wird (Strategie i)*. Nach Rosa führt vor allem das mithalten wollen mit dem technischen wie dem sozialen Wandel zu (subjektiv wie objektiv) immer höherem Lebenstempo. Als konditionaler Zusammenhang (‚wenn – dann‘) ist das zweifellos plausibel, nur muss man für die Moderne spätestens seit Ende des 18. Jhs.

einschränkend beachten, dass das mithalten wollen mit dem technischen und dem sozialen Wandel nur noch selektiv versucht werden kann. So musste spätestens mit den ersten Enzyklopädisten (Diderot und d'Alembert) die Hoffnung aufgegeben werden, dass man 'alles' wissen könne. Die exponentielle Zunahme des theoretischen Wissens (vgl. Bell; 2.5.4) und die immer weiter anwachsende Wissensabhängigkeit technischer Innovationen *nötigen zu wachsender Selektivität beim 'konkurrieren wollen'*. Als Massenphänomen lässt sich diese Strategie daher heute vor allem bei prestigebesetzten Gütern des Massenkonsums beobachten[54]. Erst wenn das 'konkurrieren wollen' sich gegen die Akteure zu einem *sozialen Zwang* verselbständigt, können m. E. daraus harte Trends abgeleitet werden. Ansonsten muss immer mit Gegenbewegungen gerechnet werden, bei denen das Kosten- Nutzen- Verhältnis skeptisch bewertet und die Strategie revidiert wird. Ein möglicher sozialer Zwang zur Konkurrenz beim Massenkonsum kann daher nicht einfach postuliert, sondern er müsste sorgfältig belegt werden.

Wie sieht es nun mit den Konkurrenz*zwängen* aus, also dem 'mithalten müssen'? Wer nicht über hinreichend Geld und Vermögen (etwa aus Erbschaften) verfügt, der unterliegt dem Zwang, kontinuierlich Geld durch selbständige oder abhängige Beschäftigung zu erwerben, also Geld gegen eigene Lebenszeit einzutauschen. Damit sind weitere Zwänge verknüpft, insbesondere ein Bildungszwang. Bei Arbeitslosigkeit kann man nur dann Geld (Transferleistungen des Sozial- und Wohlfahrtsstaats) erwarten, wenn man 'dem Arbeitsmarkt zur Verfügung steht'.

Kann man auch von *Zwängen* im Bereich des Konsums sprechen? Ich halte jede pauschale Verwendung des Begriffs 'Konsumzwang' (oder dramatischer: des Konsumterrors) für unangebracht. Allerdings muss man konstatieren, dass es biologische Zwänge gibt: unser Organismus kann nur überleben, wenn ihm kontinuierlich Wasser und Nahrung zugeführt wird. Auch sind Zeiten für Schlaf, der Schutz vor Kälte usw. für das Überleben unabdingbar. Wer seine Lebensmittel nicht selbst herstellen kann, kein eigenes Haus besitzt usw. unterliegt insofern faktischen (und zivilisatorischen) Konsumzwängen, da er ohne bezahlbares Essen, ohne bezahlbare Mieten und Energie auf Dauer nicht überleben kann bzw. nur unter unwürdigen Bedingungen ums Überleben kämpfen muss.

Daneben existieren *biologische Zwänge in Form von Suchterkrankungen*. Nach heutigem Wissensstand kann jede Bearbeitung von Geld- und Zeitknappheit durch Strategien der Lebensführung durch Suchterkrankungen wie z. B. Spielsucht torpediert werden. Suchterkrankungen zerstören (ebenso auch körperliche Gebre-

---

54 Das führt in jedem Fall zu einer Verschärfung der Geldknappheit. Nur wenn die Waren auch tatsächlich benutzt werden, kann es auch zu einer Verschärfung der Zeitknappheit kommen.

chen wie z. B. Demenz) die für jede Form selbstverantwortlicher Lebensführung unterstellte Prämisse, dass jeder Akteur handlungs- und entscheidungsfähig ist.

Von diesen biologischen Zwängen sollten wir die *Erwartungen* aus dem gesellschaftlichen Leistungsbereich, insbesondere dem Wirtschaftssystem, an die Handlungs- und Entscheidungsfähigkeit der Konsumenten bzw. Marktakteure klar unterscheiden[55]. Dass es sich hier um Erwartungen handelt blendet die Konkurrenzannahme bei Rosa aus. Nur wenn man das kurz schließt kann man annehmen, dass Funktionserfordernisse des Wirtschaftssystems wie der Verkauf von immer mehr Gütern und Dienstleistungen direkt in Geld- und Zeitknappheit ‚übersetzt‘ werden.

Um derartige Zusammenhänge belegen zu können, müsste man die Art und Weise, wie die Funktionserfordernisse des Wirtschaftssystems an Motive und Strategien der Lebensführung andocken können, genauer zu erfassen versuchen. Das kann hier nicht geleistet werden. Bei solchen Analysen könnte es allerdings Sinn machen, zwischen unabweisbaren Zwängen, modifizierbaren Zwängen und ablehnbaren Erwartungen zu unterscheiden. Die Funktionserfordernisse des Wirtschaftssystems schlagen nämlich nur insoweit direkt auf die Lebensführung durch als sie *unabweisbare Zwänge bedienen*, insbesondere Interessen am unmittelbaren Überleben und Suchterkrankungen (siehe oben).

Interessen am unmittelbaren Überleben wirken dann als unabweisbare Zwänge, wenn es für den Akteur subjektiv keine Alternative zum Markt gibt wie z. B. Selbstversorgung, containern oder eigener Wohnraum. Vergleichbares gilt für Suchterkrankungen wie z. B. Spielsucht oder Rauchen.

Den Normalfall bilden dagegen modifizierbare Zwänge. Wer auf Lohnarbeit angewiesen ist, um sein Wiederbeschaffungsproblem von Geld zu lösen, unterliegt einem modifizierbaren Zwang. Er kann der Lohnarbeit nicht ausweichen, aber versuchen, die Konditionen nach subjektiven Kriterien zu optimieren etwa durch Investitionen in sein Humankapital, durch hohen Suchaufwand, ausgefeilte Bewerbungsstrategien usw.[56].

Abweisbare Erwartungen sind z. B. alle rechtswidrigen Erwartungen, aber auch solche Erwartungen an die Konsumenten, die an keine festen Bedürfnisse andocken

---

55 Probleme eines marxistisch inspirierten Funktionalismus werden auch bei Bauman sichtbar, der ‚Unterstellungen‘ allzu schnell mit der Realität zu verwechseln scheint bzw. den Leser nicht darüber informiert, dass er ein analytisches Modell diskutiert, das auf der Annahme beruht, die Konsumenten würden den Erwartungen des Wirtschaftssystems an sie in vollem Umfang entsprechen. Vgl. den Abschnitt 3.5.

56 Die seit einiger Zeit durch die Medien (Die Welt 11.2.2012; Zeit Magazin 8.8. 2013; Jungle World 3.1. 2013, Brigitte usw.) geisternden ‚Selbstoptimierer‘ sind nur eine Karikatur für den Umgang mit modifizierbaren Zwängen.

können. Um abweisbare Erwartungen dennoch durchsetzen zu können, bedienen sich Unternehmen typischerweise der Werbung.

3.2.2.2 Die Tyrannei des Augenblicks und rasender Stillstand: Rosas Gegenwartsdiagnose

Nach diesen vorbereitenden Überlegungen zur „Übersetzung systemischer Erfordernisse" in Lebensführung können wir Rosas Gegenwartsdiagnose diskutieren. Sie setzt am Zeitbewusstsein an und benutzt die bisher diskutierten Überlegungen zur objektiven Beschleunigung des Lebenstempos eher als Hintergrundannahme. Weiter wird von Rosa unterstellt, dass das Zeitbewusstsein in der Identitätskonstruktion (vgl. auch 3.1.4) in hinreichender Weise zum Ausdruck kommt.

Daher kommt er zu folgendem Ergebnis: „*Wodurch unterscheidet sich die klassisch moderne von der spätmodernen Form der Verflüssigung und Dynamisierung von Identität?* Meine ... These lautet: Sie unterscheidet sich darin, dass die vorwiegend als *Individualisierung* in Erscheinung tretende Veränderung des Selbst- und Weltverhältnisses in der *klassischen Moderne* zu einer *Verzeitlichung des Lebens*, d. h. zu einer Perspektive auf das eigene Leben als ein *zeitlich zu gestaltendes Projekt* führt, während derselbe Dynamisierungsprozess in der spätmodernen Phase ... eine lebensperspektivisch ‚entzeitlichte', *situative* Bestimmung von Identität bewirkt" (Rosa 2005: 355; Hervorhebungen im Original). Den Wandel von einer tendenziell lebenslang fixierten zu einer situativen Identität interpretiert Rosa als weitgehenden Kontrollverlust, der zur „Unterwerfung unter den Augenblick" (ebd.) und damit zum ‚rasenden Stillstand' führe.

Diese Argumentation besteht aus drei Schritten, die nun aus Gründen der Übersichtlichkeit *nacheinander* erläutert und diskutiert werden. Der erste Schritt umfasst den Übergang von der vormodernen zur modernen Identitätsbildung. Der zweite Schritt führt dann von der klassischen Moderne, in der das Leben als zeitlich zu gestaltendes Projekt galt, zur für spätmoderne Verhältnisse charakteristischen situativen Identität. In einem dritten Schritt wird diese situative Identität an Rosas Gegenwartskritik assimiliert, also als Beleg für den ‚rasenden Stillstand' gewertet.

Beginnen wir mit Rosas *erstem Argumentationsschritt*. Seine Unterscheidung zwischen vormoderner und moderner Identitätsbildung fußt auf den Überlegungen des Historikers Reinhard Koselleck (1989; 2000). Danach war die vormoderne Identität einmal durch die soziale Herkunft vorgezeichnet. Der soziale Status und eine damit verknüpfte Identität wurden bereits weitgehend mit der Geburt fixiert. Daneben wurde die Identität durch situative Ereignisse wie Missernten und Hungersnöte, Epidemien, Kriege und ihre Bewältigung geprägt. Die Lebenszeit und damit das Individuum als Bezugsgröße spielte hier noch keine tragende Rolle, weil einerseits der soziale Status gewissermaßen generationsübergreifend im Wesentlichen fixiert war und andererseits situative Ereignisse prägend waren, die in sozialen Einheiten wie Familie, Nachbarschaft, Dorf oder Stadt durchgestanden werden mussten.

Vor diesem vormodernen Hintergrund hebt sich nun die klassische Moderne deutlich ab. Die Orientierung an der eigenen Lebenszeit und eine ,verzeitlichte' Lebensführung kommen hier zusammen – Rosa bringt das durchaus plausibel unter den Begriff der Individualisierung. Das ist schon deshalb bemerkenswert, weil er damit zu einem anderen Ergebnis kommt als Beck, der denselben Veränderungs-prozess erst in der ,zweiten Moderne' lokalisiert (vgl. hierzu 3.2.3). Rosa begründet sein Urteil folgendermaßen. „Individualisierung bezeichnet dann den in der Neuzeit einsetzenden Prozess der Eröffnung von substanziellen Handlungs- und Lebensal-ternativen, welcher den Individuen eine schrittweise wachsende Verantwortung für ihre Lebensgestaltung überträgt. Eine Voraussetzung dafür ist der soziale Wandel in Gestalt einer Verflüssigung traditioneller Vorgaben und Rollenmuster. Wer jemand ist, lässt sich dann nicht mehr von außen bestimmen, sondern unterliegt in wachsendem Maße der je eigenen Mitgestaltung. Individualisierung bedeutet daher vor allem die Möglichkeit, aber auch die Aufgabe, identitätsstiftende Rollen und Beziehungen – den Beruf, den Ehepartner, die Religionsgemeinschaft, die politische Überzeugung – selbst zu finden oder zu wählen…" (ebd.: 357).

Der Leser sollte sich von dieser plausibel klingenden Argumentation im Fahr-wasser der soziologischen Klassiker nicht einlullen lassen, sondern zumindest in zwei Richtungen nach Gegenbeispielen suchen:

a. gab es diese „Verzeitlichung des Lebens" nicht schon in der Vormoderne?
b. existiert in der klassischen Moderne nicht ebenfalls ,situative' Daseinsbewälti-gung und dementsprechend ,entzeitlichte'/,situative Identität'?

Die Frage (a) bestätigende Gegenbeispiele lassen sich schon bei den Künstlern und Intellektuellen der Renaissance finden – die Biographien von Petrarca, Michelan-gelo oder auch Leonardo da Vinci passen zweifellos in Rosas Beschreibung eines ,verzeitlichten' Lebens. Man könnte diese Liste problemlos erweitern. Da Rosa die Phase der klassischen Moderne im Anschluss an Koselleck terminiert, kann seine Lokalisierung der ,Verzeitlichung' in der klassischen Moderne nur durch die Zu-satzannahme gerettet werden, dass Eliten als alltagskulturelle Pioniere ,ihrer Zeit' voraus waren und erst in der klassischen Moderne die ,Verzeitlichung' von einem überwiegenden Teil der Bevölkerung gelebt wurde.

Interessanter ist daher ein zweiter Typus von Gegenbeispielen (immer noch Frage a), den wir den großen Weltreligionen entnehmen können. Hier kommt es zu einer ganz dramatischen ,Verzeitlichung', weil ja in nahezu allen Weltreligionen die Lebensspanne möglichst systematisch genutzt werden muss, um die religiösen Heilswege zu realisieren. Allerdings können die religiösen Heilswege weder mit Rosas oben zitierter Beschreibung des Pluralismus noch der offenen Wahlmöglichkeiten zwischen ‚verflüssigten Rollenmustern' in Übereinstimmung gebracht werden. M. E. folgt aus diesem Gegenbeispiel, dass Rosas Beschreibung *nur eines von mehreren historischen Mustern der „Verzeitlichung des Lebens"* erfasst. Nur dieses eine kann für die klassische Moderne charakteristisch sein. Daraus folgt weiterhin, dass auch der Kontrast Verzeitlichung – Entzeitlichung, auf dem Rosas Gegenwartsdiagnose beruht, auf keinen singulären historischen Prozess bezogen werden kann. Das wiederum führt zu der Einschätzung, *dass eine rein zeitsoziologische Etikettierung* eines für die klassische Moderne repräsentativen Musters *nicht gelungen ist.*

Wie steht es nun mit Gegenbeispielen für situative Identität/ Entzeitlichung in der klassischen Moderne (Frage b)? Solche Gegenbeispiele werden dann brisant, wenn sie die Einschätzung nahelegen, dass eine „Verzeitlichung des Lebens" nicht für die Bevölkerungsmehrheit sondern nur für eine Minderheit typisch gewesen ist. Deshalb konzentriere ich mich ausschließlich auf diesen Aspekt.

Nehmen wir die Berufsstruktur in der BRD im Jahr 1950. In der Landwirtschaft waren damals ca. 25 % der Bevölkerung tätig, ca. 50 % der Beschäftigten waren Arbeiter (vgl. Abelshauser 1983: 124; Bolte 1970: 43). Das letzte Viertel waren Angestellte, Beamte und Selbständige außerhalb der Landwirtschaft (Bolte ebd.: 51; 79; 101ff.). Für dieses zuletzt genannte bürgerliche Milieu unterstelle ich, dass Rosas These zu 100 % zutrifft. Dagegen müssen wir für die damals noch ziemlich traditionelle und noch kaum mechanisierte (vgl. Altmann/ Kammerer 1968) Landwirtschaft annehmen, dass hier die vormoderne/ frühmoderne situative Identität ebenso klar dominierte. Rosas These einer verzeitlichten Lebensführung einer Bevölkerungsmehrheit in der klassischen Moderne lässt sich für die BRD im Jahr 1950 also nur dann erhärten, wenn mit einiger Plausibilität angenommen werden kann, *dass mindestens die Hälfte der Arbeiterschaft ihr Leben als individuell gestaltbares Projekt angehen konnte.*

Rosa und vor allem Sennett (1998: 9ff.) heben als Bedingung für ein planbares Arbeitsleben stabile Beschäftigungsverhältnisse und Einkommen hervor, wie sie vor allem in Großunternehmen gegeben waren (weitere Stichworte: Fordismus, rheinischer Kapitalismus bzw. Zaibatsu- System in Japan). Man sollte zumindest drei weitere Punkte ergänzen. Eine gesuchte und für den Betrieb schwer ersetzbare Qualifikation ist auch über die Großindustrie hinaus eine gute Grundlage für stabile Beschäftigung und Einkommen (vgl. Kern/ Schumann 1984). Der Ertrag der Arbeit muss über das Existenzminimum hinausgehen, so dass zumindest Teile des Einkommens für individuelle/ familiale Neigungen, Interessen und Vorhaben relativ frei verwendet werden können (Brock 1991). Drittens sollte die Altersarmut überwunden sein.

Trotz dieser Konkretisierungen fällt ein Urteil sehr schwer, da die Statistik die ‚eigentlich' benötigten Daten nicht liefern kann. Sie sind nur für die beiden letzten Aspekte (Löhne über Existenzminimum; Überwindung der Altersarmut) ansatzweise verfügbar. Deswegen muss sich dieser Überprüfungsversuch auf sie beschränken.

Wenn man sich auf den Haushaltstyp 2 der offiziellen Statistik konzentriert (klassische Kernfamilie: Eltern mit 2 Kindern), dann liegt das Durchschnittseinkommen bei Arbeiterhaushalten 1950 noch knapp unterhalb eines Schwellenbereichs von dem an eine ‚gestaltende' (=verzeitlichte) Lebensführung möglich wird, weil nicht mehr das gesamte Einkommen für Grundbedürfnisse verwendet werden muss (Brock 1991: 350; Tab V.2 sowie 220ff.). Erst 1960 liegen die durchschnittlichen Einkommen deutlich über diesem Schwellenbereich. Wenn man für Zweipersonen-Arbeiter*rentner*haushalte eine vergleichbare Einkommensschwelle konstruiert, dann überschreiten die Arbeiterrenten diesen Schwellenwert zwar erst 1980 (vgl. ebd.: 351; Tab. V.3), aber für die Arbeiter/innen in jüngerem und mittlerem Lebensalter war 1960 bereits absehbar, dass sie selbst im Alter nicht in die Armut fallen werden.

Daher halten wir als Fazit fest, dass Rosas erster Argumentationsschritt schwer bestreitbar ist, aber weiterer Präzisierung bedarf. Ein rein zeitsoziologischer Zugang reicht eben nicht aus. Zum anderen spricht viel für die Vermutung, dass die Phase, in der eine ‚gestaltende Lebensführung'/ Verzeitlichung der Lebens *dominiert* hat, wesentlich enger gezogen werden müsste – für die BRD beginnt diese Phase mit einiger Sicherheit erst ab 1960.

Ich komme nun zu Rosas *zweitem Argumentationsschritt*: zu dem Übergang bzw. (in den Augen Rosas) zu dem ‚Rückschritt' auf eine situative Identität. Die Phänomene, die Rosa als Belege für die *Zerstörung einer lebenslangen Planbarkeit des Lebensverlaufs* anführt, sind durchweg plausibel: wachsende Scheidungsraten, der Trend hin zum Lebensabschnittspartner, die immer schnellere Entwertung beruflicher Qualifikationen, ein wachsender Anteil prekärer Arbeitsverhältnisse, die zunehmende Durchmischung von Arbeitszeit und arbeitsfreier Zeit usw. Nur: was ist daran neu?

Ähnlich wie oben bei der ‚Verzeitlichung des Lebens' führt dieses Argument wiederum zum Kriterium der dominanten Entwicklung: sind diese Trend heute tatsächlich dominant? Dass sie für *wachsende Teile* der Bevölkerung zumindest punktuell aber auch multipel zutreffen (also z. B. Lebensabschnittspartner plus Qualifikationsentwertung plus Durchmischung von Arbeitszeit und Freizeit) ist schwer zu bestreiten. Dass diese Bedingungen heute bereits für eine Mehrheit gelten, ist dagegen ziemlich unwahrscheinlich. Da es keine zuverlässigen Zahlen insbesondere für multiple Betroffenheit von diesen Entwicklungen gibt, könnte man nur Gegenrechnungen aufmachen, die ich dem Leser ersparen möchte. Was man aber vermutlich für eine Mehrheit behaupten kann ist: dass mit höherer Kontingenz *gerechnet* werden muss. Das ist durchaus relevant, wenn wir daran denken, dass individualisierte Lebensführung auf der Grundlage von Knappheitsproblemen *kalkuliert* werden muss (vgl. 3.1.2). Die These schließt aber nicht aus, dass für die Verzeitlichung des Lebens typische Muster wie die ‚Kernfamilie‘ und die ‚berufliche Karriere‘ weiterhin wichtige Orientierungsmarken im Kalkül geblieben sind, obwohl man damit rechnen muss, dass es auch anders kommen könnte.

Aufgrund dieser Schwierigkeiten trifft m. E. die folgende These die gegenwärtigen Verhältnisse besser: Die Verhältnisse sind heute komplexer als in der klassischen Moderne geworden. Sie kennen ein Nebeneinander von ‚klassischen Lebensverläufen‘ und durch wechselnde familiale wie berufliche Bedingungen geprägten Lebensverläufen. *Dieses Nebeneinander ist deutlich stärker geworden und hat sicherlich auch zu einem durchschnittlich höheren Kontingenzbewusstsein geführt.*

Rosas zweiter Schritt wirft aber eine noch gravierendere Frage auf: wieso zerstört eine höhere Kontingenz der realen Lebensverläufe das Autonomieversprechen einer selbstbestimmten Gestaltung des eigenen Lebens? Plausibler wäre m. E. die umgekehrte Annahme: erst wenn das Leben nicht mehr dem Muster einer festliegenden beruflichen wie familialen Normalbiographie folgt, kann von ‚autonomer Lebensgestaltung‘ überhaupt erst die Rede sein! *Rosa unterscheidet in analytischer Hinsicht nicht streng genug zwischen einem vorhersehbaren und einem autonom gestaltbaren Lebensverlauf.*

Die Wahrnehmung einer Diskrepanz zwischen formal gegebener Autonomie und vorhersehbaren Lebensverläufen hat bekanntlich in der klassischen Moderne zumindest eine Minderheit zum ‚Aussteigen‘ veranlasst (vgl. die Hippie-Bewegung bei Jugendlichen und jungen Erwachsenen in den 1970 er Jahren) und romantischen Idealen wie dem ‚Selbstversorger‘ eine beachtliche Konjunktur beschert (vgl. Seymour 1970; weiteres Stichwort: midlife crisis). Auch das spricht gegen eine strikte Entgegensetzung von höherer Kontingenz realer Lebensverläufe und autonomer Lebensgestaltung.

Rosa Analyse ist in diesem Punkt nur unter der einschränkenden Bedingung ansatzweise nachvollziehbar, dass nämlich *objektive Zwänge* (siehe oben) keine längerfristige Gestaltung des eigenen Lebens mehr zulassen. Das kann aber allenfalls für die Berufsbiographie im flexiblen Kapitalismus gelten jedoch nicht für Partnerschaft und Familie. Wenn z. B. in einer Lebenspartnerschaft eine Seite feststellt, dass man sich auseinander gelebt habe, oder dass man heute andere Ansprüche an den Partner habe als zu Beginn der Partnerschaft, dann spricht das nicht für eine ‚situative Identität‘ sondern für eine sich lebenslang weiter entwickelnde Identität a la Mead (1973: 194ff.; 1987: 241ff.). Daher könnte man erst in der Relativierung (oder Auflösung) klassischer Familienideale einen hinreichenden Nährboden für ‚Autonomie‘ und ‚selbstbestimmte Lebensführung‘ erkennen!

Wenn objektive Zwänge eine längerfristige Absehbarkeit bzw. Gestaltung der Berufsbiographie verhindern und Erfahrungen des ‚driftens‘ produzieren, dann muss das keineswegs zwangsläufig zu einer ‚Schrumpfung‘ auf eine ‚situative Identität‘ führen. So hat eine empirische Untersuchung zum plötzlichen Verlust von über lange Zeiträume hinweg stabilen Berufsperspektiven gezeigt, dass dann andere Elemente der eigenen Identität an die Stelle der Berufsorientierung treten (Brock/ Vetter 1982; 1986).

Auch wenn zweifellos ein Zusammenhang zwischen Lebensbedingungen und Identitätsbildung besteht, schließt Rosa zu direkt von einem aufs andere. Möglichweise verändern sich grundlegende Strukturen der Persönlichkeit eher von Generation zu Generation[57].

Wir können nun als Fazit der Diskussion von Rosas zweitem Argumentationsschritt festhalten, dass die benannten Tendenzen zweifellos existieren. Aber es ist sehr zweifelhaft, ob (a) eine Bevölkerungsmehrheit ihr Leben in allen Bereichen nicht mehr autonom gestalten kann und (b) ob auf derartige Kontrollverluste typischerweise mit der Regression auf eine situative Identität reagiert wird.

Wir kommen nun zu Rosas *drittem Argumentationsschritt*, der Bewertung der situativen Identitätsbildung als Beleg für die gesellschaftskritische Gegenwartsdiagnose eines ‚rasenden Stillstands‘ und eines von der ‚Tyrannei des Augenblicks‘ geprägten Lebens. Damit sei das Versprechen der Moderne nach autonomer Lebensgestaltung obsolet geworden.

Auch hier muss man zunächst konzedieren, dass die genannten Probleme, insbesondere wachsende Zahlen von Burnout-Erkrankungen und weitere ‚Psychopathologien‘, existieren und ernst genommen werden müssen. Weiterhin muss, wie auch für den ersten und zweiten Argumentationsschritt, erwähnt werden, dass Rosa mit seiner Meinung keineswegs allein steht, sondern sich auf das Urteil eine ganzen Reihe von Kollegen berufen kann. Für den dritten Schritt greift er vor allem Sennetts Gegenwartsdiagnose eines Lebensgefühls des Driftens (1998: 15ff.) und

---

57 Rosas Diagnose und vor allem sein Begriff ‚situative Identität‘ erinnern stark an die Gesellschaftskritik der 1950er Jahre. Ein zentrales Thema war damals die Oberflächlichkeit und Angepasstheit an die Massengesellschaft (vgl. David Riesman u. a. 1958 sowie Schelskys Vorwort zur deutschen Ausgabe). Bereits ein halbes Jahrhundert vor Rosa wurde also die tatsächliche oder angebliche Durchsetzung eines den Verhältnissen der ‚modernen Massengesellschaft‘ besser ‚entsprechenden‘ Persönlichkeitstyps beobachtet: eben des außengeleiteten Menschen, der allerdings weniger ‚mithalten‘ sondern vor allem ‚mitreden‘ möchte.

Baumans These von der Funktionalität des Spielers für den leichten Kapitalismus (vgl. Bauman 1997) auf.

Auch für den dritten Schritt möchte ich zeigen, *dass Rosa zu viele Aspekte zu apodiktisch miteinander verknüpfen muss, um seine Gegenwartskritik zu fundieren.* Die Probleme beginnen damit, dass sowohl Spieler wie ‚Drifter‘ gleichermaßen als Beleg für die zerstörerischen Wirkungen situativer Identität genommen werden. Beide stehen jedoch für ein konträres Lebensgefühl. Spieler suchen ständig eine ganz bestimmte Situation aktiv herbeizuführen, während ‚Drifter‘ gerade keine aktive Haltung zu ihrem Leben entwickeln, sondern dessen fließen und zerfließen nur noch beobachten können.

Wenden wir uns zunächst dem *Idealtyp* des Spielers zu. Unter diesen Idealtyp fallen nicht nur diejenigen, die umgangssprachlich so bezeichnet werden wie z. B. Poker- oder Roulettespieler. Jeder, der eine ganz bestimmte Situation möglichst oft zu wiederholen sucht, weil sie ihm besonders befriedigende Erfahrungen, den besonderen ‚Kick‘, den Adrenalinschub, gibt, entspricht dem Idealtyp des Spielers. Workaholics, Börsenspekulanten, Wissenschaftler, Sportler, Wanderer, Raucher, usw., können aber müssen nicht zwangsläufig idealtypische Spieler sein. *Nur wenn sich die Präferenz, eine bestimmte Situation ständig zu suchen, zu einer Suchterkrankung verdichtet,* dann *kann man ohne weitere Zusatzannahmen von einer Tyrannei des Augenblicks sprechen.* Wenn die ‚Spielsituation‘ nicht mehr rational kontrolliert werden kann, ist jede autonome Lebensgestaltung zerstört.

Ansonsten ist jedoch nicht einzusehen, wieso der Idealtyp des Spielers zu einer situativen Identität führen sollte. Weiterhin ist sicherlich zutreffend, dass die Imperative des wirtschaftlichen Wachstums in einer funktionalen Beziehung zum Idealtypus des Spielers stehen. Nur wird sich der ‚normale Spieler‘ diesen funktionalen Imperativen eben nicht fügen, solange er ‚jederzeit aufhören kann‘, auch weil das Spielen in eine umfassendere Identität eingebettet ist.

In diesem Sinne ‚normale‘ Spieler und ‚normale‘ Spiele waren zweifellos auch ein typischer Bestandteil der klassischen Moderne und der Frühmoderne. Einige ‚Kicks‘ waren früher sogar verbreiteter. Hier sei nur an den Alkohol- und Tabakkonsum oder auch an das Befehlen und gehorchen Wollen (vgl. Heinrich Mann 1918/ 1993) erinnert. Auch die aus diesen Spielen entstandenen Suchtformen und Psychopathologien nehmen in der Gegenwart eher ab, insbesondere der „autoritär-masochistische Charakter" (Fromm 1936). Man darf auch nicht vergessen, dass vermutlich nahezu jede Rolle Situationen enthält, die der Akteur zu wiederholen sucht, weil sie ihm besondere Befriedigung verschaffen. Wenn man für die ‚Spätmoderne‘ oder ‚zweite Moderne‘ den Idealtyp des Spielers für besonders charakteristisch und/der für besonders weit verbreitet hält, so bedarf dies einer aufwändigen Beweisführung – jedenfalls dann, wenn damit ein wissenschaftlicher Anspruch verknüpft wird. Sie steht noch aus.

Wie steht es nun mit dem ‚driften' und den ‚Driftern'? Da Sennets Argumentation an anderer Stelle ausführlich diskutiert wird (vgl. 3.6.4), gehe ich hier nur auf Rosas Argumentation ein (Rosa 2005: 379ff.). Er betont, dass die „noch einmal gesteigerte soziale Dynamisierung" (ebd.: 380) zu einer zeitsoziologisch paradoxen Situation geführt habe, dass einerseits immer mehr Entscheidungen und Lebensplanung erforderlich würden, aber andererseits immer mehr Nichtplanbares, Nichtvorhersagbares und Unentscheidbares mit eingeplant werden müsse. Der „naheliegende Ausweg" (ebd.) aus diesem Dilemma bestehe in der „Preisgabe des Autonomieanspruchs" und der „Wahrnehmung eines ungesteuerten und unsteuerbaren Dahintreibens in einem Meer von Optionen und Kontingenzen" (ebd.).

Ob diese Paradoxie wirklich neu ist oder ob sie z. B. die Praxis häuslicher Reproduktionsarbeit seit jeher geprägt hat (vgl. z. B. Ostner 1978) lasse ich hier offen. Noch problematischer scheint mir der *direkte Rückschluss von einer derartigen Zeiterfahrung auf die Identitätskonstruktion*. Denn auch aus der *Bewältigung* solcher Situationen kann durchaus eine stabile und situationsübergreifende Identität geschöpft werden. Man kann gerade auch an einem solchen Alltag erkennen, ‚dass man gebraucht wird' oder auch, ‚dass man das durchhält und damit zurecht kommt' (Brock/ Vetter 1982: 170ff.). Im Hinblick auf Erwerbsarbeit kann auch die eigene ‚Härte' (z. B. Brock 1993: 220) oder das ‚bleiben und ausharren können' (ebd. 224) ebenso identitätsstiftend sein, wie die erfolgreiche Geldbeschaffung. Zum ‚Drifter' wird man vermutlich unter diesen Bedingungen erst dann, wenn man derlei für selbstverständlich und das eigene Überleben als eine vom Wohlfahrtstaat garantierte Selbstverständlichkeit ansieht.

Auch hier scheinen mir die Zusammenhänge viel zu komplex zu sein, um von einem Dilemma der Zeitorganisation direkt auf Veränderungen der Identität rückschließen zu können. Wenn das aber nicht möglich ist, dann führt eine Komplexitätszunahme im Lebensalltag alles andere als zwangsläufig zu Erfahrungen eines ‚rasenden Stillstands' und einer ‚Tyrannei des Augenblicks'. Es ist nicht auszuschließen, dass auch derartige Alltagserfahrungen in Identitätskonstruktionen sinnvoll verarbeitet werden und über Strategien des seitlichen Ausstiegs (siehe oben) aus Beschleunigung und Zeitverdichtung auch praktisch bewältigt werden können.

Auch ich halte die Zunahme psychischer Erkrankungen, die *auch* auf eine verbesserte Diagnostik zurückzuführen ist und *keine* historisch einmalige Erscheinung darstellt[58] für alarmierend. Ebenso unbestreitbar scheint mir, dass vor allem bei

---

58 So waren z. B. posttraumatische Belastungsstörungen nach dem ersten Weltkrieg, die sog. ‚Kriegszitterer', weit verbreitet. Allerdings habe ich keine genauen Zahlen gefunden.

den arbeitsintensiven Dienstleistungen und unter den Bedingungen moderner Teamarbeit sowie bei flexibilisierten Arbeitszeiten die Gefahr der psychischen Überforderung groß ist. Nur kann daraus nicht gefolgert werden, dass für eine Mehrheit Erfahrungen des rasenden Stillstands und einer Tyrannei des Augenblicks so dominant sind, dass jeder Ansatz zu einer individuellen Lebensführung torpediert würde, weil weder strategische Bezüge auf den Alltag noch eine halbwegs stabile und situationsübergreifende Identität entwickelt werden könne.

Diese Kritik läuft auf die Einschätzung hinaus, *dass Rosa eine extreme Möglichkeit zum Normalfall stilisiert.* Ich würde dagegen folgenden abstrakteren ‚Normalfall‘ vermuten. Die steigenden Anforderungen an die individualisierte Lebensführung nötigen zu höherer Selektivität. Schon aus Gründen des Selbstschutzes vor den von Rosa hypostasierten Handlungsblockaden müssen immer mehr Erwartungen abgewiesen und Möglichkeiten ignoriert werden. Hohe Selektivität erhöht der Tendenz nach die Risiken von Versäumnissen und Fehlentscheidungen. Ansonsten kann man mit einiger Sicherheit vermuten, dass die Vielfalt der Entwürfe und der Strategien der Lebensführung steigt[59], schon weil sich die materiellen und zeitlichen Lebensbedingungen, aber auch die Identitätsmuster weiter auseinander entwickeln.

3.2.3 Becks Individualisierungsthese

3.2.3.1 Individualisierte Identitätsbildung

Während Rosas Gegenwartsdiagnose an der Wahrnehmung knapper Lebenszeit ansetzt, also an dem zentralen Problem, das jede Art von Lebensführung bearbeitet, geht Beck von einer individualisierten Identitätsbildung aus. Nach dem im ersten Abschnitt dieses Kapitels skizzierten Lebensführungskonzept haben solche Veränderungen in der Identitätsbildung direkte Folgen für die Lebensziele, also für die subjektive Ausrichtung der Lebensführung.

Genau solche Veränderungen vermutet Ulrich Beck für die 1960er und 1970er Jahre. Vor allem in seinen frühen modernisierungstheoretischen Arbeiten (Beck 1983/1994; 1986) hat er sich um den Nachweis bemüht, dass die für die „klassische Industriemoderne" (Beck) noch typischen Traditionskerne aufgebracht seien, sodass eine neue Phase im Modernisierungsprozess eingesetzt habe. Seine zentrale Argumentationsfigur lautet, dass die klassische Industriemoderne die Menschen nach Kollektivmerkmalen vergesellschaftet habe, die aus der Vormoderne als Traditionskerne in die klassische Industriemoderne tradiert worden seien. Ihre

---

59   Auf der Ebene von ‚Sozialmilieus‘ wurden vergleichbare Beobachtungen bereits quantifiziert (vgl. z. B. Sinus 1984, Vester 1993, Schulze 1992).

Identität wie ihre Lebensziele seien daher an festliegenden Mustern der Kernfamilie, an ständischen wie klassenspezifischen Milieus orientiert gewesen. Nach der Erosion dieser Traditionskerne greife die Gesellschaft auf die einzelnen Individuen zu und bürde ihnen die Organisation ihrer Biografien im Kontext von Familie und Erwerbsarbeit auf. Insofern ist Individualisierung für Beck das zentrale Strukturmerkmal der zweiten, als Risikogesellschaft etikettierten Moderne.

Ich gebe zunächst einen Überblick über Becks Argumentation, behandle dann seinen individualisierungstheoretischen Blickwinkel und diskutiere schließlich die Stichhaltigkeit seiner Argumentation.

3.2.3.2 Becks Individualisierungs- und Enttraditionalisierungsthese

Beck betrachtet das moderne Individuum zunächst aus dem Blickwinkel der soziologischen Klassiker, die es über die Formen seiner Vergesellschaftung erfasst haben. Sein Beitrag ‚Jenseits von Stand und Klasse' (Beck 1983) setzt an dieser klassischen Fragestellung an. „Sind wir Augenzeugen eines historischen Wandlungsprozesses, in dessen Verlauf die Menschen aus der industriellen Gesellschaft und ihren Sozialformen – Klasse, Schicht, Beruf, Familie, Ehe – sozusagen entlassen werden …? Ist es möglich, dass sich innerhalb der verblassenden traditionalen Lebensformen bereits neue herausbilden, für die wir nur keinen Begriff und damit auch keinen Blick haben? Sind die mit Nachdruck vorgetragenen Ansprüche auf Selbst- und Mitbestimmung ebenso ein Zeichen dafür wie die neuartigen Grenzverschiebungen und Überlagerungen zwischen Privat- und Politiksphäre?" (Beck 1994: 43).

Die Fragezeichen in diesem Zitat haben nur damit zu tun, dass der Leser in die Thematik eingeführt werden soll. Streichen wir sie weg, dann haben wir genau Becks zentralen Befund vor uns: Wenn wir mit den Augen der Klassiker auf die soziale Realität im Deutschland der frühen 80er Jahre des 20. Jahrhunderts blicken, erkennen wir, dass die vertrauten Sozialformen (Klasse, Schicht, Beruf, Familie, Ehe) in Auflösung begriffen sind. *Deswegen müsse die Soziologie den modernen Menschen nicht mehr in seinen hergebrachten Sozialformen untersuchen, sondern als ein aus diesen freigesetztes Individuum.* Seine Vergesellschaftung läuft von nun an direkt über universelle Mechanismen einer weitgehend als Kapitalismus charakterisierbaren modernen Gesellschaft[60].

---

60 Beck legt seinem Individualisierungsbegriff zwei „Freisetzungsdimensionen", nämlich die Herauslösung aus historisch vorgegebenen Sozialformen und aus traditionellen Herrschafts- und Versorgungszusammenhängen und eine „Reintegrationsdimension" zugrunde. Vgl. Beck 1986: 206.

Mit diesem Befund sind für Beck zwei Projekte verknüpft: In konzeptioneller Hinsicht möchte er eine Modernisierung der Soziologie begründen. In inhaltlicher Hinsicht müssen die Möglichkeiten gesellschaftlicher Gestaltung neu gedacht werden. Das ganze Projekt hängt aber daran, ob die behauptete *Erosion traditionaler Lebensformen* tatsächlich nachgewiesen werden kann. Einen solchen Nachweis versucht Beck in der „Risikogesellschaft" vor allem auf zwei Feldern: (a) dem Zusammenspiel zwischen Ausbildung und Arbeitsmarkt und (b) dem Verhältnis von Familie und Arbeitsmarkt. In beiden Bereichen wird der Arbeitsmarkt als „Motor der Individualisierung" (Beck 1994: 46) verstanden. Dagegen enthalten das deutsche Bildungssystem und die patriarchalische Kernfamilie Traditionselemente einer ständisch geprägten Klassengesellschaft[61]. So sind etwa in Deutschland alle Bildungsabschlüsse (Hauptschulabschluss; mittlere Reife; Abitur), auf unterschiedliche soziale Klassen zugeschnitten (vgl. Beck 1972), so dass das Schulsystem als „soziale Dirigierungsstelle" Schelsky 1957: 17) angesehen werden kann.

(a)   Ausbildung und Arbeitsmarkt

Diesen ständischen Restriktionen widersprechen jedoch die Entwicklungen auf dem Arbeitsmarkt, wo die Dynamik der Rationalisierung die Nachfrage nach mittleren und höheren Qualifikationen anheizt, während der Bedarf an un- oder gering qualifizierter Arbeit immer weiter zurückgeht. Auf den aus einer international vergleichenden Perspektive heraus diagnostizierten „Bildungsnotstand" (Picht 1961) reagierte die Bildungspolitik nicht mit Strukturwandel, sondern mit „Bildungsexpansion", was aber ebenfalls dazu geführt hat, die ‚ständische' Passung zwischen Bildungsabschlüssen und ständisch gestuften Berufsverläufen auszuhebeln.

Zur Beschreibung der veränderten Verhältnisse auf dem Arbeitsmarkt greift Beck auf das sogenannte „Qualifikationsparadox" von Dieter Mertens zurück (Mertens 1984). Damit wird eine Form des Zugangs zum Arbeitsmarkt beschrieben, bei der Bildungsqualifikationen nur noch notwendige aber nicht mehr hinreichende Bedingungen für den Zugang zu privilegierten Positionen darstellen. Zusätzliche Aspekte wie die Persönlichkeit der Bewerber und deren berufliche Erfahrungen werden zunehmend wirksam.

(b)   Familie und Arbeitsmarkt

Die Beziehung zwischen Familie und Arbeitsmarkt ist in der klassischen Moderne vonseiten der Familie durch ständische Relikte der patriarchalischen bürgerlichen Familie charakterisiert. Unter den Bedingungen des „Wirtschaftswunders" der 50er

---

61   Dabei verstehe ich und wohl auch Beck Klasse im Sinne von Max Webers Begriff der ‚sozialen Klasse' (Weber 1972: 179).

und 60er Jahre des 20. Jahrhunderts und der damit verbundenen Reallohnsteige-
rungen kommt es zu einer Ausbreitung jenes bürgerlichen Familienmodells, das
in der Familiensoziologie als ‚Klein- oder Kernfamilie' erfasst wird (Geißler 1996:
306f.). Die Kleinfamilie besteht aus zwei Generationen, Eltern und Kindern, und
kennt eine strikte Arbeitsteilung zwischen den Eltern. Danach wird der Ehemann
als Familienernährer verstanden, der durch sein berufliches Einkommen den
Familienunterhalt sicherstellt, sodass sich die Frau auf ihre Rolle als Hausfrau
konzentrieren kann.

Dieses Familienmodell war lange Zeit für große Teile der Beschäftigten, insbesondere die gesamte Arbeiterschaft aufgrund der geringen Löhne, einer unzu-
reichenden sozialen Absicherung und eines hohen Arbeitslosigkeitsrisikos nicht
praktikabel (vgl. hierzu Brock 1991: 65ff und 121ff.). Dagegen wurde es in der
Nachkriegszeit geradezu zu einem Statusmerkmal für beruflich gut verdienende
männliche Arbeiter, dass ihre Frauen nicht arbeiten gehen mussten (vgl. Brock 1990:
103f.). Mit diesem Familienmodell war die Erwerbsarbeit von Ehefrauen bis zur
Geburt des ersten Kindes und dann in der nachelterlichen Lebensphase vereinbar.
Dieses Phasenmodell weiblicher Erwerbsarbeit bot aber gerade für Frauen mit guter
Berufsqualifikation keine hinreichenden Entwicklungschancen, sodass sowohl die
Entwicklung auf dem Arbeitsmarkt wie die Bildungsexpansion eine Erosion dieses
Familienmodells vorantrieben. Während die These einer Erosion der Kernfamilie
auch von den Familiensoziologen nicht bestritten wird, bleibt es umstritten, ob
und inwieweit damit eine Erosion von Familie überhaupt verbunden ist (für eine
Bilanz vgl. Schneider 2012).

3.2.3.3 Persönlich- biographische Lebensführung – Becks Beobachtungsperspektive des ‚modernen Individuums'

Beck versteht sich zwar als Individualisierungstheoretiker (vgl. Beck 1994a), dabei
geht es ihm perspektivisch jedoch vor allem um individualisierte Lebensführung.
„Empirisch findet die Rede von Individualisierung ihre Rechtfertigung in vielen
(qualitativen) Interviews und Untersuchungen. Diese verweisen auf ein zentrales
Anliegen, nämlich den Anspruch auf sein eigenes Leben, die Verfügung über
eigenes Geld, eigene Zeit, eigenen Wohnraum, den eigenen Körper und so weiter,
kurz: Perspektiven einer *persönlich-biografischen Lebensführung* zu entwickeln
und umzusetzen. Wie illusionär und ideologisch gefärbt diese Ansprüche auch im
Einzelnen sein mögen, sie sind eine Realität per se und finden überdies Ansatzpunkte in der tatsächlichen Entwicklung der Lebensbedingungen …" (Beck 1994;
46; Hervorhebung D.B.).

Ähnlich wie Rosas Überlegungen zu einem zum rasenden Stillstand führenden Lebenstempo sehr breit in den soziologischen Forschungsstand eingebettet sind, so versucht auch Beck mit der Individualisierungsthese den damaligen Forschungsstand aufzunehmen und ‚auf den Begriff zu bringen'. Die Ende der 1970er Jahre boomartig einsetzende ‚Biographieforschung', so das damalige Etikett, hat in der Tat die Perspektive einer ‚persönlich-biographischen Lebensführung' in die Soziologie transportiert. Man könnte in diese Entwicklung allerdings auch mit einer verspäteten Rezeption (vgl. den damaligen Schlüsseltext: Arbeitsgruppe Bielefelder Soziologen 1973) der Chicago-School und verwandter Ansätze der amerikanischen Sozialforschung erklären, die schon in der Zwischenkriegszeit gesellschaftliche Sachverhalte aus der Perspektive der Lebensführung der beteiligten Akteure beleuchtet haben (vgl. zusammenfassend Keller 2009).

Beck bringt diese Beschreibungen jedoch unter die Perspektive der Gegenwartsdiagnose und drückt ihnen den Stempel des ‚Neuen' auf: eine individualisierte Lebensführung finde eben *erst jetzt hinreichende* ‚Ansatzpunkte' in den realen Lebensbedingungen. Wenn man diese ‚Ansatzpunkte' in den soziologischen Standardbegriff der Enttraditionalisierung übersetzt und traditionelle Lebensformen mit ‚Kollektivvergesellschaftung' (‚Klasse und Stand'; Beck 1983) identifiziert, dann wird klarer, auf welche Weise Beck individualisierte Ansprüche an das eigene Leben mit gesellschaftlicher Modernisierung verknüpft. Wie seine Analysen zu Bildung und Familie zeigen, identifiziert Beck den Arbeitsmarkt und seine Mechanismen als Motor der Enttraditionalisierung. Eine individualisierte Identitätsbildung wird damit von den enttraditionalisierten gesellschaftlichen Verhältnissen gleichermaßen ermöglicht wie auch erzwungen.

Auf den ersten Blick scheint Becks Argumentation ganz ähnlich angelegt zu sein wie die von Rosa, der ihn auch zustimmend erwähnt (Rosa 2005: 362). Beide verstehen im Anschluss an den Klassiker Simmel die Individualisierung als typisches Modernisierungsprodukt. Beide interessieren sich weniger für den Prozess der Identitätsbildung, sondern sie betonen *gesellschaftliche Faktoren*, die eine individualisierte Lebensführung bewirken. Hinsichtlich der Bewertung gegenwärtiger Möglichkeiten einer individualisierten Lebensführung kommen sie dagegen zu erstaunlich konträren Ansichten. Während Rosa eine Ansprüchen auf „Autonomie" einlösende individualisierte Lebensführung bereits in der *klassischen Moderne* lokalisiert, sieht Beck hier noch Formen der Kollektivvergesellschaftung als dominierend an[62]. Dagegen lokalisiert Beck den Durchbruch zu einer individu-

---

62 Diese Einschätzung fasst zwei divergierende Gedankengänge bei Beck zu einer Art Bilanz zusammen. Einerseits weiß Beck, dass Individualisierung „keine Erfindung der zweiten Hälfte des 20. Jahrhunderts" (Beck 1986: 206) ist. Andererseits hält er jedoch

alisierten Lebensführung in der Gegenwart (Risikogesellschaft/zweite Moderne)[63]. Nach Rosa wird sie hier gerade zunehmend durch die Komplexitätssteigerung der gesellschaftlichen Verhältnisse und sich dabei entfaltende Paradoxien blockiert (Tyrannei des Augenblicks; rasender Stillstand).

Wahrscheinlich überrascht es schon nicht mehr, dass der gravierendste Dissens zwischen beiden Gegenwartsdiagnosen bei der Interpretation der gerade von Beck weitgehend vernachlässigten klassischen Moderne liegt. Deswegen muss der Schwerpunkt der nun folgenden kritischen Diskussion von Becks Individualisierungsthese genau hier liegen. Da Beck die „klassische Industriemoderne" als eine halbmoderne, immer noch von ‚traditionellen Lebensformen' (Stand und Klasse) geprägte Ära versteht, kann sie nur zu Ende gehen, wenn diese Traditionselemente definitiv zerfallen sind. Daher hat die Frage nach einer *definitiven* Auflösung *jeglicher* Traditionselemente für die Beurteilung von Becks Individualisierungsthese entscheidende Bedeutung. Denn nur so kann er eine „Epochenunterscheidung" zwischen ‚klassischer Industriegesellschaft' und ‚Risikogesellschaft' hinreichend begründen. Eine solche Epochenunterscheidung muss Beck aber vornehmen, um seinen Anspruch zu untermauern, eine neue Soziologie für eine neue Gesellschaft vorzulegen.

Die kritischen Testfragen zu Becks Argumentationen lauten daher: (a) War die Perspektive persönlich-biographischer Lebensführung in der klassischen Industriemoderne unbekannt bzw. nur kulturellen Eliten vorbehalten oder war sie schon länger weit verbreitet? (b) Weisen *Muster von Partnerschaft und gemeinsamer Haushaltsführung nach der Erosion der Kernfamilie und des Modells eines männlichen Familienernährers keinerlei Traditionselemente mehr auf? Führt eine vollständige Demokratisierung des Bildungssystems tatsächlich zum Verlust jeglichen ständischen Aspektes im Bildungskapital?* Umgekehrt muss man sich auch fragen: *Wie weitgehend ist Individualisierung lebbar, wenn man darunter nicht nur eine individualisierte Identitätsbildung sondern auch eine Freisetzung aus intersubjektiv verbindlichen Sozialformen versteht?*

Da Beck an keiner Stelle seiner empirischen Bezüge den Horizont moderner Lohnarbeit verlässt, können wir auch die kritische Diskussion darauf konzentrieren.

---

den für die 1960er und 1970er Jahre vermuteten Individualisierungsschub unter dem Gesichtspunkt der Freisetzung für entscheidend (ebd.: 210)

63 Vgl. folgendes Fazit zu den „Besonderheiten des Individualisierungsschubs in der Bundesrepublik" (Beck 1986: 208): „Individualisierung wird zur *fortgeschrittensten* Form markt-, rechts-, bildungs- usw. –abhängiger Vergesellschaftung" (Ebd.: 210; Hervorhebung im Original)

3.2.3.4 Waren die Perspektiven persönlich-biographischer Lebensführung in der klassischen Industriemoderne unbekannt?

Es ist ohne weiteres klar, dass das von Beck hervorgehobene *Streben nach persön-lichem Eigentum* realsoziologisch immer nur kontextabhängig entwickelt werden kann. Was Menschen jeweils als persönliches Eigentum haben wollen, hat immer mit ihrem sozialen Umfeld zu tun. Davon lebt unter anderem jede Form der Ziel-gruppenwerbung. Während es heute auch noch für diejenigen, die von Hartz IV leben müssen, selbstverständlich ist, ein eigenes Bett und eigene Kleidung zu haben, war dieses persönliche Eigentum noch vor gut hundert Jahren in Deutschland alles andere als eine Selbstverständlichkeit. In vielen Arbeiterfamilien wurden damals Betten von mehreren Personen (im Schichtbetrieb oder gleichzeitig) genutzt. Ins-besondere Kinderkleidung wurde weitergegeben und solange benutzt, bis sie sich auflöste (Brock 1991: 75).

In einer Befragung am Vorabend des Ersten Weltkriegs wurden Arbeiter auch nach ihren Wünschen gefragt. Neben politischen und sozialen Forderungen wur-den sehr viele persönliche Wünsche genannt, wie einmal ein eigenes Buch besitzen oder einmal im Leben die Berge oder das Meer sehen zu können (Levenstein 1912; Sekundäranalyse bei Brock 1991: 165ff.).

Gehen wir noch etwas weiter zurück, dann stoßen wir in der Frühindustriali-sierung auf Beschwerden über unziemliches Verhalten des „Pöbels". Hierbei ging es überwiegend darum, dass Arbeiter ihren Wochenlohn ‚verprassten', also für nicht standesgemäße Aktivitäten ausgaben wie mit der Kutsche zu fahren. Viele sie gaben ihr ganzes Geld auch im Wirtshaus aus (vgl Thun 1879; Brock 1991: 77; Kuczynski 1982: 355f.).

Wieso das als ‚ungehörig' angesehen wurde, wird für den heutigen Leser ver-ständlicher, wenn man diese Verhaltensweisen mit den damaligen Lebensformen in Beziehung setzt. Wie Kuczynski eingehend belegt, wurde in der Phase der Frühindustrialisierung das Alltagsleben der noch überwiegend in Landwirtschaft und Gewerbe arbeitenden Bevölkerung durch die *Produktionsfamilie* bestimmt. Darunter muss man sich solidarisch arbeitende Familienverbände vorstellen, deren Arbeit sich sowohl auf die Sicherung des täglichen Lebensbedarfs wie auch auf die Produktion von Waren erstreckte. Das wenige Geld, das dafür eingenommen wurde, wurde von dem Familienoberhaupt eingenommen und gegebenenfalls auch wieder ausgegeben (vgl. Kuczynski ebd.).

Diese wenigen historischen Beispiele reichen bereits aus, um zwei Aspekte zu erläutern. Zunächst einmal zeigen sie, *dass Lohnarbeit nicht nur von der theoretischen Konstruktion her, sondern auch in der Alltagspraxis immer eine individualisierte, zunächst auf die konkrete Person des Arbeitskraftverkäufers bezogene Lebensfüh-*

rung impliziert[64]. Denn es ist immer eine konkrete Person, die ihre Arbeitskraft anbietet und für einen bestimmten Zeitraum an einen Unternehmer abtritt und dafür Geld in die Hand bekommt. Zum anderen lassen die Beispiele aber auch erkennen, dass die von Beck hervorgehobenen spezifisch individuellen Ansprüche auch schon früher existiert haben und sich immer auf die jeweils gegebenen konkreten Lebenslagen und Lebensstandards bezogen haben. In diesem Rahmen hat dann in der Tat die „freie" (im Sinne von nicht für Notwendigkeiten des eigenen und familialen Überlebens erforderliche) Verwendung von Geld auch schon weit vor den 1960er/ 1970er Jahren die Individualisierung vorangetrieben. Dabei lassen sich durchaus *historische Individualisierungsprojekte unterschiedlicher sozialer Gruppen* ausmachen, die zwangsläufig jeweils individuell verfolgt werden mussten.

So war es dem frühindustriellen „Pöbel" offenbar persönlich wichtig zu demonstrieren, dass man jetzt auch ‚jemand ist', weil man zumindest punktuell über Geld verfügt. Dies mussten die Arbeiter um die Jahrhundertwende nicht mehr demonstrieren. Ihre Individualisierungsprojekte konnten daher konkreter werden. Sie umfassten sowohl persönliches Eigentum, aber auch Freizeit und Tourismus entlang bürgerlicher Vorbilder (Brock 1991: 164ff. sowie 220ff.). Freizeit, Urlaub, eigene Kleider und Einrichtungsgegenstände sind wie so vieles andere auch zwischenzeitlich für die Menschen in den Zentrumsstaaten längst zur Selbstverständlichkeit geworden. Deswegen kann Beck andere Individualisierungsprojekte beobachten wie zum Beispiel den intergenerationellen sozialen Aufstieg durch Bildung, der Anspruch von Frauen, eigenes Geld auch dann zu verdienen und das eigene Arbeitsvermögen auch dann zu verwerten, wenn sie in einer festen Beziehung leben. Ansprüche auf persönliche Selbstverwirklichung richten sich aber auch auf das familiale Zusammenleben selbst, insbesondere auf die Partnerbeziehung.

In anderen Weltgegenden, die gerade erst von der kapitalistischen Geldwirtschaft erfasst werden, richten sich aktuelle Individualisierungsprojekte dagegen auf Dinge, die die Menschen in den reichen Ländern für selbstverständlich halten wie zum Beispiel den eigenen Lippenstift der jungen Näherin aus Bangladesch (siehe oben).

Als ein *erstes Fazit* können wir festhalten, dass die von Beck thematisierten Individualisierungsprozesse keineswegs historisch einmalig sind. Der sozialhistorische Vergleich hat vielmehr demonstriert, dass individualisierte Lebensführung in der hier betrachteten dominierenden Variante der Lohnarbeit geradezu als ein *permanentes Enttraditionalisierungsprojekt zu verstehen ist*. Traditionell gegebene Lebensformen werden zerrieben, weil die Lösung des Wiederbeschaffungsproblems

---

64 Dabei muss allerdings erwähnt werden, dass es im 19. Jahrhundert in Deutschland auch Familien-Lohnarbeit gab. Beispielsweise verdingten sich ganze Familien als Ziegeleiarbeiter (Holek 1909; vgl. auch Brock 1991: 273).

(vgl. 3.1.5 und 3.1.6) durch eigene Lohnarbeit die konkrete Person mit ihren Neigungen, Interessen, Fähigkeiten zur gesellschaftlichen Handlungseinheit macht. Wir müssen daher vermuten, dass solche persönlich-biographischen Projekte *nur für die deutsche Soziologie in den ausgehenden 1970er Jahren neu waren*, weil das interpretative Paradigma gerade wieder neu entdeckt worden war und einen Boom der qualitativ arbeitenden ‚Biographieforschung' auslöste.

3.2.3.5 Der Neuaufbau ständischer Privilegierung auf dem Arbeitsmarkt

Becks Beobachtungen zur Individualisierung können nur dann eine „Epochenunterscheidung" tragen, wenn die Traditionselemente nun definitiv aufgebraucht, also keine zukünftigen Enttraditionalisierungsprozesse mehr denkbar sind (Frage b).

Diese Argumentation kann nun auf zwei Wegen getestet und ggfs. widerlegt werden. Einmal könnte man zu zeigen versuchen, welche weiteren Enttraditionalisierungsprojekte noch denkbar sind. Wenn das (etwa im Bereich Familie und Partnerschaft) gelingt, dann hat man damit die Existenz von ‚Traditionselementen' im Sinne von Beck belegt. Da diese Argumentationsstrategie jedoch zwangsläufig in die Spekulation führen muss, wähle ich hier den zweiten Weg: Becks Argumentation schließt nämlich ebenso (gewissermaßen noch dezidierter) den Neuaufbau von Traditionselementen aus. Aber genau das kann man für die Gegenwart erkennen!

Für den Arbeitsmarkt, also Becks Motor der Individualisierung, kann man zeigen, dass es dort zum *Neuaufbau von Formen der ständischen Privilegierung* immer dann kommt, wenn bestimmte Qualifikationen eine besondere Bedeutung für die Renditeziele der Unternehmen gewinnen. Dieser Aspekt eint alle auf dem Arbeitsmarkt entstandenen ‚ständischen Privilegierungen' von der Phase der Frühindustrialisierung bis heute. Umgekehrt gilt: Sie lösen sich immer dann auf, wenn diese ‚kritischen' Qualifikationen hinreichend häufig zu finden sind.

Aktuelle Beispiele für den Neuaufbau ständischer Lagen auf dem Arbeitsmarkt bilden sowohl die Investmentbanker wie auch die sogenannten Wissensarbeiter (Globalisierung: 62). Seit der Deregulierung der Finanzmärkte hat das sogenannte Investmentbanking zentrale Bedeutung für die Renditen der großen Banken gewonnen. Das hat dazu geführt, dass erfolgreiche Spezialisten auf diesem Gebiet nicht nur Spitzengehälter bekommen, sondern mit Privilegien in Form von Gewinnbeteiligungen, Dienst- und Sachleistungen, Abfindungen, Pensionsleistungen geradezu überhäuft werden. Ähnliches gilt für Wissensarbeiter, die eine zentrale Rolle für die Innovationsfähigkeit von Betrieben gewonnen haben, da sie deren Möglichkeiten, Pioniergewinne zu erzielen, entscheidend bestimmen.

Diese aktuellen Beispiele zeigen, dass auch auf dem heutigen Arbeitsmarkt durchaus ständische Lagen[65] dort entstehen können, wo das Angebot an Arbeitskräften in spezifischen Teilarbeitsmärkten besonders knapp ist und diesen Qualifikationen eine strategisch hoch relevante Bedeutung zugemessen wird. Der Neuaufbau ständischer Lagen gehört aber auch zum Grundrepertoire von Berufsverbänden und Gewerkschaften[66].

Der Blick auf solche Beispiele erhärtet zumindest für den Arbeitsmarkt Bedenken und Einwände gegen Becks marxistisch inspirierte These eines ‚Verdampfens‘, also einer *definitiven* Erosion ‚vormoderner Traditionskerne‘ (Beck). Hier scheint es eher so zu sein, dass die Nachfrage nach Spezialqualifikationen zur Arbeitsmarktsegmentation (vgl. Sengenberger 1987) führt, wobei dann für besonders wichtige Qualifikationen ständische Privilegien in bestimmten Segmenten des Arbeitsmarktes auch neu etabliert werden können.

Diese Argumentation trifft meines Erachtens auch auf das Bildungssystem zu, sodass die Bildungsexpansion keineswegs nur zur Erosion von Bildungsprivilegien führen muss, sondern auch deren Neuaufbau (Privatschulen; Privatuniversitäten) mit einschließen kann. Dies ist auch durchaus in das öffentliche Bewusstsein gerückt, wenn man z. B. die öffentlichen Debatten über ‚Eliten‘ im Bereich von Bildung, Wissen und Beschäftigung verfolgt.

Daraus folgt, dass eine *Epochenunterscheidung über ein Ende von Enttradionalisierungsprozessen nicht plausibel begründet werden kann.* Über vergleichbare historische Beispiele können wir Becks Analysen in ein Muster individualisierter Lebensführung unter den Bedingungen des Wiederbeschaffungsproblems von Geld einordnen, das bereits seit der Industrialisierung existiert und seitdem zunehmend an Bedeutung gewonnen hat. Ein zentrales Merkmal dieses Musters ist das Zerreiben von Traditionselementen, die Strategien der Lösung des Wiederbeschaffungsproblems entgegenstehen. Aber auch der Neuaufbau ständischer Privilegien kann – zumindest für die Privilegierten – höchst nützlich sein. Auf diesem Weg wird das Wiederbeschaffungsproblem entschärft und höhere Niveaus der Geldverwendung/-beschaffung werden stabilisiert. Deswegen ist es zutreffen-

---

65 Im Unterschied zu Ständegesellschaften können sie keine Lebensformen begründen. Sie bleiben auf Arbeitszeit und Entlohnung beschränkt.

66 In der Soziologie ist dieser Aspekt als Bestandteil von Professionalisierungsstrategien geläufig (vgl. insbes. Hesse 1968). In eine ganz andere Richtung gehen die closed shop-Strategien vor allem amerikanischer Gewerkschaften. Hier soll die Beschäftigung in einem bestimmten Unternehmen nur den Mitgliedern einer bestimmten Gewerkschaft vorbehalten werden. In sehr vielen Hochlohnländern ist es üblich, den nationalen Arbeitsmarkt gegen Zuwanderer abzuschotten, also ein Privileg für die einheimischen Arbeitnehmer zu schaffen.

der, ständische Privilegierung auf dem Arbeitsmarkt als ein soziales Kampffeld aufzufassen. Das bedeutet aber in letzter Konsequenz, *dass auf dem Arbeitsmarkt von einer definitiven Erosion der Traditionselemente keine Rede sein kann.*

Damit können wir ein erstes Fazit ziehen: Über die These eines endgültigen Aufzehrens von Traditionselementen lässt sich Becks Unterscheidung zwischen klassischer Industriegesellschaft und Risikogesellschaft nicht fundieren. Damit ist aber seine These keineswegs vom Tisch, dass die Gesellschaft heute auf die einzelnen Individuen zugreife, während sie ,früher' auf Großgruppen zugegriffen habe.

Die These einer Individualisierung im „Modus der Vergesellschaftung" (Beck 1986: 205) ist nämlich weniger eng mit dem Enttraditionalisierungsargument verknüpft als Beck zu vermuten scheint (ebd. 206). Bei genauer Betrachtung zeigt sich, dass diese These darauf zielt, dass Individuen ihr eigenes Leben führen und eine gewisse Distanz gegenüber den Selbstverständlichkeiten der sie umgebenden Lebenswelt aufgebaut haben. Genau darin haben wir den historischen wie analytischen Ausgangspunkt für den Begriff Lebensführung identifiziert (vgl. 3.1.1 und 3.1.2). Kohli benützt die Formel einer „vom Ich aus strukturierten und verzeitlichten Selbst- und Weltauffassung" (Kohli 1989: 251). *Nur in Form dieser Distanz zum lebensweltlichen Kontext setzt Lebensführung Enttraditionalisierung zwingend voraus.* Das schließt aber weder aus, dass sie an traditionell gegebenen Zielen ausgerichtet wird noch schließt es aus, dass traditionelle Lebensformen *gewählt* werden können.

Traditionelle Ziele werden beispielsweise von religiösen Fundamentalisten individuell gewählt und verfolgt. Eine traditionelle Lebensform wählt z. B. jemand, der sich entschließt, einem Mönchsorden beizutreten.

3.2.4 Individualisierte Lebensführung zwischen Freiheit und Zwang: eine Neuinterpretation von Beck und Rosa

Weil Becks Enttraditionalisierungsthese offensichtlich hochproblematisch ist, möchte ich eine ganz andere Lesart seiner Diagnose einer ,Individualisierung im Modus der Vergesellschaftung' vorschlagen, die sich allerdings auf Veränderungstendenzen individualisierter Lebensführung während der *gesamten* Moderne bezieht. Ich schlage vor, diese Individualisierungstendenz nicht als eine Folge von Enttraditionalisierung, sondern als Folge einer Tendenz der ,*Entmaterialisierung der sozialen Beziehungen'* zu verstehen. Sie ist eine praktische Folge der Durchsetzung von Märkten und Tauschbeziehungen. Zuvor konnte das materielle Überleben nur in Solidarformen von Produktionsfamilie, Nachbarschaft Verwandtschaftssystemen politischen Verbänden organisiert werden. Daher hatten die Sozialbeziehungen immer eine materielle Bedeutungsdimension.

Wie wichtig sie war, macht wohl am instruktivsten die ‚alteuropäische Todesszene' deutlich, bei der der Sterbende den Familienangehörigen seinen Segen gab und sie für den weiteren Überlebenskampf zu stärken suchte, an dem er von nun an nicht mehr mitwirken konnte (Ariès 1982: 24ff.).

Unter Tausch- und Marktbedingungen greift *die Gesellschaft dagegen zunehmend auf den Einzelnen zu, weil er seine materielle Reproduktion immer weniger in Solidarverbänden der Familie, der Zunft, der Nachbarschaft organisieren kann.*

Das hat zwei eng miteinander verknüpfte Folgen. Erstens muss sich die Lebensführung deswegen an den *Problemen individueller Geld- und Zeitknappheit* orientieren. In diesem Kontext gehört u. a. die Beschleunigung des Lebenstempos (Rosa). Zweitens wird dadurch eine *Bedeutungsverlagerung der sozialen Beziehungen* möglich: man ist nicht mehr aus Gründen des Überlebens auf Andere angewiesen, sondern kann sich beim Aufbau sozialer Beziehungen an eigenen Neigungen und Präferenzen orientieren. Damit wird die Chance, sich in selbstgewählten sozialen Kreisen (Simmel) zu verorten, auch der großen Masse der arbeitenden Bevölkerung zugänglich. Allerdings muss man sich während der zum Zweck des Gelderwerbs durch Arbeit abgetretenen Zeitspanne in eine von fremden Interessen bestimmte Zwangsvergesellschaftung einfügen. Während die Produktionsfamilie eine vom gemeinsamen Überlebenswillen getragene Solidargemeinschaft war, dient die Zusammenarbeit mit den Arbeitskollegen dem Interesse des Unternehmens.

Weil traditionell gegebene Sozialformen wie Familienarbeit, Nachbarschaftshilfe, wechselseitige solidarische Unterstützung, seit der Industrialisierung zunehmend ihre materielle und existenzielle Bedeutung verlieren, greift die Gesellschaft *auf zweifache Weise individuell* auf ihre Mitglieder zu: jeder *muss* seine eigene Existenz in materieller Hinsicht über die ‚kontinuierliche Wiederbeschaffung von Geld' *individuell* sichern und er *kann* seine individuellen Präferenzen und Neigungen zur Richtschnur für das Eingehen sozialer Beziehungen machen. Mit der Individualisierung ist also zugleich eine *Ausdifferenzierung in der sozialen Verbindlichkeit der Lebensführung* verbunden: es gibt Aufgaben, denen man sich sozial individuell verbindlich stellen muss (=gesellschaftlich erzwungener Individualismus) und es gibt Möglichkeiten zwischen denen man frei wählen kann (=biographische Individualisierungschance).

Vielleicht ist es zutreffender, von einer Dialektik von Freiheit und Zwang reden, da sich beide Gesichtspunkte zwar analytisch aber nicht in der Realität reinlich voneinander trennen lassen. Der Gegenpol taucht nämlich immer wieder als untergeordnete Kategorie auf. Denn dem existenziellen Zwang zur ständigen Geldbeschaffung kann man nur unter den Bedingungen der Wahlfreiheit nachkommen. Dagegen lauert im Hintergrund des Reiches der freien Beziehungswahl das Damoklesschwert der sozialen Vereinsamung.

Die Realität individualisierter Lebensführung ist noch verzwickter, weil unter den Bedingungen von Lohnarbeit Freiheit und Zwang auch noch *sektoral* voneinander getrennt werden, ohne dass dabei eine vollständige Entmischung gelingt. Der zum Zweck des Gelderwerbs abgetretenen Zeit (Zwang) steht die Freiheit der Geldverwendung als Konsument gegenüber. Und der Freiheit der Beziehungswahl in der ‚Freizeit' steht der Kooperationszwang und das Befolgen Müssen von Anweisungen während der Arbeitszeit gegenüber.

Ich halte also Becks These einer individualisierten Vergesellschaftung für weiterführend, wenn man sie *nicht* mit der Enttraditionalisierung und der Erosion von Lebensformen kurz schließt, sondern sie auf einer rein strukturellen Ebene begründet. Einen Einstieg in einen solchen strukturellen Zugang ermöglicht die Beobachtung, dass Zwang, also gesellschaftliche Normierung, und Freiheit, also an individuell gesetzten Kriterien orientierte Selektion aus Möglichkeiten, einerseits der Tendenz nach sektoral getrennt werden (z. B. Arbeitszeit versus Freizeit) aber sequenziell immer wieder miteinander verknüpft werden müssen (z. B. Konsumfreiheit und Ernährungszwang; weisungsabhänge Lohnarbeit und selbstbestimmte Ausführung von Arbeitsaufgaben). *Individualisierte Vergesellschaftung scheint also zu bedeuten, dass gesellschaftlicher bzw. biologischer Zwang und individuelle Freiheit einerseits auf der Ebene gesellschaftlicher Bedingungen entmischt wurden, aber andererseits in den Prozessen und Vollzügen der individualisierten Lebensführung miteinander verknüpft werden müssen.*

Nicht in der Realisierung eines angeblichen Autonomieversprechens der Moderne (Rosa), sondern in dem Erfordernis, für das eigene Leben die strukturell entmischten Aspekte Freiheit und Zwang unter einen Hut zu bekommen, sehe die eigentliche ‚Aufgabe' individualisierter Lebensführung unter den Bedingungen von Lohnarbeit.

Die sektorale Ausweisung von ‚Freiheitsräumen'[67] wirft aber nicht nur das Problem auf, im Rahmen individualisierter Lebensführung Freiheit und Zwang wieder zusammen zu bringen. Es signalisiert weiterhin, dass für die gesellschaftliche Inklusion nicht mehr das Befolgen einer allgemein verbindlichen Ordnung ausreicht. Darüber hinaus werden je individuelle Aktivitäten (vgl. auch 2.8.4.3) und eben auch individuell gesetzte Selektionskriterien *erwartet*. Daher ist es auch zu kurz gegriffen, Individualisierung als ein *nur für die Kultur* der Moderne charakteristisches Projekt anzusehen (vgl. Rosa 2005: 359ff.). Zugleich ist Individualisierung (neben der funktionalen Differenzierung) ein grundlegendes Element der *sozialen*

---

67   Zur Semantik von Freiheit und Freizeit vgl. Nahrstedt 1972

Struktur und der *sozialen Ordnung* der Moderne (vgl. Abschnitt 2.7.4 sowie bereits Durkheim 1986; 1992).

Drittens muss registriert werden, dass Tauschprozesse die eigentliche, strukturelle Wurzel individualisierter Vergesellschaftung bilden. An anderer Stelle (vgl. unter 2.7.2.5) haben wir bereits gesehen, dass schon beim Austausch von Prestigegütern, sobald er nicht mehr vollständig rituell geregelt ist[68], sowohl *individuelle* Präferenzen wie auch *unterschiedliche* Fähigkeiten zum Zuge kommen. Nur dadurch kann es zu Zentralisierungsprozessen kommen, die dann letztlich zur Staatenbildung und zu einem sozial verselbständigten Leistungsbereich führen. Damit gerät das Individuum zunächst unter Leistungsmerkmalen ins gesellschaftliche Blickfeld (Stichwort: Arbeit für die Götter; vgl. den Abschnitt 2.8.2).

Wenn nun im Anschluss an Beck 1986 eine Individualisierung im 'Modus der Vergesellschaftung' registriert werden kann, dann muss sich genau dieser gesellschaftliche Blick auf das je einzelne Gesellschaftsmitglied gegen andere Raster, insbesondere die Einordnung in die Generationenfolge und das Verwandtschaftssystem (aber auch gegen Kollektivmerkmale wie politische oder 'Volkszugehörigkeit') durchgesetzt und verallgemeinert haben. Die hohe Relevanz *individueller Leistungspotentiale* zeigt sich in der entwickelten Moderne vor allem daran, dass man nur als Produzent, Verkäufer oder Abnehmer von Waren und Dienstleistungen einen Beitrag zur gesellschaftlichen Leistungsbilanz leisten kann[69]. Die Entwicklung und gesellschaftliche Nutzung dieser je individuellen Leistungspotentiale läuft wiederum über die Verschränkung von Freiheit und Zwang (Chance zur Entfaltung der je individuellen Potentiale, Neigungen und Präferenzen/ Zwang zur permanenten Geldbeschaffung) in der individualisierten Lebensführung.

Bevor im folgenden Abschnitt aus dieser Neuinterpretation der Individualisierungsthese weitere Folgerungen gezogen werden, soll noch erläutert werden, wieso hierdurch die bei Rosa und Beck aufgetretenen Interpretationsprobleme gelöst werden können.

Bei Rosa ergaben sich vor allem zwei Probleme.

Erstens: Seine Paradoxie eines Zeitgewinns durch Technisierung bei permanenter Beschleunigung des Lebenstempos beschreibt nur teilweise die Realität. Sie ist auch ein Artefakt seines auf den Aspekt des Lebenstempos verkürzten Blicks auf die Lebensführung. Wenn man dagegen davon ausgeht, dass jede Form von

---

68 Das wohl bekannteste Bsp. für *vollständig rituell* geregelten Austausch ist der Kulatausch; vgl. Malinowski 1979: 115ff.

69 Dieser Gesichtspunkt liegt explizit der volkswirtschaftlichen Gesamtrechnung zugrunde, über die nicht zuletzt das Wirtschaftswachstum ermittelt werden kann. Welche Information über eine Gesellschaft wird heute als wichtiger angesehen als das Wirtschaftswachstum?

Lebensführung Knappheitsprobleme, insbesondere die Knappheit von Geld und Zeit bearbeitet, dann löst sie sich in die operative Grundfrage auf: wofür verwende ich welchen Teil meiner knappen Zeit, wofür habe ich dagegen keine Zeit.

Zweitens: Seine Gegenwartskritik (Stichworte: situative Identität; Autonomieversprechen eines selbstgestalteten Lebens kann nicht eingelöst werden) beruht auf Folgerungen, die alles andere als zwingend sind.

Hier ist der Ansatzpunkt für eine Weiterentwicklung folgender: Die Grundlage für Rosas Epochenunterscheidung auf der Ebene des Lebenstempos bildet die These, dass in der Spätmoderne das kulturelle Versprechen autonomer Lebensgestaltung nicht mehr eingelöst werden könne. Als Anhänger der kritischen Theorie sollte Rosa eigentlich wissen, dass dieses Versprechen auf *einer individuellen Ebene* nie ohne Widersprüche existiert hat (vgl. bereits Marx 1972: 183). Genau deswegen wollte der orthodoxe Marxismus ja qua Revolution die geeigneten institutionellen Rahmenbedingungen schaffen, um das mit der Industrialisierung möglich gewordene ‚Reich der Freiheit‘ zu realisieren. Im Anschluss an einen Satz von Adorno[70] könnte man nun formulieren: Da die Realisierung dieser Idee nicht gelungen ist, werden wir in unserer alltäglichen Lebensführung mit der Dialektik von Freiheit und Zwang konfrontiert. Und zwar insbesondere dort, wo die kapitalistische Modernisierung sich durchsetzt.

Mit anderen Worten: Das ‚Autonomieversprechen‘ war und ist nach wie vor immer nur eine Seite der Medaille. Es konnte bereits in der klassischen Moderne nie in vollem Umfang und ohne Brüche eingelöst werden. Auch wenn Biographien vielleicht in den 1950er Jahren besser kalkulierbar waren als heute, hat das ja keineswegs bedeutet, dass die Beschäftigen beispielsweise mit dem Belastungsaspekt ihrer Arbeit autonom umgehen konnten. Ich kann auch nicht erkennen, dass die familiale Normalbiographie eine ‚autonome‘ Gestaltung der eigenen Biographie jenseits von Konformitätszwängen ermöglicht haben soll. In der klassischen wie in der Spätmoderne scheint mir gelingende Lebensführung vor allem zu bedeuten, dass man sich mit diesen Widersprüchen einigermaßen arrangieren kann und sein Leben meistert.

Ebenso wenig wie das ‚gebrochene Autonomieversprechen‘ scheint mir weder Becks Individualisierungsthese noch meine Neuinterpretation der ‚individualisierten Vergesellschaftung‘ geeignet zu sein, eine Epochenunterscheidung innerhalb der Moderne zu rechtfertigen. Mit Rosa gehe ich davon aus, dass Individualisierung sowohl auf der Ebene der Vergesellschaftung wie der Lebensführung schon in der

---

70 „Philosophie, die einmal überholt schien, erhält sich am Leben, weil der Augenblick ihrer Verwirklichung versäumt ward." (Adorno 1966: 15)

klassischen Moderne existiert und sich eher kontinuierlich als diskontinuierlich entwickelt hat.

Drittens: Weil Vergesellschaftung in der Moderne nicht mehr ausschließlich traditionell erfolgen kann, sich also nicht mehr im Nachvollzug von Alters-, Geschlechts- und Statusrollen samt zugehöriger Normen im familialen Sozialisationsprozess erschöpft, kommt der Identitätsbildung eine wesentlich zentralere Rolle zu als die in diesem Kapitel behandelten Kritiker der spätmodernen Identitätsbildung (vor allem Rosa, Bauman, Sennett) zu vermuten scheinen. Daher eignet sich diese Kategorie denkbar schlecht, um an ihr Epochenunterscheidungen innerhalb der Moderne festzumachen.

Rosa (2005: 352ff.) wie Bauman (vgl. den Abschnitt 3.5.6) scheinen in der Identitätsbildung nur eine Art Echo der gesellschaftlichen Verhältnisse zu sehen und neigen daher zu funktionalistischen Fehlinterpretationen, die immer auf eine Anpassung der Subjektivität an die gesellschaftlichen Verhältnisse und ihre Imperative hinauslaufen. Nach klassischer Lesart (Mead 1973: 194ff.; 1987: 241ff.) ist der gesellschaftlich geformte Aspekt der Identitätsbildung, das me, jedoch eine Synthetisierungsleistung des Individuums: es macht sich aus dem kommunikativen Feedback zu seiner Person einen Reim auf das ‚me‘. Erst wenn man eine Vorstellung entwickelt hat, wer man selbst ist, kann man kompetent und relativ enttäuschungsfest interagieren. Ein solche komplexe Identitätsbildung ist bereits erforderlich, um auch nur den traditionellen Teil der Sozialisationsprozesse aktiv durchlaufen zu können, wo es ja immer auch um Konformität geht, also um den Umgang mit Kommunikationen wie: „Du bist aber ein frecher (bzw. lieber bzw. bösartiger bzw. sensibler...) Junge".

Wesentlich folgenreicher werden Identitätskonstruktionen dann in der sekundären und tertiären Sozialisationsphase z. B. bei der Berufswahl. Nur wenn ich herausgefunden habe, welches Tätigkeitsspektrum mir ‚liegt‘ bzw. umgekehrt meinen Neigungen, Erwartungen, Fähigkeiten nicht entspricht, kann ich meine entsprechenden Handlungsstrategien adäquat ausrichten. Hier ist ein darauf hin entwickeltes ‚me‘ unverzichtbar, um sowohl eine persönlich befriedigende Tätigkeit zu finden wie auch eine möglichst weitgehende gesellschaftliche Nutzung der je individuellen Potentiale zu ermöglichen.

In eine entwickelte Identität kann daher sowohl das integriert sein, was Soziologen landläufig unter Individualisierung verstehen wie auch Imperative von Traditionen. Wie Mead betont hat, positioniert sich das erwachsene Individuum qua sozialer Identität auf *allen* die Gesellschaft ausmachenden Feldern. Wenn man wie Beck Individualisierung gegen traditionelle Lebensformen ausspielt, unterschätzt man die Komplexität der Identitätsbildung. Ebenso wenig erlauben noch so plausible Analysen der Irrationalität des Fernsehkonsums (Rosa 2005: 438f.) einen Rückschluss auf eine verkürzte, nur noch situative Identität. Derartige Folgerungen unterschätzen die Komplexität der Identitätsbildung bei weitem. Unter anderem postulieren sie, dass alle Praktiken der Lebensführung einem in der Identität fixierten Schema folgten. Weder kann noch muss man sein gesamtes Leben reißbrettartig durchstrukturieren, um eine nach klassischen Maßstäben gelungene Identitätsentwicklung für sich beanspruchen zu können. Auch die Identifikation mit einigen Werbebotschaften muss nicht zwingend auf eine Regression der gesamten Identität hindeuten.

Auf solchen Kurzschlüssen basierende Gesellschaftskritik ist schlicht – sorry! – schlechte Soziologie. Unabhängig davon müssen Psychopathologien ernst genommen werden, vor allem dann, wenn sie sich wie z. B. Burnout auszubreiten scheinen. Aber auch hier gilt es, das komplexe Zusammenspiel von Freiheit und Zwang zu beachten. Es dementiert allzu simple Gesellschaftskritik, wenn sie mit der pauschalen Kausalitätsprämisse arbeitet, ‚die gesellschaftlichen Verhältnisse‘ hätten diese Probleme ‚verursacht‘. Sie können ihr Auftreten nur *begünstigt* haben. Während bei Grippeepidemien das körperliche Immunsystem die Ausbreitung begrenzt, wirkt bei ‚sozialen Krankheiten‘ die Lebensführung als eine vergleichbare Art Filter. Nur wenn die Lebensführung keinerlei Selbstschutzkapazität in Form individueller Lebens- und Überlebensinteressen mehr mobilisieren kann, dann würden gesellschaftliche Verhältnisse auf vergleichbare Art und Weise ‚durchschlagen‘ wie Grippeviren, die auf keine Antikörper treffen.

Der Vergleich mit dem Immunsystem hilft aber noch in anderer Hinsicht weiter. Epidemien können sowohl gesellschaftlich wie individuell bekämpft werden. Im ersten Fall wird die Ausbreitung gefährlicher Viren z. B. durch Kontaktunterbrechung (Quarantäne usw.) bekämpft, im zweiten Fall wird die individuelle Widerstandsfähigkeit z. B. durch Impfung gestärkt. Auch bei der Eindämmung von Psychopathologien bzw. gesellschaftlichen Fehlentwicklungen können sowohl gesellschaftliche Maßnahmen wie auch die individualisierte Lebensführung wirksam werden. Dasselbe gilt aber auch sinngemäß für positiv bewertete Entwicklungen. Sie werden sich nur dann voll durchsetzen, wenn beide Ebenen zusammenspielen. Wir müssen also mit komplizierteren Verhältnissen rechnen.

Zusammenfassung

1. Beck wie Rosa unterscheiden sich von den übrigen neueren Gegenwartsdiagnosen zu Veränderungen in der gesellschaftlichen Subjektivität des modernen Individuums dadurch, dass sie zu einem Gesamtbild zu kommen suchen. Es wird durch den Rückgriff auf jeweils ein zentrales Element von Lebensführung

geprägt (persönlich-biographische Lebensführung; Umgang mit knapper Lebenszeit).

2. Rosa wie Beck können ihre jeweilige Gegenwartsdiagnose nicht überzeugend begründen. Um zu seiner Gegenwartsdiagnose einer Regression auf situative Identität und eines ‚rasenden Stillstands' zu kommen, muss Rosa allzu viele Möglichkeiten und Risiken der Lebensführung in kausale Zusammenhänge umdeuten. Dagegen gelingt es Beck nicht, Individualisierung über das Enttraditionalisierungsargument plausibel von der Industriemoderne abgrenzen.

3. Daher wird eine Neuinterpretation von Rosa und Beck vorgeschlagen. Für sie ist die These einer Entmaterialisierung der sozialen Beziehungen (im Anschluss an die Auflösung der vor- und frühmodernen Produktionsfamilie) zentral. Sie ist besser geeignet als Becks Enttraditionalisierungsthese den Übergang auf persönlich-biographische Lebensführung zu erklären. Die Entmaterialisierung der sozialen Beziehungen führt dazu, dass Zwänge des Überlebens und Freiheiten der Beziehungswahl sektoral getrennt auftreten, aber in den Praktiken individualisierter Lebensführung miteinander verknüpft werden müssen. Damit wird Rosas Bewertungsmaßstab eines kulturellen Autonomieversprechens auf plausible strukturelle Sachverhalte zurück geführt und durch den Einbezug von Zwangselementen relativiert.

3.3   Zwischenbetrachtung: Thesen zur individualisierten Lebensführung in modernen Gesellschaften

In der Einleitung zu diesem zweiten Abschnitt des dritten Kapitels wurde erwähnt, dass Beck wie Rosa ein Alleinstellungsmerkmal gegenüber anderen Gegenwartsdiagnosen auf diesem Themenfeld aufweisen. Beide versuchen eine Epochenunterscheidung innerhalb der Moderne mit gesamtgesellschaftlichen Veränderungen zu begründen, um dem selbst gesetzten Anspruch gerecht zu werden, eine neue Theorie für eine neue Gesellschaft zu präsentieren. Andere Gegenwartsdiagnostiker setzen dagegen vorwiegend auf punktuelle Beobachtungen und Analysen, die sie mit dem Anspruch verbinden, den ‚Nerv' der Zeit zu treffen. Als Beiträge zum Forschungsstand können ihre Analysen dann am besten verarbeitet werden, wenn man sie in größere Zusammenhänge einordnen kann. So ist vor allem Rosa vorgegangen. Da seine Epochenunterscheidung der Kritik ebenso wenig standgehalten hat wie Becks Versuch die Individualisierungsthese für die zweite Moderne zu reservieren, müssen wir nun aus der kritischen Diskussion eine erste inhaltliche

Zwischenbilanz in Thesenform ziehen. Sie soll eine Grundlage schaffen, um in den folgenden Abschnitten die eher punktuellen Beobachtungen ‚einzuordnen'.

Erste These: *Lebensführung ist nicht generell ‚moderner', sondern komplexer und uneinheitlicher geworden.*

Ich vermute, dass sich gegenwärtig abzeichnende Veränderungen auf der Ebene individualisierter Lebensführung nicht als generelle Zäsuren ausflaggen lassen[71]. Im Sinne einer groben und noch zu pauschalen Leitthese könnte man eher vermuten, dass die Lebensführung nicht einfach generell ‚moderner' (Beck) bzw. ausweglos (Rosa) geworden ist, sondern eher *komplexer und uneinheitlicher*. Wie auch bei Beck und Rosa im ‚Subtext' anklingt, müssen immer mehr Bedingungen und Möglichkeiten beachtet werden. Auch habe die Häufigkeit von Selektionsentscheidungen zugenommen. Damit nehmen auch die Weichenstellungen zu, entlang derer sich soziale Differenzen entwickeln können.

Zweite These: *Lebensführung und Identitätsbildung verarbeiten strukturelle wie kulturelle Rahmenbedingen / Veränderungen kontingent. Das verkompliziert das Identifizieren von generellen Veränderungstendenzen.*

Jede Analyse muss mit der Kontingenz von Lebensführung und Identitätsbildung rechnen. Daher muss sorgfältig zwischen veränderten Rahmenbedingungen der Lebensführung und Reaktionen auf diese Veränderungen unterschieden werden. Jeder Strukturwandel muss daher auf beiden Ebenen einschließlich ihres Zusammenspiels analysiert werden.

Für *individualisierte Lebensführung* in modernen Gesellschaften unter den Bedingungen von Lohnarbeit ist es daher wichtig zwischen den durch die Lohnarbeit und den Arbeitsmarkt gesetzten strukturellen Rahmenbedingungen und einer auf die neuen Verhältnisse ‚eingestellten' und reagierenden Lebensführung zu unterscheiden.

Dagegen sollen bei der *sozial standardisierter Lebensführung* der Anhänger religiöser oder politischer Bewegungen beide Ebenen miteinander synchronisiert werden. Die jeweilige sozial verbindliche Definition des allein relevanten Knappheitsproblems und seine ebenso verbindliche Lösung sollen religiöse bzw.

---

71 U. a. hat der Autor vor Jahren in einem DFG-Projekt vergeblich versucht, in einem drei Generationen Vergleich generelle Veränderungen der Lebensführung zu ermitteln.

politische Heilswege auf die Ebene je individueller Lebensführung transportieren. Sie operationalisieren verbindlich, wie der jeweilige Anhänger seine Lebenszeit verwenden soll. Deswegen wurden neue Anhänger in sozialer Hinsicht als neue Menschen (Beispiel: aus Saulus wurde Paulus) verstanden und ihre Lebensführung nach der ‚Bekehrung' wurde als Neuanfang interpretiert. Wo diese ‚Gleichschaltung' der Lebensführung tatsächlich gelungen ist, ging von solchen Bewegungen eine revolutionäre Kraft aus (Weber: charismatische Revolution/ revolutionäres Charisma; vgl. z. B. 1972: 155ff.).

Dagegen bleiben bei individualisierter Lebensführung die gewachsene Identität und damit korrespondierende Strategien zunächst erhalten. Erst in dem Maße, wie sich die als relevant angesehenen Knappheitsprobleme verändern bzw. neue Möglichkeitsräume/ Chancen entdeckt werden, verändert sich auch die Lebensführung.

Im Extremfall können ‚modernere' Rahmenbedingungen auch dazu benutzt werden, traditionelle Lebensziele zu realisieren. Sie können sogar dadurch erst ‚realistisch' werden[72].

Dritte These: *Mit der Lohnarbeit werden Rahmenbedingungen für die Lebensführung gesetzt, die die Entwicklung von Mustern einer an individuellen Interessen und Neigungen orientierten Lebensführung begünstigen.*

Das hängt vor allem damit zusammen, dass in diesen Rahmenbedingungen eine *Entmischung von Freiheit und Zwang* erfolgt ist. Beide strukturell entmischten Pole können und müssen in der je individuellen Lebensführung wieder miteinander verbunden werden. Man kann dies auch wie Beck gesellschaftspolitisch lesen. Aufgrund des hohen Differenzierungsgrads produzieren moderne Gesellschaften unabgestimmte und auch widersprüchliche Rahmenbedingungen, die nur noch biographisch zusammengebracht werden können. „Alles, was aus systemtheoretischer Perspektive getrennt erscheint, wird zum integralen Bestandteil der Individualbiographie: Familie und Erwerbsarbeit, Ausbildung und Beschäftigung, Verwaltung und Verkehrswesen… Lebensführung wird unter diesen Bedingungen zur *biographischen Auflösung von Systemwidersprüchen* (z. B. zwischen Ausbildung und Beschäftigung, rechtlich unterstellter und realer Normalbiographie)." (Beck 1986: 218f.; Hervorhebung im Original)

---

72 So konnte beispielsweise für niederbayerische Industriearbeiter gezeigt werden, dass das dem bäuerlichen Milieu entstammende biographische Projekt die Familiengründung mit dem Bau eines eigenen Hauses zu verknüpfen, erst durch die vergleichsweise gut bezahlte Arbeit in der Automobilindustrie in fast allen Fällen schnell verwirklicht werden konnte (Brock/ Vetter 1986).

Auch hierdurch unterscheidet sie sich sowohl von vormodernen Lebensformen wie von religiösen bzw. politischen Heilswegen, wo Freiheit und Zwang, wollen und müssen, nur in Synthesen vorkommt. Deswegen sind politische und religiöse Bewegungen für ihre Anhänger direkt ‚lebbar‘. Lohnarbeit wird dies erst, wenn eine ‚persönlich-biographische Lebensführung‘ (Beck) *das Erforderliche mit dem Erwünschten verbinden* kann. Auf diese Weise wird nicht nur Lohnarbeit, sondern allgemeiner: jede Form einer geld- und markabhängigen Lebensführung lebbar[73].

Das ‚Ich‘ muss also nicht nur in der Identitätskonstruktion enthalten sein, sondern diese muss in ‚individuelle Projekte‘ übersetzt werden können, damit Lohnarbeit gelebt werden kann. Insofern wird die Ich- Perspektive nicht nur aufgewertet, sondern *sie ist für jede gelebte Synthese von Freiheit und Zwang strukturell notwendig*. Aus dem Blickwinkel des gesellschaftlichen Leistungsbereichs (=der gesellschaftlichen Funktionssysteme) wird auf diesem Wege ein für Innovation und Dynamik unverzichtbares Eigeninteresse mobilisiert, das für Arbeitsmotivation und für Investitionen in das eigene Humankapital unverzichtbar ist.

Die Entmischung von Freiheit und Zwang fungiert als ein verbindlicher Enttradionalisierungsmechanismus: wo *gewählt* werden *muss*, bestehen auch traditionelle Praktiken nicht einfach weiter. Wenn man sie weiterhin praktiziert, dann hat man sie mindestens insofern gewählt, als man sich nicht für Alternativen interessiert hat. Typischer ist aber, dass sie als nützlich oder richtig angesehen oder zumindest über eine solche individuelle Präferenz gerechtfertigt werden. So ist es beispielsweise für gelernte Arbeiter ‚nützlich‘ oder ‚praktisch‘ geworden, dass man auf Arbeitssuche nach altem Handwerkerbrauch unterwegs bei einen Handwerksmeister kostenlos übernachten kann (vgl. Autobiographien Fischer und Holek; Fischer 1903: 123ff.; 1904: 2ff.; Holek 1909: 74ff). Das Beispiel zeigt, wie die *traditionelle Geltung* solcher Traditionen als Selbstzweck (bzw. als bedingungslose Orientierung am Vorbild der ‚Alten‘) durch die generell verbindlich gewordene Wahlfreiheit in jedem Fall kassiert wird. Wenn Beck von durch Stand und Klasse geprägten Lebensformen

---

73 Der theoretisch interessierte Leser wird an dieser dritten These unmittelbar erkennen können, in welcher Weise hier die Positionen von Beck und Rosa aufgenommen, modifiziert und miteinander verbunden wurden. Rosas der *Kultur* der Moderne entnommene Autonomieversprechen wurde als *strukturelles* Merkmal (Geld, Lohnarbeit…) umgedeutet, weil eine für alle Gesellschaftsmitglieder in gleicher Weise gegebene Kultur der Moderne vermutlich nie existiert hat bzw. erst einmal nachgewiesen werden müsste. Auf dieser Ebene wird dann unübersehbar, dass unverbunden neben der Autonomie Zwänge existieren, denen im Alltagsleben über die autonome Gestaltung des eigenen Lebens nachgekommen werden muss. Daran wird Becks persönlich-biographische Lebensführung direkt anschlussfähig, weil sie zeigt, dass und wie solche Synthesen je individuell hergestellt werden.

spricht (vgl. v. a. Beck 1983/ 1994), dann unterstellt er immer die bereits moderni-sierte Variante eines *gewählten bzw. als Präferenz legitimierten* Traditionalismus. Das Zusammenspiel von struktureller Entmischung und gelebter Synthese von Freiheit und Zwang begünstigt eine Pluralisierung der alltäglichen gesellschaftlichen Praktiken. Mit anderen Worten: aus festen Formen, werden zunehmend (legitime) Möglichkeitsräume, aus denen unter Individualinteressen selektiert wird. Diese Entwicklung wird dadurch begünstigt, dass nur noch solche sozialen Praktiken reproduziert werden können, die für Individualinteressen anschlussfähig sind[74].

Vierte These: *Lohnarbeit setzt der Lebensführung Rahmenbedingungen, die Aufgaben der Lebensführung sektoral spezifizieren.*

Mit dieser vierten These wird die dritte These auf die spezifischen Bedingungen von Lohnarbeit zugeschnitten.

Für die *Nichteigentümer an Produktionsmitteln* werden Arbeit und Freizeit, Wohnort und Arbeitsort zu zwei unterschiedlichen Lebensbereichen. In dieser sektoralen Trennung kristallisiert sich die sachliche *Unterscheidung zwischen Re-produktionszwang und Reproduktionsfreiheit*. Neben den zum Überleben unabding-baren Verkauf der Arbeitskraft gegen Geld tritt die formell freie Geldverwendung zu reproduktiven Zwecken. Während die sektorale Trennung dieser Aspekte gerade in der Gegenwart zunehmend überwunden wird (z. B. Heimarbeit und sog. Schein-selbständigkeit), kann die sachliche Unterscheidung zwischen Geldbeschaffung durch Arbeit und durch Geldverwendung bedingte Reproduktionsfreiheit nicht eingeebnet, sondern allenfalls unscharf werden (Vgl. Voß/ Rieder 2005). Für die strategische Ausrichtung Lebensführung gilt daher immer das entweder/oder von Geldbeschaffung oder Geldverwendung, Erwerbsarbeit oder Konsum.

Die Imperative der Geldbeschaffung und Geldverwendung nötigen noch zu einer zweiten grundsätzlichen Unterscheidung zwischen *individualisierter Geld-verwendung und davon entkoppelter Vergesellschaftung*. Auf beiden Feldern muss die Lebensführung *unterschiedliche* Knappheitsprobleme lösen und sich daher auf unterschiedliche Weise ,bewähren'. Solange der Mensch als ein soziales Wesen an-gesehen werden muss, ist er auf Vergesellschaftung substanziell angewiesen. Unter geldwirtschaftlichen Bedingungen wird aber die Frage des materiellen Überlebens von der Frage des sozialen Überlebens abgetrennt (siehe oben unter 3.2.4: These der Entmaterialisierung der sozialen Beziehungen). Diese Differenzierung trennt

---

74 Das schließt selbstverständlich individuelle Entscheidungen für Fundamentalismus
    oder auch Terrorismus sowie die Ablehnung des ,westlichen Lebensstils' mit ein.

allgemeine Aufgaben, Denkhorizonte und Erfolgskriterien voneinander. Daher wird die Herstellung sozialer Beziehungen zu einer von der Geldbeschaffung und Geldverwendung *unabhängigen* Aufgabe der Lebensführung. Die durch die eigene Lebensführung hergestellte Vergesellschaftung tritt tendenziell an die Stelle eines selbstverständlich gegebenen sozialen Umfelds[75].

Allerdings stellt sich das Problem der Vergesellschaftung in unterschiedlicher Weise, je nachdem ob man sich im Bereich abgetretener oder frei verfügbarer Lebenszeit bewegt. Im Bereich frei verfügbarer Lebenszeit wird unter dem Vorzeichen der Wahlfreiheit daher die Aufnahme von Freundschaften und das Ausleben von Neigungen und Interessen in selbstgewählten sozialen Kreisen zur Aufgabe der Lebensführung. Im Bereich abgetretener Lebenszeit *muss* die vergesellschaftete Erwerbsarbeit gelebt werden können: man muss auch mit Kollegen, die man sich nicht aussuchen konnte, einen freundschaftlichen Umgang pflegen, zumindest aber ,gut zurecht kommen'.

Daher gelangen wir zu folgender 4-Felder-Tafel, die *Aufgaben* der Lebensführung differenziert:

	Reproduktionszwang vs. Reproduktionsfreiheit	
individualisierte Lebensführung vs.	Lösung des Wiederbeschaffungsproblems durch Verkauf der Arbeitskraft (Aufgabe 1)	Geldverwendung zu reproduktiven Zwecken (Aufgabe 2)
durch Lebensführung herstellbare Vergesellschaftung	abhängige Arbeit leisten bzw. sich qualifizieren (Aufgabe 3)	,selbstbestimmte soziale Kreise' (Aufgabe 4)

Fünfte These: *Der soziale Wandel wird vor allem aufgabenspezifisch registriert und wirksam.*

Aus dieser These folgt für die soziologische Analyse vor allem, dass man Lebensführung unter den Bedingungen der Lohnarbeit sicherlich durch Merkmale wie

---

75 Die Beziehungsebene kann in Grenzen mit der Geldebene verknüpft werden. Die Grenzen werden explizit durch die Moral und z. T. auch vom Rechtssystem gezogen. Diese Grenzen halten den Grundsatz fest, dass nicht alle sozialen Beziehungen käuflich sein dürfen (vgl. Luhmann 1988: 230ff.).

Geld- und Marktabhängigkeit generell charakterisieren kann. Dabei muss man aber beachten, dass sie nur in den Aufgabenbereichen 1 und 2 zu den Hauptthemen gehört. Dort steht jeweils nur eine Perspektive, die Geldbeschaffung bzw. die Geldverwendung im Vordergrund der Lebensführung.

Die Spezifizierung zu Aufgaben strukturiert und diversifiziert auch die individuellen Gestaltungsmöglichkeiten. Ich komme hier noch einmal auf die Dialektik von Freiheit (wollen; es kann nach individuell gesetzten Kriterien selektiert werden) und Zwang (sollen bzw. müssen: Bei der Lebensführung werden Vorgaben wirksam) zurück.

Die Aufgaben 1 und 3 (Geldbeschaffung durch Verkauf der Arbeitskraft bzw. arbeiten/ sich qualifizieren) haben Zwangscharakter. D. h. Das Müssen ist hier das Oberthema. Der Freiheitsaspekt kommt hier erst als untergeordnetes Thema bei der praktischen Bewältigung dieser Aufgaben auf. Wer über kein hinreichendes Vermögen verfügt, muss zwar dem Arbeitsmarkt zur Verfügung stehen. Welche Qualifikationen man erwirbt und wie man seine Arbeitskraft vermarktet geschieht aber auf eigene Verantwortung und in eigener Regie, hier kommt dann der Gesichtspunkt der Wahlfreiheit zur Geltung. Ebenso muss man arbeiten bzw. zur Schule gehen und ist dabei Anweisungen, Lehrplänen usw. unterworfen. Dennoch werden arbeiten wie lernen als praktische Vollzüge vorgegebener Aufgaben und Themen immer vom Akteur selbst bestimmt. Daher sorgen sich Arbeitgeber wie Lehrer und Bildungspolitiker um die Motivation der Arbeitnehmer bzw. der Schüler.

Verglichen mit vormodernen Verhältnissen hat die Entmischung traditioneller Lebensformen für die Aufgaben 1 und 3 *das neue Oberthema Zwang* hervorgebracht. Daher war vor allem die Sozialgeschichte des 19. Jahrhunderts von z. T. offener Rebellion gegen die ‚Willkür' der Unternehmer und von eher subversivem Widerstand der ‚kleinen Leute' gegen den Schulzwang geprägt. Das Unterthema Freiheit wird dagegen erst zunehmend öffentlich debattiert, *nachdem* der Arbeits- und Bildungszwang weitgehend durchgesetzt wurde. Den Einstieg markieren in der Zwischenkriegszeit vor allem die Human Relations Bewegung, aber auch pädagogische Reformversuche.

Auf den Aufgabenfeldern 2 und 4 ist die Konstellation dagegen genau umgekehrt. Hier sind Freiheit und Zwang so entmischt worden, *dass die Freiheit das neue Oberthema stellt* und der Zwang des Unterthema bildet. Bei der Geldverwendung wie in der ‚Freizeit' sind wir ‚frei', können mit unserem Geld wie mit unserer Zeit nach eigenem Gutdünken operieren. Sobald wir allerdings unsere Freiheitsräume praktisch nutzen, werden ‚Sachzwänge' wirksam. Als Konsumenten versucht uns nicht nur die Werbung zu manipulieren, sondern wir müssen uns als Käufer immer zwischen standardisierten, also vorgegebenen Waren und Dienstleistungen entscheiden. Weiterhin werden uns Nutzungsmodi und Geschäftsbedingungen vorgegebenen usw. Ebenso können wir Lebenspartner, Freunde, Bekannte, Vereine usw. frei wählen. Allerdings geraten wir auch hier in prozesshafte Abhängigkeiten von den Launen unseres Lebenspartners, den Terminplänen von Freunden und Bekannten, müssen uns Vereinssatzungen unterwerfen usw. Im Hintergrund jeder freien Beziehungswahl lauert das Wissen, dass man auch zu spät kommen und in die soziale Isolation abgleiten kann.

Wie wir spätestens seit Webers Herrschaftssoziologie wissen, führt die Auseinandersetzung mit historisch neuen *Zwängen* tendenziell in die politische Arena, weil auf diesem Feld soziale Stabilität nur über einen Konsens über die Reichweite legitimer Herrschaftsausübung zu gewinnen ist. Dagegen läuft die Nutzung historisch neuer Wahlfreiheit eher über innovative alltagskulturelle Praktiken. Sie breiten sich – nicht ohne Modifikationen – meist ausgehend von Pioniergruppen auf die übrige Bevölkerung aus. Praktiken, in denen die freie Beziehungswahl realisiert wird, sind in Künstler- und Intellektuellenkreisen schon in der Frühmoderne entwickelt worden. Über die Diffusion und allgemeine Anerkennung derartiger Praktiken als eine jedem offen stehende legitime Möglichkeit (z. B. die gesellschaftliche Akzeptanz offen gelebter Homosexualität) werden derzeit vor allem von den Medien Differenzen in der ‚Modernität' von Bevölkerungen und Regierungen (z. B. Russland und die olympischen Winterspiele von Sotschi) ausgemacht.

Die Konsumfreiheit ist in der Frühmoderne vor allem in der Form der Suche nach Luxus und nach Raritäten von reichen Adligen, aber auch von reichen Bürgern praktiziert worden. Sie war über diese beiden Pioniergruppen bereits im 18. Jh. relativ weit verbreitet, was im Handwerk zu einem auch zahlenmäßig relevanten Spezialistentum für Luxusprodukte geführt hat (vgl. für das Pariser Handwerk z. B. Stürmer 1979 oder Aagard 1980 für Venedig; für erlesene Erzeugnisse des Luxusgewerbes vgl. die Exponate im ‚Grünen Gewölbe' in Dresden). Von der Masse der Bevölkerung konnte die Konsumfreiheit erst dann ‚gelebt werden', also zu einem zentralen Motiv der Geldverwendung und damit verkoppelt auch der Geldbeschaffung werden, als die Einkommen das Existenzminimum deutlich überschritten. Erst unter diesen Bedingungen war die Geldverwendung nicht völlig von den Imperativen des bloßen Überlebens diktiert (Brock 1991), so dass ansatzweise ‚biographische Projekte' entwickelt werden konnten.

In vergleichbarer Art und Weise können auch *soziale Beziehungen* erst dann frei gewählt werden, wenn die Zwänge des nackten Überlebens so weit zurücktreten, dass nicht mehr die gesamte Lebenszeit darauf verwendet werden muss. Die Tendenz der Entmaterialisierung der sozialen Beziehungen muss also bereits erste Geländegewinne erzielt haben.

In vielen soziologischen Analysen wird immer nur ein Feld oder eine Teilproblematik dieses vielschichtigen Modernisierungsprozesses der Lebensführung erfasst.

Je nachdem, ob z. B. moderne Arbeitsformen im Fokus stehen (vgl. den Abschnitt 3.6) oder die neuen Möglichkeiten der freien Gestaltung der Sozialbeziehungen im Bereich der frei disponiblen Zeit (Simmel, Beck, Giddens; vgl. 3.7) fallen die Zeitdiagnosen düster (3.6; Sennett) oder nahezu euphorisch (3.7;. ‚life politics' bei Giddens) aus. Diese Einseitigkeiten können wir nun dadurch analytisch auffangen, dass wir diese Analysen entlang der einzelnen Felder registrieren und zunächst einmal auf dieser Ebene miteinander in Beziehung setzen.

Sechste These: Mit der in den Aufgaben der Lebensführung enthaltenen Entmischung von Freiheit und Zwang und der daraus resultierenden Anforderung, beide Pole in subjektiv plausible Praktiken miteinander zu verbinden, *kann erklärt werden, warum der individualisierten Lebensführung ein Kalkül inhärent sein muss.*

Die Charakterisierung von Lebensführung über ein individualisiertes Nutzenkalkül ist alles andere als originell (vgl. den RC- Ansatz). Allerdings hat die hier vorgeschlagene Erklärung den Vorteil, dass das Nutzenkalkül nicht über ein ideologisch eingefärbtes Menschenbild eingeführt werden muss (vgl. exemplarisch Diefenbach 2009) sondern aus den Eigenheiten der Eigentumsordnung und des Geldmediums hergeleitet werden kann. Über die These einer Entmaterialisierung der sozialen Beziehungen kann weiterhin erklärt werden, warum (in den Aufgabenbereichen 3 und 4) auch die Aufnahme sozialer Beziehungen unter ein spezifisch differenziertes Nutzenkalkül fällt. Es kristallisiert sich in dem Maße heraus, wie eine geld- und marktabhänge Lebensführung die frei verfügbare Lebenszeit von den Imperativen gemeinsam-solidarischer Daseinsbewältigung freigestellt hat und umgekehrt unter dem Zwang der Geldbeschaffung in der abgetretenen Zeit kooperiert werden muss.

Von RC-Konzepten unterscheidet sich dieses Konzept individualisierter Lebensführung weiterhin dadurch dass hier *nicht* davon ausgegangen wird, dass das individuelle Nutzenkalkül über inhaltlich beliebige, nur auf der Ebene von Menschenbildern (vgl. Esser 1993: 231ff.) eingrenzbare Präferenzskalen operationalisiert werden kann. Ich vermute vielmehr, dass sie durch die vier Aufgaben der Lebensführung, in denen reproduktive Anforderungen gesellschaftlich spezifiziert worden sind, entscheidend vorstrukturiert sind.

Dabei muss man allerdings auch die Möglichkeit einbeziehen, dass diese Aufgabenspezifizierung punktuell abgelehnt oder auch *als Lebensmodell generell verworfen werden kann.* Typischerweise werden die der Aufgabenspezifizierung zugrundeliegenden Knappheitsdefinitionen abgelehnt. Demonstrative Ablehnungspraktiken sind z. B. Selbstmordattentate, die die Knappheit der Lebenszeit[76] dementieren. Praktiken des Aussteigertums ziehen dagegen die Geldknappheit als Grundlage des materiellen Überlebens in Zweifel (z. B. ‚containern' = Ernährung aus der Mülltonne).

Siebte These: *Die individualisierte Lebensführung hat ihren Preis. Das selbstverständliche eingebettet Sein in Kollektive und das gemeinsame Überleben kann nur gebrochen als Kalkül, als individuelle Entscheidung nachkonstruiert werden. Das kumulative Risiko individualisierter Lebensführung liegt in der isolierten Verelendung.*

Insbesondere in Baumans neueren Veröffentlichungen (insbesondere Bauman 2009) stehen die Risiken und die unerfüllbaren Sehnsüchte individualisierter Lebensführung im Vordergrund. Das Risiko, zum ‚gesellschaftlichen Abfall' zu werden, besteht nicht nur in ökonomischer Hinsicht sondern auch sozial. Unter den Bedingungen selbstbestimmter Vergesellschaftung kann man nicht nur als Sexualpartner sondern auch als Kommunikationspartner unattraktiv werden. Dieses soziale Risiko wirft seine Schatten voraus. Fragen wie: was sollte man besser nicht sagen? welches Outfit ist peinlich? usw. erzeugen einen Konformitätsdruck, der die Chance selbstgewählter sozialer Kreise zur Karikatur werden lässt.

Dagegen können die Einbettung in Kollektive und die kollektive Daseinsbewältigung nur noch über Wahlentscheidungen (z. B. für den religiösen Fundamentalismus oder den politischen Extremismus) erreicht werden. Einstiege schließen auch die Hintertür des Ausstiegs mit ein. Damit bleiben *schicksalhaft vorgegebene* Gemeinschaften eine Fata Morgana des modernen Lebens[77], denen man sich wohl am ehesten noch in spontanen Hilfsaktionen (Fluthilfe, Entwicklungshilfe usw.) oder in punktuellen Gemeinschaftserlebnissen (als Fußballfan oder als Publikum auf Popkonzerten usw.) annähern kann. Auch das moderne Abenteurertum zeugt vom schalen Geschmack und dem Überdruss an einem durchkalkulierten Leben.

---

76 Dagegen wird die Geldknappheit anerkannt. So erhalten bei organisierten Selbstmordattentaten vielfach die Familienangehörigen erhebliche Geldbeträge.

77 Dazu gehört auch, dass das Leben in Gemeinschaften in hohem Maße idealisiert wird. Das hat Tradition; vgl. nicht nur die Jugendbewegung im frühen 20., sondern bereits die ‚edlen Wilden' als Thema in den Pariser Salons des 18. Jahrhunderts.

Zusammenfassung

1. Um die eher punktuellen Beiträge in den Forschungsstand einordnen zu können, wird in Form einer sieben Thesen umfassenden Zwischenbetrachtung eine erste Bilanz gezogen. Sie knüpft vor allem an die Neuinterpretation von Beck und Rosa an.

2. Hierbei zeigt sich einmal, dass es wenig aussichtsreich ist, die These eines Epochenwandels auf der generellen Ebene von Lebensführung zu verfolgen. Die Lebensführung hat sich in der Gegenwart nicht grundlegend verändert sondern ist vor allem heterogener geworden.

3. Für die Aufarbeitung der punktuellen Beiträge bietet es sich an vier Aufgabenfelder individualisierter Lebensführung zu unterscheiden, in denen die strukturelle Entmischung von Freiheit und Zwang unterschiedliche Konstellationen angenommen hat. Daher kann angenommen werden, dass individuelle Lebensführung auf diese Aufgabenfelder ausgerichtet ist. Es ist auch zu vermuten, dass relevante Aspekte des sozialen Wandels aufgabenspezifisch wahrgenommen und verarbeitet werden. Auf dieser Ebene kann auch die Frage eines möglichen Epochenwandels weiter verfolgt werden.

3.4 Die Kommodifizierungsaufgabe: Geldbeschaffung durch den Verkauf der Arbeitskraft

3.4.1 Einführung in die Thematik

Eine zentrale Aufgabe individualisierter Lebensführung besteht darin, durch den Verkauf der eigenen Arbeitskraft kontinuierlich Geld zu beschaffen, um davon das Leben und Überleben der eigenen Person zu bestreiten bzw. zur gemeinsamen Haushaltsführung beizutragen. Diese Aufgabe wird nachfolgend mit dem Begriff Kommodifizierung belegt.

Während üblicherweise das Begriffspaar Kommodifizierung/ Dekommodifizierung in der Tradition von Esping-Anderson (1990) benützt wird, um die Ergebnisse politischer und sozialer Auseinandersetzungen um die Durchsetzung der Warenform von Arbeitskraft auf einer institutionellen Ebene zu bilanzieren, wird Kommodifizierung hier zur Bezeichnung von damit in engem Zusammenhang stehenden *Strategien der Lebensführung* verwendet. Unter Kommodifizierung fallen damit alle Aktivitäten, die der Entwicklung des eigenen Humankapitals und seiner

Vermarktung dienen sowie ein darauf bezogenes Kalkül. Dekommodifizierung beschreibt dann Aktivitäten, um diesem Verwertungsbezug zu entfliehen oder ihn zu umgehen sowie ein Kalkül, das ihn ausblendet. Diese Sichtweise betont also, dass die Institution Lohnarbeit immer je individuell in Form von Strategien der Lebensführung nachvollzogen werden muss.

In zeitlicher Hinsicht unterscheidet sich die Kommodifizierungsaufgabe von den weiteren drei Aufgabenfeldern (Konsum; Familie/ soziale Beziehungen; Lohnarbeit) dadurch, dass sie das ‚Entweder – Oder‘ von frei verwendbarer und abgetretener Lebenszeit durchbricht. Zwar *zielen* Kommodifizierungsaktivitäten ausschließlich auf die abgetretene Zeit bzw. darauf, dass Lebenszeit über den Verkauf der eigenen Arbeitskraft abgetreten werden soll. Sie können aber in beiden Bereichen unternommen werden, obwohl nur die frei disponible Lebenszeit ‚eigentlich‘ dafür vorgesehen ist. Unter wohlfahrtsstaatlichen Bedingungen endet die gesellschaftliche Kommodifizierungserwartung mit dem Eintritt in den Altersruhestand (Rentenalter).

Diese Charakterisierung zeigt bereits, dass die Kommodifizierung zwar einerseits immer nur ein Teilaspekt der Lebensführung sein kann – neben abhängiger Arbeit, Familie/ soziale Beziehungen und privater Geldverwendung/Reproduktion. Andererseits hat der Kommodifizierungs*erfolg* bzw. *Misserfolg* direkte Rückwirkungen auf alle anderen Bereiche, bestimmt er doch nicht nur das in Geld messbare *Gesamtniveau der Lebensführung* sondern auch, ob und mit welchen biographischen Konsequenzen das Problem der kontinuierlichen Wiederbeschaffung von Geld gelöst werden kann. Diese biographischen Konsequenzen haben vor allem damit zu tun, mit welchem Zeitaufwand und mit welchem Ausmaß an Lebensenergie die Lösung des Wiederbeschaffungsproblems ‚bezahlt‘ werden muss.

Kommodifizierungsprozesse sind der faktischen Lohnarbeit/ abhängigen Beschäftigung vor- und nachgelagert und begleiten sie permanent. Vorgelagert ist die weitgehend der Kommodifizierung dienende Sozialisations- und Bildungsphase (KM: 289f.), nachgelagert sind die Komplexe Umschulung, Weiterbildung, Nachqualifizierung. Den Arbeitsprozess begleitet das Interesse an Regeneration, an der Sicherung des eigenen Arbeitsplatzes und am Erhalt einer marktgängigen Qualifikation. Diese Interessen werden in eher ‚informellen‘ Aktivitäten wirksam. Sie können aber auch in gemeinsame Forderungen der Belegschaft bzw. in gewerkschaftliche Aktivitäten einfließen.

Während die faktische Lohnarbeit immer vergesellschaftet ist, sind Kommodifizierungsprozesse zwangsläufig individualisiert. Denn jeder kann ja immer nur seine eigene Arbeitskraft verkaufen, solange er das Wiederbeschaffungsproblem nicht auf andere Weise lösen kann oder will. Das Ergebnis von Kommodifizierungsaktivitäten wird daher immer dem einzelnen Akteur zugerechnet und muss von ihm auch verantwortet werden.

Der *gesellschaftliche Zwang* zur Kommodifizierung ist der historische Preis, den die große Mehrheit der über kein Eigentum an Produktionsmitteln verfügenden Bevölkerung für die Abschaffung von Leibeigenschaft und Sklaverei und damit für die grundsätzliche Garantie einer selbst verantwortlichen Lebensführung bezahlen musste. Aus diesem Blickwinkel heraus hat Marx die polemische These einer ‚doppelten Freiheit' des Lohnarbeiters formuliert. Die historische Errungenschaft, dass jeder frei über sich verfügen kann, also das Kontrollrecht über die eigenen Handlungen (Coleman 1995: 41ff.) ausübt, werde von der ‚Freiheit von Produktionsmitteln' begleitet. Letztere zwinge zum Verkauf der eigenen Arbeitskraft.

Heute wird der Blick auf die Lohnarbeit vermutlich durch den Zwang zur Geldbeschaffung dominiert. Dabei wird die Dialektik von Zwang und Freiheit dann sichtbar, wenn man sich überlegen muss, welchen Beruf man den gerne ausüben möchte, um das Wiederbeschaffungsproblem von Geld auf eine subjektiv akzeptable oder sogar befriedigende Art und Weise zu lösen. Sie wiederholt sich bei jeder weiteren Qualifizierungs- und Vermarktungsaktivität.

3.4.2 Innenansichten der Kommodifizierungspraktiken

Damit klarer wird, um welche Praktiken der Lebensführung es bei diesem Thema überhaupt geht, bietet sich an dieser Stelle zunächst ein kurzer Blick in die Hitliste der Ratgeber-Literatur an.

Worum geht es? Darüber informiert z. B. die Nr. 1 zum Thema ‚allgemeine Bewerbungsratgeber' auf der Bestsellerliste von amazon (Stand 20.3. 2014) bereits in der Kurzbeschreibung:

„• die perfekten Bewerbungsunterlagen
• die gezielte Online – Bewerbung
• das überzeugende Vorstellungsgespräch
• authentisches Selbstmarketing in Social Networks
• die wichtigsten Einstellungstests
• die geschickte Gehaltsverhandlung
• die ersten 100 Tage im neuen Job" (Hesse/ Schrader 2013)

Wie in der Ratgeber-Literatur üblich, soll know how für die Vermarkungspraxis vermittelt werden, das auf der Höhe der Zeit ist, also mit dem sozialen Wandel Schritt hält. Das schließt z. B. mit ein, dass potentielle Bewerber auch mit neueren Trends wie Bewerbungsbesprächen via Skype vertraut gemacht werden. Neben ‚allgemeinen' Ratgebern kann man sich auch themenspezifischer einlesen und Ratgeber für Themen wie Berufswahl, Abitur und Studium, Karriere, Bewerbung usw. studieren. So ist es z. B. bei Vorstellungsgesprächen wichtig, dass man das know how der Gegenseite kennt, um die Absichten hinter bestimmten Fragen erkennen zu können. Dadurch lassen sich Kommunikationsfehler vermeiden und es ergeben sich Gelegenheiten, sich möglichst optimal zu verkaufen (vgl. z. B. Eßmann 2005). Darüber hinaus werden spezielle Segmente des Arbeitsmarktes gesondert behandelt. So gibt es etwa Ratgeber für Ärzte, Rechtsanwälte, Unternehmensberater usw.

Wenn man, wie hier vorgeschlagen, davon ausgeht, dass individualisierte Lebensführung auf ganz unterschiedliche Aufgabenbereiche ausgerichtet ist, dann sollte man die Ratgeber-Literatur durchaus registrieren. Unter einem sozialtheoretischen Interesse ist an ihr vor allem bemerkenswert, dass es sich bei der auf das Kommodifizierungsthema bezogenen Literatur um ein ziemlich klar abgegrenztes und relativ umfangreiches Segment handelt. Das unterstützt zumindest die These, dass es sich bei Kommodifizierung um einen von vier grundlegenden Aufgabenbereichen handelt.

Weiterhin wird nun vielleicht besser nachvollziehbar, was mit der Dialektik von Freiheit und Zwang genau gemeint ist. Der Verkaufs*zwang* muss immer in *selbstbestimmte* und persönlich verantwortete Handlungen übersetzt werden, die sich wiederum an einer *verbindlichen* Realität und damit verknüpften Zwängen orientieren müssen. Diese Zwänge werden durch die Akteure des Bildungssystems wie durch potentielle Arbeitgeber verkörpert. Sie existieren aber auch in der Ausrichtung auf ,gängige' soziale Praktiken (wie z. B. Skype-Bewerbungsgesprächen) oder in Form von Normen für Bewerbungsunterlagen.

3.4.3 Die Ausrichtung von Kommodifizierungsanstrengungen

Das soziologische Wissen über Kommodifizierungsanstrengungen ist vergleichsweise gering. Das Thema genießt zwar in den Massenmedien einen hohen Stellenwert, weil über die Skandalisierung von Einzelfällen viele Leser ,erreicht' werden können, in der seriösen Forschung wird es dagegen eher vernachlässigt. Das könnte vor allem daran liegen, dass das Feld als ausgesprochen ,vermint' gilt. Jeder tatsächliche oder vermeintliche Beleg über ,faule', nachlässige oder trittbrettfahrende Arbeitnehmer wird nur allzu leicht für politische Interessen instrumentalisiert. Da Lohnersatzleistungen wie auch Bildungsangebote immer ein hohes Niveau an Kommodifizierungsbereitschaft normativ unterstellen, sind Betroffene in der Regel bei diesem Themenbereich auch nicht allzu auskunftsfreudig. Meine eigenen Forschungserfahrungen mit diesem Thema (vgl. Brock/ Vetter 1982; 1984; 1986) lassen darüber hinaus vermuten, dass auch auskunftsbereite Befragte gruppenspezifische Rahmen für die Ausrichtung von ihrer Kommodifizierungsanstrengungen unterstellen, die bei der Kommunikation stillschweigend vorausgesetzt werden. Man kann daher nur versuchen, über den Vergleich von Interviewaussagen solche impliziten Rahmen zu erkennen. Zur Illustration werde ich hier zumindest einige derartige gruppenspezifische Rahmen skizzieren.

Relativ klar erkennbar war ein solcher impliziter Rahmen bei gelernten bzw. angelernten Arbeitern im ländlichen Raum, die aus anderen Branchen in die Automobilindustrie gewechselt waren (Brock/ Vetter 1986). Er wurde teilweise auch über die Formel, man habe eben zu arbeiten gelernt, explizit angesprochen. Damit war gemeint, dass man harte körperliche Arbeit gewohnt sei und dieser Sozialisationshintergrund es auch in der Gegenwart gewährleiste, dass man mit hohen körperlichen Anforderungen zurechtkomme (vgl. Brock 1993).

Dagegen wurde in einem ‚klassischen' Facharbeiterbereich die Arbeitsintensität als eine arbeitspolitische Größe angesehen, die zumindest implizit, durch Abstimmung unter den Kollegen, nach oben hin begrenzt werden müsse. Unbegrenzt kommodifizierungsbereit sei man dagegen bei der ‚Qualität' der eigenen Arbeit und bei der Qualifizierungsbereitschaft (vgl. Brock/ Vetter 1982). Hier fungiert also die Tradition des zünftigen Handwerks (Stürmer 1979) als Rahmen.

Bei Ingenieuren erwies sich dagegen gerade der Qualifikationsaspekt als besonders ‚sensibel'. In Bereichen, in denen sich das Wissen rasch weiter entwickelt, veraltet das im Studium erworbene Wissen zumindest partiell schon nach wenigen Jahren. Auf dem Wege individueller Kommodifizierungsanstrengungen, die hier auf die Qualifizierungs- und Weiterbildungsbereitschaft und auf theoretisches Wissen fokussiert sind, ist es für die Älteren offenbar nur begrenzt möglich, mit den ‚frischen' Universitätsabsolventen mithalten zu können (Hügel/ Schmid 1984).

3.4.4 Die Beiträge der neueren Theoretiker zum Kommodifizierungsaspekt

In diesem Abschnitt werden zunächst die thematisch einschlägigen Beiträge der neueren Modernisierungstheoretiker registriert. Hierbei wird vor allem deutlich, dass sie von einer ziemlich großen Distanz zu den konkreten Praktiken der Kommodifizierung geprägt sind und von unterschiedlichen theoretischen Interessen bestimmt werden.

Der Beitrag von *Ulrich Beck* (insbesondere Beck 1983; 1986) besteht vor allem in der These, dass erst in der Gegenwart sich die Aufgabe der Kommodifizierung generell für nahezu alle Gesellschaftsmitglieder stelle. Während man sich in der klassischen Industriemoderne noch an ständischen wie geschlechtsspezifischen ‚Lebensmodellen' orientiert habe, hätten sie in der Gegenwart ihre Orientierungsfunktion weitgehend eingebüßt. In diesem Zusammenhang sei es einerseits zur Überwindung ‚ständischer Halbierungen' (Beck) gekommen: sowohl der geschlechtsspezifisch begrenzte Arbeitsmarkt (Beck 1986: 220ff.) wie auch die höchst ungleich entlang von Schichtzugehörigkeit praktizierte Teilhabe an weiterführender Schul- und Berufsausbildung (ebd.) seien aufgebrochen worden. Dies wiederum habe einerseits die Konkurrenz auf dem Arbeitsmarkt verschärft, andererseits aber auch die individuellen Optionen geöffnet. Die gewachsene Unsicherheit wie auch die gewachsenen Möglichkeiten prägten nun gleichermaßen individuell entwickelte Bildungs- und Erwerbsbiographien.

Im Einzelnen registriert Beck vor allem die kontinuierlich gestiegene Frauenerwerbstätigkeit, die ein vormodernes von geschlechtsspezifischer Arbeitsteilung geprägtes Familienmodell (Ehemann als Geldbeschaffer, Ehefrau als Mutter und Hausfrau) faktisch aufgelöst habe (Beck 1986: 161ff.). Weiterhin betont er die Rolle der Bildungsexpansion, die durch Bildung zementierte Standesunterschiede zumindest aufgebrochen, aber auch das Risiko von Arbeitslosigkeit und schlecht bezahlten Jobs ‚demokratisiert' habe (ebd. 242ff.).

Wir haben diese Argumentation schon im Abschnitt 3.2 unter dem Stichwort ‚Enttraditionalisierungsthese' kennen gelernt. Auch für den Kommodifizierungsaspekt stellt sich wiederum die Frage, ob diese Zuspitzung auf einen harten Kontrast zwischen festliegenden ‚Lebensmodellen' in der klassischen Industriemoderne und individualisierten Kommodifizierungsanstrengungen in der Gegenwart auf irgendeine Weise mit den historischen Fakten in Einklang zu bringen ist. Daraus ergibt sich eine erste Anfrage an die Sozialgeschichte: *existierte die Kommodifizierungsaufgabe bereits in der klassischen Industriemoderne? Wenn Ja: haben die von Beck hervorgehobenen Enttraditionalisierungsprozesse sie grundlegend verändert?* (Frage a)

Direkter mit der Ebene individueller Kommodifizierungsanstrengungen beschäftigen sich Sennett 1998 wie Rosa 2005. Da sie zu übereinstimmenden Ergebnissen kommen, können sie hier gemeinsam abgehandelt werden. Sie vertreten die These, dass im Generationenvergleich (Sennett) bzw. im Vergleich zwischen klassischer und später Moderne (Rosa) die durch Arbeit und Beruf geprägten Biographien immer weniger plan- und strukturierbar geworden sind. Diesen individuellen ‚Kontrollverlust' führen sie auf den neuen flexiblen Kapitalismus zurück, wie er unter dem Einfluss des Neoliberalismus entstanden sei. Beide Autoren blicken also nicht auf das Problem der Geldknappheit sondern auf das damit verknüpfte Problem der Zeitknappheit. Es stellt sich der Anbieterseite in Form des Problems der Planbarkeit des eigenen Lebens.

Sennett wie Rosa unterstellen, dass die Käuferseite ihre Problemlösung einer möglichst gewinnbringenden Arbeitskraftnutzung der anderen Seite aufzwingen

kann. Die wirtschaftliche Dynamisierung führe unweigerlich zur zeitlichen Flexibilisierung der Beschäftigungsverhältnisse. Daher stelle sich nur die Frage, ob sich
die Menschen an dieses dynamisierte Zeitregime anpassen können, oder ob der
flexible Kapitalismus für seine Arbeitskräfte tendenziell unlebbar wird. **Letzteres**
sei der Fall. Nach Sennett deswegen, weil die eigene Biographie nicht mehr als Produkt individueller Kommodifizierungsstrategien (Stichwort: das Erreichen einer
beruflichen Karriere) gestaltbar sind. Rosa betont dagegen die Überforderung mit
Entscheidungen, die eine geordnete biographische Gestaltung (Stichwort: Verzeitlichung) nicht mehr zulasse und zu Erfahrungen des ,rasenden Stillstands' führe.

Hieraus ergibt sich eine weitere Anfrage an die Sozialgeschichte: *ist der für die
Gegenwart konstatierte flexible Kapitalismus ein historischer Ausreißer oder die
der jüngeren Vergangenheit zugeschriebene Strategie kontinuierlicher Beschäftigung*
(Frage b)? Dagegen treffen die im Abschnitt 3.2. gegen Rosas Gegenwartsdiagnose
vorgebrachten Argumente gerade das Kommodifizierungsthema, so dass sie hier
nicht mehr wiederholt werden müssen.

Während die bisher behandelten Autoren jeweils einen Aspekt in den Vordergrund stellen, beobachtet Zygmunt Bauman diverse Praktiken und Strategien,
die unter das Thema Kommodifizierung fallen. Dabei fällt es allerdings schwer,
dem Autor in seinen Anliegen gerecht zu werden. Die bisher behandelten Autoren
sind trotz unterschiedlicher konzeptuellen Grundlagen übereinstimmend der
Auffassung, dass individuelle Praktiken der Lebensführung eine eigene Ebene
soziologischer Analyse bilden[78], auf die die Gesellschaftsstruktur und ihre Widersprüche allenfalls nur indirekt durchschlagen, weil sie durch die Logiken der
Lebensführung gewissermaßen ,gebrochen' werden. Dagegen scheint Bauman der
Auffassung zu sein, dass sich in den individuellen Praktiken die Perversität des
gegenwärtigen Kapitalismus direkt ausdrücke[79]. Daher sind seine Analysen vom Stil
her vielfach denunziatorisch. Nicht die Akteure sollen denunziert werden, sondern
die gesellschaftliche Verfasstheit. Dieser Zugang auf das Thema hängt m. E. damit

---

78   Das wird im vierten Kapitel ausführlich erläutert. Vgl. v. a. den Abschnitt 4.4.

79   Diese grundlegende Differenz wird bei einer (Fehl-)Interpretation von Beck besonders
     instruktiv deutlich. „Wie Ulrich Beck *sarkastisch* bemerkte, sind wir „zur biographi-
     schen Auflösung von Systemwidersprüchen" gezwungen ... Der Erfolg dieser Strategie
     ist unwahrscheinlich, denn sie geht an den Wurzeln des Problems vorbei..." (Bauman
     2009: 175; Hervorhebung D.B.). Wenn man sich dieses Beck-Zitat in seinem Kontext
     ansieht (Beck 1986: 219) dann ist leicht zu erkennen, dass Beck hier keineswegs eine
     sarkastische Bemerkung machen wollte, sondern ausgehend von der zitierten These
     ein Forschungsprogramm für eine zeitgemäße Biographieforschung zu entwickeln
     versuchte. Beck hat daher zweifellos die Auffassung vertreten, dass man in seiner
     Biographie gezwungen sei, *für sich persönlich*, also keineswegs gesamtgesellschaftlich,
     Systemwidersprüche zu lösen.

zusammen, dass Bauman unterstellt, dass jede Gesellschaft einer institutionellen Ordnung bedürfe, die ganz klassisch diktiere, wer was wie zu tun habe. Nur vor diesem Hintergrund sind seine Schlüsselbegriffe wie ‚leichter Kapitalismus' oder ‚flüchtige Moderne' zu verstehen.

Unter diesem Interesse, den gegenwärtigen Kapitalismus als eine – gemessen an der menschlichen Sozialität – unlebbare Gesellschaftsordnung zu entlarven, hat Bauman in den Fußstapfen von Simmel eine Vielzahl von Themen essayistisch behandelt. Ähnlich wie auch Giddens sieht auch er in dem Auseinanderdriften von Arm und Reich ein wesentliches Merkmal gegenwärtiger Gesellschaften. Während sich Giddens jedoch eher für belastbare Zahlen und Korrelationen interessiert, thematisiert Bauman kulturelle und sozialstrukturelle Folgen dieser Entwicklung. Armut hat nicht mehr wie im Frühkapitalismus mit dem Schicksal fehlenden Eigentums an Produktionsmitteln zu tun, sondern sie entsteht vor allem daraus, dass bestimmte Arbeitsvermögen, insbesondere die Fähigkeit zu harter körperlicher Arbeit, schlicht überflüssig und deswegen ökonomisch entwertet worden sind. Das bringt Bauman auf die treffende Metapher menschlichen Mülls (vgl. v. a. Bauman 2005). Nicht nur Waren, die verbraucht sind oder von niemandem mehr benutzt werden, kommen auf die Müllkippe. Auch der gesellschaftliche Umgang mit fehlgelaufener Kommodifizierung, mit Mitbürgern ohne abgeschlossene Schul- und Berufsausbildung oder mit nicht mehr benötigten Qualifikationen tendiert unter einer neoliberalen Brille zur Frage: Was tun mit den Überflüssigen?

Auf der anderen Seite der auseinanderdriftenden Ungleichheitsstruktur stehen die ‚Reichen'. Reichtum kann zwar auch ererbt, also ‚schicksalhaft unverschuldet' erworben sein. In der öffentlichen Kommunikation werden die Reichen jedoch meist als *Erfolg-Reiche* etikettiert. Daran knüpft Bauman (2009:63ff.) an und thematisiert deren räumliche Sezession in von Sicherheitspersonal überwachte Ghettos (ähnlich z. B. Reich 1993; Stichwort: Brasilianisierung). Andere Autoren zeichnen dagegen das ebenso plausible und ebenso ergänzungsbedürftige Bild einer kosmopolitischen und zwischen den Weltmetropolen nomadisierenden Elite (z. B. Sassen 1996).

Weiterhin ist Bauman ein scharfsichtiger Beobachter individualisierter Lebensführung. Seine Hauptthese ist dabei, dass die Lebensführung immer stärker auf Geldverwendung zugeschnitten sei. Sie wird uns im nächsten Abschnitt beschäftigen. Hier möchte ich sein Verständnis einer grundlegenden Voraussetzung von Kommodifizierung kurz vorstellen. Bauman liefert eine *vom Standpunkt einer an politischen Ideologien orientierten Lebensführung* formulierte Kritik der individuellen Wahlfreiheit. Diese Form von Lebensführung lebt ja davon, dass individuelle Entscheidungen bzw. Bekenntnisse zu politischen Ideologien die Gesellschaft verändern sollen. Daran gemessen sei individualisierte Lebensführung nicht nur gesellschaftlich folgenlos, sondern geradezu paradox, denn: „Je größer die Freiheit des einzelnen ist, desto weniger Einfluss hat er auf die Welt... Offenbar können wir heute die Realität nicht mehr nach unseren Wünschen kneten und formen... Offenbar gibt es zu dieser Welt, dieser Realität keine Alternative. Jedenfalls keine, die wir ...durch individuelle oder gemeinsame Anstrengungen verwirklichen könnten" (Bauman 2007: 109).

Diese vermeintliche Paradoxie lässt sich ohne größere Probleme aufzulösen. Jede auf die Lösung des Wiederbeschaffungsproblems von Geld fokussierte Form der Lebensführung kennt die Autonomie bzw. Wahlfreiheit der Akteure nur gegenüber einem gesellschaftlich festgelegten Möglichkeitsraum. Indem man unter legitimen Möglichkeiten auswählt, unterstellt man nicht nur sondern man reproduziert mit dem Wahlakt aktiv (vgl. Giddens Theorem der Dualität von Struktur; 2.3.2.1) die dem Möglichkeitsraum zugrunde liegenden Regeln. Dies ist die gesellschaftliche Grundlage aller Kommodifizierungsanstrengungen. Die individuelle Wahlfreiheit kann sich deshalb nicht im Verändern von gesellschaftlichen Realitäten bewähren, sondern darin, dass jeder Akteur einen seinen persönlichen Neigungen und Interessen möglichst entsprechenden Platz in der Gesellschaft findet (vgl. Simmels drittes Apriori; vgl. Krähnke 2002: 145). Dass darüber durchaus auch die Realität ‚geknetet‘ und ‚geformt‘ wird, ist dagegen ein bei der individualisierten Lebensführung von den Akteuren typischerweise ausgeblendetes Nebenprodukt, das für den soziologischen Analytiker auf der Ebene unintendierter Handlungsfolgen angesiedelt ist.

3.4.5   Ein kurzer Abriss zur Sozialgeschichte der Kommodifizierung

Nicht zuletzt um eine Grundlage für die beiden von Beck wie von Sennett und Rosa aufgeworfenen Fragen an die Sozialgeschichte zu gewinnen, gebe ich hier einen kurzen Abriss zur Sozialgeschichte der Kommodifizierung. Darüber hinaus ist er unverzichtbar, wenn man weitere Möglichkeiten für Epochenunterscheidungen bzw. diskontinuierliche Entwicklungen diskutieren möchte.

(a)   Vormoderne Vorläufer der Lohnarbeit

Zu den Thesen, die aus dem Marxismus in das soziologische Bild moderner Gesellschaften übernommen wurden, gehört, dass es ohne Lohnarbeit keinen Kapitalismus geben könne. Für das Verständnis von Kommodifizierung ist es jedoch wichtig, in diesem Punkt präzise zu sein und zu registrieren, dass es bereits vormodernen Praktiken der Kommodifizierung gegeben hat. Kommodifizierung ist nämlich keine historisch neue, erst in der Moderne einsetzende Aufgabe.

Üblicherweise wird mit Karl Marx in der Lohnarbeit ein historisch neues Zwangselement identifiziert, das vor allem durch den ökonomischen Mechanismus der Konzentration des Eigentums an Produktionsmitteln, aber auch durch die Ökonomisierung der Landwirtschaft aufgekommen sei. Die Verlierer beider Prozesse wiesen ein gemeinsames Merkmal auf: Sie verfügten über keine eigenen Produktionsmittel und seien daher gezwungen, ihre Arbeitskraft an den Meistbietenden zu verkaufen. Während die Handwerker ihre Betriebe aufgeben müssten, weil sie im Wettbewerb mit den Manufakturen und Fabriken nicht mithalten könnten, kämen die Pächter nicht mehr an Ackerland, da die Großgrundbesitzer es in profitableres Weideland umgewandelt hätten. Da einem riesigen Heer an Eigentumslosen eine begrenzte Nachfrage nach Arbeitskräften gegenüber stehe, könne Arbeitskraft nur zum absoluten Existenzminimum verkauft werden.

Auf diese Weise konnte das soziale Elend in den neuen Zentren der sich allmählich entwickelnden *britischen* Industrie plausibel erklärt werden. Allerdings kommt bei dieser Analyse zu kurz, dass bereits die vormodernen europäischen Feudalgesellschaften Eigentumslose kannten, die nur ihre Arbeitskraft verkaufen konnten. Auch hier waren die Bedingungen zumindest überwiegend für die Betroffenen höchst unerfreulich. Ganz grob können wir drei typische vormoderne Bedingungskonstellationen ausmachen.

Die zahlenmäßig bedeutendste Gruppe der Eigentumslosen verdingte sich in der Landwirtschaft als Knechte oder Mägde gegen Ernährung und Sachleistungen bzw. einen bei Auflösung des Arbeitsverhältnisses fälligen Geldbetrag (vgl. auch Weber 1984). Die Verkaufsbedingungen waren zwar weitgehend durch Tradition geregelt, konkret hingen die Lebensbedingungen aber vom Wohlwollen des jeweiligen Herren ab.

Im einem zweiten Bereich des zünftigen Handwerks war neben der Beschäftigung im Handwerksbetrieb auch die Wanderschaft der Gesellen, die sich in Gesellenbruderschaften zusammenschlossen (Borst 1981), sozialverträglich organisiert. Die Handwerksmeister mussten wandernden Gesellen ihres Handwerks auch dann Unterkunft und Verpflegung gewähren, wenn sie keine Arbeit hatten.

Auf alle Übrigen (dritte Bedingungskonstellation) wartete nur gelegentliche Arbeit im Tagelohn oder die Rekrutierung als Söldner bzw. als Seeleute. Sie waren in hohem Maße auf die Mildtätigkeit der Bürger und der Kirche angewiesen und bewegten sich fast zwangsläufig immer am Rande der Kriminalität, die typischerweise vom Mundraub bis zu Wegelagerei und zu organisierter Kriminalität (‚Räuberbanden'; Piraterie) reichen konnte. Aus diesen drei Gruppen rekrutierte sich auch die frühindustrielle Arbeiterschaft (Brock 1991: 43ff.).

Nur die Handwerksgesellen waren insofern direkt in die Feudalordnung integriert, da ihr Gesellendasein als ein Moratorium auf dem Weg zum Handwerksmeister

verstanden wurde, der als Produktionsmittelbesitzer und zugleich als Familienoberhaupt einen festen Platz in der ständischen Sozialordnung einnimmt. Als
arbeitende Gesellen waren sie ebenso wie Knechte und Mägde keine selbständigen
Rechtspersonen sondern in rechtlicher Hinsicht der Gewalt des Haushaltsvorstands
unterworfen. Nur gewährten ihnen die schriftlich fixierten Zunftordnungen gewisse
Rechte. Knechte und Mägde konnten sich dagegen nur auf Gewohnheitsrechte berufen und auf die Güte des Hausherrn hoffen, vor allem darauf, dass er sie im Alter
nicht vom Hof jagen würde. Die dritte Gruppe schließlich bildete eine ,outcast', die
auf keinerlei Recht pochen konnte.

Diese kurze Skizze sollte auch gezeigt haben, *dass eine direkte Integration in die
Feudalgesellschaft wie auch in frühmoderne Gesellschaften nur über Eigentum erfolgen
konnte*, entweder über Grundeigentum oder über Eigentum an Produktionsmitteln. Wer nicht über derartiges Eigentum verfügte konnte sich nur als arbeitendes,
vom jeweiligen Herrn abhängiges Haushaltsmitglied integrieren. *Hierauf waren
die vormodernen Kommodifizierungsstrategien der ,einfachen Leute' ausgerichtet.*
Aber auch die wenigen Gebildeten, die über kein hinreichendes Vermögen verfügen
konnten, suchten potente Förderer bzw. Arbeitgeber, die sie in ihren herrschaftlichen
Haushalt aufnahmen (vgl. z. B. die Biographien von Nicolo Machiavelli und Thomas
Hobbes). In diesen Rahmenbedingungen liegt der gemeinsame Nenner zwischen
dem ,Oikos' im alten Griechenland (vgl. Stahl 2003: 16ff.) und der mittelalterlichen
Rechtskonstruktion des ,ganzen Hauses' (Brunner 1966).

(b)   Frühmoderne und Sozial- und Wohlfahrtsstaat

Auf der Grundlage der Trennung von Arbeitsort und Haushalt wurde die Frühmoderne dann zu einem Experimentierfeld für eine nicht mehr ausschließlich auf
dem Eigentum an Produktionsmitteln basierende sondern auch über den Verkauf
der Arbeitskraft mögliche *eigene Haushaltsführung*. Das führte zu einer Neuaus-
richtung der Kommodifizierungspraktiken. Sie zielten nicht mehr darauf, dass in
einen Haushalt aufgenommen zu werden, sondern sie sollten nun eine möglichst
dauerhafte eigenständige Haushaltführung ermöglichen. Dabei war Geldbeschaffung zunächst nur eine Möglichkeit neben dem **Arbeiten** gegen Naturalien und
der direkten Beschaffung von Nahrungsmitteln, Brennstoffen usw., die vielfach die
Grenze zur Delinquenz überschritt, weil fremdes Eigentum nicht immer respektiert
werden konnte. Jürgen Kuczynski hat die Praktiken und Probleme dieser Form
von Lebensführung sehr eingehend dargestellt (Kuczynski 1982: 125ff. und 256ff.).
Sie hat sich zunächst durch die Industrialisierung nicht grundlegend verändert.

Die uns heute geläufige Form einer ausschließlich auf kontinuierliche Geldbeschaffung ausgerichteten Kommodifizierung war ein Produkt der Arbeiterbewegung
und des auf die Lösung der sozialen Frage durch gesellschaftliche Integration der

Eigentumslosen zielenden Sozial- und Wohlfahrtsstaats. Erst hiermit wurde die grundlegende soziale Frage positiv beantwortet, ob man dauerhaft nur vom Verkauf der eigenen Arbeitskraft gegen Geld leben könne. Die Antwort auf diese Problemlage waren drei Projekte, die den modernen Sozial- und Wohlfahrtsstaat bis heute charakterisieren und zu einer deutlichen Ausweitung der Staatsaufgaben geführt haben: staatlich organisierte soziale Sicherungssysteme, Bildungssysteme und eine rechtliche Kanalisierung der divergierenden Interessen von Kapital und Arbeit.

Über diese drei Projekte setzte der Staat Rahmenbedingungen und gab grundlegende Regeln für individuelle Kommodifizierungsstrategien vor. Über die Schulpflicht und das Verbot der Kinderarbeit wird die Kindheits- und Jugendphase für Sozialisation, Bildung und berufliche Qualifizierung reserviert. Mit dem Aufbau sozialer Sicherungssysteme sind Definitionen legaler Nichterwerbszeiten verknüpft, in denen auf Transferleistungen zurückgegriffen werden kann (v. a. Rentenalter, Krankheit, Arbeitsuche und Weiterbildungszeiten). Die rechtliche Kanalisierung hat es vor allem ermöglicht, dass Gewerkschaften in Tarifverhandlungen weitere Rahmenbedingungen vereinbaren können (z. B. Urlaub, Wochenarbeitszeiten, Regelungen für Nacht- und Schichtarbeit usw.).

Hinsichtlich des Lebensverlaufs und der Lebenszeit kommt es damit zu einer *Differenzierung und Spezifizierung des Kommodifizierungszwangs*. Die von Erwerbsarbeit frei gehaltene (Verbot der Kinderarbeit, Alimentierungs- und Erziehungspflicht der Eltern) Bildungs- und Sozialisationsphase sieht *für alle Gesellschaftsmitglieder* (*allgemeine* Schulpflicht) vor, dass sie in ihre Bildung und damit (in der Sprache der Bildungsökonomie) in ihr Humankapital investieren. Die daran anschließende Erwerbsphase fordert von denjenigen Gesellschaftsmitgliedern, die ihr Wiederbeschaffungsproblem nur durch Erwerbsarbeit lösen können, kontinuierliche Erwerbsarbeit und für den Fall der Arbeitslosigkeit intensive Arbeitsplatzsuche sowie ggfs. eine Anpassung der Berufsqualifikation an veränderte Anforderungen (Weiterbildung, Mobilität, Flexibilität...). Dagegen ist mit dem Erreichen des Rentenalters ist eine Befreiung von allen Kommodifizierungszwängen verbunden.

Dieses in allen entwickelten modernen Gesellschaften institutionalisierte Muster eines in drei Phasen unterteilten Lebensverlaufs (Kohli 1989; KM: 289) ermöglicht es nicht nur, Lohnarbeit zu einer lebenslang praktizierbaren Variante der Lösung des Wiederbeschaffungsproblems von Geld zu machen. Sie wird darüber hinaus zu einem gesellschaftlichen Auffangbecken, das auch gescheiterten Eigentümern ein akzeptables Leben in der Geldwirtschaft ermöglichen kann. Daher müssen alle Gesellschaftsmitglieder die Sozialisations- und Bildungsphase durchlaufen.

In Deutschland vollzog sich die Entwicklung zum Sozial- und Wohlfahrtsstaat im Zeitraum zwischen 1763 (allgemeine Schulpflicht in Preußen) und 1956 (dyna-

mische Altersrente; vgl. Hentschel 1983). Sie ist also ein gutes Jahrzehnt vor dem von
Beck wie Rosa behaupteten Epochenwandel innerhalb der Moderne abgeschlossen.

(c)   Grundlinien der weiteren Entwicklung

Welche Veränderungen zeichnen sich seitdem ab? Hierbei müssen wir zwischen dem
Bildungsaspekt auf der einen und der sozialen Sicherung durch Transferleistungen
und Sozialrecht auf der anderen Seite unterscheiden. Während es im Bildungsbe-
reich zu der bereits von Parsons (KM: 106) prognostizierten Standardanhebung
gekommen ist und immer weitere Investitionen in den Ausbau nationaler Bildungssysteme unumstritten sind, ist die soziale Absicherung aus vielen Gründen[80] unter
Druck gekommen.

Dabei werden ganz unterschiedliche Teilpopulationen in den Blick genommen.
Bildungsinvestitionen sollen vor allem den Output an Hochqualifizierten erhöhen,
die in der Wissensgesellschaft (vgl. 2.5.4) Impulse für wirtschaftliches Wachstum
setzen sollen. Die soziale Absicherung ist vor allem für jene essentiell, die bei der
Vermarktung ihres Arbeitsvermögens weniger erfolgreich waren.

Hierbei wird deutlich, dass Kommodifizierung auf der Ebene von Strategien
der Lebensführung zwar eigenverantwortlich und auf eigene Rechnung betrieben
wird, *aber immer unter öffentlicher bzw. politischer Beobachtung steht*, sobald der
Wohlfahrtsstaat über soziale Sicherungssysteme (a) für Transferleistungen bei
Alter, Krankheit und Arbeitslosigkeit sorgt und (b) durch direkte Zuwendungen
ein bestimmtes Existenzminimum garantiert. Gesellschaften, die traditionell die
Eigeninitiative besonders hoch schätzen, haben daher weniger in die sozialen Sicherungssysteme investiert und garantieren nur punktuell ein Existenzminimum,
während Gesellschaften, in denen die gegenseitige Hilfe im Vordergrund steht, die
staatlich organisierte Daseinsvorsorge weiter ausgebaut haben. Für Mitteleuropa
scheint dagegen charakteristisch zu sein, dass hier mit der Dekommodifizierungs-
tradition des ständischen Handwerks nie vollständig gebrochen wurde. Das führte
zu einem stärker auf die Reproduktion sozialer Unterschiede fokussierten sozialen
Sicherungssystem (vgl. Esping- Andersen 1990).

---

80   Die wichtigsten Gründe liegen in der Höhe der Sozialausgaben sowie in Fragen der
     Zumutbarkeit von relativer Armut und von Kommodifizierungsanstrengungen.

3.4.6 Sind individualisierte Strategien der Kommodifizierung an die Stelle von klassen- und standespezifischen Mustern getreten? Ein Präzisierungsversuch zu Beck.

Nach dieser kurzen Skizze können wir Becks oben dargestellte Position diskutieren. Lässt sich eine Entgegensetzung zwischen (durch feste klassen- bzw. standesspezifische Muster) kulturell vorgegebenen Lebensformen der klassischen Industriemoderne und individualisierter Kommodifizierung in der Risikogesellschaft behaupten?

Diese Frage kann man nur mit einem glasklaren ,Jein' beantworten. Einerseits nimmt Beck eine sozialhistorisch unhaltbare Stilisierung vor, die eben nicht nur vereinfacht sondern auch verfälscht. Andererseits ist unbestreitbar, dass die individuell verfügbaren Optionen (vgl. auch Gross 2005) in der Gegenwart drastisch zugenommen haben.

Beim Thema Kommodifizierung ist besonders deutlich zu erkennen, dass Beck zwei Aspekte direkt miteinander verknüpft, die in der Realität so nie miteinander verknüpft waren: individualisierte Aktivitäten mit gesellschaftlich legitimen Wahlmöglichkeiten bei der Lebensgestaltung und den Lebenszielen.

Die sozialhistorische Skizze hat ganz eindeutig gezeigt, dass individualisierte Vermarktungsaktivitäten bereits seit dem Hochmittelalter für Menschen unumgänglich waren, die über kein Eigentum an Produktionsmitteln verfügten. Insofern waren bereits diese Menschen ,individualisiert'. Davon muss man die Frage gedanklich abtrennen, was sie damit erreichen wollten und mit einer gewissen Erfolgschance auch erreichen konnten.

Für die Vormoderne gilt, dass individualisierte Vermarktungsaktivitäten darauf abzielten kurzzeitig oder auch über längere Zeiträume in einen Haushalt aufgenommen zu werden. Die von Bauman (insbes. 2009) beschworene Sehnsucht nach Gemeinschaft und Geborgenheit hat in diesen Jahrhunderte lang gängigen Praktiken der aus der Ständegesellschaft herausgefallenen Eigentumslosen einen ganz realen historischen Hintergrund. Individualisierung im Sinne einer Exklusion aus Ständen wie aus Haushalten war hier ein schreckliches Schicksal.

Seit der Frühmoderne zielten Kommodifizierungsstrategien dagegen auf eine selbständige Haushaltsführung außerhalb der Zunftordnungen und der Konventionen einer ständisch geprägten Agrargesellschaft. Insofern bestanden zwar Wahlmöglichkeiten. Sie waren jedoch zunächst mit einem negativen Image (Stichwort: ,Pöbel') versehen. Weiterhin waren, wie wir aus der umfangreichen Literatur zur sozialen Frage und zu Arbeiterfamilien wissen, solche außerständischen Haushalte auch noch in der Phase der Frühindustrialisierung keine von Wahlhandlungen geprägten Formen des Zusammenlebens sondern von den Zwängen des unmittelbaren Überlebens diktierte Notgemeinschaften auf Zeit (vgl. z. B. Kuczynski 1982).

Das änderte sich erst mit der Etablierung des Sozial- und Wohlfahrtsstaats. Ein drastisches Ansteigen der Reallöhne in Verbindung mit dem Abbau der Massenarbeitslosigkeit und Transferleistungen für Krankheit und Alter erlaubten erstmals eine auf Wahlhandlungen gestützte Lebensführung. Gerade für deutsche Arbeitermilieus war wohl charakteristisch, dass die Lebensführung darauf ausgerichtet war, die so lange entbehrte gesellschaftliche Reputation durch eine Orientierung am bürgerlichen Familienideal aber auch an den ständischen Traditionen der ‚gelernten Arbeit‘ zu erreichen. *Diese historische Momentaufnahme stilisiert und verallgemeinert Beck zur ‚Großgruppengesellschaft‘ der klassischen Industriemoderne diesseits von Klasse und Stand.* Dabei wird aber ausgeblendet oder unterschätzt, dass die Verhältnisse bereits stark individualisiert waren.

Erstens konnte man nur über den Erfolg der individuellen Kommodifizierungstrategien solche Muster der Lebensführung erreichen. Sie waren also nicht schicksalhaft vorgegeben sondern nur leistungsabhängig durch individuelle Aktivitäten erreichbar. Zweitens handelte es sich bei diesen Mustern um Wahlhandlungen, für die es auch die alternative Deutung einer klassenspezifischen Lebensführung (als Sozialdemokrat, als Proletarier…) gab. Drittens konnten die historischen Vorbilder nicht mehr gelebt werden, sondern nur noch deren Fassaden nachkonstruiert werden, da die Differenzierung von Arbeitsort und Familie nicht mehr rückgängig zu machen war[81]. Viertens existierten neben dem Streben nach gesellschaftlicher Reputation auch noch individualisierte Zielsetzungen der Lebensführung wie z. B. Hobbys, Bildungsinteressen, Familienaktivitäten, die sich von den ‚persönlich biographischen Projekten‘ (vgl. Beck 1994: 46) der Gegenwart analytisch kaum unterscheiden lassen. Fünftens kennen wir auch in der ‚individualisierten‘ Gegenwart das Ziel, Reputation entlang kollektiver Muster zu erwerben – sowohl durch den Kauf prestigehaltiger Konsumgüter wie auch durch den Erwerb von Bildungs- oder Adelstiteln.

Damit können die in Zusammenhang mit Beck aufgeworfenen Anfragen an die Sozialgeschichte eindeutig beantwortet werden. Kommodifizierungstrategien haben eine lange bis in die Vormoderne reichende Tradition. Sie traten immer dort auf, wo die an den Zugang zu Eigentum an Produktionsmitteln gekoppelten Modelle des materiellen Überlebens in der Ständegesellschaft an Grenzen gekommen waren. Die

---

81 Dasselbe Problem hatten übrigens auch erfolgreiche Unternehmer, die gesellschaftliche Reputation durch das Nachkonstruieren adliger Vorbilder zu erreichen suchten. Hierbei leistete der moderne Staat durch die Vergabe von Adelsprädikaten an erfolgreiche Unternehmer Hilfestellung. Ein relativ bekanntes Beispiel aus dem 19. Jahrhundert ist der Freiherr v. Cramer- Klett, ein Nürnberger Unternehmer, der geadelt wurde und sich ein Palais samt Großgrundbesitz zulegte, aber immer ein ‚Neureicher‘ blieb (vgl. auch Biensfeldt 1922).

von Beck reklamierten Enttraditionalisierungsprozesse sind also Teil einer längeren Entwicklungskette. Daher können sie keine Zäsur in der Gegenwart begründen. Im Hinblick auf den Kommodifizierungsaspekt ist es m. E. plausibler von folgenden Zäsuren auszugehen: (a) zwischen Vormoderne und Moderne wechselt die Ausrichtung vom Zugang zu ständischen Lebensformen auf Überleben in einem eigenen Haushalt. (b) Erst mit dem Sozial- und Wohlfahrtsstaat kann die materielle Reproduktion über Strategien der Kommodifizierung lebenslang gesichert werden. Weiterhin werden individualisierte Wahlhandlungen möglich. Ebenfalls könnte (c) die ausschließliche Ausrichtung auf die Wiederbeschaffung von Geld als Zäsur interpretiert werden.

3.4.7 Ist der gegenwärtige ,flexible Kapitalismus'oder die ,berufliche Karriere' ein historischer Sonderfall? (Sennett und Rosa)

Grundlage der Gegenwartskritik von Sennett wie Rosa (vgl. 3.4.3 sowie 3.2.) ist die Annahme, dass der gegenwärtige flexible Kapitalismus eine aktive Gestaltung der eigenen Berufsbiographie verhindere und damit den Strategien der Kommodifizierung ihre subjektiv biographische Bedeutung nehme. An die Stelle einer noch für die klassische Moderne bzw. die vorangegangene Generation typischen aktiven Gestaltung der Berufsbiographie sei eine unspezifische Erfahrung des ,Driftens', also des Dahintreibens, getreten.

Wenn es eine Ära gab, in der Unternehmen auf Stammbelegschaften setzten und vorgezeichnete und dementsprechend berechenbare Berufsverläufe zwar nicht die Regel aber doch häufig anzutreffen waren, dann ist es die Ära der industriellen Massenproduktion (KM: 337ff.) in den 1950er und 1960er Jahren. Das lag einmal an geringen Arbeitslosigkeitsraten, die den Austausch von Personal erschwerten. Zum anderen dominierten die Lehren des Taylorismus und des Fordismus, die auf längerfristige Arbeitsverhältnisse setzten. *Die historischen Maßstäbe von Sennett und Rosa stehen also für eher untypische Beschäftigungsverhältnisse.* Den historischen Normalfall bilden dagegen eher kurze Beschäftigungszeiten, hohe Mobilität, Wechsel von Beschäftigung und Arbeitslosigkeit, obwohl es immer auch paternalistisch geprägte Großunternehmen gegeben hat, die auf Stammbelegschaften gesetzt haben. Insofern hat die neoliberale Wende gegen Ende des 20. Jahrhunderts keine neue Ära eingeleitet, sondern die Sonderentwicklung der Nachkriegsära (vgl. hierzu auch Lutz 1981) beendet.

3.4.8 Die Kommodifizierungsaufgabe ist variabel: Entlastung bzw. Verschärfung von Kommodifizerungserwartungen

Im Hinblick auf den Kommodifizierungsaspekt schlage ich vor, in Strukturen wie ‚erwartbaren Karrieren‘ und ‚Stammbelegschaften‘ *Entlastungstendenzen von Kommodifizierungsanforderungen* zu sehen und umgekehrt Formen der Flexibilisierung als Verstärkungstendenzen zu interpretieren. Während unter ‚Karriere‘ umgangssprachlich der berufliche Aufstieg verstanden wird, eine Erhöhung von Einkommen, Anweisungsbefugnis, Prestige usw., wird der Begriff hier dahingehend erweitert und modifiziert, dass damit *jede Form der Entlastung von Kommodifizierungsanstrengungen* erfasst werden soll, die über den Erhalt der Qualifikation und der Arbeitsfähigkeit hinausgehen. Insbesondere geht es um die Entlastung von der Notwendigkeit, einen neuen Arbeitsplatz finden zu müssen. ‚Karriere‘ in diesem Sinne beginnt somit mit einem unbefristeten Arbeitsvertrag[82] und setzt sich fort, wenn der Sprung in besonders geschützte Arbeitsplätze etwa im öffentlichen Dienst oder im die Stammbelegschaft eines Großunternehmens geschafft wird. In solchen Fällen entlastet sich der Arbeitnehmer vom permanenten Verkaufsdruck. Er erreicht eine perspektivisch tragfähige Lösung des Wiederbeschaffungsproblems von Geld durch den Verkauf der eigenen Arbeitskraft. Wird ein Einstieg in solche Formen von ‚Karriere‘ nicht erreicht, muss im Extremfall tagtäglich[83] eine Lösung des Wiederbeschaffungsproblems gefunden werden.

Eine andere, *materielle Dimension der Entlastung von Kommodifizierungsanstrengungen* hängt mit der Höhe des Einkommens zusammen. Sie beginnt, wenn das Einkommen aus einer Vollzeitstelle kontinuierlich für den Lebensunterhalt ausreicht, so dass keine zusätzlichen Einkommen gesucht werden müssen und sozial diskriminierende Formen der Geldersparnis vermieden werden können[84]. Am oberen Ende der Skala geht es dann um Einkommen, die vom kontinuierlichen Erwerbszwang lebenslänglich entlasten, also einen definitiven Ausstieg aus der Tretmühle Kommodifizierung signalisieren. Die ‚Erfolgreichen‘ sind in ähnlicher

---

82 Das wird z. T. explizit so verstanden. Auch Übergänge von freiberuflicher Tätigkeit in Festanstellung etwa bei Journalisten oder im Versicherungsgewerbe gelten als ‚Karriere‘.

83 Historisch trifft das vor allem auf Tagelöhner zu. Solche Formen der Beschäftigung existierten z. B. an deutschen Häfen noch bis in die 1970er Jahre.

84 Z. B. eine Wohngelegenheit beim Chef, wenn sich eine junge Frau keine eigene Wohnung leisten kann; vgl. die instruktiven Beispiele bei Ehrenreich 2001.

Weise bei der Gestaltung ihres Lebens frei, wie die ‚Produzenten' in Marxens Utopie einer kommunistischen Industriegesellschaft[85].

Dagegen werden die besonders Erfolglosen dem Kommodifizierungszwang auf besonders rigorose Weise unterworfen. Sie erreichen aus einem Normalarbeitsverhältnis ein zu geringes Einkommen, um davon ihr Leben zu bestreiten. Das nötigt zu Zweit- und Drittjobs oder auch zu illegalen Erwerbsmodellen (z. B. zu Drogenhandel). Unter den Bedingungen eines stärker sozialstaatlich regulierten Arbeitsmarktes werden sie dagegen häufiger dauerhaft arbeitslos sein und von Transferleistungen am Existenzminimum leben. Aber auch hier wird immer der Kommodifizierungszwang wirksam bzw. muss durch sozialstaatliche Maßnahmen zur Wirksamkeit gebracht werden (vgl. z. B. für Deutschland die Agenda 2010), damit nicht die Kommodifizierungsanstrengungen der Geringverdiener beschädigt werden. Der Kommodifizierungszwang endet hier auch nicht, wenn das Rentenalter erreicht ist. Auch dann wird es weiterhin darum gehen, ein Leben am Existenzminimum durch die Annahme schlecht bezahlter Jobs etwas erträglicher zu gestalten.

Während die labouring poor in der Regel wenig angesehene Tätigkeiten ausüben, bei denen die Arbeitsleistung meist quantitativ messbar ist und ‚auf die Knochen geht', wird bei den besonders Erfolgreichen dagegen wird oft das Hobby zum Beruf (z. B. bei Profisportlern oder Sängern). Die objektiv gegebene Abtretung von Lebenszeit wird hier vielfach gar nicht als solche empfunden. Die analytische Unterscheidung zwischen selbstbestimmter und abgetretener Lebenszeit sowie die daraus folgende Unterscheidung unterschiedlicher Lebensbereiche erreichen hier einen Grenzbereich.

Nur im mittleren Bereich bleibt die Ausprägung der Kommodifizierungsaufgabe relativ stabil. Hier wird über die gesamte Erwerbsphase gearbeitet, also die eigene Arbeitskraft erfolgreich vermarktet. Nur wenige kürzere Phasen von Arbeitslosigkeit oder Krankheit unterbrechen die Kontinuität, aber nicht den Geldfluss. Der Vermarktungsertrag reicht auch aus, um hinreichende Transferleistungen für die Altersphase zu sichern. Die Institutionalisierung des Lebensverlaufs (Kohli 1989 Meyer 1991) bildet hier den Rahmen für die gesamte Lebensführung.

Der Vermarktungserfolg beeinflusst also nicht nur die weiteren Kommodifizierungserfordernisse er spezifiziert auch die strukturellen Rahmenbedingungen für die weitere Vermarktung der eigenen Arbeitskraft. Diese Zusammenhänge sind vor allem für Schulabschlüsse und Berufsausbildung, also die zentralen Investitionen in

---

85 Diese Art von Befreiung der Lebensführung macht auch die soziale Attraktivität eines ‚Hauptgewinns' bei einer Lotterie aus. An die Stelle der gesellschaftlichen ist hier die individuelle Utopie getreten, gegen jede Wahrscheinlichkeit durch ‚Glück' der Tretmühle des Kommodifizierungszwanges zu entkommen.

das eigene Humankapital, eingehend untersucht worden. Vor allem beim Berufsstart beeinflusst Erfolg wie Misserfolg den gesamten weiteren Vermarktungserfolg in hohem Maße (vgl. exemplarisch Brock/ Hantsche/ Kühnlein u. a. 1991). Die in diesem Abschnitt vorgeschlagene These knüpft an Analysen von Giddens an. Für die soziologische Begründung seines Konzepts einer ‚Politik des dritten Wegs' war es wichtig, Veränderungen in der Ungleichheitsstruktur moderner Gesellschaften zu bilanzieren (vgl. v. a. Giddens 2001; 96ff.). In diesem Zusammenhang rezipiert er auch den Forschungsstand zur Verschärfung der Ungleichverteilung der Einkommen in den letzten Jahrzehnten einschließlich der Frage nach ihren Ursachen. Ebenso wie auch die Struktur des Arbeitsplatzangebots gehört auch die Einkommensverteilung zu den wichtigsten Rahmenbedingungen. Wenn wir an dieser Stelle wiederum das Theorem der Dualität von Struktur (Giddens; vgl. 2.3.2.1) ins Spiel bringen, dann wird deutlich, dass diese Rahmenbedingungen nicht nur wichtige Orientierungsmarken sind, sondern zugleich auch Ergebnisse vergangener Praktiken bilden, die dann als faktische Voraussetzungen in gegenwärtige Kommodifizierungsanstrengungen eingehen und deren Zukunftsperspektiven strukturieren. Im Unterschied zu rein kulturell tradierten Praktiken sind diese materiellen Rahmenbedingungen *Resultate* von Marktprozessen, in denen die unterschiedlichen Interessen der Anbieter- und der Käuferseite zusammengebracht werden konnten.

Giddens Aufarbeitung des Forschungsstands spricht nun dafür, dass auf den meisten nationalen Arbeitsmärkten das Verhältnis zwischen Kommodifizierungsaufwand und pekuniärem Ertrag stärker auseinander driftet, als das noch in den 1950er und 1960er Jahren der Fall war. Im mittleren und im unteren Bereich der Einkommenspyramide sind die Realeinkommen[86] in den klassischen Hochlohnländern international eher zurückgegangen, im oberen Bereich haben sie dagegen tendenziell zugelegt (vgl. für Deutschland z. B. Grabka 2011; Tabelle: verfügbare Einkommen nach Dezilen).

---

86   Von Realeinkommen spricht man, wenn man die Nominaleinkommen (Einkommen gemessen z. B. in Euro) nach Kaufkraft gewichtet, um erkennen zu können, ob beispielsweise die Erhöhung der durchschnittlichen Geldeinkommen im Zeitraum x dazu geführt haben, dass sich jemand mehr oder weniger von diesem in der Regel nominell höheren Betrag kaufen kann. Dabei wird ein bestimmter Zeitpunkt (z. B. 1980) = 100 gesetzt. Wenn dieser Wert im Zeitraum x ansteigt, dann ist der Reallohn gestiegen, wenn er unter 100 fällt, dann ist er gesunken.

3.4.9 Diskontinuitäten und Epochenunterscheidungen

Die Kommodifizierungsaufgabe bietet zumindest gewisse Anhaltspunkte für Epochenunterscheidungen innerhalb der Moderne. Der wichtigste Anhaltspunkt besteht im Wirksam werden der sozial- und wohlfahrtsstaatlichen Bedingungen, die erst eine ausschließlich auf Lohnarbeit ausgerichtete Lebensführung ermöglichen. Für Deutschland dürfte diese Zäsur auf die späten 1950er und frühen 1960er Jahre zu datieren sein. Eine zweite Zäsur könnte mit der Globalisierung des Wirtschaftssystems und dem Niedergang des Realsozialismus in Zusammenhang gebracht werden (vgl. hierzu den Abschnitt 3.8.3).

Zusammenfassung

1. Beck, Sennett und Rosa haben sich mit Teilaspekten von Kommodifizierung beschäftigt. Das gegenwartdiagnostische Potential dieser Analysen ist wenig überzeugend, weil sie von problematischen sozialhistorischen Verallgemeinerungen ausgehen.
2. Anknüpfend an Bauman und Giddens zeigt sich als wichtigstes Ergebnis dieses Abschnitts, dass Kommodifizierung die einzige Aufgabe individualisierter Lebensführung ist, die erfolgsabhängig variiert: sehr erfolgreiche Vermarktung befreit von dieser Aufgabe, wenn das Wiederbeschaffungsproblem von Geld definitv gelöst werden kann. Geringer Erfolg verschärft dagegen den Kommodifizierungszwang. Nur in einem mittleren Bereich bleibt er stabil und führt unter sozialstaatlichen Rahmenbedingungen dazu, dass man von Lohnarbeit lebenslang auf einem akzeptablen Niveau leben kann.

3.5 Individualisierte Geldverwendung und privater Konsum zwischen Freiheit und Zwang

3.5.1 Einleitung

Geldabhängige Lebensführung wird durch das Wechselspiel von Geldverwendung und Geldbeschaffung in unterschiedlich strukturierte Lebensbereiche aufgefächert.

In diesem Abschnitt geht es nun um die *Geldverwendung*, die im Rahmen von Lohnarbeit auf den Konsum konzentriert ist, also auf den Erwerb all dessen, was zum eigenen bzw. familialen Überleben erforderlich ist. Die Alternative, Geld zu sparen, dient entweder ebenfalls konsumtiven Zwecken (langlebige Konsumgüter, selbst genutzte Immobilien etc.) oder sie ergänzt die Geldbeschaffung durch Lohnarbeit um Kapitalerträge. Wo sie eine darüber hinausgehende Bedeutung entwickelt, werden die Grenzen des Lösungsmodells Lohnarbeit und damit auch dieser Darstellung erreicht.

Auf diesem zweiten Aufgabenfeld individualisierter Lebensführung wurde der Übergang zu einer geldabhängigen Lebensführung unter dem Vorzeichen der Wahlfreiheit erfahren. Anders als bei der Kommodifizierung, die vorrangig als Zwang wirksam wurde, geht es hier um die Freiheit der Geldverwendung. Bei genauerem Hinsehen wird allerdings schnell deutlich, dass die Ausübung dieser Wahlfreiheit Zwängen unterworfen ist, denn man kann immer nur zwischen solchen Waren auswählen, die einem zum Verkauf angeboten werden (Dialektik von Freiheit und Zwang; vgl. unter 3.2.4).

In jedem Fall wird durch Geldverwendung für den privaten Konsum ein fundamentaler Modernisierungs- und Enttraditionalisierungsprozess der Lebensführung in Gang gesetzt. Traditionelle Lebensformen für Eigentumslose, die Arbeitsverhältnisse nach dem Motto: wer arbeitet, darf auch essen, an die Versorgung durch den Haushalt des Arbeitgebers knüpften (vgl. 3.4.4.1), werden durch Geldzahlung unter den Vorzeichen von Konsumfreiheit und Arbeitszwang abgelöst.

Unter den Vertretern der neueren Modernisierungstheorie hat sich vor allem Zygmunt Bauman mit dem Konsum und der Konsumgesellschaft beschäftigt. Daher steht er im Mittelpunkt dieses Abschnitts. Seiner Auffassung nach geht in der Gegenwart die gesellschaftliche Disziplinierung nicht mehr von dem Arbeitszwang sondern vom Konsumbereich aus. Soweit sich Baumanns Position auf die materielle Reproduktion qua Konsum bezieht, wird sie in diesem Abschnitt ausführlich diskutiert werden. Dagegen wird seine weitergehende These, die eine Kolonalisierung der sozialen Beziehungen durch die Muster des Kaufens und der Warenform behauptet, erst im Abschnitt 3.7 behandelt. Zuvor verschaffen wir uns einen Überblick über die wichtigsten historischen Etappen auf dem Weg in die moderne Konsumgesellschaft.

3.5.2 Wichtige historische Etappen auf dem Weg zum individualisierten Konsum

Der Übergang zu einer geld- und markabhängigen Lebensführung ist historisch mehrmals, vermutlich zunächst in Mesopotamien (vgl. Klengel 1991: 81ff.), erfolgt. Wir orientieren uns jedoch auch bei diesem Thema an der Grundthese der soziologischen Modernisierungstheorie, die einen von Europa ausgehenden Modernisierungsprozess behauptet. Daher geht es hier ausschließlich um die Ausbreitung der Geldwirtschaft im frühmodernen bzw. modernen Europa. Für eine knappe Skizze reicht es aus, lediglich die wichtigsten Prozesse thesenartig zu benennen.

(1) Die Auflösung *der vormodernen, patriarchalischen Produktionsfamilie* ist soziologisch vor allem deswegen von zentraler Bedeutung, weil sie die Haushalts- und Familiengründung vom Eigentum an Produktionsmitteln entkoppelt und Arbeit und Konsum gegeneinander verselbständigt.

Zur Vergegenwärtigung dieses historischen Ausgangspunktes ist es vielleicht sinnvoll, sich die Grundrisse des traditionellen Schwarzwälder Bauernhauses vor Augen zu führen, weil es sehr instruktiv zeigt, in welch erstaunlicher Breite landwirtschaftliche Primärprodukte am Ort weiter verarbeitet wurden, so dass die bäuerlichen Lebensgemeinschaften weitgehend autark überleben konnten, solange es nicht zu Missernten kam. Ob nun aus Wolle oder Lein Stoffe und Kleidungsstücke hergestellt wurden oder aus Holz landwirtschaftliche Geräte oder aus Getreide Brot – die direkte Relevanz jeder Tätigkeit für das gemeinsame Überleben war für alle Beteiligten evident.

Die an die Stelle der vormodernen Produktionsfamilie tretende moderne Klein- bzw. Kernfamilie konnte ihren Bedarf an Lebensmitteln nicht selbst produzieren sondern war in ihren reproduktiven Aktivitäten auf einen hauswirtschaftlichen Bereich beschränkt, bei dem es darum geht, in den Haushalt hineinfließende Ressourcen zu nutzen (Essen kochen, Heizen usw.). Mit dieser Familienform wurde eine Entkopplung zwischen Arbeit und Bedürfnisbefriedigung vollzogen, die einen permanenten Bedarf der privaten Haushalte an Lebensmitteln und weiteren Ressourcen erzeugt hat, der zunächst häufig durch die Entlohnung in Naturalien gedeckt wurde, perspektivisch aber in eine geld- und marktabhängige Lebensführung hineinführt.

(2) Der Übergang zu einer auf den Konsum von Waren und Dienstleistungen abstellenden privaten Lebensführung ist ein kontinuierlicher Vorgang mit unzähligen Zwischenformen und ohne definitiven Endpunkt. Zu den Übergängen gehört insbesondere, dass sich die allmählich herausbildenden städtischen Zentren zunächst nur teilweise von der landwirtschaftlichen Primärproduktion verabschieden konnten, entweder, weil das Herbeischaffen der Grundnahrungsmittel immer noch höchst aufwendig und unzuverlässig war oder weil man zu wenig Geld hatte. Aus dem ersten Grund wies z. B. Berlin noch im 18. Jahrhundert einen erstaunlich hohen Anteil an ‚Ackerbürgern‘ auf (Wiedtfeld 1989). Aus Geldmangel betrieben

Industrie- und Bergarbeiter noch um 1900 Gemüseanbau und Kleinviehhaltung (vgl. exemplarisch Syrup 1915).

Ein definitiver Endpunkt dieser Entwicklung wäre erst erreicht, wenn Hausarbeit vollkommen entbehrlich wäre. Das ist zumindest derzeit noch undenkbar. Wir müssen vielmehr konstatieren, dass häusliche Arbeit auch heute noch einen erheblichen Umfang erreicht, der aber nicht genau zu beziffern ist, da er nicht in die volkswirtschaftliche Gesamtrechnung eingeht.

(3) Ein wichtiger Modernisierungsschritt einer auf individueller Geldverwendung basierenden Lebensführung wird erreicht, wenn Güter nicht mehr gemeinschaftlich, sondern *individuell* konsumiert werden. Man könnte hier von einem Übergang von formell individuellem zu *individualisiertem Konsum* sprechen.

Bei formell individuellem Konsum ist zwar der Kaufakt individuell, aber nicht der Konsumzweck. Das trifft bis heute vor allem auf Güter zu, die der Abdeckung von Grundbedürfnissen dienen wie ein Sack Kartoffeln oder 1000l Heizöl. Dagegen werden immer mehr Güter für den *persönlichen* Bedarf erworben wie z. B. Kleidung. Hier ist nicht nur der Kaufakt individuell, sondern auch der Konsumzweck. Wenn z. B. Person A für sich eine Jacke kauft, dann erfüllt diese Ware ihren Zweck, solange Person A sie benützt. Wenn sie ihr nicht mehr gefällt, weil sie z. B. ‚nicht mehr aktuell ist‘, wird sie weggeworfen.

Noch bis ins 20. Jh. hinein war es dagegen, zumindest in ärmeren Bevölkerungsschichten, üblich, dass Kleidung von mehreren Familienangehörigen so lange getragen wurde bis sie auseinander fiel. Auch ein Bett wurde oft z. B. von mehreren Kindern zugleich benutzt oder auch zeitweise z. B. an einen Schichtarbeiter vermietet (sogenannter ‚Schlafgänger‘). Wenn man den Übergang auf eine individualisierte Geldverwendung genauer untersucht, dann spielt sicherlich die Erhöhung der Massenkaufkraft eine zentrale Rolle: man muss erst mal über genügend Geld verfügen, um sich Waren leisten zu können, die nur von einer Person genutzt werden, die ihren Nutzeffekt nicht voll ausschöpfen kann oder will. Insofern steckt im individualisierten Konsum immer auch ein Grundelement von Verschwendung bzw. ‚Luxus‘. Es kann, muss aber nicht, der traditionellen Bedeutung von Luxus folgen. Das geschieht beispielsweise, wenn eine besonders teure und arbeitsaufwendig gefertigte Ware an Stelle einer einfachen konsumiert wird, um die besondere soziale Stellung des Konsumenten zu dokumentieren. So stellt zwar jeder von einem Gelegenheitsfahrer exklusiv genutzte PKW aufgrund der individualisierten Nutzung bereits Luxus dar. Dieser kann aber dadurch weiter gesteigert werden, dass kein Billigauto, sondern eines aus der ‚Premium-Klasse‘ auf dem Parkplatz vor sich hin rostet.

Erst über Formen individualisierter, direkt auf persönliche Bedürfnisse bezogener Geldverwendung gewinnt der Konsum die z. B. bei Bauman unterstellte Bedeutung eines Mechanismus der Vergesellschaftung: mit Geld kann man Waren und Dienstleistungen erwerben, über die man sich als die Person darstellen kann, als die man von seinem sozialen Umfeld angesehen werden möchte. Individualisierte Geldverwendung wird so zum Instrument einer Strategie der Lebensführung, bei der ein Akteur sich mit bestimmten sozialen Attributen auszustatten sucht, über die er sich von anderen abhebt und zugleich einer gewünschten Gruppe zuordnet. In dieser Hinsicht *ersetzt das Geldmedium über den Kaufakt vormoderne soziale Beziehungen* und erzeugt darüber hinaus die Illusion, dass jede soziale Positionierung über den Konsum erreichbar wäre. Waren wie das Messi-Trikot eines Schülers, der nicht mit dem Ball umgehen kann, oder die Harley-Davidson eines grauen Buchhalters, gewinnen so eine geradezu magische Bedeutung.

(4) Mit der Möglichkeit, ‚eigenes Geld' ausgeben zu können, sind Freiheits- und mit dem Erwerb individuell bedeutsamer Waren sind Wohlfühl- oder gar Glückserfahrungen (vgl. Bauman 2010) verknüpft, an denen die ältere wie die neuere Gesellschaftskritik ansetzt. Auch hier spielen sozialgeschichtliche Veränderungen eine wichtige Rolle.

Aus der Ära der Frühindustrialisierung ist bekannt, dass Arbeiter nicht selten ihren Wochenlohn sofort versoffen haben oder mit der Kutsche zum Wirtshaus gefahren sind (Thun 1879: 68), obwohl das zur Folge hatte, dass sie und ihre Familie die nächsten Tage hungern mussten. Die entrüsteten Kommentare der Obrigkeit (vgl. Kuczynski 1982) lassen zumindest vermuten, dass es in der ständisch geprägten sozialen Atmosphäre darum ging, zu demonstrieren, dass man jetzt auch jemand war und man ‚die Puppen tanzen lassen konnte'.

Zu einem dauerhaften Bestandteil der Lebensführung konnten solche Freiheits- und ‚Wohlfühlerfahrungen' jedoch erst dann werden, wenn die Reallöhne ein Niveau erreichten, das ausreichte, um nicht nur das Allernotwendigste zum Überleben kaufen zu können, sondern es auch noch ermöglichte, persönliche Neigungen und Interessen zumindest ansatzweise zu realisieren. Mit diesen Möglichkeiten geht ein sozialer und politischer Integrationsprozess einher (vgl. hierzu ausführlich Brock 1991).

Als in den Jahrzehnten nach dem zweiten Weltkrieg der durchschnittliche Lebensstandard in den meisten westlichen Industriegesellschaften deutlich anstieg und damit diese Bedeutungskomponente des Konsums immer stärker in den Vordergrund rückte, entzündete sich daran eine bildungsbürgerliche Kultur- und Konsumkritik, die die sowohl die Banalität und Eindimensionalität (z. B. Marcuse

1967) dieser Erfahrungen beklagte, wie auch der Warenform die Fähigkeit zur wirklichen Bedürfnisbefriedigung absprach (so bereits Horkheimer/ Adorno 1988).

3.5.3 Baumans Gegenwartsdiagnose erster Teil: das Streben nach Fitness

An diese 'linke' bildungsbürgerliche Kapitalismuskritik an der Konsumgesellschaft knüpft Zygmunt Bauman in seinen neueren Veröffentlichungen an. Sie sind an dieser Stelle vor allem deswegen wichtig, weil Bauman auf dem Feld individuelle Geldverwendung/ Konsum Zäsuren gegenüber der klassischen Moderne ausmacht.

Seine grundlegende These ist, dass sich der Kapitalismus in seinen Disziplinierungsanforderungen fundamental verändert habe. Während es in der klassischen Moderne vor allem um ständige Arbeitsbereitschaft und um Arbeitsdisziplin gegangen sei, fordere die postmoderne Konsumgesellschaft permanente Entscheidungsfähigkeit. „Die Gesellschaft von Produzenten und Soldaten konzentrierte sich (noch) auf die Handhabung von Körpern, damit das Gros ihrer Mitglieder für das Leben und Handeln in dem für sie vorgesehenen Lebensraum geeignet war: die Fabrikhalle und das Schlachtfeld. (Dagegen) … konzentriert die Gesellschaft von Konsumenten den Trainings- und Anpassungsdruck … auf die Handhabung des Geistes … Eine solche Schwerpunktverlagerung ist unumgänglich, wenn die Mitglieder auf das Leben und Handeln in ihrem neuen Lebensraum vorbereitet werden sollen, in dessen Mittelpunkt schließlich die Einkaufszentren stehen…"(-Bauman 2009a: 73f.)[87]. Dieser neue Lebensraum erfordere vor allem 'Fitness' im Sinne allgemeiner Handlungsfähigkeit.

Nach Bauman findet dieses Streben nach Fitness in den Rollen des *Konsumenten* und des *Spielers* seinen exemplarischen Ausdruck. Bei beiden Rollen gehe es vor allem darum, *im Spiel* zu bleiben. Auch in den neueren Arbeiten Baumanns, in denen er auf die Unterscheidung zwischen Moderne und Postmoderne verzichtet (Junge 2006: 109) behält das Streben nach Fitness zentrale Bedeutung. Diese These gerät nun in den Schnittpunkt zweier Gegenwartsdiagnosen. Einmal diagnostiziert Bauman einen Strukturwandel des Kapitalismus vom 'schweren' industriellen zum *leichten, durch Dienstleistungen und Konsum charakterisierten Kapitalismus.* Während der menschliche Körper im schweren Kapitalismus der Disziplinarmacht der Arbeitgeber unterworfen war, wird im leichten Kapitalismus die Verfügungsgewalt über den eigenen Körper den Arbeitnehmern zur freien Gestaltung überlassen.

---

87 Diese historische Entgegensetzung von Produktions- und Konsumgesellschaft versteht Bauman als eine idealtypische Konstruktion; vgl. Bauman 2009a: 39ff.

Damit wird er zum Vehikel einer vor allem als Entpolitisierung verstandenen *Privatisierung*: Fragen der Körpergestaltung und der Fitness werden zum Ansatzpunkt sowohl der von den Medien propagierten *Entpolitisierung* wie auch der *Verführung durch Werbung*. Zweitens wird Fitness permanent erforderlich, *wenn die Folgen gesellschaftlicher Veränderungen nur noch in Form privater Entscheidungen verarbeitet werden.*

Mit diesen Gegenwartsdiagnosen reagiert Bauman auch auf den Diskurs um die Risikogesellschaft. Vor allem seine Privatisierungsthese „läuft mit der endgültigen Durchsetzung der Risikogesellschaft einher. Risiken werden weder staatlich noch kommunal eingebettet ... Daraus ergibt sich eine ausgeprägte Individualisierung und Privatisierung von Risiken" (Junge 2006; 110f.). Während insbesondere bei Beck und Giddens in dieser Entwicklung auch Chancen der individuellen Lebensführung gesehen werden (Stichwort: life politics; vgl. 3.7.4.1), konstatiert Bauman in erstaunlicher Nähe zu konservativen Ordnungstheoretikern wie Arnold Gehlen mit dieser Veränderung den *Verlust an Halt gebender gesellschaftlicher Ordnung.*

Unter diesem Gesichtspunkt wird deutlicher, warum die These vom Streben nach Fitness einen zentralen Ankerpunkt in Baumans Gegenwartskritik markiert: der eigene Körper ist gewissermaßen der letzte Halt, die letzte Konstante, die dem Menschen in einer Ära verdampfender Ordnung bleibt. Aber auch der menschliche Körper wird über die Verführung zum permanenten Konsum gesellschaftlich funktionalisiert und ökonomisch ausgeschlachtet.

Baumans Gegenwartsdiagnose eines auf Konsum fokussierten Lebens geht über die ältere Konsumkritik insofern deutlich hinaus, als er damit nicht nur einen unter mehreren Lebensbereichen kritisiert, sondern vielmehr eine *Gesamtdiagnose* des gegenwärtigen Kapitalismus vorlegt. Vor allem seine Begriffe Konsumismus, Konsumgesellschaft und ‚Kultur des Konsumismus' zielen auf eine gesamtgesellschaftliche Zustandsbeschreibung. Das ist so zu verstehen, dass er eine bestimmte Form des dynamisierten Konsums, den Konsumismus, als ein zentrales Schlüsselelement identifiziert, auf das die Gesellschaft, die herrschende Kultur wie auch die individuellen Praktiken gleichermaßen ausgerichtet sind, da nur so der Fortbestand eines Waren im Überfluss hervorbringenden Kapitalismus organisiert werden könne.

3.5.4 Baumans Gegenwartsdiagnose zweiter Teil: Die Kultur des Konsumismus

Bauman macht sich die These einer konsumistischen Revolution (vgl. auch Campbell 2004) zu eigen, mit der eine Ära bezeichnet wird, in der der Konsum zum eigentlichen Daseinszweck aufgestiegen sein soll, auf den unsere Emotionen, unser Wollen, Begehren und Ersehnen fokussiert seien (Bauman 2009a: 38). Diese Gegenwartsdiagnose unterfüttert er unter Rückgriff auf Livingston 1998 mit der marxistisch inspirierten These einer Kolonalisierung des gesamten Soziallebens durch die Warenform. Dabei sei vor allem die menschliche Subjektivität selbst zu einer Ware geworden, „die auf dem Markt als Schönheit, Sauberkeit, Aufrichtigkeit und Autonomie ge- und verkauft wird" (Livingston, zitiert nach Bauman 2009a: 156). Diese These wird vor allem am Modebewußtsein erläutert (Bauman ebd.: 108ff.) und an das Konzept der ‚Liquid Modernity‘ assimiliert. Denn auch bei der Mode kommt es darauf an, möglichst dem Mainstream voraus zu sein und sich von allen nicht mehr angesagten Klamotten unverzüglich zu trennen. Immer kürzere Nutzungszeiten befördern wiederum die Reproduktion des Kapitalismus.

Unter diese These werden aber auch Aktivitäten rubriziert, bei denen, jedenfalls direkt und in der Regel, kein Geld fließt, wie bei Auftritten in den Social Media. Sie werden als Märkte für Anerkennung und persönliches Selbstwertgefühl interpretiert, auf denen, wenn es sich tatsächlich um Märkte handelt, ja nur Waren angeboten werden können. Vor allem der eigene Körper werde in seiner tatsächlichen oder vermeintlichen Attraktivität gesteigert – von der Schönheitsoperation über Tattoos bis hin zum Outfit, um die Zufälle der Natur unter dem Gesichtspunkt der Marktgängigkeit zu bearbeiten.

3.5.5 Diskussion

Zunächst muss man einräumen, dass Baumann zweifellos aktuelle Trends aufgreift und in einen Zusammenhang bringt. Dabei kann er sich auf ähnliche Einschätzungen vieler Kollegen berufen. Ich bin jedoch der Auffassung, dass er in zwei ganz zentralen Punkten weit über das Ziel hinausschießt: sowohl die These einer quasi ungebremsten Kolonialisierung durch die Warenform wie auch die These einer Ablösung der Gesellschaft der Produzenten durch eine Gesellschaft der Konsumenten sind in der vorgetragenen Form unhaltbar.

(a)   Die unhaltbare Stilisierung der Gegenwart zur Konsumgesellschaft

Ich beginne mit der zuerst genannten These einer ungebremsten Kolonialisierung der menschlichen Subjektivität durch die Warenform. Banalerweise sind Waren nur solange Waren, als sie käuflich sind und nachgefragt werden können. Das ist keineswegs selbstverständlich. So wurde die Warenform für Menschen z. B. mit dem Verbot der Sklaverei abgeschafft. Möglicherweise ist dies bei den Vertretern der Konsumismusthese in Vergessenheit geraten, denn auch heute kann niemand menschliche Subjektivität kaufen, selbst wenn sie nach dem Vorbild von Waren herausgeputzt wurde. Daher könnte höchstens von Quasi-Waren gesprochen werden. Aber auch dieser Begriff ist immer noch schief, weil zwar menschliche Quasi-Waren daran interessiert sein können, ihre Attraktivität zu steigern – aber diese Aktivität kann nicht den Waren sondern höchstens ihren Produzenten zugerechnet werden. Sie haben laut Bauman aber in der Konsumgesellschaft gerade ausgedient. Nicht der Mensch selbst kann also heute zur Quasi-Ware werden, sondern sein Körper, sein Aussehen. Das wäre dann neben der realen Ware des menschlichen Arbeitsvermögens eine zweite virtuelle menschliche Ware.

Weiterhin sollte man daran erinnern, dass die menschliche Arbeitskraft eine „besondere Ware" (Marx) ist, weil nicht der ganze Mensch und damit auch die Verantwortung für sein Überleben verkauft wird (das wäre Sklaverei), sondern ,nur' das Dispositionsrecht über die Arbeitskraft für eine vereinbarte Arbeitszeit. Nach Marxens Werttheorie liegt hierin die Basis für die Schaffung von Mehrwert. Kommodifizierung (vgl. den Abschnitt 3.4) kann sich daher nur auf das menschliche *Arbeits*vermögen beziehen. Wenn jemand über modische Kleidung, Tattoos, Schönheitsoperationen und dergleichen seine Attraktivität steigern möchte, dann könnte man also nur dann von Kommodifizierung sprechen, wenn damit gewerbliche Zwecke verfolgt werden. Darum geht es jedoch Bauman offensichtlich gerade nicht, sondern um den Einsatz derartiger Mittel zum Zweck, die Aufmerksamkeit anderer auf sich zu ziehen, um dadurch das eigene Selbstwertgefühl zu steigern. Man könnte eventuell davon sprechen, dass es darum gehe, die Lebenszeit anderer an sich zu binden (vgl. unter 3.7). Dann ist aber ein Hantieren mit dem Begriff Ware unangemessen.

Am Rande sei nur angemerkt, dass es schwer fällt, abgesehen von neuen technischen Möglichkeiten wie Internet und Schönheitsoperationen, in Baumans Beobachtungen etwas fundamental Neues auszumachen. Dieses Problem wird schon daran deutlich, dass er sich auf einschlägige Beobachtungen Kracauers und Simmels beruft. Er wäre aber ebenso im 18. Jahrhundert oder im Umfeld der römischen Zäsaren fündig geworden.

Weiterhin erscheint es eher fraglich, ob Bauman eine Besonderheit der ,flüchtigen Moderne' ausgemacht hat, wenn er von Märkten für als Waren herausgeputze Menschen und dem Streben nach einem ,Marktwert' für die eigene Person schreibt (Bauman 2009a: 83). Auch hier kann es sich allenfalls um virtuelle Märkte für Anerkennung handeln, die es auch zu anderen Zeiten gegeben hat.

Ebenso problematisch ist in meinen Augen die These, dass die Gesellschaft der Produzenten durch die Gesellschaft der Konsumenten abgelöst worden sei. Bauman operiert hier mit der für moderne Gesellschaften wenig plausiblen Prämisse einer gesellschaftsweit einheitlichen bzw. herrschenden Kultur. Sowohl die Beschreibung der auf Produzenten wie der auf Konsumenten fokussierten Kultur bleibt erstaunlich vage. Da sie mit vielen Behauptungen und wenigen Belegen operiert, ruft sie den Eindruck einer funktionalistischen Konstruktion hervor, die dem gedanklichen Muster folgt: wenn es in einer Phase der klassischen Moderne auf körperliche Arbeit und Krieg angekommen ist, dann muss sich auch die Gesellschaft in Form des modernen Nationalstates vorrangig darum gekümmert haben.

Zumindest für Deutschland zeigen die Belege dagegen eher, dass der Staat hier nur punktuell dort aktiv wurde, wo Probleme identifiziert wurden. Beispiele sind die Arbeitshäuser im frühen 19. Jahrhundert (Marzahn 1981), aber auch das Problem immer schlechterer Musterungsergebnisse (vgl. z. B. Abelsdorf 1905), das Konservative wie Bismark zur Entwicklung der Sozialpolitik motivierte. Eine *staatlich organisierte Kultur der Produzenten* kann man dagegen in Deutschland nur für die Phase des Nationalsozialismus identifizieren. Analoges gilt für die Sowjetunion. Ansonsten kann man eher Klassen-, Milieu- oder auch schichtspezifische Kulturen ausmachen.

Das ist auch wenig verwunderlich, da eben aus der zentralen Bedeutung harter körperlicher Arbeit unter kapitalistischen Bedingungen keineswegs folgt, dass sie in irgendeiner Weise propagiert werden muss. Wie bereits Marx gezeigt hat, besorgt das der existenzielle Zwang zum Verkauf der eigenen Arbeitskraft in hinreichender Weise. Nur wo dieser Zwang durch eine Vergesellschaftung der Produktionsmittel ausgehebelt (Sowjetunion) oder von Großmacht- und Weltherrschaftsphantasien überlagert (Faschismus) wurde, konnte so etwas wie eine herrschende Kultur der Produzenten entstehen. Unter den Bedingungen einer parlamentarischen Demokratie ist es dagegen zur Individualisierung gekommen: die harte körperliche Arbeit musste je individuell, im Rahmen individualisierter Lebensführung gemeistert werden. Daneben trat der Konsum als eigenständiger Bereich der Lebensführung.

Für die Verhältnisse vor der Etablierung des Sozial- und Wohlfahrtsstaates ist charakteristisch, dass in beiden Bereichen die individuellen Anstrengungen durch Zusammenschlüsse unterstützt werden mussten, die eine Verbesserung der Reproduktionsbedingungen zum Ziel hatten. Im Bereich der Arbeit zur Bildung von Gewerkschaften mit dem Instrument des Streiks, im Bereich der konsumtiven Geldverwendung durch den Zusammenschluss zu Genossenschaften (Konsumgenossenschaften, Wohnungsbaugenossenschaften usw.).

Noch größer werden die Probleme dort, wo Bauman die modernen Gesellschaften der Gegenwart durch das Nadelöhr der Konsumgesellschaft zu pressen versucht. So ist es kaum nachvollziehbar, dass er Kommodifizierung für den Arbeitsmarkt mit einer ‚Kommodifizierung' für einen virtuellen Anerkennungsmarkt in einen

Topf wirft[88], obwohl er durchaus erkennt, dass es um ganz andere Inhalte geht (z. B. ebd.: 82) und der Kommodifizierungszwang auf ganz anderen sozialen Grundlagen beruht. Gegenüber dem Arbeitsmarkt ist er existenziell, also eine Frage des materiellen Überlebens bzw. unter wohlfahrtstaatlichen Bedingungen des Versorgungsniveaus. Dagegen beruhe der „Kommodifizierungszwang" gegenüber dem virtuellen Anerkennungsmarkt auf der Angst vor sozialer Exklusion (z. B. ebd. 83 f.).

Diese These muss wiederum eine einheitliche herrschende gesellschaftliche Kultur unterstellen, da sonst die soziale Exklusion immer nur partiell sein kann und zudem eine *Bedingung für die Inklusion* in ein bestimmtes Milieu ist. Dagegen zeichnet die mit den Methoden der empirischen Sozialforschung arbeitende Kultursoziologie (vgl. nur Schulze 1992) das Bild einer komplexen Milieustruktur, die nur partiell über Konsumstandards läuft, die zudem erhebliche Unterschiede in dem, was ‚angesagt' ist, aufweisen. Der soziale Regelfall ist daher die Zugehörigkeit zu *einem* Milieu bei gleichzeitiger Exklusion aus den anderen Milieus. Zudem kann die Milieuzugehörigkeit im Lebensverlauf wechseln. Angesichts dieser offensichtlichen Wahlmöglichkeiten ist die These eines Kommodifizierungs*zwangs* auf einem virtuellen Anerkennungsmarkt aus Furcht vor sozialer Exklusion nicht zu halten. Weiterhin zeigt sich bereits hier, dass die Aktivitäten der Lebensführung nicht allein ‚konsumistisch' ausgerichtet sein können, ganz abgesehen davon, dass kontinuierliche Geldverwendung eine ebenso kontinuierliche Geldbeschaffung voraus setzt.

Angesichts komplexer Milieustrukturen ist auch die These von einheitlichen, von den „geschriebenen und ungeschriebenen Gesetzen des Marktes" geprägten „Lebensgrundsätzen" (Bauman 2009a: 83) in das Reich sozialkritischer Fabulierkunst zu verweisen. Die ‚Gesetze' des Marktes sind, wie vor allem die Diskussion ganz unterschiedlicher sozialer Bedeutungen des Geldmediums noch zeigen wird (vgl. unter 4.4.4), nur formaler Natur und bedürfen daher der sozialen Konkretisierung, um ‚Lebensgrundsätze' prägen zu können.

Mit der noch voraussetzungsvolleren These, dass die sozialen Beziehungen in der ‚Konsumgesellschaft' ebenfalls konsumistisch geprägt seien, setze ich mich im Abschnitt 3.7. eingehend auseinander.

---

88 Solche Ungereimtheiten können auch nicht durch Rückgriff auf Webers Idealtypen (Bauman 2009a: 39ff.) erklärt werden. Webers Idealtypen weisen gegenüber der Realität eine zu scharfe analytische Optik auf. Daher muss man die Realität unter dem Blickwinkel der Idealtypen gewissermaßen sezieren und zerlegen, um mit diesen Begriffen arbeiten zu können. Baumans Begriffe sind dagegen zu unscharf, um sich damit der Realität zu nähern. Sie müssen spezifiziert, ergänzt und feiner justiert werden, um damit die soziale Realität analysieren zu können.

(b)   Eine zu grobe Optik

Weiterhin ist zu kritisieren, dass Bauman mit einer zu groben Optik arbeitet und dabei zu viel ausblendet oder sogar übersieht. Vor allem bei den folgenden drei Aspekten scheint es mir wichtig, zu einer differenzierteren Einschätzung der sozialen Realität zu kommen.

Erstes Gegenargument: Die Disziplinierung des menschlichen Körpers ist nur für Modernisierungsgewinner, jedoch nicht für Modernisierungsverlierer entbehrlich geworden.

Für die Rollen des „Produzenten" und des Soldaten lässt sich in der Tat zeigen, dass in Folge zunehmender Technisierung die benötigten menschlichen Leistungen der Tendenz nach immer abstrakter geworden sind. Bereits Marx hatte ja erkannt, dass der Mensch in Folge der Industrialisierung zunehmend aus dem unmittelbaren Produktionsprozess verdrängt werde und seine manuellen Qualifikationen an die Maschinen verlieren würde. Mit der mikroelektronischen Revolution ist dieser Prozess weiter gegangen, sodass im heutigen Arbeitsleben vor allem Flexibilität, soziales Einfühlungsvermögen und Fähigkeiten der Selbstorganisation gefordert sind (vgl. exemplarisch Moritz/ Rimbach 2006). Im militärischen Bereich wird der Bedeutungsverlust des menschlichen Körpers noch greifbarer. Im modernen Hightech- Krieg werden nur noch im Ausnahmefall Soldaten in Marsch gesetzt. Feinde werden zunehmend körperlos bekämpft, indem auf Ziele programmierte Marschflugkörper oder auch Drohnen gestartet werden.

Bei genauerer Betrachtung fällt jedoch auf, dass Baumans These nur für Modernisierungsgewinner, jedoch nicht für Modernisierungsverlierer gilt. In der Produktion ist die körperliche Arbeit nur marginal geworden, aber sie ist jedoch keineswegs vollständig verschwunden. Noch ausgeprägter gilt dies für Dienstleistungen. Wer keine besonderen Qualifikationen anzubieten hat, muss daher immer noch nach Jobs suchen, wo es auf körperliche Leistungsfähigkeit ankommt. Bei Kriegen wird der menschliche Körper nur auf Seiten der Modernisierungsgewinner dem Tötungsrisiko entzogen. Auf der Seite der Modernisierungsverlierer bleibt der Krieg körperlich. Nicht nur muss, wer technologisch unterlegen ist, menschliche Körper einsetzen (Stichworte: Guerilla- Kriege, Selbstmordattentäter, Kindersoldaten) und deren ‚Opfer' politisch bzw. religiös auszuschlachten suchen (Märtyrerrolle). Als Zielobjekte sind menschliche Körper überhaupt nicht technologisch substituierbar. Das letztlich ‚zählende' Erfolgskriterium bleibt die Zahl der getöteten gegnerischen Kombattanten. So wird etwa der Erfolg von ‚Präzisionsschlägen' daran festgemacht, dass sie möglichst viele oder besonders wichtige/ hochrangige ‚Gegner' töten, aber keine unbeteiligten ‚Zivilisten'.

Zweites Gegenargument: Die These vom Ende der Disziplinierung des menschlichen Körpers blendet Effekte der Bildungsexpansion vollständig aus.

Wie man in einer Phase ungebremster Bildungsexpansion, die auch immer mehr in den sogenannten Vorschulbereich eindringt, davon sprechen kann, dass der menschliche Körper, zu dem eben auch das Gehirn zählt, ‚frei' geworden sei, ist mir schleierhaft. Gerade weil Investitionen in das eigene Arbeitsvermögen, das ja im menschlichen Körper zu lokalisieren ist, für die große Mehrheit das einzige Mittel sind, um das Wiederbeschaffungsproblem von Geld zu lösen, muss man sich um die Entwicklung vor allem des eigenen Intellekts kümmern.

Wenn dies so ist, dann stellt sich die Frage, warum die Beschäftigung mit dem eigenen Körper an der ‚Verwertungsgrenze' halt machen soll. Wenn dies aber nicht möglich ist, dann ist ein funktionalistisches Verständnis der Disziplinierung des menschlichen Körpers nicht zu halten. Es fällt schon bei Bildung schwer, genau zu unterscheiden, was zur Entwicklung des eigenen Humankapitals notwendig ist und welche Bildungsprozesse nur persönlichen Zielen dienen. Ganz unabhängig von diesem Bezug auf die Warenform können Bildungsprozesse immer als Prozesse der Selbstdisziplinierung interpretiert werden.

Drittes Gegenargument: die These vom Streben nach Fitness kann nicht funktionalistisch (bzw. beschleunigungstheoretisch), als das Mithalten privater Konsumentscheidungen mit der Dynamisierung der Funktionssysteme, interpretiert werden.

Aus der Sicht des Wirtschaftssystems lassen sich die Anforderungen an den Konsumenten – zumindest auf den ersten Blick – durchaus unter den Begriff der Fitness bringen. Ein solches Bild wird beispielsweise in Wirtschaftsmagazinen gezeichnet, wenn aufgezeigt werden soll, wie der aufgeklärte und clevere Konsument den günstigsten Handytarif oder die günstigste Flugreise finden kann. Konsumenten, die diesen funktionalen Anforderungen nicht gerecht werden, müssen jedoch mit wenig einschneidenden Sanktionen rechnen. Sie müssen zwar u. U. für ein bestimmtes Produkt oder eine bestimmte Dienstleistung mehr bezahlen, sparen dafür aber an ‚Transaktionskosten'. Soziologisch formuliert müssen sie weniger Lebenszeit und Energie für solche Marktrecherchen aufwenden. Gerade weil die Sanktionen moderat sind, ist die Chance groß, dass reale Konsumenten auch auf diesem Feld

Handlungsroutinen entwickeln, die darauf hinaus laufen, dass nur in ausgewählten Fällen das Marktangebot wirklich genau analysiert wird.

Zu den Alltagsroutinen gehört aber auch eine gewisse Abstumpfung gegenüber allem Neuen (vgl. bereits Simmel 1903), Sensationellem oder auch gegenüber Schnäppchen, die nicht versäumt werden dürfen. Die Sensibilisierung für neue Erfahrungen kann selbst zur Routine werden. Ohne solche Alltagsroutinen liefen Konsumenten tatsächlich Gefahr, ihre frei disponible Lebenszeit vollständig in Marktbeobachtungen zu investieren, sodass sie auch gar keine Zeit mehr hätten, um irgendwelche ‚tollen‘ Produkte oder Dienstleistungen zu konsumieren. Wieso sollten sie dies tun bzw. sich durch permanente und penetrante Rundumwerbung dazu verleiten lassen? Baumans These vom ‚Triumpf des Nomadischen‘ (Rosa 2005: 346; im klassischen Marxismus: der Zirkulationssphäre; vgl. Marx 1973) lässt sich eben nicht einfach von der Analyse des globalisierten Kapitalismus auf die Ebene der Geldverwendung im Rahmen individualisierter Lebensführung deduzieren.

Dieses Problem zeigt, welche analytischen Schwierigkeiten bei einer rein gesellschaftspolitischen Interpretation auftreten, die nicht mit der Brechung gesellschaftlicher Probleme durch die Imperative individualisierter Lebensführung rechnet. Baumans Analyse kennt nur zwei Pole: einerseits den gegenwärtigen Kapitalismus, der über eine verbindliche Kultur den Gesellschaftsmitgliedern die zur Reproduktion des Systems funktional notwendigen Verhaltensweisen oktroyiert. Andererseits gibt es die Gesellschaftsmitglieder, die ihre Freiheit nur politisch realisieren können, indem sie für gesellschaftliche Veränderungen eintreten. Bauman kennt also nur das für gesellschaftspolitische Ideologien wie Marxismus oder Liberalismus charakteristische Muster einer allein auf Gesellschaftsveränderung ausgerichteten Lebensführung.

3.5.6 Gegenwartsdiagnose auf der sozialpsychologische Ebene des Konsums – Baumans These zur Identitätsentwicklung in der gegenwärtigen Konsumgesellschaft

Wie bereits erwähnt wurde, wird nach Bauman das heutige Alltagsleben von den Rollenmustern des Spielers und vor allem des Konsumenten geprägt. Die Konsumentenrolle ist nur vordergründig durch die Aktivität von selbständig getroffenen Kaufentscheidungen geprägt, weil insbesondere die diversen Werbeaktivitäten darauf abzielen, den Konsumenten zu verführen, also auf seine Kaufentscheidungen immer stärkeren Einfluss zu gewinnen. Das hat dann letztlich zur Konsequenz, dass klassische Muster der Identitätsentwicklung zerstört und auf Identifikation reduziert werden (vgl. v. a. Bauman 2004/2005; Junge 2006: 114). *Für Bauman ist die Verkürzung von Identitätsentwicklung zur Identifikation ein wesentliches Merkmal der Verflüssigung des Lebens in der heutigen Gesellschaft.* Deshalb wird diese These hier ausführlich diskutiert.

Für Baumans These einer Substitution der klassischen Identitätsproblematik durch Identifikation scheinen in erster Linie moralsoziologische Überlegungen maßgeblich zu sein (vgl. Junge 2006: 101ff.). Unter Rückgriff auf Weber konstatiert er eine Entmoralisierung der sozialen Beziehungen, weil Moral nicht als gesellschaftliches Funktionssystem ausdifferenziert wurde (vgl. auch unter 1.8). Auf der anderen Seite habe Weber aber gezeigt, dass es über die protestantische Ethik zu einer Moralisierung der Lebensführung gekommen sei, die eine Enttraditionalisierung und damit auch Rationalisierung alltäglicher Lebensführung bewirkt habe (methodisch-rationale Lebensführung, innerweltliche Askese, Berufsmenschentum; vgl. KM: 54ff.).

Zum anderen hält Bauman eine formale Ethik, die der Logik von Kants kategorischem Imperativ folgt, unter postmodernen Bedingungen für unanwendbar. Unter Rückgriff auf Levinas[89] konzipiert Bauman eine Ethik, die sich auf das Konzept einer *Zweierbeziehung als asymmetrische moralische Grundsituation* gründet. Alter appelliert an Egos moralische Verantwortlichkeit. Mit dieser Anforderung muss Ego dann umgehen. Gerade unter den Bedingungen von Face-to-Face-Kommunikation gewinnen solche moralischen Appelle hohe Verbindlichkeit. Wenn man nun noch davon ausgeht, dass die Menschen über Sozialisationsprozesse und damit über Erwartungen Dritter eine regelgeleitete Moral verinnerlicht haben, *dann wird die Face-to-Face-Kommunikation zu einem persönlichen Risiko, dem man am besten aus dem Wege geht.* Genau dies ist nach Bauman für die Postmoderne charakteristisch (vgl. hierzu ausführlich Junge 100 ff.).

Das erklärt, warum sich Baumans Gegenwartsdiagnose auf die Rollenmuster des Spielers und des Konsumenten konzentriert. Beide Rollen sind gewissermaßen moralfrei. Sie zu kultivieren bietet sich daher an, wenn man den Appellen an die eigene moralische Verantwortlichkeit ausweichen möchte. Die Verführungsthese spitzt diese Fokussierung noch weiter zu. *Die Alternative zur moralisch ‚verminten' Alltagskommunikation ist nach Bauman nämlich, das der ohne sozialen Halt auskommende Konsument zum Spielball der Verführungsstrategien der Werbung wird.*

Welches empirische Szenario unterstellt Baumann bei dieser These? In der Nachknappheitsgesellschaft (Giddens) wird das Kaufverhalten der Menschen immer weniger von den Zwängen des Überlebens diktiert und damit immer offener für

---

89 Die Überlegungen von Levinas haben auch für Sennett entscheidende Bedeutung (vgl. unter 3.6.4).

Wahlhandlungen, die zunehmend von individuellen Bedürfnissen, Neigungen und
Interessen motiviert sind. Vor diesem Hintergrund kann man den Konsumenten
dann zum ‚König Kunde‘ erklären, der über seine autonomen Kaufentscheidungen
die Realwirtschaft steuert. Dagegen diktiert das Eigeninteresse der Unternehmen
am Bestandserhalt beziehungsweise an wirtschaftlichem Wachstum, dass die freien
Kaufentscheidungen der Kunden soweit als möglich zu Gunsten des eigenen Unternehmens und seiner Produkte beziehungsweise Dienstleistungen beeinflusst werden
sollten. Unter diesem Interesse haben sich Praktiken der Werbung herausgebildet,
die weniger auf die Beeinflussung des menschlichen Verstandes durch rationale
Argumente abzielen, sondern eher auf eine unterschwellige Einflussnahme, die
Bauman unter das Etikett ‚Verführung‘ bringt. Der für beliebige Verführung offene
Konsument wird mit seinen Kaufentscheidungen fungibel, gewissermaßen zu einer
Marionette im wirtschaftlichen Geschehen. Diese Fungibilität kann aber nur erreicht
werden, so Baumanns Folgerung, wenn es gelingt, *das klassische Identitätsproblem
auf ein Identifikationsproblem zu reduzieren.*

Was ist damit genau gemeint? Nach Mead entwickelt sich menschliche Identität
über den Gebrauch der Symbolsprache innerhalb einer Sprachgemeinschaft. Für
das Self[90] ist ausschlaggebend, dass die gesellschaftlichen Verhaltensanforderungen (und damit die gesellschaftliche Moral) dem Individuum im eigenen Denken
gegenübertreten. Insofern speist sich das Self aus dem Me, also der Gesamtheit der
Verhaltensanforderungen, mit denen ein Individuum konfrontiert wird. *Für die
menschliche Identitätsbildung ist nun weiter charakteristisch, dass auf sprachliche
‚Reize‘ nicht instinktiv reagiert wird, sondern dass dem individuellen Verhalten eine
bewusste Auseinandersetzung mit den gesellschaftlichen Verhaltenserwartungen
voraus geht.*

Deswegen können Rollen immer auch persönlich interpretiert und auch modifiziert werden (Rollendistanz). Weiterhin ist festzuhalten, dass Mead die Identitätsbildung als eine lebenslange Aufgabe versteht. Sie besteht darin, dass man sich
mit den Verhaltenserwartungen anderer Menschen auseinander setzt, wobei er die
bei diesem Prozess ablaufenden Verallgemeinerungsprozesse (‚generalized other‘;
Entwicklung allgemeiner moralischer Standards) betont.

Vor diesem Hintergrund wird klar, dass Baumans Gegenwartsdiagnose darauf hinaus läuft, dass diese zivilisatorischen Grundlagen menschlicher Sozialität
akut bedroht seien und die gesellschaftliche Moral zumindest für die alltägliche
Lebensführung zunehmend an Bedeutung verlieren werde. Wenn nämlich der
Mensch in seiner Rolle als Konsument nicht mehr mit den Verhaltenserwartungen

---

90 Also das Bewusstsein davon, dass man eine unverwechselbare Persönlichkeit hat und
    von anderen Menschen auch so gesehen wird.

Anderer konfrontiert wird, sondern mit eher visuellen Botschaften, die auf sein Unterbewusstsein zielen, dann droht letztlich auch die besondere zivilisatorische Qualität der zwischenmenschlichen Vergesellschaftung verloren zu gehen, die in einer bewussten Verarbeitung gesellschaftlicher Verhaltensanforderungen besteht. Werden die gesellschaftlichen Verhaltenserwartungen durch eine Unzahl von Verführungsangeboten ersetzt, die gerade nicht verallgemeinert werden können, dann wird der Mensch letztlich zum Objekt seiner Vergesellschaftung.

Insofern unterscheidet sich die Verführung des modernen Konsumenten durch die Werbung auch vom Modell des Reiz-Reaktions-Schemas, das Mead als eine für menschliches Sozialverhalten unangemessene Interpretationsfolie ansah (Mead 1973:39ff.). Vor allem in den klassischen Untersuchungsanordnungen des Behaviorismus ging es ja um den Nachweis, dass auf einen isolierbaren Reiz immer eine bestimmte Reaktion erfolgt. Anders als in den Versuchsanordnungen des Behaviorismus ist der moderne Konsument jedoch einer Überfülle solcher ‚Reize' ausgesetzt, auf die er nicht zugleich reagieren kann. Daher muss er sich immer für eine unter vielen denkbaren ‚Verführungen' entscheiden und kann diese Selektivität nur auf der Zeitachse korrigieren, indem er sich zu späteren Zeitpunkten für andere Verführungen entscheidet.

Anders als bei der Identitätsentwicklung über das role-taking scheinen mögliche Generalisierungen in diesem Prozess *fremdbestimmt* zu sein. Sie folgen nicht der Generalisierung des me im Umgang mit Anderen entlang internalisierter Werte und Normen, wie sie von den Klassikern für die Identitätsentwicklung angenommen wurde, sondern es geht um potentiell normfreie Generalisierungsprozesse, die sich im Wesentlichen aus dem *Umgang des Individuums mit seinen Emotionen* ergeben. Daher scheinen mir die beiden Komplexe Sucht und Markensozialisation gut geeignet zu sein, um das Spektrum an Verhaltensweisen wenigstens in etwa in den Blick zu bekommen, das Bauman unter die generellen Formeln der ‚Verführung' und der ‚Identifikation' bringt.

3.5.6.1 Extrembeispiel Sucht

Sucht ist eine umgangssprachliche Bezeichnung für Formen der Abhängigkeit und des Kontrollverlustes, die sowohl über die Ernährung (Drogen, Alkohol, Nikotin und so weiter) herbeigeführt werden können wie auch durch eine zwanghafte Wiederholung bestimmter Verhaltensweisen (z. B. Spielsucht) entstehen. Auch wenn es sicherlich im Hinblick auf Therapiemöglichkeiten wichtig ist, zu unterscheiden, ob Suchtphänomene über die Einnahme bestimmter Substanzen oder auf anderen Wegen entstehen, ist es für unseren Zweck wichtiger, die Gemeinsamkeiten zwischen diesen extremen Praktiken der Lebensführung zu erkennen. In beiden Varianten scheint es nämlich darum zu gehen, *negativen Stimmungen, die das Individuum durchlebt, zu entkommen*[91]. Die Einnahme von Drogen verändert die Stimmungslage direkt. Im anderen Fall entkommt man ihr durch die von einer Spielsituation ausgehende Erregung und durch die Glücksgefühle des Erfolges.

Das Grundproblem jeder Sucht ist, dass man als negativ oder belastend empfundenen Stimmungen immer nur auf Zeit entkommt. Dies führt dann zu einer *zwanghaften Wiederholung* und zur Tendenz der *Steigerung der positiven Gefühle. An die Stelle der von Mead betonten kognitiven Lern- und Verallgemeinerungsprozesse, die das Individuum zu einem reflektierten Mitglied der Gesellschaft machen, treten also Mechanismen des Umgangs mit den eigenen Emotionen.*

Auffällig ist weiterhin, dass, zumindest unter den Bedingungen moderner Gesellschaften, dieses Herbeiführen positiver Stimmungen die Individualisierung des Akteurs in Richtung einer *sozialen Atomisierung* verstärkt. Der Drogen- und Alkoholkonsum zielt ja gerade auf Unterbrechung des Kontaktes zur Realität. Die Spielsucht führt zumindest im Endstadium dazu, dass der Süchtige *seine sozialen Bindungen zerstört, um seiner Sucht weiterhin ungehindert nachgehen zu können.*

3.5.6.2 Sind Suchtphänomene für gegenwärtige Gesellschaften besonders charakteristisch?

Sind solche Suchtphänomene, in denen die ‚Verführung‘ auf die Spitze getrieben ist, wirklich nur für die heutige Gesellschaft charakteristisch oder existierten sie nicht schon immer? Die Suche nach Erfahrungen jenseits der manifesten Realität war und ist gerade für Gesellschaften charakteristisch, die als besonders archaisch angesehen werden (vgl. zur Trance als Kollektivphänomen Clottes/ Lewis Williams 1997). Während diese Erfahrungen in die Kultur und Religion von Stammesgesellschaften tief eingebettet waren, kann man die individualisierte Suchtvariante wohl bei allen urbanen, nicht-arbeitenden Bevölkerungsschichten der großen Zivilisationen, vor allem für deren Endphase belegen.

Auch die Frage nach der Verbreitung solcher Suchtphänomene scheint auf den ersten Blick wenig herzugeben, wenn man z. B. an die ‚Erfolge‘ des von der britischen Kolonialmacht unterstützten Opiumexports nach China im 19. Jahrhundert erinnert. Seit der Alkoholismus allgemein als Suchtkrankheit gilt, sind die Zahlen unverändert hoch. Ein Blick auf das 19. und frühe 20. Jahrhundert zeigt zudem, dass auch damals der Alkoholismus weit verbreitet war.

---

91 Die Erzeugung positiver Gefühle und damit natürlich auch die Vermeidung negativer sind für Bauman wesentliche Bedeutungselemente von Fitness.

Interessant wird die Frage nach dem Ausmaß von Suchtphänomenen jedoch, wenn man in eine ganz andere Richtung denkt. Hierbei steht die *soziale Charakteristik* von Sucht im Vordergrund. Bei Sucht geht es ja immer um die *Verdrängung negativer Stimmungen durch Aktivitäten, die permanent wiederholt werden müssen, damit dieser Verdrängungseffekt stabilisiert werden kann.* Unter diesem Gesichtspunkt stößt man auf eine ganze Reihe von Phänomenen, die auf die Landnahme von Verhaltensweisen deuten, bei denen negative Stimmungen vertrieben werden sollen, auch wenn es sich dabei nicht um Suchtphänomene im klassischen Sinne handelt. Von diesen unterscheiden sie sich schon dadurch, dass die Individuen nicht vor Ihnen geschützt werden sollen, sondern dass es sich hier um propagierte, mit positiver Konnotation kommunizierte Aktivitäten handelt.

Eine direkt mit der Konsumwelt verknüpfte, auf *Wiederholungszwang* hin angelegte Aktivität ist das Shoppen. Diese Leidenschaft vermittelt vor allem beim Kauf von Modeartikeln Glücksgefühle, die zumindest entfernt an die Erfolge von Jägern und Sammlern erinnern. Ein Pendant zum Shoppen ist die Sammelleidenschaft, die ebenso wenig mit Bedarfsdeckung zu tun hat, wie die Ansammlung von Modeartikeln. Sammelgebiete werden, ebenso wie Anschauungen darüber, was gerade in ist, durch Konventionen hervorgebracht. Im Hinblick auf die Generierung positiver Gefühle ist es egal, ob jemand Telefonkarten, Bierdeckel, Modelleisenbahnen oder Briefmarken sammelt. Die größte Freude des Sammlers ist es, in den Besitz eines besonders begehrten weil seltenen Stücks zu gelangen. Aber auch dieses Glücksgefühl ist vergänglich und kann nur durch die Suche nach immer weiteren neuen ,Schätzen' erneut stimuliert werden. Von den modernen Süchten des shoppens und der Sammelleidenschaft leben Geschäftsmodelle wie ebay.

Eine scheinbar wesentlich sozialere Strategie der Generierung von Spannung und von Glücksgefühlen wird in den sogenannten Fan-Kulturen gepflegt. Besonders markant finden sie sich in der Sport- wie auch in der Musikszene. Die Identifikation mit einem Star, einer Mannschaft, einer Popgruppe selektiert die Suche nach Spannung und positiven Gefühlen auf die Auftritte der Idole und ihre Erfolge, die aber gemeinsam, im Kreis der Gleichgesinnten, gefeiert werden.

Ohne dass hier noch weitere Beispiele angeführt werden müssen, ist hinreichend deutlich geworden, dass aus einem soziologischen Blickwinkel als ,suchttypisch' ettikettierbare Verhaltensweisen weit über den Bereich dessen hinausgehen, was üblicherweise als Sucht bezeichnet werden kann. Auch dies ist keineswegs absolut neu. Neu könnte jedoch das Ausmaß sein, in dem ganze Wirtschaftszweige auf die Kultivierung derartiger Verhaltensweisen setzen, um Profite zu generieren[92].

---

92 Von der in der „Dialektik der Aufklärung" geübten Kritik an der „Kulturindustrie" unterscheidet sich diese Entwicklung dadurch, dass hier nicht mehr beim Konsumenten

3.5.6.3 Markensozialisation

Kommen wir nun zu dem zweiten Extrempunkt, von dem aus sich die Konsequenzen von Baumans Argumentation exemplarisch durchdenken lassen. Mit der Generierung von ‚Marken‘, der Markenartikel-Werbung und dadurch bewirkter „Markensozialisation" werden Elemente der ständischen Gesellschaftsordnung vom Wirtschaftssystem benutzt, um Absatz und Profite zu steigern. Sie erfahren dabei einen Funktionswandel. In den klassischen Ständegesellschaften war es üblich, dass der Besitz ‚wertvoller‘ Güter, vor allem aber die Zurschaustellung von Reichtum über Kleidung, Schmuck und dergleichen, streng reglementiert wurden. Sogenannte Kleiderordnungen legten fest, welcher Stand welche dieser Attribute offen zur Schau stellen durfte (Bolte 1967: 320f.). Damit symbolisierten sie ständische Lagen, die in der Regel durch Geburt festgelegt waren. Das Problem der Knappheit dieser wertvollen Güter wurde also durch Reglementierung zur lösen versucht, wobei allerdings auch hier die Praktizierung einer standesgemäßen Lebensführung insbesondere die verarmten Mitglieder höherer Stände unter erheblichen Druck brachte.

Unter marktwirtschaftlichen Bedingungen werden Knappheitsprobleme bekanntlich über die Preisbildung gelöst. ‚Wertvolle‘ und begehrte Güter sind teuer, weil sie so begehrt sind. Umgekehrt signalisiert ein hoher Preis, dass wir es hier mit Gütern zu tun haben, die sehr begehrt sind, die sich aber nur wenige leisten können. Deswegen können Luxusvillen, Edelsteine, Gold und so weiter die wirtschaftliche Potenz ihres Besitzers symbolisieren und verallgemeinern. Wer solche Attribute besitzt, der ‚ist‘ jemand, hat sich eine herausgehobene Stellung in der prinzipiell offenen Gesellschaft erworben (Stichwort: Geltungskonsum; vgl. Veblen 2011).

Diese Gegebenheiten macht sich nun die Markenartikelstrategie zu Nutze, indem sie versucht, Produkten oder Dienstleistungen, die vom Prinzip her in beliebiger Menge produziert werden können, ein symbolisches Siegel der Herausgehobenheit und der Knappheit aufdrücken. Deswegen ist es auch im Sinne des Markenartikelkonsumenten, wenn ‚seine‘ Marken etwas mehr kosten und dem Unternehmen höhere Gewinnmargen bescheren. Knappheit wird aber nicht nur

---

eine Sehnsucht nach Kunstgenuss unterstellt werden kann, der für den Alltag zu entschädigen vermag. An die Stelle bildungsbürgerlicher Vorstellungen von Kunstgenuss sind nun ganz offen die Suche nach dem Nervenkitzel und nach momentanen Glücksgefühlen getreten, die dem Geschäftsmodell der „Kulturindustrie" direkt entspricht, also nicht mehr enttäuscht werden müssen. Auch dies ist eine Konsequenz der von Bauman behaupteten Reduktion des Identitätsproblems auf Identifikation.

durch einen vergleichsweise höheren Preis signalisiert, sondern auch durch eine Beschränkung der Vertriebswege[93].

Auch wenn man die zivilisatorische Bedeutung der kapitalistischen Ökonomie daran festmacht, dass sie die alten Knappheitsprobleme löst, Luxusgüter in Massengüter verwandelt und auf diese Weise gerade den durchschnittlichen Lebensstandard zu erhöhen vermag (vgl. Zahn 1964), bleibt die Kultivierung ständischer Lagen ein blendendes Geschäft. Dabei spielt es keine Rolle, dass die Knappheit von Massengütern durch Marketingstrategen nachkonstruiert werden muss. Das lässt sich am Beispiel des Automobils wohl besonders instruktiv zeigen.

In den ersten beiden Jahrzehnten des 20. Jahrhunderts war das Automobil ein Luxusgut, das sich nur wenige Reiche leisten konnten. In den 20er und 30er Jahren verwandelte dann die amerikanische Automobilindustrie dieses Luxusgut in ein Massenprodukt. Symptomatisch hierfür war das berühmte Modell T von Henry Ford, das man heute noch in einigen alten Charly-Chaplin-Filmen sehen kann. Dieser schwarz lackierte Kasten wurde als Einheitsmodell mit feststehender Ausstattung in hohen Stückzahlen verkauft. Weil die Herstellungskosten unter anderem durch die Einführung des Fließbands drastisch gesenkt werden konnten, wurden Autos nun für viele erschwinglich. Am Ende dieses ‚emanzipatorischen Prozesses' der Verwandlung eines ehemaligen Luxusgutes in einen Massenartikel steht die ‚automobile Gesellschaft'.

Für die Hersteller bedeutet derselbe Prozess allerdings einen zunehmenden Verfall der Profite und der erreichbaren Wertschöpfung. Dem wurde nun dadurch begegnet, dass innerhalb der „automobilen Welt" ständische Lagen konstruiert wurden. Das Ergebnis dieses Prozesses können wir heute nicht nur bei Autotests oder in Autozeitschriften nachlesen, sondern in jeder beliebigen Automobilwerbung nachvollziehen. Wer es sich leisten kann, der fährt ein ‚Premium-Modell', das nicht nur auf der Straße, sondern auch auf dem Parkplatz vom Status seines Besitzers Zeugnis ablegt. Wer sich etwas weniger leisten kann, aber dennoch vom ‚Pöbel' abheben möchte, der greift zu einem ‚Mittelklassemodell'. Nur in dem Bereich, wo Menschen wenig Geld für ein Auto ausgeben können oder wollen, spielen in den Werbebotschaften ständische Lagen keine Rolle. Wer möchte sich auch attestieren lassen, zur Unterschicht, zu den Zu-kurz-gekommenen, zum Prekariat und so

---

93 So wurde beispielsweise vor einigen Jahren der Sportartikelhersteller Puma dadurch saniert, dass Pumaprodukte aus den Warenhausketten herausgezogen wurden und nur noch in geringerer Stückzahl aber zu höheren Preisen in angesehenen Fachgeschäften verhökert wurden. Damit konnte den potenziellen Kunden wieder klar gemacht werden, dass sie hier eine ‚Marke' vor sich haben, die ihren Träger auszeichnet, eben weil sie sich nicht alle leisten können.

weiter zu gehören[94]. Die Autos in diesem Segment werden dem Kunden mit Attributen wie ‚Kompaktheit‘, ‚Effizienz‘, ‚geringem CO_2-Ausstoß‘ oder auch ‚geringem
Kraftstoffverbrauch‘ angepriesen.

Vor diesem Hintergrund überrascht es wenig, dass die Markenartikelwerbung
heute bis in die Kinderzimmer zielt und auf eine ‚Markensozialisation‘ setzt,
die sowohl die von Kindern und Jugendlichen getätigten beziehungsweise stark
beeinflussten Konsumentscheidungen vorstrukturiert, wie auch Grundlagen für
das spätere Konsumverhalten als Erwachsener legt. In letzter Hinsicht scheint vor
allem die Pubertät strategische Bedeutung zu haben, wobei zwischen einer Ori-
entierungsphase, einer Abnabelungsphase und einer Phase unterschieden wird,
in der sich die Jugendlichen „in die Markenwelt" eigenständig „integriert" haben
(www.presseportal.de/pm/52704/bravo-faktor-jugend-10-mai-brenz-markensozi-
alisation-bei-jugendlichen.bauermediakg2009)

Während der ökonomische Sinn von Markenartikelwerbung und Markensozialisation klar fassbar ist, soll an dieser Stelle versucht werden, aus zu buchstabieren,
welchen Sinn Markenartikel unter den Gesichtspunkten eines lebensweltlichen
Kontextes und individueller Lebensführung haben können. Formeln wie ‚hineinwachsen in die Markenwelt‘ helfen nur dann weiter, wenn man beachtet, dass
bei einer Marke das konkrete Produkt eine nur nebensächliche Bedeutung hat.
Folgende Aussage des Chefs von Harley-Davidson bringt diesen Aspekt auf den
Punkt: „Wissen Sie, ich habe aufgehört, Motorräder zu verkaufen. Wir haben angefangen eine Lebensphilosophie zu verkaufen und gratis gibt es ein Motorrad dazu"
(zitiert nach Glasow 2011; 15). Die Marke Harley-Davidson steht also primär für ein
Gefühl von Freiheit, Ungebundenheit und pionierhafter Mobilität. Dieses Gefühl
kann natürlich auch wesentlich leichter vermittelt werden als die Qualifikation,
die erforderlich wäre, um die Qualität des Produkts mit vergleichbaren Produkten
kompetent vergleichen zu können. Wichtiger ist aber, dass der Kauf dieses Marken-
artikels zu suggerieren scheint, dass man mit dem Produkt die mitschwingenden
Assoziationen und Bilder sich gewissermaßen *einverleibt* hat.

---

94 Wie mächtig diese Konstruktionen ständischer Lagen durch die Werbewirtschaft sind,
    wird an Umfragen zur sozialen Selbsteinstufung der Menschen deutlich. So wurden
    nach der deutsch-deutschen Vereinigung Westdeutsche wie Ostdeutsche nach ihrer
    sozialen Schichtzugehörigkeit gefragt. Im Ergebnis dominierte bei den Ostdeutschen
    die ‚Arbeiterklasse‘, also das ideologische Konstrukt des Realsozialismus. Die West-
    deutschen dagegen fühlten sich zu gut zwei Dritteln der ‚Mittelschicht‘ zugehörig (vgl.
    Schäfers 1998). Als vor einigen Jahren Soziologen den Begriff des Prekariats einführten,
    wurde in Talkshows lebhaft darüber diskutiert, ob man jemandem sagen dürfe, er gehöre
    zur Unterschicht, zum Prekariat oder einer anderen Kategorie, die für eine inferiore
    Soziallage steht. Dies wurde nicht nur von den an der Debatte beteiligten Politikern
    nahezu durchgängig abgelehnt.

Hier scheinen ganz archaische Mechanismen magischen Denkens zu greifen, die beim Austausch von Prestigegütern in Stammesgesellschaften oder auch beim Bau von Tempeln und Götterbildern in den alten Zivilisationen wirksam gewesen sind. Zugleich aber können wir nun eine soziologische Brücke zu den Suchtphänomenen schlagen. In ähnlicher Weise, wie die Spielsucht nach beständiger Befriedigung schreit, *setzt auch die Markenartikelwerbung auf den Wiederholungszwang.* Was in den alten Kulturen die unendlich bedeutsamen periodisch wiederholten Erneuerungsrituale waren, sind in der Markenwelt die Kaufakte. Auf diese Weise versichert man sich eines Lebensgefühls, eines Gefühls zu den „Richtigen" dazuzugehören und „tolles" tun zu können. Solche Lebensgefühle können offenbar unabhängig vom realen Lebenszuschnitt über Kaufakte stabilisiert werden. Die ‚magische' Qualität einer Harley-Davidson liegt dann darin, dass bereits ein gelegentlicher Blick auf das gute Stück den Betrachter aus den Niederungen seines vielleicht absolut langweiligen und monotonen Alltags in eine andere Welt mitnehmen kann.

3.5.6.4 Diskussion: Soziale Identität in der gegenwärtigen Moderne

Mit seiner Gegenwartsdiagnose zur Identität in der flüchtigen Moderne stößt Bauman in konzeptionelle Lücken des Identitätskonzepts. Deshalb muss eine sachlich angemessene kritische Diskussion in einem ersten Schritt zunächst auf die konzeptionellen Probleme eingehen bevor dann in einem zweiten Schritt die Plausibilität dieser Gegenwartsdiagnose untersucht werden kann.

(a)   Das klassische Identitätsproblem und seine blinden Flecke

Wie bereits eingangs kurz erwähnt wurde, gehen die Grundlagen des klassischen Identitätsproblems vor allem auf die Arbeiten Meads zurück (vgl. Mead 1973). Er war der Auffassung, dass der Prozess des allmählichen Hineinwachsens eines Menschen in gesellschaftliche Aufgabenbereiche, der über Prozesse des Role-takings erfassbar ist, sich im Individuum in Form der Entwicklung seiner sozialen Identität niederschlagen werde. Mead vermochte sehr plausibel zu zeigen, wie mit der allmählichen Zunahme der Komplexität und der Reichweite sozialer Rollen (Stichwort: game) das Individuum nicht nur lernt, mit komplexeren Erwartungen umzugehen, sondern damit zugleich eine komplexere Identität gewinnt.

Während sich Mead ein umfassendes Hineinwachsen des Individuums in die Gesellschaft über einen Prozess lebenslanger Sozialisation vorstellen konnte, der insofern harmonisch ablief, als immer eine gewisse Entsprechung zwischen Rollenhandeln und sozialer Identität erwartbar war, problematisierte Goffman (1983) diese Sichtweise. Das hängt vor allem damit zusammen, dass er den Zwangscharakter von Rollen stärker betonte. Weil Rollenträger bestimmten Erwartungen genügen *müssen*, sind sie gezwungen, Rollen zu ‚spielen', also Verhaltensweisen darzustellen, mit denen sie sich nicht völlig identifizieren dürfen, wenn sie nicht ihre persönliche Identität preisgeben wollen. Dies kann über Techniken der Rollendistanz und der Rollenambivalenz gelingen. Derartige Prozesse sind auch erforderlich, um, wie bereits Simmel gezeigt hat (Simmel 1992: 284ff.), zwischen inhaltlich unterschiedlichen oder miteinander konfligierenden Rollenanforderungen ‚vermitteln' zu können. In der Diskrepanz zwischen der Erfüllung von Rollenerwartungen auf der einen und der Notwendigkeit, die Konsistenz des eigenen Selbst auf der anderen Seite zu bewahren, kann man das ‚klassische Identitäts*problem*' lokalisieren, das mit dem allmählichen Hineinwachsen des Individuums in die Gesellschaft verbunden ist.

(b)   Die verengte Sichtweise der Klassiker auf die menschliche Vergesellschaftung

Dieser Blick auf Sozialisation und Vergesellschaftung fügte sich zwar in konzeptioneller Hinsicht bruchlos in die Gesamtkonzepte der Klassiker ein, die soziologische Fragestellungen im Spannungsverhältnis zwischen Gesellschaft und Individuen lokalisierten. *Der Nachteil dieser Beobachtungsperspektive bestand aber immer darin, dass sie wichtige Aspekte des sozialen Wandels ausblendete.* Schon Weber hatte in seinen sozialhistorischen Analysen herausgearbeitet und immer wieder betont, dass Prozesse der charismatischen Sozialisation unter dem Einfluss religiöser oder politischer Propheten die wahrhaft revolutionären Triebkräfte gesellschaftlicher Modernisierung darstellten. Foucault hat dann in den 70er und 80er Jahren des 20. Jahrhunderts in diversen Analysen aufgezeigt, dass Institutionen wie Gefängnisse, ‚Irrenhäuser', Schulen, aber auch der militärische Drill, zu einer durch die gesellschaftlichen Institutionen betriebenen Selbstdisziplinierung des modernen Individuums geführt haben. Auch Elias zeigt nicht nur am höfischen Leben, dass Zivilisation mit der *Verwandlung von äußeren Zwängen in Selbstzwänge* einhergeht.

Trotz gravierender konzeptioneller Unterschiede haben die Analysen Webers, Foucaults und Elias' gemeinsam, dass sie Sozialisationsprozesse nachzeichnen, die die Individuen unter Ordnungen subsumieren, die von herrschenden Ideen und Interessen (vgl. Lepsius 1990) bestimmt werden, die ‚von oben' und ‚von außen' in die Lebenswelt und den Alltag der Menschen eindringen.

(c)   Die vernachlässigte Identifikationskomponente

Dieses Eindringen läuft sozialisatorisch über Prozesse der Identifikation. Die Anhänger religiöser oder politischer Bewegungen identifizieren sich mit Propheten und den von ihnen propagierten Programmen, weil sie von der charismatischen Ausstrahlung der Verkünder mitgerissen werden. Die diversen Erziehungs- und

Besserungsanstalten des 18. und 19. Jahrhunderts versuchen eine solche Identi-fikation mit den herrschenden Ideen von Rationalität und Vernunft gewaltsam herbeizuführen (grundlegend Foucault 1994). Die zunehmende Verdichtung des gesellschaftlichen Zusammenlebens und die zunehmende Abhängigkeit von den höfisch-staatlichen Zentren führen zu Praktiken der Selbstdisziplinierung (Elias 1976), die ohne *Identifikation mit* entsprechenden *Ordnungen* nicht denkbar wären.

Diese Beispiele machen hinreichend deutlich, dass Baumans Formel von der Substitution des klassischen Identitätsproblems durch Identifikation keineswegs nur ,postmoderne Verhältnisse' erfasst, *sondern dass er einen keineswegs neuartigen, aber mit der klassischen Auffassung von Sozialisation deutlich kontrastierenden Blickwinkel einnimmt.* Damit macht er auf konzeptionelle Defizite aufmerksam, die vor allem wichtig werden, wenn man wie Bauman oder auch Rosa Aspekte des sozialen Wandels auf der Ebene sozialer Identität erfassen und nachzeichnen möchte.

(d) Die fehlende Synthese zwischen den Perspektiven einer aktivistischen und einer identifikatorischen Vergesellschaftung

Die entscheidende Frage ist nun, ob wir es hier mit alternativen Sozialisationspro-zessen zu tun haben oder mit partikularen Beobachtungsperspektiven, die Dinge auseinanderreißen, die in der historischen Realität miteinander verquickt sind.

Es spricht viel dafür, dass genau letzteres der Fall ist. Auch die Anhänger re-volutionärer religiöser oder politischer Bewegungen müssen in der Lage sein, in ihrem Alltag Aushandlungsprozesse nach dem Muster des Hineinwachsens in gesellschaftliche Institutionen durchzuführen, die auch auf ihre Identität zurück-wirken. Gleiches gilt für Menschen, die Produkte des Bildungssystems sind oder die im Rahmen von Abhängigkeitsverhältnissen ihren Alltag organisieren müssen. Umgekehrt verlangen Prozesse des Hineinwachsens in die Gesellschaft immer auch die Identifikation mit grundlegenden Ordnungsmaximen. Fehlen sie, dann können genau daran Prozesse des Role-taking scheitern. ,Verfassungsfeinde' können bestimmte Rollen nicht übernehmen, auch wenn sie mit den Rollenerwartungen ihrer Bezugsgruppe durchaus klarkommen. Erfolgreiche Unternehmer können scheitern, wenn sie das Steuerrecht verletzen und so weiter.

Diese Beispiele zeigen vor allem, das das ,Hineinwachsen in die Gesellschaft' nicht mit dem Hineinwachsen in eine vorgegebene Lebenswelt gleichgesetzt werden kann. Der lebensweltliche Kontext steht (ontogenetisch wie phylogenetisch) immer nur am Beginn dieses Prozesses. In einigermaßen komplexen Gesellschaften müssen die Gesellschaftsmitglieder auch in den gesellschaftlichen Leistungsbereich hinein-wachsen. Da im gesellschaftlichen Leistungsbereich Rollen immer einen expliziten Rahmen aufweisen, ist hier immer auch ein Identifikationsaspekt enthalten, der den oben genannten Analytikern sozialer Wandlungsprozesse nicht entgangen ist. Mit religiösen oder sozialstrukturellen Umwälzungen sind daher immer auch Umbrüche auf der Ebene der Identifikation mit grundlegenden Ordnungsvorstellungen verbunden gewesen, die Weber unter den Begriff der charismatischen Sozialisation gebracht hat.

In modernen Gesellschaften ist vor allem die Identifikation mit den Erfolgsmedien Geld, Macht, Recht, Wahrheit essentiell. Wer Leistungsrollen in den gesellschaftlichen Funktionssystemen ausüben möchte, der muss sich auch mit den spezifischen Leistungen in irgendeiner Weise identifizieren, die er erbringen soll. Weiterhin muss die Geltung, Nützlichkeit oder Legitimität der in den Funktionssystemen praktizierten Regelsysteme (Beispiel Verrechtlichung) zunächst einmal ganz abstrakt anerkannt werden (vgl. auch Webers Idealtyp der legalen Herrschaft; Weber 1972; 125ff.). *Insofern geht es in modernen Gesellschaften immer auch um Identifikation*[95].

(e)   Baumans Gegenwartsdiagnose wird neu gestellt: ein Präzisierungsversuch

Als Fazit dieser Überlegungen kann man festhalten, dass das Hineinwachsen in die Gesellschaft immer auch Identifikationsprozesse erfordert hat, die Grundlagen für das Spektrum möglicher Identitätsentwicklungen schaffen. Wenn man diese Argumentation akzeptiert, dann ist Baumans These einer Substitution von Identitätsentwicklung durch Identifikation in jedem Falle zu pauschal formuliert. Sie bedarf also zunächst der Präzisierung, wenn man sie auf ihr zeitdiagnostisches Potenzial hin abklopfen möchte. Dies soll nun versucht werden.

Die bisherige Argumentation lief ja darauf hinaus, *dass es zu einem Zusammenspiel zwischen Identifikation und Identitätsentwicklung kommt, weil abstrakte Regelsysteme immer der Subjektivierung und Veralltäglichung bedürfen.* Vor diesem Hintergrund könnte man nun die Frage aufwerfen, ob es aktuelle Tendenzen gibt, die diesen Prozess der Subjektivierung beziehungsweise Veralltäglichung bei der Praktizierung von Regelsystemen blockieren oder ersetzen.

Während man üblicherweise von einem Ineinandergreifen beider Prozesse ausgehen kann, vermutet Bauman, dass die für die Identitätsentwicklung zentrale Subjektivierung der Regelsysteme weitgehend entbehrlich geworden ist, wenn keine Leistungsrollen in den Funktionssystemen ausgeübt werden müssen. Wenn wir uns den modernen Menschen als bloßen Konsumenten vorstellen bzw. nach den Sozialisationseffekten des Konsumbereichs fragen, dann läuft sein Hauptargument,

---

95   Jede Herrschaftsform „sucht vielmehr den Glauben an ihre ‚Legitimität' zu erwecken und zu pflegen". Weber 1972: 122.

dass der Konsument durch Werbung zu bestimmten Alltagspraktiken verführt werde, genau darauf hinaus.

Wie vor allem bei der Markenartikelwerbung deutlich wird, geht es in den Werbebotschaften weniger um den Gebrauchswert eines Produktes, sondern mehr um damit verknüpfte ‚coole' Alltagspraktiken, die der Konsument nicht mehr selbst entwickelt sondern gewissermaßen als Fertigprodukt übernehmen soll. Die offene Frage hierbei ist, ob man immer unterstellen kann, dass die Konsumenten die Werbebotschaften auch eins zu eins umsetzen. Dann wäre in der Tat die Alltagspraxis von der Werbeindustrie geregelt und die Identität würde zu einem bloßen Appendix der wirtschaftlichen Vermarktungsinteressen verdampfen. Lebensführung auf diesem Feld reduzierte sich auf die Übernahme kommerziell propagierter Praktiken. Sobald man jedoch die Möglichkeit mit einbezieht, dass die Werbekonsumenten eigene Praktiken des Umgangs mit Werbebotschaften entwickeln, trifft diese Argumentation nur die ‚naiven' Werbekonsumenten.

Aus einer historisch vergleichenden Perspektive kann man weiterhin die Frage aufwerfen, ob die Tendenz der Werbung, den Subjekten konkrete Alltagspraktiken vorzuschlagen, historisch neu ist. Dies muss meines Erachtens eindeutig verneint werden, da es zahllose Beispiele aus dem religiös-rituellen Bereich gibt, die immer darauf hinaus laufen, dass nicht nur abstrakte Regelsysteme, sondern immer auch diesen entsprechende perfekte Alltagspraktiken propagiert und verbreitet werden (klassisches Beispiel: Webers religiöse Heilswege; KM: 54ff.). Im Laufe der Zeit kommt es jedoch charakteristischer Weise immer zu einer Brechung dieser Imperative durch *Prozesse der Veralltäglichung*[96].

Unter dem Aspekt der Veralltäglichung, also der ‚Brechung' gesellschaftlicher Regelsysteme durch Alltagsroutinen, sind die oben diskutierten Extremfälle der Spielsucht und anderer als Sucht apostrophierter Verhaltensweisen besonders interessant. Hier gelingt nämlich eine solche Veralltäglichung gerade nicht, weil der Süchtige seine Verhaltensweisen nicht mehr rational kontrollieren kann. Allerdings muss beachtet werden, dass Suchtverhalten im Alltag in der Regel nicht stabilisiert werden kann. Die Veralltäglichung scheitert hier in einem ganz existenziellen

---

96   So ist beispielsweise zu vermuten, dass ursprünglich alle mit dem Ackerbau zusammenhängenden Praktiken heilige Handlungen darstellten (vgl. Brock 2006; Kapitel 6), die sich dann profanisiert und veralltäglicht haben. Gut dokumentiert sind vergleichbare Tendenzen bei Menschenopfern, die in der Regel ursprünglich von Mitgliedern der gesellschaftlichen Elite ‚freiwillig' erbracht wurden, um ihrer herausragenden rituellen Bedeutung gerecht zu werden. Später finden wir dann in nahezu allen Kulturen, dass Gefangene oder Sklaven für solche Menschenopfer benutzt wurden (vgl. Frazer 1989: 114). Zu vergleichbaren Veralltäglichungsprozessen kam es ebenso im Bereich politischer Ideologien und sozialer Bewegungen.

Sinne. Gesellschaften, die nur aus Süchtigen bestünden, hätten also nur geringe Überlebenschancen.

(f)   Wird der menschliche Intellekt durch intelligente Waren ersetzt? Das Beispiel ‚Intelligenter Technik'.

Möglicherweise wird das klassische Muster des reflektierten Hineinwachsens in die Gesellschaft nicht durch Werbung und Suchtphänomene ausgehöhlt, sondern ‚intelligente Technik'. Bekannte Beispiele sind einmal die Entwicklung altengerechter Kleidung und Wohnungen. Hierunter sind Kleidungsstücke beziehungsweise Wohnungen zu verstehen, die technisch so ausgerüstet sind, dass sie Risiken und Gefahrensituationen für Senioren selbstständig erkennen und Hilfe alarmieren. Der Sinn dieser Entwicklung besteht darin, dass auf diese Weise Senioren, die ihren Alltag nur noch teilweise hinreichend kompetent handhaben können, dennoch allein in der vertrauten Wohnumgebung bleiben können.

Ebenso bekannt sind Entwicklungen in Richtung eines selbstfahrenden Automobils. Hier geht es darum, dem Autofahrer die Anstrengung zu ersparen, sein Fahrzeug selbst zu lenken. Dabei schwingt dann das Argument mit, dass die Technik eben zuverlässiger sei als der Mensch, sodass auf diesem Wege Unfallzahlen und Verkehrsopfer minimiert werden könnten.

Es geht an dieser Stelle nicht darum, die Berechtigung solcher Projekte zu diskutieren, sondern nur darum, zu überprüfen, *ob die Entwicklung intelligenter technischer Systeme der Tendenz nach dazu führt, dass abstrakte Regelsysteme nicht mehr subjektiviert/ veralltäglicht werden.* Das ist bei beiden Beispielen eindeutig der Fall. Veralltäglichung/ Subjektivierung im weitesten Sinne könnte hier nur bedeuten, dass durch den Wegfall von Praktiken freie Zeit gewonnen wird, die für andere Aktivitäten genutzt werden kann. Diese technische Substitution menschlicher Praktiken stand bereits am Anfang der Industrialisierung (vgl. KM: 274ff.). Während es jedoch in der klassischen Industrialisierungsphase immer um die technische Substitution menschlicher Kraftanstrengung beziehungsweise Bewegungsgeschwindigkeit ging, hat die Entwicklung der Mikroelektronik nun auch die Möglichkeit eröffnet, ‚intelligente' menschliche Praktiken technisch zu substituieren. Die Möglichkeit, menschliche Handarbeit von Maschinen verrichten zu lassen, wird mit der Mikroelektronik ergänzt durch die Möglichkeit, Alltagsroutinen, bei denen die menschliche Intelligenz ins Spiel kommt, ebenfalls zu automatisieren.

Wenn man nun allerdings von spezifischen Situationen abstrahiert und die Ebene des gesamten menschlichen Alltagslebens in den Blick nimmt, dann werden diese Aspekte durch das Substitutionsargument weitgehend neutralisiert. Das Substitutionsargument besagt, dass wir durch intelligente technische Systeme Zeit einsparen, die wir wiederum frei verwenden können und dies schließt natürlich den Aufbau weiterer Sozialkontakte mit ein. Gegenüber diesem Argument gilt aber der kritische Einwand, dass zusätzlich gewonnene Freizeit auch in weitere Mensch-Maschine-Interaktionen ‚investiert' werden kann. An dieser Stelle helfen nur empirische Untersuchungen weiter.

Eine grundsätzliche Möglichkeit der Substitution zwischenmenschlicher Praxis besteht im virtuellen Erleben. Die Bedeutung der Mikroelektronik, Digitalisierung, Computerisierung und des Internet wurden schon sehr früh und vor allem in literarischer Form in der Erzeugung einer virtuellen Realität gesehen. Alternativ zu Praktiken in der realen Welt können wir z. B. in ‚Second Life' auch ein virtuelles Leben spielen. Ein ganzer Industriezweig ist heute damit beschäftigt, möglichen Käufern virtuelle Welten zu verkaufen, in denen sie Krieg führen, Zivilisationen aufbauen oder auch diverse Abenteuer erleben können.

Bei genauerem Hinsehen ergeben sich aber auch auf diesem Feld Probleme, das Neue vom Althergebrachten zu unterscheiden. Zunächst einmal ist klar, dass gerade für den Menschen inneres Erleben eine wichtige Voraussetzung der menschlichen Praxis ist. Schon in der philosophischen Anthropologie wie auch bei Mead spielte der Gedanke eine zentrale Rolle, dass erst ein Aufbrechen des Reiz-Reaktions-Schemas die Grundlage jeder kulturellen Entwicklung darstelle. Diese Unterbrechung setzt virtuelles Erleben voraus. Nur wenn wir im Gehirn alternative Möglichkeiten durchspielen und bewerten können, können wir unsere Praxis auch verbessern. An diesem grundlegenden Gedanken ändert auch die durch viele Experimente gestützte These nichts, dass der Mensch seinen Körper über das Bewusstsein und das innere Erleben nicht vollständig kontrollieren kann und möglicherweise auch nur der Illusion einer Kontrolle seiner Verhaltensweisen unterliegt (vgl. zusammenfassend Metzinger 2009). Im Zustand des Schlafes, der offenbar für die Regeneration unerlässlich ist (Borbély 2004), bewegen wir uns in einer von unserer Realitätswahrnehmung durch die Sinnesorgane deutlich abgekoppelten virtuellen Sphäre. Davon unterscheiden sich virtuelle Realitäten nach dem Muster von Second Life nur dadurch, dass die Möglichkeiten, die Welt durch inneres Erleben zu transzendieren, eine feste und intersubjektiv verbindliche Form gewinnen können. Das ermöglicht Formen der Handlungskoordination und Praktiken des Aushandelns, die ‚eigentlich' nur in einer realen Welt stattfinden können.

Aber ist dies wirklich neu? Sowohl in der Kunst wie auch in der Religion und generell bei ritualisierten Darstellungen bis hin zum Schauspiel ging es immer schon darum, die manifest sichtbare und erfahrbare Realität zu transzendieren. Klassische Verbreitungsmedien wie Bücher oder Filme lebten schon immer davon, uns in virtuelle Welten mitzunehmen, meistens, um in dieser verfremdeten Umgebung zwischenmenschliche Grundprobleme abzuhandeln. Hierin könnte man einen gemeinsamen Nenner zwischen dem Gilgamesch-Epos und dem Filmgenre des Western sehen. Archaische Kulturen haben immer schon neben der manifesten Welt damit verflochtene Welten gekannt, in die man nur über Tranceerfahrungen gelangen konnte.

Wenn man diese Komplexe nicht ausblendet, dann könnte man geneigt sein, die Frage nach dem historisch Neuen folgendermaßen zu beantworten. Da die klassische Moderne auf Aufklärung und exakte Wissenschaft gesetzt hat, musste sie eine „Realwelt" isolieren, die in ihren Dimensionen auf die Möglichkeiten exakter Wissenschaft, insbesondere auf die Methode der experimentellen Überprüfung, reduziert war. Der Siegeszug des theoretischen Wissens, vor allem in den Konsequenzen seiner praktischen Anwendung hat nun gewissermaßen zur Wiederkehr von Erfahrungsdimensionen geführt, die in ‚Sonderwelten' abgedrängt worden waren, in denen die Regeln der Wissenschaft explizit außer Kraft gesetzt waren. Religion, Kunst und Kulturbetrieb waren also in methodischer Hinsicht separiert und vom ‚Fortschritt' entkoppelt. Nun aber werden genau diese Erfahrungsbereiche über moderne Technik und moderne Medien reproduziert und damit auf neue Weise popularisiert. Sie dringen auf ähnliche Weise in den zwischenmenschlichen Alltag ein, wie die der Moderne verhafteten Funktionssysteme. Diese Form des Eindringens in den Alltag führt auch zu einer Veralltäglichung von Transzendenzerfahrungen.

Diese Entwicklung hat auch klassische Fragestellungen unterlaufen, wie Adornos Suche nach dem wahren Kunstgenuss. Da die Kulturindustrie aus ökonomischen Gründen ihr Publikum um den wahren Kunstgenuss betrügen müsse, konnte nach Adorno nur noch eine kleine kulturelle Elite in gesellschaftlichen Nischen über die Kunst Erfahrungen machen, die die herrschende Realität transzendierten. Heute weiß dagegen der kompetente Mediennutzer, beispielsweise bei der Betrachtung eines digitalen Fotos, dass es sich hier nicht unbedingt um eine Abbildung realer Gegebenheiten handeln muss.

(g)   Bilanz der Diskussion

Kommen wir nun zu einem Fazit zur Identifikationsthese. Auch der aufwändige Versuch, Baumans These zu spezifizieren, ändert erstaunlich wenig an der Bewertung, *dass es sich hierbei eher um einen Wechsel des Beobachtungsstandpunktes als um eine erhellende Zeitdiagnose handelt.* Die zeitdiagnostische Kritik, dass über Werbung und andere Verführungspraktiken das klassische Identitätsproblem auf ein Identifikationsproblem reduziert werde, trifft nämlich auf so ziemlich alle Gesellschaften vor der gegenwärtigen Moderne zu. Das zeigt, dass das klassische Konzept eines allmählichen Hineinwachsens in die Gesellschaft durch Rollenübernahme nur einen bestimmten Aspekt des Vergesellschaftungsprozesses erfasst. *Jede* Gesellschaft setzt Prämissen und Regeln, die als explizite Rahmen (vgl. 1.5) bei der Rollenübernahme akzeptiert werden müssen.

Wenn man nun jedoch davon ausgeht, dass Vergesellschaftung immer auch Identifikationsprozesse mit einschließt, dann wird das zeitdiagnostische Potenzial von Baumans These nur noch schwer greifbar. Unsere Diskussion hat sicherlich erbracht, dass mit der Entwicklung der Mikroelektronik neben die zwischenmenschliche Interaktion zunehmend Interaktionsprozesse des Menschen mit intelligenten technischen Systemen treten, die möglicherweise auch für Prozesse der Identitätsbildung wichtig sind. Diese Sozialisationseinflüsse fügen sich nicht dem Modell zwischenmenschlicher Aushandlungsprozesse, sondern sie sind sehr stark wissens- und eigentumsbasiert. Der kompetente Umgang und die Verfügung über intelligente technische Systeme steigert sicherlich auch das Selbstwertgefühl, das aber nicht mehr aus direkten sozialen Verflechtungen, sondern aus abstrakteren Formen der Vergesellschaftung entsteht. Sie liegen eher auf der Teilhabe an der zu Technik und Wissen geronnenen gesellschaftlichen Subjektivität (im Sinne von Marx). Hierbei handelt es sich allerdings um keine zäsurartige Entwicklung sondern eher um einen allmählichen Prozess.

Daneben hat sich als zweiter Komplex herausgeschält, dass man vielleicht so etwas wie eine erneute „Exotisierung" des menschlichen Alltagslebens vermuten kann, weil die Abdrängung von Erfahrungen, die nicht in einer manifesten und völlig erklärbaren Realität lokalisierbar sind, in Bereiche der Kunst und Religion durch die Digitalisierung der Kommunikation aufgebrochen wird. Aus einer historisch vergleichenden Perspektive haben wir es hier nicht mit einer Innovation, sondern eher mit einer Wiederkehr des Verdrängten zu tun, da Erfahrungen des Unerfassbaren und Unerklärbaren oder auch des Transzendentalen immer schon Bestandteil vormoderner Alltagserfahrungen waren (vgl. nur Dürr 1978).

Baumans eigentliche Hauptthese einer Verführung durch Werbung, die zur Reduktion von Identität auf Identifikation führe, ist dagegen aus einer historisch vergleichenden Perspektive wenig plausibel. Erstens wird dabei die Möglichkeit unterschätzt, dass Menschen auch Routinen und damit auch inhaltliche Distanz gegenüber Werbebotschaften entwickeln. Zweitens hat Verführung schon immer als wichtige Quelle des sozialen Wandels existiert. Hier sei nur an Max Webers Ausführungen zu den Komplexen Charisma und charismatische Sozialisation erinnert.

3.5.7 Bilanz

Eine Gesamtbilanz zum Thema Konsum fällt schwer. Wenn man sich allein an der Logik von Konsumniveaus orientiert, die individualisierten Konsum ermöglichen und die dementsprechenden Werbebotschaften berücksichtigt, dann haben wir es mit einer Form der Vergesellschaftung über Geldverwendung zu tun, die keine dauerhaften sozialen Beziehungen stiftet sondern nur einen Zusammenhang zwischen der psychischen Befindlichkeit des Käufers und der Welt der Waren. Während in sozialen Beziehungen die soziale Identität angesprochen und entwickelt wird, geht es hier um den menschlichen Körper und die momentane Stimmung – Aspekte, die nicht unbedingt mit soziologischen Persönlichkeitskonzepten (vgl. z. B. Parsons 1986: 174ff.) in Einklang gebracht werden können. Das legt die Folgerung nahe, dass durch diese Formen des Konsums Prozesse der Persönlichkeitsbildung zerstört werden. Diesen Verdacht haben wir in Form zweier ausgewählter Thesen von Zygmunt Bauman diskutiert.

Dieser Verdacht lässt sich weder bestätigen noch dementieren, weil (a) perspektivische Defizite der klassischen Sozialisationskonzepte eine vergleichende Betrachtung nicht fundieren können, (b) die Entwicklung von Praktiken im Umgang mit Werbebotschaften empirisch untersucht werden müsste und (c) wir zu wenig darüber wissen, ob und inwieweit der individualisierte Konsum tatsächlich als Substitut zur Aufnahme sozialer Beziehungen fungiert. Es spricht jedoch viel für die Vermutung, dass die Gestaltung des eigenen Körpers zunehmend an Bedeutung gewinnt – nicht zuletzt um zu signalisieren, wer man gerne sein möchte. Dieser Aspekt könnte auch eine Rolle für Zäsur- Argumente spielen.

Zusammenfassung

1. Das Konsumthema spielt bei Zygmunt Bauman eine zentrale Rolle. Seine Thesen standen daher im Mittelpunkt dieses Abschnitts.
2. Die Diskussion hat ergeben, dass seine Diagnose des gegenwärtigen Kapitalismus als Konsumismus zu pauschal ist und mit funktionalistischen Fehlschlüssen arbeitet. Dagegen macht seine These, dass Identität zunehmend durch Identifikation ersetzt werde, auf ein konzeptionelles Defizit der Sozialisationstheorie aufmerksam, was aber ein Urteil über ihre zeitdiagnostische Relevanz unmöglich macht.
3. Wichtig sind Baumans Analysen neuer Konsumtrends, deren gegenwartsdiagnostische Relevanz unklar bleibt, weil Bauman auch hier interpretativ überzieht.

3.6 Was bedeuten Modernisierung und Enttraditionalisierung sozialer Beziehungen in der Arbeitswelt?

3.6.1 Vorbemerkung

Wir werden im nächsten Abschnitt sehen, dass Soziologen, die ihre modernisierungstheoretische Brille auf das Feld von Familie und Freundschaftsbeziehungen richten, zu beinahe euphorischen Gegenwartsdiagnosen kommen. Das Programm der klassischen Moderne scheint hier über Begriffe wie ‚Demokratie der Gefühle' endlich Realität zu werden. Zu völlig konträren Einschätzungen kommen dagegen Autoren, die ihre Analysen auf das Thema dieses Abschnitts, den Bereich der Arbeitswelt und des Arbeitslebens in Büros und Fabriken konzentrieren. Sie üben *Modernisierungskritik* und konstatieren vor allem Modernisierungsprozesse des Kapitalismus, die die Lebensführung der arbeitenden Menschen nur bedrohen können und erprobte biographische Muster gefährden.

Man kann diese Unterschiede in den Beobachtungsstandpunkten sicherlich auf unterschiedliche *Forschungstraditionen* auf dem jeweiligen Feld zurückführen. Arbeitssoziologische Analysen bewegen sich überwiegend in einem marxistisch geprägten und auf Gesellschaftskritik zugeschnittenen Begriffsnetzwerk, das nur ansatzweise um eine positive Blickrichtung auf den Strukturwandel ergänzt werden konnte (vgl. die Diskurse um die Dienstleistungsgesellschaft, die neue Mittelschicht, um Angestellte und Manager). Als nachhaltiger haben sich konzeptionelle Erweiterungen der gesellschaftskritischen Perspektive erwiesen, insbesondere über strukturalistisch und kulturtheoretisch inspirierte Begriffe von Zwangsvergesellschaftung (vgl. z. B. Foucault 1994; Wieviorka 2006).

Diese Ausrichtung auf Gesellschaftskritik hat aber auch sachliche Wurzeln. Denn seit den alten Hochkulturen wurde gesellschaftliche Arbeit immer als Zwangsvergesellschaftung arbeitender Klassen organisiert. Erst die Lohnarbeit spaltet die Lebenszeit der arbeitenden Bevölkerung in einen Bereich abgetretener Zeit (Zwangsvergesellschaftung) und einen Bereich frei disponibler Zeit (Reproduktionszeit, Freizeit, Familie, Freundschaften, Vereinsleben...). Das ermöglicht es auch, soziologische Analysen auf *einen* der beiden Bereiche zu fokussieren und dementsprechend zu ganz unterschiedlichen Einschätzungen zu kommen.

In diesem Abschnitt wird nun die auf Arbeit/ Zwangsvergesellschaftung fokussierte Beobachtungsperspektive in drei Schritten rekonstruiert. Zunächst wird herausgearbeitet, was Lebensführung im Bereich tatsächlicher Lohnarbeit (=Zwangsvergesellschaftung im Bereich abgetretener Lebenszeit) überhaupt ausmacht und was das mit gesellschaftlicher Modernisierung zu tun hat. Inwiefern kann

Lebensführung Modernisierung und Enttraditionalisierung bewirken, inwieweit nur auf Zwangsmodernisierung reagieren?

In einem zweiten Schritt werden die wichtigsten Methoden der Arbeitsorganisation im Sinne einer sozialhistorischen Annäherung an das Thema Zwangsvergesellschaftung kurz rekapituliert um vor diesem Hintergrund dann abschließend Richard Sennetts einflussreiche Gegenwartsdiagnose zu diskutieren.

3.6.2 Modernisierung und Enttraditionalisierung im Bereich abhängiger Beschäftigung

Während im Bereich frei disponibler Lebenszeit die Begriffe Modernisierung und Enttraditionalisierung als Maßstäbe an die selbst bestimmte Praxis der Menschen angelegt werden können, scheinen die Menschen im Bereich abhängiger Beschäftigung auf den ersten Blick zu reinen Objekten des Fortschritts degradiert worden zu sein. Schließlich haben sie sich ja nach der Logik des Arbeitsvertrags verpflichtet, ihre Arbeitskraft für einen festgelegten Zeitraum an einen Arbeitgeber zu verkaufen, der sie dafür mit Geld entschädigt[97]. Das Geldmedium legitimiert die zeitlich begrenzte Abtretung von Lebenszeit als rationale Entscheidung.

Kommt auf dieser Grundlage ein Beschäftigungsverhältnis zu Stande, dann sind offensichtlich die Eigentümer an Produktionsmitteln diejenigen, die im Betrieb und am Arbeitsplatz das Sagen haben, also allein über die Modernität der Arbeit bestimmen. Diese Sicht der Dinge gilt jedoch seit Karl Marx als zu oberflächlich. Der grundsätzliche Einwand lautet, dass zwar die Arbeitgeber im Betrieb die Kommandogewalt haben, die konkrete Arbeit aber immer von dem jeweiligen Mitarbeiter als eine kompetente und selbst kontrollierte Handlung erbracht werden muss. Selbst für Extremformen wie hochrepetitive Fließbandarbeit gilt noch Giddens' Analyse der Alltagsroutinen (vgl. den Abschnitt 2.3.2): Am Arbeitsplatz müssen alle Aktivitäten generiert und fortlaufend kontrolliert werden, daher ist ständige Aufmerksamkeit unabdingbar.

Wie auch bei der Kommodifizierungsaufgabe kann der gesellschaftliche Zwang nicht durchgehalten werden, sondern muss in von den Subjekten hervorgebrachte Handlungen übersetzt werden (Dialektik von Zwang und Freiheit; vgl. den Abschnitt 3.2.4). Während es auf dem Feld der Kommodifizierung um Wahlhandlungen geht,

---

97 Daneben gibt es noch Formen der Zwangsvergesellschaftung, die nicht über das Geldmedium sondern die Medien Macht und Recht organisiert werden wie z. B. die Wehrpflicht, Zwangsaufenthalte in Gefängnissen, geschlossenen Anstalten usw. Sie bleiben hier ausgeklammert, obwohl sie für Foucault ein wichtiges Beobachtungsfeld waren (Foucault 1973; 1994).

stehen hier das Arbeitshandeln und der Umgang mit Kollegen und Vorgesetzten im Mittelpunkt[98].

Was bedeutet nun diese Doppelbödigkeit des industriellen Produktionsprozesses für die Lebensführung und ihre Modernisierung im Bereich der abgetretenen Zeit? Obwohl Lohnarbeit nicht nur für die Arbeitgeber sondern ebenso für die Beschäftigten immer Mittel zum Zweck ist und somit instrumentell über das Wiederbeschaffungsproblem von Geld motiviert ist, bindet sie zugleich knappe Lebenszeit, in der vorgegebene Arbeitsaufgaben als praktisches Handeln ausgeführt werden müssen und in der mit gegebenen Leistungserwartungen umgegangen werden muss. Auch die Vergesellschaftung dieser beruflichen Aktivitäten ist zunächst einmal (etwa als Organisationsstruktur) vorgegeben. Aber auch sie muss immer praktisch gelebt werden.

Lebensführung kommt immer dann zustande, wenn strategische Bezüge auf gegebene soziale Realitäten entwickelt werden (vgl. 3.1). Das bedeutet in diesem Bereich erstens dass die aus unternehmerischem Kalkül entstandenen sozialen Strukturen von den Beschäftigten zu einer *Lebenswelt* ausgeformt werden müssen, damit sie unter der Arbeit ein menschlichen Normalitätsvorstellungen entsprechendes Leben führen können (sogenannte informelle Beziehungen). *Die Beziehung zwischen Lebensführung und Lebenswelt dreht sich hier um.* Weil die Lebenswelt in den aus wirtschaftlichem Kalkül gebildeten sozialen Zusammenhängen eben nicht als schicksalhaft gegeben vorausgesetzt werden kann, muss sie von den Beschäftigten etabliert werden.

Zweitens erfordert die Wahrung von Eigeninteressen als Arbeitskraftverkäufer die Ausbildung von *Strategien der Lebensführung* gegenüber dem unternehmerischen Nutzungs- und Verwertungsinteresse (vgl. unter Kommodifizierung). So muss bei der Erbringung von Arbeitsleistungen immer das Eigeninteresse am Erhalt des eigenen Arbeitsvermögens mit reflektiert und eingebracht werden. Das können in der konkreten Arbeitssituation sowohl Aspekte von übermäßigem, nicht mehr regenerierbaren Verschleiß des Arbeitsvermögens, gesundheitliche Probleme oder auch Gesichtspunkte des Erhalts- oder Neuaufbaus einer marktgängigen Qualifikation sein (vgl. z.B. Brock/ Vetter 1982). Unter diesem Gesichtspunkt erscheint jeder betriebliche Modernisierungsschritt als eine potentielle Bedrohung (vgl. ebd.).

---

98 Die Einsicht in diese Doppelbödigkeit fremdbestimmter Arbeit ist alt. An dieser Stelle sei nur an Marxens Argumentationsfigur vom Doppelcharakter gesellschaftlicher Arbeit erinnert. Darüber wollte Marx festhalten, dass auch alle Formen der Industriearbeit, die dem Zweck der Bereicherung des Unternehmers dienten und nur deswegen entstanden waren, immer zugleich gesellschaftlich notwendige Arbeit blieben, die in eigenen Kategorien wie der Auseinandersetzung zwischen Mensch und Natur zu analysieren waren (vgl. Marx 1972: 192ff.).

Drittens fungiert die Erwerbsarbeit als ein *wichtiges Feld für die Konstruktion und Reproduktion der Identität* (vgl. z. B. Groskurth 1979). Der zentrale Ansatzpunkt für Strategien der Lebensführung ist dabei die gesellschaftliche Anerkennung von Erwerbsarbeit. Wer im Beruf und Betrieb tagtäglich Leistung erbringt kann dafür Anerkennung einfordern. Die Arbeitsleistung wird dabei verknüpft mit der erfolgreichen Lösung des Wiederbeschaffungsproblems: entweder zahlt sich die berufliche Leistung auch finanziell aus oder aus ihr kann ein moralischer Anspruch auf hinreichende Entlohnung abgeleitet werden[99]. Aber auch das alltägliche Arbeitshandeln kann unter Gesichtspunkten anerkannter Leistung bzw. Leistungsfähigkeit vom Unternehmen wie von den Beschäftigten kontrolliert und entwickelt werden. So kann z. B. die Kooperations- und Teamfähigkeit besonders betont werden. Von lebensweltlichen Gesichtspunkten wie ‚dem gut miteinander auskommen‘, der Beliebtheit eines Kollegen usw. unterscheiden sich diese Leistungskomponenten vor allem durch ihre vollendete Rollenhaftigkeit. Teamfähigkeit kann auch jemand demonstrieren, der keine Achtung vor seinen Kollegen hat. Ähnliches gilt für die demonstrative und insofern strategische Freundlichkeit gegenüber Kunden.

In engem Zusammenhang mit der Rationalisierung manueller Arbeit und dem Strukturwandel der Arbeit steht eine vierte Komponente von Lebensführung in der Arbeitswelt: die zunehmende aktive Teilhabe an der Modernisierung/ Enttraditionalisierung der Unternehmen.

Zwar ergibt sich aus der Rahmung des beruflichen Handelns als Lohnarbeit bereits, dass Modernisierung und Enttraditionalisierung von den Interessen der Arbeitgeber geprägt sind und in Form von Entscheidungen des Unternehmens in die berufliche Praxis der Beschäftigten eindringen. Mit Schumpeter kann man die Modernisierung und Enttraditionalisierung auf dem Feld der Wirtschaft als zentrale unternehmerische Aufgabe ansehen (vgl. Schumpeter 1934). Die Beteiligung der Arbeitnehmer an ihr ist historisch aus der Delegation von Aspekten der Unternehmertätigkeit an ‚Betriebsbeamte‘, Angestellte, Ingenieure und andere Spezialisten entstanden. Nicht nur aufgrund des Strukturwandels menschlicher Arbeit sondern, weil auch die Wettbewerbsfähigkeit der Unternehmen in hohem Maße von ihrer Innovationsfähigkeit abhängt, werden heute immer mehr Arbeitnehmer an diesen Prozessen beteiligt. Das ist Teil ihrer Arbeitsaufgaben, hängt aber mit Lebensführung insofern zusammen als die eigenen Beiträge immer auch

---

99 Dabei muss allerdings beachtet werden, dass die Erwartung der Arbeitskräfte, das Wiederbeschaffungsproblem von Geld erfolgreich lösen zu können, vor allem im Bereich von Routinearbeit zunehmend nicht am Markt realisiert werden kann, so dass erst Zuschüsse etwa in Form eines Kombilohns für eine zum Leben und Überleben hinreichende Entlohnung sorgen können.

unter Gesichtspunkten des Erhalts von Arbeitsplätzen und Qualifikationen variiert oder gefiltert werden können (vgl. z. B. Brock/ Vetter 1982).

Aus dem Blickwinkel des Unternehmens können sich Modernisierung und Enttraditionalisierung einmal in Rationalisierungsinteressen ausdrücken. Durch Einsparung von Arbeitskosten kann die Wettbewerbsposition verbessert werden. Auf der anderen Seite aber können Unternehmen nur durch ihr Humankapital die eigene Position auf dem Absatzmarkt sichern und ausbauen. Das schließt die Beschäftigung hochqualifizierten und entsprechend teuren Personals zwangsläufig mit ein. Die wirtschaftliche Modernität eines Unternehmens wird also einerseits durch vergleichsweise hohe Kosteneffizienz signalisiert, andererseits durch ihr überlegenes Humankapital.

Arbeit, die den jeweiligen Modernitätsstandards nicht entspricht, kann sich nur halten, wenn sie gegen Markbedingungen abgeschottet werden kann. Das ist z. B. im Bereich staatlicher Aufgaben oder bei Arbeitsplätzen in gemeinnützigen Organisationen möglich. Derartige Effekte können aber auch von Tarifvereinbarungen oder Vereinbarungen zwischen Unternehmen und Belegschaften ausgehen.

Mit Blick auf eine mögliche Epochenunterscheidung auf diesem Feld ist es wichtig festzuhalten, dass ein definitives Ende der Enttraditionalisierung nahezu undenkbar ist. Denn einerseits entstehen permanent neue Möglichkeiten der Rationalisierung und Einsparung menschlicher Arbeit als deren Folge auch die Unterscheidung modern – unmodern immer wieder neu getroffen werden muss. Zum anderen können Unternehmen versuchen, wichtige Arbeitskräfte über zusätzliche Kosten verursachende Privilegien zu binden. Dazu gehören z. B. übertarifliche Entlohnung, Dienstwagen und Dienstwohnungen, kostenlose Kinderbetreuung bis hin zu Abfindungen und Pensionszahlungen. In diesem Fall praktizieren die Unternehmen freiwillig, was auch Gruppen von Beschäftigten durch Formen des gewerkschaftlichen Zusammenschlusses und durch Arbeitskämpfe gegen den Willen der Unternehmen erkämpfen können. In diesem Sinne begleitet der Aufbau wie auch das Einebnen von Privilegien die Modernisierung der Arbeitswelt bis heute ohne dass ein Ende absehbar ist.

3.6.3 Lebensführung unter Bedingungen der Zwangsvergesellschaftung

In diesem Abschnitt werde ich anhand von Managementtheorien eine kurze historische Skizze über die Wahrnehmung und strategische Verarbeitung von Lebensführungsaspekten *durch die Unternehmen* geben, da alternative Möglichkeiten, etwas über die historische Entwicklung von Lebensführung in der Arbeitswelt aussagen zu wollen, diesen Text sprengen würden. Deswegen muss auch der Nachteil einer sehr indirekten und von dem strategischen Interesse der Unternehmen geprägten Herangehensweise in Kauf genommen werden.

In der Geschichte dieser Managementlehren stand immer jeweils *ein bestimmter Aspekt der Lebensführung der Beschäftigten im Mittelpunkt, der entweder ausgeschaltet oder im Sinne der Unternehmensziele genutzt werden sollte.* In einer ersten bis zu Taylorismus und Fordismus reichenden Phase sollte das Arbeitstempo forciert werden. In einer zweiten durch die Human Relations Bewegung geprägten Phase sollte die von den Beschäftigten geschaffene Lebenswelt als Motivationsquelle für Arbeitsleistung ausgeschöpft werden. In der aktuellen zunächst durch japanische Erfahrungen geprägten Phase steht dagegen die Beteiligung der Beschäftigten an Innovations- und Entwicklungsaufgaben im Mittelpunkt. Da die Arbeitsergebnisse sowohl zum Erhalt wie auch zum Wegfall des eigenen Arbeitsplatzes beitragen können, soll die Ambivalenz dieser Arbeitsaufgaben durch soziale Integration (Stichworte Unternehmenskultur; Teamarbeit) aufgefangen werden.

(a)   Das Arbeitstempo – Taylorismus und Fordismus

In der Industrialisierungsphase stand zunächst die Rationalisierung menschlicher Handarbeit im Mittelpunkt. Zunächst wurden die neuen Möglichkeiten der Technisierung[100] mit den bereits zuvor etwa bei der Kutschenproduktion entwickelten Techniken der Arbeitszerlegung verknüpft. Eine hohe Arbeitsdisziplin der Beschäftigten sollte durch Strafkataloge und Überwachungspraktiken erzwungen werden. Ansatzpunkt war dabei immer das quantifizierbare Arbeitsergebnis.

Diese Verfahren hatten den prinzipiellen Nachteil, dass die Unternehmen keine Ahnung davon hatten, welche Arbeitsleistungen die Beschäftigten am jeweiligen Arbeitsplatz maximal erbringen können. Auch durch Akkordlöhne ließen sich zumindest erfahrene Belegschaften nicht dazu verleiten, an die tatsächlichen Leistungsgrenzen zu gehen. Das Interesse an der Regeneration und Reproduktion der beruflichen Leistungsfähigkeit (zweiter Lebensführungsaspekt; siehe 3.6.2) setzte hier Grenzen. Diese Problematik hat Frederick Taylor in den ‚Principles of Scientific Management' eingehend beleuchtet.

In Taylor Analyse (vgl. Taylor 1919), zielt auf das Arbeitstempo. Zunächst einmal zeigt er, dass in ‚der Werkstatt' ein gemächliches Arbeitstempo herrscht, weil die Arbeiter die Verausgabung ihrer Arbeitskraft kontrollieren. Dadurch bleibt die Arbeitsproduktivität stets unter dem theoretisch denkbaren Niveau. Für die

---

100 Sie bestanden vor allem in der Überwindung der Grenzen des menschlichen Bewegungsapparats durch Werkzeugmaschinen und der menschlichen Kraft zunächst durch Dampfmaschinen.

Vorgesetzten bedeutet das, dass sie ihre Arbeitsaufgabe, eine effektive Produktion zu gewährleisten, immer nur unzureichend erfüllen können. Der ausschlaggebende Grund hierfür besteht darin, dass die Arbeiter, aber nicht die Vorgesetzten, über das nötige Produktionswissen verfügen. Aus diesem Problemaufriss folgert Taylor, dass das traditionelle Produktionswissen zerschlagen und durch das „Scientific Management" ersetzt werden müsse, bei dem mit Hilfe von theoretischem Wissen ein ,objektives' Leistungsniveau ermittelt werden soll.

Die ,Pensumsidee', so Taylors Bezeichnung für ein kontinuierlich erbringbares Leistungsmaximum, entwickelt er am Beispiel des Roheisenverladens, wo Taylor der faktischen Arbeitsleistung von 12 Tonnen pro Zeiteinheit ein Pensum von über 40 Tonnen entgegenstellt. Dieses Pensum kann der Roheisenverlader aber nur dann wirklich schaffen, wenn er eine von Taylor konstruierte Schaufel benutzt, die verhindern soll, dass er zu viel Last auf einmal bewegt und sich auch im Übrigen an die Arbeitsanweisungen des Ingenieurs hält.

Die Zweifel an der Arbeitsleistung können also nur dann ausgeräumt werden, wenn über die Ergebniskontrolle hinaus Formen der Prozesskontrolle entwickelt werden. Genau unter diesem Gesichtspunkt haben auch schon in früheren Jahrhunderten die Galeerenaufseher oder die Aufseher des Pharaos ihre Peitschen geschwungen. Das Neuartige am Scientific Management besteht also nicht in der Idee der Prozesskontrolle, sondern in ihrer Verwissenschaftlichung. Taylors Intuition war, das praktische Produktionswissen der Arbeiter durch das theoretische Wissen von Ingenieuren zu ersetzen. Sie sollten Zeit- und Bewegungsstudien durchführen sowie geeignete Werkzeuge und Maschinen konstruieren. Mit der Einführung der Fließbandtechnologie (Stichwort Fordismus) wurde diese Form der Prozesskontrolle zum Rückgrat der industriellen Massenproduktion (vgl. KM: 337ff.; Thomas 1969; Ebbinghaus 1984; Gottl-Ottlilienfeld 1924).

Der praktische Erfolg solcher Methoden hängt aber immer davon ab, dass ein Lebensführungsaspekt, nämlich das Interesse der Arbeiter an der Regeneration und Reproduktion ihres Arbeitsvermögens, gebrochen werden kann. Taylor und Ford wollten dies durch Lohnzuschläge erreichen.

In der Industrieproduktion ist die Idee einer Prozesskontrolle mit wissenschaftlichen und ingenieurtechnischen Mitteln schnell an Effizienzgrenzen gestoßen. Weiterhin scheint ihre Übertragung auf nicht direkt quantifizierbare Arbeitsleistungen unmöglich zu sein. Die Effizienzgrenzen innerhalb der Industrieproduktion, die innerhalb der Industriesoziologie als Übergang vom Fordismus zum Toyotismus beziehungsweise Postfordismus diskutiert werden (Hirsch/ Roth 1986; Liker 2004; Womack u. a. 1990), hängen mit dem Übergang der industriellen Massenproduktion zu Formen der flexiblen Qualitätsproduktion zusammen. Sie haben sich aber auch als ein Hindernis für die weitere technische Rationalisierung harter körperlicher

Arbeit erwiesen und sie sind Opfer des ökonomischen Paradigmenwechsels geworden (vgl. Globalisierung: 51ff.). Die bei weitem wichtigere Grenze für das gesamte Modell der Prozesskontrolle wird durch die Technisierung harter körperlicher Arbeit gesetzt, die dazu geführt hat, dass heute die Mehrzahl der abhängig Beschäftigten im Dienstleistungsbereich arbeitet, während im Bereich der Industrieproduktion prozessbegleitende sowie vor- und nachbereitende Tätigkeiten dominieren[101].

(b)   Informelle Beziehungen und Arbeitsmotivation

Einen ersten Anlauf für ein nicht mehr auf die Geschwindigkeit von manueller Arbeit beschränktes Rationalisierungskonzept unternahm die in den 1930er Jahren entstandene Human Relations Bewegung (vgl. Roethlisberger 1954). Ausgangspunkt war die ‚Entdeckung‘, dass neben der formellen Organisationsstruktur im Unternehmen eine Fülle an informellen Beziehungen zwischen den Mitarbeitern existieren. Diese hätten für die Zufriedenheit der Mitarbeiter und damit auch für deren Arbeitsmotivation zentrale Bedeutung.

Diese informellen Strukturen beschreiben nichts anderes als eine von den Mitarbeitern selbst aufgebaute betriebliche Lebenswelt. In ihr stehen nicht Leistungs- oder Funktionszusammenhänge im Mittelpunkt sondern die konkreten Personen, ihre Bedürfnisse, Eigenheiten, Neigungen, Biographien. Im Bereich der abgetretenen Lebenszeit können diese Aspekte nur ‚informell‘, nebenbei, teilweise auch nur heimlich verfolgt werden, weil die Zeit ja ‚offiziell‘ für betriebliche Interessen genutzt werden soll.

Die Human Relations Bewegung propagierte die Anerkennung dieser informellen Strukturen – und zwar im Interesse der Unternehmen an leistungswilligen Arbeitskräften. Um diese lebensweltlichen Strukturen dem Unternehmensinteresse nutzbar zu machen, galt es, sie nicht nur als unumgänglich für das Wohlbefinden der Mitarbeiter anzuerkennen, sondern sie darüber hinaus in den Griff zu nehmen. Betriebssport, kulturelle und soziale Angebote und vieles andere mehr sollten die

---

101 Diese Grenzen des Modells der Prozesskontrolle entsprechen den bereits von Marx analysierten Grenzen der Wertform. Marx hatte sie noch als strukturelle Grenze des Kapitalismus verstanden. Wo Arbeit nicht als körperliche Bewegung und körperlicher Kraftaufwand mess- und quantifizierbar ist, machen zumindest die klassischen Modelle der Prozesskontrolle keinen Sinn mehr. Ob es im Zeitalter der Technisierung der Kommunikation und des Internets möglich sein wird, neue Formen der Prozesskontrolle in Bereichen der Dienstleistungsarbeit zu etablieren, kann hier nicht diskutiert, geschweige denn abschließend beurteilt werden. Wenn man vom Status quo ausgeht, dann kann man feststellen, dass heute wiederum wie im Vortaylorismus nur Formen der Ergebniskontrolle praktiziert werden können. Auf den Prozess der Leistungserbringung kann dabei nur indirekt eingewirkt werden.

Mitarbeiter an den Betrieb als lebensweltliche Einheit binden. Aus Sorge um das Wohlbefinden und die Motivation der Mitarbeiter sollten die Unternehmen ihren Mitarbeitern eine komfortable Lebenswelt sponsern und diese sollten die betriebliche Lebenswelt gewissermaßen als Heimat, als Mittelpunkt ihres sozialen Lebens empfinden. Begriffe wie ‚Opelaner' (anstelle von Mitarbeiter bei Opel) drücken die Erfolge derartiger Bestrebungen plastisch aus.

(c)   Direkte Sozialintegration

Eine dritte, heute dominierende Doktrin propagiert die Sozialintegration der Arbeitnehmer in das Unternehmen direkt über die Arbeitsaufgaben. So macht z. B. Frederick Herzberg bereits Ende der 1950er Jahre darauf aufmerksam, dass es die Unternehmen sind, die qualifizierten Arbeitskräften interessante Aufgaben und Herausforderungen für ihr Arbeits- und Leistungsvermögen anbieten können (Herzberg u. a. 1959). In der Literatur zum Thema ‚Wissensarbeiter' wird das Projektdenken des hochqualifizierten Personals hervorgehoben (Reich 1993). Darunter ist zu verstehen, dass Spezialistenteams sich für die Dauer einer bestimmten Entwicklungsaufgabe an ein Unternehmen binden und sich danach nach neuen Herausforderungen umsehen.

Eine weitere Quelle für diese neue Sichtweise war die Ablehnung der Fließbandarbeit durch die japanische Großindustrie (vgl. Womack u. a. 1990). Die japanischen Manager waren der Meinung, derartige Arbeitsstrukturen ihren Mitarbeitern nicht zumuten zu können, weil sie anders als die Detroiter Automobilarbeiter keine instrumentelle Beziehung zu ihrer Arbeit hätten sondern sich mit dem Unternehmen und den gemeinsamen Arbeitsaufgaben identifizierten. Auch wenn hier japanische Besonderheiten wie insbesondere das Zaibatsu- System der japanischen Großunternehmen (vgl. Rothbacher 2007) und das Ausstrahlen der traditionellen, von den Samurai gepflegten, unbedingten Loyalität gegenüber dem Arbeitgeber eine zentrale Rolle spielen, sind die in der japanischen Industrie darauf hin entwickelten dezentralen und flexibleren Formen der Arbeitsorganisation (Stichwort: teilautonome Arbeitsgruppen) Ende des 20 Jhs. zu weltweiten Vorbildern geworden.

Damit wird vor allem den gestiegenen Ansprüchen an Innovation und Wettbewerb Rechnung getragen. Während zuvor nur ausgewähltes Führungspersonal die unternehmerische Kernaufgabe der beständigen Innovation verfolgte, wird nun, zumindest von Prinzip her die Mitwirkung aller Mitarbeiter an dieser Aufgabe erwartet. Zugleich ermöglichen es die dezentraleren und flexibleren Arbeitsstrukturen zunehmend, dass Teams, aber auch einzelne Arbeitskräfte, ihre Arbeit selbst rationalisieren und effektivieren.

In dieselbe Richtung wirkt der ungebremste Trend in Richtung Wissensgesellschaft. Die exponentielle Zunahme vor allem an Spezialwissen führt tendenziell dazu, dass das für einzelne Arbeitsaufgaben ausschlaggebende fachliche und theoretische Wissen nur noch bei den Arbeitskräften selbst liegen kann. Die Arbeitsmarktstatistik, vor allem aber die Arbeitslosenstatistiken in Ländern wie Deutschland zeigen, dass die Anforderungen an das berufliche Wissen, vor allem an theoretisches Spezialwissen eine Dynamik gewonnen haben, die die Bildungsexpansion bei weitem übertrifft. Deswegen weist die Arbeitslosenstatistik auch seit Jahren eine hohe Korrelation zwischen geringer bzw. fehlender beruflicher Qualifikation und dem Arbeitslosigkeitsrisiko aus (z. B. IAB-Aktuell vom 10.2.2011). Vor allem spezialisiertes theoretisches Wissen sichert hoch qualifizierten Arbeitskräften zwangsläufig ein erhebliches Maß an beruflicher Autonomie, sodass sich Formen der flexiblen Teamarbeit in Verbindung mit flachen Hierarchien und einer Projektstruktur der Arbeitsaufgaben zunehmend ausbreiten. Dennoch herrschen auch an diesen Arbeitsplätzen Stress und Druck, was sich auch in einer Zunahme psychischer Erkrankungen (Zeit-Online 2011) niederschlägt.

Gerade die Zunahme an psychischen Erkrankungen dokumentiert, dass diese neuen Formen der Arbeitsorganisation die alltägliche Lebensführung im Bereich der abgetretenen Zeit in ein permanentes und prinzipiell unlösbares Dilemma hinein führen. Wenn die Rationalisierung der eigenen Arbeit zur Daueraufgabe wird, dann konfligiert sie, sobald es zu Formen der ‚Selbstausbeutung' kommt, mit dem strategischen Interesse am dauerhaften Erhalt des eigenen Arbeitsvermögens. Weiterhin kann sie mit dem Interesse am Erhalt des eigenen Arbeitsplatzes kollidieren. Sie kann aber auch einen positiven Beitrag zur Sicherung des eigenen Arbeitsplatzes / bzw. des Unternehmensstandorts leisten.

3.6.4 Soziologische Gegenwartsdiagnose: Die Berufsbiographie und die berufliche Identität im flexiblen Kapitalismus (Richard Sennett)

Dieser Abschnitt konzentriert sich auf Richard Sennett, weil er die m. E. mit Abstand einflussreichste Gegenwartdiagnose auf dem Themenfeld Arbeit und Lebensführung vorgelegt hat. Weiterhin beschränke ich mich auf seinen international besonders erfolgreichen Essay über den flexiblen Menschen im flexiblen Kapitalismus (Sennett 1998), weil er hier die Konsequenzen des von ihm behaupteten Epochenwandels vom ‚sozialen Kapitalismus' zum ‚flexiblen Kapitalismus', den er auch als mp3-Kapitalismus bezeichnet, für die Lebensführung in den Vordergrund stellt. Bei den anderen Veröffentlichungen zu diesem Thema (vgl. insbes. Sennett 2005; 2008) liegt dagegen der Focus stärker auf dem Strukturwandel. Wer sich speziell für Sennetts Epochenunterscheidung zwischen sozialem und flexiblen Kapitalismus interessiert, der sollte Sennett 2005 beachten. Wir halten nur fest, dass auch Sennetts Epochenunterscheidung zeitlich mit Beck sowie weiteren Autoren (auf dem Feld Arbeit vgl. insbes. Piore/Sabel 1989) übereinstimmt, da er ebenfalls eine Zäsur in den 1970er/ 1980er Jahren ausmacht.

Sennetts Essay über den flexiblen Menschen im flexiblen Kapitalismus kreist um das Problem, ob ein auf kurzzeitigen Erfolg, allseitige Mobilität und arbeitsinhaltliche wie soziale Flexibilität abgestelltes Erwerbsleben überhaupt lebbar ist. Sennett fragt, ob so essentielle Grundlagen der menschlichen Existenz wie Selbstachtung, Würde, das Praktizieren moralischer Standards und die Erzählbarkeit der eigenen Biografie in den Sozialformen des flexiblen Kapitalismus überhaupt noch verankert werden können. Er kommt zu einem negativen Ergebnis, was Anlass zu einer skeptischen Bewertung der Lebensdauer des flexiblen Kapitalismus gibt: „Eine Gesellschaftsordnung, die das Bedürfnis des Menschen nach Stabilität so sehr vernachlässigt, kann nicht von Bestand sein" (Sennett 1998: Klappentext, Rückseite).

Wenn man sich von methodischen Gesichtspunkten leiten lässt, dann muss man diesen Text in den Bereich konservativer Sozialkritik einordnen. Von konservativer Sozialkritik kann man immer dann sprechen, wenn Aspekte der Gegenwart an Maßstäben eines besseren Lebens oder einer besseren Gesellschaft gemessen und kritisiert werden, die einer in irgendeiner Weise als ,besser' angesehenen Vergangenheit entnommen werden. Eine andere Möglichkeit der Gesellschaftskritik bestünde in der Entwicklung utopischer Maßstäbe wie einer ,herrschaftsfreien' oder einer ,repressionsärmeren' Gesellschaft (vgl. Brock 2009a: 127).

Von typischen Konservativen unterscheidet sich Sennett allerdings dadurch, dass er den Maßstab für seine Kapitalismuskritik nicht einfach aus einer als ,menschlicher' verklärten Vergangenheit ableitet. Man kann das gesamte Buch geradezu als Suchprozess nach einem überzeugenden Kritikmaßstab lesen. Im ersten Kapitel wird er zunächst empirisch eingeführt, einem Vergleich der Biografien von Enrico, einem italienischen Einwanderer der zweiten Generation mit seinem Sohn Rico, der den sozialen Aufstieg durch Bildung geschafft hat, abgewonnen.

Enrico hat ein ganzes Arbeitsleben lang einfache Arbeiten verrichtet und sich dennoch, trotz niedrigem Einkommen, in einem durch Gewerkschaften und stabile Beschäftigungsverhältnisse charakterisierten Kapitalismus der 1970er Jahre einen bescheidenen Wohlstand erarbeitet, er es ihm ermöglichte, die Ausbildung seiner beiden Kinder zu finanzieren. Daher kann Enrico seine Arbeitsbiografie als Erfolgsgeschichte erzählen, als einen klar strukturierten, in vielen kleinen Schritten erarbeiteten sozialen Aufstieg. Genau dies gelingt seinem Sohn nicht, obwohl er in der New Economy der 80er und 90er Jahre zusammen mit seiner Frau viel Geld verdient hat und nach herkömmlichen Kriterien durchaus erfolgreich war.

Dieser Erfolg hatte jedoch den Preis, dass das Ehepaar mehrfach umziehen musste, nirgendwo richtig sozial Fuß fassen und auch in beruflicher Hinsicht keine Karriere im klassischen Sinne machen konnte. Vielmehr wurde es von kurzfristigen Veränderungen, von Unternehmensübernahmen, Pleiten, von in den Konsequenzen nicht kalkulierbaren Arbeitsplatzwechseln mehr getrieben, als Herr der eigenen Entscheidungen zu sein. Dieses ‚Driften' habe verhindert, dass Rico sich seinen Kindern gegenüber als moralisches Vorbild in ähnlicher Weise präsentieren könne wie sein Vater. Obwohl Rico an konservative Werte glaubt, kann er sie in seinem Berufsleben nicht überzeugend verkörpern.

Diese Kritik Ricos übernimmt der Autor und benutzt sie zu einem sehr instruktiven Abriss des Arbeitslebens im flexiblen Kapitalismus des ausgehenden 20. Jahrhunderts. Dabei ist Sennett keineswegs so voreingenommen wie andere konservative Gesellschaftskritiker, die ein bestimmtes Zeitalter oder eine bestimmte Phase zu einer besseren Gesellschaft verklären. Dies zeigt sich auch darin, dass der Autor bei vielen seiner Themen historisch sehr weit ausholt. Beim Thema Arbeitsethos beginnt er beispielsweise bei Hesiod (Sennett 1998: 133). Allerdings verzichtet er in einem entscheidenden Punkt auf eine sozialhistorische Reflexion seines Aufhängers. Er stellt sich nämlich nicht die Frage, wieso sich Rico seinen Kindern genau so präsentieren *möchte* wie sein Vater Enrico.

Da Sennett beide Biografien in hinreichender Ausführlichkeit präsentiert, kann der Leser selbst eine Antwort finden. Obwohl Ricos Frau ebenfalls erwerbstätig ist, teilt Rico mit seinem Vater das klassische patriarchalische Familienmodell, wonach der Ehemann seine innerfamiliale Position als *Familienernährer* definiert. Daher möchte er sich seinen Kindern gegenüber vor allem in dieser Rolle und beispielsweise nicht als ein für sie sorgender und immer ansprechbarer Vater präsentieren. Nur deshalb muss er seine Würde und seinen Vorbildcharakter aus seiner Berufsbiografie gewinnen und kann sie nicht direkt aus der Vater-Kind-Beziehung entwickeln.

Erst ganz am Ende seines Buches fixiert Sennett einen theoretisch reflektierten Beobachtungsstandpunkt, von dem aus er die Lebbarkeit des flexiblen Kapitalismus bezweifelt. „Einige französische Philosophen haben den Versuch unternommen, das Engagement des Einzelnen durch eine Unterscheidung zwischen dem mantient de soi, der Aufrechterhaltung des Ich, und der constance á soi, der Treue zu sich selbst, zu definieren … Treue zu sich selbst aber heißt, im Wesentlichen derselbe zu bleiben, egal, wo man ist oder wie alt man ist. Emmanuel Levinas hat aber auch versucht nachzuweisen, dass constance á soi eine soziale Dimension besitzt, in dem Sinne, dass man anderen Menschen verantwortlich ist. Das ist eine zugleich sehr einfache und sehr komplizierte Idee. Einfach, weil sie behauptet, dass mein Selbstwert davon abhängt, ob andere sich auf mich verlassen können. Kompliziert, weil ich verantwortungsvoll handeln muss, selbst wenn ich mir meiner nicht gewiss bin und egal, wie verwirrt oder gar zerstört mein eigenes Identitätsgefühl ist" (…).

Unter Rückgriff auf Ricoeur wird diese soziale Dimension des menschlichen Charakters weiter präzisiert. „Gleichgültig wie erratisch das Leben sein mag, auf das Wort eines Menschen muss man zählen können. Aber, argumentiert Ricoeur, man kann diesem Standard nur gerecht werden, wenn man sich ständig vorstellt, dass es für alles, was wir sagen und tun, einen Zeugen gibt, und dass darüber hinaus dieser Zeuge kein passiver Beobachter ist, sondern jemand, der sich auf uns verlässt. Um verlässlich zu sein, muss man das Gefühl haben, gebraucht zu werden" (Sennett 1998: 201).

Unter diesem Gesichtspunkt gelingt dann auch eine sehr kurze und präzise Zusammenfassung der Kritik am flexiblen Kapitalismus. „Das System strahlt … in der Organisation der Wirtschaft Gleichgültigkeit aus, wo das Fehlen von Vertrauen keine Rolle mehr spielt, wo Menschen behandelt werden, als wären sie problemlos ersetzbar oder überflüssig. Solche Praktiken vermindern für alle sichtbar und brutal das Gefühl persönlicher Bedeutung, das Gefühl für andere notwendig zu sein … die Flexibilität, die sie feiern, liefert keine Anleitung, wie ein Leben zu führen sei, kann sie nicht liefern … Es gibt keine Pfade mehr, denen Menschen in ihrem Berufsleben folgen können. Sie müssen sich wie auf fremden Territorium bewegen" (Ebd.: 201f.).

Meiner Auffassung nach enthalten die von Sennett zitierten Überlegungen von Levinas und Ricoeur eine soziologisch fruchtbarere Version des Begriffs der Lebenswelt als die eher kognitivistische Version von Schütz und Luckmann. Das *soziale* Fundament der ‚natürlichen Einstellung' besteht eben in der *Kontinuität des zwischenmenschlichen Zusammenlebens* (vgl. 4.4.1; Stichwort Lebenswelt), die ganz selbstverständlich wechselseitige Verständigung, Kooperation und das sich Wechselseitig-aufeinander-verlassen-können miteinschließt.

Aber zurück zu Sennett. Seine Kritik am flexiblen Kapitalismus *klagt gewissermaßen eine Selbstradikalisierung des wirtschaftlichen Funktionssystems, einen ‚Kapitalismus pur' an, der den Bereich menschlicher Arbeit aller lebensweltlicher Bedeutungselemente entkleidet habe.* Dies mag zweifellos für Männer ein unhaltbarer Zustand sein, die dem traditionellen patriarchalischen Familienmodell anhängen, bei dem sie ihre innerfamilialen Verpflichtungen gegen den Familienernährer-Status getauscht haben. Für sie mag in der Tat das Berufsleben jenes Feld zu sein, wo man Charakter und Verlässlichkeit entwickeln kann, nicht weil man vom Kapital, sondern von anderen Menschen gebraucht wird.

Ansonsten wissen wir gerade auch aus dem religiösen Bereich, *dass Lebensführung, weil sie sich strategisch auf Lebenswelten bezieht, immer auch das Leben in ‚unlebbaren' Bereichen mit einschließt.* So gehörte es immer schon zur christlichen

Lebensführung, dass die Gläubigen in einer für sie sinnlosen und feindlichen diesseitigen Welt aushalten sollten. Ebenso bestand das Ideal der religiösen Virtuosen im indischen Religionskreis immer darin, gerade die lebensweltlichen Bezüge zu kappen, um dem Schicksal der ewigen Wiedergeburt entrinnen zu können.

Aber auch die Strategien individualisierter Lebensführung kennen Bereiche, die aufgrund späterer Belohnungen oder Erträge durchlaufen werden müssen, auch wenn sie unter dem Aspekt des wechselseitigen Gebrauchtwerdens wenig hergeben. Unter den Bedingungen der Marktabhängigkeit und der damit verbundenen Fokussierung der Lebensführung auf die Lösung des Wiederbeschaffungsproblems von Geld müssen immer auch Entscheidungen gegen lebensweltliche Wurzeln gefällt werden. Das zeigt die Biografie von Rico sehr instruktiv. *Probleme der Lebbarkeit in lebensweltlicher Hinsicht entstehen daraus aber erst dann, wenn alle lebensweltlichen Anker gekappt sind und keine neuen entwickelt werden können. Probleme der Lebbarkeit in materieller Hinsicht* ergeben sich dagegen, wenn das Wiederbeschaffungsproblem nicht erfolgreich gelöst werden kann (Extrempole: Problem der Überschuldung bzw. Problem der Überarbeitung).

Sennetts Kritik am flexiblen Kapitalismus stößt auch noch in anderer Hinsicht an Grenzen. Auch wenn die Klage über die Unmenschlichkeit des Turbokapitalismus durchaus nachvollziehbar ist, darf man dabei nicht übersehen, dass das Vertrauen in die Verlässlichkeit anderer Menschen als lebensweltliches Grundelement auch im heutigen Wirtschaftsleben in vielerlei Hinsicht zumindest als eine kontrafaktische Prämisse (in ganz ähnlicher Weise wie Wahrhaftigkeit in der Kommunikation; vgl. Habermas 1976; 1981) vorausgesetzt werden muss. Jede Form von Teamarbeit erfordert ein gewisses Minimum an gegenseitiger Verlässlichkeit der Teammitglieder. Jede Form der Kooperation zwischen Spezialisten, die über ganz unterschiedliches Spezialwissen verfügen (2.4.4.3; Stichwort Expertensysteme), erfordert ein hohes Maß an *gesichtsunabhängigem* Vertrauen sowohl in die Zuverlässigkeit anderer Wissensdisziplinen wie auch in die persönliche Kompetenz der Kooperationspartner.

Kein einigermaßen komplexes Produkt, keine technisierte Dienstleistung (wie z. B. Flüge) wären verkaufbar ohne das generalisierte Vertrauen der Käufer in die Verlässlichkeit des Angebots. Die heutige globalisierte Weltökonomie wäre undenkbar ohne diverseste Formen und Muster von Vertrauen über kulturelle und sprachliche Grenzen hinweg.

Auf der anderen Seite gehört es zu den Grundregeln nicht nur des heutigen Kapitalismus, dass Vertrauensbeziehungen rücksichtslos gekappt werden müssen, wenn ökonomische Gründe gegen sie sprechen. Anders als im Bereich der frei disponiblen Zeit sind die Menschen hier den Maximen und Funktionszusammenhängen des Wirtschaftssystems unterworfen, unter denen lebensweltliche Strukturen immer wieder zerstört werden, obwohl sie bei Innovationen immer wieder vorausgesetzt werden müssen. Beiden Bereichen gemeinsam ist dagegen, dass sie zum Objekt von Strategien der Lebensführung werden können. Ihnen werden jedoch durch das Wirtschaftssystem Grenzen gesetzt.

Sennetts Essay illustriert sehr instruktiv, dass Strategien der Lebensführung im heutigen flexiblen Kapitalismus permanent Gefahr laufen, von betrieblichen Strategien der Arbeitskaftnutzung untergraben oder ausgehebelt zu werden.

3.6.5 Fazit

Während Lebensführung im Bereich der frei disponiblen Lebenszeit auf Modernisierungs- und Enttraditionalisierungsprozesse hin untersucht werden kann, operiert sie im Bereich der abgetretenen Zeit gewissermaßen im Windschatten von Modernisierungsprozessen, die auf der Ebene von Funktionssystemen bzw. Organisationen ablaufen. Lebensführung betreibt hier einerseits die Wiederherstellung lebensweltlicher Strukturen, andererseits bezieht sie sich strategisch unter der Interessenperspektive des Erhalts der Marktgängigkeit des eigenen Arbeitsvermögens auf Modernisierungsprozesse, die als vorgegebene Realität verarbeitet werden muss. Die Mitarbeit an Innovationen kann aber auch zur Arbeitsaufgabe werden.

Was ist von Sennetts Epochenunterscheidung zwischen ‚sozialem‘ und ‚flexiblem‘ Kapitalismus zu halten? Sie ist plausibel, solange es nur darum geht, aktuelle Veränderungstendenzen herauszuarbeiten. Dagegen ist es nicht schlüssig, eine lange zeitliche Konstanz des ‚sozialen Kapitalismus‘ zu unterstellen. Das ignoriert so gravierende Umbrüche wie den Übergang zum Sozial- und Wohlfahrtsstaat oder auch die Weltwirtschaftskrise der 1930er Jahre. Weiterhin hat sich gezeigt, dass man keine direkten Rückschlüsse vom Strukturwandel des Kapitalismus auf die Lebbarkeit von Arbeit ziehen kann. Solche Thesen klammern die Möglichkeit von Veränderungen auf der Ebene der Lebensführung schlicht aus (vgl. die zweite These in 3.3). Ricos Probleme mit seiner Selbstdarstellung gegenüber seinen Kindern ergeben sich nämlich erst aus der Verquickung von flexiblem Kapitalismus mit der konservativen Familienernährer-Rolle, also einer historisch überholten Maxime individualisierter Lebensführung.

Zusammenfassung

1. Das Feld der abhängigen Beschäftigung/ Arbeit bleibt in den Gegenwartdiagnosen der neueren Modernisierungstheoretiker weitgehend ausgeblendet. Nur Richard Sennett liefert hierzu einen substanziellen Beitrag.

2. Probleme mit seiner ‚subjektorientierten' Kritik am flexiblen Kapitalismus ergeben sich daraus, dass er die Eigenständigkeit individueller Lebensführung ausblendet. So übersieht er, dass sich Erfahrungen des ‚driftens' nur dann zu einem ‚dominierenden Lebensgefühl' entwickeln können, wenn sie auf eine auf die Familienernährerrolle zugeschnittene Lebensführungsstrategie treffen.

3. 7   Gelebte Freiheit in der Freizeit? Partnerschaft und Freundschaftsbeziehungen

3.7.1   Einleitung

Soziale Beziehungen eingehen und aufrecht erhalten bedeutet aus der Perspektive der Lebensführung, dass man die eigene Lebenszeit mit anderen Menschen teilt. Das ist vom Standpunkt der Evolution aus sicherlich der Normalfall. Archaische Stammesgesellschaften wie die Piraha verbringen ihr gesamtes Leben zusammen mit den anderen Stammesmitgliedern. Sie tun dies ganz selbstverständlich, also aus einer natürlichen Einstellung heraus, weil keine Alternativen denkbar oder verfügbar sind. Einen anderen, näher an der Gegenwart liegenden Bezugspunkt bildet die vormoderne Produktionsfamilie (vgl. Kuczynski 1982: 226ff.), in der die Familienangehörigen ihre Lebenszeit miteinander teilen, um materiell überleben zu können.

Unter den Bedingungen der Lohnarbeit wird nicht nur die Lebenszeit segmentiert in einen individuell verfügbaren und einen gegen Geld abgetretenen Teil, sondern auch die sozialen Beziehungen zerfallen in eine mit dem Verkauf der Arbeitskraft verbundene ‚Zwangsvergesellschaftung' (vgl. 3.6) und in frei gestaltbare Sozialbeziehungen in der arbeitsfreien Zeit. Hier können dann auch individuelle Neigungen und Interessen zum Zuge kommen.

Auf diesem vierten und letzten Aufgabenfeld individualisierter Lebensführung wird Modernisierung in Form *individueller Freiheitsrechte* wirksam. Sie bringen die Vergesellschaftung im Bereich der frei verwendbaren Lebenszeit unter die Prämisse der freien Beziehungswahl. Historisch hat sich diese Tendenz aber erst mit der Auflösung der vormodernen Produktionsfamilie durchgesetzt. Denn erst in diesem Zusammenhang verlieren die sozialen Beziehungen den Charakter wechselseitiger materieller Abhängigkeitsverhältnisse. Erst diese Tendenz der Entmaterialisierung der sozialen Beziehungen (vgl. 3.2.4) ermöglicht es auch der arbeitenden Bevölkerung Beziehungen im Bereich der frei disponiblen Lebenszeit zu wählen.

Auch auf diesem vierten Aufgabenfeld kann das Vorzeichen der Wahlfreiheit nicht ohne das konträre Unterthema ‚Zwang' in konkrete Strategien und Praktiken der Lebensführung übersetzt werden. Hier setzt die Auflösung festliegender und traditionell gegebener Lebensformen unter dem Vorzeichen der Wahlfreiheit zugleich Zwänge und Verbindlichkeiten frei, die zunächst einmal darin bestehen, dass im sozialen Miteinander die Wahlfreiheit der anderen respektiert werden muss. Unter den Bedingungen wechselseitig gegebener Wahlfreiheit geht die Zeitbindung mit gemeinsamen Praktiken, mit wechselseitiger Anerkennung und emotionaler Bindung, sowie der Herstellung von zumindest partiellem Konsens, aber auch der wechselseitigen Tolerierung von Dissens einher. Nur wenn eine soziale Beziehung in dieser Weise Verbindlichkeit gewinnt, kann sie wichtig werden und das Leben in positiver Weise prägen.

Wenn man allerdings, wie Bauman in seinen neueren Veröffentlichungen[102], die freie Wahl sozialer Beziehungen mit der im gesellschaftlichen Leistungsbereich institutionalisierten Perspektive der Leistungssteigerung verknüpft, dann wird daraus ein paradoxes Optimierungsproblem. Wie kann man die Wahlfreiheit maximal ausleben, wenn sie durch jedes Eingehen verbindlicher sozialer Beziehungen zumindest auf Zeit blockiert wird? Diese Paradoxie begünstigt und verstärkt nach Bauman zunehmend Strategien der Vermeidung verbindlicher Sozialbeziehungen, was eben zu einer Verflüssigung der Sozialbeziehungen in der Gegenwart führe. Diese These wird im folgenden Abschnitt (3.7.2.1) eingehend diskutiert.

Wenn man schon nach Extremvarianten sucht, dann sollte man zumindest noch eine weitere Variante auf der Rechnung haben, die darüber hinaus auch empirisch relevant ist: die Kommerzialisierung sozialer Beziehungen. Schon der Konsum von Waren impliziert in der Regel Sozialkontakte. Bei Dienstleistungen ist diese Komponente noch gravierender. Spätestens bei den im Trend liegenden Angeboten im Wellness- und im Eventbereich steht die ‚wohltuende' bzw. anregende Atmosphäre im Mittelpunkt. Baumans Dilemma wird hier (ähnlich wie bei der eher traditionellen Variante Bordell) durch emotionale Einseitigkeit und strikte zeitliche Begrenzung der sozialen Beziehungen gelöst. Die andere Seite betreibt in diesen Fällen keine Beziehungswahl im Bereich der frei disponiblen Arbeitszeit, sondern sie verrichtet Arbeit (= Aufgabe 3; vgl. Abschnitt 3.6) – und zwar so lange, wie dafür Geld fließt. Diese Asymmetrie sorgt für *einseitig optimierbare* Sozialbeziehungen unter dem Gesichtspunkt des Wohlbefindens und des Erlebens.

Beiden Extremvarianten der ‚Optimierung' sozialer Beziehungen muss man allerdings attestieren, dass sie sachlich unangemessen sind, also nicht zu dem führen können, worum es bei diesem Aufgabenfeld geht: dem freiwilligen Eingehen

---

102 Als Theoretiker der ‚flüchtigen Moderne'; vgl. Junge 2006: 79ff.

emotional wie sozial *verbindlicher* sozialer Beziehungen, die auf *Wechselseitigkeit* gegründet sind und deshalb als *nicht käuflich* gelten.

Warum wir überhaupt nach verbindlichen sozialen Beziehungen streben, lässt sich vermutlich nur durch anthropologische Rückgriffe erklären. Hierzu hat Anthony Giddens (vgl. insbes. 1988; 1991; 1993; Lamla 2003: 118-132) ein ausgearbeitetes Konzept vorgelegt, das hier in Anlehnung an Lamla 2003 referiert wird.

Der Homo sapiens sapiens durchläuft eine besonders lange primäre Sozialisationsphase. Auch im Vergleich zu seinen nächsten biologischen Verwandten fällt auf, dass ein Neugeborenes etwa ein Jahr braucht, nur um die motorischen Fähigkeiten eines neugeborenen Primaten zu erreichen (Portmann 1956: 49ff.). Aber auch noch darüber hinaus benötigen menschliche Neugeborene stabile soziale Zuwendung durch andere Menschen, um kommunikations- und handlungsfähig zu werden. Deswegen spielt die Mutter-Kind-Beziehung für die Primärsozialisation und damit aber auch zwangsläufig für die Identitätsentwicklung eine zentrale Rolle. In diesen Kontext ist auch die folgende These von Erikson (1973) einzuordnen: „Die lange Kindheit macht aus dem Menschen einen technischen und geistigen Virtuosen, aber sie entlässt ihn auch mit einem Restbestand an emotionaler Unreife, der ihm sein Leben lang anhaftet" (ebd.: 12)[103]. Nach Erikson besteht die erste große soziale Leistung des Kindes darin, dass es die zeitweise Abwesenheit seiner Mutter (oder einer anderen Hauptbezugsperson an deren Stelle) aushält, ohne dass es dabei starke Emotionen der Wut oder der Angst empfindet. Das Kind verallgemeinert seine Erfahrung, dass die Mutter immer wieder zurückkehrt, in Form von *Vertrauen* zunächst in die Mutter.

Mit der Generalisierung dieses Vertrauens in die Zuverlässigkeit der Mutter werden die Grundlagen für ein allgemeines Modell für die Aufnahme sozialer Beziehungen gelegt. „Die Angst vor Abwesenheit wird durch die Belohnung der Anwesenheit aufgefangen, was den Boden für die Dialektik von Verbindlichkeit und Gleichgültigkeit bereitet, die in den vielfältigen Begegnungen zum Tragen kommt. Die mit der Kontrolle des Körpers als einem Medium des Handelns verankerte Stärkung der Autonomie des Kindes erweitert und integriert gleichzeitig diese Dialektik. Jedes Individuum hat ... das Recht, eine Distanz zu anderen aufrecht zu erhalten, indem es Anspruch auf die Respektierung seiner Intimsphäre und auf die Integrität seines Selbst erhebt. Doch muss das Selbst am gesellschaftlichen Verkehr teilnehmen,

---

103 Eriksons Studie über Kindheit und Gesellschaft (Erikson 1973) bildet die zentrale Grundlage für die anthropologische Fundierung des Begriffs „Vertrauen" bei Giddens. Eriksons Überlegungen sind im Kontext der Auseinandersetzung mit der Psychoanalyse Sigmund Freuds entstanden. Zur Einordnung von Erikson durch Giddens vgl. Giddens 1988; 102 f..

auch wenn hierzu die eigene Rücksichtnahme auf die taktvolle Anerkennung der Wünsche anderer erforderlich ist" (Giddens 1988; 105).

Mit Freud nimmt Giddens nun an, dass über die Mechanismen der Introjektion und der Projektion eine Beziehung zwischen den Sozialkontakten und dem inneren Erleben des Ich hergestellt wird. Introjektion „verwandelt nach Freud von außen kommende Güte in ein Gefühl innerer Sicherheit; Projektion hingegen behandelt ein inneres Leid so, als wäre es das Resultat einer von außen einwirkenden Böswilligkeit" (ebd.). Diese Verbindung ist von der Seite des inneren Erlebens aus gesehen ein emotionaler Vorgang, der unbewusst abläuft, „da er vor der Sprachentwicklung und Fähigkeit zur reflexiven Steuerung des Verhaltens entsteht" (Lamla 203: 120).

Aus diesen Überlegungen ergibt sich die Annahme, *dass Menschen unbewusst an Beziehungen festhalten*, also nach *sozialer Kontinuität* streben. Anders als die Psychoanalyse geht Giddens jedoch davon aus, dass diese unbewusste Tendenz durch aktiv kontrollierte Handlungen der Individuen erzeugt werden muss. „Allein um die Zuerkennung von Handlungsfähigkeit zu sichern, ist in sozialen Begegnungen immer die reflexive Kontrolle der Körperbewegungen, Gesten, Handlungen und sprachlichen Äußerungen erforderlich" (ebd.: 121).

Grenzsituationen wie Krisenexperimente (vgl. Garfinkel 1973) oder auch totale Institutionen (Goffman 1973) demonstrieren für Giddens, dass diese Routinen alltäglicher Lebensführung wichtige Sicherheiten darstellen, die überhaupt erst die Kontinuität einer selbstständigen Lebensführung ermöglichen. Diese selbstverständliche Grundlage kann aber durch Alter und Krankheit in Frage gestellt werden.

Unter dem Gesichtspunkt der Wahlfreiheit wird dieses grundlegende Bedürfnis nach relativ stabilen und emotional bedeutsamen soziale Beziehungen zunächst einmal als Restriktion wirksam: volle Wahlfreiheit können nur handlungsfähige Personen praktizieren. Dagegen üben bei nicht oder nur begrenzt selbständig handlungsfähigen Personen (wie Kindern oder auch bei dementen Personen) Eltern oder gesetzlich bestimmte Betreuer dieses Recht stellvertretend aus. Von den eigenverantwortlich handelnden und handlungsfähigen Personen erwarten wir, dass sie *nicht selbstzerstörerisch handeln*. Das bedeutet, dass sie die Freiheit der Beziehungswahl nicht, wie Bauman unterstellt (vgl. 3.7.2.2), als Selbstzweck exekutieren, sondern sie nur insoweit praktizieren, als sie für Identität, emotionale Stabilität und Handlungsfähigkeit förderlich ist oder diese zumindest nicht dauerhaft schädigt. Nur auf diese Weise lässt sich auf diesem Feld das Oberthema Freiheit mit den hier letztlich in der menschlichen Natur und ihrer Ontogenese liegenden Zwängen vereinbaren[104]. Entgegen Bauman lässt sich die Beziehungswahl also nicht autonom optimieren.

Moderne Gesellschaften kennen vor allem zwei Möglichkeitsräume für die Entwicklung und Reproduktion sozialer Praktiken, die unter dem Vorzeichen der freien Beziehungswahl diese tief sitzenden Bedürfnisse nach stabilen, emotional verbindlichen und wechselseitigen Sozialbeziehungen befriedigen können: *Partnerschaft und Freundschaft*[105]. Partnerschaft ist von beiden Mustern insofern das verbindlichere als hier in der Regel eine sexuelle Grundlage für die wechselseitige emotionale Zuwendung existiert und die Norm zugrunde gelegt wird, dass keine konkurrierenden Partnerschaften zur selben Zeit nebeneinander bestehen sollen[106].

Im folgenden Abschnitt (3.7.2) werden zunächst alle wichtigen Beiträge zu Freundschaftsbeziehungen behandelt. Daran schließen sich zwei Abschnitte über Partnerschaft und Familie an (3.7.3 und 3.7.4).

3.7.2   Freundschaftsbeziehungen

3.7.2.1   Freundschaftsbeziehungen[107] in selbst gewählten sozialen Kreisen (Georg Simmel)

Um ein soziologisches Verständnis für die Enttraditionalisierung der direkten Sozialbeziehungen entwickeln zu können, können wir immer noch an Analysen von Georg Simmel anknüpfen (vgl. KM: 42ff.). Simmel unterscheidet *zwei Etappen der Enttraditionalisierung der sozialen Beziehungen und Bindungen*.

---

104 Verbindliche Sozialkontakte scheinen nicht nur beim Menschen für die emotionale Stabilität und die kontinuierliche Handlungsfähigkeit unverzichtbar zu sein, sondern ebenso für seine nächsten biologischen Nachbarn, die Schimpansen und Bonobos. Beobachter weisen auf die zentrale Bedeutung des ‚Grooming‘, der gegenseitigen Fellpflege, wie auch permanenter nächtlicher Rufkontakte hin (z. B. Jane van Lawick-Goodall 1971; de Waal 1991).

105 Vielfach wird Partnerschaft als eine von mehreren Ausprägungen von Freundschaft verstanden (vgl. wikipedia Freundschaft). Zur Unterscheidung Freundschaft- Feindschaft vgl. auch Globalisierung: 158.

106 Diese Norm wird bei Polygamie durchbrochen. Allerdings sind auch hier Partnerschaften eines Mannes zu mehreren Frauen durch Heirat begrenzt und dauerhaft. Polygamie wird hier ausgeklammert.

107 Abgesehen von Simmels Überlegungen zu einer ‚Soziologie der Freundschaft‘ (z. B. Simmel 1992: 401) wird der Begriff Freundschaft in der Soziologie kaum benutzt. Vermutlich liegt das daran, dass der allgemeinere und von vornherein neutrale Begriff der sozialen Beziehungen sie als Spezialfall mit einschließt.

Ein erster Enttraditionalisierungsprozess setzt bereits mit der Durchsetzung gesellschaftlicher Aufgaben- und Arbeitsteilung in der Antike ein. Er ist insbesondere für das antike Griechenland (vgl. den Überblick bei Michael Stahl 2003) und das römische Reich als Auflösungsprozess der Sippenzugehörigkeit analysiert worden (vgl. bereits Morgan 1877), die zunächst die soziale Grundlage der politischen Organisation und damit auch der Staatenbildung war. Vor diesem Hintergrund zeigt Simmel an Beispielen aus dem Mittelalter, dass in arbeitsteiligen Gesellschaften *die formale Gleichheit als Korporationsmitglied* zur Grundlage gesellschaftlicher Zusammenschlüsse wird (vgl. KM: 44). Auf dieser neuen Grundlage konnten dann größere soziale Einheiten als Vereinigung zwischen diesen Korporationen entstehen, die deren Mitglieder als formal gleiche mit einbezog.

Von diesem korporativen politischen Vereinigungsmuster unterscheidet nun Simmel *von Gleichgesinnten gebildete soziale Kreise.* Sie können aber ansonsten *unterschiedlichen* Korporationen (Ständen, politischen Gebilden, Organisationen und so weiter) angehören. Erst diese Form des Zusammenschlusses ist nach Simmel spezifisch modern, weil sich der Einzelne auf der Grundlage seiner *individuellen* Neigungen, Interessen oder auch Präferenzen bewusst für die Aufnahme sozialer Beziehungen entscheidet. Bei korporativen Zusammenschlüssen entscheiden dagegen noch Kollektive nach ‚überindividuellen‘ Interessen.

Da sich neuere Individualisierungstheoretiker immer wieder auf Simmel berufen, gehe ich hier auf die von ihm hervorgehobenen Enttraditionalisierungsprozesse etwas ausführlicher ein. Zunächst einmal ist zu beachten, dass Simmel nicht behauptet, dass alle Sozialkontakte auf selbstgewählte soziale Kreise umgestellt werden. Sie sind nur eine spezifisch moderne Chance selbstbestimmter Vergesellschaftung. Das kommt der hier vertretenen Sichtweise entgegen, dass man unterschiedliche Bereiche der Lebensführung in der Moderne unterscheiden muss, weil sie die Lebensführung jeweils ganz spezifischen Bedingungen unterwerfen.

Von den korporativen Zusammenschlüssen unterscheiden sich die selbstgewählten sozialen Kreise durch *zwei* voneinander unabhängige Dimensionen von Enttraditionalisierung/ Modernisierung. Erstens treten *individuelle Wahlhandlungen* an die Stelle *kollektiver Entscheidungen.* Zweitens treten *individuelle Neigungen* und Interessen an die Stelle von *Korporationsinteressen.*

Zu beachten ist, dass zwischen beiden Dimensionen/ Aspekten kein notwendiger Zusammenhang sondern eher ein Verhältnis loser Kopplung besteht. *Wahlhandlungen* müssen nicht unbedingt an *persönlichen Neigungen* orientiert werden und persönliche Neigungen können nicht nur über frei gewählte soziale Kreise gesellschaftlich realisiert werden. So hat beispielsweise Webers international vergleichende Analyse der Weltreligionen gezeigt, dass an die Stelle traditionaler sozialer Bindungen individuelle Wahlhandlungen treten. Mitglied einer Weltreligion kann nur werden, wer sich persönlich zu ihr bekennt. Anders als bei den selbstgewählten sozialen Kreisen, die Simmel im Auge hat, bedeutet das aber nicht, dass spezifisch persönliche Neigungen und Interessen in den religiösen Gemeinschaften eine größere Rolle spielen. Das Glaubensbekenntnis schließt nämlich die Akzeptanz standardisierter sozialer Heilswege ein, denen die persönlichen Neigungen und Interessen untergeordnet werden müssen.

Auf der anderen Seite müssen intersubjektiv übereinstimmende Interessen beziehungsweise Gesinnungen nicht dazu führen, dass man sie in sozialen Kreisen gemeinsam teilt und pflegt. Sie können nicht nur als Grundlage für Zusammenschlüsse dienen sondern ebenso auch zu Konkurrenz und Abschottung führen. So z. B. sind Liebhaber antiker Kunstwerke typischerweise Konkurrenten auf dem Kunstmarkt, die häufig anonym bieten und ihre ,Schätze' sogar im Tresor verstecken. Pilzsammler halten ihre Fundstellen vor anderen Sammlern geheim usw.

Das tut der Relevanz von Simmels Überlegungen keinerlei Abbruch, sondern zeigt nur welche unwahrscheinliche Selektion hier zum Zuge gekommen ist. Simmel macht auf ein historisch durchaus nachweisbares Muster selbstgewählter Vergesellschaftung aufmerksam, das sich im Bereich frei verfügbarer Zeit und jenseits reproduktiver sozialer Verpflichtungen entwickeln konnte. Es kommt in der Frühmoderne (Humanismus, Renaissance) erstmals im Bereich von Bildungseliten und Künstlern auf, deren persönliche Entwicklungs- und Entfaltungsinteressen die im Hochmittelalter für solche Eliten entwickelten ständischen Raster und Karrierewege sprengten (vgl. z. B. die Biographien von Petrarca oder Michelangelo). Die ,Salons' im 18. und frühen 19. Jahrhundert belegen es ebenso wie die Entdeckung und Kultivierung von Freundschaften und die Suche nach ,Wahlverwandtschaft', in der Romantik (vgl. Goethe 1809). Unter den Bedingungen der seit der Industrialisierung immer weiter als biographische Norm durchgesetzten Lohnarbeit veralltäglicht sich diese Tendenz zu einem Muster der Freizeitgestaltung und formalisiert sich im Vereinswesen. Daneben kann sie auch in isolierten Nischen der Arbeitswelt kultiviert werden.

Simmels Analyse der selbstgewählten sozialen Kreise kann als wichtiger Beitrag zur Analyse eines Teilbereichs moderner Lebensführung unter den Bedingungen der Lohnarbeit verstanden werden. Sie postuliert, dass auch im Bereich der frei verfügbaren Lebenszeit erst jenseits reproduktiver Verpflichtungen Individualität in sozialer Hinsicht frei entfaltet werden und Lebenszeit binden kann.

Von den Gesellschaftskritikern unter den Vertretern der neueren Modernisierungstheorie ist diese optimistische Lesart der Freundschaftsbeziehungen vehement bestritten worden. Nach Rosa (vgl. unter 3.2) hat die immer weiter gehende Beschleunigung des Lebenstempos Simmels Prämisse einer freien Gestaltung der sozialen Kreise zu Makulatur werden lassen. Dagegen zerstören nach Bauman die

Imperative der dynamisierten Ökonomie, insbesondere die Warenform, Freundschaftsbeziehungen in ihrer sozialen Substanz.

3.7.2.2 Kann die Warenform verbindliche zwischenmenschliche Sozialbeziehungen zerstören? Baumans konträre Gegenwartsdiagnose.

Einen Eckpfeiler in Baumans Gegenwartsdiagnose bildet die These, dass die sozialen Beziehungen durchkommerzialisiert, also markt- und warenförmig organisiert seien (vgl. v.a. Bauman 2009a). Dabei unterstellt er ebenso wie Beck und Simmel eine marktabhängige Lebensführung, bei der soziale Beziehungen außerhalb der Arbeit *keine materielle Bedeutung* haben. Nach Bauman eröffnet dies aber keineswegs eine freie, von je individuellen Neigungen und Interessen bestimmte Beziehungswahl. Vielmehr folge auch das Eingehen von sozialen Beziehungen der Marktlogik, so dass klassische Freundschaftsbeziehungen geradezu auf die rote Liste geraten.

Bauman argumentiert folgendermaßen. Da in einer vom Markt geprägten Konsumgesellschaft nur Waren gesellschaftlich bedeutsam sind, versuchen die Akteure ihren ‚Wert' durch Konsumpraktiken zu steigern, um von anderen Anerkennung zu bekommen. Hierbei gehe des immer darum, den gerade angesagten Trends zu folgen und sich immer nur mit den aktuellen Accessoires zu umgeben, die sofort zu Müll werden, wenn sie nicht mehr aktuell sind.

Das Eingehen dauerhafter sozialer Beziehungen sei in dieser konsumistischen Beziehungskultur nicht vorgesehen, da man als ‚Quasi- Ware' sich immer alle Optionen offen halten müsse. Diese Offenheit führe letztlich zu Strategien der Bindungsvermeidung und halte die Menschen in diesem Zirkel des Offenhaltens von Optionen gefangen.

Was ist davon zu halten? Zunächst ist festzustellen, dass Bauman keine neuartigen Phänomene beschreibt. Unter seine Beschreibung fällt z. B. die ‚femme fatale', ein Frauentyp, der sich nahezu durch die gesamte Literaturgeschichte zieht. Man könnte mit einiger Plausibilität also nur behaupten, dass sich die von Bauman beschriebenen Praktiken weiter verbreitet haben und heute auch bei Männern und außerhalb von Oberschicht und Künstlermilieus immer häufiger anzutreffen sind, weil die entsprechenden Konsummuster für ein Wirtschaftssystem unverzichtbar sind, das sich längst nicht mehr auf die Bedienung unverzichtbarer Bedürfnisse konzentrieren kann. Denn nur eine immer kürzere Nutzungsdauer und eine Entkopplung der Nachfrage von den menschlichen Grundbedürfnissen erlaubt noch immer weiter steigerbares wirtschaftliches Wachstum.

Aber auch diese vorsichtige Interpretation wirft einige kaum lösbare Probleme auf. Zunächst muss man zwischen den in der Werbung propagierten und den realen

Konsummustern unterscheiden. Einmal setzt das verfügbare Geld, zum andern setzen ‚abweichende' individuelle Präferenzen einem Zusammenfallen beider Ebenen klare Grenzen. Während Bauman großzügigerweise von der Einkommensverteilung abstrahiert, kontert er die Möglichkeit abweichender individueller Präferenzen mit dem Argument, dass jeder, der nicht mitmache, ausgegrenzt werde. Abgesehen davon, dass der keineswegs ausgegrenzte Autor diese Behauptung durch seine Existenz[108] persönlich widerlegt, scheitert sie daran, dass die Ausgrenzungsthese gegen alle empirischen Befunde (vgl. nur Schulze 1992) eine einheitliche herrschende Kultur unterstellen muss.

Das Hauptproblem besteht jedoch darin, dass diese Praktiken erkennbar – nicht nur für den Analytiker sondern auch für den ‚Praktiker' – nicht zielführend sind. Das sieht auch Bauman so. Das Eingehen stabiler sozialer Beziehungen beginnt wie der tatsächliche Konsum nämlich immer erst dort, wo die Imperative von Warenform und Markt enden.

Wenn eine Ware wie z. B. ein Brot tatsächlich benutzt wird, spielt der Tauschwert keine Rolle mehr, sondern nur noch sein Gebrauchswert: schmeckt es? Ist es bekömmlich? Derartige Fragen bestimmen den tatsächlichen Konsum. Die Zirkulation (Warenform; Markt) erklärt nur, wie man in einer hocharbeitsteiligen Gesellschaft an Brot kommt.

Das lässt sich mit einiger Plausibilität auf die sozialen Beziehungen übertragen. Man kann zweifellos Gleichgesinnte oder auch Lebenspartner über entsprechende ‚Märkte' in Zeitungen oder im Internet suchen und dabei analog zur Warenform seine Vorzüge anpreisen. Auch wenn im Erfolgsfall niemand als Ware gekauft wird – der reale Markt ist ja der Anzeigenmarkt – können auf diesem Quasimarkt sicherlich Marktmechanismen eine wichtige Rolle spielen. Sobald aus flüchtigen Kontakten aber stabile soziale Beziehungen werden und zwei Menschen ihr Leben zumindest partiell teilen, muss die Marktgängigkeit persönlicher Attribute (ähnlich wie der Tauschwert von Waren) gerade ausgeklammert werden.

Nun behauptet Bauman allerdings, dass der Mensch in der flüchtigen Moderne, Ware *bleiben* wolle, um ja nichts zu verpassen. Deshalb vermeide er das Eingehen sozialer Beziehungen. Auch wenn das sicherlich als eine ‚idealtypische' Aussage zu verstehen ist, muss die Frage erlaubt sein, ob es – abgesehen von einzelnen Künstlern – solche Menschen tatsächlich gibt, die sich *nur* in der virtuellen Zirkulation bewegen. Dagegen sprechen die im Abschnitt 3.7.1 erläuterten anthropologischen

---

108 Dabei unterstelle ich, dass der Autor den beschriebenen Konsummustern nicht folgt. Diese Unterstellung gründet sich auf die Beobachtung, dass er sie nicht nur sehr distanziert und ironisch, sondern manchmal geradezu mit Abscheu registriert.

Argumente. Bauman bleibt jeden Beleg, selbst auf der Beispielebene, schuldig. Man kann nur vermuten, dass keine tragfähigen Belege zu finden sind.

Ich schlage vor, noch weiter heiße Luft aus dieser ‚gesellschaftskritischen‘ These entweichen zu lassen und sie darauf zuzuschneiden, dass tendenziell *soziale Beziehungen in der Gegenwart fragiler und instabiler geworden sind*, weil auch bei existierenden sozialen Beziehungen *die Möglichkeit von Alternativen* (und damit auch die eigene ‚Marktgängigkeit‘ auf ‚Beziehungsmärkten‘) *immer im Hinterkopf der Akteure mitläuft.* Dadurch steigen die Ansprüche an soziale Beziehungen und erhöhen sich die Hürden für deren Fortsetzung.

Diese Tendenz kann man dann durch Rückgriff auf die rasante Entwicklung der Verbreitungsmedien erklären. Für diese deutlich vorsichtigere Variante lassen sich dann auch hinreichend Belege finden – z. B. steigende Scheidungsraten bei gleichzeitiger Abnahme der durchschnittlichen Ehe- bzw. Beziehungsdauer[109]. Daneben ist zu erkennen, dass soziale Beziehungen, die ausschließlich über Verbreitungsmedien laufen, leichter abzubrechen sind als Face-to-Face-Beziehungen. Auch das erhöht die ‚Flüchtigkeit‘ sozialer Beziehungen.

3.7.2.3 Routinen der Festlegungsvermeidung

Um diese empirisch einigermaßen bestätigten Tendenzen erklären zu können, wird ein weiterer Teil von Baumans Gegenwartsdiagnose wichtig. Hier stehen alltägliche Praktiken der Festlegungsvermeidung im Mittelpunkt. Um keine sozialen beziehungsweise kulturellen Möglichkeiten zu verpassen, habe das postmoderne Individuum *Routinen der Festlegungsvermeidung* entwickelt. Dies veranschaulicht Bauman insbesondere an den Lebensstrategien des Spaziergängers, des Vagabunden, des Touristen und des Spielers.

Zunächst fällt auf, dass zumindest die Tendenz dieser These nicht ganz neu ist, sondern bereits die soziologischen Klassiker beschäftigt hat. Weber hat bereits aus der Differenzierung der Wertsphären gefolgert, dass das moderne Individuum seinem Leben keinen eindeutigen Sinn mehr geben könne. Simmel hat die Möglichkeiten selbstgewählter sozialer Kreise dahingehend durchgespielt, dass das moderne Individuum für eine Ausweitung seiner Sozialkontakte den Preis geringerer sozialer Verbindlichkeit dieser Sozialkontakte entrichten müsste. Riesman und seine Mitarbeiter haben in den 1950er Jahren als Konsequenz einer Verdichtung

---

109 Aber auch solche Trends greifen nur langfristig. So ist z. B. zwischen 1900 und 2013 in Deutschland die Scheidungsrate deutlich gestiegen (vgl. Statistische Jahrbücher der BRD). Dagegen ist die Dauer der vorangegangenen Ehe bei Geschiedenen seit 1992 wieder angestiegen.

der Sozialkontakte eine größere Unverbindlichkeit persönlicher Standpunkte diagnostiziert. Von diesen und weiteren Vorgängern unterscheidet sich Bauman nur dadurch, dass er die Entbettungsproblematik radikaler fasst.

Wie plausibel ist Baumans These, dass das aufgezeigte Dilemma in der Postmoderne typischerweise einseitig in Richtung Festlegungsvermeidung aufgelöst werde?

Zunächst fällt auf, dass Vagabunden und Spieler eher nicht zu den für die Moderne besonders charakteristischen Lebensstilen gehören. Spiele und Spieler waren zu allen Zeiten verbreitet, Vagabunden kamen wohl am häufigsten in Ständegesellschaften vor, wenn sie einen rapiden Anstieg der Bevölkerungszahl erfuhren. Spaziergänger und Touristen verkörpern dagegen Lebensstrategien, die bereits in der Frühmoderne entwickelt wurden und im 20. Jahrhundert immer stärker an Breitenwirkung gewonnen haben.

Bevor man das zeitdiagnostische Potenzial von Baumans Überlegungen kurzer Hand verwirft, könnte man sich aber auch fragen, ob es nicht Auflösungsmuster in Richtung Festlegungsvermeidung gibt, denen eher Aktualität und Zeitbezug unterstellt werden kann. Ein Kandidat wäre hier beispielsweise der *teilnahmslose Passant*, der auch öffentliche Gewalt übersieht, weil er die Folgen eines möglichen Engagements fürchtet oder sich für seine Mitmenschen nicht interessiert. Ein weiterer Kandidat wäre sicherlich auch der *Katastrophentourist*.

Trotz solcher Aktualisierungsmöglichkeiten muss aber auch diskutiert werden, was gegen die konträre These spricht, dass die Menschen in der Postmoderne/radikalisierten Moderne trotz eines globalisierten und dynamisierten Angebots sich für feste Beziehungen und klare Identitätsprojekte entscheiden und dabei bewusst alternative Möglichkeiten ausblenden. An dieser Stelle kommt Baumans These einer Substitution der klassischen Identitätsproblematik durch Identifikation zum Tragen. Sie wurde im Abschnitt 3.5.6 ausführlich diskutiert. Hier reicht jedoch die Frage aus, ob und wenn ja *unter welchen Bedingungen Identifikation zu Strategien der Festlegungsvermeidung führt*. Auf dem Feld der Religion hatte zumindest Weber genau Gegenteiliges ausgemacht und die charismatische Sozialisation durch Propheten und Heilsbringer und damit auch die Identifikation zur wichtigsten Quelle des dauerhaften sozialen Wandels erklärt, also einen *direkten Zusammenhang zwischen Identifikation und Festlegung* aufgezeigt.

Wenn man sich auf dem Feld sozialwissenschaftlicher Umfragen umsieht, dann stützen zumindest einige Befunde die These, *dass die Menschen das Dilemma zwischen wachsenden kulturellen und sozialen Möglichkeiten auf der einen und dem Eingehen zeitlicher Bindungen eher selten radikal in die eine oder andere Richtung auflösen*. Sowohl von der Familienforschung her wie auch von den Umfragen zu den Aspekten des politischen Engagements wird eher die These gestützt, dass überwiegend *Kompromisse* gesucht werden, die im historischen Vergleich sowohl zu einer *Zunahme der Sinnhaftigkeit sozialer Bindungen wie auch zu ihrer Reversibilität führen.*

So hat die Familiensoziologie herausgearbeitet, dass einerseits feste Partnerbeziehungen/ Ehen nach wie vor angestrebt werden, aber die faktische Dauer dieser festen Partnerbeziehungen abnimmt, weil die Ansprüche gestiegen sind. Während in den 50er und 60er Jahren, der klassischen Ära der Kernfamilie, Ehen auch dann weiter bestanden, wenn sich die Partner nur noch wenig zu sagen hatten, nehmen seitdem Trennungen zu, wenn zumindest einer der Partner feststellt, dass man sich auseinandergelebt habe (vgl. auch Schneider 2012).

Auf dem Feld des politischen Engagements zeigen Umfragen, dass heutige Jugendliche durchaus bereit sind, sich für ein konkretes Thema oder ein konkretes Problem politisch und gesellschaftlich zu engagieren, dass sie aber überwiegend eine Parteibindung ablehnen. Die verbreitete Ablehnung der Mitarbeit in politischen Parteien scheint vor allem damit zusammenzuhängen, dass vielfach Zweifel am Sinn solcher generalisierter politischer Aktivitäten bestehen (vgl. z. B. Wiesendahl 2001). Die Erfolge einiger Nicht-Regierungs-Organisationen (vgl. Leggewie 2003: 90ff.), die auf Mobilisierungskampanien setzen (exemplarisch Greenpeace) sind nur deswegen möglich geworden, weil vor allem junge Menschen eher bereit sind, sich für konkrete politische Ziele zu engagieren und dafür auch zeitliche Bindungen einzugehen, die aber in ihrer Dauer deutlich begrenzt sind.

3.7.2.4 Sympathie für Andersartigkeit. Frühere Überlegungen von Zygmunt Bauman

Auf ähnliche Überlegungen stoßen wir auch bei Zygmunt Bauman in „Moderne und Ambivalenz" (Bauman 1995a), einer Zusammenfassung von Baumans mittlerer Schaffensperiode (vgl. Junge 2006: 60ff.). Der Autor gelangt zu diesen Überlegungen auf anderen Wegen, vor allem prägt er eigene Begriffe.

Ähnlich wie Foucault bestimmt Bauman die Moderne über ein *systematisches Ordnungsdenken*, das insbesondere über den modernen Nationalstaat vorangetrieben worden sei. Der moderne Staat gleiche einem Gärtner, der alles Unkraut, also alles, was nicht mit den eigenen Ordnungsvorstellungen übereinstimmt, ausjätet. Das Praktizieren derartiger Ordnungen scheitert jedoch nach Bauman regelmäßig am *Ambivalenzproblem.* Darunter ist zu verstehen, dass die Praktizierung jeder Ordnung permanent Operationalisierungsprobleme aufwirft. Sie können nur durch Rekurse auf die leitenden Ordnungsvorstellungen gelöst werden, die auf diese Weise ständig kritischen Fragen und Selbstzweifeln ausgesetzt sind. Diese Belastungen halten sie auf Dauer nicht aus.

Was damit genau gemeint ist, kann man sich am Bespiel eines Gärtners ver-
gegenwärtigen, der einen möglichst perfekten Rasen haben möchte. Dabei muss
er sich ständig fragen, ob diese oder jede Pflanze ‚Unkraut' oder ‚Rasen' ist. Jeder
unklare Fall nötigt zur Präzisierung dieser Ordnungskategorien. Gehört Klee
in einen Rasen? Was ist mit Queckgras? Man kann immer mehr Pflanzen aus
der Ordnungskategorie ‚Rasen' ausschließen und wird im Extremfall dann bei
einer einzigen Grassorte landen. An diesem Beispiel kann man erkennen, dass
das Praktizieren von ‚Ordnung' von allem Uneindeutigen, von jedem ‚Grenzfall'
permanent auf die Probe gestellt wird mit der Folge, dass man ständig gezwungen
ist auch scheinbar einfache Ordnungskategorien wie ‚Rasen' auf eine ermüdende
Art immer weiter zu präzisieren.

Weil dieses Ambivalenzproblem das moderne Ordnungsdenken permanent
strapaziert, sieht Bauman innerhalb einer bereits etablierten modernen Gesellschaft, die eine eigene Tradition im Umgang mit dem Ambivalenzproblem bereits
aufgebaut hat, eine Chance zum Überwinden des Denkens in rigiden Ordnungen.
Sie besteht in der Entwicklung von Sympathie (also nicht nur Toleranz) gegenüber
denjenigen, die von den eigenen Ordnungsmodellen aussortiert werden. Die Basis
für derartige positive Gefühle besteht in einem sich ausbreitenden ‚Kontingenzbewusstsein': es hätte immer auch anders entschieden werden können. Der Klee
hätte im Rasen bleiben können. Es wäre denkbar gewesen, ihn nicht auszureißen.
Aus solchen Relativierungen der leitenden Ordnungsvorstellungen könne sich eine
„postmoderne Gesellschaft" ergeben auf der Grundlage *wechselseitiger Sympathie*
für unterschiedlichste Lebensentwürfe.

Über den Kommunikationsbegriff kann man diese These mit Positionen von
Beck, Beck-Gernsheim und Giddens im Beziehung setzen. Was Bauman als Ord-
nungsproblem versteht, kann als spezifische Rahmung bzw. als binäre Codierung
(z. B. Rasen vs. Unkraut) der Kommunikation verstanden werden, deren permanente
Praktizierung genau diese Engführung der Kommunikation untergräbt. Das dabei
auftretende Ambivalenzproblem legt es nahe, den auf soziale Exklusion angelegten
Ordnungsrahmen durch allgemeinere, eher auf Gemeinsamkeiten fokussierte
Rahmungen bzw. Codierungen zu ersetzen. Derartige Tendenzen betonen auch
Beck, Beck-Gernsheim und Giddens als Grundlage des Zusammenlebens in enttraditionalisierten Partnerschaften und familialen Lebensformen. Sie sind Thema
des folgenden Abschnitts.

3.7.3 Partnerschaft und die Enttraditionalisierung der Familie

3.7.3.1 Die Enttraditionalisierung der Familie unter dem Gesichtspunkt Wahlfreiheit: Prozesse der Familienbildung

Ich gehe davon aus, dass die Familie das Kernelement des historisch ältesten Vergesellschaftungsmusters, nämlich des Verwandtschaftssystems und damit der segmentären Differenzierung bildet. Dagegen halte ich die Familie für kein Funktionssystem und ordne sie daher nicht dem gesellschaftlichen Leistungsbereich (vgl. Kap. 2) sondern vielmehr der individualisierten Lebensführung zu.

Zwar kann man sicherlich konstatieren, dass die Familie eine gesellschaftliche Funktion im Reproduktions- und Sozialisationsbereich erfüllt. Sie unterscheidet sich von den Funktionssystemen im gesellschaftlichen Leistungsbereich jedoch vor allem dadurch, dass sie nicht auf permanente Expansion und Leistungssteigerung ausgerichtet ist. Die Entwicklung der Geburtenzahlen wie auch die zunehmend beklagten Sozialisationsdefizite zeigen deutlich, dass die Familien ihre gesellschaftlichen Funktionen weder immer perfekter noch immer expansiver erfüllen. Anders als im gesellschaftlichen Leistungsbereich sind die Rolleninhaber auch nicht ohne weiteres austauschbar – es kommt hier immer auf die konkreten Personen an.

Schon aus Platzgründen verzichte ich darauf, diversen Ausprägungen von Familie nachzugehen[110] sondern konzentriere mich, beschränkt auf Deutschland, nur auf Enttraditionalisierungsprozesse. Die vormoderne Produktionsfamilie wird im Zuge der Ausdifferenzierung des Wirtschaftssystems (Stichwort: Trennung von Familie und Arbeitsplatz) auf eine auf die Familienmitglieder beschränkte Reproduktions- und Sozialisationsfunktion zugeschnitten. Den Charakter einer selbstverständlich gegebenen Lebensform büßt sie in dem Moment ein, wo das Eingehen einer Ehe als individuelle Wahlhandlung verstanden wird.

Da erst mit diesem Modernisierungsschritt Familie zum Gegenstand individualisierter Lebensführung werden kann, gehe ich etwas ausführlicher darauf ein. Infolge der Trennung von Arbeitsort und Familie wurde eine *Verallgemeinerung des Familienmodells* möglich. Während die Produktionsfamilie voraussetzte, dass das Familienoberhaupt über Eigentum an Produktionsmitteln verfügte beziehungsweise Produktionsmittel stabil nutzen konnte, sind von nun an, zumindest vom Prinzip her, alle Heiratswilligen, ob sie über Produktionsmittel verfügen oder nicht, in der Lage, eine Familie zu gründen. Historisch wurde diese Möglichkeit

---

110 Für eine Begriffsklärung und Fixierung der wichtigsten Merkmale von Familie vgl. Meyer 2006: 331f.

erst allmählich realisiert, weil Städte und Gemeinden bis ins frühe 20. Jahrhundert hinein Heiratsbewilligungen an den Nachweis von Einkommen und Vermögen knüpften. Zugleich zerbrachen die allen volljährigen Personen zuerkannten Freiheitsrechte die für patriarchalische Strukturen charakteristische Praxis, dass die Ehen der Kinder von den Familienoberhäuptern ausgehandelt wurden. Heute steht das Arrangieren von Zwangsehen unter Strafe[111] und nur Volljährige (Stichwort: Ehemündigkeit) können heiraten[112]. Dieser Modernisierungsschritt wurde also mit Hilfe des Rechts allgemeinverbindlich durchgesetzt.

Von der allgemein verbindlichen Durchsetzung der freien Beziehungswahl muss man eine allmähliche Modernisierung der einschlägigen Praktiken unterscheiden. Von diesem zweiten Modernisierungsschritt hängt es ab, inwieweit und auf welche Weise Familie zu einem Feld individualisierte Lebensführung wird. So mag es für das Kriterium der Willensfreiheit zunächst ausgereicht haben, dass von den Familienoberhäuptern arrangierte Ehen von den ‚Betroffenen' akzeptiert wurden. Praktiken der Lebensführung kommen in dem Moment auf, als zunächst dem zukünftigen Ehemann die eigenverantwortliche Wahl des Ehepartners zugetraut wird. Jedenfalls wurde es in bürgerlichen Kreisen bis weit ins 20 Jahrhundert hinein üblich, dass er beim Vater der Auserwählten ‚um die Hand anzuhalten hatte'.

Dabei wurde schon das Konstrukt einer schicksalhaften Liebesheirat unterstellt. Wenn keine gemeinsamen finanziellen Interessen mehr für die nötige Konstanz sorgen konnten, dann sollte eine dauerhafte Zuneigung der Ehepartner für den nötigen ‚Kitt' der immer noch als unauflöslich gedachten Ehe sorgen. Während dem Mann zugetraut wurde, eigenverantwortlich entscheiden zu können, ob er seine Verliebtheit mit ‚ernsten Absichten' verbinden wolle oder nicht, sollte die Frau noch davor geschützt werden, ‚voreilige Entscheidungen' zu treffen.

Diese patriarchalischen Restbestände sind inzwischen der Universalität der Entscheidungsfreiheit und der damit verknüpften Zuschreibung eigenverantwortlicher Entscheidungsfähigkeit zum Opfer gefallen. Zugleich sind die wesentlichen Elemente von Familie und Ehe *unter dem Aspekt der Entscheidungsfreiheit voneinander entkoppelt worden*, so dass folgendes Modell zumindest eine Annäherung an die Realitäten heutiger Prozesse der Familienbildung gibt.

Ausgangspunkt ist eine *Zweierbeziehung mit sexueller Komponente* (1) – je nach sexueller Präferenz. Erreicht diese Zweierbeziehung eine gewisse Dauer, dann kann als nächster Schritt das Zusammenziehen in eine gemeinsame Wohnung (2) vereinbart werden. Gelingt die damit verbundene wechselseitige Abstimmung der Lebensführung, dann kann in einem weiteren Schritt an Kinder/ gemeinsame

---

111 Straftatbestand der Zwangsverheiratung vgl. BMF 2008
112 *Mit Einwilligung der Eltern* kann in Deutschland bereits ab 16 Jahren geheiratet werden.

Elternschaft (3) und ggfs. auch Heirat (4) sowie an eine gemeinsame nachelterliche Lebensphase (5) gedacht werden. Jeder dieser Schritte kann auch scheitern, so dass alternativ immer eine Rückkopplungsschleife auf ein 'Singledasein', also gewissermaßen auf den Nullpunkt der Familienbildung, möglich ist. Auch wenn dieser Familienbildungsprozess an seinen logischen Endpunkt gekommen ist, bleibt die Trennung bzw. Scheidung immer eine Option[113].

Bei der Familienbildung geht es aber nicht nur um die *sexuelle und emotionale Reproduktion* in verbindlichen Sozialbeziehungen sondern auch um die *Vergemeinschaftung der materiellen Reproduktion*. Während in vormodernen Familien beide Aspekte untrennbar miteinander verwoben waren, können sie unter den Bedingungen der Wahlfreiheit auch unabhängig voneinander organisiert werden. Unter den modernen Bedingungen der Lösung des Wiederbeschaffungsproblems von Geld durch Lohnarbeit geht es bei der Vergemeinschaftung der materiellen Reproduktion sowohl um Geldbeschaffung/ Geldverwendung wie auch um direkte Bedürfnisbefriedigung durch Hausarbeit.

In dieser materiellen Dimension der Familienbildung könnte man (in der Tradition der Arbeiterbewegung; vgl. Bebel 1990) ein Modernisierungsdefizit sehen, gewissermaßen das ‚Altmodische‘ an der Familie, da hier der Vergesellschaftung der Arbeit Grenzen gesetzt werden, die immer auch Effektivitätsgrenzen sind. Deshalb wurde die Lösung derartiger Probleme in der kollektiven Organisation derartiger Tätigkeiten gesehen. So sollte z. B. an die Stelle der für die Familienangehörigen zubereiteten Mahlzeit die Großküche stehen. Andererseits kann mit einem Partner geteilte Privatheit ohne diese materielle Grundlage vermutlich aber kaum gelebt werden.

Analog zum Prozess der Familienbildung auf der Grundlage der Partnerschaft können auch in materieller Hinsicht zwei aufeinander aufbauende Schritte unterschieden werden: erstens die gemeinsame Haushaltsführung (a) und daran anknüpfend die gemeinsame Geldbeschaffung (b). Auch hier existiert wiederum die Möglichkeit der Reversibilität, des Rückzugs auf den ‚Singlehaushalt‘. Wie die wachsende Bedeutung von Wohngemeinschaften zeigt, muss die Vergemeinschaftung der materiellen Reproduktion nicht zwangsläufig mit dem Modell der Partnerschaft verknüpft werden[114].

---

113 Wenn man die Familie als gesellschaftliches Funktionssystem begreifen möchte, dann können diese Modalitäten nur als funktionales Desaster interpretiert werden, da die ‚Funktionserfüllung‘ an immer höhere Hürden geknüpft worden ist. Auch deswegen ziehe ich es vor, die gesellschaftliche Funktion der Familienbildung in der Vergesellschaftung im Rahmen individualisierter Lebensführung zu sehen.

114 Das Sozialexperiment der ‚Kommune‘ unterwirft auch die Sexualbeziehungen der Logik der gemeinsamen Haushaltsführung. Die patriarchalische Variante bildet der Harem.

Diese modellartige Darstellung lässt vor allem deutlich werden, *dass aus der komplexen Institution Familie ein Möglichkeitsraum wurde, dessen einzelne Elemente baukastenartig kombiniert und auch wieder voneinander getrennt werden können.*

3.7.3.2 Der schwierige Begriff der Kernfamilie

Wir haben im vorangegangenen Abschnitt gesehen, dass die Praktizierung der Wahlfreiheit sozialer Beziehungen auf ein mehrdimensionales Prozessmodell der Familienbildung hinausläuft. Die mit Familie verknüpften Verbindlichkeiten von Partnerschaft, gemeinsamer Haushaltsführung und Elternschaft können in diesem Prozessmodell schrittweise unter dem Vorbehalt späterer Auflösung eingegangen werden.

Auf diesem Weg zu einem komplexen und unter dem Vorbehalt späterer Trennung stehenden Prozess der Familienbildung kann die aus Eltern und Kindern und gemeinsamer Geldbeschaffung und –Verwendung bestehende Kern- oder Kleinfamilie als ein historischer Zwischenschritt angesehen werden. *Sie übersetzt nämlich das Modell einer geschlechtsspezifischen Arbeitsteilung in der vormodernen Produktionsfamilie auf die Bedingungen der Lohnarbeit* und verankert es auf der Ebene von Pflicht- und Akzeptanzwerten (Klages 2001) als eine soziale verpflichtende Form der Arbeitsteilung. Danach hat der Ehemann das Familieneinkommen durch Erwerbsarbeit zu beschaffen und die Ehefrau ist für Hausarbeit und Kindererziehung verantwortlich.

Vor allem für Beck manifestiert sich in der Kleinfamilie, die zumindest bis Ende der 1960er Jahre in Deutschland als das allgemein verbindliche Familienmodell angesehen wurde (Meyer 2006: 333), der halbmoderne Charakter der ‚klassischen Industriemoderne' (Beck 1986: 12ff.; 161ff.). Das ist insofern plausibel, als auf diese Weise das vormoderne Modell einer patriarchalischen Familie an die Gegebenheiten der Lohnarbeit angepasst wurde mit dem Effekt, dass Frauen keine bzw. nur geringe Erwerbschancen haben und zumindest keine kontinuierliche Vollzeit-Erwerbstätigkeit ausüben können. Bis zur Reform des Familienrechts von 1975 wurde in Westdeutschland in rechtlicher Hinsicht eine Rollenfixierung unterstellt „nach der die Frau grundsätzlich darauf festgelegt wird, den Haushalt zu führen und ihre Erwerbstätigkeit Ausnahmecharakter hat" (Schäfers 1976: 212). Mit der Heirat und für die Dauer der Ehe verzichtete die Frau also in beruflicher Hinsicht auf ihre Wahlfreiheit. Auch die Eltern-Kind-Beziehung wurde bis 1975 rechtlich durch den Begriff der „elterlichen Gewalt" (ebd.: 213) bestimmt.

Für das Verständnis von Modernisierungsprozessen im familialen Zusammenleben ist es wichtig, *zwischen dieser historischen Form der Kernfamilie und heutigen Kernfamilien zu unterscheiden*, auch wenn sich aus quantitativer Perspektive keine

Unterschiede erkennen lassen. Während das historische Modell der Kernfamilie zwar mit dem Eingehen einer Ehe gewählt wird (Alternative: Nichtverheiratung), aber danach feste Unterordnungsverhältnisse und Rollenfixierungen kennt, beschreibt die modernisierte Variante die verbindlichste Form von Partnerschaft, die im Prozess der Familienbildung (siehe unter 3.7.3.1) gewählt werden kann. Sie verlangt weder eine Entscheidung, die eigene Wahlfreiheit aufzugeben noch unterstellt sie gesellschaftlich festgelegte und normierte Rollenfixierungen. Die Rollenfixierungen müssen jeweils ausgehandelt werden und die Beendigung der Beziehung bleibt als legitime Möglichkeit erhalten. Allerdings besteht ebenso die Option, sich für das *historische* Modell der Kernfamilie zu entscheiden. Sie hat nun aber *in jedem Fall* den Charakter einer Selektion unter vielen Möglichkeiten des familialen Zusammenlebens gewonnen.

Der entscheidende Unterschied scheint mir zu sein, dass das Konstrukt einer schicksalhaften Liebesheirat der zeitgenössischen Kernfamilie nicht mehr zugrunde gelegt werden muss. Bei der historischen Form der Kernfamilie kam ihm eine wichtige Legitimationsfunktion zu, da nur so das Aufgehen eines individuellen Lebensführungskalküls in relativ festliegenden Rollenmustern legitimiert werden konnte. Die allmähliche Erosion dieses Legitimationsmusters hat zur Folge, dass das Kalkül der Ehepartner weder vergemeinschaftet noch durch patriarchalische Muster ersetzt werden kann. Ohne das Konstrukt einer schicksalhaften Liebesheirat bleiben die individualisierten Lebensführungsstrategien der Partner bestehen, so dass immer wieder nach Übereinstimmung gesucht werden muss. Das bedeutet, dass Formen der Partnerschaft, gemeinsame Kinder und andere Projekte, die typischerweise zur ‚Familie‘ gehören, in ihrer Sinnhaftigkeit nur über ihr je individuelles Nutzenkalkül gerechtfertigt werden können[115].

3.7.3.3 Gegenwartsdiagnosen zu Partnerschaft und Familie

(a) Giddens: Enttraditionalisierung der Familie

Zur Frage einer Enttraditionalisierung der Familie trägt Giddens vor allem drei Aspekte bei. Sie entstammen einer Darstellung (Giddens 2001: 69-85), die das Bild eines abgeschlossenen Enttradionalisierungsprozesses zeichnet, über den aus der klassischen Institution der Familie die Partnerbeziehung entstanden ist. Auf dieser

---

115 Erst aufgrund dieser sozialhistorischen Veränderung macht es Sinn, für familiensoziologischen Fragen Erklärungsmodelle zu konzipieren, die sich an der RC- Theorie orientieren: vgl. Nauck/ Kohlmann 1999. Die Verallgemeinerbarkeit der damit erreichten Erklärungen ist damit aber historisch und kulturell begrenzt.

Grundlage kann dann für die radikalisierte Moderne nach Veränderungstendenzen in den Partnerbeziehungen gefragt werden.

Im Sinne der Enttraditionalisierung ist erstens wichtig, dass „die Ablösung der Sexualität von ihrer Fortpflanzungsfunktion … abgeschlossen" (Giddens 2001; 75) ist. „Ihre Verknüpfung mit Ehe und Legitimität" (ebd.) habe heute nur noch eine geringe Bedeutung. Giddens weist auf einen Differenzierungsprozess hin, als dessen Folge die traditionelle Verkopplung zwischen den Lebenschancen eines Kindes mit der Frage seiner ‚Legitimität', also seiner ehelichen Geburt, überwunden worden sei. Darüber hinaus kann man ergänzen, dass die Entwicklung zuverlässiger Verhütungstechniken dazu geführt hat, dass Sexualkontakte vom generativen Verhalten abgekoppelt werden können. „Zum ersten Mal in der Geschichte ist Sexualität etwas, das man entdecken, gestalten und verändern kann" (ebd.).

Zweitens weist Giddens darauf hin, dass das Konzept der Ehe durch das Konzept der ‚Beziehung' ersetzt worden sei. „Die Begriffe ‚Zusammensein' und ‚sich trennen' beschreiben den Bereich des Privaten heute zutreffender als die Bezeichnung ‚eheliches Familienleben'. Für uns ist die Frage ‚Lebst du in einer Beziehung?' wichtiger als die Frage ‚Bist du verheiratet?'. Auch das Konzept der Beziehung ist überraschend neu. In den 60er Jahren gab es den Begriff noch nicht … Wie viele ‚Muss-Heiraten' bezeugen, war die Ehe damals *die* Form der Bindung, zu der es praktisch keine Alternative gab" (Giddens 2001; 77f.).

Diese Darstellung zeigt deutlicher als die aus der Familiensoziologie geläufige Formel einer ‚Pluralisierung familialer Lebensformen' (oder „Pluralität von Privatheitsmustern": Meyer 2006: 340) was im Zuge dieses Enttraditionalisierungsprozesses an die Stelle der Eheschließung getreten ist. *Aus der einen festliegenden Form der Ehe ist ein Möglichkeitsraum für die Praktizierung ‚intimer Beziehungen' geworden.* Die feste Kopplung der Biographien an eine vom Prinzip her lebenslangen Verpflichtung zur ehelichen Gemeinschaft wurde durch einen offenen Möglichkeitsraum abgelöst, der den Beteiligten zahllose Wahlmöglichkeiten eröffnet wie sie ihre Intimbeziehung ausgestalten und gegebenenfalls stabilisieren wollen.

Drittens ist an Giddens' Überlegungen zur Enttraditionalisierung der Familie der Hinweis wichtig, dass die Reproduktion aller Formen von intimen Beziehungen an „emotionale Kommunikation" gebunden worden sei. „In der Vergangenheit basierte das Eheleben nie auf Intimität beziehungsweise emotionaler Kommunikation. Ohne Zweifel war Intimität für eine gute Ehe wichtig, aber sie war nicht ihr Fundament. Bei der Paarbeziehung ist genau das der Fall. Durch Kommunikation wird diese Bindung überhaupt erst etabliert, und durch Kommunikation wird sie auch in erster Linie aufrechterhalten" (Giddens 2001; 77).

(b)   Demokratie der Gefühle – emotionale Kommunikation.

Interessant ist nun, dass Giddens die emotionale Kommunikation nicht auf die Reproduktion intimer Partnerbeziehungen beschränken möchte. Sie bilde darüber hinaus auch die Grundlage für Eltern-Kind-Beziehungen und für Freundschaften (ebd. 79).

Diese überraschende Ausweitung wird nachvollziehbarer, wenn man registriert, was Giddens als ‚emotionale Kommunikation' versteht. Hierfür „ist das Verständnis für den Standpunkt des Anderen von wesentlicher Bedeutung. Gespräch und Dialog sind die Grundlage ihres Funktionierens. Beziehungen funktionieren dann am besten, wenn die Partner offen aufeinander zugehen – gegenseitiges Vertrauen ist nötig. Vertrauen muss man sich erarbeiten; man kann es nicht einfach als gegeben annehmen. Und schließlich ist eine gute Beziehung frei von willkürlicher Machtausübung, Zwang und Gewalt" (ebd.: 80 f.)[116].

Trotz der explizit normativen Einfärbung – Giddens spricht deswegen auch von einem Ideal – weist dieser Begriff emotionaler Kommunikation erhebliche Übereinstimmungen zur Position Luhmanns auf. Letzterer führt bekanntlich die Klasse der Erfolgsmedien (beziehungsweise der symbolisch generalisierten Kommunikationsmedien) über die binäre Codierung der Kommunikation ein (vgl. Abschnitt 1.8). So lässt beispielsweise der Satz „Ich liebe dich" (Erfolgsmedium Liebe) dem Adressaten nur eine Ja/Nein-Option, eben weil eine binäre Codierung in die Kommunikation eingeführt wurde. Ich möchte nun Giddens' Erläuterungen als die Umschreibung eines binären Codes deuten, der die *Achtung der Autonomie der konkreten Person* zum Inhalt hat. Nur aufgrund einer solchen Codierung zwingen beispielsweise Meinungsunterschiede nicht dazu, sie diskursiv auszutragen[117].

Alternativ dazu könnten wir auch von einem *impliziten primären Rahmen* sprechen. Diese Interpretation kann sich auf Erläuterungen wie die Folgende stützen: „In einer demokratischen Familie fußt die elterliche Autorität im besten Fallen auf einem impliziten Vertrag. In diesem sagt der Erwachsene seinem Kind: ‚Wenn du ein Erwachsener wärest und wüsstest, was ich weiß, würdest du zugeben, dass das, was ich dich zu tun bitte, gut für dich ist'. In traditionellen Familien verlangte – und verlangt – man von Kindern, dass sie ‚keine Widerworte' geben. Viele Eltern würden diese Regelungen, vielleicht aus Verzweiflung über den Widerspruchsgeist ihrer Kinder, gern wieder zum Leben erwecken. Aber es gibt keine Rückkehr zu ihr, und es sollte sie auch nicht geben. In einer Demokratie der Gefühle können

---

116 Es handelt sich hierbei um eine *egalitäre* Vertrauensbeziehung. Diese Präzisierung ist wichtig, da sich auch im Herr- Knecht- Verhältnis wechselseitiges Vertrauen entwickeln konnte.

117 vgl. dagegen Habermas 1981: 385ff.

und sollen Kinder fähig sein, ihre Meinung zu artikulieren. Eine Demokratie der Gefühle muss keineswegs ein Mangel an Disziplin oder das Fehlen von Respekt nach sich ziehen. Sie versucht lediglich, diese beiden Werte auf eine andere Grundlage zu stellen" (Giddens 2001; 81 f.).

Diese Überlegungen machen aber auch eine unaufhebbare Differenz zwischen emotionaler Kommunikation bei Eltern-Kind-Beziehungen und in Freundschaften aufmerksam. Sie liegt in dem Rahmen der reproduktiven Verantwortlichkeit/Verpflichtung. Sie setzt der Toleranz gegenüber andersartigen Entwicklungen/Präferenzen mehr oder weniger enge Grenzen, die daher für Freundschaften nicht gelten müssen.

(c)   Beck-Gernsheim: Aushandlungsprozesse in der demokratisierten Familie.

Während sich Ulrich Beck eher in programmatischer Absicht mit der Enttraditionalisierung der Familie beschäftigt hat (vgl. z. B. Beck 1997), finden wir bei Elisabeth Beck-Gernsheim (1994) eine sehr detaillierte Beschäftigung mit Enttraditionalisierungsprozessen der Familie. Das Resultat ihrer Überlegungen lässt sich unmittelbar mit der Position von Giddens verbinden. Ihre Überlegungen führen allerdings in einem wichtigen Punkt über die bisherige Beschreibung der enttraditionalisierten modernen Familie hinaus. Beck-Gernsheim wirft nämlich die Frage auf, *wie solche ,demokratisierten' Familienverbände* auf der Grundlage der Anerkennung der Würde und Autonomie aller Familienmitglieder *ihre gemeinsame Handlungsfähigkeit organisieren können.*

> „Während man früher auf eingespielte Regeln und Muster zurückgreifen konnte, werden jetzt mehr und mehr Entscheidungen fällig. Immer mehr muss ausgehandelt, geplant, in eigener Regie hergestellt werden. Nicht zuletzt rücken auch Fragen der Ressourcenverteilung, der Gerechtigkeit zwischen den Familienmitgliedern ins Zentrum: Welche Belastungen sind wem zuzumuten? Wer hat welche Kosten zu tragen? Welche Ansprüche haben Vorrang? Welche Wünsche müssen zurückgestellt werden?" (Beck-Gernsheim 1994: 124).

Wie in diesem Zitat bereits anklingt, können Familien immer weniger auf Routinen und unangefochten geltende Regeln zurückgreifen. Sie müssen zu gemeinsam getragenen Entscheidungen kommen, die nicht den Mustern des Diskurses, sondern den der *Aushandlung zwischen unterschiedlichen Interessenlagen* folgen. Gemeinsame Knappheitsdefinitionen müssen also erst über Aushandlungsprozesse zwischen dem je individuellen Bedarf hergestellt werden[118]. Zudem zeigt die Autorin, dass der Bedarf an solchen Entscheidungen zunimmt, (a) weil unterschiedliche Zeitrhythmen und Aufenthaltsorte der Familienmitglieder ‚aufgefangen' werden müssen, (b) weil immer mehr Familien keinen einheitlichen kulturellen Hintergrund aufweisen, (c) weil die Wahrscheinlichkeit von Ehescheidungen und Patchwork-Familien zugenommen hat.

Wenn Beck-Gernsheim hier von gemeinsamen Entscheidungen spricht, dann werden zwei Enttraditionalisierungprozesse unterstellt. Jede Haushaltsführung, die über Entscheidungen läuft, muss *mit traditionellen Mustern* der Zeit- und Geldverwendung brechen, denn „die Vergangenheit wird durch die Konstruktion von Alternativen gerade abgehängt" (Luhmann 1997; 831). Der zweite Enttraditionalisierungsprozess, den diese Beschreibung festhält, besteht in der *Auflösung einer patriarchalischen Familienhierarchie* zunächst zwischen den Ehepartnern, dann aber auch zwischen Eltern und Kindern.

In der Realität werden solche gemeinsamen Entscheidungen nur für größere Ausgaben getroffen, während kleinere Ausgaben je individuell getätigt werden (Differenzierung der Konsumentscheidungen). Ein Kriterium für die allgemeine Durchsetzung dieses Differenzierungsprozesses kann darin gesehen werden, dass Kindern ein regelmäßiges Taschengeld ausbezahlt wird, um ihnen die individuelle Geldverwendung zu ermöglichen.

(d)   Die Autonomie der Sozialisationsfunktion geht verloren

Sobald Personen nach allgemeinen Kriterien als entwicklungs- oder schutzbedürftig anzusehen sind, kommt es *zunehmend* zur Verrechtlichung (Scheidungsrecht, Unterhaltsrecht...) und zu staatlich organisierter/ vorstrukturierter Daseinsvorsorge. Daher ist ein tendenziell noch weiter wachsender Anteil der reproduktiven Verpflichtungen zwischen Eltern und Kindern in den staatlichen Aufgabenbereich übergegangen (Bildungssystem, Erweiterung des Bildungskanons um Defizite des Elternhauses auszugleichen, Finanzierung von Ausbildungszeiten, Beaufsichtigung durch Jugendämter, Bafög, Altersrente, Pflegeversicherung usw.). Andererseits deutet sich zumindest an, dass auch freiwilliges Engagement jenseits des Verwandtschaftssystems an Bedeutung gewinnen könnte (vgl. Kistler/Noll/ Piller 1999).

---

118 Dagegen sieht Luhmann die Zuspitzung auf Entscheidungen nur für die Kommunikation in Organisationen als konstitutiv an (Luhmann 1997: 826ff.).

3.7.4   Aushandlungsprozesse unter Gleichen

3.7.4.1 Ist innerfamiliale Kommunikation Politik?
Von innerfamilialen Entscheidungen zu ‚life politcs'

An dieser Stelle unserer Überlegungen ist es nun angebracht, nach Begriffskonzepten zu fragen, die erläutern, wie das Miteinander in enttraditionalisierten Beziehungen organisiert werden kann. Wenn man nach solchen begrifflichen Konzepten sucht, dann fällt wiederum eine hohe Übereinstimmung unter den Theoretikern der radikalisierten Moderne über die Richtung auf, die solche Überlegungen einschlagen müssen. Diese Übereinstimmung lässt sich zunächst einmal an einer ganzen Reihe von Begriffen erkennen, zwischen denen eine eindeutige Familienähnlichkeit (Wittgenstein) besteht: *Life politics, Subpolitik, Bastelexistenz, Patchwork-Identität* (Keupp), *Politisierung der Lebensführung* (Berger 1995). Aber auch Begriffe wie *Ungewissheit, Angst, das Problem der Bewahrung ontologischer Sicherheit* gehören zu einer Charakterisierung dieser soziologischen Beobachtungsperspektive.

Formeln wie *„Subpolitik"* (Beck) oder *„dialogische Demokratie"* (Giddens) verweisen nun darauf, dass Aushandlungsprozesse, wie sie für den Bereich der Politik charakteristisch sind, für die Theoretiker der radikalisierten Moderne auch im zwischenmenschlichen Bereich wirksam werden. Es ist daher auch kein Zufall, dass Bauman auf den Begriff der *Agora* zurückgreift (z. B. Bauman 2011)[119].

Schon aus Gründen der Übersichtlichkeit konzentriere ich mich im Folgenden ausschließlich auf den von Giddens geprägten, aber auch von anderen Theoretikern der zweiten Moderne aufgenommenen Begriff ‚life politics' (vgl. insbesondere: Giddens 1991; 1997). Mit ihm ist ganz explizit die These verbunden, dass sich Aushandlungsprozesse zwischen Familienangehörigen, evtl. sogar generell Aushandlungsprozesse im Bereich frei disponibler Zeit als politische Prozesse im Kleinen erfassen lassen. Das würde bedeuten, dass an die Stelle traditioneller Rangordnungen (patriarchalische Familie, Eltern – Kinder) nun zunehmend offene Aushandlungsprozesse unter Gleichen treten werden bzw. schon getreten sind.

Diese Interpretation ergänzt und präzisiert nicht nur Simmels Analyse selbstbestimmter moderner Vergesellschaftung (Stichwort: selbstgewählte soziale Kreise). Sie beleuchtet sie auch aus einem anderen Blickwinkel. Ich vermute nun, dass diese veränderte Beobachtungsperspektive auf sozialstrukturelle Veränderungen zurückzuführen ist, die der These einer Zäsur innerhalb der Moderne zumindest für dieses Aufgabenfeld eine gewisse Plausibilität verleihen. Dabei lassen sich folgende Aspekte unterscheiden:

---

119 Die Agora war der Ort in den griechischen Städten, an dem sich die Bürger trafen, um unter anderem auch über politische Fragen zu beraten und zu entscheiden.

a. Während Simmel eher von einer schicksalhaft gegebenen Übereinstimmung
    zwischen individuell ausgebildeten Neigungen ausgeht und auch das klassische
    Muster der Liebesheirat eine schicksalhafte Liebesbeziehung unterstellt, scheinen
    heutige Partnerschaften dann erfolgreich zu sein, wenn es gelingt, das Leben
    gemeinsam zu meistern. Dabei scheinen soldarische *Lösungen von Knappheits-*
    problemen, insbesondere der Knappheit von Zeit und Geld, zentrale Bedeutung zu
    haben. Das legt es nahe, den Fokus auf Aushandlungsprozesse nach dem Muster
    von ‚Politik' zu legen, schon weil zwischen individuellen Präferenzen vermittelt
    werden muss. Das beginnt mit so banalen Sonntagsfragen wie: „Gehen wir heute
    zum Italiener oder zum Griechen oder kochen wir selbst etwas?"
b. Aber nicht nur im Alltag nimmt die Entscheidungsdichte zu, auch für das Ein-
    gehen von Partnerschaften und von weiteren, Lebenszeit freiwillig bindenden
    Sozialbeziehungen kann man eine Zunahme von Wahlmöglichkeiten konsta-
    tieren, die den Bedarf an Aushandlungsprozessen kontinuierlich erhöhen. Wie
    am Beispiel der Substitution von Ehe und Familie durch ein breites Angebot an
    gesellschaftlich akzeptablen Mustern für Partnerbeziehungen illustriert wurde
    (Abschnitt 3.7.1), wird auch auf diesem Feld die *eine* gesellschaftlich verbindliche
    Form durch einen pluralen *Möglichkeitsraum* ersetzt. Damit wird eine punktu-
    elle Entscheidung (Heirat oder Trennung) in eine *Kette von* zudem *reversiblen*
    Entscheidungen (‚Familienbildung') transformiert. Eine parallele, aber sicherlich
    nicht so stark ausgeprägte Tendenz lässt sich auch für Freundschaftsbeziehungen
    und gemeinsame Hobbies ausmachen.
c. Unter vormodernen Bedingungen wurde die überwiegende Zahl an Alltagsproble-
    men innerhalb sozialer Beziehungen hierarchisch gelöst. Wer den höheren Rang
    einnahm, dem oblag es, für den ‚Beziehungspartner' zu entscheiden. Der Rang-
    niedere hatte dann die Pflicht, dem zu folgen[120]. Diese Rekurse auf ‚autoritative
    Ressourcen' (Giddens) sind innerhalb der Moderne noch weiter erodiert. Nach
    dem Modell der patriarchalische Familie (vgl. 3.7.1) sind nun – gewissermaßen
    als letzte Bastion – die Eltern-Kind-Beziehungen unter Modernisierungsdruck
    geraten. Der Gesetzgeber hat das elterliche Sorgerecht an den Gesichtspunkt des
    Kindeswohls gebunden und damit auch eingeschränkt. Empirische Befunde (z. B.
    Fischer/ Fritzsche/ Fuchs-Heinritz/ Münchmeier 2000) belegen einen Trend hin

---

120 Nach diesem Muster ist bekanntlich der Konfuzianismus aufgebaut. Er postuliert, dass
    alle sozialen Beziehungen auf fünf Grundmuster bezogen werden können. Diese fünf aus
    dem Verwandtschaftssystem abgeleiteten Grundmuster (z. B. älterer Bruder – jüngerer
    Bruder geben an, wer berechtigt und zugleich verpflichtet ist zu entscheiden und wer
    zu gehorchen hat (van Ess 2003). Nach Konfuzianischer Lehre kann auf diese Weise
    eine vorbildliche Gesellschaft erreicht werden, die absolut frei von ‚life politics' ist.

zu stärkerer Egalität. *Für die Entscheidungsfindung unter Ranggleichen bleibt aber nur das Modell politscher Aushandlungsprozesse.*

Seit Parsons ist es in der Soziologie üblich, die Aufgabe politischer Systeme als das Treffen bindender Entscheidungen zu charakterisieren. Mit diesen drei Tendenzen wächst auch Familien und Freundschaftsbeziehungen genau diese Aufgabe zu. Damit verändert sich auch das Lebensgefühl. Es läuft nicht einfach ab wie ein Film sondern verlangt unablässig, Entscheidungen darüber zu treffen, wie genau es weiter gehen soll. Das rechtfertigt den Begriff life politics.

Damit kann aber keineswegs eine hohe Autonomie solcher Entscheidungen unterstellt werden. Life politics ist nur die kleinste und konkreteste Ebene in einem komplexen Geflecht politischer Entscheidungsfindung und bleibt daher immer abhängig nicht nur von der Lebenspolitik der Mitmenschen sondern auch von den politischen Entscheidungen auf einer allgemeineren Ebene. Ebenso beeinflussen selbstverständlich kulturelle wie ökonomische Entwicklungen die individuell verfügbaren Alternativen. Von allen übrigen Wahlhandlungen unterscheidet sich Lebenspolitik dadurch, dass hier nicht individuell entschieden werden kann, sondern gemeinsame Wahlhandlungen getroffen werden müssen. Mindestens zwei für ihr eigenes Leben verantwortliche Akteure müssen sich aus freien Stücken dafür entscheiden, eine Möglichkeit gemeinsam zu realisieren und damit andere Alternativen zur diesen Zeitpunkt nicht zu realisieren.

3.7.4.2   Lassen sich Aushandlungsprozesse gänzlich vermeiden?

Genau an diesem Punkt setzt Baumans These der Beziehungsvermeidung an. Sie expliziert das besondere in der Kontingenz der Entscheidungen von Alter liegende Risiko solcher intersubjektiver Wahlentscheidungen. Es besteht darin, dass auch der Partner über einen freien Willen verfügt (vgl. das Problem doppelter Kontingenz; Luhmann 1984: 150ff.). Zudem ist Alter ja immer prinzipiell austauschbar gegen ‚optimalere' Freunde oder Partner, deren Willen dem eigenen vielleicht weniger Widerstand entgegensetzt. Beziehungsvermeidung ist daher eine logisch naheliegende Strategie, den Risiken und Unwägbarkeiten intersubjektiver Aushandlungsprozesse zu entkommen und sich auf die sichere Seite individueller Wahlhandlungen zurückzuziehen.

Die Diskussion hat jedoch gezeigt, dass Beziehungsvermeidung zwar eine prinzipielle Möglichkeit darstellt, mit der in der realen Welt jedoch offenbar immer nur in relativ kleiner Dosierung operiert wird. Kompromisse beherrschen das Feld. Das kann anthropologisch wie biologisch mit der sozialen Natur des Menschen erklärt werden. Wie verwandte Säugetierarten auch ist der Mensch auf das Zusammenleben in kleinen Gruppen von persönlich untereinander bekannten Individuen ‚programmiert' (vgl. 1.3). Auch wenn das soziale Miteinander austauschbar und abwählbar geworden ist, bleibt es dennoch unausweichlich. Deswegen ist der Kompromiss rationaler als das Vermeiden sozialer Beziehungen. Allerdings können Mechanismen wie ‚emotional nicht zu viel investieren' und ‚coolness' (Bauman) gegen allzu große Enttäuschungen vorbeugen.

3.7.4.3 Aushandlungsprozesse innerhalb von Partnerschaft und Familie

Ein wichtiges Feld von Lebenspolitik bilden Aushandlungsprozesse im familialen Kontext. In den von Beck-Gernsheim hervorgehobenen gemeinsamen Entscheidungen der Familienmitglieder über gemeinsame Geldverwendung *spielt die Abwägung konkurrierender Entwicklungsinteressen*, Neigungen und Hobbys eine zentrale Rolle. Sie setzt die Anerkennung und prinzipielle Gleichbehandlung aller Entwicklungsinteressen der in dem gemeinsamen Haushalt lebenden Individuen voraus. Auf dieser Grundlage können und müssen dann Entscheidungen zwischen konkurrierenden Anforderungen an die Geld- und Zeitverwendung gefällt werden, die aber nach Möglichkeit nicht die Solidaritätsgrundlage zerstören sollten.

Vor diesem Hintergrund fällt auf, dass bei einigen der neueren, ‚moderneren' und quantitativ zunehmenden Formen der Haushaltsführung das Ausmaß gemeinsamer Geldverwendung auf der Grundlage solidarischer Entscheidungen relativ gering ist. Sowohl bei Wohngemeinschaften, bei getrennter Haushaltsführung zwischen Partnern (Living apart together), bei Alleinerziehenden und zum Teil auch in Patchwork-Familien dominiert die individuelle Geldverwendung. Bei der wachsenden Anzahl der Ein-Personen-Haushalte existiert die Ebene gemeinsam-solidarischer Geldverwendung per se nicht. Dies demonstriert, *dass die vorpolitische Ebene der Aushandlung gemeinsamer Geldverwendung selbst in den Horizont individueller Entscheidungen gerückt ist.* Daher ist auch die Verbindung zwischen Partnerschaft und gemeinsamer Geldverwendung nicht mehr selbstverständlich.

Unter Rückgriff auf Luhmann 1988 könnte man diese Veränderungen letztlich als einen Folgeprozess der Überlagerung der statischen Eigentumsordnung durch das Geldmedium verstehen. Während die Eigentumsordnung hierarchisch strukturierte Familienverbände stabilisiert hat, untergräbt die Dynamik individualisierter Geldverwendung- und Beschaffung solche Traditionen und lässt perspektivisch nur noch Aushandlungsprozesse unter Gleichen zu.

Für einen vertieften Einstieg in diese Thematik scheint es mir angebracht zu sein, zunächst einmal nach der Entstehung politischer Aushandlungsprozesse zu fragen, zumal Buchtitel wie ‚Die Erfindung des Politischen' (Beck 1993) dem Missverständnis Tür und Tor öffnen, dass das Politische im ausgehenden 20. Jahrhundert neu erfunden worden sei. Deswegen macht es Sinn, zunächst einmal einen kurzen soziologischen Blick auf eine der Geburtsstätten von Politik und Demokratie zu werfen, auf das antike Griechenland.

Die Demokratie war dort nur eine unter mehreren Herrschaftsformen, die nur dann zustande kam, wenn die ‚tragende‘ Schicht freier, männlicher, über Eigentum verfügender Haushaltsvorstände ihre politische Macht nicht an einen Alleinherrscher, eine kleine Gruppe oder eine Herrscherdynastie verlor, sondern sie gemeinsam ausübte. Innerhalb dieser privilegierten Schicht herrschte Gleichheit, Wettbewerb und Konkurrenz etwa um öffentliches Ansehen und die Besetzung politischer und militärischer Ämter. Beides bedingt einander, denn nur Gleiche können miteinander in Wettbewerb treten und nur der Wettbewerb zwischen alternativen Möglichkeiten kann durch Abstimmungsergebnisse entschieden werden, wenn die individuellen Voten vergleichbare Bedeutsamkeit haben[121].

Nur diese Form der Demokratie vermag unter diesen Rahmenbedingungen die Möglichkeit auf Dauer zu stellen, gemeinsam zwischen politischen Alternativen zu wählen. Sie nötigt zum Dialog und damit zum *rhetorischen Wettbewerb*, weil die individuell verfügbaren Macht- und Gewaltpotenziale nicht eingesetzt werden dürfen. Würde nämlich Macht und Gewalt innerhalb des Sozialverbands zur Interessendurchsetzung genutzt, dann würde diese Praxis die Fähigkeit der Gemeinschaft untergraben, sich gegen konkurrierende Städte und Staaten militärisch zu behaupten (vgl. auch Stahl 2003: 89ff.).

Man kann nun noch weiter in die Tiefe gehen und fragen, unter welchen Bedingungen ein sozialer Raum für politische Entscheidungen entsteht. Er bildet sich einmal in Zusammenhang mit Enttraditionalisierungprozessen, die zumindest so weit gehen müssen, dass gegenwärtige Entscheidungen einer Gemeinschaft (zum Beispiel über Krieg oder Frieden) nicht mehr eindeutig durch den Rückgriff auf das Vorbild der Alten geklärt werden können. Zum anderen entsteht ein politischer Raum dann, wenn es zu einem Zusammenschluss zwischen autonom strukturierten Sippen oder Klans kommt. Hierdurch bildet sich eine Sphäre gemeinsamer Daseinsvorsorge aus, die, sobald sie nicht mehr nur rein religiös verstanden werden kann, der politischen Führung und politischer Entscheidungen bedarf.

Historisch wurde die politische Führung von dem Inhaber einer herausgehobenen Position (Häuptling, König und so weiter) wahrgenommen. Ihre Ausübung unterliegt

---

121 Das zeigt, dass das Spiel eine ritualisierte Form des Wettbewerbs ist. Daher ist es auch kein Zufall, dass die modernen olympischen Spiele Vorläufer im antiken Griechenland haben. Baumans Idealtyp des Spielers (Abschnitt 3.5.3) ist auch in diesem Zusammenhang zu sehen.

aber immer klaren institutionellen Regelungen[122]. Insbesondere dort, wo der politische Herrscher über keinen Erzwingungsstab verfügt, spielen Konsultativorgane wie ein Ältestenrat und das Herbeiführen von Konsens eine wichtige Rolle bei der Findung und Durchsetzung politischer Entscheidungen (vgl. Kramer/ Sigrist 1978).

Vor diesem Hintergrund wird auch deutlich, dass die Demokratie ein Sonderfall ist, weil hier auf die Notwendigkeit politischer Entscheidungsfindung nicht über eine Stratifizierung der Gesellschaft mit einer herausgehobenen Herrscherposition an der Spitze reagiert wird, sondern mit einer Kultivierung diskursiver Aushandlungsprozesse unter Gleichen. In Athen wurde Gleichheit über Eigentum und Patriarchat definiert.

Vor diesem historischen Hintergrund ist es durchaus plausibel, wenn die Theoretiker der radikalisierten Moderne *eine Ausweitung des politischen Raumes in die private Lebenssphäre konstatieren*. Überall dort, wo nicht individuell aus einem Möglichkeitsraum selektiert werden kann, sondern wo solche Selektionen nur in Abstimmung mit anderen unter dem Vorzeichen der Gleichheit erfolgen können, weil es um die Grundlagen gemeinsamer Beziehungen und gemeinsamer Zeitbindungen geht, entstehen soziale Felder für Aushandlungsprozesse. Partnerschaften, Eltern-Kind-Beziehungen, Freundschaften, im weiteren Sinne bedarf jede Form der nicht hierarchisierten oder formalisierten ‚Vereinigung' (vgl. Vereinigungsmuster bei Parsons; KM: 102) eines solchen Aushandlungsprozesses. Wir können ihn insofern als politisch bezeichnen, als es hierbei immer um die Aufgabe individueller Handlungssouveränität zu Gunsten gemeinsamer Verabredungen geht. Von diesem Grundverständnis demokratischer Politik unterscheidet sich der klassische politische Bereich nur dadurch, dass er über mehr oder weniger weitreichende *Regeln der Souveränitätsabtretung* etabliert wurde.

Zusammenfassung

1. Das Feld Partnerschaft/ Freundschaft bildet den Schwerpunkt in den mikroanalytischen Gegenwartsdiagnosen der neueren Modernisierungstheoretiker.
2. Prozesse der Modernisierung und Enttraditionalisierung lassen sich in zeitlicher wie sachlicher Hinsicht als zunehmende Wahlmöglichkeiten fassen.
3. Aufgrund der Erosion patriarchalischer Muster und weiterer autoritativer Ressourcen werden zunehmend Aushandlungsprozesse unter Gleichen erfor-

---

122 Könige fungieren als Sprachrohr der Götter; politische Entscheidungen müssen meist durch Orakel oder andere religiöse Zeichen beziehungsweise durch rituelle Handlungen ‚abgesichert' werden.

derlich, wobei einige Theoretiker (insbesondere Beck und Giddens) die Chancen hervorheben, während Bauman dagegen die Risiken dieser Prozesse betont.

3.8   Bilanz des dritten Kapitels

3.8.1   Lebensführung und gesellschaftliche Modernisierung

Diesem Kapitel lag ein Lebensführungskonzept zugrunde, das mit dem Anspruch verbunden wird, auf eine zweite grundlegende und selbständige Dimension im gesellschaftlichen Modernisierungsprozess aufmerksam zu machen[123]. Ebenso wie für den gesellschaftlichen Leistungsbereich wird auch für den Komplex Lebensführung vermutet, dass er sich aus einem als basale Form des zwischenmenschlichen Zusammenlebens unterstellten lebensweltlichen Kontext ausdifferenziert hat[124].

Mit dem Einsetzen des religiösen Denkens und damit einhergehender ritueller Praktiken wird die natürliche Einstellung sowohl für den Umweltbezug der Stammesgesellschaften wie für die dahinfließende Lebenszeit der Stammesmitglieder problematisiert. In diesem Zusammenhang werden nicht nur menschliche Handlungen unter dem Gesichtspunkt der Erbringung problemlösender Leistungen aus dem lebensweltlichen Kontext herausgelöst. Ebenso müssen an die menschliche Lebensspanne geknüpfte punktuelle Probleme (Ansatzpunkt: Problematisierung des Todes) durch ritualisierte Praktiken bearbeitet werden. *Die Herauslösung der menschlichen Lebenszeit aus dem selbstverständlich gegebenen lebensweltlichen Kontext bildet die soziale Grundlage für die Entwicklung von Praktiken der Lebensführung.* Sie bleibt zunächst jedoch auf basale Ereignisse wie Tod, Geburt, Initiation beschränkt, deren Kontingenz es durch geeignete Rituale zu meistern gilt.

Vermutlich erst in Zusammenhang mit der Entwicklung der großen Weltreligionen wird die Verwendung der *gesamten* Lebenszeit problematisiert, so dass die gesamte Lebensführung auf die Lösung dieser Problematik ausgerichtet wird

---

123 Das Verhältnis zwischen Lebensführung und dem gesellschaftlichen Leistungsbereich wird allerdings erst im vierten Kapitel (Abschnitt 4.4.4) genauer untersucht.

124 Die Lebenswelt wird hierbei weniger kognitivistisch (entlang von Husserl und Schütz) sondern stärker evolutionistisch gedeutet. Die Grundlage der natürlichen Einstellung wird in einem unhinterfragten Fluss der Ereignisse gesehen, in den die Lebenszeit in gemeinsamen Aktivitäten von persönlich untereinander bekannten (vgl. unter 1.3) Gruppenmitgliedern sozial eingebunden ist.

(vgl. exemplarisch Religionsgründer wie Buddha, Jesus, Laotse oder Konfuzius). Im Kontext propagierter religiöser Heilswege verbreitet sich erstmals eine „rationale Lebensmethodik" (Weber), die darauf zielt, dass die Gläubigen ihre gesamte Lebensspanne an religiösen Heilszielen ausrichten. Auf dieser Linie liegen auch die politischen Ideologien wie Liberalismus und Sozialismus, deren Anhänger aufgerufen sind, eine ‚bessere' Gesellschaftsordnung allerdings nicht nur für die eigenen Anhänger sondern für die gesamte Gesellschaft (bzw. Menschheit) durchzusetzen.

In modernen Gesellschaften treten Erfolgsmedien an die Stelle propagierter Ordnungen. Sobald das Wiederbeschaffungsproblem von Geld zu einem zentralen biographischen Problem wird, entwickelt sich der Typus *individualisierter Lebensführung*. Sie hat sich gegenüber den religiösen Vorgängern säkularisiert und unterscheidet sich von den politischen Vorgängern dadurch, dass sie nicht mehr auf gesellschaftliche Veränderungen sondern auf die Bewältigung individueller Probleme zielt. Hierbei ist das Problem der Verwendung der knappen Lebenszeit an das Wiederbeschaffungsproblem von Geld und an den Zugang zu weiteren Erfolgsmedien gekoppelt. Dabei gilt es je individuell mit dem Einsatz von möglichst wenig eigener Lebenszeit zu möglichst viel Geld, aber auch zu Macht, Recht und Wahrheit zu kommen und diese Medien für selbstgesetzte Ziele zu nutzen.

Für die große Mehrheit der Gesellschaftsmitglieder, die weder über ein nennenswertes Eigentum an Produktionsmitteln verfügen noch ihre Qualifikation in eigener Regie vermarkten, konkretisiert die Lohnarbeit die genaueren Modalitäten individualisierter Lebensführung. Da sie dazu nötigt, einen Teil der Lebenszeit gegen Geld zu verkaufen, differenzieren sich unter diesen Bedingungen vier Aufgabenfelder aus, die auf Gelderwerb, Geldverwendung, sowie Leben in fremdbestimmten wie selbstbestimmten sozialen Zusammenhängen ausgerichtet sind.

3.8.2 Die mikroanalytischen Beiträge der neueren Modernisierungstheoretiker

Dieses im Abschnitt 3.1. entwickelte Konzept individualisierter Lebensführung sollte dazu dienen, die wesentlichen mikroanalytischen Beobachtungen der neueren Modernisierungstheoretiker systematisch zu erfassen und zu diskutieren. Ohne dass sie selbst dieses Konzept individualisierter Lebensführung unterstellen (zu den in diese Richtung gehenden Ansätzen bei Beck und Rosa vgl. den Abschnitt 3.2), erlaubt es, ihre wichtigsten Beobachtungen und Analysen einzufangen und zu systematisieren.

Umso erstaunlicher ist, dass sie sich gegenüber den Möglichkeiten individualisierter Lebensführung recht eindeutig positioniert haben. Das beweist, dass ihre mikroanalytischen Beiträge faktisch auf Fragen individualisierter Lebensführung bezogen sind, obwohl kein Lebensführungskonzept entwickelt wurde. Während Bauman, Rosa und Sennett den Möglichkeiten individualisierter Lebensführung in der Gegenwart kritisch gegenüber stehen, betonen Beck und Giddens deren Ambivalenz.

Im Mittelpunkt der *Kritik* an der gegenwärtigen Lebensführung steht das Problem der Lebbarkeit. Für Rosa ist ausgemacht, dass die Beschleunigung des Lebenstempos in der Spätmoderne soweit zugenommen hat, dass eine wirkliche Gestaltung der eigenen Biographie nicht mehr möglich ist. Für Sennett hat die Austauschbarkeit und Flexibilität der Arbeitskräfte im gegenwärtigen Kapitalismus ein Maß erreicht, das sowohl eine individuelle Gestaltung (,Karriere') der Berufsbiographie wie auch deren Erzählbarkeit verhindert. Baumans Kritik ist dagegen auf den Konsum und auf selbstbestimmte Sozialbeziehungen fokussiert. Hier vermutet er, dass die funktionalen Imperative der Konsum- und Warengesellschaft direkt auf die alltägliche Lebensführung durchschlagen und die Menschen unfähig machen, dauerhafte Freundschafts- und Partnerschaftsbeziehungen einzugehen. Der Drang nach dem Allerneuesten, eine auf die Identifikation mit Waren und Marken reduzierte Identität und die Imperative der Fitness und Coolness gegenüber den Mitmenschen prägten den Lebensalltag in der flüchtigen Moderne. Daneben beklagt Bauman die damit einhergehende Entpolitisierung und den Verlust jeglicher Vorstellungen einer besseren Gesellschaft.

Diese partikularen Kritiken lassen sich zu einem in sich konsistenten Gesamtbild zusammenfügen. Es wird von der These beherrscht, *dass funktionale Erfordernisse des gegenwärtigen Kapitalismus kein menschenwürdiges Alltagsleben mehr zulassen.* Sie bestünden in der nicht mehr handhabbaren Verdichtung erforderlicher Entscheidungen, in der für die erweiterte Reproduktion der Marktprozesse erforderlichen Fungibilität und in der Ausblendung des konkreten Menschen durch die an kurzfristigen Profiten interessierten Unternehmen. Solange man diese Gegenwartskritik als Hinweis auf Risiken alltäglicher Lebensführung versteht, die in Einzelfällen auch ganz real prägend werden können, ist dagegen wenig einzuwenden. Die Autoren verstehen sie jedoch als dominante Tendenzen, die die heutige gesellschaftliche Realität prägen.

Diese Lesart hat in allen Fällen der Kritik nicht stand gehalten. *Der grundsätzliche Fehler besteht darin, dass übersehen oder ausgeblendet wurde, dass die Praktiken individualisierter Lebensführung verhindern, dass gesellschaftliche Anforderungen direkt auf die alltägliche Lebensführung durchschlagen.* Insbesondere haben die Autoren die in der individualisierten Lebensführung enthaltenen Selbstschutzmechanismen nicht beachtet. Nur wo sie, beispielsweise bei Suchtphänomenen, ausgehebelt werden, schlagen die genannten Risiken ungebremst durch. Der Selbstschutzmechanismus ist im Eigeninteresse jedes Akteurs an einer Optimierung der Zeit- und Geldverwendung gemäß individueller Interessen und Neigungen enthalten. Diese Eigeninteressen können davor bewahren, sich von Entscheidungsanforderungen überrollen zu lassen, den Werbebotschaften ohne weiteres Glauben zu schenken, aus Angst etwas zu versäumen, keine stabilen sozialen Beziehungen aufzubauen oder auch an der Rolle des Familienernährers festhalten zu wollen, selbst wenn sie mit der Realität nicht mehr in Einklang gebracht werden kann.

Ich komme nun zur Einschätzung individualisierter Lebensführung als ambivalent, also zu Beck und Giddens. Beide Autoren betonen dass mit der Individualisierung (Beck) bzw. den für Partnerschaften und soziale Beziehungen heute charakteristischen Aushandlungsprozessen (Giddens; Life-politics) sowohl Risiken wie Chancen verbunden seien. Die Risiken bestünden vor allem in der geringeren Stabilität selbst gewählter Sozialbeziehungen und in einem erhöhten Konkurrenzdruck sowohl im Bereich selbst gewählter sozialer Beziehungen wie auf enttraditionalisierten Arbeitsmärkten. Die historisch neuartigen Chancen ergeben sich daraus, dass man sich nicht mehr in festliegende Sozialformen einfügen muss, sondern sich seinen Lebenszuschnitt zusammen mit Lebenspartnern und Freunden aushandeln könne.

Mit der zuletzt genannten These machen sie auf einen wichtigen Effekt individualisierter Lebensführung aufmerksam. Sobald Praktiken der Lebensführung nicht mehr auf die Durchsetzung politischer oder religiöser Gesellschaftsentwürfe sondern auf individuelle Lebensentwürfe im Kontext selbstbestimmter Sozialbeziehungen und selbst verantworteter Lösung von Knappheitsproblemen abzielen, führt das zur *Ablösung alternativloser Sozialformen durch Möglichkeitsräume, innerhalb derer unter gesellschaftlich legitimen Möglichkeiten gewählt werden kann*. Individuelle Wahlmöglichkeiten und gesellschaftliche Möglichkeitsräume bedingen einander und entwickeln sich parallel.

Wenn man diesen Zusammenhängen allerdings systematisch nachgehen möchte, dann wird es wichtig, fundamentale Unterschiede in den Rahmenbedingungen zu beachten, die mit der Unterscheidung zwischen frei disponibler und abgetretener Lebenszeit und zwischen Gelderwerb und Geldverwendung ausdifferenziert werden. Freiheit und Zwang werden in den über diese unumgänglichen Unterscheidungen definierten vier Aufgabenbereichen auf ganz unterschiedliche Art und Weise wirksam.

Zugleich wird in der Ausdifferenzierung dieser vier Felder der Lebensführung erkennbar, dass die individualisierte Lebensführung immer auf zwei unterschiedlich strukturierte gesellschaftliche Bereiche bezogen werden muss: auf die Lebenswelt wie auf den gesellschaftlichen Leistungsbereich. *Daher ist die Aufgabe der Herstellung der eigenen Vergesellschaftung qua Lebensführung* (bzw. der sozialen

Platzierung) *in zweifacher Weise ausgelegt*. Ihre Bewältigung verlangt somit auch die Ausbildung unterschiedlicher Formen von Sozialkompetenz. Zur Platzierung in *lebensweltlichen Kontexten* bilden *Fähigkeiten der Interaktion und der Aushandlung gleichberechtigter Lebensinteressen* die Eintrittskarte. Dagegen ist die *Platzierung im und die Nutzung von Ressourcen* des *gesellschaftlichen Leistungsbereichs* vom *Erfolg beim Zugang zu Erfolgsmedien* (insbesondere beim Gelderwerb) und bei der Verwendung der Erfolgsmedien *abhängig*.

3.8.3 Diskontinuitäten und Zäsuren – zur sozialhistorischen Durchsetzung individualisierter Lebensführung

Wir untersuchen in diesem Abschnitt die Frage der sozialhistorischen Durchsetzung individualisierter Lebensführung. Da dieses Konzept beansprucht, die Ansätze von Rosa (Stichwort: Tempo des Lebens) und Beck (Stichwort: Individualisierung im Modus der Vergesellschaftung) einzubeziehen, werden auch deren Datierungen sowie weiterhin Baumans und Sennetts Gegenwartsdiagnosen mit auf dem Prüfstand stehen. Dagegen vermeidet Giddens sozialhistorische Festlegungen, so dass seine Thesen hier ausgeklammert werden. Dieses Thema wird ausführlicher behandelt, da meinen Beobachtungen nach hier ein erheblicher Klärungsbedarf besteht.

(a)   Methodische Vorbemerkungen

Zunächst einmal unterscheidet man Längs- und Querschnittbetrachtungen. Im historischen Längsschnitt geht es um die Frage, wann bestimmte Phänomene erstmals aufgetaucht sind. Beim historischen Querschnitt interessiert, wie weit bestimmte Merkmale zu einem gegebenen Zeitpunkt verbreitet waren. Idealerweise möchte man selbstverständlich beide Aspekte miteinander kombinieren, also zu möglichst vielen ,relevanten' Zeitpunkten im historischen Längsschnitt auf Querschnitte zurückgreifen, was aber in der Regel undurchführbar sein wird.

Die Diskussion hat gezeigt, dass die neueren Modernisierungstheoretiker bei zeitlichen Festlegungen offen lassen, ob sie hierbei Quer- oder Längsschnitte zugrunde legen. Allerdings haben sich die vorgelegten Thesen immer nur in einer Hinsicht als ernsthaft diskutabel erwiesen. So muss man bei Beck und Rosa und Sennett historische Querschnitte unterstellen, während Baumans Thesen nur aus der Längsschnittperspektive Plausibilität beanspruchen können.

Zweitens sind solche Längs- wie Querschnitte nur dann der Überprüfung zugänglich, wenn eine überzeugende Operationalisierung des Konzepts Lebensführung bzw. individualisierte Lebensführung gelingt. Für Lebensführung schlage ich ein Kriterium vor: die Verwendung der gesamten Lebenszeit wird zum Problem

(Knappheitsproblem). Bei individualisierter Lebensführung kommen weitere Kriterien hinzu. Zunächst muss eine geldabhängige Lebensführung bestehen. Davon kann im Sinne einer notwendigen Bedingung dann gesprochen werden, wenn das materielle Überleben an eine kontinuierliche Geldverwendung zu reproduktiven Zwecken gekoppelt ist. Damit dieser Aspekt prägend wird, muss im Sinne einer hinreichenden Bedingung ein Reproduktionsniveau erreicht werden, bei dem ein erheblicher Teil des Geldes nicht mehr für Grundbedürfnisse der Überlebens sondern für die Befriedigung individueller Neigungen und Interessen verwendet werden kann. Weiterhin muss sich auch die soziale Bindung eigener Lebenszeit individualisiert haben. An die Stelle religiöser Heilswege oder politischer Heilsziele treten ‚biographische Projekte' (Beck), die aus einem Bereich gesellschaftlich legitimer Möglichkeiten selektiert oder individuell entwickelt werden können.

Übersicht Operationalisierung Lebensführung

1. Die Verwendung der gesamten Lebenszeit wird zu einem Knappheitsproblem

Zusätzliche Kriterien für *individualisierte* Lebensführung:

2. Geldabhängige Lebensführung (Überleben an den Konsum von Waren und Dienstleistungen geknüpft; Geld signalisiert Knappheit).
3. Geld muss nicht nur für Grundbedürfnisse sondern kann auch für individuelle Neigungen und Interessen verwendet werden.
4. Bindung der eigenen Lebenszeit an ‚biographische Projekte' und nicht an standardisierte religiöse oder politische Heilsziele.

Für den hier sowohl von den besprochenen Autoren wie von mir unterstellten Standardfall ‚*individualisierte Lebensführung unter den Bedingungen von Lohnarbeit*' kommen noch folgende Kriterien hinzu:

5. Ein Teil der Lebenszeit muss qua Arbeitsvertrag abgetreten werden, um das Wiederbeschaffungsproblem von Geld zu lösen.
6. Der Ertrag aus dem Verkauf der eigenen Arbeitskraft muss mindestens zum kontinuierlichen Überleben auf einem minimalen zivilisatorischen Niveau ausreichen, er darf aber auch nicht so hoch sein, dass der Zwang zum weiteren Verkauf der eigenen Arbeitskraft definitiv überwunden wird.

(b)   Individualisierte Lebensführung im historischen Längsschnitt

Die Kriterien eins bis vier weisen mit einiger Sicherheit ein erhebliches Alter auf. Sie sind also kein genuines Produkt der Moderne. Die Verwendung der gesamten Lebenszeit als Knappheitsproblem lässt sich mindestens bei den Gründern der großen Weltreligionen finden, kann also zumindest ins erste Jahrtausend vor unserer Zeitrechnung (Stichwort ‚Achsenzeit‘; vgl. Eisenstadt 1987; 1992) datiert werden. Eine geldabhängige Lebensführung hat wohl schon bei den städtischen Eliten im alten Mesopotamien existiert (Klengel 1991: 67ff.). Von individuellen Neigungen und Interessen bestimmter Luxus war den Eliten im Rom der Kaiserzeit geläufig (Weber 2003). Die Bindung der eigenen Lebenszeit an ‚biographische Projekte‘ charakterisierte z. B. Künstlerbiographien aus der Renaissance (z. B. Durant 1981). Für Petrarca oder auch für Leonardo da Vinci lässt sich vermuten, dass in ihren Biographien alle vier Merkmale zusammen kamen.

Wichtiger ist jedoch die Frage, ob die von Rosa und Bauman thematisierten Pathologien erst als ein spezifisches Produkt der Gegenwart angesehen werden können oder ob sie bereits älteren Datums sind. Da Rosa einschlägige ältere Beobachtungen Simmels und Kracauers zitiert, kann sich seine Argumentation nur auf einen Querschnitt beziehen und deswegen hier ausgeklammert werden. Daher ist hier nur Bauman relevant.

Seine These einer Tendenz zur ‚vorsorglichen‘ Beziehungsvermeidung knüpft an vielfach vorgebrachte Narzissmus- und Hedonismus-Diagnosen an (z. B. Lasch 1995; Maaz 2012; Marcuse 1967). Zur historischen Provenienz derartiger Phänomene sei nur an den Namensgeber des Narzissmus, die griechische Sage vom Jüngling Narkissos erinnert. Dabei muss man allerdings konzedieren, dass Bauman – wie Marcuse 1967 vor ihm – nicht von angeborener Schönheit sondern von durch die Warengesellschaft propagierten Praktiken der ‚Attraktivitätssteigerung‘ ausgeht. Allerdings sind auch sie kein erstmaliges Produkt der zeitgenössischen Konsumgesellschaft. Sie waren beispielsweise zur Zeit des ‚Ancien Regime‘ im vorrevolutionären Frankreich des 18. Jhs. unter der Aristokratie weit verbreitet.

Baumans Gegenwartsdiagnose, dass wir heute in einer „Gesellschaft der Konsumenten" lebten, die die „Gesellschaft der Produzenten" (Bauman 2009) abgelöst habe, ist zumindest von ihrem ökonomischen Hintergrund her alles andere als originell. Schon bei der Analyse der Wirtschaftsentwicklung der unmittelbaren Nachkriegszeit hatten Ökonomen wie John Kenneth Galbraith (1963) den privaten Konsum als wichtigste Triebfeder des wirtschaftlichen Aufschwungs analysiert und kritisiert. In der Debatte um die Dienstleistungsgesellschaft (Fourastié 1949; Clark 1940) wurde bereits der soziale Bedeutungsverlust der Industriearbeit verarbeitet, der empirisch allerdings erst in den 1960er Jahren (vgl. z. B. Osterland u. a. 1973; Abelshauser 1983) einsetzte.

Auch ein drittes grundlegendes Element in Baumans Gegenwartsdiagnosen ist nicht erst in der Gegenwart entstanden: Suchtphänomene, die jegliche Rationalität individualisierter Lebensführung blockieren und außer Kraft setzen.

(c) Individualisierte Lebensführung im historischen Querschnitt

Die Frage einer Datierung der von Beck und Rosa behaupteten Individualisierung als ein *im historischen Querschnitt dominantes* Muster wurde bereits im Abschnitt 3.2. behandelt. Auch wenn man die oben genannten sechs Kriterien für individualisierte Lebensführung unter den Bedingungen von Lohnarbeit ansetzt, ergibt sich als grober Schätzwert dasselbe Ergebnis: In den 1960er Jahren dürfte sie in Deutschland erstmals von einer Bevölkerungsmehrheit praktiziert worden sein.

Dabei muss man allerdings für das vierte Kriterium konzedieren, dass die Möglichkeitsräume insbesondere beim Eingehen sozialer Beziehungen und Partnerschaften seit den 1970er Jahren deutlich komplexer geworden sind. Insofern ist es plausibel, wenn Beck in der Überwindung (a) der patriarchalisch geprägten innerfamilialen Arbeitsteilung von Familienernährer und Hausfrau und (b) der Ablösung des normativen Familienmodells der Kernfamilie eine soziale Zäsur mit weitreichenden Folgen sieht. Das rechtfertigt es allerdings keineswegs, deswegen den *Beginn* der gesellschaftlich durchgesetzten, im sozialen Querschnitt dominierenden, Individualisierung auf die 1970er Jahre zu verlegen. Vor allem dann nicht, wenn man wie Beck Individualisierung nicht auf der Ebene eines ‚Lebensgefühls‘ sondern im „Modus der Vergesellschaftung" (Beck 1986: 205) identifiziert. Bei prinzipieller Betrachtung müssen alle Kriterien gleichermaßen beachtet werden. Weiterhin wurde für das vierte Kriterium gezeigt, dass Wahlhandlungen in den Prozess der Familienbildung bereits wesentlich früher einziehen (vgl.3.7.3.1.).

Deswegen sind die Überwindung der patriarchalisch geprägten innerfamilialen Arbeitsteilung und der Fokussierung auf das Modell der Kernfamilie nicht mehr als eine zweifellos wichtige Etappe auf dem Wege zu einer immer weiter gehenden Substitution festliegender und mit einem Alleinstellungsmerkmal versehener gesellschaftlicher Formen durch gesellschaftliche Möglichkeitsräume, innerhalb derer gewählt werden kann, ohne Sanktionen erwarten zu müssen. Ebenso kann es innerhalb solcher Räume gesellschaftlich legitimer Wahlmöglichkeiten relativ leicht zur ‚Erfindung‘ oder auch zum ‚Basteln‘ immer neuer Varianten kommen (vgl. exemplarisch Hitzler/ Honer 1994, Keupp u. a. 1999).

Mit der Durchsetzung des Modells individualisierter Lebensführung im gesellschaftlichen Querschnitt wird der permanente soziale Wandel innerhalb *als gegeben unterstellter* Rahmenbedingungen[125] zum Normalfall. Diese Feststellung gilt aber für alle vier bzw. sechs Kriterien wie auch für alle Aufgabenfelder.

So kann beispielsweise die Art und Weise, wie die eigene Lebenszeit als Knappheitsproblem behandelt wird (Kriterium 1) variiert werden. Auch die Geldabhängigkeit der eigenen Lebensführung (Kriterium 2) kann strategisch bearbeitet werden, ohne dass sie dabei grundlegend in Frage gestellt wird (z. B. Do it yourself). Individuelle Neigungen und Interessen, an denen der Konsum orientiert wird (Kriterium 3), sind ohnehin nahezu beliebig variierbar. Auch die Abtretung eigener Lebenszeit (Kriterium 5) kann z. B. im Hinblick auf die genauen Modalitäten variiert werden (z. B. Teilzeit- oder Vollzeitarbeit, Zeitkonten usw.).

Wenn das Modell individualisierter Lebensführung aufgrund seiner inneren Variabilität den sozialen Wandel kultiviert und damit ein hohes Maß an Wandlungs- und Integrationsfähigkeit aufweist, dann werfen diese Feststellungen sofort Fragen nach seiner Veränderbarkeit auf, zumal Autoren wie Bauman eine substantielle Entpolitisierung der „Gesellschaft der Konsumenten" unterstellen.

(d)   Die politische Veränderbarkeit der Rahmenbedingungen individualisierter Lebensführung

Daher ist zunächst festzuhalten, dass individualisierte Lebensführung eine ganze Reihe *politischer Stellschrauben* aufweist.

In jedem Staatsverband müssen *erstens Grenzen der Warenform* ausgehandelt und gesetzt werden, die festlegen, welche Produkte und Dienstleistungen überhaupt gehandelt werden dürfen und was nicht käuflich sein darf. Dabei kann es um so unterschiedliche Dinge gehen wie Sex, Drogen, Kinderpornographie, Sterbehilfe, Organhandel oder pränatale Diagnostik. An solchen Eckpunkten werden Möglichkeitsräume (Kriterien 2 und 3) politisch begrenzt. Hinzu kommen nahezu inflationär zunehmende *Qualitätsstandards*, die ebenfalls den Effekt haben, die Handelbarkeit von Waren und Dienstleistungen durch Akte staatlicher Daseinsvorsorge (Stichwort: Verbraucherschutz) einzuschränken. Auch weitere Aspekte der *Ordnung von Märkten* wie die Einschränkung des freien Verkaufs bestimmter Produkte und Dienstleistungen etwa unter Gesichtspunkten des Jugendschutzes begrenzen die individuell zugänglichen Möglichkeitsräume. So durften beispielsweise noch in den 1950er Jahren keine Hotelzimmer an unverheiratete Paare vermietet werden

---

125 Nur *insofern* kann von einer mit individualisierter Lebensführung verknüpften Entpolitisierungstendenz gesprochen werden. Fundamentalistische Reaktionen (siehe unten) stellen genau diese Rahmenbedingungen in Frage und zielen darauf ab, das Modell individualisierter Lebensführung zu zerstören.

(sog. Kuppeleiparagraph). Derzeit dürfen z. b. keine alkoholhaltigen Getränke an Jugendliche unter 16 Jahren verkauft werden.

Auf stärkere öffentliche Resonanz kann ein *zweiter* Komplex von politischen Stellschrauben rechnen, die die *gesellschaftlich legitimen Formen des sozialen Miteinanders* begrenzen. Beachtung finden vor allem zwischengesellschaftliche Differenzen etwa bei der Tolerierung von Lesben und Schwulen. Welche Verhaltensweisen dürfen öffentlich gezeigt werden? Welche Grenzen werden bei der rechtlichen Gleichstellung gezogen? Vom Prinzip her geben alle grundlegenden sozialen Differenzierungen, insbesondere aber die Differenzierung nach Geschlecht, Alter, politischer, ethnischer und sozialer Zugehörigkeit Ansatzpunkte für Einschränkungen der für legitim erklärten Formen des sozialen Miteinander. Auch wenn mit gesellschaftlicher Modernisierung der Abbau sozialer Schranken (Stichwort: Abschaffung sozialer Diskriminierung; Gleichstellung) geradezu programmatisch verbunden wird und nach dem Verbot der Sklaverei ethnische und geschlechtliche Diskriminierungen weitgehend abgebaut wurden, bleibt dieses auf das vierte Kriterium bezogene Politikfeld zentral. Herausforderungen sind z. b. der Umgang mit geistiger und körperlicher Behinderung, mit Intelligenzunterschieden, mit Süchtigen, mit dem Erziehungsrecht von Eltern sowie mit den sich andeutenden Möglichkeiten biologischer Selbst- und Fremdoptimierung. Auch wird die Frage immer virulenter, welches Maß an finanzieller Ungleichverteilung toleriert oder sogar gefördert werden soll bzw. von welchem Punkt an sie zu nicht mehr tolerierbaren Formen der sozialen Spaltung und Separierung führt (Stichwort: Brasilianisierung; Beck 1999).

Ein *drittes* für die Möglichkeiten individualisierter Lebensführung relevantes Politikfeld bezieht sich seit dem Aufkommen der ‚sozialen Frage' auf die Möglichkeiten, über den Verkauf der eigenen Arbeitskraft *lebenslang das Wiederbeschaffungsproblem von Geld durch den Verkauf der eigenen Arbeitskraft zu lösen* und damit den Einstieg in die individualisierte Lebensführung zu schaffen (Kriterium 5 und 6). Diese Möglichkeit wurde erst durch ein ganzes Bündel von Beschränkungen des freien Warenverkehrs und des Arbeitsmarktes mit der Etablierung des Sozial- und Wohlfahrtsstaates entscheidend stabilisiert. Die Lösung der ‚sozialen Frage' bleibt aber eine dauerhafte politische Herausforderung und muss unter etwa durch die wirtschaftliche Globalisierung veränderten ökonomischen Rahmenbedingungen immer wieder neu gesichert werden.

(e) Die individuelle Ablehnung und die politische Überwindung des Modells individualisierter Lebensführung

Neben der für die Praxis individualisierter Lebensführung entscheidenden politischen Frage nach den legitimen gesellschaftlichen Möglichkeiten gibt es immer auch die Alternative, sich gegen das Modell individualisierter Lebensführung zu entscheiden. Diese Möglichkeit einer generellen Ablehnung impliziert, *dass man die Kopplung des Problems der Knappheit der eigenen Lebenszeit an das Geldmedium und die weiteren Erfolgsmedien entweder für persönlich nicht relevant erklärt oder sie politisch ablehnt.* Damit kann man entweder nur für sich selbst oder als generelles politisches Programm seine Lebenszeit auf die Verfolgung religiöser Heilswege oder auf andere Ziele (wie z. B. im Einklang mit der Natur zu leben) konzentrieren.

Sobald ein gesellschaftspolitisches Programm an die Stelle individualisierter Lebensführung tritt, für dessen Durchsetzung man seine Lebenszeit verwendet, muss die Toleranz gegenüber andersartigen Lebensentwürfen aufgegeben werden. Die eigene Lebensführung gewinnt exemplarische Bedeutung und der Kampf z. B. gegen den ‚westlichen Lebensstil‘ kann zu einem vorrangigen Ziel werden, an dem die eigene Lebensführung orientiert wird. Diesem Muster folgte z. b. die Lebensführung von Mohamed Atta, einem der Attentäter von 9/11 (vgl. Kean 2004).

Derartige Muster der Lebensführung können aber auch dann attraktiv werden, *wenn die Kopplung der Verwendung der eigenen Lebenszeit an das Geldmedium wenig Erfolgschancen bietet.* So rekrutierte sich z. B. die Bürgerkriegstruppe des deutschen Nationalsozialismus, die SA, vor allem aus den Verlierern der Weltwirtschaftskrise (vgl. Longerich 1989). In diesem Fall kann aber auch die Kriminalität, also illegale Wege des Gelderwerbs, attraktiv werden.

(f)   Diskontinuitäten und Epochenunterscheidungen innerhalb des Modells individualisierter Lebensführung

Gerade weil individualisierte Lebensführung in der Lage ist, permanenten sozialen Wandel in den gesellschaftlichen Möglichkeitsräumen zu nutzen und dabei immer neue Muster und Varianten hervorzubringen, spricht zunächst wenig für Diskontinuitäten oder gar Epochenunterscheidungen innerhalb dieses Modells. Es scheint eher so zu sein, dass auch erhebliche Veränderungen in den Möglichkeitsräumen (etwa durch die Erosion des Modells der patriarchalischen Kernfamilie) kleingerieben werden und in einem Dschungel unterschiedlichster Varianten je individuell verarbeitet werden. Das scheint für evolutionistische Gegenwartsdiagnosen nach dem Muster immer weiterer Komplexitätssteigerung zu sprechen.

Dabei darf man allerdings nicht übersehen, dass sowohl die Ausbreitung wie auch die Schrumpfung einer auf Lohnarbeit basierenden individualisierten Lebensführung hohe gesellschaftliche Relevanz hat, weil sie *für die soziale Integrationsfähigkeit moderner Gesellschaften entscheidende Bedeutung hat.* Sowohl für die Integration von Zuwanderern wie auch der eigenen Jugend ist entscheidend, dass genügend Jobs erreichbar sind, die ein Einkommen abwerfen, von dem man einigermaßen stabil auf einem akzeptablen Niveau leben kann. Deswegen ist es wichtig, die Entwicklung des quantitativen Anteils derartiger Beschäftigung zu verfolgen. Eine derartige Querschnittsbetrachtung ist offen für die Frage nach Diskontinuitäten und Zäsuren in Form einer *Trendwende*.

Für derartige Interpretationen bietet sich eine Anlehnung an die Chaosforschung (vgl. z. B. Eckardt 2004) an. Diese überwiegend in der Mathematik und der Physik geführte Debatte hat den Vorteil hoher Abstraktion, der davor bewahren könnte, im Dschungel des soziologischen Theorienpluralismus jegliche Orientierung zu verlieren. Unter dieser Rubrik lassen sich Fallstudien und mathematische Modelle zusammenfassen, die sich damit beschäftigen, unter welchen Bedingungen und mit welchen Effekten dynamische Systeme ihre gewohnten Bahnen verlassen. Eine der Grundideen ist, dass dynamische Prozesse von einem bestimmen Schwellenwert an plötzlich neuartige Phänomene produzieren, auf ein neues Gleis kommen oder auch keine vorhersagbaren Ergebnisse mehr hervorbringen. Auf der Ebene konkreter Phänomene sind Mutation (=eine zufällig entstandene Kombination verschiebt die Entwicklung einer Art auf ein neues Gleis), Erosion (wie die wiederholte Abnutzung der Kugel in einer Lostrommel) und unvorhergesehene Strukturveränderungen als Folge von kontinuierlicher Beschleunigung besonders interessant.

Wenn man diese Denkrichtung auf das Feld Lohnarbeit anwenden möchte, dann kann man direkt an die Erkenntnis anknüpfen, dass die Dynamik komplexer, determinierter, oft nur unpräzise erfasster (bzw. erfassbarer; vgl. Heisenbergs Unschärferelation) Systeme, plötzlichen Strukturwandel auf der Ebene ihres Outputs zu erzeugen vermag *ohne dass sich determinierende Strukturen grundlegend verändern*[126]. An diese Sichtweise lassen sich viele Begriffe (Risiko, Risikogesellschaft, radikalisierte Moderne) wie Argumentationsfiguren des neueren Modernisierungsdiskurses problemlos anschließen – etwa die Entwicklung der Ökologieproblematik aus dem Siegeszug der Industrialisierung (Beck 1986).

Für sie sprechen aber vor allem die beiden Hauptargumente aus den vorangegangenen Abschnitten. Ein zentrales Argument war ja, dass eine definitive Enttraditionalisierung weder nachweisbar noch plausibel ist, weil es Mechanismen gibt, die sowohl auf der Seite der Geldbeschaffung wie auch der Geldverwendung den Neuaufbau von Formen ständischer Privilegierung bewirken. Das ‚System Lohnarbeit‘ bringt sowohl Enttraditionalisierung wie auch ständische Privilegierung hervor. Damit fällt das soziologische Standardargument ‚Enttraditionalisierung‘ aus, wenn es um die Begründung möglicher Zäsuren geht. Vielmehr haben sich die grundlegenden Mechanismen und Zusammenhänge seit der Industrialisierung gerade nicht verändert. Die Institutionalisierung der Lohnarbeit als Muster der

---

126 Nach meiner Kenntnis hat bislang nur Walter Bühl 1990 versucht, diese Debatte für die Soziologie moderner Gesellschaften fruchtbar zu machen.

Lebensführung dauert seit der Mitte des 19. Jahrhunderts bis heute unverändert an. Das legt es nahe, *auf Lohnarbeit fokussierte Lebensführung, als ein durch hohe Komplexität sowie mit Messproblemen behaftetes ‚determiniertes System' aufzufassen* – also als ein typischer Gegenstand der Chaosforschung. Auch das zweite Hauptargument gegen die Vermutung eines Strukturbruchs innerhalb der Moderne, nämlich der schon penetrant anmutende ständige Hinweis auf historische Vorläufer, also darauf, dass das System Lohnarbeit immer wieder gleichartige Phänomene hervorbringt, spricht für diese Interpretationsfolie.

Um in diesem Rahmen argumentieren zu können, benötigen wir noch einen von außen an ein solches System angelegten Maßstab für das Umschlagen von Ordnung in Chaos, denn eine rein systeminterne Analyse wird ja immer nur komplexere Strukturen aufzeigen können. So folgt beispielsweise der Preisbildungsprozess auf Börsen oder der Pegelstand von Flüssen immer einer systeminternen Ordnung – Chaos produzieren solche Prozesse nur, wenn ihre Effekte festliegende, auf langjährige Erfahrungen gestützte *Erwartungen an das System* enttäuschen. Nur insofern produzieren beispielsweise starke Schwankungen an der Börse oder der von einem Fluss transportierten Wassermassen die Erfahrung von Chaos bei Kapitalanlegern bzw. bei den am Ufer des Flusses wohnenden Menschen.

Im Fall der Lohnarbeit definieren *Erwartungen an den Kommodifizierungserfolg* jenen Bereich ‚normaler' Schwankungen auf dem Arbeitsmarkt etwa in Folge der Konjunkturentwicklung. *Chaotische Ergebnisse liegen dann vor, wenn das mit hoher Wahrscheinlichkeit erreichbare Einkommen nicht zum Überleben ausreicht und die in den Kriterien 3, 4 und 6 enthaltenen Normalitätserwartungen ganz oder teilweise enttäuscht werden.* Dieses ‚chaotische' Ergebnis ist vom Frühkapitalismus her bekannt (‚soziale Frage') und es hat zu Eingriffen in die Marktmechanismen geführt (Gewerkschaften; Sozial- und Wohlfahrtsstaat), die die Ergebnisse in einen ‚Normalitätskorridor' geführt haben. Daneben gilt es aus der Sicht des soziologischen Analytikers noch eine zweite Variante von ‚Chaos' zu registrieren: *zu hohe Einkommen.* Sie wirken insofern chaotisch, als sie die disziplinierenden Effekte der Lohnarbeit aushebeln (Kriterium 5 wird außer Kraft gesetzt!). Denn von einer bestimmten Einkommenshöhe an hat man ausgesorgt, ist also nicht mehr gezwungen, seine Arbeitskraft weiter zu vermarkten[127].

Aus diesem Blickwinkel können wir somit folgende 3 Modelle unterscheiden:

---

127 Ein zweiter wesentlich schwerer zu fassender Bereich, in dem eine Geld- und marktabhängige Lebensführung ‚chaotisch' im Sinne von unbeherrschbar werden kann, liegt im Bereich zunehmender Entscheidungshäufigkeit (vgl. Rosa 2005; Offe 1986). Wir haben gesehen, dass sowohl auf der Seite der Geldbeschaffung wie auch der Geldverwendung solche Tendenzen mit den Gefahren der ‚Unlebbarkeit', der sozialen Atomisierung, der Zerstörung der Persönlichkeitsentwicklung in Zusammenhang gebracht werden. Auch

A Normalmodell:

Die Erträge aus qualifizierter Routinearbeit führen in ein *Normalmodell, dessen Konturen sich in Zusammenhang mit dem Sozial- und Wohlfahrtsstaat herausgebildet haben.* Hier kann unterstellt werden, dass in der Erwerbsphase kontinuierlich gearbeitet werden kann und Phasen der Arbeitslosigkeit selten sind. Die Monatseinkommen reichen nicht nur zur Deckung der laufenden Lebenshaltungskosten aus, sondern begründen darüber hinaus Rentenansprüche in einer Höhe, die auch in der Altersphase ein Leben oberhalb der Armutsgrenze sichert. Dafür wurden in der Sozialisations- und Bildungsphase hinreichende Voraussetzungen in Form von Bildungsabschlüssen, Leistungs- und Arbeitsbereitschaft sowie flankierendem Wissen (etwa hinreichend kompetenter Umgang mit Geld, mit Sucht, Enttäuschungen usw.) erworben. Diese Qualifikationsbasis führt in eine durch begrenzte Konkurrenz charakterisierbare Position auf dem Arbeitsmarkt und begründet eine durch Qualifikationskriterien definierte Berufsposition.

Innerhalb dieses Rahmens können erhebliche Unterschiede im Lebensstandard, im Berufsstatus und auch in der Härte beruflicher Leistungsanforderungen auftreten. Im sekundären Sektor charakterisiert dieses Normalmodell in etwa die Rahmenbedingungen der diversen Spezialisten (im Sinne von Kern/ Schuhmann 1984) im Spektrum zwischen angelernten Arbeitern in gesicherter Position und der mittleren Führungsebene. Im tertiären Sektor führen Qualifikationen in diesen Bereich, über die zumindest mittelfristig eine unbefristete Vollzeitbeschäftigung erreicht werden kann (mittlere bis akademische Qualifikationen). Für das Normalmodell sind allgemein verbindliche Bildungssysteme wie Systeme sozialer Sicherung konstitutiv, weil sie die Voraussetzungen für eine entsprechende Position auf dem Arbeitsmarkt schaffen bzw. aufgrund der Erträge der Erwerbsphase hinreichende Transferleistungen für das Alter generieren.

Es bleibt noch zu lokalisieren, wo die untere und wo die obere Grenze des Normalmodells verläuft. Die untere Grenze liegt dort, wo die lebenslange Lebbarkeit des Modells Lohnarbeit beschädigt wird. Diesen Effekt haben vor allem zu niedrige Einkommen in der Erwerbsphase, die nicht mehr ausreichen, um Ansprüche auf eine Altersversorgung oberhalb der Armutsgrenze zu erwerben. Die obere Grenze des Modells liegt dort, wo eine Sparquote in einer Höhe erreicht wird, die alternative Möglichkeiten der Lösung des Wiederbeschaffungsproblems eröffnet (Kapitalerträge; Unternehmertätigkeit). Eine andere, nicht unbedingt als ‚oben' oder ‚unten' lokalisierbare Grenze liegt dort, wo die erworbene Qualifikation Gelegenheiten der Selbstvermarktung eröffnet (Freie Berufe; Kleinunternehmen, Ich-AGs usw.).

---

wenn sich Rosas Kassandrarufe als wenig überzeugend erwiesen haben, sollte man das angesprochene Problem ernst nehmen.

B Prekäre Lebensführung:
Dieses ‚Chaos-Modell‘ ist dadurch charakterisiert, dass die Erträge der eigenen Lohnarbeit *zu niedrig* sind, um eine lebenslange Tragfähigkeit dieses Lösungsmodells zu begründen. *Die Verwendung der Lebenszeit reicht nicht aus, um das Knappheitsproblem der Geldbeschaffung stabil zu lösen.* Dabei spielen viele Elemente zusammen. Einmal reicht das Einkommen in der Erwerbsphase nicht aus, um für die Altersphase Transferleistungen in hinreichender Höhe (oberhalb der Armutsgrenze) zu begründen. Zum anderen reichen die Erträge oftmals auch während der Erwerbsphase nicht aus, weil die Entlohnung pro Zeiteinheit (Stundenlohn) zu niedrig ist, so dass mehrere Jobs in der Regel mit einem Zeitvolumen oberhalb der tarifvertraglich fixierten Wochenarbeitszeit zumindest phasenweise, oft sogar dauerhaft, angenommen werden müssen. Das untergräbt die Möglichkeiten der Regeneration, ist oft auch mit sozialer Deklassierung verbunden (Demütigung, Einwilligung in demütigende Lebensumstände, soziale Verachtung…). Ebenso charakteristisch sind wenig dauerhafte Arbeitsverhältnisse, so dass hier während der Erwerbsphase permanente Kommodifizierungsanstrengungen erbracht werden müssen, weil man den Marktmechanismen permanent ausgesetzt ist.

Für die Sozialisations- und Bildungsphase ist kennzeichnend, dass das Bildungssystem zumindest für die vorgeschriebene Minimalzeit durchlaufen wurde, ohne dass dabei Zertifikate erworben wurden, die den Zugang zu einem Teilarbeitsmarkt für nachgefragte Spezialqualifikationen eröffnen. Ebenso wenig wie die Möglichkeiten des Bildungssystems können die Möglichkeiten des sozialen Sicherungssystems genutzt werden, so dass Altersarmut und/oder eine dauerhafte Angewiesenheit auf die Fürsorgekomponente des sozialen Sicherungssystems eintritt, die teilweise entwürdigende Formen der Bedürftigkeitsprüfung zwingend vorsieht.

Schon aufgrund dieser prekären Rahmenbedingungen können keine Ressourcen für den Umstieg auf ein anderes Lösungsmodell des Wiederbeschaffungsproblems akkumuliert werden, so dass nur kriminalisierte, unattraktive, verachtete Fluchtwege mit unklaren Perspektiven offenstehen.

Die Lebenserwartung bei den Zugehörigen zu dieser Kategorie liegt um rund 10 Jahre unter dem gesellschaftlichen Durchschnittswert sowohl bei Frauen wie bei Männern (Kowitz 2013). Das entspricht ziemlich genau der Differenz zwischen der Lebenserwartung der körperlich hart arbeitenden Stände und der ‚nichtarbeitenden Klassen‘ (in der Diktion des *tableau économique*) in der Frühmoderne (vgl. Braudel 1985: 88).

C Lebensführung jenseits der Knappheitsproblematik:
Die mit dem Normalmodell verbundenen Anforderungen und Zwänge verlieren ihre
Verbindlichkeit, wenn der Ertrag aus der Vermarktung des eigenen Arbeitsvermögens bereits in kurzer Zeit deutlich das durchschnittliche Lebensarbeitseinkommen
übersteigt. Damit ist das der Lohnarbeit zugrunde liegende Wiederbeschaffungsproblem von Geld für eine marktabhängige Lebensführung definitiv gelöst. Es
fungiert von nun an *nicht mehr als gesellschaftlicher Rahmen der Lebensführung.*

Solche Erträge können in unterschiedlichsten Bereichen wie Showgeschäft,
Sport, Kunst und Kultur, Bildung und Wissenschaft sowie bei der Ausübung von
Unternehmertätigkeit (als abhängige Beschäftigung; Manager) von vergleichsweise
kleinen Vermarktungseliten[128] erzielt werden. Die Grundlage des Erfolgs bilden
Leistungen, die der konkreten Person und ihren überragenden Fähigkeiten in dem
jeweiligen Bereich zugeschrieben werden (‚Genialität'), so dass hier auch der Markt
als Allokationsmechanismus an Grenzen kommt[129]. Die üblichen Bildungssysteme
können solche Qualifikationen nicht generieren, nur deren Grundlagen legen. Die
Leistungen sozialer Sicherungssysteme sind entbehrlich.

Auffällig ist, dass sich solche Vermarktungserfolge in einer globalisierten
Weltwirtschaft häufen (vgl. Reich 1993). Das hängt damit zusammen, dass herausragende künstlerische, sportliche, kulturelle Leistungen tendenziell von einem
Weltpublikum (vgl. z. B. die Vermarktung von Bestsellern wie Harry Potter oder
die Übertragung der Spiele von Topfußballmannschaften) nachgefragt werden.
Ebenso kann unternehmerisches oder spekulatives Geschick in einem globalen
Rahmen wesentlich stärkere Effekte erzielen. Besonders wichtig ist aber, das in
diesem Segment der Arbeitsmarkt und damit auch der Wettbewerb um herausragende Talente global geworden ist.

Dieses Modell kommt dort an Grenzen, wo nur ein überschaubares Publikum bereit ist herausragende Leistungen zu honorieren bzw. wo die Reichweite
unternehmerischer Entscheidungen begrenzt ist. Diese Grenzen verdeutlichen
noch einmal, dass der entscheidende Punkt für dieses Lebensführungsmodell
ein Vermarktungserfolg ist, der die Referenzgröße (=Normalitätserwartung) der
Produktions- und Reproduktionskosten des Arbeitsvermögens weit übersteigt.

---

128 Damit sind ‚Eliten' im Hinblick auf den Vermarktungserfolg gemeint. Der soziologische
Elitebegriff ist anders gefasst (vgl. z. B. Hartmann 2004).

129 Es handelt sich immer um relativ schwer ersetzbare Fähigkeiten. Ersatz zu finden ist
für den Arbeitgeber daher mit hohem Aufwand und unsicherem Ausgang verbunden.
Einsatz von Headhuntern, Scouts etc.)

(g)   Die ‚Karriere' des Normalmodells in Deutschland – eine Skizze.

Um die Möglichkeiten wenigstens zu illustrieren, wie man *Diskontinuitäten und Zäsuren der gesellschaftlichen Bedeutung des Normalmodells von Lohnarbeit in Form einer Trendwende* identifizieren kann, schließt dieses Kapitel mit einer kleinen auf Deutschland[130] beschränkten Skizze. Diese Beschränkung erfolgt nur aus Gründen der Überschaubarkeit. Ich bin mir sicher, dass hier aufgrund weltwirtschaftlicher Verflechtungen internationale Trends sichtbar werden, die allerdings durch nationale Besonderheiten modifiziert werden.

- **Erste Phase** (ca.1830 – 1886)[131]: Frühindustrialisierung in Deutschland. Kontinuierliche Zunahme der Lohnarbeit. Sie wird zu einem wichtigen Lebensführungsmodell. Das desintegrative Modell B (prekäre Lebensführung) dominiert mit der Folge anwachsender sozialer Protestbewegungen (soziale Frage; Arbeiterbewegung im Aufwind).
- **Zweite Phase** (1886- 1914): Deutschland wird zur Industriegesellschaft und die Lohnarbeit im sekundären Sektor wird zum dominierenden Muster im gesellschaftlichen Querschnitt. Das Normalmodell (A) gewinnt zunehmend an Bedeutung, bleibt aber quantitativ immer noch hinter dem Modell (B) zurück (vgl. Brock 1991: 83-190). Die sich abzeichnenden Möglichkeiten einer gesellschaftlichen Integration über eine marktabhängige Lebensführung kommen politisch in der Entwicklung sozialdemokratischer Positionen zum Ausdruck.
- **Dritte Phase** (1914- 1918): Unter den Bedingungen der Kriegswirtschaft[132] erfolgt eine faktische wie kulturelle (Stichwort: Kriegspropaganda) Unterordnung individueller Interessen unter ‚Erfordernisse' der Kriegsführung. Die Bindung der Lebensführung an das Machtmedium überlagert die Bindung an das Geldmedium.
- **Vierte Phase** (1919- 1933): Stark diskontinuierliche Entwicklung. Sie wird zunächst von den wirtschaftlichen und politischen Folgen der militärischen Niederlage, dann durch die Weltwirtschaftskrise geprägt. Dazwischen liegt eine nur kurze wirtschaftliche Erholungsphase. Diese Rahmenbedingungen verhindern die Entwicklung einer stabilen Zivilgesellschaft auch weil sich keine stabilen Erwartungen an die Erträge einer individualisierten Lebensführung herauskristallisieren können. Vor allem ab 1929 erfolgt ein zahlenmäßiger Rückgang und ein damit verknüpfter Vertrauensverlust in das Normalmodell bei starken Geländegewinnen des Modells prekärer Lebensführung, an das

---

130 Dabei bleibt die DDR ausgeblendet.
131 Vgl. zu Datierung und Beschreibung Brock 1991: 43-81.
132 Zu den Grundlagen der deutschen Kriegswirtschaft vgl. Preiser 1963.

Faschisten wie Kommunisten mit der Propagierung politischer Heilslehren und auch mit wirtschaftlich relevanten politischen Netzwerken (SA, Rotfront usw.) andocken.

- **Fünfte Phase** (1933- 1945): Soziale Integration unter dem Machtmedium. Die in der ‚Kampfzeit' der NSDAP entwickelten Organisationen werden zur Blaupause für eine politisch organisierte und instrumentalisierte ‚Volksgemeinschaft', in deren Windschatten sich für kurze Zeit (ca. 1936-1939) das Normalmodell erholen kann – ohne dass es (wie auch generell die Kopplung der Verwendung knapper Lebenszeit an das Geldmedium) integrative Bedeutung gewinnt.
- **Sechste Phase** (1945 – ca. 1960): Es erfolgt eine schnelle Umstellung von einer macht- auf eine geldabhängige Lebensführung. Unter den Bedingungen hoher Wachstumsraten und flankiert durch die Entwicklung sozialer Sicherungssysteme, die den Einkommensfluss auch im Falle von Alter, Krankheit und weiteren Risiken sicher stellen, wird der Aufstieg des Normalmodells zur dominierenden Form von Lohnarbeit erreicht. Von diesem Aufstieg gehen starke integrative Effekte aus. Nicht zuletzt aufgrund der Erfolge der Gewerkschaften verliert das Modell prekärer Lebensführung zunehmend an sozialer wie an faktischer Bedeutung. Von der Attraktivität des Normalmodells wird eine Landnahme der Lohnarbeit vor allem auf Kosten der bäuerlichen Landwirtschaft und der Familienarbeit (Lutz 1981) getragen.
- **Siebte Phase** (ca.1960 – ca.1980): Größte Ausdehnung des Normalmodells unter den Bedingungen eines ausgebauten Sozial- und Wohlfahrtsstaates. Weiterer Anstieg der Lohnarbeit, der nun vor allem durch Zuwanderung erreicht wird (‚Gastarbeiter'; Zuwanderung aus der DDR; Spätaussiedler).
- **Achte Phase** (ab ca.1980): Trendwende in den 1980er Jahren. Wichtige Faktoren: neoliberale Wende, Trend zu deregulierter und globalisierter Weltwirtschaft (vgl. Globalisierung: 45ff.), Zusammenbruch des konkurrierenden Wirtschaftsmodells des Realsozialismus. Es erfolgt eine quantitative wie auch soziale Bedeutungszunahme sowohl des Modells prekärer Lebensführung (B) aber erstmals in nennenswertem Umfang auch des Modells einer individualisierten Lebensführung jenseits der Geldknappheit (C). Für Deutschland vgl. z. B. Brenke 2007.

Ergebnis:

Wenn man die Phasen drei bis fünf ausklammert, weil hier spezielle historische Ereignisse und konkurrierende Gesellschaftmodelle die Landnahme einer individualisierten und auf das Geldmedium bezogenen Lebensführung unterbrochen haben, *dann kann man für den gesamten Zeitraum seit der Frühindustrialisierung zwei Trendwenden ausmachen.* Die erste Trendwende erfolgte um das Jahr 1886. Bis dahin führte die Industrialisierung zum Aufbau von Lohnarbeit, die dem Modell prekärer Lebensführung (B) folgte. Ab 1886 setzte der Aufstieg des Normalmodells (A) ein. Erst ca. 100 Jahre später in den 1980er Jahren wird dieser Trend gebrochen, wobei die erhebliche Zunahme von Reichtum und damit der individuellen Überwindung des Problems der Geldknappheit (C) historisch einmalig ist. Da aber auch das Modell prekärer Lebensführung (B) wieder zunimmt, kann diese zweite Trendwende nicht umstandslos als Trend zur tendenziellen Überwindung der Knappheitsproblematik interpretiert werden. Es handelt sich vielmehr um einen Trend zur sozialen Spaltung[133].

(h)   Fazit

Vielleicht eröffnet diese These einer zweiten Trendwende bei der Verbreitung individualisierter Lebensführung unter den Bedingungen von Lohnarbeit Ansatzpunkte für weitere Überlegungen. Ich wollte an dieser Stelle vor allem deutlich machen, dass weder aus der Kritik an den vorliegenden mikroanalytischen Gegenwartsdiagnosen noch aus der Hervorhebung des eminenten Anpassungs- und Integrationspotentials individualisierter Lebensführung gefolgert werden kann, dass die Frage nach Diskontinuitäten sich damit erledigt habe.

Abschließend sollen einige Überlegungen und Fragen das heuristische Potential der *These einer zweiten Trendwende* zumindest andeuten.

Wenn man davon ausgeht, dass der Übergang von den religiös und gesellschaftspolitisch geprägten Mustern der Lebensführung auf individualisierte und auf das Geldmedium fokussierte Lebensführung zu einem völlig veränderten Verständnis der sozialen Realität geführt hat, in der man lebt, dann ist auch von einer Diversifizierung individualisierter Lebensführung zu drei nebeneinander existierenden Mustern und der damit einhergehenden Aufspaltung von Normalitätserwartungen zu vermuten, dass die innergesellschaftliche Verständigung auf das, was die gesellschaftliche Realität ist, dadurch immer schwerer fallen wird. Wird sich die Wahrnehmung dessen, was zählt, was für einen Menschen existenziell wichtig ist, nicht ganz anders ausnehmen, je nachdem, ob man zu den ‚Reichen und Schönen‘, den ‚Normalos‘ oder den ‚Loosern‘ gehört? Die Welt des Sozialen gewinnt vermutlich spezifische Konturen, wenn man auf das gesamte Spektrum des Käuflichen zugreifen kann ohne dass man dafür arbeiten muss. Gibt es von dort aus noch eine gemeinsame Schnittmenge zur Welt der ‚Looser‘, für die schon ein defektes Auto oder eine kaputte Waschmaschine zum unlösbaren Problem werden kann?

---

133 Diese Feststellung erfolgt selbstverständlich unter dem Vorbehalt, dass die hier skizzierten Veränderungen hinreichend belegt werden können. Es ist wohl evident, dass das an dieser Stelle nicht geleistet werden kann.

Von derartigen Fragen aus kann man vermutlich einen interessanten Zugang auf den gesamten politisch- kulturellen Komplex des ‚Populismus' gewinnen, weil es hier offenbar darum geht, der sozialen Welt der Verlierer ein Sprachrohr zu schaffen. Müssen die starken Emotionen, die Bestseller wie ‚Deutschland von Sinnen' von Akif Princci (April 2014) auf beiden Seiten der Debatte aufgewirbelt haben, nicht als Hinweis auf die Tiefe des Grabens angesehen werden, die das Leben und eben auch das Realitätsverständnis der Verlierer von den ‚normalen' Durchschnittsbürgern trennt? Dagegen scheinen sich die ‚Reichen und Schönen' aus den gesellschaftlichen Diskursen verabschiedet zu haben. Allenfalls lassen sie noch sprechen bzw. verlautbaren. Sie scheinen sich sowohl räumlich wie sozial in eigenen Exklaven zu organisieren. Erinnern solche Szenarien nicht eher an die Klassengesellschaften des 19. Jahrhunderts als an ‚nivellierte Mittelstandsgesellschaften' der 1960er Jahre?

Gegenwartsdiagnosen *unterstellen* in der Regel eine gewisse gesellschaftliche Homogenität, wenn sie auf historisch Neues hinweisen, durch das sich gegenwärtige Gesellschaften von ihren Vorgängern abheben. Neu könnte aber auch sein, dass Problemlagen, Risiken und Ambivalenzen nur noch ein bestimmtes Muster der individualisierten Lebensführung von Teilpopulationen charakterisieren.

So fällt auf, dass Baumans These einer Gesellschaft der Konsumenten und die daran geknüpfte Sozialkritik jenes Muster der Lebensführung aufgreift, das ohne Arbeitszwang auskommt und deshalb durch Probleme der freien Zeit- und Geldverwendung geprägt ist. Dagegen können seine Thesen von den Verlierern eigentlich nur als Hohn empfunden werden, die z. T. trotz Mehrfachjobs nicht über die Runden kommen. Dagegen knüpfen die Analysen von Beck, Rosa, Sennett und Giddens an die Realität der ‚Normalos' an, die sich auf lebenslange Lohnarbeit eingestellt haben. Dass die mikroanalytischen Beobachtungen der neueren Modernisierungstheoretiker den Problemhorizont der Verlierer dagegen wohl insgesamt verfehlen, hängt nicht zuletzt damit zusammen, dass ihre Lebensführung von Problemen geprägt wird, die seit der Frühindustrialisierung bekannt zu sein scheinen und durch Bildungs- und soziale Sicherungssysteme ‚eigentlich' gelöst sein sollten.

Zusammenfassung

1. In diesem Abschnitt wird das Konzept Lebensführung zusammengefasst und unter 3.8.3 operationalisiert.
2. In Hinblick auf Gegenwartsdiagnosen vorgeschlagen, die Verbreitung dreier unterschiedlicher Modelle (A= Normalmodell lebenslanger Lebensführung auf der Grundlage von Lohnarbeit; B= Modell prekärer Lebensführung; C= Modell

individualisierter Lebensführung jenseits der Geldknappheit) im historischen Querschnitt zu untersuchen. Für Deutschland ergeben sich dabei zwei historische Trendwenden. Während vor 1886 das Modell B vorherrschte, nimmt das Modell A bis ca. 1980 kontinuierlich zu und wird vorherrschend. Um 1980 erfolgt eine zweite Trendwende. Sie ist dadurch gekennzeichnet, dass diese Dominanz des Modells A wieder abschmilzt und B wie C zunehmen.

4.1   Eine neue Theorie für eine neue Gesellschaft? Die Theorie moderner Gesellschaften zwischen wissenschaftlichem Erklärungsanspruch und den Bedingungen der Massenmedien

Die Theorie moderner Gesellschaften hat in den beiden letzten Jahrzehnten eine überaus schwierige Phase durchlaufen. Wo eine Weiterentwicklung auf der Grundlage der Klassiker versucht wurde, wurden Ergebnisse erzielt, die kaum noch anschlussfähig an empirische Analysen von Teilaspekten der modernen Gesellschaft oder auch an gesellschaftliche Problemlagen und Debatten waren. Dieses Verdikt gilt zwar nicht für einzelne Teilaspekte, wohl aber für Gesamtentwürfe. Der in meinen Augen durchaus interessante Erneuerungsversuch Luhmanns (Luhmann 1997) hat die Theorie moderner Gesellschaften derart gewaltsam in die Theorie autopoietischer sozialer Systeme gezwängt, dass deren Anhänger nur noch versuchen können, Debatten über aktuelle gesellschaftliche Veränderungen und Probleme abzuwürgen (exemplarisch Nassehi 2012). Für ebenso problematisch halte ich den Versuch, die gegenwärtigen modernen Gesellschaften *ausschließlich* aus dem Blickwinkel der RC- Theorie analysieren wollen (am systematischsten Coleman 1995).

Andere Texte, die hier vollständig ausgeblendet wurden, versuchten zwar gerade theoretische Verengungen aufzulösen. Dabei ist jedoch der Gegenstandbezug in noch höherem Maße auf der Strecke geblieben – die Autoren haben sich gewissermaßen im Dschungel sozialtheoretischer Debatten und philosophischer Probleme verfangen (vgl. exemplarisch Müller/ Schmid 1995 und Alexander 1982/1983).

Den verwaisten Gegenstandsbezug haben Autoren übernommen, die von einer anderen Denktradition, der soziologischen Gegenwartsdiagnose, geprägt wurden. Ihre Thesen waren Gegenstand der beiden vorangegangenen Kapitel. In dieser Tradition zählte schon immer die griffige These mehr als die systematische Analyse. Es wäre nun allerdings ein großes Missverständnis, wenn wir die Gegenwartsdiagnos-

tiker deswegen schlicht für die schlechteren Sozialtheoretiker hielten. Sie schreiben
ganz bewusst nicht nur für eine soziologische Fachöffentlichkeit, sondern für ein
größeres intellektuelles Publikum. Daher definieren sie Erfolg nicht ausschließlich
in der Münze der fachinternen Reputation sondern auch in Form von Resonanz
in den Massenmedien[134].

In den 1950er und 1960er Jahren haben sich beide Öffentlichkeiten noch mit
ganz unterschiedlichen Versionen der Theorie moderner Gesellschaften beschäftigt. In der *soziologischen Fachöffentlichkeit* prägten vor allem Parsons und Weber
die Rezeption der Theorie moderner Gesellschaften. Autoren wie Adorno, Gehlen
oder auch Marcuse stießen wegen ihrer Kritik an der Gegenwart moderner Gesellschaften dagegen vor allem in den *Massenmedien* auf Resonanz. Diese Art von
Arbeitsteilung wurde seit der ,Studentenrevolte' (also ab ca. 1967) zunehmend in
Frage gestellt. Seit den 1980er Jahren konnten sich die ,Gegenwartsdiagnostiker'
und –Kritiker – beginnend mit der enormen Resonanz der ,Risikogesellschaft' (Beck
1986) – auch in der soziologischen Fachöffentlichkeit zunehmend durchsetzen.

In den beiden vorangegangenen Kapiteln haben wir uns aus einer fachwissenschaftlichen Perspektive mit der wissenschaftlichen Relevanz der auf öffentliche
Resonanz und damit auch auf den Code der Massenmedien zugeschnittenen
Beiträge der neueren Modernisierungstheoretiker auseinandergesetzt. Einerseits
haben sie die Theorie moderner Gesellschaften in vielerlei Hinsicht befruchtet
und vor allem ihren Gegenstandsbezug ,wiederbelebt'. Anderseits haben sie die
Maximen und Zwänge der Wissensakkumulation weitgehend ignoriert. Mit den
daraus für die wissenschaftsinterne Rezeption erwachsenden Problemen hat sich
dieses Buch eingehend beschäftigt.

Als Motto für dieses Schlusskapitel, das ein zusammenfassendes Fazit geben
soll, wähle ich den von Beck in der ,Risikogesellschaft' publizierten und später
wiederholten (Beck/ Lau 2004) Anspruch, eine neue Theorie für eine neue Gesellschaft (vgl. Beck/Lau 2004: 109; Beck 1986: 12f.) vorlegen zu wollen. Auch wenn
andere Autoren in diesem Punkt zurückhaltender argumentiert haben, so hat dieser
paradoxe Anspruch doch insgesamt den, gelinde formuliert, wenig systematischen
Umgang mit der klassischen, vom Konzept der funktionalen Differenzierung
geprägten Theorie moderner Gesellschaften geprägt und ihn zugleich legitimiert.

Wieso ist dieser Anspruch paradox? Weil etwas nur dann ,neu' genannt werden
kann, wenn die Differenz zwischen ,alt' und ,neu' mit identischen Begriffen bzw.

---

134 Es geht wohl vor allem darum, als öffentlich wirksame Intellektuelle wahrgenommen zu
     werden und zu agieren. Dazu gehört Resonanz in den Printmedien gleichermaßen wie
     in den wenigen einschlägigen TV- Formaten. Sie wird vor allem dadurch wachgehalten,
     dass man zu allem und jedem etwas zu sagen hat.

thematischen Bezügen festgestellt wurde. Wenn man mit einer ‚neuen Theorie‘ (also veränderten Begriffen) auf eine ‚alte Gesellschaft‘ blickt, dann werden immer ‚neue‘ Merkmale sichtbar. Selbst dann, wenn sie keineswegs neu entstanden sind, sondern erst jetzt begrifflich erfasst wurden. Wenn man mit einer neuen Theorie dagegen nur auf die Gegenwart blickt, dann kann diese nur ‚neu‘ sein – neu kann in diesem Fall gar keine Differenz bezeichnen!

Becks Anspruch erinnert daher frappierend an die in den Erzählungen des Barons Münchhausen benutzte Paradoxie, wonach er sich selbst am Schopf gepackt und aus dem Sumpf herausgezogen haben will. Wir wissen alle, dass jemand nur von einem anderen, weniger unsicheren Standort aus, aus dem Sumpf gezogen werden kann. Genau so benötigt man für die Unterscheidung zwischen alter und neuer Gesellschaft eine Beobachtungsperspektive, die nicht zugleich mit der Unterscheidung gewechselt werden kann. Wenn wir dagegen (wie z. B. Kuhn 1962) die heuristische Fruchtbarkeit von Theorien unterscheiden und bewerten wollen, dann müssen wir dazu den Gegenstandsbereich konstant halten, an dem sich die unterschiedliche Erklärungsleistung zweier Theorien erweisen kann.

Wenn man nach Erklärungen sucht, wieso sich brillante Soziologen freiwillig in eine derartige Position begeben, dann stößt man zunächst auf das Argument, genau nach diesem Muster eines ‚Paradigmenwechsels‘ sei auch die Industriegesellschaft entdeckt worden (vgl. z. B. Beck/ Lau ebd.). Dieses Argument ist in der Sache nicht überzeugend. Saint-Simon[135], den man mit einigem Recht als den ‚Entdecker‘[136] der Industriegesellschaft bezeichnen kann, hat sich bei seiner Analyse bekanntlich von der schon im Tableau Économique (vgl. Korte 1993: 20) zentralen Unterscheidung zwischen arbeitenden und nicht arbeitenden Klassen leiten lassen. Wenn es eine die *Feudalgesellschaft* prägende Unterscheidung gab, dann war es genau diese (vgl. KM: 274ff.)! Sie prägte bekanntlich ebenso die auch heute noch beachtete Analyse des Industrialisierungsprozesses von Karl Marx. Wenn man nach weiteren begrifflichen Korsettstangen seiner Analyse fragt, dann stößt man auf Begriffe wie körperliche Arbeit oder Ausbeutung, die in den Sozialbeziehungen feudaler Gesellschaften alles andere als unbekannt waren.

Daher sollte man folgenden ‚funktionalistischen‘ Erklärungsansatz beachten. Wenn man nicht von der Perspektive des Wissenschaftssystems sondern von der

---

135 Vgl. Jonas 1968; Band 2: 53ff.; Kiss 1971; Band 1: 225ff. „Saint Simon … stellte die Industrie in den Mittelpunkt seiner Überlegungen… Dieser Gedanke war zu Beginn des 19. Jahrhunderts neu. Ansonsten verblieb Saint Simon in den Gedankengebäuden des ausgehenden 18. Jahrhunderts." Korte 1993: 28f.

136 Solche Etiketten sind nie für bare Münze zu nehmen. Wenn man aber Kolumbus aufgrund seiner Bekanntheit bis heute als Entdecker Amerikas feiert, dann kann an dieser Stelle Saint-Simon genannt werden.

der Massenmedien ausgeht, dann macht die These einer neuen Theorie für eine
neue Gesellschaft sehr wohl Sinn. Da in den Massenmedien nur über Neues berichtet werden kann, kann auf so in jedem Fall ein Neuigkeitseffekt gesichert und
sogar gesteigert werden. Berichtet werden kann ja sowohl über die ‚neue Theorie'
wie über eine ‚neue' Gesellschaft.

Wenn Luhmann mit seiner Analyse der gesellschaftlichen Funktion der Massenmedien (Luhmann 1996) Recht hat, dann wird das Weltverständnis in modernen
Gesellschaften von den Massenmedien permanent bedient und aktualisiert – ohne
jeden Anspruch auf Systematik, Repräsentativität oder gar Erklärung. Die Relevanz
von Neuigkeiten bemisst sich allein an der sozialen Resonanz, also an der Summe
derjenigen, die bereit und vor allem neugierig genug sind, sich für die entsprechende
Mitteilung zu interessieren.

Wenn wir dagegen auf die soziologische Fachöffentlichkeit blicken, dann müs-
sen wir zunächst registrieren, dass die Formel einer neuen Theorie für eine neue
Gesellschaft hier ambivalent wirkt. Aufgrund ihres paradoxen Inhalts verspricht
sie keine Wissensakkumulation, sondern blockiert eher den wissenschaftlichen
Erklärungsanspruch. Sie *kann* jedoch dennoch durchaus erfolgreich sein, weil der
Wissenschaftsbetrieb ja auch an Verbreitungsmedien eigener Art gekoppelt ist. Er
ist von *Fachzeitschriften, gewissermaßen fachinternen Massenmedien*, abhängig.
Bekanntlich hängt die Reputation innerhalb jeder Wissenschaftsdisziplin in hohem
Maße von der Zahl der Veröffentlichungen in möglichst wichtigen Zeitschriften und
der Resonanz der eigenen Publikationen in der Fachöffentlichkeit (etwa gemessen
an einem Zitationsindex) ab. Veröffentlichungswürdig ist für derartige Verbreitungsmedien *neues Wissen*, also neue Beobachtungen des Gegenstandsbereichs
und neue Erklärungen bekannter oder neuer Phänomene.

In der *deutschen* soziologischen Fachöffentlichkeit wirkte Becks ‚Risikogesellschaft' als eine Art Eisbrecher für die neuere Modernisierungstheorie. Die Resonanz
war zunächst eher zögernd und etwas frostig, da es zunächst deutliche Vorbehalte
gegen die wissenschaftliche Seriosität gab (exemplarisch Joas 1987). Zugleich ver-
kaufte und verbreitete sich der Text auch in der Wissenschaft rasant und wurde
schon deswegen zumindest als wichtig und diskussionswürdig eingestuft[137]. Eine
Art Durchbruch markierte dann, dass Beck in einem Sonderheft der DGS Mit-
gliederzeitschrift einen Beitrag über die Individualisierungsthese veröffentlichte,
in dem für den soziologischen Weltkongress 1994 ein *repräsentativer Querschnitt
der deutschen Soziologie* präsentiert wurde (Beck 1994).

---

137 Symptomatisch ist vielleicht, dass er bereits 1989 zum Thema eines Habilitationsvortrags
    gewählt wurde, der danach in einer Fachzeitschrift veröffentlicht wurde (Brock 1991a),
    weil das Thema offensichtlich ‚aktuell' war.

Während in den Massenmedien die Sensation von gestern heute bereits un-
interessant ist, falls das Interesse des Publikums nicht mit immer neuen Details
geschürt werden kann, hat das Wissenschaftssystem ein längeres Gedächtnis. Eine
einmal eingeführte These bzw. Theorie erzeugt solange Resonanz, wie sie nicht als
'erledigt' in der Wissenschaftsgeschichte abgelegt werden kann. Thesen verlieren
erst dann ihre Relevanz, wenn sie für die innerwissenschaftliche Öffentlichkeit
plausibel widerlegt wurden. Theorien können ad acta gelegt werden, sobald bessere
(= leistungsfähigere, heuristisch fruchtbarere, überzeugendere) Erklärungen bzw.
Erklärungsstrategien gefunden wurden. Nur auf diesem Wege ist Wissensakkumulation möglich.

*Genau diese Mechanismen schiebt der Anspruch, eine neue Theorie für eine neue
Gesellschaft zu konzipieren, beiseite.* Zweifellos wird dabei unterstellt, dass die neue
Theorie auch die bessere, weil angemessenere Theorie ist. Nur soll sie dies nicht mehr
beweisen müssen! Aufgrund dieses Anspruchs setzen sich die neueren Autoren nicht
mehr mit den Erklärungsansätzen der Klassiker auseinander, sondern sie glauben
ihn einfach als veraltet beiseite zu schieben können. Pointiert formuliert haben die
Vertreter der neueren Modernisierungstheorie versucht, die Geschäftsgrundlagen
zu verändern. Ironischerweise haben die mehr oder weniger ausgeprägt kapitalis-
muskritischen Autoren versucht, *den wissenschaftlichen Innovationsmechanismus
durch den kapitalistischen zu ersetzen.* Der 'Verdrängungswettbewerb' und die
'schöpferische Zerstörung' (Schumpeter) sollen an die Stelle der Mechanismen der
Wissensakkumulation treten.

Das konnte nur deswegen mehr oder weniger unbeanstandet durchgehen, weil
die traditionellen Zweifel an der Wissenschaftlichkeit der Geistes- und Sozialwissenschaften durch den zeitlich parallelen Postmodernediskurs neue Nahrung erhielten
(vgl. den Abschnitt 1.1). Es ist daher zu vermuten, dass nach dem Selbstverständnis
der meisten Soziologen das Nebeneinander und damit auch der Verdrängungswettbewerb konkurrierender Theorieansätze schon deswegen als unvermeidlicher
Dauerzustand akzeptiert werden muss, weil es eben weltanschauliche Unterschiede
gebe, die die Beobachtungsstandpunkte spezifizieren.

Vor dem Hintergrund der allgemein diagnostizierten Erosion weltanschaulich
gebundener 'Lager' (vgl. nur Giddens 1997) mutet dieses Argument geradezu gro-
tesk an. Wenn die mit der Theorie moderner Gesellschaften befassten Soziologen
auch von dieser heutigen Welt sind, dann müssten sie durchaus in der Lage sein,
mit unterschiedlichen Standpunkten und Beobachtungsperspektiven zu operieren.
Dann steht aber dem traditionellen Anspruch auf Wissensakkumulation auch für
die Theorie moderner Gesellschaften nichts entgegen – außer einem möglichen,
zugegeben nicht gerade karriereförderlichen, Missverhältnis zwischen Aufwand
und Ertrag.

Daher wird hier an dem klassischen Anspruch festgehalten und untersucht, welchen Beitrag die neuere Modernisierungstheorie für die Wissensakkumulation geleistet hat. Für diesen Zweck musste der paradoxe Anspruch, mit einer neuen Theorie einer veränderten Gesellschaft gerecht werden zu wollen, in seine beiden Bestandteile zerlegt werden. Einmal ging es um die Frage, ob sich eine Zäsur innerhalb der Moderne, eine Epochenunterscheidung zwischen erster und zweiter Moderne, klassischer Industriemoderne und Risikogesellschaft, ausmachen lässt. Für eine solche Beobachtung gravierender Veränderungen im Gegenstandsbereich kann es keine Rolle spielen, aus welchem theoretischen Blickwinkel sie gewonnen werden. Ausschlag gebend ist vielmehr, ob die Unterscheidung selbst der (immanenten) Kritik stand hält.

Unabhängig von dieser Frage wurde in einem zweiten Schritt untersucht, ob und wenn ja welchen Beitrag die neuere Modernisierungstheorie zur Theorie moderner Gesellschaften geleistet hat. Dabei kann die Sensibilität für ‚Epochenunterscheidungen' nur ein Aspekt ihres heuristischen Potentials sein.

Dieses Raster liegt auch der Bilanz zugrunde, die in diesem Schlusskapitel gezogen wird.

Zusammenfassung

Einleitend wird hervorgehoben, dass die neuere Modernisierungstheorie durch eine Orientierung an den Massenmedien geprägt wurde. Dennoch wird ihr Ertrag hier ausschließlich unter dem wissenschaftsinternen Kriterium des Beitrags zur Wissensakkumulation bilanziert. Dabei steht einmal die These eines Epochenwandels, zum anderen der Beitrag zur Theorie moderner Gesellschaften auf dem Prüfstand.

4.2 Eine neue Gesellschaft? Was ist an der These eines Epochenwandels dran?

4.2.1 Sieben sehr unterschiedliche Thesen

Was ist aus wissenschaftlicher Sicht an der These eines Epochenwandels innerhalb der Moderne dran? Um diese Frage abschließend klären zu können, rufe ich zunächst die sieben sehr unterschiedlich angelegten Thesen in Erinnerung, die in diesem Buch diskutiert wurden.

a. Ulrich Beck (vgl. 2.3.3 und 2.4.2) hat mit der Unterscheidung zwischen *Risikogesellschaft* und *klassischer Industriemoderne* eine eindeutige Unterscheidung zweier Epochen innerhalb der Moderne vorgelegt. In den späteren Veröffentlichungen verwendet er auch die formaler gehaltene Unterscheidung zwischen *erster* und *zweiter* Moderne. Während die klassische Industriemoderne (erste Moderne) nach Beck als *Enttraditionalisierung*sprojekt beschrieben werden kann, geht es in der Risikogesellschaft (zweite Moderne) um die Konfrontation der Moderne mit sich selbst (*reflexive Modernisierung*).
b. Giddens (vgl. 2.3.2 und 2.4.3) verwendet für die Gegenwart die Bezeichnung *radikalisierte Moderne*. Damit betont er die Kontinuität innerhalb der Moderne wesentlich stärker. Mit der ständig wachsenden Eigendynamik moderner Gesellschaften und der Ausbildung global vernetzter Institutionen verändern sich jedoch die gesellschaftlichen Möglichkeiten wie Risiken so stark, dass auch Giddens einen ausgeprägten Strukturwandel annimmt, den man mit dem Etikett einer zweiten Moderne versehen kann (aber nicht zwingend muss). Diese zweite Moderne unterscheidet sich von der ersten durch neuartige Konsequenzen (Stichworte: durchgesetzte Reflexivität, gesichtsunabhängiges Vertrauen gewinnt zentrale Bedeutung, Globalisierung, Nachknappheitsgesellschaft).
c. Bauman (vgl. 2.3.4 und 2.4.4) verwendet zwei unterschiedliche Epochenunterscheidungen nacheinander. In seinen Publikationen der 1990er Jahre operiert er mit der Unterscheidung zwischen Moderne und *Postmoderne*. Seinen neueren Veröffentlichungen liegt die Unterscheidung zwischen schwerem und leichtem Kapitalismus zugrunde, die wir gewissermaßen als Wechsel im Aggregatzustand der Vergesellschaftung verstehen können, da er die Gegenwart als *flüchtige Moderne* (liquid modernity) etikettiert.
d. Hartmut Rosa (2.5.2) unterscheidet drei Epochen innerhalb der Moderne. Er verwendet dazu die Begriffe *Frühmoderne, klassische Moderne* und *Spätmoderne*. Dabei steht allerdings steht der Strukturwandel zwischen klassischer Moderne und Spätmoderne eindeutig im Mittelpunkt seiner Überlegungen. Rosa versteht sich als Vertreter der kritischen Theorie und liefert daher eine Kritik der Spätmoderne unter dem Gesichtspunkt einer nicht mehr operativ einholbaren und daher zum ‚rasenden Stillstand' führenden Beschleunigung des technischen und des sozialen Wandels sowie des Lebenstempos.
e. Eine nicht direkt einem einzigen Autor zuzuordnende Gegenwartsdiagnose liefert die *Postindustrialismus*these (vgl. 2.5.4). Sie gewinnt vor allem dann eine gesellschaftsdiagnostische Bedeutung, wenn sie mit der These verknüpft wird,

dass moderne Gesellschaften zu *Wissensgesellschaften* würden. In Wissensgesellschaften wird das theoretische Wissen zu einer Schlüsselkategorie (vgl. v. a.
Daniel Bell), das Wissenschaftssystem erfährt einen starken Bedeutungszuwachs.

f. Nach Castells (vgl. 2.5.3) hat mit der digitalen Verarbeitung der menschlichen
    Kommunikation eine neue Epoche, das Informationszeitalter, begonnen, in
    der die Vergesellschaftung die Struktur von Netzwerken annimmt (Stichwort:
    Netzwerkgesellschaft).

g. Nach Beck und Lau (vgl. 2.6.4) kann eine Epochenunterscheidung zwischen
    erster und zweiter Moderne auf Veränderungen in den grundlegenden Institu-
    tionen moderner Gesellschaften zurückgeführt werden. Während die klassische
    Moderne nur *entweder-oder-Ordnungen* gekannt habe, seien für die zweite
    Moderne *sowohl-als-auch-Ordnungen* charakteristisch.

4.2.2 Ergebnisse der kritischen Diskussion

Die kritische Diskussion dieses breiten Angebots an Epochenunterscheidungen
hat zu einem sehr ernüchternden Ergebnis geführt. Nur dort, wo Zäsurthesen (vgl.
die Einleitung; c und d) direkt oder indirekt an technologische Veränderungen
geknüpft werden, ist der epochale Wandel unbestreitbar.

Das gilt in erster Linie für den Komplex Postindustrialismus/ Wissensgesellschaft (Variante e). Daneben ist auch Castells These (Variante f) überzeugend,
dass sich mit der digitalen Verarbeitung menschlicher Kommunikation sich die
gesellschaftliche Organisation verändert habe. Es ist aber sehr zu bezweifeln, dass
diese Veränderungen allein über die Kategorie ‚Netzwerkgesellschaft' soziologisch
ausbuchstabiert werden können. Weiterhin ist unbestreitbar, dass die Globalisierung
weiter vorangekommen ist (Varianten b und f) und sich moderne Gesellschaften
auch in institutioneller Hinsicht stärker vernetzt haben (Variante b).

Die entscheidende Frage ist zweifellos: reichen diese Trends aus, um von einer
neuen Epoche innerhalb der Moderne sprechen zu können? Um eine hinreichend
fundierte Antwort auf diese Frage zu finden, ist es sinnvoll, zunächst diejenigen
Begründungsstrategien Revue passieren zu lassen, die der Kritik *nicht* Stand gehalten haben.

Becks These (Variante a), dass es erst in den 1970er Jahren zu einer Auflösung
der ‚Traditionskerne' und damit zur posttraditionalen Gesellschaft gekommen sei,
krankt daran, dass sich auch in der Gegenwart noch Enttraditionalisierungsprozesse und sogar neue Traditionsbildungen ausmachen lassen. Beck unterlegt seiner
Diagnose einen substanziellen Enttraditionalisierungsbegriff. Wenn man Enttraditionalisierung jedoch wie Giddens so versteht, dass in der enttraditionalisierten

Gesellschaft auch Traditionen *gewählt* werden, also ihre Selbstverständlichkeit verlieren, dann läge eine mögliche Zäsur deutlich früher.

Beide Zäsurthesen von Bauman (Variante c) kranken daran, dass ihre Reichweite zu gering ist. Wenn man sie als Ortung seismographischer Veränderungen im Zeitgeist versteht, die sich an den Verhaltensweisen relativ kleiner kultureller Eliten demonstrieren lassen, dann sind sie nicht von der Hand zu weisen. Das reicht aber für eine Zäsurthese nicht aus. Hier müsste die soziale Reichweite der postulierten Veränderungen deutlich weiter gehen.

Bei Harmut Rosa (Variante d) bleibt das Problem eines auf den Beschleunigungsaspekt und hierbei nur auf bestimmte Effekte verengten Blickwinkels unlösbar. Deswegen kann man seine Gegenwartsdiagnose nicht als eine empirisch hinreichend belegte Zustandsbeschreibung sondern nur als ein Risikoszenario akzeptieren, wobei die Bewältigungsmöglichkeiten aus konzeptionellen Gründen nicht hinreichend ausgeleuchtet werden konnten (vgl. 2.5.2.4).

Bei Beck/ Lau 2005 (Variante g) wird eine empirisch nicht haltbare und zudem auf einen Aspekt verengte Zäsurthese vertreten, die die Probleme der Variante (a) nicht heilen kann. Sie wurde am Beispiel des Nationalstaats eindeutig widerlegt, denn Nationalstaaten unterschiedlichster Provenienz fügten sich auch im Zeitraum 1850-1960 keineswegs in das behauptete Modell einer ,Entweder-oder-Ordnung' (vgl. 2.6.4.3).

Als Fazit dieser Probleme können wir festhalten, dass mit der (jeweils) ,neuen Theorie' keine ,neue Gesellschaft' identifiziert werden konnte. Nur dort, wo eher handfeste Phänomene (Wissensgesellschaft, Globalisierung, technische Verarbeitung menschlicher Kommunikation) ausgemacht werden konnten, sind gesellschaftliche Diskontinuitäten evident, aber auch in ihrer Reichweite beschränkt.

4.2.3 Ansatzpunkte für Diskontinuitäten innerhalb der Moderne

4.2.3.1 Argumente für die Suche nach Diskontinuitäten

Nach dieser doch ziemlich ernüchternden Bilanz drängt sich die Frage auf, ob sich der ganze Aufwand überhaupt lohnt. Macht es aus wissenschaftlicher Sicht überhaupt Sinn Epochenunterscheidungen innerhalb der Moderne anzustreben? Schließlich müssen ja alle denkbaren Kriterien, an denen solche Unterscheidungen festgemacht werden, relativ bleiben.

Meines Erachtens sprechen vor allem zwei Argumente dafür, die Frage nach möglichen Epochenunterscheidungen zu stellen. Gegenwartsdiagnosen, die eine neue Epoche ausgerufen haben, hatten immer eine Art Weckruffunktion. Sie haben den Gegenstandsbezug der Theorie moderner Gesellschaften geschärft, weil die Berechtigung derartiger Thesen ja nur durch die Analyse der Gesellschaftsstruktur bestätigt oder widerlegt werden konnte. Derartige Thesen sichern also, dass die Theorie moderner Gesellschaften ihren Gegenstandsbezug nicht vernachlässigt und nur noch die Wiederkehr des immer Gleichen (vgl. Wehling 1992) konstatiert.

Wichtiger ist m. E. das Defizit-Argument: wenn man die die Frage nach möglichen Zäsuren innerhalb der Moderne ausblendet, damit verliert man damit ein *mögliches* Merkmal moderner Gesellschaften aus dem Auge. Es gehört daher auch zum wissenschaftlichen Anspruch der Theorie moderner Gesellschaften ein über Gegenwartsdiagnosen hinausgehendes Verständnis für mögliche Diskontinuitäten von Modernisierung zu entwickeln. Daher hat sich die Kritik auch nicht in Widerlegungsversuchen erschöpft, sondern es wurde ebenfalls überlegt, ob man durch konzeptionelle Veränderungen zu plausibleren Ergebnissen kommen könnte.

In dieser Hinsicht hat es ein überraschendes Ergebnis gegeben. Wenn man, wie im Abschnitt 2.2 vorgeschlagen, die Theorie funktionaler Differenzierung im Hinblick auf die konzeptionell an sich bekannten Verflechtungen und Abhängigkeitsbeziehungen zwischen den Funktionssystemen und ihren spezifischen gesellschaftlichen Leistungen ausbuchstabiert, dann lassen sich mehrere Varianten zumindest teilweise so reformulieren, dass sie (a) heuristisch überzeugender werden und (b) vor allem zu einem Gesamtszenario mit einander in Beziehung gesetzt werden können.

Zwei der drei Argumentationskomplexe in der ‚Risikogesellschaft‘ (Stichworte: ökologische Risiken als Nebenfolge der Reichtumsproduktion; Entgrenzung von Wissenschaft und Politik) lassen sich auf die Expansion des Wissenschaftssystems und daraus erwachsende Abhängigkeitsbeziehungen insbesondere des Wirtschaftssystems zurückführen (vgl. unter 2.6.5). Gleiches gilt für die Komplexe Postindustrialismus/ Wissensgesellschaft und die Digitalisierung der Kommunikation. Ebenso lässt sich Baumans Ambivalenzproblem in seinem Kern darauf zurückführen, dass mit Hilfe des staatlichen Machtgebrauchs im weitesten Sinne als wissenschaftlich (bzw. als ‚rational‘) angesehene Ordnungsvorstellungen praktisch durchgesetzt werden sollen (vgl. ebd.). Auch einige für die radikalisierte Moderne zentrale Aspekte bei Giddens wie die Reflexivität von Wissen oder das Vertrauen in Expertensysteme können darauf zurückgeführt werden, dass Fortschritte innerhalb des Wissenschaftssystems qua Abhängigkeitsbeziehungen zu anderen Funktionssystemen in die Gesellschaft diffundieren.

Im Rahmen der Differenzierungstheorie könnte die aus fachwissenschaftlicher Sicht zu enge Perspektive einer reinen Gegenwartsdiagnose ausgeweitet werden auf die Frage nach Diskontinuitäten und Zäsuren innerhalb der gesamten Moderne.

In dem Band zur ‚klassischen Moderne' hatte sich ja gezeigt, dass die klassische Modernisierungstheorie nur relativ wenige der von der Sozialgeschichte beleuchteten Modernisierungsprozesse (KM 221-365) konzeptionell integrieren kann. Ich möchte daher in Form einer kurzen Skizze erläutern, welche zusätzlichen Erkenntnisgewinne eine für Abhängigkeiten zwischen den Funktionssystemen sensibilisierte Differenzierungstheorie liefern könnte.

4.2.3.2 Zäsuren innerhalb der Moderne aus dem Blickwinkel der Theorie funktionaler Differenzierung

Man wird sich vermutlich ohne lange Debatten darauf einigen können, dass sowohl die Industrialisierung wie die Entwicklung des Sozial- und Wohlfahrtsstaates als Zäsuren innerhalb der Moderne verstanden werden können. Das liegt daran, dass sich in beiden Fällen die Lebensbedingungen großer Teile der Bevölkerung gravierend verändert haben. Interessanter ist schon die Frage, was diese Zäsuren ausgelöst hat. Die Industrialisierung war ein erster erfolgreicher Anwendungsfall der modernen Wissenschaft. Dagegen ist der Sozial- und Wohlfahrtsstaat aus einem jahrzehntelangen Prozess hervorgegangen, in dem es um die Lösung der ‚sozialen Frage' mit politischen Mitteln ging. Gerade weil es sich hier um sehr unterschiedliche Veränderungen handelt, eignen sie sich sehr gut dazu, an ihnen das soziologische Verständnis für gesellschaftliche Zäsuren innerhalb der Moderne zu erproben.

(a)   Industrialisierung und weitere Zäsuren: das Wissenschaftssystem wirkt in das Wirtschaftssystem hinein und verändert es substanziell

Die Schlüsselerfindungen, die das Zeitalter der Industrialisierung einläuteten, waren keine wissenschaftlichen Heldentaten, eher Erfolge hartnäckiger Tüftler (vgl. KM: 295ff.), die längst bekannte Ideen anwendungsreif machten. Mindestens genauso wichtig war, dass sie auf ein aufgeschlossenes Publikum von Unternehmern und Finanziers trafen, die es für aussichtsreich hielten, auf diesem Wege ihre Profite zu steigern. *Die Industrialisierung steht also dafür, dass Arbeitsmethoden des Wissenschaftssystems, Forschung und Entwicklung, erstmals zum Motor des Wirtschaftssystems wurden.* Erst diese Verbindung hat die Welt umgekrempelt.

An anderer Stelle (2.2.2) wurde gezeigt, dass Abhängigkeitsbeziehungen und Verflechtungen zwischen den Funktionssystemen der Normalfall funktionaler Differenzierung sind. Was war hier dann das Besondere? Zunächst einmal, dass ein bereits modernisiertes Wissenschaftssystem auf ein Wirtschaftssystem traf, das sich zum ‚modernen Kapitalismus' (Weber) entwickelt hatte und formal rational und systematisch das Ziel der Profitsteigerung verfolgte. Erst dadurch wurde es möglich, dass sich Innovationen mit zuvor ungekannter Geschwindigkeit durchsetzen konnten. Darüber hinaus steht die Industrialisierung aber auch dafür, *dass die Expansion des Wirtschaftssystems seitdem an vermarktbare Innovationen des Wissenschaftssystems strukturell gekoppelt ist* (vgl. v. a. die Theorie der langen Wellen; Kondratieff 1926, Schumpeter 1939).

Wenn man die weitere Beziehung zwischen Wissenschaftssystem und Wirtschaftssystem verfolgt, dann gibt es mindestens noch zwei weitere ernsthafte Kandidaten für weitere Zäsuren: der Übergang zur Wissensgesellschaft und das Ökologiethema. Mit der Wissensgesellschaft wäre ein Zustand des Wirtschaftssystems erreicht, wo nicht nur die Anwendung wissenschaftlicher Innovationen systematisch kalkuliert wird, sondern *im Wirtschaftssystem mit wissenschaftlicher Qualifikation* an der Entwicklung vermarktbarer Innovationen gearbeitet wird (Stichwort: ‚Wissensarbeiter'; Globalisierung: 53). Dagegen wird ‚normale Produktion' tendenziell zu einer Residualkategorie (Stichwort: Routinearbeit).

Das Ökologiethema steht für eine weitere Landnahme des Wissenschaftssystems, die nun auch den *Entwertungsmechanismus* (bzw. die ‚schöpferische Zerstörung'; Schumpeter 1993: 137) durchdringt. Während Entwertung klassischerweise nur über den Mechanismus wirtschaftlicher Konkurrenz hervorgebracht wird, *können nun auch wissenschaftliche Ergebnisse* über die mit Waren oder Produktionsverfahren verbundenen Risiken für Gesundheit und Ökologie *zu direkter Entwertung* führen.

Allerdings kann gegen diese Argumentation zu Recht eingewendet werden, dass hierbei die Diffusion des Wissenschaftssystems in den gesellschaftlichen Alltag ausgeblendet wird. Mit der These der Wissensgesellschaft wird auch die Behauptung verbunden, dass theoretisches Wissen gesellschaftsweit, sowohl im Alltagsleben wie in weiteren Funktionssystemen zu einer Schlüsselkategorie geworden sei. Ökologische Entwertung, so argumentiert etwa Beck in der Risikogesellschaft, finde deswegen statt, weil die Konsumenten sich an einschlägigen wissenschaftlichen Ergebnissen (zumindest insoweit sie durch die Massenmedien verbreitet werden) orientieren. Man könnte diese Gesichtspunkte einer *allgemeinen Bedeutungsexpansion des Wissenschaftssystems* noch durch folgende These erweitern. Auf dem Wege der ‚Verwissenschaftlichung' von Waren wie von Kollektivgütern und Infrastruktur bewegen wir uns in einer immer künstlicheren Umwelt, die unsere Alltagsroutinen zunehmend prägt.

Diese Thesen weisen auf zwei Effekte hin. Einmal wirkt das Wissenschaftssystem über die strukturelle Kopplung an das Wirtschaftssystem in die gesamte Gesellschaft hinein und verändert dabei auch den Lebensalltag der Menschen. Zum anderen gewinnt theoretisches Wissen unabhängig davon zunehmend auch direkte Bedeutung in weiteren Funktionssystemen wie im gesellschaftlichen Alltag.

(b)   Der Sozial- und Wohlfahrtsstaat und die Lösung der ‚sozialen Frage'

Man kann in der allmählichen und bis heute keineswegs einheitlichen (vgl. nur Esping- Andersen 1990) Herausbildung des Sozial- und Wohlfahrtsstaates eine integrative Reaktion auf die mit der Industrialisierung aufgeworfene ‚soziale Frage' sehen. Über die industrielle Lohnarbeit war neben dem klassischen Bürgertum (Kaufleute, Unternehmer, Gewerbetreibende, Angehörige freier Berufe, Beamte) eine weitere zahlenmäßig wesentlich größere soziale Schicht entstanden, die anders als Grundbesitzer, Bauern, Landarbeiter und das ständisch geprägte Handwerk zwar in der modernen Gesellschaft angekommen waren (vgl. Parsons 1942/1954; Lepsius 1973) aber dort noch keinen festen Platz gefunden hatten.

Aus dem Blickwinkel individualisierter Lebensführung kann man die soziale Frage folgendermaßen formulieren: Wie kann es ermöglicht werden, dass Industriearbeiter oberhalb des Existenzminimums und über die gesamte Lebensspanne hinweg von industrieller Lohnarbeit lebenslang leben können? Die institutionelle Herausforderung lag darin, dass dies ohne Eigentum an Produktionsmitteln, also ausschließlich über das Geldmedium, die Zweitcodierung von Eigentum (vgl. Luhmann 1988: 197), gelingen musste. Darüber hinaus musste diese neue Schicht auch politisch integriert werden.

Die Lösung ist hinlänglich bekannt: es wurden in nahezu allen Industriegesellschaften Systeme sozialer Sicherung etabliert, die Transferleistungen für Zeiten vorsehen, in denen ohne eigenes Verschulden nicht gearbeitet werden kann. Hinzu kommen (a) die Institutionalisierung kollektiver Tarifverhandlungen zwischen Gewerkschaften und Unternehmerverbänden und (b) punktuelle Aktivitäten direkter staatlicher Daseinsfürsorge (z. B. Medicare in den USA oder Sozialhilfe in Deutschland). Der Sozial- und Wohlfahrtsstaat war und ist ein politisches Projekt. Deswegen wurde vor allem die konkrete Ausprägung (vgl. Esping-Andersen 1990) von den jeweiligen Kräfteverhältnissen zwischen sozialdemokratischen und sozialistischen Parteien auf der einen und bürgerlich- liberalen wie konservativen Parteien auf der anderen Seite geprägt. Dabei darf nicht übersehen werden, dass zwischen den relevanten politischen Gruppierungen ein Grundkonsens über die Notwendigkeit einer politischen wie sozialen Integration der Industriearbeiter erreicht wurde, der es erst ermöglichte, diese Reformen auf Dauer zu stellen.

Aus differenzierungstheoretischer Perspektive handelt es sich um eine Zäsur, die zumindest nicht direkt von der Eigendynamik der Funktionssysteme ausgegangen ist, wohl aber *zu einem Umbau wichtiger Funktionssysteme und zu einem für heutige moderne Gesellschaften immer noch charakteristischen Zusammenspiel zwischen den Funktionssystemen geführt hat*. Ausgelöst wurde sie durch den oben beschriebenen Impuls der Industrialisierung, der zu sozialen Verwerfungen geführt hat, die *die Akzeptanz der zentralen (vgl. 2.2.2) Erfolgsmedien, Geld und Macht ernsthaft gefährdeten* und Vorstellungen eines radikalen gesellschaftlichen Umbaus angeregt haben. Wie noch ausführlich gezeigt werden wird (vgl. unter 4.4.4.1), ist die soziale Akzeptanz der wenigen Erfolgsmedien, auf denen die institutionelle Struktur moderner Gesellschaften ruht, ein höchst kostbares und schon deswegen immer gefährdetes Gut, weil ihre Evidenz nicht mehr aus Kosmologien gespeist wird.

Das *Machtmedium* war über die um sich greifende Semantik vom ‚Obrigkeits- und Klassenstaat' zunehmend diskreditiert worden. In Gegenentwürfen wie z. B. dem in der deutschen Sozialdemokratie diskutierten ‚Zukunftsstaat' ging es daher immer um einen Gebrauch des Machtmediums im Interesse der Arbeiterschaft, der kleinen Leute, der Armen, der Besitzlosen[138]. Das *Geldmedium* erwies sich selbst für diejenigen Industriearbeiter, die einen Arbeitslohn bekamen, als nicht ausreichend, um über den Konsum ein einigermaßen akzeptables Leben zu organisieren (vgl. Brock 1991: 62ff. und 109ff.). Die Löhne waren zu niedrig und die Arbeiter wurden als unzuverlässige Konsumenten diskriminiert. Das alles zeigte in den Augen der Arbeiterschaft, dass nicht nur das Eigentum sondern auch das Geld nur etwas für das Bürgertum war.

Die Defizite des Machtmediums konnten letztendlich nur durch eine Erweiterung der Staatsaufgaben gelöst werden, was zwangsläufig zu einem höheren staatlichen Finanzierungsbedarf führte. Die Ausweitung des Wahlrechts vom Zensus- zum allgemeinen und gleichen Wahlrecht für alle erwachsenen Gesellschaftsmitglieder bildete eine zwar notwendige, aber noch keineswegs hinreichende Grundlage für diesen Umbau des Staates. Sie musste durch die Entwicklung sozialpolitischer Aufgaben inhaltlich unterfüttert werden, denn der bürgerliche Staat, so wie er sich modellartig im Vereinigten Königreich während des 18. und 19. Jahrhunderts herausgebildet hatte, war nur auf die Protektion der Interessen der Grundbesitzer, der Gewerbetreibenden, der Kaufleute und der Unternehmer ausgerichtet. Diese Interessen wurden typischerweise nicht durch Eingriffe in das Wirtschaftsleben, sondern durch geeignete Rahmenbedingungen gefördert. Der große Konflikt um Einfuhrzölle auf Grundnahrungsmittel zwischen Liberalen und Konservativen (Stichwort: Gladstone und Disraeli) illustriert ganz gut die Ausrichtung dieser Art von Interessenpolitik.

Aber was waren sozialpolitische Staatsaufgaben, die nicht gewaltsam gegen die ‚Privateigentümer von Produktionsmitteln' durchgesetzt werden mussten, sondern

---

138 Bei der Diskreditierung des zeitgenössischen Machtgebrauchs spielte der Marxismus eine eher bescheidene Rolle. Die wenigen vorliegenden empirischen Materialien zeigen, dass in den Diskursen unter den Arbeitern Ungerechtigkeits- und Kränkungserfahrungen eine zentrale Rolle spielten (vgl. zusammenfassend Brock 1991: 131ff.).

von ihnen toleriert werden konnten? Die klassische Forderung nach der Schaffung von Arbeitsplätzen durch den Staat hätte in eine Staatswirtschaft geführt, die substanziell in diese Interessen eingegriffen hätte. Zudem hätte sie das Problem noch nicht gelöst, wie Menschen, die vom Verkauf ihrer Arbeitskraft leben, im Falle von Krankheit oder altersbedingter Arbeitsunfähigkeit zu dem für ihr Überleben notwendigen Geld kommen sollten. Hier konnten nur Lohnersatzleistungen Abhilfe schaffen, deren Finanzierung politisch organisiert werden musste. An ihrer Finanzierung mussten sich die Besitzenden über Steuern bzw. Beiträge an eine staatlich organisierte Zwangsversicherung beteiligen. Auch die Legalisierung des Streik- und des Koalitionsrechts und die daran anknüpfende Institution der Tarifverträge bedeuteten Eingriffe in die Autonomie des Wirtschaftssystems. Sie konnten aber toleriert werden, weil sie den Faktor Arbeit im Endeffekt zwar erheblich verteuerten, dabei aber alle Unternehmen in gleicher und zudem berechenbarer Art und Weise trafen und ihre Rolle als Arbeitgeber nicht tangierten. Diesem Muster folgten weitere Aufgabenfelder, die weitere Rahmenbedingungen abhängiger Beschäftigung wie Arbeits- und Gesundheitsschutz, Kündigung, Nacht-, Feiertags-, Schichtarbeit usw. im Interesse der Arbeitnehmer normierten.

Anders als die Interessen der Privateigentümer an Produktionsmitteln konnte der Staat die Interessen der vom Verkauf ihrer Arbeitskraft lebenden Bevölkerung also nur sehr direkt, durch Formen staatlicher Daseinsfürsorge fördern. Das erforderte den Aufbau bürokratischer Kontrollinstanzen, die sich um die Normierung von Lebensbedingungen und um deren Kontrolle kümmern sollten. Daher steht der Sozial- und Wohlfahrtsstaat auch für eine drastische Ausweitung von Staatsaufgaben, die zu einem Staat führt, der gewissermaßen seine Hand permanent am Puls der Gesellschaft hat und der bereit ist, mit seinem Machtcode und über den Weg der rechtlichen Normierung im Interesse der Daseinsfürsorge nicht nur in wirtschaftliche Prozesse einzugreifen.

Darüber hinaus führt dieses Interesse zum Aufbau weiterer mehr oder weniger autonomer Funktionssysteme. Zu nennen ist in erster Linie ein Gesundheitssystem, das durch Umlagefinanzierung dafür sorgen soll, dass Krankheiten unabhängig vom Einkommen der Patienten bedarfs- und sachgerecht therapiert werden. Aus dem Projekt der Alphabetisierung der Bevölkerung entwickeln sich Bildungssysteme modernen Zuschnitts, die für die Entfaltung der vielfältigen Potentiale der Menschen, tendenziell auch über deren Vermarktungsfähigkeit hinaus, zuständig sind. Schließlich gewinnen auch die sozialen Sicherungssysteme, zumindest insoweit sie umlagefinanziert sind, also auf Beiträgen von Arbeitgebern und Arbeitnehmern beruhen, relative Autonomie ('Selbstverwaltung').

Die aus differenzierungstheoretischer Sicht wichtigste Veränderung bestand im nun wesentlich intensiver gewordenen Zusammenspiel von Wirtschaft und Staat. Man kann auch von einer deutlich substanzieller gewordenen wechselseitigen Abhängigkeit sprechen. Der Staat kann seine wachsenden Aufgaben nur erfüllen, wenn sein wachsender Finanzierungsbedarf von einer prosperierenden und der Besteuerung nicht entfliehenden Wirtschaft gedeckt werden kann. Das Wirtschaftssystem kann ohne engmaschige staatliche Eingriffe, allein aus sich heraus, seine Aktivitäten und vor allem das Geldmedium nicht hinreichend legitimieren geschweige denn schützen. Insofern ist es auf unterstützende staatliche Aktivitäten angewiesen.

Gibt es noch weitere Kandidaten für Zäsuren, bei denen ebenfalls Legitimationsprobleme des Machtmediums politisch gelöst wurden mit Auswirkungen auf weitere Funktionssysteme? *Als weiterer klassischer Fall drängt sich die Geburt des modernen Staates auf.* Er entstand, als Krisen der Monarchie, die letztlich auf Krisen des monarchischen Machtgebrauchs bei neuartigen Finanzierungsproblemen zurückgeführt werden können, durch Einbezug des wohlhabenden Bürgertums in die Prozesse politischer Willensbildung (Stichworte demokratische Revolution; England, Frankreich, Niederlande; KM: 263ff.) politisch gelöst wurden. Von dieser Problemlösung gingen wichtige Impulse auf das Wirtschaftssystem aus.

Für die Gegenwart zeichnen sich zwei Gefährdungsszenarien ab. Einmal wird die Legitimität staatlicher Machtanwendung durch eine Legitimationskrise des Parlamentarismus bedroht. Die Legitimationsbasis des Parlamentarismus stammt noch aus der Ständegesellschaft (KM: 263). Unter den damaligen Bedingungen war es durchaus plausibel, dass die Interessen eines Standes oder auch einer Region von abgeordneten Mitgliedern vertreten wurden, die diese Aufgabe schon deswegen eigenverantwortlich wahrnehmen mussten, weil eine permanente Rückkopplung an den damals verfügbaren Verbreitungsmedien gescheitert wäre. Unter modernen Bedingungen sind politische Parteien an die Stelle von Ständen getreten. Solange sie noch für eine bestimmte politische Ideologie bzw. Weltanschauung eintraten, konnte noch abgeschätzt werden, wofür die Abgeordneten standen. Aber dies wird immer weniger möglich, so dass die Vermutung um sich greift, dass einerseits Eigeninteressen andererseits erkaufter Lobbyismus die politische Arbeit zunehmend prägen. Sowohl die Entwicklung der Wahlbeteiligung und der Mitgliederzahlen (Morgenstern 2014) wie die Entwicklung des Sozialprestiges des politischen Personals sprechen eine deutliche Sprache.

Weniger greifbar, aber perspektivisch noch brisanter scheint mir die Frage zu sein, ob eine politische Lösung der Diskrepanz zwischen den begrenzten Ressourcen dieses Planeten und einer auf Ressourcenverschleiß hin programmierten Funktionsweise des gesellschaftlichen Leistungsbereichs wie einer damit verbundenen individualisierten Lebensführung gelingt. Ein Scheitern könnte den Gebrauch des Machtmediums in seiner Substanz desavouieren.

(c)   Diskontinuierliche Entwicklung oder Zäsur?

Am Ende dieses Abschnitts bleibt noch die Frage, mit welcher Berechtigung man bei diesen Beispielen für eine diskontinuierliche Entwicklung innerhalb der Moderne von Zäsuren sprechen kann, die die Moderne generell verändert hätten. Gegen eine solche ,dramaturgische Zuspitzung' spricht nicht zuletzt, dass vor allem die Beispiele für innovative politische Lösungen von Legitimationsproblemen des Machtmediums komplexe Prozesse zusammenfassen, die Jahrzehnte lang angedauert haben bis sich definitive und verlässliche Lösungen abzuzeichnen begannen. Wenn man sich nicht durch tatsächliche oder vermeintliche Verkaufsargumente beeindrucken lässt, sondern um ein möglichst präzises Verständnis moderner Gesellschaften ringt, dann sollte man solange von diskontinuierlicher Entwicklung sprechen wie keine klaren und weitgehend anerkannten Kriterienkataloge für ,Zäsuren' existieren.

4.2.4   Diskontinuitäten individualisierter Lebensführung

Wenn man die Stichhaltigkeit von behaupteten Diskontinuitäten oder Zäsuren individualisierter Lebensführung diskutieren möchte, dann muss man zunächst prüfen, ob eine Längsschnitt- oder eine Querschnitt-Argumentation vorliegt (vgl. 3.8.3). Im ersten Fall geht es um das erstmalige Auftreten bestimmter Muster meist bei relativ kleinen gesellschaftlichen Gruppen. Bei einer Querschnittargumentation wird dagegen behauptet, dass ein bestimmtes Muster dominant geworden sei, also von einer Mehrheit praktiziert wird.

Da die Autoren derartige Festlegungen allerdings scheuen, muss der Analytiker entscheiden, welche Variante jeweils größere Chancen auf eine Bestätigung hat. Da Baumans Analysen überwiegend auf ,Pioniere' zielen, die seiner Meinung nach eine allgemeine Tendenz besonders prägnant verkörpern, kann bei ihm nur geprüft werden, ob diese pionierhaften Verhaltensweisen wirklich historisch neu sind (=Längsschnittargumentation). Bei den Individualisierungsthesen von Beck und Rosa wie bei Sennett ist dagegen nur eine Querschnitt- Argumentation erfolgversprechend. Denn es ist nicht zu bestreiten, dass die benannten Phänomene älter sind. Daher kann es sich nur darum handeln, ob und wann sie gesellschaftlich dominant werden.

Obwohl also die jeweils ,günstigste' Variante gewählt wurde, ist auch hier das Ergebnis eher enttäuschend. Baumann hat keine in soziologischer Hinsicht neuen Muster beobachtet, also können seine weiterführenden Beiträge nur auf theoretischem Gebiet liegen. Während Beck die Individualisierung der Risikogesellschaft zuordnet und hier eine Zäsur in den 1970er Jahren vermutet, lokalisiert Rosa sie in der klassischen Moderne. Eine auf Deutschland beschränkte und an verfügbaren

Indikatoren orientierte Schätzung lässt vermuten, dass Muster individualisierter Lebensführung in den 1960er Jahren dominant geworden sind (näheres unter 3.2). Alle weiteren Beobachtungen wurden direkt in das Konzept ‚individualisierte Lebensführung' (vgl. 3.1 und 3.3) integriert, um sie systematisieren zu können. Dabei wird davon ausgegangen, dass individualisierte Lebensführung in vier Aufgabenfelder ausdifferenziert ist, in denen jeweils unterschiedliche gesellschaftliche Rahmenbedingungen wirksam werden: Kommodifizierung (3.4), Konsum (3.5), Arbeit/ abgetretene Lebenszeit (3.6) und Partnerschaft/ Freundschaftsbeziehungen (3.7). Auf allen diesen Feldern lassen sich zwar sozialhistorische Zäsuren ausmachen, die aber ausnahmslos nicht in der Gegenwart sondern in der Vergangenheit stattgefunden haben. Das spricht für die oben (vgl. 4.1) geäußerte Vermutung, dass Gegenwartsdiagnosen eher als eine an den Modalitäten der Massenmedien orientierte Vermarkungsstrategie zu verstehen sind.

Weiterhin fällt auf, dass sich die Beobachtungen der neueren Modernisierungstheoretiker auf das Feld Partnerschaft/ Freundschaftsbeziehungen, daneben auch auf den Konsum konzentrieren. Die Felder Kommodifizierung und Arbeit/ abgetretene Lebenszeit werden seltener und punktueller behandelt. Das könnte damit zusammenhängen, dass die beiden zuletzt genannten Felder unter dem Vorzeichen des Zwangs stehen, Aktivitäten im Rahmen individualisierter Lebensführung werden hier gesellschaftlich erzwungen. Dagegen manifestiert sich im Konsum wie auch bei der Beziehungswahl die den Individuen in der Moderne zugestandene ‚Autonomie'. Nicht nur Rosa (vgl. 3.2) scheint darüber ausgeblendet zu haben, dass Vergesellschaftung unter den Bedingungen von Lohnarbeit immer ambivalent bleibt und den Individuen die Aufgabe zudiktiert, Freiheit und Zwang in der eigenen Lebenspraxis miteinander in Beziehung zu setzen (vgl. 3.3).

Diese Befunde sprechen zwar gegen die soziologische Substanz der diskutierten Gegenwartsdiagnosen aber keineswegs generell gegen die Analyse von Diskontinuitäten innerhalb der Moderne. Für eine derartige Analyse bietet der Kommodifizierungs*erfolg* (also nicht die Kommodifizierungspraktiken) einen interessanten Ansatzpunkt, da er direkte Rückwirkungen auf drei der vier Aufgabenfelder individualisierter Lebensführung hat. Er verschärft oder entschärft die Anforderungen an zukünftige Kommodifizierungsaktivitäten, bestimmt das Konsumniveau und verschärft oder entschärft den Zwang zur Abtretung eigener Lebenszeit. Lediglich das Feld Partnerschaft/ Freundschaftsbeziehungen wird nur indirekt tangiert.

4.2.4.1 Die Trendwende in Richtung auf eine Dreiklassengesellschaft neuen Typs

Ausgehend von chaostheoretischen Überlegungen kann man den Kommodifizierungserfolg mit Erwartungen an ein Spektrum ‚normaler' Erträge aus dem Verkauf der eigenen Arbeitskraft in Beziehung setzen (vgl. ausführlich unter 3.8.3). Daraus lassen sich dann drei mögliche Ergebnisse herleiten. Erstens das sogenannte *Normalmodell (A)*. Hier trägt ein innerhalb der Normalitätserwartungen liegender Kommodifizierungserfolg ein Modell lebenslanger Lohnarbeit, die ein Leben oberhalb der Armutsgrenze ermöglicht. Zweitens ein Modell *prekärer Lebensführung* (B) infolge eines deutlich unter den Normalitätserwartungen liegenden Kommodifizierungserfolgs. Hier reicht die Abtretung eigener Lebenszeit nicht aus, um das Knappheitsproblem von Geld in den Griff zu bekommen. Dagegen wird eine *Lebensführung jenseits der Knappheitsproblematik* (C) durch weit überdurchschnittliche Kommodifizierungserfolge möglich. Diese drei Modelle wurden im Abschnitt 3.8.3 genauer erläutert. Sie liefern ein empirisch gut überprüfbares Raster für den Vergleich gesellschaftlicher Querschnitte auf der Zeitachse.

Eine Skizze langfristiger Trends (vgl. unter 3.8.3) hat für Deutschland zwei historische Trendwenden seit der Frühindustrialisierung ergeben. Während in der Frühindustrialisierung zunächst das Modell B dominierte, erfolgt ab ca. 1986 der Aufstieg des Normalmodells (A). In Zusammenhang mit der Entwicklung des Sozial- und Wohlfahrtsstaats wird es in der Nachkriegszeit dominant, während das Modell B ebenso kontinuierlich zurückgeht. Ab ca. 1980 setzt eine zweite Trendwende ein, bei der die Verbreitung des Normalmodells zurückgeht. Dagegen legen sowohl das Modell prekärer Lebensführung (B) wie auch das Modell einer Lebensführung jenseits der Knappheitsproblematik (C) zu.

Ich vermute nun, dass mit dieser zweiten gesellschaftlichen Trendwende nicht nur die soziale Spaltung zwischen Arm und Reich zunimmt, sondern auch die wohlfahrtsstaatlich moderierte Lohnarbeit ihre Bedeutung als *universelles* Lebensmodell für die gesamte Lebensspanne verliert. Für eine wachsende Teilpopulation wird sie schlicht entbehrlich. Für einen ebenso anwachsenden Teil der Bevölkerung wird ein halbwegs gesichertes Leben qua Lohnarbeit dagegen zur Fata Morgana. Wie in den Klassengesellschaften des 19. Jahrhunderts fächern sich damit die Lebensbedingungen und die damit verbundenen Chancen zu unterschiedlichen Realitäten auf.

Zusammenfassung

1. Die im zweiten und dritten Kapitel eingehend diskutierten Thesen über Zäsuren innerhalb der Moderne sind zu großen Teilen unhaltbar. Wo sie plausibel sind, bleibt es problematisch, ob damit wirklich gesellschaftliche Zäsuren hinreichend begründet werden können.

2. Dennoch sollte die Frage nach Diskontinuitäten innerhalb der Moderne wichtig genommen werden, schon weil es sich dabei um ein wesentliches Merkmal moderner Gesellschaften handeln könnte.

3. Im gedanklichen Rahmen der Theorie funktionaler Differenzierung lassen sich zwei Modelle von Diskontinuität erkennen. Im ersten Modell (Beispiele: Industrialisierung aber auch Zäsurthesen der neueren Modernisierungstheoretiker) werden die Reproduktionsbedingungen eines Funktionssystems durch die strukturelle Kopplung an ein anderes Funktionssystem revolutioniert. Gravierende Veränderungen scheinen dabei vor allem mit der strukturellen Kopplung des Wirtschaftssystems an Leistungen des Wissenschaftssystems zusammenzuhängen. Beim zweiten Modell (Beispiel: Sozial- und Wohlfahrtsstaat) scheinen politische Lösungen von Legitimationskrisen der zentralen Erfolgsmedien Macht und Geld zu sprunghafter Expansion des gesellschaftlichen Leistungsbereichs zu führen (Aufgabenerweiterung innerhalb eines Funktionssystems; Etablierung neuer Funktionssysteme).

4. Da sich nur ein Teil der Argumentationen der neueren Modernisierungstheoretiker auf die gesellschaftlichen Funktionsbereiche bezieht, erwies es sich als unumgänglich, einen zweiten Komplex gesellschaftlicher Modernisierung zu identifizieren: individualisierte Lebensführung (ausführlich Kap. 3). In diesem begrifflichen Rahmen scheint sich die Entwicklung einer Dreiklassengesellschaft neuen Typs abzuzeichnen mit der Folge, dass das Modell lebenslanger Lohnarbeit nach ‚unten‘ (nur noch kurzfristige Lösungen des Wiederbeschaffungsproblems von Geld) wie nach ‚oben‘ (definitive Lösung des Wiederbeschaffungsproblems, kein Kommodifizierungszwang) zunehmend Konkurrenz bekommt.

4.3 Eine neue Theorie? Müssen moderne Gesellschaften neu gedacht werden?

4.3.1 Reflexive Modernisierung – eine theoretische Innovation?

Was wäre das Paradies ohne die Hölle oder das Nirwana ohne einen negativ ausgedeuteten Begriff des Lebens? Wenn solche Kontraste allerdings abgenützt sind, dann verlieren die positiv besetzten Begriffe ihren Mobilisierungseffekt und sie taugen auch nicht mehr als Legitimationsfolie. Das ist kaum zu bestreiten und trifft sicherlich auf das Adjektiv modern in hohem Maße zu. Daher orientiert sich die neuere Modernisierungstheorie an der These, dass gerade der Siegeszug der Modernisierung alles Vor- und Nichtmoderne zum Verschwinden gebracht habe. Daher sei auch ihr konstitutives Merkmal als Fortschrittsprojekt angewandter Aufklärung erodiert. Deswegen müsse die Soziologie die moderne Gesellschaft völlig neu denken. Nur: benötigen wir *deswegen* eine neue Theorie moderner Gesellschaften?

Die Forderung nach einer neuen Theorie für eine neue Gesellschaft wird z. B. bei Beck/ Lau 2005 oder Beck 1986 mit der Notwendigkeit eines ‚Paradigmenwechsels‘ begründet. Schließlich habe auch die soziologische Rekonstruktion der Industriegesellschaft bereits einen Paradigmenwechsel erfordert. Wie sich gleich zeigen wird kann diese historische Parallele bei genauerem Hinsehen nicht überzeugen. Aber dennoch könnte ein vom Gesichtspunkt der Konfrontation der Moderne mit sich selbst geprägter Ansatz zu neuen Erkenntnissen führen, die sich mit der vom Gesichtspunkt der Modernität dirigierten Beobachtungsperspektive ‚Enttraditionalisierung‘ vielleicht nicht gewinnen lassen. Dazu müsste dieser Blick auf moderne Gesellschaften allerdings wirklich ‚neu‘ sein.

Das Problem dieser These ist jedoch, dass damit längst geschlagene Schlachten noch einmal geschlagen werden. Bekanntlich ist die Geschichte der Aufklärung von Anbeginn an durch die Konfrontation des Fortschrittsdenkens mit sich selbst geprägt worden (vgl. nur Habermas 1985). Insofern ist ‚reflexive Modernisierung‘ ein alter Hut. Auch hat die Kontrastfolie des Traditionellen und Vormodernen bereits für die *Weiterentwicklung* der Aufklärung so gut wie keine Rolle gespielt. Bedeutsam kann daher der Wegfall dieser Kontrastfolie heute allenfalls nur noch für die Breitenwirkung des Fortschrittsdenkens sein (vgl. z. B. Giddens These, dass modernes Wissen keine ontologische Sicherheit mehr vermitteln könne; vgl. unter 2.4.3.3). Allerdings ist auch hier der Einfluss der gesamten Thematik auf den Modernisierungsprozess überschaubar geblieben.

Die Gründe hierfür haben bereits soziologische Klassiker wie Weber und Durkheim beschäftigt und sie bewogen, nach Antrieben zu suchen, die dem Mo-

dernisierungsprozess immanent sind. Weber hat in der ,protestantischen Ethik'
bekanntlich nur nach kulturellen Rationalisierungsprozessen für den *Start* in den
,modernen Kapitalismus' gesucht (vgl. KM: 52). Dagegen war er davon überzeugt,
dass der etablierte Kapitalismus keiner religiösen Impulse mehr bedürfe, um sich
weiter zu modernisieren. Weber war nämlich der Auffassung, dass er sich (wie
auch andere ausdifferenzierte ,Wertsphären') über Markt- und Konkurrenzmechanismen selbst reproduziere und dabei immer weiter modernisiere. Die moderne
Gesellschaft wird von Weber nur deswegen als eine durchgängig rationalisierte
Gesellschaft charakterisiert, weil sich in allen ihren Wertsphären solche *internen*
Rationalisierungsmechanismen etabliert haben. Sie werden gerade nicht von der
Kontrastfolie des Traditionellen angetrieben, sondern steigern die bereits erreichte
Modernität nach dem Muster reflexiver Modernisierung immer weiter. Wenn man
hier nach einer Kontrastfolie sucht, dann ist es immer das weniger Moderne, das
durch das Modernere (oder das konsequenter Moderne) ersetzt werden muss[139].

Auch für Durkheim war bereits klar, dass moderne Gesellschaften nicht ausschließlich über ein Kollektivbewusstsein (also z. B. über Fortschrittsideologien)
zusammengehalten werden können, sondern der organischen Solidarität bedürfen,
die sich aus der gesellschaftlichen Arbeitsteilung entwickelt habe (KM: 33f.). Sie wird
als ein dem Modernisierungsprozess immanenter reflexiver Mechanismus aufgefasst.

Beide Denkansätze führen in die vor allem von Parsons und Luhmann weiter
entwickelte Theorie funktionaler Differenzierung hinein. Mit anderen Worten, die
vor allem von Beck geforderte ,neue Theorie für eine neue Gesellschaft' ist längst
entwickelt worden. Sie verortet die Grundlage moderner Gesellschaften nicht mehr
wie noch die Drei-Stadien- Gesetze von Turgot bis Comte (vgl. Brock 2002: 22f.;
Junge 2002: 48.) oder die Entwicklungsschemata von Spencer und Marx in einer
generellen Fortschrittsprogrammatik, sondern in der Art und Weise, wie arbeitsteilige
Prozesse institutionalisiert sind und organisiert werden. *Schon aus dem Blickwinkel
der soziologischen Klassiker war das Adjektiv ,modern' und der damit verbundene
Kontrast zum Vormodernen und Traditionellen also bereits zu einem bloßen Etikett
geschrumpft, aus dem keine hinreichenden Legitimations- oder Mobilisierungseffekte
mehr gewonnen werden konnten.* Die ,neue Theorie' ist also keineswegs so neuartig,
wie sie sich gibt. Von den Klassikern unterscheidet sie sich hauptsächlich nur durch
einen weitgehenden Verzicht auf differenzierungstheoretische Argumentationen.

---

139 Beck setzt sich von Weber daher vor allem mit dem Argument ab, dass seine durchrationalisierte moderne Gesellschaft in Wahrheit noch eine halbmoderne Gesellschaft
gewesen sei (vgl. insbesondere Beck 1988). Auch dieses Argument sticht nicht, da es auch
in der gegenwärtigen Moderne immer noch zur Neubildung von Traditionselementen
kommen kann (vgl. unter 2.3.3.1). Insofern ist die posttraditionelle Gesellschaft immer
noch eine Utopie.

Vor diesem Hintergrund ist es keine große Überraschung mehr, dass die von den neueren Theoretikern behauptete Zäsur innerhalb der Moderne noch am überzeugendsten mit Hilfe der Theorie funktionaler Differenzierung rekonstruiert werden kann (vgl. den Abschnitt 4.2.3.2). In theoretischer Hinsicht bewerte ich dieses Ergebnis allerdings auch als ein hinreichendes Indiz dafür, dass die neueren Modernisierungstheoretiker ihren durchgängigen Verzicht auf die Theorie funktionaler Differenzierung mit Erklärungsverlusten teuer bezahlt haben.

4.3.2 Der Anspruch auf Vollständigkeit – für eine Gesamttheorie moderner Gesellschaften

Der Leser, der dieser Argumentation bis hier gefolgt ist, wird sich nun sicherlich fragen, warum es sich dann in theoretischer Hinsicht lohnen soll, sich mit den neueren Modernisierungstheoretikern eingehend zu beschäftigen. Die Antwort ist – zunächst – einfach: wie so oft, können auch unter einer eher misslungenen Programmatik wichtige und weiterführende Beobachtungen gemacht werden. Die Chance dafür ist deswegen gar nicht schlecht, weil sie an dem klassischen Anspruch festhalten, ein Gesamtbild moderner Gesellschaften zu entwerfen. Das unterscheidet sie grundlegend von den soziologischen Paradigmen, die aus der Kritik an der Theorie funktionaler Differenzierung und am Funktionalismus hervorgegangen sind[140].

---

140 An dieser Stelle ist es nützlich, an die perspektivischen Defizite der Theorie funktionaler Differenzierung zu erinnern. Die Theorie funktionaler Differenzierung entwirft ein Gesamtbild moderner Gesellschaften, *in dem die menschlichen Akteure und die Alltagsrealität in mehrfacher Hinsicht ausgeblendet werden.* Auch wenn es eine funktionierende gesellschaftliche Gesamtordnung geben sollte, darf nicht übersehen werden, dass in jeder einigermaßen komplexen und dynamischen Gesellschaft Interessenunterschiede und soziale Konflikte existieren und für deren Weiterentwicklung zentrale Bedeutung haben. Um diese Phänomene genauer zu beleuchten, wurde die Konflikttheorie entwickelt (vgl. Brock 2009). Ebenso blendet die Theorie funktionaler Differenzierung aus, dass die gesellschaftliche Entwicklung immer auch der politischen Gestaltung bzw. Korrektur bedarf. Auf diesen Aspekt zielen die gesellschaftskritischen Theorien ab (vgl. Brock 2009a). Ebenso bleibt weitgehend ausgeklammert, dass auch funktional differenzierte Gesellschaften aus Menschen bestehen, die ihren Alltag routiniert und kompetent bestreiten. Dieser Blick auf moderne Gesellschaften wird im interpretativen Paradigma entfaltet (vgl. Keller 2009). Schließlich ist in der Theorie funktionaler Differenzierung auf eine fast grundsätzlich zu nennende Art und Weise ausgeblendet, dass immer nur einzelne Menschen handeln können und dass sie sich dabei nicht am gesellschaftlichen Nutzeffekt möglicher Aktivitäten sondern an ihren je individuellen

Die soziologischen Paradigmen haben zwar wichtige Ergänzungen der Theorie funktionaler Differenzierung geliefert und die Soziologie in der Lage versetzt, unterschiedliche Beobachtungsperspektiven auf die gesellschaftliche Wirklichkeit zu richten. Auf diese Weise kann sie aber kein einheitliches Gesamtbild erzeugen. Vielmehr löst sie die gesellschaftliche Komplexität in konkurrierende begriffliche Zugänge mit unklarem Anspruch auf, die nur nebeneinander gestellt werden können[141]. Klar ist, dass sich die Soziologie mit diesen konzeptionellen Mitteln keine verbindlichen, weil von der Fachöffentlichkeit allgemein geteilten, Erklärungen mehr liefern kann. Deswegen bietet der Anspruch auf eine Gesamterklärung wesentlich bessere Chancen für eine Weiterentwicklung der Theorie moderner Gesellschaften.

Für die Konzipierung eines solchen Gesamtbildes bedienen sich die neueren Modernisierungstheoretiker allerdings unterschiedlicher Methoden, die ich hier nicht in einzelnen verfolgen, sondern nur stark vergröbert auf zwei alternative Muster reduzieren kann. Die eine Herangehensweise, die vor allem von Anthony Giddens praktiziert wurde, ist die *theoretische Synthese*. Die andere setzt auf in sich konsistente ,dichte Beschreibungen‘, die vom Publikum ,wiedererkannt‘ oder als Deutung akzeptiert werden. Für diese zweite Variante steht vor allem Ulrich Beck, insbesondere die ,Risikogesellschaft‘. Man könnte hier von einer ,*gesellschaftspolitischen*‘ *Variante* sprechen[142].

4.3.3 Was kann man aus den gesellschaftsanalytischen Konzepten der neueren Modernisierungstheoretiker lernen?

Da diese Konzepte entgegen dem Anspruch der Autoren eine hinreichende Familienähnlichkeit zu den Grundlagen der Klassiker und damit auch zur Theorie funktionaler Differenzierung aufweisen, liegt es nahe sie für eine Weiterentwick-

---

Interessen orientieren. Dieser Gesichtspunkt bildet den gedanklichen Ausgangspunkt der RC- Theorie (vgl. Diefenbach 2009).

141 Die Beschränkung auf eine Korrektur harmonistischer Annahmen des Struktur-funktionalismus und damit der Verzicht auf Gesamterklärungen scheint z. B. bei Ralf Dahrendorf eine explizite Entscheidung gewesen zu sein; vgl. Brock 2009: 217ff.

142 Selbstverständlich kann diese grobe Typisierung dem Werk und den Aktivitäten der einzelnen Theoretiker nicht gerecht werden. Sie dient allein dem Zweck, perspektivische Möglichkeiten auszuloten. Dabei muss dann in Kauf genommen werden, dass dabei vieles ausgeblendet wird. So zielt z. B. Giddens durchaus auch auf gesellschaftspolitische Wirkungen und Beck hat auch theoretische Interessen. Von anderen Autoren wie z. B. Rosa werden ohnehin beide Möglichkeiten in etwa gleichgewichtig genutzt.

lung, Präzisierung und Spezifizierung der differenzierungstheoretischen Lesart moderner Gesellschaften zu nutzen. Dabei können sich die drei im Abschnitt 1.2 eingeführten Leitorientierungen bewähren.

Die Leitorientierung des *theoretischen Kosmopolitismus* schärft den Blick vor allem dafür, scheinbar alternative begriffliche Zugänge auf Gemeinsamkeiten und Integrationsmöglichkeiten hin abzuklopfen, um so die Konsensfähigkeit der Theorie moderner Gesellschaften zu verbessern. Wie eine begriffliche Integration zu bewerkstelligen ist, legt das Postulat der zweiten Leitorientierung nahe. Es besagt, dass die von den Akteuren selbst vorgenommenen Konstruktionen des sozialen Miteinanders zu rekonstruieren seien.

Während die soziologischen Klassiker (allerdings in unterschiedlichen Begriffen) moderne Gesellschaften unter dem Gesichtspunkt der funktionalen Differenzierung analysiert haben, hat sich im zweiten Kapitel gezeigt, dass die neueren Modernisierungstheoretiker sie durchgängig unter den Begriff des Kapitalismus gebracht haben. Im Abschnitt 4.3.3.1 wird gezeigt, wie sich der scheinbar alternative Begriff des Kapitalismus in eine differenzierungstheoretische Position nicht nur integrieren, sondern auch zu ihrer Weiterentwicklung nutzen lässt.

Die Leitorientierung des theoretischen Kosmopolitismus darf allerdings nicht dazu verführen, solche Differenzen zu verkleistern, die nicht produktiv aufgelöst werden können. Deswegen muss immer genau geprüft werden, welche Konzepte wie synthetisierbar sind und wo eine Synthese scheitern muss, weil keine hinreichende Familienähnlichkeit besteht. Um solche Grenzen des Erklärungspotentials der Theorie funktionaler Differenzierung wird es im Abschnitt 4.3.3.2 gehen. Vor allem Themenbereiche wie Individualisierung, Biographie, Lebenstempo sperren sich gegen eine Integration in eine differenzierungstheoretische Lesart moderner Gesellschaften. Hier werden sachliche Grenzen des differenzierungstheoretischen Zugangs deutlich. Sie sprechen dafür, *in der Theorie funktionaler Differenzierung immer nur eine Teiltheorie moderner Gesellschaften zu sehen*, die der systematischen Ergänzung durch mindestens einen zweiten von ihr unabhängigen theoretischen Zugang bedarf.

Im Abschnitt 4.3.3.3 wird es dagegen um immanente Ergänzungen der Theorie funktionaler Differenzierung gehen, die von der Auseinandersetzung mit den neueren Modernisierungstheoretikern eher indirekt angeregt wurden. Denn mit der Markierung von Grenzen des differenzierungstheoretischen Zugangs tritt auch präziser hervor, welche Erklärungsleistung von ihm zu erbringen ist. Unter der zweiten Leitorientierung, die eine Rekonstruktion der von den gesellschaftlichen Akteuren konstruierten Vergesellschaftung fordert, zeigt sich vor allem, dass erklärt werden muss, auf welche Weise sich der gesellschaftliche Leistungsbereich im Alltag gegen andere Bereiche abkoppeln und sich zugleich auf sie beziehen kann. Vergleichbare Mechanismen müssen auch zwischen den Funktionssystemen existieren. Deswegen ist es m. E. erforderlich, die Verwandlung von Arbeitsprodukten bzw. Handlungen in *Ressourcen* einzuarbeiten und die *dezentrale*, von den Akteuren und ihren Handlungen ausgehende *Ordnung* des gesellschaftlichen Leistungsbereichs zu verstehen.

Wer etwas über die Relevanz der dritten Leitorientierung, der historischen Soziologie in systematischer Absicht, erfahren möchte, muss auf den abschließenden Abschnitt 4.4. warten.

4.3.3.1 Passen ‚Kapitalismus' und ‚Interpenetration' in die Theorie funktionaler Differenzierung?

Luhmann hat seine Differenzierungstheorie in einer Weise entfaltet, die vor allem die operativen Grundlagen moderner Gesellschaften betont[143]. Daher stand bei ihm die Herausarbeitung der spezifischen Grundlagen der Funktionssysteme (v. a. binäre codes) im Vordergrund, um von dort aus zu generellen Aussagen über moderne Gesellschaften zu kommen.

Wenn Luhmann moderne Gesellschaften durch die Verlagerung aller relevanten Operationen auf die Funktionssysteme charakterisiert und deren Dynamik damit erklärt, dass in allen Funktionssystemen die Variation (nicht die Selektion!) zur operativen Grundlage geworden sei, dann wird er damit vor allem der eigenen Programmatik einer ‚Halt gebenden Theorie' gerecht, die von empirisch gesättigten Analysen des tatsächlichen Funktionierens der Funktionssysteme nie hinreichend kontrolliert wurde. Deswegen überrascht es auch wenig, dass z. B. Münchs konträrer Deutungsvorschlag (KM: 170ff.) genau von dort aus begründet wird. Nach Münch werden moderne Gesellschaften gerade nicht durch die Verselbständigung, sondern vielmehr durch die Interpenetration der unterschiedlichen Operationsmodi der einzelnen Funktionssysteme geprägt. So existiert beispielsweise die operative Praxis des Wirtschaftssystems in Form von Betrieben, die sich zwar nur über Gewinne reproduzieren können, deren Existenz aber genauso davon abhängt, dass sie beispielsweise moralische Standards ebenso wie gesetzliche Auflagen zum Umweltschutz erfüllen usw. Diesen Aspekt berücksichtigt Luhmann zwar auch (Stichwort: Programme). Er hält ihn allerdings ebenso wenig für prägend wie weitere Konstruktionselemente von Sozialität (Rollen, Organisationen).

Wenn man allerdings fordert, dass die Theorie auf die Rekonstruktion der Gesellschaftskonstruktionen (2. Leitorientierung) abzielen solle, dann müssen solche

---

143 Daher ist auch Systemdifferenzierung sein zentraler Begriff für die Charakterisierung moderner Gesellschaften; vgl. KM: 133f.

real existierenden Verflechtungen zwischen spezifischen Modi der Realitätsverarbeitung hinreichend beachtet werden. Die von Luhmann vorgenommene Zuordnung spezifischer Operationsmodi (wie z. B. zahlen/ nicht zahlen zum Wirtschaftssystem; Luhmann 1988: 17ff.) ist dann als eine idealtypische Theoriekonstruktion zu verstehen, die ausblendet, dass in jedem Funktionssystem zugleich auch andere Operationsmodi verwendet werden *müssen*.

Man kann Münch dafür kritisieren (KM: 171; Schwinn 1995), dass er den Aspekt der Interpenetration in problematischer Weise verallgemeinert. Er stellt die in historischer Hinsicht unhaltbare These auf, dass funktionale Differenzierung in Reinkultur stratifikatorisch differenzierte Gesellschaften geprägt habe. Für moderne Gesellschaften vermutet er dagegen (im Anschluss an Parsons), dass es hier zu einer Ausbalancierung der funktionalen Imperative gekommen sei. Beispielsweise sei Unternehmen genauso an ihrer Kaufmannsehre gelegen wie an Profiten. Als Generalthese möchte ich diese Ausführungen bezweifeln.

Münchs ,harmonistische' Sichtweise ist eine Gegenthese zu der in den letzten Jahren wieder populär gewordenen *Interpretation gegenwärtiger moderner Gesellschaften als ,Kapitalismus'*, an der sich auch Giddens, Beck, Sennett, Rosa und Bauman in freilich unterschiedlichen Varianten (vgl. Kapitel 2) orientieren. Sie hat allerdings mit dem klassischen marxistischen Kapitalismus- Begriff kaum mehr als das Etikett gemeinsam. Vielmehr scheint der Begriff geeignet zu sein, sehr viele aktuelle Entwicklungen wie die Dominanz des Shareholder-Value- Aspekts in den Unternehmensstrategien, die wirtschaftliche Globalisierung mit ihren sozialen Verwerfungen, die Finanzmarkt- und die Eurokrise auf einen gemeinsamen Begriff zu bringen. *Während Münch eine wechselseitige Durchdringung und damit auch Zähmung der Funktionssysteme vermutet, steht die Kapitalismusthese für eine Dominanz von Geld- und Profitstreben über sachliche Leistungen und Ziele der übrigen Funktionssysteme.* Aus dieser Sicht würde zwar nicht geleugnet werden, dass moralische Standards für Unternehmen wie auch für deren Geschäftsmodelle wichtig sein können, aber das ändere nichts daran, dass es *letztlich* nur ums Geld gehe.

Für diese Sichtweise spricht die Tatsache, dass jedes Unternehmen nur solange fortgeführt werden kann, als es zahlungsfähig ist. Dass schließt weder Fusionen aus noch Fälle, in denen z. B. der Verlust der moralischen Glaubwürdigkeit die Ursache für eine Insolvenz gewesen sein kann. In diesem Sinne könnte man Luhmanns Zuordnung jeweils eines binären Codes an ein Funktionssystem an empirische Kriterien binden und untersuchen, ob *letztlich* der dem Funktionssystem zugeordnete binäre Code für die Reproduktion der zugehörigen Handlungssysteme bzw. Organisationen entscheidend ist: Zahlungsfähigkeit für Wirtschaftsunternehmen, die Behandlung von Krankheiten für niedergelassene Ärzte und Krankenhäuser oder auch Machtausübung/Rechtsetzung für Staaten/ politische Systeme.

Der entscheidende Unterschied ist, dass diese Version falsifizierbar und mit empirischen Argumenten spezifizierbar ist. Sollte es sich z. B. erweisen, dass große Unternehmen oder auch ‚systemrelevante' Banken bei drohender Insolvenz regelmäßig durch politisch geregelten Geldzufluss am Leben erhalten werden, dann sind das wichtige Anhaltspunkte dafür, dass die operative Autonomie des Wirtschaftssystems nicht (bzw. nicht mehr) in vollem Umfang besteht. *Wenn* dagegen z. B. die Behandlung von Kranken im Gesundheitssystem *immer* nur dann erfolgt, wenn sie profitabel ist, dann liegt hier ein Fall *einseitiger* ökonomischer Abhängigkeit vor[144]. Wenn man diese Hypothese für *alle* Funktionssysteme empirisch belegen könnte, dann spräche dies für die Diagnose ‚Kapitalismus', wenn man den Begriff an die Dominanz des ökonomischen Codes knüpft (zur Operationalisierung von Kapitalismus vgl. unter 2.2.2.)[145]. Wenn man dagegen empirisch zeigen könnte, dass das Überleben der Handlungssysteme in jedem Funktionssystem letztlich am funktionsspezifischen Code hängt, dann könnte man von einer funktional ausbalancierten Gesellschaft sprechen.

Ohne dass ich das hier hinreichend belegen kann, würde ich vermuten, dass gegenwärtige moderne Gesellschaften durch ein relatives (und kein absolutes! Vgl. obige Fußnote zum Gesundheitssystem) Primat des wirtschaftlichen und des politischen Codes gegenüber den anderen Funktionssystemen charakterisiert werden können. Nur zwischen diesen beiden Codes besteht eine allerdings fragile Balance, die immer wieder neu justiert werden muss. Meiner Meinung nach kann man zeigen, dass diese Ausbalancierungsversuche die Gesellschaftsgeschichte der letzten Jahrzehnte entscheidend geprägt haben.

---

144 Ich bitte zu beachten, dass hier nur Hypothesen durchgespielt werden. Empirisch wird man vermutlich feststellen können, dass eine derartige Form der Geldabhängigkeit zwar überwiegend, aber nicht ausschließlich besteht (vgl. z. B. caritative Aktivitäten der Kirchen oder Organisationen wie Ärzte ohne Grenzen). Weiterhin wäre zu beachten, dass der Geldfluss weitgehend über staatlich organisierte Versicherungssysteme läuft und die Abrechnung weitgehend über Fallpauschalen läuft. Das beschränkt, aber blockiert nicht völlig (vgl. Modelle wie Rhönkliniken) das ökonomische Kalkül.

145 Ein instruktives Beispiel für Prozesse der Umwandlung funktional ausbalancierter Gesellschaften in kapitalistische Gesellschaften sind sogenannte Investitionsschutzabkommen, die die gesetzgeberische Autonomie von Staaten beschränken, indem Investoren Klagerechte eingeräumt werden, sobald sie Gesetze für geschäftsschädigend halten. Solche Klagen werden vor internationalen Schiedsgerichten verhandelt, auf deren Zusammensetzung der beklagte Staat keinen Einfluss hat. Auf dieser Grundlage hat beispielsweise Philip Morris gegen die Anti-Rauch-Politik von Uruguay geklagt und Entschädigung in Milliardenhöhe gefordert. Vgl. Zielcke 2014. De facto wird auf diesem Wege das Recht wirtschaftlichen Interessen untergeordnet.

4.3.3.2 Grenzen des Erklärungspotentials der Theorie funktionaler Differenzierung

Dass man nicht das gesamte gesellschaftliche Zusammenleben unter dem Gesichtspunkt der Arbeitsteilung bzw. der funktionalen Differenzierung theoretisch erfassen kann, wurde bereits im ersten Kapitel thematisiert (Abschnitt 1.7). Deswegen wurden dann auch die mikroanalytischen Aussagen in ein ergänzendes Konzept individualisierter Lebensführung eingebaut und in einem gesonderten dritten Kapitel abgehandelt. In diesem Abschnitt sollen nun zwei ergänzende Komplexe auch theoretisch eingeführt und darüber die Grenzen differenzierungstheoretischer Konzepte präzisiert werden.

(a) Der ergänzende Komplex Lebenswelt

Für mögliche Ergänzungen bietet m.E. die dualistische Gesellschaftstheorie von Jürgen Habermas wichtige Anregungen (Habermas 1981; KM: 178ff.). Denn sie behauptet ja, dass über die Erfolgsmedien Macht und Geld laufende Kommunikation nur im Bereich der materiellen Reproduktion funktionieren könne. Dagegen könnten die Probleme der Lebenswelt auf diese Weise nicht gelöst werden. Das impliziert, dass die Theorie funktionaler Differenzierung immer nur einen Teil der gesamten zwischenmenschlichen Sozialität erfassen kann. Alles gesellschaftliche Miteinander, das aus der Teilnehmerperspektive im Kontext einer intersubjektiv geteilten Lebenswelt entwickelt wird, bleibt ausgeklammert. Eine Gesamttheorie moderner Gesellschaften kann sich daher nie in differenzierungstheoretischen Erklärungen erschöpfen, sondern bedarf immer einer substanziellen Ergänzung durch den Komplex Lebenswelt.

Allerdings krankt diese Version vor allem daran (zur Kritik vgl. KM: 180ff.), dass dem dualistischen Gesellschaftskonzept eine so nicht haltbare Unterscheidung zwischen einer Teilnehmer- und einer Beobachterperspektive zu Grunde liegt. Während die kommunikative Verständigung im lebensweltlichen Kontext immer aus der Teilnehmerperspektive heraus erfolgen müsse, werde eine die Prozesse kommunikativer Verständigung ersetzende und insofern das soziale Miteinander rationalisierende Beobachtungsperspektive über die Medien Macht und Geld institutionalisiert. Mit Hilfe dieser Medien werden Handlungsfolgen beobachtet, Handlungsmotive, die unter einer Teilnehmerperspektive relevant sind, spielen dagegen keine Rolle.

An diese Unterscheidung zwischen Teilnehmer- und Beobachterperspektive knüpft Habermas also unterschiedliche Konstruktionen des sozialen Miteinanders. Während die Beobachterperspektive nur an Handlungs*folgen* interessiert sei und daher über die Medien Macht und Geld organisiert werden könne, fokussiere die

Teilnehmerperspektive die Aufmerksamkeit auf den Anderen in einem umfassenden Sinne, so dass Handlungen nur über wechselseitiges Einverständnis koordiniert werden können, was nur über kommunikatives Handeln erreichbar sei.

Ich glaube nicht, dass es möglich ist, eine Teilnehmer- von einer Beobachterperspektive derart hermetisch zu trennen und dieser Unterscheidung die Begründungslast für zwei unterschiedliche Rationalisierungspfade aufzubürden. Meinem Verständnis nach geht es bei ‚verständigungsorientiertem kommunikativem Handeln‘ immer auch um die gemeinsame und kooperative Entwicklung von *Beobachtungs*perspektiven – wie anders sollen (in der Terminologie von Habermas) ‚intersubjektiv geteilte Geltungsansprüche in der sozialen Welt‘, also z. B. bestimmte Moralvorstellungen, verwendet werden als zur *Beobachtung* von Verhaltensweisen? ‚Teilnehmerperspektive‘ scheint daher zu bedeuten, dass solche Beobachtungsperspektiven *gemeinsam entwickelt* werden, während sie bei der Verwendung von Macht oder Geld standardisiert sind und damit als *gegeben* vorausgesetzt werden.

Wenn wir an das Rahmen-Konzept (vgl. 1.4) denken, dann ist auch die Entgegensetzung zwischen sprachlicher Verständigung und über die Medien Macht und Geld laufender rationalisierter, sprachliche Verständigungsprozesse ausblendender, Koordination von Handlungsfolgen wenig überzeugend. Es demonstriert nämlich, dass *jede* sprachliche Verständigung mit Prämissen (= Rahmen) arbeitet, die der Kommunikation *entzogen* sind. Dies scheint bereits der phänomenologischen Tradition entgangen zu sein, an die Habermas anknüpft. Aufgrund der Rahmung schöpfen alle zwischenmenschlichen Kommunikationen die prinzipiellen Möglichkeiten symbolsprachlicher Verständigung nie voll aus. Insofern sind alle Kommunikationsprozesse *von vornherein* fokussiert und damit auch ‚rationalisiert‘. In der Terminologie von Habermas wäre genau diese Eigenschaft nur bei einer ‚Beobachtungsperspektive‘ gegeben.

Dennoch denke ich, dass diese Unterscheidung immerhin intuitiv ins Schwarze trifft, aber anders formuliert werden müsste. Erfolgsmedien wie Macht und Geld sind nicht generell mit einer in die Kommunikation eingeführten ‚Beobachtungsperspektive‘ gleichzusetzen. Vielmehr führen sie eine *ganz spezifische Beobachtungsperspektive* in die Kommunikation ein: operiert jemand mit der jeweiligen ‚autoritativen Ressource‘ oder nicht? Sobald Erfolgsmedien wie Geld und Macht aber auch Recht oder Wissen ins Spiel kommen, können nicht nur Handlungen und Handlungseffekte unter Ausklammerung sprachlicher Verständigungsprozesse koordiniert, sondern vor allem auch ‚*Leistungen*‘ *getauscht* werden. Derartige Tauschprozesse erfordern „Realabstraktionen" (Sohn-Rethel 1973), für die das Geldmedium den Leitfaden abgeben kann.

In marxistischer Terminologie kann das so formuliert werden: ‚Gebrauchswerte‘ können getauscht werden, sobald sie mit einem ‚Tauschwert‘ verknüpft werden, also

Waren geworden sind. Dann (und nur dann!) geht es um ein Äquivalent für die in das jeweilige Arbeitsprodukt eingegangene ‚gesellschaftlich notwendige Arbeitszeit'. Unter geldwirtschaftlichen Bedingungen wird dieser Tauschwert in Geld beziffert. Er bildet die *spezielle* Beobachtungsperspektive, die im Wirtschaftssystem vorherrscht und mit realen Operationen im Geldmedium verknüpft werden kann. Mit diesem Vorgang werden ‚nützliche Handlungen', die immer auch ein selbstverständlicher Bestandteil des lebensweltlichen Kontexts sind, aus diesem herausgelöst. Dabei wird aus einer auf ein Bedürfnis eines anderen direkt bezogenen Handlung (z. B. A kocht etwas für B, weil B Hunger hat) eine gesellschaftliche Leistung, die dann unabhängig von einer konkreten Person für einen allgemeinen Bedarf erbracht und durch Geldzahlung[146] *entschädigt* wird (z. B.: A arbeitet als Koch oder A verkauft selbst hergestellte Speisen). Hier wird dann tatsächlich eine Teilnehmerperspektive, nämlich die auf das konkrete Bedürfnis eines Mitmenschen zielende und nur in diesem Kontext verstehbare Handlung, *durch eine von den konkreten Personen abstrahierende Beobachtungsperspektive* (wie viel Arbeitsaufwand war erforderlich, wie hoch soll die Zahlung sein?) ersetzt. *Aus einer durch den konkreten sozialen Kontext (z. B. der Familie oder der Freundschaftsbeziehung) verstehbaren Handlung wird eine gesellschaftliche Leistung, die für beliebige anonyme Andere erbracht wird.*

Diese Unterschiede werden m. E. soziologisch über den Begriff der Rahmung und die daran anknüpfende Unterscheidung zwischen impliziter und expliziter Rahmung (vgl. 1.5) besser fassbar. Der *implizit* bleibende Rahmen ‚fürsorglicher Umgang mit einem dem Akteur nahestehenden Mitmenschen' wird durch den *expliziten* Rahmen ‚Erbringung einer gesellschaftlichen Leistung' ersetzt. Nicht nur Geld, sondern alle ‚echten' Erfolgsmedien (vgl. 1.8) fungieren als explizite Rahmen der zwischenmenschlichen Kommunikation[147].

Über den Begriff der Rahmung lässt es sich auch besser nachvollziehen, warum ich diesen Perspektivwechsel über das Wirtschaftssystem hinaus auf alle anderen Funktionssysteme übertrage und *zusammenfassend von dem gesellschaftlichen Leistungsbereich* spreche. Denn in allen Funktionssystemen wird der implizite,

---

146 Bei ehrenamtlicher Arbeit wird sie durch Anerkennung aufgewogen.

147 In Grenzsituationen kann gerade der Wechsel von einem implizit bleibenden zu einem expliziten Rahmen für enorme Irritationen sorgen. Wenn man z. B. einen Nachbarn, mit dem man schon länger bekannt ist, um Hilfe gebeten hat und man ihn dann mit Geld ‚entschädigen' möchte, dann kann das als Aufkündigung der Freundschaft, als eine höchst befremdliche ‚Umdefinition' des bisher nie explizit kommunizierten Rahmens einer freundschaftlichen Nachbarschaftsbeziehung in eine anonymisierte Tauschbeziehung verstanden werden. Weitaus diplomatischer wäre daher in einer derartigen Situation ein Gegengeschenk zu geben, das mit beiden Rahmen kompatibel ist, also sowohl als ‚materielle Entschädigung' wie als ‚Freundschaftsgeste' interpretiert werden kann.

auf konkrete Andere bezogene Rahmen ebenfalls durch eine explizite und auf die Faktizität von Leistung abstellende, insofern also entpersonalisierte, Rahmung ersetzt. Wo z. B. das Erfolgsmedium Macht die Rahmung explizit besorgt, tritt an die Stelle der Kompensation/ Entschädigung durch Geld eine (meist rechtlich fixierte) Verpflichtung (z. B. Einberufung zum Wehrdienst, Steuern zu zahlen…). So ersetzen Erfolgsmedien den zu Handlungen motivierenden Mechanismus sprachlicher Verständigung auf unterschiedliche Art und Weise (vgl. 1.8). *In jedem Fall wird ein persönlich entwickeltes kontextspezifisches Zustimmungsmotiv durch ein gesellschaftlich standardisiertes Zustimmungsmuster ersetzt.*

Da die Möglichkeit der Generierung von Erfolgsmedien eng beschränkt zu sein scheint, können nicht alle Funktionssysteme auf ein ‚eigenes' Erfolgsmedium zurückgreifen (vgl. 1.8). In jedem Fall weisen sie aber einen eigenen binären Code auf, der dann durch Erfolgsmedien unterfüttert werden kann. So geht es beispielsweise in der Arzt-Patient-Beziehung um Heilung. Die Beobachtungsperspektive wird durch den Code krank-gesund strukturiert. Dabei besteht Einverständnis darüber, dass der Arzt für seine Bemühungen Geld fordern wird. Das Erfolgsmedium Geld kommt also zusätzlich ins Spiel, um die Erbringung der medizinischen Leistung zu ermöglichen. Im Katastrophenfall könnten Ärzte aber auch dienstverpflichtet werden. Dann wäre der Code krank-gesund an das Machtmedium geknüpft.

An anderer Stelle (vgl. 2.7.2) wurde gezeigt, dass man die *zentralen Etappen gesellschaftlicher Entwicklung* durch die *Ausgliederung eines gesellschaftlichen Leistungsbereichs aus der Lebenswelt* und seine gegen die Lebenswelt verselbständigte Organisation charakterisieren kann. Dabei wurde vor allem deutlich, dass der gesellschaftliche Leistungsbereich die auf direkter face-to-face-Kommunikation basierenden gesellschaftlichen ‚Restbereiche' *nur aus dem Blickwinkel der Erfolgsmedien*, also von ‚oben' und von ‚außen', registrieren kann. Da die Theorie funktionaler Differenzierung diesen Blickwinkel nur nachkonstruiert, können wir nun genauer beurteilen, welche Ebenen des gesellschaftlichen Zusammenlebens rein differenzierungstheoretische Erklärungen zwangsläufig ausblenden.

Negativ formuliert sind das all jene Bereiche, in denen zwischenmenschliche Sozialität nicht auf die Generierung von Leistungen und die Nutzung von Ressourcen zugeschnitten ist. Positiv ausgedrückt blenden differenzierungstheoretische Erklärungen jene Bereiche des zwischenmenschlichen Zusammenlebens aus, die vom Miteinander konkreter, nicht ohne weiteres austauschbarer Individuen geprägt werden, die in direkter Kommunikation ihr gemeinsames Leben und Überleben organisieren.

Diese Formulierung erinnert nicht zufällig an das evolutionäre Erbe, das die Menschheit mit vielen anderen (insbesondere Säugetier)-Arten teilt. Auch die menschliche Sozialität hat sich im Rahmen individualisierter geschlossener Gesellschaften entwickelt (vgl. 1.3). Für diesen Typus sind enge Bindungen zwischen Exemplaren einer Art kennzeichnend, die sich ‚persönlich kennen'. Auf diese Weise werden zahlenmäßig begrenzte Gruppen erreicht, deren Mitglieder die Gruppenzugehörigkeit nicht ohne weiteres wechseln können. Nicht nur Stammesgesellschaften ohne ausgeprägte Rollendifferenzierung folgen diesem Muster, sondern auch Familien, Nachbarschaftszusammenhänge, kleinere Vereine usw.

Unter dem Etikett ‚Lebenswelt' (KM: 176ff.) ist diese Art von Sozialität in der Soziologie begrifflich gefasst worden (Schütz/ Luckmann 1979; 1984). Dieser Begriff hebt die gemeinsame Weltauslegung und daran geknüpfte Praktiken des ‚miteinander zu recht Kommens' hervor. Nicht nur bei Habermas gewinnt die Kategorie Lebenswelt die Bedeutung einer unverzichtbaren Grundlage menschlicher Sozialität. Wenn wir die Symbolsprache als eine weitere Grundlage ansehen (vgl. 1.3), dann werden direkte Interdependenzen zur Lebenswelt sichtbar. Denn die Sprachgemeinschaft, also die soziale Einheit, die für die Reproduktion einer bestimmten Sprache unerlässlich ist, kann man sich nur als einen lebensweltlichen Kontext aller, die miteinander in derselben Sprache reden, vorstellen. Ähnlich eng ist die Beziehung zur Sozialisation, denn die grundlegenden Sozialisationsprozesse in der Primärsozialisation laufen zwar nicht zwangsläufig in der Kernfamilie, aber in jedem Fall in der Interaktion zwischen persönlich bekannten Individuen, also immer in lebensweltlichen Kontexten ab. Ebenso werden in diesem Kontext emotionale Bindungen entwickelt und reproduziert[148]. Nicht nur dort, wo Sprache für therapeutische Zwecke kultiviert wird (‚Gesprächstherapie') wird deutlich, dass Gespräche mit vertrauten Mitmenschen auch für die emotionale Stabilität von Menschen unentbehrlich zu sein scheinen. Ähnliches gilt für Musik hören oder gemeinsam singen.

Mit diesen Merkmalen ist allerdings ein perspektivisches Problem verknüpft, das eine Einarbeitung in die Theorie moderner Gesellschaften erschwert: mit Lebenswelt ist immer eine konservativ-statische Perspektive verbunden. Hier sei nur an die Kategorie der ‚natürlichen Einstellung' erinnert (Schütz/ Luckmann 1979: 27ff.). Vor allem Habermas hat dennoch versucht, den Begriff für das Modernisierungsthema zu öffnen. Ich möchte hier nur an die Begriffe ‚kommunikative Rationalisierung', und ‚neue soziale Bewegungen' erinnern. Auch die von Habermas beeinflusste

---

148 Wiederholt wurden Experimente angestellt (z. B. von Kaiser Friedrich II.), um herauszufinden, was passiert, wenn Kleinkinder ohne menschliche Zuwendung aufwuchsen. Renée Spitz hat Heimkinder beobachtet, die nach dem 3. Lebensmonat von der Mutter getrennt waren. Von den ursprünglich 91 Kindern waren nach 2 Jahren mindestens 34 gestorben. Von wenigen Ausnahmen abgesehen konnten die Überlebenden am Ende des 4. Lebensjahres weder sitzen, stehen, laufen noch sprechen. Vgl. Spitz 1967: 279ff.

Theorie der Moralentwicklung ist auf Aspekte kommunikativer Rationalisierung zugeschnitten (Stichwort: postkonventionelle Stufe der Moralentwicklung).

Dabei ergibt sich allerdings das perspektivische Problem, dass Habermas zumindest implizit die für den systemischen Bereich realistische Zentralisierungstendenz auch für die Lebenswelt unterstellt. Kommunikative Rationalisierung kann zu allgemeinen historischen Wahrheiten führen, zur diskursiven Verständigung auf immer höher generalisierte Normen und Wertvorstellungen, die tendenziell von der gesamten Menschheit geteilt werden und etwa in Form eines Katalogs von Bürger- und Menschenrechten zu zivilisatorischen Grundlagen werden können (vgl. auch Wertgeneralisierung bei Parsons; KM: 83). Dabei darf aber nicht übersehen werden, dass die auf dieser Welt existierenden Sprachen, die als Medium der diskursiven Rationalisierung vorausgesetzt werden müssen, der Logik *segmentärer* Differenzierung folgen. Sprache ist zunächst einmal ein *dezentrales* Medium!

Zwar ist die Zahl der gesprochenen Sprachen vor allem im Zeitalter der Nationalstaaten stark geschrumpft (vgl. Gellner 1995: 70f.). Dabei hat es sich jedoch um keinen der kulturellen Rationalisierung immanenten sondern um einen von den Funktionssystemen ausgehenden Zentralisierungsprozess gehandelt, der teilweise auch über das Machtmedium gewaltsam organisiert wurde[149]. Wichtig waren vor allem der Einfluss der wirtschaftlichen Globalisierung (Grundlage der historischen ‚Weltsprachen‘ von Aramäisch bis Englisch) und in politischer Hinsicht das Konzept eines auch in kultureller Hinsicht zu vereinheitlichenden Nationalstaats (Gellner ebd.: 58ff.).

Dialekte oder auch gruppenspezifische Varianten (Jugendsprache, Rotwelsch, schichtspezifische Varianten wie Cockney usw.) sind ein deutlicher Hinweis darauf, dass der sprachlichen Verständigung selbst ein Segregationsmechanismus inhärent zu sein scheint, der möglicherweise damit zu tun hat, dass emotionale Bindungen an die gemeinsame Sprache geknüpft werden: Gefühle von Nähe, Heimat, verstanden zu werden, der Vertrautheit (‚gemeinsame Wellenlänge‘) usw. Die Formel ‚eine gemeinsame Sprache sprechen‘ drückt genau das aus.

In Habermas‘ Konzept der kommunikativen Rationalisierung bleiben diese Aspekte ausgeblendet. Wenn man nun gedanklich etwas experimentiert und sie zu integrieren versucht, dann geraten sie schnell in direkte Konkurrenz zu zentralen

---

149 Das demonstrieren z. B. Verbote, bestimmte Sprachen im Schulunterricht, bei Verbreitungsmedien oder vor Gericht zu verwenden. Sie existieren bis in die Gegenwart hinein, wie z. B. der Umgang mit der kurdischen Sprache in der Türkei zeigt. Daher ist die Tolerierung der eigenen Sprache eine wichtige Forderung von Minderheiten und ein wichtiges Kriterium für den Umgang mit Minderheiten. Anders ist die Bewahrung der eigenen kulturellen Traditionen und einer darin wurzelnden ‚Gruppenidentität‘ kaum möglich.

Postulaten der Theorie des kommunikativen Handelns. So könnte man etwa die in jeder sprachlichen Verständigung enthaltenen Geltungsansprüche (Aufrichtigkeit, Wahrheit, Wahrhaftigkeit; vgl. Habermas 1981; Band1: 410ff.) mit dem Segmentationsmechanismus in Verbindung bringen. Vor allem könnte Segmentation an die Stelle sprachlicher Verständigung treten, wenn Meinungsunterschiede zwischen Gruppen chronisch und dauerhaft unauflösbar werden. Damit verlöre allerdings das Konzept der diskursiven Rationalisierung seinen soziologischen Anker. Denn bei Dissens über Geltungsansprüche vor allem innerhalb der sozialen Welt bietet sich *alternativ zur kommunikativen Rationalisierung ja immer auch die soziale Segregation an.* Es wird dann rasch deutlich, dass die kommunikative Rationalisierung nur innerhalb des Wissenschaftssystems als Rahmen der fachinternen Kommunikation weitgehend alternativlos ist.

Diese Probleme sprechen m. E. für die These, dass sich Sprache wie Lebenswelt nur dort verallgemeinert und tendenziell globalisiert haben, wo sie an globalisierte Funktionssysteme angedockt wurden. Wenn Weltbürgertum im Sinne einer lebensweltlichen Kategorie je gelebt worden ist, dann von Eliten des Wirtschaftssystems und des Wissenschaftssystems.

Diese Bedenken laufen auf die Einschätzung hinaus, dass Sprachgemeinschaften wie Lebenswelten zwar auf vielfältige Art und Weise von Modernisierungsprozessen betroffen sind und durch sie verändert werden, dass sie aber selbst *kein aktiver* sondern nur ein *reaktiver Teil im gesellschaftlichen Modernisierungsprozess* sein können. Das ändert freilich nichts daran, dass sie für das menschliche Zusammenleben schon deshalb unverzichtbar bleiben, weil sie Bedürfnisse bedienen, die in unserem biologischen Erbe fixiert sind. Wie alle anderen Arten, die geschlossene individualisierte Gesellschaften (vgl. 1.3) bilden, scheint auch der Mensch emotional auf das Miteinander mit vertrauten Artgenossen angewiesen zu sein. Nur auf dieser Grundlage kann er offenbar seine Handlungsfähigkeit in sozialen Kontexten entwickeln (Stichwort: Primärsozialisation) und stabilisieren (Stichwort Urvertrauen; vgl. unter 3.7.1). Deswegen vermag er auch in den effizientesten Funktionssystemen entsprechende lebensweltliche Nischen zu entdecken und zu kultivieren. Hierauf hat bereits die Human Relations Bewegung (Stichwort: informelle Beziehungen in Unternehmen) vor vielen Jahrzehnten hingewiesen.

(b)   Der ergänzende Komplex Lebensführung

Wenn diese Interpretation die Realität auch nur einigermaßen trifft, dann stellt sich die Frage, ob es neben der funktionalen Differenzierung noch weitere *eigendynamische Mechanismen der gesellschaftlichen Modernisierung* gibt, die dann ebenfalls den lebensweltlichen Komplex voraussetzen müssen und auf ihn einwirken.

Einen zweiten grundlegenden Modernisierungsmechanismus sehe ich in der aus lebensweltlichen Kontexten herauslösenden Lebensführung (vgl. drittes Kapitel). Der Begriff wie das Konzept *Lebensführung* knüpfen an Weber an, wobei allerdings Verallgemeinerungen vorgenommen werden, die in eine andere Richtung weisen. Weber hat in der von charismatischen Propheten vorangetriebenen Propagierung religiöser (wie auch politischer) Heilswege den wichtigsten revolutionären Mechanismus in der Weltgeschichte gesehen, da auf diese Weise die Anhänger dieser religiösen oder politischen Bewegungen aus traditionell gegebenen Lebensformen herausgelöst wurden. Ansatzpunkt für diese Herauslösung ist, dass die *Verwendung der gesamten Lebenszeit zu einem Knappheitsproblem* wird. Die Gläubigen müssen immer versuchen ihre religiösen Heilswegeziele auch gegen die Tradition zu verfolgen. Der Rationalisierungsmechanismus ist hier die *methodisch rationale Lebensführung*, die die traditionell gegebenen Lebensformen unter den neuen religiösen oder politischen Zielsetzungen filtert. Auf diese Weise wird auch der Alltag von den Gläubigen rationalisiert.

Für gegenwärtige moderne Gesellschaften ist allerdings eine andere, an diese Sozialtechnik anknüpfende Variante bedeutsamer geworden: die *individualisierte Lebensführung (vgl. die Abschnitte 3.1 – 3.3 sowie 3.8)*. Das Problem knapper Lebenszeit wird hierbei mit dem Problem der Geldknappheit verknüpft.

Der theoretische Status dieses Konzepts im Rahmen einer Theorie moderner Gesellschaften ist die eines *Zwischenglieds zwischen Lebenswelt und Funktionssystemen*. Es erklärt, auf welche Art und Weise den gesellschaftlichen Funktionssystemen (= dem verselbständigten gesellschaftlichen Leistungsbereich) menschliche Arbeits- und Leistungsbereitschaft zufließt und auf welche Art und Weise die Funktionssysteme einen immer wichtigeren Beitrag zur Reproduktion des Gesellschaftsmitglieder leisten. Gegenüber der Lebenswelt zeigt es einmal, auf welche Art und Weise Gesellschaftsmitglieder sich aus der selbstverständlich gegebenen gemeinsamen Lebenswelt ,ausklinken' und sie dabei zwangsläufig in ihrer Reichweite beschränken, ja sogar perspektivisch zerstören oder umformen. Zum anderen kann erklärt werden, wie der gesellschaftliche Leistungsbereich über die Praktiken der Lebensführung der lebensweltlichen Alltagskommunikation neue Rahmenbedingungen setzt und Möglichkeiten erschließt. Hier sind insbesondere neue Kommunikationsmedien bis hin zur Plattform des Internet (Papsdorf 2013) von zentraler Bedeutung, aber auch der klassische, bereits mit der Industrialisierung einsetzende Trend der technischen Substitution harter körperlicher Arbeit (KM: 273ff.).

Die *Herauslösung der Gesellschaftsmitglieder aus der Lebenswelt* und ihre Anbindung an den gesellschaftlichen Leistungsbereich sowohl als Arbeitskräfte wie auch als Konsumenten läuft über das Erfolgsmedium Geld, genauer über das *Wiederbeschaffungsproblem von Geld*. Sobald die kontinuierliche Wiederbeschaffung von Geld existenzielle Bedeutung gewinnt, also für das Leben und Überleben unverzichtbar wird, muss Lebenszeit ebenso kontinuierlich als Arbeitszeit in Leistungsrollen den Funktionssystemen zur Verfügung gestellt werden.

Die spezifischen Eigenschaften des Erfolgsmediums Geld werden erst mit der konkreten Ausformung dieser existenziellen Abhängigkeitsbeziehung vom Geld präzisiert. Genau genommen handelt es sich dabei um dem Geld gesellschaftlich zugeschriebene Eigenschaften[150]. Durch das Geldmedium wird (wie bei anderen Erfolgsmedien auch) eine konkrete Form (z. B. eine gewohnheitsrechtlich fixierte Form der Fronarbeit) durch einen Möglichkeitsraum ersetzt, in dem zwischen alternativen Formen gewählt werden muss. Dieser Möglichkeitsraum wird qua Recht auf gesellschaftlich akzeptierte Formen (= legitime Möglichkeiten der Geldbeschaffung) zugeschnitten. Sie können sanktionsfrei gewählt werden, während bei den gesellschaftlich nicht akzeptierten (‚kriminalisierten‘) Formen der Geldbeschaffung mit Sanktionen im Medium Macht/ Recht gerechnet werden muss.

Die Selektion einer bestimmten Form aus diesem Möglichkeitsraum läuft über eine Kette biographischer Entscheidungen und Weichenstellungen, die gesellschaftlich vorstrukturiert sind. So sind etwa Bildungsentscheidungen durch die Struktur des Bildungssystems aber auch durch rechtliche Anforderungen wie z. B. die Schulpflicht gesellschaftlich gerastert. Abhängige Beschäftigungsverhältnisse wie selbständige Erwerbstätigkeit sind in hohem Maße rechtlich vorstrukturiert. Die Wahl einer Form (z. B. eines konkreten Beschäftigungsverhältnisses) erfolgt in der Regel nicht definitiv sondern kann von beiden Vertragspartnern auf der Zeitachse revidiert werden.

Das Geldmedium bewirkt nicht nur deswegen die Herauslösung der Gesellschaftsmitglieder aus lebensweltlichen Kontexten, weil es einen Teil der Lebenszeit in Arbeitszeit verwandelt, sondern auch weil es zunächst[151] immer nur individuell beschafft und verwendet wird. Es ‚individualisiert‘, da es je individuell zu treffende Entscheidungen erfordert. Dagegen werden lebensweltliche Kontexte von dem impliziten Rahmen der gemeinsamen Daseinsbewältigung geprägt. Die Perspektive der gemeinsamen Daseinsbewältigung bildet die Grundlage von Sprachgemeinschaften, von Nachbarschaftszusammenhängen, Kultgemeinschaften usw.

---

150 In dieser Präzisierung sehe ich eine wichtige Ergänzung von Luhmanns Konzept der Erfolgsmedien. Deren Verbindlichkeit darf nicht einfach postuliert werden, sondern es sollte soziologisch erklärt werden, wie sie sozial hergestellt wird.

151 Zu gemeinsamer Geldbeschaffung und Geldverwendung in Haushalten oder anderen Versorgungsgemeinschaften kommt es daher erst durch eine bewusste Entscheidung des Einkommensbeziehers (z. B. Eheschließung), an die rechtliche Normierungen (Unterhaltspflicht etc.) anknüpfen.

Gegenüber solchen lebensweltlichen Kontexten bewirkt eine durch das Wiederbe-schaffungsproblem von Geld strukturierte und individualisierte Lebensführung eine gewisse Distanz und einen strategischen Blick[152]. Allerdings muss beachtet werden, dass sich implizite lebensweltliche Rahmen sowohl in den Funktionssystemen wie auch in Kontexten neu bilden können, die durch die individualisierte Lebensfüh-rung erst geschaffen werden. So hat etwa das typische Lebensführungsproblem der Vereinbarkeit von beruflicher Karriere und Familienbildung (z. B. Beck-Gernsheim 1985) zur „Pluralisierung privater Lebensformen" (Meyer 1996: 318) geführt. Dieser Vorgang lässt sich so verstehen, dass das klassische lebensweltliche ‚Gesamtpaket Familie' unter dem Druck individualisierter Lebensführung in ‚handlichere' Teile zerlegt wurde (vgl. 3.7. 3), die mit der Ausrichtung der Lebensführung zweier ‚Partner' eher vereinbar sind. Wenn sie sich auf ein solches gemeinsam handhabbares Paket verständigt haben, dann kann sich in diesem engeren Rahmen wieder ein von Rou-tinen und Selbstverständlichkeiten geprägter, implizit gerahmter lebensweltlicher Kontext entwickeln. Vergleichbares gilt auch für den Umgang mit Arbeitskollegen.

Der Unterschied gegenüber einem *selbstverständlich* gegebenen lebensweltlichen Kontext, vom dem etwa Schütz in seinen Analysen ausgegangen ist, besteht vor allem darin, dass hier immer individuell, im Kontext der je eigenen Lebensführung, getroffene Entscheidungen *vorausgesetzt* werden müssen. Sobald sie revidiert oder auch nur modifiziert werden, zerbricht entweder die lebensweltliche Nische (z. B. infolge von Scheidung, Trennung oder Verlust der Kollegen bei Arbeitsplatzwechsel) oder sie muss neu definiert werden (z. B. durch aufgeben der gemeinsamen Wohnung oder Einschränkung des persönlichen Kontakts mit Kollegen). Umgekehrt können natürlich auch Ziele der Lebensführung dem lebensweltlichen Kontext geopfert werden (z. B. Zurückstellung beruflicher Ziele, damit man sich hinreichend um die Kinder kümmern kann oder Verzicht auf beruflichen Aufstieg[153]).

---

152 Man könnte hier die Frage aufwerfen, ob sich nicht auch, in Anlehnung an Habermas, unter dem Gesichtspunkt der Rahmung von Kommunikation eine *generelle Unter-scheidung* zwischen implizit gerahmter kultureller und explizit gerahmter materieller Reproduktion treffen lässt. Dagegen sprechen Grenzfälle, die nicht vernachlässigt werden sollten. Über implizit bleibende (lebensweltliche) Rahmung können immer auch Aspekte der materiellen Reproduktion organisiert werden (alle Formen von Hausarbeit/ reproduktiver Familienarbeit wie z. B. das Kochen für Familienmitglieder). Umgekehrt können Aspekte kultureller Reproduktion etwa über das Kunstsystem auch im gesellschaftlichen Leistungsbereich verfolgt werden.

153 Die RC-Perspektive betont die Entscheidungsabhängigkeit z. B. familialer Lebensformen (vgl. z. B. Nauck/ Kohlmann 1999). Sie blendet aber aus, dass genau diese Entscheidungs-abhängigkeit wegen ihrer Kontingenz ausgeblendet werden muss, wenn und solange, Familie' oder ‚Beziehung' tatsächlich alltäglich *gelebt* werden soll (= implizite Rahmung: gemeinsam miteinander leben).

4.3.3.3 Ergänzungen der Theorie funktionaler Differenzierung

Wenn man die Theorie funktionaler Differenzierung nicht als Gesamterklärung moderner Gesellschaften sondern als *soziologische Theorie des gesellschaftlichen Leistungsbereichs* versteht, dann ergeben sich daraus nicht nur Grenzen sondern *auch* Anregungen für perspektivische Ergänzungen dieses theoretischen Zugangs. Die wohl wichtigste ist der Ressourcenaspekt.

Ihm liegt folgendes Problem zugrunde. Wenn der gesellschaftliche Leistungsbereich nur ein Teilbereich moderner Gesellschaften ist, dann drängt sich die Frage auf, wie er sich unter Bewahrung seiner immer betonten Autonomie (vgl. nur Luhmann 1997: 776ff) reproduzieren kann. Der unwahrscheinliche Grenzfall wäre, wenn sich die Funktionssysteme vollständig autonom über ihre spezifisch codierten Operationen organisieren könnten. Die Evolutionstheorie zeigt aber, dass eine solche Autonomie nur die Perspektive sich selbst reproduzierender Lebewesen beschreibt, die die Abhängigkeiten und Voraussetzungen ihrer Autopoiesis operativ ausblenden. Wenn wir daher von außen auf die Autopoiesis der Funktionssysteme blicken[154], können wir relativ leicht zu erkennen, dass sie immer auf den Zufluss gesellschaftlich handlungsfähiger menschlicher Akteure angewiesen sind, die bereit und in der Lage sind, die einschlägigen kommunikativen Operationen zu vollziehen und für diesen Teil ihrer Lebenszeit ihre konkreten individuellen reproduktiven Bedürfnisse einklammern. Derartiges Handeln kann man als ‚Arbeit‘ bezeichnen, wenn es sich in den Leistungsrollen der Funktionssysteme vollzieht.

Es ist klar, dass das Wachstum der Funktionssysteme davon abhängt, in welchem Maße ihnen diese *Ressource* zufließt. Daher sollte erklärt werden können, über welche Mechanismen dieser Zufluss an menschlichen Ressourcen organisiert werden kann und wie sowohl die Qualität wie die Quantität dieses Ressourcenzustroms beeinflusst oder gar gesteuert werden können.

Zweitens sind die operativen Einheiten der Funktionssysteme auf den *Zufluss von materiellen Ressourcen* angewiesen, die sie nicht selbst herstellen können (‚Investitionsgüter‘ in wirtschaftswissenschaftlicher Terminologie). Hierzu gehören auch die Versorgung mit Energie und weitere infrastrukturelle Ressourcen. Ansatzpunkte für die Entwicklung einer ergänzenden soziologischen Ressourcentheorie wurden im Abschnitt 2.7.3 präsentiert und erläutert.

---

154 Luhmann hält eine derartige Ergänzung für möglich, wenn der Transfer von Ressourcen unabhängig von den Medien der Funktionssysteme gedacht werden kann (vgl. Luhmann 1997: 778; Fußnote. 341). Das ist hier der Fall, weil die Funktionssysteme von außen, sowohl vom Standpunkt der Lebenswelt wie der Lebensführung aus beobachtet werden können.

Wenn man die Theorie funktionaler Differenzierung in dieser Weise ergänzt, dann wird besonders deutlich, dass sie auf die Organisationsprinzipien eines spezialisierten und arbeitsteiligen gesellschaftlichen Leistungsbereichs fokussiert ist. Ob und inwiefern auf diesem Wege ein hinreichender *gesellschaftlicher Ordnungsrahmen* entstanden ist, der es im Hinblick auf seine Ordnungsleistung mit vormodernen Institutionen aufnehmen kann, muss erst in einem gesonderten Schritt geklärt werden. In jedem Fall bedarf es auch in dieser Hinsicht thematischer Ergänzungen der Theorie funktionaler Differenzierung.

Die Ergebnisse des Abschnitts 2.7.4, in dem diese Fragestellung ausführlich behandelt wurde, lassen sich folgendermaßen resümieren. Wenn man die institutionelle Ordnung stratifikatorisch differenzierter Gesellschaften als Vergleichsmaßstab verwendet, dann stößt man vor allem auf zwei Merkmale der ‚modernen gesellschaftlichen Ordnung‘. Erstens fallen hier erstmals Weltverständnis und gesellschaftliche Ordnung auseinander, die in allen vormodernen Sozialsystemen noch direkt miteinander verknüpft waren. Daher kann dem menschlichen Handeln in modernen Gesellschaften auch keine verbindliche und religiös unterfütterte Ordnung als Prämisse zugrunde liegen. Die ‚Ordnungslogik‘ *hat sich vielmehr umgekehrt*: Indem Menschen frei handeln und ihr Leben an individuellen Maßstäben ausrichten, stoßen sie bei ihren Aktivitäten auf feinmaschige Ordnungsnetze, die Möglichkeitsräume auf ein gesellschaftlich akzeptables Spektrum begrenzen[155].

Zweitens ist die moderne Ordnung in hohem Maße pluralistisch. Das gilt vor allem für die höchst unterschiedlichen Potentiale, über die ‚Ordnung‘ generiert werden kann. Wichtig ist immer nur der Kanalisierungseffekt, der ältere religiöse oder politische Motive der Ordnungsgenerierung weitestgehend überlagert hat.

Weil der modernen Ordnung keine Kosmologie unterlegt ist, die einen unhintergehbaren Rahmen für das Handeln der Akteure bildet, sondern typischerweise die Möglichkeitsräume der Akteure gesellschaftlich beschnitten werden, kann gesellschaftliche Ordnung immer nur in Abhängigkeit von den Aktivitäten der Akteure wirksam werden. Daraus können sich dann u. a. *neuartige Probleme der gesellschaftlichen Ungleichbehandlung der Gesellschaftsmitglieder* ergeben, die die Maximen der allgemeinen Inklusion, der Fairness und der Gleichbehandlung unterlaufen.

---

155 Diese Interpretation hat zumindest ansatzweise bereits Durkheim in seinem Verständnis gesellschaftlicher Arbeitsteilung entwickelt. Sie ist also nicht gerade neu. Ander als bei Durkheim wird hier behauptet, dass diese Ordnung nicht aus der Arbeitsteilung qua organischer Solidarität deduzierbar ist, sondern dass sie eher aus gesellschaftlichen Erfahrungen mit den Auswüchsen einer arbeitsteiligen Gesellschaft hervorgeht und restriktiven Charakter hat. Deswegen sind Konstrukte nach dem Muster organischer Solidarität entbehrlich.

Ich möchte diese Problematik zunächst an einem einfachen deutschen Beispiel (Stand Dezember 2013) erläutern. Wenn ein Arbeitgeber Leiharbeiter dauerhaft beschäftigt, dann ist das gesetzwidrig, da Leiharbeiter nur eingesetzt werden dürfen, um kurzzeitige Nachfragespitzen aufzufangen. Da der Gesetzgeber für Verstöße jedoch keine Sanktionen vorgesehen hat, bleiben sie folgenlos. Wenn dagegen Arbeitnehmer auch nur geringfügige Unterschlagungen begehen, kann der Arbeitgeber aufgrund entsprechender Gesetze darauf mit fristloser Kündigung reagieren. Beide Praktiken verstoßen nicht gegen den Gleichheitsgrundsatz solange alle Arbeitgeber bzw. Arbeitnehmer in der *jeweiligen* Situation gleich behandelt werden. Wenn wir allerdings beide Fälle miteinander vergleichen, dann fällt sofort die höchst ungleiche Regelungsdichte auf. Sie kann auch nicht durch Rechtsgrundsätze (Stichwort: Verhältnismäßigkeit) verhindert werden. Sie bedeutet auch keineswegs, dass im erstgenannten Fall ‚weniger Ordnung' existiert als im zweiten. Wohl aber wird mit unterschiedlicher Härte *Ordnung eingefordert.*

Noch gravierender wird die Problematik faktischer gesellschaftlicher Ungleichbehandlung trotz formaler Gleichheit, wenn wir weiterhin in Betracht ziehen, dass man über hinreichend Ressourcen verfügen können muss, um bestimmte Möglichkeitsräume überhaupt nutzen zu können (z. B. Immobilienmarkt, Luxusgüter etc.). Eine weitere Verschärfung der Problematik tritt dann ein, wenn besehende Unterschiede im Zugang zu Ressourcen, insbesondere Unterschiede in der Einkommensverteilung, dazu führen, dass dadurch der Aufwand und die biographischen Kosten für den weiteren Ressourcenzugang in hohem Maße diversifiziert werden. Wer über wenig Ressourcen verfügt, der muss hohe biographische Kosten in Kauf nehmen und umgekehrt. *Eine derartige Sozialordnung transformiert unter den Bedingungen formaler Gleichheit (Chancengleichheit) vor- und frühmoderne in gegenwärtige Klassenstrukturen.*

Dabei kann selbstverständlich das Kriterium für Klassenlagen nicht mehr (wie in Feudalgesellschaften) *auf der Ebene der gesellschaftlichen Ordnung fixiert werden.* Ich schlage vor, dann von Klassenunterschieden zu sprechen, wenn auf der Ebene der Lebensführung für das zentrale Problem der Wiederbeschaffung von Geld völlig unterschiedliche Muster der Kommodifizierung gefordert werden (vgl. auch unter 4.2.4.1)

Zusammenfassung

1. Die These, dass die Moderne deswegen theoretisch neu gedacht werden müsse, weil die Kontrastfolie des Vormodernen verloren gegangen sei, überzeugt schon theoriegeschichtlich nicht. Mit dieser Problematik haben sich bereits

die soziologischen Klassiker vor dem Hintergrund der Dreistadien-Gesetze auseinandergesetzt und dabei auch Überlegungen in Richtung reflexiver Modernisierung entwickelt.

2. Die konzeptionelle Bedeutung der neueren Modernisierungstheoretiker sehe ich daher vor allem darin, dass sie trotz Theorienpluralismus am Anspruch auf eine Gesamttheorie moderner Gesellschaften festhalten.

3. Schon aufgrund der höheren Chance auf Konsensfähigkeit bietet es sich an, sich nach wie vor an der Theorie funktionaler Differenzierung zu orientieren, sie aber als präzisierungs- wie als ergänzungsbedürftig aufzufassen. Hierzu werden mehrere Vorschläge unterbreitet. Im Hinblick auf ihre Verwendung für empirische Analysen wir es darauf ankommen, die Verflechtungen zwischen den Funktionssystemen auch konzeptionell stärker zu beachten. Sie können auf eine Art und Weise eingearbeitet werden, die die Falsifizierbarkeit dieser Theorie deutlich erhöht. Zweitens kann man gerade aus den Gegenwartsdiagnosen der neueren Modernisierungstheoretiker lernen, dass sie keine Gesamttheorie moderner Gesellschaften sein kann, sondern um mindestens zwei von ihr unabhängige Komplexe ergänzt werden müsste: Lebenswelt und Lebensführung. Um die Theorie funktionaler Differenzierung in eine komplexere Gesamttheorie einbauen zu können, macht es drittens Sinn, sie um den Ressourcenaspekt zu ergänzen und sich mit der Ordnungsthematik auseinander zu setzen.

4.4   Drei unterschiedlich konstruierte Komplexe von Sozialität. Anregungen für weiterführende Überlegungen

An dieser Stelle muss noch einmal einschränkend betont werden, dass es in dieser Arbeit darum geht auf dem höchst unübersichtlichen Themenfeld ‚gegenwärtige moderne Gesellschaften' einen der Kritik hoffentlich einigermaßen standhaltenden Forschungstand zu fixieren, der dann für weitere theoretische Anstrengungen genutzt werden könnte. Es soll also noch keine verbesserte Theorie moderner Gesellschaften präsentiert werden. Allerdings hat die durch eine weit verbreitete Akzeptanz eines expliziten Theorienpluralismus gewissermaßen noch künstlich gesteigerte Unübersichtlichkeit und Heterogenität des Forschungsstands dazu genötigt, gewisse Ordnungsleistungen vorzunehmen, die durchaus *Anregungspotential für weiterführende Überlegungen* zu einer Gesamttheorie moderner Gesellschaften haben könnten. Sie sollen abschließend rekapituliert werden.

Der Analyse lagen drei grundlegende Begriffe zugrunde, die im vorangegangenen Abschnitt noch einmal erläutert wurden: Lebenswelt, Lebensführung und gesellschaftlicher Leistungsbereich (bzw. gesellschaftliche Funktionssysteme). Wenn man aus dem Blickwinkel der zweiten Leitorientierung (vgl. unter 1.2) auf sie blickt, dann zeigt sich, dass jeder dieser drei Begriffe soll ein spezifisches Konstruktionsmuster von Sozialität aufweist. Die These ist also, *dass moderne Gesellschaften aus mindestens drei unterschiedlich konstruierten Komplexen von Sozialität bestehen.* Dies soll nun gezeigt werden.

Wenn das nachgewiesen werden kann, dann müssen – gemäß der dritten Leitorientierung (vgl. 1.2) einer historischen Soziologie in systematischer Absicht – als weitere Aufgabe dieses Schlussteils auch *sozialhistorisch greifbare Differenzierungsprozesse rekonstruiert werden* können. Dabei greife ich auf die im ersten Kapitel eingeführten Begriffe zurück. Bei diesen Rekonstruktionsversuchen wird die Differenzierung zwischen Lebensführung und dem gesellschaftlichen Leistungsbereich im Mittelpunkt stehen.

4.4.1 Der lebensweltliche Komplex

Was lässt sich zu den Konstruktionsprinzipien im lebensweltlichen Komplex sagen? Betrachtet man nur das explizite Sozialverhalten, etwa die manifesten Prozesse sprachlicher Verständigung oder allgemein gebräuchliche Praktiken, dann muss man gemeinsame Regeln hervorheben, die das Miteinander organisieren. Wie man am Beispiel des Spracherwerbs erkennen kann, müssen diese Regeln nicht explizit erlernt werden. Vielmehr wird regelgerechtes Verhalten über die Praxis des miteinander Sprechens, allgemein des miteinander Lebens, eingeübt. Es entsteht dadurch, dass die Regelbefolgung kompetenter Akteure nachgeahmt wird (vgl. auch Saussure 1967). Dieses Muster finden wir auch bei anderen Arten, die in individualisierten geschlossenen Gesellschaften (z. B. Erlernen des Termitenangelns bei Schimpansen; Goodall 1971: 190f.) leben. Ein besonders eindrucksvolles Beispiel ist zweifellos das Erlernen der Warnrufe bei den Meerkatzen (Cheney/Seyfarth 1988; zusammenfassend Brock 2006: 66ff.).

Aber der Schwarmbildung, einem weiteren Grundmuster von Sozialität bei Tierarten, liegt die Befolgung gemeinsamer Regeln zu Grunde – so können wir z. B. die Verhaltensweisen etwa eines Schwarms von Fischen auf die Befolgung von ‚Schwimmregeln' zurückführen (vgl. zur Regelbefolgung grundlegend Wittgenstein 1962).

,Schwarmintelligenz' scheint ein artspezifisches Merkmal zu sein. Daher können alle tatsächlichen wie potentiellen Schwärme einer Art auf übereinstimmende
Regeln zurück geführt werden. Dagegen können Arten, die geschlossene individualisierte Gesellschaften bilden, *gruppenspezifische* Regeln entwickeln bzw.
Regeln gruppenspezifisch modifizieren. So übertragen beispielsweise Meerkatzen,
die in der Nähe von Großstädten leben, den Warnruf vor Leoparden auf Hunde,
da in beiden Fällen identisch reagiert werden muss. Bei Schimpansen wurden
beispielsweise gruppenspezifische Techniken des Nüsse Knackens entdeckt (vgl.
den Überblick bei Henke/ Rothe 2003: 105). Wenn die einzelnen Gruppen ihre
Umweltanpassung auf kulturellem Wege selbstständig weiter entwickeln, zeigt das,
dass sie ihre Umweltanpassung nicht nur durch genetische, sondern auch durch
kulturelle Variation verbessern können.

Das gruppenspezifische kulturelle Variationspotential scheint bei Menschen
besonders hoch zu sein. Daher sind der zwischenmenschlichen Kommunikation
gemeinsame Rahmen der sprachlichen Verständigung als Prämisse vorgeschaltet
(zu Rahmung vgl. 1.4.). Sie ermöglichen die Fokussierung der Kommunikation auf
bestimmte Aspekte. Nur über sie soll und kann gesprochen werden. Auf diese Art
und Weise wird die sprachliche Verständigung von vornherein kanalisiert und effektiviert[156]. Dass die menschliche Kommunikation *immer* eine Rahmung aufweist,
macht erst eine distanzierte Beobachterposition sichtbar. Wenn ein wissenschaftlicher
Analytiker wie der Sprachwissenschaftler Daniel Everett am Alltagsleben des noch
archaisch lebenden Amazonasstammes der Piraha teilzuhaben versucht, dann kann
man von ihm nähere Aufschlüsse über derartige kulturelle Prämissen erwarten.

Ich zitiere zunächst aus seiner Zusammenfassung: Die Piraha „ blicken dem Tod
unbeirrt ins Auge und meistern ihr körperlich anstrengendes Leben, wobei sie fast
unentwegt lachen oder lächeln. Ihr Glück und ihre Sorglosigkeit, das Ausblenden
der Vergangenheit und ihr furchtloser Blick in die Zukunft haben ihre Sprache
geprägt (d. h. auch: gerahmt; D.B.). Sie sprechen nicht über ferne Zeiten, sei es die
Vergangenheit oder die Zukunft, sie verzichten auf Zahlwörter und komplexe Sätze,
*weil nur Menschen, Ereignisse und Gegenstände zählen, die sich unmittelbar bezeugen
lassen.* So liegt die Hauptaufgabe ihrer Kommunikation in ihren Geschichten, nicht

---

156 Rahmen haben also eine Eigenschaft, die Gehlen nur den Institutionen zubilligen
    wollte (Gehlen 1986). Sie schaffen selbstverständliche Verhaltenssicherheit, indem sie
    das menschliche Lern- und Variationspotential *fokussieren*. Anders als Institutionen
    bleiben sie zunächst immer implizit, da sie selbstverständlicher Ausdruck einer grup-
    penspezifischen ,Lebenserfahrung' sind. Aus dem Blickwinkel der Rahmung bilden
    Institutionen Sonderfälle, in denen die Rahmung explizit gemacht werden muss, weil
    es hier um Normierung, um die explizite Formung einer nicht selbstverständlichen
    Praxis geht.

in ihren Sätzen. Sie verfolgen keinerlei Karriereziele und genießen jeden Tag so, wie er kommt.... Ich sehe eine *Gemeinschaft von Vertrauten*, deren Grammatik durch ihre Zuneigung füreinander, ihre Würdigung der Unmittelbarkeit gemeinsamer Erfahrungen und ihre Kommunikationsbedürfnisse geprägt ist" (Everett 2013: 429f. Hervorhebungen D.B.).

Everett interpretiert Sprache als ein kulturelles Werkzeug, das immer nur jene Bereiche ausleuchtet und genauer begrifflich spezifiziert, die im Fokus einer Alltagskultur liegen und über die sich deswegen in den Augen einer bestimmten Sprachgemeinschaft *zu sprechen lohnt*. Eine solche Ausrichtung der Kommunikationspraxis bezeichne ich als *implizite Rahmung*. Sie wird dadurch möglich, dass die Mitglieder einer Gemeinschaft nicht nur eine bestimmte Sprache miteinander teilen, sondern auch gemeinsam miteinander ihr Leben verbringen und gemeinsame Praktiken der Daseinsbewältigung entwickelt haben.

Deswegen wäre es zu kurz gegriffen, wenn man, wie auch noch Brock 2006, gesellschaftliches Zusammenleben nur als gemeinsame Regelbefolgung interpretiert. Damit wird gewissermaßen nur der aus dem Wasser ragende Teil des Eisbergs erfasst. Er kann aber nur deswegen aus dem Wasser ragen, weil er von dem unter die Wasserlinie liegenden Teil getragen wird. In ähnlicher Weise trägt eine *untereinander geteilte Lebenspraxis* sprachliche wie alltagspraktische Regeln und Regelsysteme – nicht zuletzt, indem sie die Kommunikation von vornherein durch Rahmung spezifiziert.

Wenn man in der Sprache ein kulturelles Werkzeug sieht, dann ist das stabile Zusammenleben in Gruppen seine Grundlage. Daher erscheint es mir angebracht, lebensweltliches Miteinander auf ein tiefliegendes Bedürfnis nach Zusammenleben mit vertrauten Artgenossen[157], also auf eine letztlich biologische Grundlage zurückzuführen, die die Menschheit mit all jenen Arten zu teilen scheint, die individualisierte geschlossene Gesellschaften entwickelt haben.

Ein Blick auf die Primaten (=Menschenaffen), insbesondere auf Schimpansen und Bonobos zeigt, dass ein Bedürfnis nach permanenter wechselseitiger Zuwendung (insbesondere nach gegenseitiger ‚Fellpflege' und nach ständigem auch nächtlichem Rufkontakt) für den Zusammenhalt der Gruppe essentiell zu sein scheint. Jane Goodall, die die permanente Nähe einer beobachteten Schimpansen-Gruppe über längere Zeiträume gesucht hat, glaubt sogar, dass zwischen ihr und zumindest einigen Gruppenmitgliedern durch die andauernde Kopräsens auch ein emotionaler Kontakt entstanden sei (Goddall 1971). Ein vergleichbarer biologischer Anker dürfte

---

157 Dabei darf nicht übersehen werden, dass die Gruppenzugehörigkeit von der Gruppe kontrolliert und dabei auch Macht eingesetzt wird. Das ist nicht nur für Menschen sondern auch für Schimpansen nachgewiesen (vgl. bereits Lawick-Goodall 1971) worden.

m. E. auch der zwischenmenschlichen Sozialität zugrunde liegen. Er stabilisiert
dann auch ein Bedürfnis, mit Vertrauten ständig zu sprechen, Blickkontakt und
Nähe zu haben. Diese Techniken dienen unter Menschen vermutlich nicht nur der
praktischen Daseinsbewältigung sondern auch der wechselseitigen emotionalen
Stabilisierung in vergleichbarer Weise wie das grooming (=wechselseitige Fellpflege)
unter Schimpansen. Sie dürften sich im Laufe der menschlichen Evolutionsgeschichte
als evolutionär vorteilhaft erwiesen und deswegen durchgesetzt haben.

4.4.2   Techniken der expliziten Rahmung

Ich vermute nun, dass es über Techniken der expliziten Rahmung gelang, den Kontext
einer selbstverständlichen und von einer kontinuierlich zusammen lebenden Gruppe
geteilten Lebenswelt *einzuklammern*. Vom Standpunkt der Lebenswelt aus gesehen,
können über explizite Rahmung ,künstliche' Formen des sozialen Miteinanders
konstruiert werden. Eingeklammert wird dabei die implizite Rahmung, also alles,
was im Kontext des gemeinsam miteinander Lebens ganz selbstverständlich ,zählt'.

In den explizit gerahmten, ,künstlichen' Bereich werden vor allem zwei Grun-
delemente des lebensweltlichen Kontexts mitgenommen, das Befolgen von Regeln
und die gemeinsame Sprache einschließlich der Sprach- und Handlungsfähigkeit
der Akteure. Sie bilden unabdingbare zivilisatorische Grundtechniken.

Vieles spricht für die Vermutung, dass die *Technik der expliziten Rahmung*
der zwischenmenschlichen Kommunikation zunächst im Bereich der ,Religion'[158]
entwickelt wurde. Auch wenn es bis heute nicht gelungen ist, einen überzeugenden soziologischen Begriff von Religion zu finden, gibt es doch eine hohe Übereinstimmung zwischen den soziologischen Analytikern und Beobachtern bei
der Unterscheidung zwischen Religion und Lebensalltag. Religiöse Aktivitäten
müssen nämlich immer vom Lebensalltag explizit unterschieden und abgetrennt
(z. B. Durkheim 1981: profan-sakral) werden. Das liegt daran, dass nicht nur den
magischen Praktiken sondern allen im weitesten Sinne religiösen Handlungen
(=Ritualen) spezifische Wirkungen zugeschrieben werden, die jenseits des Horizonts
alltäglicher Bedürfnisbefriedigung liegen (vgl. auch Berger 1981). Typischerweise
folgen rituelle Handlungen einem bestimmten Drehbuch und auch die Form aller
Handlungen ist explizit festgelegt. Formen von Spontaneität wie z. B. momentane

---

158 Der Begriff wird hier im weitesten Sinne gebraucht. Er schließt also die Komplexe Magie,
    Kosmologien, Rituale, Vorstellungen über Götter, Geister und andere transzendentale
    ,Mächte' ein.

Stimmungen oder auch konkrete Bedürfnisse wie Hunger oder Durst, müssen daher ausgeblendet bleiben.

Für archaische ‚Religionen‘ ist charakteristisch, dass die religiösen Rituale kosmologische Erzählungen veranschaulichen und in diesem expliziten Rahmen den ‚Sinn‘ haben, den Fortgang der ‚Welt‘ oder auch nur die Reproduktion der Generationenfolge des eigenen Stammes zu bewirken (vgl. z. b. Durkheim 1981; Eliade 1978; Brock 2006). Oft werden Masken benutzt, um zu veranschaulichen, dass man andere Wesen ‚nachspielt‘. In jedem Fall aber sind die Akteure während des Rituals nicht mit ihrer alltäglichen Existenz identisch. Sie sind gewissermaßen nicht sie selbst (Lévi-Bruhl 1966). Wenn das Alltagshandeln als ‚natürlich‘ gelten kann, dann werden hier Rollen *gespielt* (grundlegend Goffman 1983).

Diese Skizze einer ‚dichten Beschreibung‘ religiöser Handlungen veranschaulicht bereits den grundlegenden Effekt jeder expliziten Rahmung: die Verhaltensweisen werden in nahezu beliebiger Richtung formbar, wenn menschliche Akteure den Handlungs- und Kommunikationsfluss ihres Alltags explizit ausblenden und zu Trägern von Rollen und zu Erbringern von (durch vorgeschriebene Handlungsformen erzeugten) gesellschaftlichen Leistungen werden. Vermutlich über Religion im weitesten Sinne wurde also eine zweite grundlegende Technik entwickelt, nach der das soziale Miteinander organisiert werden kann. *Ihre Grundlage scheint nicht mehr das mit anderen Arten geteilte Bedürfnis nach Nähe und emotionaler Stabilisierung sondern nach Beeinflussung kosmologischer Zusammenhänge zu sein.*

Möglicherweise hat sich diese Sozialtechnik aus einer Konsequenz des Übergangs auf symbolsprachliche Kommunikation entwickelt. Da jede Sprache mit der Implikation der Vollständigkeit arbeiten muss (vgl. unter 1.3 c), liegt es nahe, nicht nur die Bedeutung der einzelnen Begriffe vor diesem Hintergrund operativ zu fixieren (vgl. Spencer Brown 1997), sondern darüber hinaus auch Kosmologien zu bilden, also eine Ordnung der gesamten Welt zu postulieren. *Damit erhält die Vollständigkeitsprämisse eine eigene Form von hoher sozialer Verbindlichkeit.* Sobald in diese kosmologisch begründeten und legitimierten Ordnungen auch Kontingenzerwartungen eingebaut werden, verlieren sie ihre Selbstverständlichkeit. Ihre Reproduktion wird zu einer sozialen Aufgabe. Daher kommt es, in Form magisch-religiöser Rituale zum reentry (vgl.1.3 e) der Kultgemeinschaften in die Kosmologien. Den Ritualen wird die Funktion zugeschrieben, die kontingente (=mit Unsicherheiten behaftete) Weltordnung so zu beeinflussen, ja teilweise sogar zu bewirken[159], dass sie sich reproduzieren und bewahren kann (vgl. z. B. Durkheim 1981: 479ff.; Gimbutas 1995: 321).

---

159 Dieser Anspruch wird besonders deutlich bei der magischen Bedeutung des Ackerbaus (Brock 2006: 228ff.). Er ist aber auch noch ein zentrales Element der Zivilisation der Alten

Da sich diese Handlungen nicht mehr zwanglos in den Kontext der lebensweltlichen Alltagspraxis der Stammesgesellschaft einfügen, sondern spezifische Effekte hervorbringen sollen, *müssen sie auf diese Leistungsmerkmale hin beobachtet werden*. Meine These ist nun, dass diese in den alten Stammesreligionen entwickelten Techniken im Laufe der Zeit mehrfache Modifikationen erlebt haben, wobei allerdings die hier skizzierte Grundlage erhalten bleibt. Sie bildet auch noch in modernen Gesellschaften die Plattform für eine über Erfolgsmedien laufende soziale Konstruktion sowohl des gesellschaftlichen Leistungsbereichs wie auch des Lebensführungskomplexes.

4.4.3 Tausch von Leistungen und gesellschaftlicher Leistungsbereich

In einem ersten Schritt möchte ich zeigen, wie diese Technik vom religiösen Bereich und dem kosmologischen Kontext (Magie; Leistungen im außergesellschaftlichen, kosmologischen Kontext) aus in die *zwischenmenschlichen* Beziehungen eingedrungen ist. Dabei steht der Gesichtspunkt der wechselseitigen Abhängigkeit von den Leistungen anderer einschließlich daraus resultierender Austauschvorgänge im Mittelpunkt.

Es gibt mindestens zwei ernsthafte Kandidaten für die Übertragung von Techniken des rituellen Handelns auf zwischenmenschliche Beziehungen. Ein Kandidat ist die Substitution kollektiver Rituale durch stellvertretend von herausgehobenen Einzelnen durchgeführte Rituale. Zum anderen nötigte die Entwicklung von patrilinearen Verwandtschaftssystemen dazu, dass Ehen als Austauschprozesse zwischen Sippen organisiert werden mussten. Im erstgenannten Fall ging es um den Transfer von Leistungen, im zweiten Fall von Personen (sogenannter „Frauentausch"; Lévy-Strauss 1981)[160].

Ich skizziere hier nur die Entstehungsbedingungen für den Tausch von magischen Leistungen gegen Güter (ausführlich Brock 2006: 279f.). Sobald die Vermutung aufkommt, dass nicht alle Gesellschaftsmitglieder über die gleichen magisch-religiösen Fähigkeiten verfügen, wird es rational, dass an die Stelle gemeinsamer Rituale der Kultgemeinschaft ein einzelner Repräsentant, dem besonders hohe magisch-religiöse Fähigkeiten zugeschrieben werden, stellvertretend Rituale durchführt, um auf diese Weise deren Wirksamkeit zu steigern. Um den ‚Priester', ‚Zauberer' oder ‚Ritualkönig' (Fraser) für seine Leistungen zu ‚entschädigen' und die ‚Schuld' der

---

Hochkulturen (z. B. Pflugritual oder Bedeutung des Tempelbaus im alten Ägypten).
160 Beides wird ausführlich bei Brock 2006: 274ff. dargestellt und diskutiert.

Leistungsempfänger auszugleichen (zur Reziprozitätsnorm vgl. Mauss 1990, zur Deutung moralischer Verpflichtungen als Schulden vgl. Graeber 2012) erhält er von den übrigen Mitgliedern der Kultgemeinschaft Prestigegüter, teilweise wohl auch Nahrungsmittel. Auf diese Weise entstehen bereits ‚verdinglichte‘ (Marx) Sozialbeziehungen, bei denen an die Stelle der konkreten Anderen, ihrer momentanen Bedürfnisse und Stimmungen, der Austausch von magisch-religiösen Leistungen gegen materielle Güter tritt. Wird damit zugleich eine ‚Teilnehmerperspektive‘ (Habermas) wird durch eine sehr spezifische ‚Beobachterperspektive‘ ersetzt?

An dieser Stelle ist es wichtig, präzise zu bleiben und sich daran zu erinnern, dass diese Beobachterperspektive schon bei gemeinsamen religiösen Ritualen bestand (siehe oben). Bereits hier wurde die Teilnehmerperspektive der gemeinsamen Lebenspraxis eingeklammert und durch eine Beobachterperspektive ersetzt, bei der man sich gegenseitig auf ‚rituelle Sorgfalt‘ hin kontrolliert (=beobachtet) hat. Neu ist also ‚nur‘, dass sich die gemeinsame und solidarische Beobachtungsperspektive hier durch eine Abhängigkeitsbeziehung in zwei ganz unterschiedliche Beobachtungsperspektiven auflöst.

Aufgrund der wechselseitigen Abhängigkeit von jeweils ganz unterschiedlichen Leistungen *fallen die Beobachtungsperspektiven auf beiden Seiten des Tauschprozesses zwangsläufig auseinander.* Die Kultgemeinschaft beobachtet den Magier auf den Erfolg seiner Rituale hin. Nur wenn sie diese als wirksam einschätzt, wird er ‚belohnt‘. Im anderen Fall kann er, ebenfalls aus Gründen der Reziprozität, seine herausgehobene Stellung auch mit dem Leben bezahlen (vgl. Brock 2006: 283). Der Magier ist dagegen nicht mehr an der Befindlichkeit der Anderen, sondern an den Gegengeschenken seiner Kundschaft interessiert. *Die immer noch objektiv gegebene gemeinsame Daseinsbewältigung wird also in unterschiedliche Leistungsbeobachtungen ‚übersetzt‘.* Genau diese Veränderung hat weitreichende Folgen, denn in der Logik dieser durch Tauschprozesse geformten Sozialbeziehungen ist bereits ein Entwicklungspfad angelegt, der zu den von extremer sozialer Ungleichheit geprägten alten Hochkulturen (vgl. ebd.: 271 sowie 315ff.) führt.

Über Austauschprozesse werden also gemeinsame und solidarische Beobachtungsperspektiven in reziprok aufeinander bezogene und durch Leistungsabhängigkeiten spezifizierte Beobachtungsperspektiven verwandelt, weil auch Teile der gemeinsamen Daseinsbewältigung nun über innergesellschaftliche Abhängigkeitsbeziehungen organisiert werden. Mit dem Tausch von hoch bewerteten und besonders knappen Leistungen gegen Güter des alltäglichen Bedarfs werden innergesellschaftliche Bruchlinien gelegt, entlang derer sich die Grundmuster stratifikatorisch differenzierter Gesellschaften (=Feudalgesellschaften) entwickelt haben. Ihr Grundschema ist eine in drei Stände geteilte Gesellschaft (grundlegend Dumézil 1996): in Magier und religiöser Elite als erstem Stand; Krieger und politische Führer als zweitem Stand. Die übrige Bevölkerung wurde als dritter Stand auf die materielle Reproduktion festgelegt (Bauern, Handwerker, Kaufleute usw.). Nur der dritte Stand bildet eine im Marxschen Sinne arbeitende Klasse, die mit ihrer Arbeit die beiden anderen Stände alimentiert. Allerdings sind auch die Leistungen des ersten und zweiten Standes für den Fortbestand des Sozialverbands ebenso essentiell. Der Kriegerstand sichert durch seine Leistungen die politische Unabhängigkeit. Die magisch-religiösen Spezialisten sorgen für das kulturelle Fundament, vor allem für Welterklärung und rituelle Weltbeeinflussung.

Wichtig ist nun, dass in stratifikatorisch differenzierten Gesellschaften nicht zwischen gesellschaftlichen Leistungen und persönlichen Eigenschaften differenziert sondern dass beides direkt miteinander in Zusammenhang gebracht wird. Das führt zu standesspezifischen Lebensformen, die die Erbringung der standespezifischen Leistungen in standesspezifischen Lebenswelten (vgl. z. B. Le Goff 2004) und in eine Standesmoral einbetten. Zwischen diesen Lebensformen besteht eine hierarchische Ordnung, die persönliche Wertigkeiten mit der differentiellen Bewertung der gesellschaftlichen Leistungen kurzschließt. Am untersten Ende dieser Skala stehen dann diejenigen, deren Tätigkeiten als ‚unrein‘ aus der Ständehierarchie herausfallen wie Henker oder Gerber. Solange zwischen Lebensführung und gesellschaftlichen Leistungen nicht unterschieden wird, gelten Ständezugehörigkeiten und ‚Berufe‘ tendenziell lebenslang.

Diese standesspezifischen Lebensformen zerstören Lebenswelten und reintegrieren sie zugleich in die standesspezifischen gesellschaftlichen Leistungsbereiche. Diese Vorgänge lassen sich besonders instruktiv für den jahrhundertelang andauernden Prozess der Eroberung des indischen Subkontinents durch von Nordwesten eindringende Stämme nachvollziehen. Diese hatten vermutlich bereits vor der Landnahme eine Drei-Stände-Ordnung entwickelt, in die die eroberten Stammesgesellschaften dann integriert wurden. Diesen Integrationsprozess kann man sich durchaus nach dem Muster von Giddens ‚embedding and reembedding‘ vorstellen (vgl. bereits die Hinweise bei Weber 1988a; Band 2: 31ff.). Auf die Eroberung und die damit verbundene kulturelle Entwurzelung folgte eine Integration in das Kastensystem der Eroberer. Hierbei werden die ‚Außenkontakte‘ zu anderen Kasten und Subkasten explizit gerahmt und die Leistungen auch über den Verlust des Grundeigentums (Weber 1988a; Band 2: 79) in der Regel innerhalb des Aufgabenspektrums des dritten Standes zugeschnitten. Auf die kulturelle und militärische ‚Enthauptung‘ folgte also typischerweise eine Form der Integration in die Gesellschaft der Eroberer, die den Besiegten durchaus eigenständige Lebenswelten lässt, sie aber inselartig zuschneidet.

4.4.4 Die Ausdifferenzierung von Lebensführung aus dem gesellschaftlichen Leistungsbereich

Die zunächst vermutlich im magisch religiösen Bereich entwickelte Technik eines gezielt auf spezifische gesellschaftlich erwünschte Effekte ausgerichteten und insofern sozialen Handelns wird mit dem Übergang auf den Typus moderner Gesellschaften erheblich modifiziert. Diese Umformung ist aufgrund ihrer hohen Komplexität sozialhistorisch schwer zu identifizieren.

Man kann zeigen, dass moderne Gesellschaften erst durch eine *Differenzierung zwischen Lebensführung und dem gesellschaftlichen Leistungsbereich* (=gesellschaftliche Funktionssysteme) eine hinreichende dynamische Stabilität gewinnen. Da in beiden Bereichen Erfolgsmedien eine zentrale Rolle spielen, aber unterschiedlich verwendet werden, muss in einem ersten gedanklichen Schritt zunächst der Übergang von einer klassischen institutionellen zu einer *dynamischen, von Erfolgsmedien getragenen Ordnung* rekapituliert werden. Hierzu werden bereits erwähnte sozialhistorische Prozesse in Erinnerung gerufen und ansatzweise bilanziert.

4.4.4.1 Erfolgsmedien als Organisationsmittel moderner Gesellschaften

Auch noch vormoderne arbeitsteilige Gesellschaften (sowohl die alten Hochkulturen wie auch Feudalgesellschaften) greifen auf eine für alle Gesellschaftsmitglieder verbindliche Kosmologie (=,heilige, für unantastbar erklärte Ordnung') zurück, aus der abgeleitet und legitimiert werden kann, ,wer was wie zu tun' (René König) hat. Durch diesen Ordnungsrahmen wird auch das Operieren mit den grundlegenden Erfolgsmedien (vgl. die Darstellung in 1.8) verbindlich geregelt. Für den Machtgebrauch wird dies etwa in Webers Begriff der legitimen Herrschaft festgehalten (Stichwort: Legitimitätsglaube; Weber 1972: 122ff.).

Sobald die Dynamik der Verhältnisse, vor allem der wirtschaftliche wie der kulturelle Austausch, zunächst bei den Oberschichten den Glauben an eine derart verbindliche Ordnung zerstört, *verselbständigt sich der Gebrauch der Erfolgsmedien*. Das kann nur bedeuten, dass sie zum Selbstzweck werden. Ein instruktives Dokument für den Gebrauch des Machtmediums durch Herrscher als Selbstzweck ist Machiavellis ,Il Principe'. Er propagiert, dass Herrscher ohne moralische Skrupel das Machtmedium aus ihrem Machtinteresse in allen Facetten situationsangemessen einsetzen sollen (Machiavelli 1982/ 1532).

An die Stelle von Rückgriffen auf eine verbindliche Kosmologie tritt also die Selbstreferentialität des Erfolgsmediums. Wie ist das auf der Ebene der Konstruktion von Sozialität praktikabel? Weiterhin: wieso eignen sich nur relativ wenige (vgl.

unter 1.8) Erfolgsmedien dazu, an Stelle verbindlicher Kosmologien Menschen zur Erbringung von gesellschaftlichen Leistungen zu verpflichten? Wieso schaffen sie dies gewissermaßen aus sich heraus?

Wir nähern wir uns diesen Fragen über einen Vergleich mit der Wirkungsweise von Kosmologien. Vermutlich lässt sich die soziale Verbindlichkeit von Kosmologien auf den Gebrauch der Symbolsprache durch charismatische Erzähler zurück führen[161]. Vermag der Eindruck einer solchen Erzählung auf die Zuhörer das rituelle Nachspielen einer kosmologischen Erzählung in Gang zu setzen, dann kommt ein selbstreferentieller Zirkel (oftmals fixiert in Form eines Ritualkalenders) in Gang, der dann die weitere Reproduktion der einschlägigen Leistungskommunikation sichert. Dabei sind aber immer Rückgriffe auf die ‚tragende Kosmologie‘ möglich, die rituelle Handlungen als Beitrag zur Reproduktion eines als Selbstzweck eingeführten kosmologischen Geschehens erklären.

Wenn wir das mit den Reproduktionsmechanismen des Geldmediums vergleichen, dann fallen deutliche Parallelen, aber auch Abweichungen ins Auge. So muss vor allem an Stelle des kosmologischen Geschehens das Geld als Selbstzeck gedacht werden: ‚Geld haben‘ muss zu einem Wert an sich geworden sein. Genau dies soll die Beschaffenheit des Geldes garantieren. Bis zur Abschaffung des Edelmetallstandards vor knapp 100 Jahren verkörperten Münzen einen Metallwert, der zudem mit aufgeprägten Symbolen und Hinweisen auf einen renommierten Herausgeber der Münzen versehen war. Für die Geldmenge, also den Umfang der über das Geldmedium insgesamt organisierten Leistungen, sind dagegen die Mechanismen der Kreditschöpfung entscheidend. Ihren sozialen Kern bildet das Verleihen von Geld an vertrauenswürdige Schuldner gegen Rückzahlungsverpflichtungen (vgl.

---

161 Diese These ist leider schwer zu belegen, da sie auf die Gegebenheiten in schriftlosen Kulturen zielt. Schriftliche Dokumente über Propheten oder auch die Erzählperspektive bei Homer erinnern ebenso an die Autorität von Erzählern wie Darstellungen beispielsweise über die ‚Macht‘ der Druiden. Webers Überlegungen zum religiösen Rationalismus scheinen einen Transfer des persönlichen Charismas eines Erzählers in ein versachlichtes Charisma schriftlicher Aufzeichnungen ins Auge zu fassen. Unter dem Eindruck seiner religionssoziologischen Studien hat Max Weber in sehr vorsichtigen Formulierungen jedenfalls dem ‚intellektuell Zwingenden‘ eine zentrale Bedeutung zugeschrieben. „Auch das Rationale im Sinne der logischen oder teleologischen ‚Konsequenz‘ einer intellektuell-theoretischen oder praktisch-ethischen Stellungnahme hat nun einmal (…) Gewalt über die Menschen…“ (Weber 1988a; Band1: 537). Für diese These sprechen sicherlich die Bemühungen der Weltreligionen um dogmatische Systematisierung (vgl. die Kategorie des religiösen Rationalismus in der Einleitung der Wirtschaftsethik der Weltreligionen; Weber ebd.: 237ff.). Dennoch erscheint mir dieser Aspekt als soziale Grundlage der gesellschaftlichen Funktionssysteme nicht hinreichend zu sein und eher, wie Weber selbst konzediert (ebd.), auf ein Milieu intellektueller Spezialisten beschränkt.

Graeber 2012). In dem Maße, wie dieser Reproduktionsmechanismus funktioniert und dabei expandiert, wächst die Geldmenge. Wesentlich ausgeprägter als zu rituellen Handlungen auffordernde Kosmologien beruht die ‚Macht des Geldes‘ also auf den *Konventionen erfolgreicher Geldverwendung*. In beiden Fällen werden Akzeptanz und zugleich Fügsamkeit eingeübt und als Konvention fortgeschrieben, die beim Geldmedium aber nur noch durch das Medium selbst erklärt und legitimiert werden können.

Wenn diese Überlegung zutrifft, dann folgt aus ihr, dass der Erfolg der Erfolgsmedien nur auf Mechanismen beruhen kann, die ihre Selbstreferentialität unterstützen und absichern. Recht kann immer nur von zur Rechtsprechung autorisierten Gesellschaftsmitgliedern erfolgreich (=Fügsamkeit erzeugend) gesprochen werden und muss legitimen Methoden folgen, die allerdings dem sozialen Wandel unterliegen. Letztlich kann eine durch das Rechtsmedium geregelte Ordnung zum Selbstzweck werden, der dann nicht weiter hinterfragt werden kann. Vergleichbares gilt für Wahrheit.

Dagegen sind Macht wie Moral deswegen problematische Medien, weil ihre Verselbständigung gegen Kosmologien nur bedingt gelungen ist. Vormoderne Machtausübung war typischerweise durch Rückgriff auf religiöse Kosmologien gedeckt. In der Moderne sind derartige Rückgriffe unmöglich geworden, ohne dass sich ‚Macht haben‘ als Selbstzweck (vgl. hierzu 2.2.4) hätte etablieren können. Nach dem Scheitern eines absolutistischen Machtverständnisses konnte daher erst eine Zweitcodierung durch das Rechtsmedium in Verbindung mit der Demokratisierung der politischen Machtverwendung (sowie der Gewaltenteilung) einen immer feinmaschigeren Gebrauch staatlicher Machtausübung legitimieren. Moral ist zwar zu einem Selbstzweck geworden. Allerdings konnte sich keine *universelle* Moral und damit auch kein Konsens über den Positivwert dieses Mediums herausbilden: was die einen für moralisch zwingend geboten erklären, ist für andere höchst unmoralisch (vgl. Luhmann 1997: 396ff.). Daher ist in modernen Gesellschaften Moral nur noch sehr begrenzt als Erfolgsmedium praktikabel: dort, wo Moral evident ist (z. B. erste Hilfe leisten) oder in eng begrenzten sozialen Kontexten (etwa unter Anhängern einer bestimmten Religion oder Weltanschauung oder wo sie in mit Sanktionen bewehrte Rechtnormen gegossen wurde.

Allerdings müssen die bisherigen Überlegungen mit einer gravierenden Einschränkung versehen werden. Sie zeigt sich, wenn man das Modell einer sich unbegrenzt auf die Selbstevidenz der Erfolgsmedien verlassenden Kommunikation durchspielt. Dazu gehört zunächst, dass sich aus dem Selbstzweck Macht ebenso ungebremst Machtinteressen ergeben wie Bereicherungsinteressen aus dem Eigenwert des Geldes folgen. *Gezügelt werden diese Interessen nicht mehr durch eine verbindliche Kosmologie, wohl aber durch Konkurrenz.* Wo Geldinteressen gegen

Geldinteressen oder Machtinteressen gegen Machtinteressen ausgefochten werden, leidet das Erfolgsmedium: Profite werden geschmälert oder sogar in Verluste
verwandelt, die Eigentum entwerten. Macht wird durch Machtkämpfe zerstört.
Diese Erfahrung hat schon kritische Zeitgenossen in der Frühmoderne dazu
motiviert, *nach Bedingungen zu suchen, die diese selbstzerstörerischen Effekte aus-
schalten, sodass Erfolgsmedien zur Steigerung des Gemeinwohls eingesetzt werden
können*[162]. Der gemeinsame Nenner dieser Überlegungen besteht in der Überzeugung,
dass der Einsatz jedes Erfolgsmediums auf dem Allgemeinwohl dienende Anwen-
dungsfälle eingeengt werden müsse[163]. Nur die Spezifizierung der Anwendung der
Erfolgsmedien könne deren weitere erfolgreiche Verwendung sichern. Wie ist sie
zu denken? Zur Spezifizierung eignen sich vor allem die anderen Erfolgsmedien.
So ist z. b. eine sozial verträgliche Verwendung des Geldmediums am ehesten
durch den Einsatz verrechtlichter politischer Macht zu erreichen (Instrument der
Gesetzgebung; Beispiel: Verbot der Sklaverei).
    Aber auch noch in einer zweiten Hinsicht führt die Praxis einer selbstreferen-
tiellen Verwendung der Erfolgsmedien zur Selbstbeschränkung. Die Praxis zeigt
nämlich, dass jedes Medium an Leistungs- und Effektivitätsgrenzen stößt. In der
europäischen Geschichte des 16. – 18. Jahrhunderts spielten insbesondere die
Effektivitätsgrenzen des Machtmediums eine wichtige Rolle. Die Religionskriege
machten deutlich, dass sich mit diesem Medium keine religiösen Überzeugungen
effizient verändern lassen. Umgekehrt konnten sich neue Bekenntnisse nur durchsetzen, wenn sie die staatliche Autorität respektierten (vgl. z. B. van Dülmen 1977).
Ebenso wenig waren Versuche erfolgreich, mithilfe staatlicher Macht die nationale
Wirtschaft zur Blüte zu bringen (Stichwort: Merkantilismus).
    Drittens zeigte sich jedoch auch, *dass eine Verkettung und Verflechtung der Er-
folgsmedien deren Expansion bewirken kann*. Das Beispiel der Anwendung speziellen
Wissens sowie des Geldmediums auf die Ausübung militärischer Macht wurde
bereits an anderer Stelle ausführlich erläutert (KM: 251ff.). Als weiteres Beispiel
kann die immer entscheidender werdende Bedeutung des Wissenschaftssystems
für die Generierung von Wirtschaftswachstum angeführt werden.
    Aus diesen Überlegungen ergibt sich folgendes Fazit: Nur *permanente erfolgs-
orientierte Korrekturen* sichern die operative Tauglichkeit von Erfolgsmedien, die
ohne den Schutzschirm kosmologischer Welterklärungen auskommen. Hierbei
sind vor allem Methoden der Ausdifferenzierung, der Selbstkorrektur, der Selbstbeschränkung sowie der Verflechtung wichtig.

---

162 Klassische Beispiele sind: Thomas Hobbes 1998/ 1651; Adam Smith 1972/ 1776.
163 Auf genau dieser Linie liegt auch noch die kommunistische Forderung nach der Ab-
     schaffung des Privateigentums an Produktionsmitteln.

Daher darf auch Luhmanns Konzept der Erfolgsmedien keinesfalls mit deren realer Anwendung verwechselt werden. Luhmanns Analyse zielte, ähnlich wie Webers Methode der Bildung von Idealtypen, darauf ab, grundsätzliche Eigenschaften der Erfolgsmedien heraus zu präparieren. Dass die Anwendung von Erfolgsmedien einer *selbstreflexiven* Praxis bedarf, ist Luhmann dennoch durchaus bewusst gewesen[164].

Mit der folgenden These gehen wir in diesem Punkt noch einen Schritt weiter: Die Nutzung von Erfolgsmedien zur selbstreferentiellen Schließung von explizit gerahmten Leistungskommunikationen und damit verkoppelten Handlungen kann sich über solche selbstreflexiven Praktiken auch ausdifferenzieren. *Es gibt also nicht immer nur einen Königsweg erfolgreicher Nutzung der Erfolgsmedien.* Diese These wird sich für die nun folgende Erläuterung der Ausdifferenzierung zwischen Lebensführung und dem gesellschaftlichen Leistungsbereich als zentral erweisen.

4.4.4.2 Erst das Geldmedium bietet Ansatzpunkte für die Ausdifferenzierung von Lebensführung aus dem gesellschaftlichen Leistungsbereich

Lebensspanne und Lebenszeit wurden auf verschiedenen Wegen zum Thema expliziter Rahmung. Zunächst einmal mit den großen Weltreligionen. Hier entwickeln die Anhänger bzw. Gläubigen Formen der Lebensführung, die an religiösen Heilswegen orientiert werden sollen. Die hieran ausgerichtete Lebensführung wird zum Schlüssel entweder für die Einlösung individueller, kosmologisch begründeter Heilsversprechen oder zur Erlangung einer besseren Welt. Die Zugehörigkeit zu einer Weltreligion ist typischerweise das Ergebnis einer individuellen Entscheidung oder individuell prägender Erfahrungen des Gläubigen (Bekehrung, Wunder, Erleuchtung…). Dagegen werden die materielle Welt und der gesellschaftliche Leistungsbereich in diesen Heilswegen entweder abgewertet oder an die religiöse Botschaft assimiliert.

Zweitens propagieren politische Ideologien wie Liberalismus oder Marxismus die Verbesserung der diesseitigen Welt durch eine an politischen Zielen ausgerichtete Lebensführung ihrer Anhänger. Analog zu den religiösen Heilswegen wurden auch hier Idealbilder entwickelt, an denen die Lebensführung der Anhänger orientiert werden soll: freies Unternehmertum und in politischer Hinsicht strikte Begrenzung

---

164 Luhmann benutzt an dieser Stelle allerdings die zumindest zu Missverständnissen Anlass gebende ‚subjektfreie' Kategorie der Selbstvalidierung (Luhmann 1997: 393ff.). „Das Problem…liegt in der Frage, ob generalisierte medienspezifische Zukunftserwartungen unter allen Umständen reproduziert werden können oder ob es Erfahrungen mit Gesellschaft gibt, die dies verhindern oder doch entscheidend schwächen (ebd. 396).

der Staatsaufgaben im Liberalismus bzw. ein Leben als politischer Agitator oder Berufsrevolutionär im Marxismus-Leninismus.

Da politische Ideologien wie Weltreligionen mit Kosmologien arbeiten und daraus konkrete Formen der Lebensführung als allein zielführend ableiten und legitimieren, müssen sie die Generierung von Leistungen über Erfolgsmedien als störende Konkurrenz ablehnen, insofern sie nicht in die eigene Botschaft integrierbar sind. Dieses Konkurrenzverhältnis erschwert zumindest ein gedeihliches Nebeneinander beider Komplexe ganz erheblich. Ein Zusammenspiel zwischen diesen Mustern der Lebensführung und dem gesellschaftlichen Leistungsbereich ist dagegen nur denkbar, wenn, wie im Fall der Prädestinationslehre, Erfolge im gesellschaftlichen Leistungsbereich in die religiöse Heilslehre eingebaut werden.

Dieses schwierige Konkurrenzverhältnis zwischen beiden Bereichen wird erst durch den Typus individualisierter, auf das Wiederbeschaffungsproblem von Geld fokussierter Lebensführung überwunden. Hier wird Lebensführung als Methode von kosmologischen Begründungen abgelöst und an das Erfolgsmedium Geld gekoppelt. Sobald das Überleben in erheblichem Umfang und regelmäßig vom Erwerb von Waren und Dienstleistungen abhängt, wird die Wiederbeschaffung von Geld zu einem *biographischen* Problem, dessen Lösung als *persönliche Leistung* (perspektivisch: Lebensleistung) interpretiert werden kann. Schon diese Ausrichtung nötigt zur Distanz gegenüber selbstverständlich gegebenen Lebenswelten wie verbindlichen Lebensformen. Hier müssen in individueller Selbstverantwortung Praktiken der Lebensführung entwickelt werden (vgl. ausführlich unter 3.1), die dieses Problem unter den jeweils gegebenen Bedingungen lösen. Während die Weltreligionen und die politischen Ideologien der Lebensführung feste Ziele vorgeben, ist das Wiederbeschaffungsproblem von Geld eine sehr abstrakte Hypothek, die auf unterschiedlichsten Wegen bewältigt und nur durch Formen der Weltflucht umgangen werden kann[165].

(a)   Differenzierung zwischen Lebensführung und gesellschaftlichen Funktionssystemen in zeitlicher Hinsicht

Da ich mich auch an dieser Stelle auf individualisierte Lebensführung unter den Bedingungen von Lohnarbeit beschränke, kann zunächst festgehalten werden, dass die Differenzierung in zeitlicher Hinsicht gewissermaßen die Geschäftsgrundlage für Lohnarbeit ist: ein Teil der Lebenszeit wird gegen Entgelt an einen Arbeitgeber abgetreten. Sie wird in Leistungsrollen innerhalb des gesellschaftlichen Leistungs-

---

165 Klöster, Orden oder religiöse Sekten vergemeinschaften das Wiederbeschaffungsproblem. In neueren Varianten (wie z. B. ‚Selbstversorger' oder ‚containern') wird das Geldmedium eher individuell umschifft.

bereichs verbracht. Die Vergesellschaftung wird hier direkt vom gesellschaftlichen Leistungsbereich bestimmt. Bereits der Bezug von Lohnersatzleistungen wird an die Bereitschaft geknüpft, dem Arbeitsmarkt zur Verfügung zu stehen. Dagegen kann im Bereich der nicht abgetretenen Lebenszeit die Vergesellschaftung an individuellen Neigungen und Interessen orientiert werden, die im Lauf des bisherigen Lebens entwickelt wurden. *Die Differenzierung wird also in Form der Abtretung bzw. Nicht-Abtretung von Lebenszeit direkt gelebt und in ein Zeitregime übersetzt.*

Dagegen kommen sowohl die religiösen Heilswege wie die gesellschaftspolitischen Ideologien ohne diese Differenzierung aus. Revolutionäre wie Gläubige sind den ganzen Tag über und für die gesamte Lebenszeit ‚im Einsatz'. Sie kennen kein ‚Privatleben' sondern haben private Interessen den religiösen oder politischen Zielen unterzuordnen.

Er bleibt daher nur noch, dieses Zeitregime aus dem Blickwinkel des gesellschaftlichen Leistungsbereichs zu betrachten. Reziprok zur individualisierten Lebensführung greifen die Funktionssysteme nur für die in der Regel gegen Geld abgetretene Lebenszeit auf menschliche Ressourcen zu[166]. Durch die Differenzierung zwischen individualisierter Lebensführung und den gesellschaftlichen Funktionssystemen gewinnen letztere den Vorteil einer offeneren und leistungsbezogenen Personalrekrutierung. Dagegen muss vor allem das Führungspersonal in den Weltreligionen und bei den gesellschaftspolitischen Ideologien primär Konformität und ‚Linientreue' demonstrieren, weil eine zeitliche Differenzierung zwischen Leistungsbereich und ‚Privatleben' nicht existiert.

Bei genauerer Betrachtung der Erfolgsmedien zeigt sich, dass nur das Geldmedium diese Differenzierung perfekt organisieren kann. Da jedoch in der Regel der Zugang zu den Leistungsrollen an das Wirtschaftssystem und damit an das Geldmedium gekoppelt ist, wird die Differenzierung nur dort problematisch, wo entweder das Machtmedium eingesetzt wird (Dienstverpflichtung, Zwangsarbeit, Arbeitslager, Inhaftierung oder Aberkennung des Rechts auf eigenständige Lebensführung im Falle von Sklaverei) oder unentgeltlich gearbeitet wird (ehrenamtliche Arbeit). Auf der anderen Seite können gesellschaftspolitische oder religiöse Bewegungen auch dazu übergehen, Personal gegen Geld zu rekrutieren, also eine strukturelle Kopplung an das Wirtschaftssystem herstellen. Auch hier kommt es dann zu einer teilweisen Differenzierung, die aber immer ideologisch unterlaufen werden kann.

---

166 Dagegen kennen weder die Weltreligionen noch die politischen Ideologien diese zeitliche Trennung. Deren Zielsetzungen prägen direkt die entsprechenden Organisationen wie auch die Lebensführung der Anhänger.

(b)   Differenzierung zwischen Lebensführung und gesellschaftlichen Funktionssystemen in sachlicher Hinsicht

In sachlicher Hinsicht wird der Differenzierungsvorgang durch eine Eigenschaft des Geldmediums möglich, die man vielleicht als ‚kalkulatorische Offenheit‘ bezeichnen kann. Im Abschnitt 4.4.4.1 wurde bereits die These aufgestellt, dass sich die Verwendungspraktiken der Erfolgsmedien durchaus ausdifferenzieren können.

Schon Marx hat erkannt, dass weder das Geldmedium selbst noch die Akzeptanz von Geld als Zahlungsmittel bereits Strategien des Umgangs mit diesem Medium hinreichend festlegen (vgl. seine Unterscheidung zwischen Geld und Kapital). Seine nahezu universelle Brauchbarkeit als Erfolgsmedium scheint gerade in der Unbegrenztheit seiner Verwendungsmöglichkeiten zu liegen (Simmel 1900/1989: 254ff.). Da jede Gesellschaft jedoch Grenzen der Käuflichkeit fixieren muss (Luhmann 1988: 230ff.), um den Gebrauch des Geldmediums legitimeren zu können, ist diese Unbegrenztheit weniger in den realen Praktiken der Geldverwendung sondern auf der Ebene des Kalküls zu finden. Über dieses Kalkül können *ganz unterschiedliche* Ziele angesteuert werden.

Auf genau dieser Ebene einer Ausdifferenzierung der sozialen Bedeutung von Geld hat bekanntlich Marx sein Verständnis des Kapitalismus begrifflich fixieren können. Dabei hat er zwei unterschiedliche Strategien der Geldverwendung verglichen, in denen Geld entweder als reines Tauschmittel oder eben als Selbstzweck verwendet wird. Wenn Warenproduzenten ihre Produkte verkaufen, um andere gegen sie einzutauschen, dann vermittelt Geld lediglich diesen Tausch. Am Anfang wie am Ende der Handlungskette W – G –W stehen Waren. In diesem Fall koordiniert das Geld die Interessen der Warenproduzenten (vgl. Marx 1972: 118ff.; Stichwort: einfache Warenzirkulation). Wenn ein Unternehmer jedoch investiert, um damit sein Geld zu vermehren, dann trägt nicht das Geld sondern die Ware die instrumentelle Bedeutung in der Handlungskette G – W – G'. Daher wird bei dieser Strategie das Geld zum Selbstzweck, zu Kapital. Wenn unter Konkurrenzbedingungen profitorientiert gewirtschaftet wird, das Geldmedium also selbstreferentiell verwendet wird, kann es auch seine potenziell zerstörerischen Effekte entfalten (Stichworte: Entwertung, schöpferische Zerstörung).

Der Rückgriff auf Marxens Unterscheidung zwischen Geld als Tauschmittel und als Kapital hat gezeigt, dass die hohe ‚Technisierbarkeit‘ (Luhmann) des Geldmediums es durchaus erlaubt, dass Geld ganz unterschiedliche soziale Bedeutungen gewinnen kann und daher als Erfolgsmedium auch entsprechend unterschiedliche Konstruktionen von Sozialität ‚tragen‘ kann. Nur als Kapital wird Geld als Selbstzweck verwendet. Dagegen koordiniert Geld als Tauschmittel die Interessen von Warenproduzenten. Lohnarbeit ist hierbei ein Sonderfall, da die Lohnarbeiter keine

Arbeitsprodukte austauschen, sondern ihr Überleben durch eine zeitlich begrenzte Abtretung ihres Arbeitsvermögens organisieren.

Da es bei der Differenzierung zwischen Lebensführung und gesellschaftlichem Leistungsbereich nicht nur um die faktische Geldverwendung sondern vor allem auch um Unterschiede im Kalkül geht, greife ich weiterhin auf Webers Unterscheidung zwischen formaler und materialer Rationalität zurück. Sie hat gegenüber der Marxschen Unterscheidung den Vorteil, dass hier Strategien des Wirtschaftens direkt unterschieden werden. Daher besteht eine größere Nähe zu Konstruktionen von Sozialität, die über ein strategisches Kalkül der Geldverwendung laufen. Weber hat diese Unterscheidung allerdings nur im Rahmen seiner Wirtschaftssoziologie getroffen. Materiale Rationalität bedeutet, dass wie auch immer geartete (politische, ethische, utilitaristische, religiöse usw.) Forderungen hinsichtlich der Versorgung bestimmter Gruppen von Menschen mit Gütern und Dienstleistungen an die Wirtschaft gestellt und daran deren Ergebnisse bewertet werden (Weber 1972:45). Formale Rationalität hebt dagegen auf das Maß ab, in dem wirtschaftliche Aktivitäten von einem ‚rechenhaften Kalkül' bestimmt werden, wobei Geld als das „vollkommenste wirtschaftliche Rechnungsmittel,… (als) das formal rationalste Mittel der Orientierung wirtschaftlichen Handelns" (ebd.: 45) angesehen wird.

An materialer Rationalität orientieren sich typischerweise Haushalte. Dabei wird Geld immer als Tauschmittel kalkuliert, um eine hinreichende Versorgung mit Gütern und Dienstleistungen zu erreichen. Formale Rationalität, also die Verwendung von Geld als Rechnungsmittel zur Bewertung von Entscheidungsalternativen, trifft man vor allem in Unternehmen an. Dieses Kalkül muss nicht zwingend darauf hinauslaufen, dass Geld als Kapital verwendet wird. Auch Non-Profit-Organisationen können Geld als wirtschaftliches Rechnungsmittel verwenden.

Individualisierte, auf das Wiederbeschaffungsproblem von Geld fokussierte Lebensführung teilt mit den Haushalten die Orientierung an materieller Rationalität. Das ist einfach verständlich, da man Geld nicht essen kann. Das nackte Überleben, aber auch das ‚Über-Lebensniveau' hängt daher immer von der Versorgung mit Lebensmitteln und weiteren Dingen des alltäglichen Bedarfs ab. Sobald eine weitgehende Marktabhängigkeit (= keine hinreichende Möglichkeit zur Selbstversorgung) besteht, wird dafür Geld als Tauschmittel benötigt.

Unter den Bedingungen von Lohnarbeit[167] geht es dabei immer um das Tauschgeschäft: zeitlich begrenzter Verkauf der eigenen Arbeitskraft gegen Lebensmittel

---

167 Das historisch neue an der Lohnarbeit lag für Marx darin, dass das Überleben der arbeitenden Klasse nicht mehr in einer relativ festliegenden Lebensform wie z. B. der Fronarbeit verbindlich geregelt war, sondern nur durch permanenten Überlebenskampf unter Konkurrenzbedingungen zu erreichen war. Da er von einem permanenten Angebotsüberhang an Arbeitssuchenden ausging, spielte für ihn nur das Kalkül der

(im weitesten Sinne). Nach Marx ‚vermittelt' das Geld diesen Austausch. Weiterhin dient Geld offensichtlich *auch* als ‚Rechnungsmittel', also als *Indikator für Knappheit mit der kalkuliert werden muss* (ausführlich unter 3.1). Dabei wird es jedoch nicht als wirtschaftliches sondern als *biographisches Rechnungsmittel* verwendet.

Sowohl die Beziehung zwischen dem Verkauf der Arbeitskraft und dem Arbeitslohn wie auch der Konsum enthalten ausgeprägt kalkulatorische Elemente. Zwar lassen sie sich weder mit dem Kapitalbegriff noch mit Webers Begriff der formalen Rationalität angemessen erfassen, aber der Vergleich ist erhellend. Anders als bei formaler Rationalität kann hier die Perspektive der Geldrechnung nicht durchgehalten werden. Das Kalkül zielt immer auf materiale Rationalität, die zumindest teilweise in Geld ausgedrückt und daher quantifiziert werden kann. Denn für den Verkauf der Arbeitskraft gegen Lohn kann man versuchen, das ‚Lebensarbeitseinkommen' zu maximieren bzw. das Verhältnis zwischen Bildungsinvestitionen, abgetretener Arbeitszeit und dem Verschleiß der Arbeitskraft auf der einen und dem dadurch erreichten Arbeitslohn zu optimieren[168]. Für den Konsum kann man anstreben, möglichst ‚viel' (im Sinne des Nutzeffekts der eingekauften Güter und Dienstleistungen) für sein Geld zu bekommen. Im erstgenannten Fall ist der Arbeitslohn Indikator für die Knappheit beruflicher Anstrengungen. Im zweiten Fall wird der Ertrag des Konsums am Maßstab der eigenen Präferenzen gemessen.

Individualisierte Lebensführung unter den Bedingungen von Lohnarbeit erfordert also, dass *mit dem eigenen Leben sorgfältig gewirtschaftet werden muss*, um überleben zu können. Hierbei gewinnt Geld die Bedeutung eines biographischen Rechnungsmittels in zweifacher Hinsicht: es fungiert sowohl als biographisches *Erfolgskriterium*[169] wie auch als *Kalkulationsmittel beim Wirtschaften mit dem eigenen*

Gegenseite, der Kapitalisten, eine entscheidende Rolle. Hierauf konzentrierte er seine Analysen, in denen die Lohnarbeiter daher immer nur als Objekte im moralisch ungebremsten Kalkül der Unternehmer erschienen. Unter den Bedingungen des britischen Frühkapitalismus blieb zumindest der überwiegenden Mehrheit der Lohnarbeiter wohl tatsächlich nur die Alternative: entweder gleich verhungern oder unter unmenschlichen Arbeitsbedingungen langsam vor die Hunde zu gehen. Während Sklaven noch damit rechnen konnten, dass die Sklavenhalter ihr Eigentum nicht mutwillig zerstören werden, konnten die verbrauchten Lohnarbeiter einfach ausgewechselt werden (vgl. Marx 1972: 192ff.).

168 Empirische Befunde hierzu sind z. B. die Instrumentalismusthese (vgl. zusammenfassend Hörning 1971) oder das ‚Handelsmodell' bei Facharbeitern (Brock/Vetter 1982)

169 Im Abschnitt 4.2.4.1 wurde gezeigt, dass sich das biographische Problem der Lösung des Wiederbeschaffungsproblems von Geld durch Lohnarbeit bei zu großem wie zu geringem Erfolg grundlegend verändert. Bei zu großem Erfolg geht der Zwang zum Verkauf der Arbeitskraft verloren. Bei zu geringem Erfolg verkürzt sich die biographische Perspektive dramatisch auf das momentane Überleben und ‚Durchwursteln'. Im ersten

Leben. Bei der Geldbeschaffung sind alle Aktivitäten, die zur Kommodifizierung (vgl. 3.4) beitragen, ein knappes Gut: Bildungsanstrengungen, Bewerbungen, körperliche und geistige Anstrengungen und die Abtretung von Lebenszeit (Stichworte: tägliche Arbeitszeit, Nacht- und Schichtarbeit, Lebensarbeitszeit). Beim Konsum ist Geld das knappe Gut, mit dem sorgfältig umgegangen werden muss, um damit einen möglichst hohen und den eigenen Erwartungen möglichst weitgehend entsprechenden Versorgungsstandard zu finanzieren.

Anders als bei einer durch eine politische Ideologie oder eine Weltreligion geprägten Lebensführung ist der gesellschaftliche Leistungsbereich weder positiv noch negativ mit den Rahmungen und Zielsetzungen der individualisierten, geldabhängigen Lebensführung verknüpft. *Er erscheint nur auf der Ebene von strategischen Mitteln:* um an das nötige Geld zu kommen, muss man arbeiten. Das Tauschmittel Geld wird dabei zum Indikator für den Grad der strategisch erforderlichen Inklusion in das Wirtschaftssystem und in weitere Funktionssysteme des gesellschaftlichen Leistungsbereichs. Es *steht also für Forderungen der gesellschaftlichen Realität an die eigene Lebensführung, mit denen kalkuliert werden muss.* Von diesem strategischen Kalkül der ihr Leben auf diese Weise führenden Akteure hängt es ab, wie viel an Manpower (=menschliches Arbeits- und Handlungsvermögen) zu welchen Kosten in den Leistungsbereich hineinfließt. Auf dem strategischen Feld des Konsums wird dagegen der instrumentelle Bezug auf den gesellschaftlichen Leistungsbereich durch das Geldmedium direkt hergestellt.

Diese in den Abschnitten 3.4 und 3.5 ausführlich behandelten Strategien der Lebensführung treffen auf dem Arbeitsmarkt und den Märkten für Konsumgüter und Dienstleistungen auf ein reziprok auf sie bezogenes Kalkül des gesellschaftlichen Leistungsbereichs. Realität entsteht, wo beides zur Deckung gebracht werden kann.

Während bei individualisierter Lebensführung mit dem eigenen Leben gewirtschaftet wird, operieren die Funktionssysteme mit Ressourcen, in der Regel mit gegen Geld eingetauschten Waren. Dabei kann ein formal rationales Kalkül nur im Wirtschaftssystem durchgehalten werden, solange Wirtschaftsunternehmen gewinnorientiert wirtschaften. Im Nonprofit- Bereich wie auch in den anderen Funktionssystemen, wird zwar ebenfalls in Geld kalkuliert, solange Ressourcen als Waren eingekauft und Leistungen gegen Geld erfolgen, aber das *Ergebnis* muss immer vorrangig unter systemspezifischen Erfolgskriterien bewertet werden. Z. B. erstellen Krankenhäuser oder Fußballvereine im Profibereich *auch* eine wirtschaftliche Bilanz und versuchen die Ausgaben durch entsprechend hohe Einnahmen zu finanzieren. Die eigentlichen Erfolgskriterien liegen jedoch im Bereich der medizini-

---

Fall wird die Geldbeschaffung als biographisches Kalkulationsmittel abgeschafft. Im zweiten Fall wird sie auf ein kleines gegenwärtiges Zeitfenster verkürzt.

schen Versorgung bzw. der sportlichen Erfolge, die es durch geeignete Maßnahmen wie z. B. durch die Anwendung neuester Heil- bzw. Trainingsmethoden zu steigern gilt. Sie können nicht mit Geld als Rechnungsmittel bewertet werden. Vielmehr stehen Gesichtspunkte materialer Rationalität im Vordergrund, die aber mit dem Erhalt der Zahlungsfähigkeit in Einklang gebracht werden müssen.

4.4.5 Zur sozialen Konstruktion des gesellschaftlichen Leistungsbereichs in modernen Gesellschaften

Nach dieser ausführlichen Analyse der Ausdifferenzierung individualisierter Lebensführung aus dem gesellschaftlichen Leistungsbereich können wir uns bei der Charakterisierung der sozialen Konstruktion des gesellschaftlichen Leistungsbereichs kurz fassen.

Aus dem vorangegangen Abschnitt ist bereits hervorgegangen, dass beide Bereiche sich weitgehend analog modernisiert haben, indem sie über eine explizite Rahmung intersubjektiv konstruiert werden, die ohne kosmologische Rekurse auskommt und ausschließlich über Erfolgsmedien läuft. Dabei hat sich für die beiden wichtigsten Erfolgsmedien, Geld und Macht, gezeigt, dass sie nur in Ausnahmefällen ihre Legitimation aus sich selbst heraus schöpfen können. Das scheint nur für den Gebrauch von Wahrheit und Recht erreichbar zu sein, wobei auch hier auf andere Erfolgsmedien zurückgegriffen werden muss, um die einschlägigen Funktionssysteme zu etablieren. Für den Gebrauch von Geld und Macht gilt dagegen, dass sie permanent aus dem Blickwinkel aller gesellschaftlichen Funktionssysteme auf problematische Verwendungsweisen hin beobachtet werden müssen. Sie müssen weitgehend ausgeschaltet werden, um die gesellschaftliche Akzeptanz des Gebrauchs dieser Medien aufrechtzuerhalten[170]. Was das genau für den gesellschaftlichen Leistungsbereich bedeutet, wird am Ende dieses Abschnitts erläutert.

Der hauptsächliche Unterschied zwischen individualisierter Lebensführung und dem gesellschaftlichen Leistungsbereich besteht in der Art von Leistung, die jeweils erbracht wird. Die gesellschaftlichen Funktionssysteme, aus denen der gesellschaftliche Leistungsbereich besteht, bringen Leistungen hervor, die von beliebigen Gesellschaftmitgliedern wie Organisationen (also von natürlichen wie von rechtlichen Personen; Coleman 1995; Bd. 2: 282) genutzt werden können. Wir

---

170 Dass man die als Einheit verstandene moderne Gesellschaft (Stichwort: Gesamtgesellschaft) nicht analytisch auf aus der Umwelt kommende Irritationen der Funktionssysteme reduzieren (Luhmann 1997: 567f.; KM: 153) kann, zeigt sich schon am Problem des Legitimationsbedarfs der Erfolgsmedien.

haben in den beiden vorangegangenen Abschnitten bereits gesehen, dass sie damit direkt an die Tradition religiöser und magischer Praktiken anknüpfen, die diesen Universalismus noch weiter getrieben haben und sogar die Reproduktion der Weltordnung insgesamt bezweckten. Dagegen bringt individualisierte Lebensführung die je individuell gegebene Lebensspanne unter Leistungsgesichtspunkte, um an dem Output des gesellschaftlichen Leistungsbereichs partizipieren zu können.

Wie ist die Differenzierung des gesellschaftlichen Leistungsbereichs in ganz unterschiedliche Funktionssysteme zu verstehen? Unter Kultivierung der in jeder Sprache enthaltenen Ja/Nein – Codierung können spezifische Leistungsbereiche bzw. Funktionssysteme unterschieden werden. In ähnlicher Weise wie bei der Ja/Nein – Codierung werden hierdurch sowohl *kognitive Aspekte* (Ja/Nein im Sinne von trifft zu/ trifft nicht zu) wie auch Fragen des *Einverständnisses* (stimme zu/ stimme nicht zu) und der *Beteiligung* (ich mache mit/ nicht mit) über den Code verhandelt. Die beiden letztgenannten Aspekte werden mit den auf Funktionssysteme verweisenden binären Codes jedoch auf Leistung hin versachlicht. Daher führt der Positivwert jedes Codes in den Leistungsbereich jedes Funktionssystems.

Ich möchte dies am Beispiel des Positivwertes ,krank' für das Gesundheitssystem kurz erläutern. Wenn ein Arzt eine Krankheit diagnostiziert, dann orientiert er sich dabei an intersubjektiv nachvollziehbaren Symptomen, die eine Behandlung objektiv notwendig machen. Dennoch muss der Patient sowohl die Diagnose akzeptieren (Einverständnis) wie auch der vorgeschlagenen Behandlung (Beteiligung) zustimmen. Nur wenn ein Konsens über den Positivwert ,krank' erreicht wird, erfolgt die Inklusion in das Funktionssystem.

Während jene Funktionsbereiche, deren binäre Codes zugleich als Erfolgsmedien verstanden werden (neben Geld und Macht auch Recht und Wahrheit; vgl. 1.8), über diese Codierung implizite Rahmungen in lebensweltlichen Kontexten gewissermaßen automatisch und selbstverständlich außer Kraft setzen können, müssen die Funktionssysteme, die durch eine weniger verbindliche binäre Codierung ausgeflaggt sind, entweder auf dem Wege der strukturellen Kopplung auf die Erfolgsmedien Bezug nehmen (so werden beispielsweise Krankheitsdiagnosen mit dem Anspruch auf Wahrheit verbunden) oder sie müssen zusätzlich andere Techniken der expliziten Rahmung in Anspruch nehmen. So muss z. B. der binäre Code des Sportsystems operationalisiert und diese Operationalisierung zur Grundlage von organisierten Veranstaltungen und Leistungs- wie Publikumsrollen gemacht werden. Luhmann nennt die Ebenen: Organisation, Programm, Rollen (vgl. zusammenfassend Schimank 2000: 162ff.).

Wenn man nach der sozialen Konstruktion der Funktionssysteme fragt, dann steht die Frage im Vordergrund, wie es gelingen kann, den kommunikativen Zugangsbereich zu jedem Funktionssystem, die binären Codes, in der Alltagskommunikation und der damit verbundenen Alltagspraxis in ähnlicher Weise zu verankern wie den Ja/Nein-Code. Genau darauf zielt die Monopolisierungsthese. Der Ja/Nein-Code ist konstitutiver Teil jeder Sprachpraxis. Er wird in der Primärsozialisation als Teil der Sprache erlernt und er ist für die Selbstorganisation jeder Gruppe von Menschen gleichermaßen essentiell wie unhintergehbar. *Die binären Codes können eine vergleichbare Stellung nur dann gewinnen, wenn sie gegen Kritik und vor allem gegen Nichtgebrauch weitestgehend immunisiert werden können.* Dazu bedarf es sowohl der ‚Geburtshilfe' wie auch der kritischen Begleitung und Korrektur *durch andere Funktionssysteme, deren binäre Codes zugleich als Erfolgsmedien verstanden werden.* Beide Aspekte sollen an jeweils einem Beispiel erläutert werden.

Als Beispiel für ‚Geburtshilfe' soll die Implementation des Kernstücks des Bildungssystems, der Alphabetisierung der gesamten Bevölkerung durch den Besuch von Schulen, dienen. Der erste große Impuls für eine allgemeine Alphabetisierung ging von der Reformation aus. Deren zentrales Anliegen war ja, dass sich die Gläubigen von den Aussagen der Bibel ein eigenes Bild machen und sich mit ihren Aussagen gedanklich auseinander setzen sollten. Dazu diente einerseits die Übersetzung in die Volkssprache, andererseits sollten die Gläubigen Lesen lernen. Das führte vor allem in Gegenden wie dem Elsass, die stark von der Reformation beeinflusst waren, zur Alphabetisierung eines erheblichen Teils der Bevölkerung. Von diesen Ansätzen muss man aber das Projekt der Alphabetisierung der *gesamten* Bevölkerung, also auch der ‚Uninteressierten' und ihrer Kinder, unterscheiden. Die fehlende Bildungsmotivation konnte nicht durch das Bildungssystem selbst erzeugt werden, sondern sie musste, gewissermaßen im Vorgriff auf die Einsicht der Betroffenen, zunächst über das Machtmedium und die rechtliche Codierung (Stichwort: allgemeine Schulpflicht) ‚ersetzt' werden.

Als Beispiel für eine ‚kritische Begleitung' soll das Geldmedium des Wirtschaftssystems dienen. Historiker des Kapitalismus, vor allem Karl Polanyi, haben überzeugend demonstriert, dass es vor allem die politischen Beschränkungen des freien Handels und die rechtliche Eingrenzung der Verkäuflichkeit als Ware waren, die erst den Siegeszug des Kapitalismus ermöglichten (Polanyi 1979: 169ff). Auswüchse wie eine weitgehend verbreitete Beschäftigung von Kindern, geringe Lebenserwartung und Altersarmut führten somit zu einer weitgehenden Reglementierung und Beschränkung des Verkaufs von Arbeitskraft. In ähnlicher Weise und aus vergleichbaren Gründen wurde der Verkauf, vor allem aber die freie Nutzung von Grund und Boden beschränkt. Man kann diese Kette von Beispielen problemlos bis heute weiterführen, wo z. B. immer genauere Überprüfungen von Kinderspielzeug auf gesundheitsschädliche Materialien (also Aktivitäten in der Rahmung des Wissenschaftssystems, des Rechtssystems und des politischen Systems) dafür sorgen, dass dieser Markt nicht einbricht, sondern weiter expandieren kann.

Wie bei jeder anderen Schematisierung muss auch für die Vereinfachung der Kommunikation durch binäre Codierung ein Preis in Form einer erheblichen Blindheit sowohl gegenüber Voraussetzungen wie gegenüber Nebenfolgen entrichtet werden. Das Problem kann aber, wie beide Beispiele demonstrieren, über den Rückgriff auf andere Funktionssysteme und deren Codes aufgefangen werden. So konnte das aufklärerische Projekt einer Alphabetisierung der gesamten Bevölkerung nicht allein bildungsimmanent, über durch im Bildungssystem selbst erzeugte Motivationen, durchgesetzt wurden, sondern es bedurfte zusätzlich des Rückgriffs auf staatliche Macht[171].

An dem anderen Beispiel wird vor allem deutlich, dass die Auswüchse des Frühkapitalismus vom Standpunkt einer auf die selbstreferentielle Verwendung des Geldmediums (= Profitinteresse) fixierten Ökonomie aus weder beobachtet noch beseitigt werden konnten. Dagegen konnten sie z. B. unter moralischen Gesichtspunkten registriert werden und über eine politisierte Öffentlichkeit (,soziale Frage') staatliche Macht mobilisieren, um negative Nebenfolgen abzustellen. Paradoxerweise ermöglichten gerade derartige Beschränkungen den universellen Gebrauch des Geldmediums. So universell und so wirkungsmächtig das Wirtschaftssystem und das Geldmedium auch sein mögen: es darf dabei nie übersehen werden, dass es immer auf die politischen Rahmung durch das Machtmedium angewiesen war. Anders ist weder ein ,freier Markt' noch ein allgemein akzeptiertes und gegen inflationäre wie deflationäre Auswüchse weitgehend gesichertes Geldmedium zu denken. Daher wird beispielsweise auch die vom Gesichtspunkt der Autonomie des Wirtschaftssystems durchaus plausible Forderung nach einer Privatisierung des Gelddruckens (vgl. z. B. von Hayek 1976) wohl für immer eine neoliberale Utopie bleiben.

Zusammenfassung

1. In diesem letzten Abschnitt geht es darum, Anregungen für die Weiterentwicklung der Theorie moderner Gesellschaften auf einem relativ hohen Abstraktionsniveau zu geben. Sie wurden von der kritischen Auseinandersetzung mit den neueren Modernisierungstheoretikern angeregt, werden aber argumentativ davon weitgehend entkoppelt.

---

171 Wenn es in der Gegenwart darum geht, den Anteil an Abiturienten und Hochschulabsolventen zu steigern wiederholt sich das Problem. Wie sollen ,bildungsferne Sozialschichten' erreicht werden? Hier sind vermutlich Rückgriffe auf andere Erfolgsmedien, insbesondere auf das Geldmedium hilfreicher.

2. Dabei wird die grundlegende These entwickelt, dass moderne Gesellschaften
   aus mindestens drei unterschiedlich konstruierten Komplexen von Sozialität
   bestehen: Lebenswelt, Lebensführung, gesellschaftlicher Leistungsbereich. Die
   These wird aus einer sozialhistorisch vergleichenden Perspektive entwickelt
   und sie knüpft an grundlegende Einsichten zu biologischen Grundlagen des
   Sozialverhaltens an.
3. Der *lebensweltliche Komplex* baut auf einer gemeinsamen Praxis der Daseinsbewältigung auf. Diese Grundlage teilen Menschen mit anderen in relativ
   kleinen Gruppen zusammenlebenden Arten. Sie trägt eine über die Befolgung
   von gemeinsamen Regeln und die implizite Rahmung der Kommunikation
   konstruierte Sozialität, die das gemeinsame Dasein permanent begleitet und
   auf ein Bedürfnis nach gegenseitiger emotionaler Stabilisierung verweist. Der
   lebensweltliche Komplex ist auch für moderne Gesellschaften unverzichtbar,
   auch wenn er eher ein Nischendasein führt (Familie, Nachbarschaft, Kolle-
   gialität…).
4. Die Komplexe ‚gesellschaftlicher Leistungsbereich‘ und ‚Lebensführung‘
   sind dagegen völlig anders konstruiert. Denn sie greifen auf die Technik
   expliziter Rahmung zurück, die die gemeinsame Lebenspraxis einklammert
   und die Kommunikation auf nahezu beliebig einführbare spezifische Kontexte fokussiert. Der Bezug auf die gemeinsame Lebenspraxis wird dabei
   durch ‚Wirkungen‘ ersetzt, die spezifisch geformten Handlungen durch die
   Gesellschaft zugeschrieben werden. Subjektiv werden daher gesellschaftlich
   genormte ‚Leistungen‘ erbracht.
5. Es wird vermutet, dass diese Technik zunächst im Bereich der Religion entwickelt wurde. Sobald die von der Kultgemeinschaft entwickelten Kosmologien
   Kontingenzen enthielten, wuchs ihr die Aufgabe zu, durch bestimmte Rituale
   Wirkungen wie den ‚Fortgang der Welt‘ zu erzielen. Über Austauschprozesse,
   die u. a. bei der stellvertretenden Durchführung von Ritualen erforderlich
   wurden, sind Leistungsgesichtspunkte auch in die innergesellschaftlichen Sozialbeziehungen eingedrungen. In stratifikatorisch differenzierten Gesellschaften
   haben sie die Gesellschaftsstruktur und die sie ‚tragenden‘ Weltbilder geprägt.
6. Erst moderne Gesellschaften weisen einen aus dem gesellschaftlichen Leistungsbereich ausdifferenzierten und anders konstruierten Bereich individualisierter Lebensführung auf.
7. Unter vormodernen Bedingungen kollidiert eine religiös oder weltanschaulich
   geprägte Lebensführung noch mit den gesellschaftlichen Funktionssystemen.
   Für den Übergang auf in vollem Umfang moderne Gesellschaften halte ich
   daher zwei Prozesse für entscheidend. Einmal kann der gesellschaftliche Leis-

tungsbereich nicht mehr durch kosmologische Weltbilder legitimiert werden sondern nur noch über die Erfolgsmedien selbst. Dabei muss die Aufgabe gelöst werden, eine nicht mehr von Kosmologien gestützte selbstreferentielle Verwendung der Erfolgsmedien zu erreichen und durch permanente Feinjustierung zu stabilisieren. Zum anderen kann sich der Komplex Lebensführung erst dann ausdifferenzieren, wenn an die Stelle einer durch religiöse oder politische Ideologien (und damit auch durch Kosmologien) geprägten Lebensführung die Geldabhängigkeit und das Problem der Wiederbeschaffung von Geld treten. Anders als im gesellschaftlichen Leistungsbereich gewinnt Geld hier die soziale Bedeutung eines *biographischen* Rechnungsmittels.

8. Das Buch hat sein Ziel erreicht, wenn gezeigt werden konnte, dass das soziologische Wissen über moderne Gesellschaften durchaus weiter entwickelt werden kann. Da es die Grundlage für nahezu die gesamte spezialisierte soziologische Forschung bilden muss, kann das Thema nicht dauerhaft umgangen werden, nur weil es als ‚zu allgemein' oder als ‚ideologisch vermint' angesehen wird.

Literatur

Aagard, H. (1980): Gefahren und Schutz am Arbeitsplatz in historischer Perspektive. Am Beispiel des Nadelschleifens und des Spiegelbelegens im 18. Und 19. Jahrhundert. In: Duve, F. (Hrsg.): Technologie und Politik 16. Reinbek: Rowohlt.

Abelsdorf, W. (1905): Die Wehrfähigkeit zweier Generationen mit Rücksicht auf Herkunft und Beruf. Berlin.

Abelshauser, W. (1983): Wirtschaftsgeschichte der Bundesrepublik Deutschland 1945-1980. Frankfurt/M.: Suhrkamp.

Acemoglu, D./ J.A. Robinson (2013): Warum Nationen scheitern. Dir Ursprünge von Macht, Wohlstand, Armut. Frankfurt: S. Fischer.

Adorno, Th. W. (1955): Prismen. Kulturkritik und Gesellschaft. Berlin/ Frankfurt/M.: Suhrkamp

Alexander, J. (1982/1983): Theoretical Logic in Sociology. Berkeley/ Los Angeles

Alheit, P. (1983): Alltagsleben. Zur Bedeutung eines gesellschaftlichen Restphänomens. Frankfurt/M./ New York: Campus

Altmann, N./ Kammerer, G. (1968): Wandel der Berufsstruktur. Typoskript München: ISF.

Andel, N. (1988): Finanzwissenschaft. Tübingen: Mohr- Siebeck.

Arbeitsgruppe Bielefelder Soziologen (Hrsg.)(1973): Alltagswissen, Interaktion und gesellschaftliche Wirklichkeit. 2 Bände. Reinbek: Rowohlt.

Archer, M. (1982): Morphogenesis versus Structuration. In: BJS Vol. 33. S. 455-483.

Archer, M. (1988): Culture and Agency. Cambridge: Cambrigde University Press

Ariès. P.(1982): Geschichte des Todes. München: DTV

Asendorf-Krings, I./ Drexel, I./ Nuber, C. (1976): Reproduktionsvermögen und die Interessen von Kapital und Arbeit. Ein Beitrag zur theoretischen Bestimmung von Qualifikationen. In: ISF (Hrsg.): Betrieb – Arbeitsmarkt – Qualifikation. Frankfurt: EVA

Backert, W./ Lechner, G. (2000): ...und befreie uns von unseren Gläubigern. Baden-Baden: Nomos.

Bauman, Z. (1992): Die Moderne und der Holocaust. Hamburg: EVA. (Originalausgabe 1989: Modernity and the Holocaust. Ithaka: Cornell University Press)

Bauman, Z. (1995a): Moderne und Ambivalenz. Das Ende der Eindeutigkeit. Frankfurt/M.: Fischer (Originalausgabe 1991: Modernity and Ambivalence: Ithaka: Cornell University Press)

Bauman, Z. (1995b): Ansichten der Postmoderne. Hamburg: Hamburger Edition.

Bauman, Z. (1997): Flaneure, Spieler und Touristen. Essays zu postmodernen Lebensformen. Hamburg: Hamburger Edition.

Bauman, Z. (2001): The Individualized Society. Cambridge: Polity Press.

Bauman, Z. (2003): Flüchtige Moderne. Frankfurt/M.: Suhrkamp

Bauman, Z. (2009): Gemeinschaften. Frankfurt/M.: Suhrkamp

Bauman, Z. (2009a): Leben als Konsum. (engl. Originalausgabe: Consuming Life 2007). Hamburg: Hamburger Edition

Bauman, Z. (2010): Wir Lebenskünstler. (engl. Originalausgabe: The Art of Life 2008). Frankfurt/M.: Suhrkamp

Bauman, Z. (2011): From Agora to the Marketplace and Wherto from there. In: Journal of Globalization Studies. Vol, 2; N. 1; Mai 2011.

Bebel, A. (1990): Die Frau und der Sozialismus. (Erstausgabe: Zürich 1879) Berlin: Dietz.

Beck, J. (1972): Demokratische Schulreform in der Klassengesellschaft? In: Ders. u. a.: Erziehung in der Klassengesellschaft. München: List.

Beck, U. (1974): Objektivität und Normativität – Die Theorie-Praxis-Debatte in der modernen deutschen und amerikanischen Soziologie. Reinbek.

Beck, U. (1982): Soziologie und Praxis, Erfahrungen, Konflikte, Perspektiven. Sonderband 1 der Sozialen Welt. Göttingen.

Beck, U. (1983): Jenseits von Stand und Klasse? In: Kreckel, R. (Hrsg.): Soziale Ungleichheiten. Sonderband 2 der Sozialen Welt. Göttingen.

Beck, U. (1986): Risikogesellschaft. Auf dem Weg in eine andere Moderne. Frankfurt/M.: Suhrkamp.

Beck, U. (1988): Gegengifte. Die organisierte Unverantwortlichkeit. Frankfurt/M.: Suhrkamp

Beck, U. (1993): Die Erfindung des Politischen. Frankfurt/M.: Suhrkamp

Beck, U. (1994): Jenseits von Stand und Klasse? Etwas überarbeite Version von Beck 1983. In: Beck, U./ Beck-Gernsheim, E. (1994): Riskante Freiheiten. Frankfurt/M. : Suhrkamp. S. 43-60.

Beck, U. (1994a): The Debate on the „Individualization Theory" in Today's Sociology in Germany. In: Schäfers, B. (Hrsg.): Sociology in Germany. S. 191-200. Soziologie-Special Edition 3/ 1994. Opladen: Leske & Budrich

Beck, U. (1997): Demokratisierung der Familie. In: Ders.: Kinder der Freiheit. S.197- 216. Frankfurt/M.: Suhrkamp.

Beck, U. (1998): Was ist Globalisierung? Frankfurt/M. : Suhrkamp

Beck, U. (1999): Schöne neue Arbeitswelt – Vision Weltbürgergesellschaft. Frankfurt/ M. : Campus

Beck, U./ Bonß, W. (1984): Soziologie und Modernisierung. Zur Ortsbestimmung der Verwendungsforschung. In: Soziale Welt; S. 381ff.

Beck, U./ Brater, M./ Daheim, H.-J. (1980): Soziologie der Arbeit und der Berufe. Reinbek: Rowohlt.

Beck, U./ Lau, Ch. (2005): Theorie und Empirie reflexiver Modernisierung. Von der Notwendigkeit und den Schwierigkeiten, einen historischen Gesellschaftswandel innerhalb der Moderne zu beobachten und zu beschreiben. In: Soziale Welt; 56; 107-135.

Beck, U./ Grande, E. (2004): Das kosmologische Europa. Frankfurt/M.: Suhrkamp.

Beck-Gernsheim, E. (1985): Karriere: Wie hoch ist der Preis? Die Folgen für Frauen und Männer. In: E. Altvater: Arbeit 2000. Über die Zukunft der Arbeitsgesellschaft. Hamburg.

Beck-Gernsheim, E. (1994): Auf dem Weg in die postfamiliale Familie – Von der Notgemeinschaft zur Wahlverwandtschaft. In: Beck/ Beck-Gernsheim (Hrsg.): Riskante Freiheiten. S. 115-138. Frankfurt/M. Suhrkamp.

Bell, D. (1975): Die nachindustrielle Gesellschaft. Frankfurt/M./ New York: Campus

Bell, D. (1979): Die Zukunft der westlichen Welt. Kultur und Technologie im Widerstreit. Frankfurt/M.: Fischer

Benedict, R. (1955): Urformen der Kultur. Reinbek: Rowohlt. (Amerikanische Originalausgabe 1934)

Berger, P.A. (1986): Entstrukturierte Klassengesellschaft? Opladen: Leske & Budrich

Berger, P. A./ Vester, M. (Hrsg.) (1998): Alte Ungleichheiten – Neue Spaltungen. Opladen: Leske & Budrich

Berger, P.L. (1981): Auf den Spuren der Engel: Die moderne Gesellschaft und die Wiederentdeckung der Transzendenz. Frankfurt/M.: Fischer

Berger, P.L. / Luckmann, Th. (1969): Die gesellschaftliche Konstruktion der Wirklichkeit. Frankfurt/M.: Fischer

Biensfeldt, J. (1922): Freiherr Dr. Theodor von Cramer-Klett, erblicher Reichsrat der Krone Bayerns. Sein Leben und Werk. Ein Beitrag zur bayerischen Wirtschaftsgeschichte. Leipzig und Erlangen.

Bolte, K.M./ Kappe, D./ Aschenbrenner, K./ Neidhardt, F. (1967): Deutsche Gesellschaft im Wandel. 2. Aufl. Opladen: Westdeutscher Verlag.

Bolte, K.M./ Aschenbrenner, K./ Kreckel, R./ Schultz-Wild, R. (1970): Beruf und Gesellschaft in Deutschland. Opladen: Leske.

Bonacker, T. (2008): Sozialwissenschaftliche Konflikttheorie. Wiesbaden: VS Verlag

Bonß, W./ Hartmann, H. (Hrsg) (1985): Entzauberte Wissenschaft. Zur Relativität und Geltung soziologischer Forschung. Sonderband 3 der Sozialen Welt. Göttingen.

Borbély, A. (2004): Schlaf. Frankfurt/M.: Fischer.

Borchert, M. (2003): Geld und Kredit. München: Oldenbourg.

Bornemann, E. (1991): Das Patriarchat. Frankfurt/M.: Fischer

Bornschier, V. (1998): Westliche Gesellschaft – Aufbau und Wandel. Zürich: Seismo

Borst, A. (1982): Lebensformen im Mittelalter. Frankfurt/M./ Berlin/ Wien: Ullstein.

Bosl, K. (1991): Gesellschaft im Aufbruch. Regensburg 1991: Friedrich Pustet

Bourdieu, P. (1987): Die feinen Unterschiede. Frankfurt/M.: Suhrkamp (französische Originalausgabe 1979)

Bourdieu, P./ Passeron, J.-C. (1971): La Reproduction. Paris: Edition de Minuit.

Bourdieu, P. (1983): Ökonomisches Kapital, kulturelles Kapital, soziales Kapital. In: Kreckel, R. (Hrsg): Soziale Ungleichheiten; S. 183-198. Göttingen: Schwartz

Braverman, H. (1977): Die Arbeit im modernen Produktionsprozess. Frankfurt/M./ New York: Campus

Brenke, K. (2007): Zunehmende Lohnspreizung. In: Wochenbericht Nr.6/ 2007; S. 73ff. Berlin: DIW

Breuer, S. (1981) Zur Soziogenese des Patrimonialstaates. In: Ders./ Treiber, H. (Hrsg.): Entstehung und Strukturwandel von Staaten. Opladen: Westdeutscher Verlag.

Brock, D. (1988): Vom traditionellen Arbeiterbewusstsein zum individualisierten Handlungsbewusstsein. In: Soziale Welt, H.4; S. 413-434.

Brock, D. (1991): Der schwierige Weg in die Moderne. Umwälzungen in der Lebensführung der deutschen Arbeiter zwischen 1850 und 1980. Frankfurt/M. /New York: Campus

Brock, D. (1993): Biographie und Gesellschaft. In: Zeitschrift für Sozialisationsforschung und Erziehungssoziologie, H.3; S. 208-231.

Brock, D. (2002): Vorläufer des soziologischen Denkens bis zum 18. Jahrhundert. In: Brock, D./ Junge, M./Krähnke, U. (Hrsg.): Soziologische Theorien von Auguste Comte bis Talcott Parsons. S. 10-36. München: Oldenbourg.

Brock, D. (2006): Leben in Gesellschaften. Von den Ursprüngen bis zu den alten Hochkulturen. VS- Verlag: Wiesbaden.

Brock, D. (2008): Globalisierung. Wirtschaft – Politik – Kultur – Gesellschaft. Wiesbaden: VS-Verlag.

Brock, D. (2009) Konflikttheorie. In: Ders. u. a.: Soziologische Paradigmen nach Talcott Parsons. Wiesbaden: VS- Verlag; S. 215-238.

Brock, D. (2009a): Gesellschaftskritische Theorieansätze. In: Ders. u. a.: Soziologische Paradigmen nach Talcott Parsons. Wiesbaden: VS-Verlag; S. 127-214.

Brock, D. (2011): Die klassische Moderne. Moderne Gesellschaften erster Band. VS- Verlag: Wiesbaden.

Brock, D./ Vetter, H.-R. (1982): Alltägliche Arbeiterexistenz. Frankfurt/M./ New York: Campus

Brock, D./ Vetter, H.-R. (1984): Biographische Erosionsprozesse als Folge technisch-sozialer Umbrüche. In: Brock, D./ Preiß, C./ Tully, C./ Vetter, H.-R.(Hrsg.): Arbeit und Reproduktion. München: DJI Verlag.

Brock, D./ Vetter, H.-R. (1986): Technische Dynamik und soziale Beharrung – Zur subjektiven Perspektive des Robotereinsatzes in einem Automobilwerk. In: Soziale Welt, Heft 2/3.

Brock, D./ Vetter, H.-R. (1986a): Desintegrative Effekte der neuen Technologien – die Auflösung klassischer Berufsperspektiven bei industriellen Facharbeitern. In: Bolte, K.M. (Hrsg.): Mensch, Arbeit und Betrieb. Beiträge zur Berufs- und Arbeitskräfteforschung. Weinheim: VCH

Brock, D./ Hantsche, B./ Kühnlein, G./ Meulemann, H./ Schober, K. (Hrsg.) (1991): Übergänge in den Beruf. Zwischenbilanz zum Forschungsstand. München: Verlag Deutsches Jugendinstitut.

Bromme, W. Th. (1905): Lebensgeschichte eines modernen Fabrikarbeiters. Jena/ Leipzig.

Brunner, O. (1966): Das ‚ganze Haus‘ und die alteuropäische ‚Ökonomik‘. In: F. Oetter (Hrsg.): Familie und Gesellschaft. Tübingen: Mohr-Siebeck

Bühl, W. (1990): Sozialer Wandel im Ungleichgewicht. Stuttgart: Lucius&Lucius

Burkart, G. (1991): Individualismus und Familialismus. In: Glatzer, W. (Hrsg.): Die Modernisierung moderner Gesellschaften. Sektionen. Arbeits- und Ad Hoc-Gruppen. Opladen: Westdeutscher Verlag. S.126-129.

Burnham, J. (1949): Die Herrschaft der Manager. Stuttgart. (Amerikanische Originalausgabe: The Managerial Revolution. New York 1941)

Bußmann, H. (2002): Lexikon der Sprachwissenschaft. Stuttgart: Kröner

Campbell, C. (2004): I Shop Therefore I Know That I Am: The Metaphysical Basis of Modern Consumerism; in: Ekstöm, K./ Brembeck, H. (Hrsg.): Elusive Consumption. Oxford: Berg. S. 27-44.

Carrier, M. (2004): Artikel Wissenschaftstheorie in: Mittelstraß, J. (Hrsg.): Enzyklopädie Philosophie und Wissenschaftstheorie. Band 4; S. 738-745. Stuttgart/ Weimar: J.B. Metzler

Castells, M. (2003): Das Informationszeitalter. 3 Bände. Opladen: Leske & Budrich.

Castells, M. (2003a): Der Aufstieg der Netzwerkgesellschaft. Band 1 der Trilogie ‚Das Informationszeitalter. Opladen: Leske & Budrich.

Cheney, D.L./ Seyfarth, R. M. (1988): Assessment of meaning and the detection of unreliable signals by velvet monkeys. Animal Behaviour, 36; S. 477-486.

Clark, C. (1940): The Conditions of Economic Progress. London: Macmillan

Clottes, J./ Lewis-Willams, D. (1997): Schamanen, Trance und Magie in der Höhlenkunst der Eiszeit. Sigmaringen: Thorbecke.

Coleman, J.S. (1995): Grundlagen der Sozialtheorie. Band 1: Handlungen und Handlungssysteme. München/ Wien: Oldenbourg.

Coleman, J.S. (1995a): Grundlagen der Sozialtheorie. Band 2: Körperschaften und die moderne Gesellschaft. München/ Wien: Oldenbourg.

Coser, L.A. (1965): Theorie sozialer Konflikte. Neuwied: Luchterhand.

Crew, D. (1981): Regionale Mobilität und Arbeiterklasse. Das Beispiel Bochum 1880-1901. In: Langewiesche, D./ Schönhoven, K. (Hrsg.): Arbeiter in Deutschland. Paderborn.

Dahme,H.J./ Rammstedt, O. (1983): Einleitung. In: Diess. (Hrsg.): Georg Simmel. Schriften zur Soziologie. Eine Auswahl. Frankfurt/M.: Suhrkamp. S. 7-34

Dahrendorf, R.: Amba und Amerikaner (1964): Bemerkungen zur These der Universalität von Herrschaft in: Europäisches Archiv für Soziologie; Jg. 5, Heft 1.

Dahrendorf, R. (1974): Amba, Amerikaner und Kommunisten. Zur These der Universalität von Herrschaft. In: Ders.: Pfade aus Utopia. München und Zürich: Piper. S.315-336.

Dahrendorf, R. (1994): Der moderne soziale Konflikt. München : DTV

Derrida, J. (1979): Die Stimme und das Phänomen. Frankfurt/M.: Suhrkamp

Dews, P. (1987): Logics of Disintegration. Post-Structuralist Thought and the Claims of Critical Theory. London/New York.

Diefenbach, H. (2009): Die Theorie der Rationalen Wahl oder „Rational Choice"-Theorie in: Brock, D. u. a.: Soziologische Paradigmen nach Talcott Parsons. Wiesbaden: VS Verlag; S. 239-290.

Dilthey, W: (1883): Einleitung in die Geisteswissenschaften. Leipzig. 7. Auflage: Stuttgart 1973.

Dilthey, W. (1910): Der Aufbau der geschichtlichen Welt in den Geisteswissenschaften. Berlin. 6. Auflage: Stuttgart 1973.

Dirlmeier, U./ Fuhrmann, B. (2006): Zwischen ‚Hastings' und ‚Magna Charta': England. In: Die Zeit (Hrsg.): Welt- und Kulturgeschichte; Band 7. Hamburg: Zeit Verlag. S. 200-207.

Dubiel, H. (1992): Kritische Theorie der Gesellschaft. Weinheim/ München: Juventa.

Dülmen, R.van (1977): Reformation als Revolution. Soziale Bewegung und religiöser Radikalismus in der deutschen Reformation. München: dtv.

Dürr, H.P. (1978): Traumzeit. Über die Grenze zwischen Wildnis und Zivilisation. Frankfurt/M.: Syndikat.

Dumézil, G. (1996): Archaic Roman Religion. Baltimore: John Hopkins University Press

Dumont, L.M. (1976): Gesellschaft in Indien. Die Soziologie des Kastenwesens. Wien: Europaverlag.

Durant, W. (1981): Kulturgeschichte der Menschheit: Das Hochmittelalter und die Frührenaissance. Frankfurt/M./ Berlin/ Wien: Ullstein.

Durkheim, E. (1981/1912): Die elementaren Formen des religiösen Lebens. Frankfurt/M.: Suhrkamp. Frz. Originalausgabe 1912.

Durkheim, E. (1992): Über soziale Arbeitsteilung. Studie über die Organisation höherer Gesellschaften. Frankfurt/M.: Suhrkamp. Französische Originalausgabe 1893: De la division du travail social: etude sur l'organisation des societés superieurs. Paris: Alcan.

Durkheim, E. (1986): Der Individualismus und die Intellektuellen. In: Bertram, H. (Hrsg.): Gesellschaftlicher Zwang und moralische Autonomie. S. 54-70. Frankfurt/M.: Suhrkamp.

Easley, D./ Kleinberg, J. (2010): Networks, Crowds and Markets. Cambridge.

Eckardt, B. (2004): Chaos. Frankfurt/M.: Fischer

Ehrenreich, B. (2001): Arbeit poor. Unterwegs in der Dienstleistungsgesellschaft. München: Kunstmann

Eißer, G./ Saame, O. (Hrsg.)(1990): Postmoderne. Anbruch einer neuen Epoche. Wien

Eisenstadt, S. N. (1987/ 1992): Kulturen der Achsenzeit. 5 Bände. Frankfurt/M.

Eliade, M. (1957): Schamanismus und archaische Extasetechnik. Zürich.

Eliade, M.(1972): Religions australiennes. Paris: Payot.

Eliade, M. (1978): Geschichte der religiösen Ideen. Band 1. Freiburg, Basel, Wien: Herder

Eliade, M. (1979): Geschichte der religiösen Ideen. Band 2: Von Gautama Buddha bis zu den Anfängen des Christentums. Freiburg/ Basel/ Wien: Herder

Elias, N. (1976): Über den Prozess der Zivilisation. 2 Bände. Frankfurt/M.: Suhrkamp.

Engels, F. (1953): Die Lage der arbeitenden Klasse in England. Berlin.

Erikson, E.H. (1992): Der vollständige Lebenszyklus. Frankfurt/M.

Esping-Andersen, G. (1990): The Three Worlds of Welfare Capitalism. Cambridge: Polity Press.

Ess, H. van (2003): Der Konfuzianismus. München: C.H. Beck.

Esser, H. (1993): Soziologie. Allgemeine Grundlagen. Frankfurt/M./ New York: Campus.

Eßmann, E. (2005): 111 Arbeitgeberfragen im Vorstellungsgespräch. München: Goldmann

Evans-Pritchard, E. E. (1981): Theorien über primitive Religionen. Frankfurt/M.

Everett, D. (2013): Die größte Erfindung der Menschheit. Was mich meine Jahre am Amazonas über das Wesen der Sprache gelehrt haben. München: DVA.

Falkner, C. (1963): Sagen aus dem Ötztal. Innsbruck.

Fischer, A./ Fritzsche, Y./ Fuchs-Heinritz, W./ Münchmeier, R. (2000): Jugend 2000. Opladen: Leske&Budrich.

Foucault, M. (1973): Wahnsinn und Gesellschaft. Eine Geschichte des Wahns im Zeitalter der Vernunft. Frankfurt/M.: Suhrkamp.

Foucault,M. (1994): Überwachen und Strafen. Die Geburt des Gefängnisses. Ffm.: Suhrkamp (Frz. Originalausgabe: Surveiller et punir. La Naissance de la prison. Paris: Gallimard 1975)

Fourastié, J. (1949): Le Grand Espoir du XXe Siècle. Paris: Presses Universitaires de France.

Frazer, J. G. (1989): Der goldene Zweig. Das Geheimnis von Glauben und Sitten der Völker. Reinbek: Rowohlt

Freyer, H. (1955): Theorie des gegenwärtigen Zeitalters. Stuttgart: Deutsche Verlagsanstalt.

Friedman, J. (1975): Tribes, States and Transformations. In: Bloch, M. (Hrsg.): Marxist Analyses and Social Anthropology. London.

Friedman, J./ Rowlands, M. J. (Hrsg.) (1977): The Evolution of Social Systems. Glocester.

Fritsch, M./ Wein, T./ Ewers, H.-J. (2007): Marktversagen und Wirtschaftspolitik. 7.Auflage. München: Franz Vahlen

Galbraith, J.K. (1963): Gesellschaft im Überfluss. München/ Zürich: Knaur

Garfinkel, H. (1973): Studien über die Routinegrundlagen von Alltagshandeln. In: Steinert, H. (Hrsg.): Symbolische Interaktion. Stuttgart: Klett.

Gehlen, A. (1957): Die Seele im technischen Zeitalter. Reinbek: Rowohlt

Gehlen, A. (1969): Moral und Hypermoral. Eine pluralistische Ethik. Frankfurt/M./ Bonn: Athenäum

Gehlen, A. (1986): Urmensch und Spätkultur. 5. Auflage. Wiesbaden: Aula Verlag.

Geiger, Th. (1949): Die Klassengesellschaft im Schmelztiegel. Opladen: Westdeutscher Verlag.

Geißler, R. (1996): Die Sozialstruktur Deutschlands. 2. Auflage. Opladen: Westdeutscher Verlag.

Gellner, E. (1995): Nationalismus und Moderne. Berlin: Rotbuch
Gellner, E. (1993): Pflug, Schwert und Buch. Grundlinien der Menschheitsgeschichte. München: DTV/Klett-Cotta
Gershuny, J. (1981): Die Ökonomie der nachindustriellen Gesellschaft. Produktion und Verbrauch von Dienstleistungen. Frankfurt/M./ New York: Campus.
Gestrich, A./ Krause, J.-U./Mitterauer, M. (2003): Geschichte der Familie. Stuttgart: Kröner
Gethmann, C.F. (2004): Artikel analytische Wissenschaftstheorie, in: Mittelstraß, J (Hrsg): Enzyklopädie Philosophie und Wissenschaftstheorie. Band 4; 745-758. Stuttgart/ Weimar: J.B. Metzler
Giddens, A. (1976): Functionalism: après la lute. In: Social Research 43. S. 325-366.
Giddens, A. (1981): A Contemporary Critique of Historical Materialism. Vol.1: Power, Property and the State. London: Macmillan
Giddens, A. (1982): Commentary on the Debate; in: Theory and Society, Bd.2.
Giddens, A. (1984): Die Klassenstruktur fortgeschrittener Gesellschaften (Originalausgabe: The Class Structure of Advanced Societies. London 1973: Hutchinson); Frankfurt/M.: Suhrkamp.
Giddens, A. (1984): Interpretative Soziologie. Eine Einführung. Ffm./ NY: Campus. (Originalausgabe: New Rules of Sociological Method: a Positive Crtique of Interpretative Sociologies. London 1976: Hutchinson)
Giddens, A. (1985): The Nation-State and Violence. Vol. 2 of A Contemporary Critique of Historical Materialism. Berkeley: Univ. of California Press.
Giddens, A. (1988): Die Konstitution der Gesellschaft. Grundzüge einer Theorie der Strukturierung. Ffm./ NY: Campus (Originalausgabe: The Constitution of Society. Outline of the Theory of Structuration. Cambrigde 1984: Polity)
Giddens, A. (1991): Modernity and Self Identity. Oxford: Blackwell
Giddens, A (1992): Kritische Theorie der Spätmoderne. Wien: Passagen Verlag.
Giddens, A. (1993) Wandel der Intimität. Sexualität, Liebe und Erotik in modernen Gesellschaften. Frankfurt/M.: Fischer.
Giddens, A. (1995): Konsequenzen der Moderne. Ffm.: Suhrkamp. (Originalausgabe: The Consequences of Modernity)
Giddens, A. (1997): Jenseits von Links und Rechts. Ffm.: Suhrkamp (Originalausgabe: Beyond Left and Right. The Future of Radical Politics. Cambridge: Polity
Giddens, A. (2001): Die Frage der sozialen Ungleichheit (Engl. Original:The Third Way and its Critics; 2000). Frankfurt/M.: Suhrkamp.
Giddens, A. (2001a): Entfesselte Welt. Wie die Globalisierung unser Leben verändert. (Engl. Original: Runaway World; 1999). Frankfurt/M.: Suhrkamp.
Giddens, A. (2009) Sociology. New Jersey: John Wiley and sons
Giesecke, H. (1981): Vom Wandervogel bis zur Hitlerjugend. Zur Geschichte von Anpassung und Widerstand. München: Juventa.
Gimbutas, M. (1995): Die Sprache der Göttin. Das verschüttete Symbolsystem der westlichen Zivilisation. Frankfurt/M.: Zweitausendeins.
Goethe, J. W. von (1809): Die Wahlverwandtschaften. 2 Bände. Tübingen: Cotta.
Le Goff, J. (Hrsg.) (2004): Der Mensch des Mittelalters. Essen: Magnus.
Goffman, E. (1973): Asyle. Über die soziale Situation psychiatrischer Patienten. Frankfurt/M.: Suhrkamp.

Goffman, E. (1983): Wir alle spielen Theater. Die Selbstdarstellung im Alltag. München: Piper (Amerikanische Originalausgabe 1959: The Presentation of Self in Everyday Life. New York)

Goffman, E. (1993): Rahmen-Analyse. Ein Versuch über die Organisation von Alltagserfahrungen, Frankfurt/M.: Suhrkamp (Amerikanische Originalausgabe 1974)

Gorz, A. (1994): Kritik der ökonomischen Vernunft. Hamburg: Rotbuch Verlag.

Grabka, M. (2011): Die Einkommens- und Vermögensverteilung in Deutschland. Nixdorf-Museums-Forum, Paderborn 8.11. 2011. PdF Download 29.4. 2014.

Gramsci, A. (1986): Zu Politik, Geschichte und Kultur. Frankfurt/M.: Röderberg

Graeber, D. (2012): Schulden. Die ersten 5000 Jahre. Stuttgart: Klett-Cotta.

Granovetter, M. (1973): The Strength of Weak Ties. In: AJS, Jg. 78. S. 1360-1380.

Groskurth, P. (Hrsg.) (1979): Arbeit und Persönlichkeit: berufliche Sozialisation in der arbeitsteiligen Gesellschaft. Reinbek: Rowohlt

Gross, P. (2005): Die Multioptionengesellschaft. Frankfurt/M.: Suhrkamp.

Habermas, J. (1969): Gegen einen positivistisch halbierten Rationalismus. In: Adorno, Th. W. u.a.: Der Positivismusstreit in der deutschen Soziologie. Neuwied und Berlin: Luchterhand. S.235-266.

Habermas, J. (1969): Erkenntnis und Interesse. In: Ders.: Technik und Wissenschaft als ‚Ideologie'. Frankfurt/M.: Suhrkamp S. 146-168.

Habermas, J. (1971): Vorbereitende Bemerkungen zu einer Theorie der kommunikativen Kompetenz. In: Ders./ Luhmann, N.: Theorie der Gesellschaft oder Sozialtechnologie. Frankfurt/M.: Suhrkamp.

Habermas, J. (1973): Legitimationsprobleme im Spätkapitalismus. Frankfurt/M.: Suhrkamp

Habermas, J. (1981): Theorie des kommunikativen Handelns. Zwei Bände. Frankfurt/M.: Suhrkamp.

Habermas, J. (1985): Der philosophische Diskurs der Moderne. Zwölf Vorlesungen. Frankfurt/M.

Habermas, J. (1988a): Nachmetaphysisches Denken. Philosophische Aufsätze. Frankfurt/M.

Habermas, J. (1988): Der philosophische Diskurs der Moderne. Frankfurt/M.: Suhrkamp

Hannerz, U. (1990): Cosmopolitans and Locals in the World Culture. In: Theory, Culture and Society; S. 237-251.

Hardin, G. (1968): The Tragedy of the Commons; in: Science 162; S. 1243-1248.

Hariou, M. (1965): Die Theorie der Institution und der Gründung. In: Ders.: Die Theorie der Institution und zwei andere Aufsätze; hrsg. von Schnur, R. Berlin. S. 27-66.

Harris, M. (1992): Menschen. Stuttgart: Klett-Cotta

Hartmann, M. (2004): Elitesoziologie. Eine Einführung. Frankfurt/M.: Campus

Haug, G.H./ Günther, D./ Peterson, L.C. u.a.: Climate and the Collapse of Maya Civilization. In: Science 299; 2003. S. 1731-1735.

Hayek, F. A. von (1976): Denationalization of Money. Institute of Economic Affairs.

Heisenberg, W. (1978): Physik und Philosophie. Stuttgart: S. Hirzel.

Henke, W./ Rothe, H. (2003): Menschwerdung. Frankfurt/M.: Fischer

Hentschel, V. (1983): Geschichte der deutschen Sozialpolitik 1880-1980. Frankfurt/M.: Suhrkamp

Herbert, U. (Hrsg.) (1999): Fremdarbeiter. Politische Praxis des „Ausländer-Einsatzes" in der Kriegswirtschaft des Dritten Reiches. Bonn.

Herlyn, I./ Vogel, U. (1991): Individualisierungskonzept und Analyse weiblicher Lebensformen. In: Glatzer, W. (Hrsg.): Die Modernisierung moderner Gesellschaften. Sektionen. Arbeits- und ad hoc-Gruppen. Opladen: Westdeutscher Verlag. S. 140-143.

Herzberg, F./ Mausner, B./ Snyderman, B. u. a.: (1959): The Motivation to Work. 2. Aufl. New York: Wiley.

Herzog, R. (2012): Der verstrahlte Westernheld und anderer Irrsinn aus dem Atomzeitalter. Berlin: Galiani

Hesse, H. A. (1968): Berufe im Wandel. Ein Beitrag zum Problem der Professionalisierung. Stuttgart.

Hesse, J./ Schrader, H. C. (2013): Bewerbung, Beruf und Karriere. Das große Hesse – Schrader Bewerbungshandbuch. Freising: Stark.

Hirsch, J./ Roth, R. (1986): Das neue Gesicht des Kapitalismus. Hamburg: VSA.

Hobbes, Th. (1998): Leviathan. Stuttgart: Reclam. Englische Originalausgabe 1651.

Hörning, K. H. (Hrsg.) (1971): Der ‚neue' Arbeiter. Frankfurt/M.: Fischer.

Holmes, S. (1985): Differenzierung und Arbeitsteilung im Denken des Liberalismus. In: Luhmann, N. (Hrsg.): Soziale Differenzierung. Zur Geschichte einer Idee. Opladen: Westdeutscher Verlag.

Honneth, A. (1994): Desintegration. Bruchstücke einer soziologischen Zeitdiagnose. Frankfurt/M.: Fischer

Horkheimer, M./ Adorno, Th. W. (1988): Dialektik der Aufklärung. Taschenbuchausgabe. Ffm.: Fischer (Erstausgabe Amsterdam 1947)

Hradil, S./ Immerfall, S. (Hrsg.) (1997): Die westeuropäischen Gesellschaften im Vergleich. Opladen: Leske&Budrich

Hügel, H./ Schmid, H. (1984): Rationalisierung und Veränderung der Reproduktionsformen im Bereich wissenschaftlich-technischer Arbeit. In: Brock u. a. 1984: Arbeit und Reproduktion. S.121-165. München: DJI – Verlag.

Jagodzynski, W. (1985): Gibt es einen intergenerationellen Wertewandel? In: ZSE, Jg.5, H.1, S. 71ff.

Jensen, A. E. (1966): Die getötete Gottheit. Weltbild einer frühen Kultur. Stuttgart/ Berlin/ Köln/ Mainz:

Jensen, S. (1976): Einleitung. In: Ders. (Hrsg.): Zur Theorie sozialer Systeme. S. 9-67. Opladen: Westdeutscher Verlag.

Jesse, E. (Hrsg.) (1999): Totalitarismus im 20. Jahrhundert. Baden-Baden: Nomos.

Joas, H. (1988): Das Risiko der Gegenwartsdiagnose. In: Soziologische Revue, H.1, 1ff.

Joas, H. (1992): Die Kreativität des Handelns. Frankfurt/M.: Suhrkamp

Jonas, F. (1966): Die Institutionentheorie Arnold Gehlens. Tübingen: Mohr – Siebeck

Jonas, F. (1968): Geschichte der Soziologie. 4 Bände. Reinbek: Rowohlt

Junge, M. (2002): Auguste Comte. In: Brock/ Junge/ Krähnke: Soziologische Theorien von Auguste Comte bis Talcott Parsons. München: Oldenbourg. S. 38-54.

Junge, M. (2003): Das soziokulturelle Ordnungsnetz der Postmoderne. In: Psarros, N./ Strekeler-Weithofer, P./ Vobruba, G. (Hrsg.): Die Entwicklung sozialer Wirklichkeit. Weilerswist: Velbrück

Junge, M. (2006): Zygmunt Bauman: Soziologie zwischen Moderne und flüchtiger Moderne. Wiesbaden: VS Verlag

Kaiserliches Statistisches Amt (1909): Erhebungen über Wirtschaftsrechnungen minderbemittelter Familien im deutschen Reiche. Berlin.

Kean, Th. W. (Hrsg.) (2004): The 9/11 Commisssion Report. New York: Norton

Keegan, J. (1995): Die Kultur des Krieges. Berlin: Rowohlt.

Keller, R. (2009): Das interpretative Paradigma. In: Brock u. a.: Soziologische Paradigmen nach Parsons. Wiesbaden: VS-Verlag; S. 17-126.

Kern, H./ Schumann, M. (1970): Industriearbeit und Arbeiterbewußtsein. Frankfurt/M.: EVA.

Kern, H./ Schumann, M. (1984): Das Ende der Arbeitsteilung? Rationalisierung in der industriellen Produktion. München: C. H. Beck

Keupp, H./ Ahbe, Th./ Gmür, W./ Höfer, P. (1999): Identitätskonstruktionen. Das Patchwork der Identitäten in der Spätmoderne. Reinbek: Rowohlt

Keynes, J.M. (1936): The General Theory of Employment, Interest and Money. London: Macmillan.

Kielmansegg, P. Graf (1977): Volkssouveränität. Eine Untersuchung der Bedingungen demokratischer Legitimität. Stuttgart.

Kiss, G. (1972): Einführung in die soziologischen Theorien. 2 Bände. Opladen: Westdeutscher Verlag.

Kistler, E./ Noll, H.-H./ Piller, E. (Hrsg.) (1999): Perspektiven des gesellschaftlichen Zusammenhalts. Berlin: Edition Sigma.

Klages, H. (1969): Geschichte der Soziologie. München: Juventa

Klages, H. (2001): Werte und Wertewandel. In: Schäfers, B./ Zapf, W. (Hrsg.): Handwörterbuch der Gesellschaft Deutschlands. 2. Auflage. Opladen: Westdeutscher Verlag.

Klengel, H. (1991): König Hammurapi und der Alltag Babylons. Frankfurt/M. und Wien: Güchergilde Gutenberg.

Knoll, J. (1988): Typisch deutsch: die Jugendbewegung: Beiträge zu einer Phänomengeschichte. Opladen: Leske&Budrich

Kocka, J. (1979): Stand – Klasse – Organisation. Strukturen sozialer Ungleichheit in Deutschland vom späten 18. Bis zum frühen 20. Jahrhundert im Aufriss. In: Wehler, H.-U. (Hrsg.): Klassen in der europäischen Sozialgeschichte. Göttingen: Vandenhoeck&Ruprecht. S.137-165.

Kohl, K.-H. (1993): Ethnologie. Die Wissenschaft vom kulturell Fremden. München: C.H. Beck

Kohlberg, L. E. (1981): The meaning and measurement of moral development. Worchester, MA: Clark University Press.

Kohli, M. (1989): Institutionalisierung und Individualisierung der Erwerbsbiographie. In: Brock, D. u. a.: Subjektivität im gesellschaftlichen Wandel. S.249-278. München: DJI Verlag.

Kollmorgen, R. (2009): Postsozialistische Wohlfahrtsregime in Osteuropa- Teil der drei Welten oder eigener Typus. In: Pfau-Effinger, B. u. a. (Hg.): Interationale vergleichende Sozialforschung. Wiesbaden: VS.

Kolko, G. (1969): Besitz und Macht. Sozialstruktur und Einkommensverteilung in den USA. Frankfurt/M.: Suhrkamp.

Kondratieff, N. D. 1926: Die langen Wellen der Konjunktur. In: Archiv für Sozialwissenschaft und Sozialpolitik 56 (3): 573-609.

Korte, H. (1993): Einführung in die Geschichte der Soziologie, Opladen: Leske & Budrich

Koselleck, R. (1989): Vergangene Zukunft. Zur Semantik geschichtlicher Zeiten. Frankfurt/M.: Suhrkamp

Koselleck, R. (2000): Zeitschichten. Studien zur Historik. Frankfurt/M.: Suhrkamp

Kotek. J./ Rigoulot, P.(2001): Das Jahrhundert der Lager. Berlin: Propyläen.

Kowitz, D. (2013):): Arme sterben früher. Neue Studien belegen endgültig… Die Zeit Nr. 29; S. 25.

Krähnke, U. (2002): Georg Simmel. In: Brock, D./ Junge, M./ Krähnke, U. (Hrsg.): Soziologische Theorien von Auguste Comte bis Talcott Parsons. S. 133-159. München: Oldenbourg.

Kramer, F./ Sigrist, Ch. (Hrsg.) (1978): Gesellschaften ohne Staat. 2 Bände. Frankfurt/M.: Syndikat.

Kranepuhl, P. (2006): Eigentum ist Diebstahl: Der Frühsozialismus. In: Die Zeit (Hrsg.): Welt- und Kulturgeschichte. Band 10; 168-180. Hamburg: Zeitverlag.

Kreckel, R. (1992): Politische Soziologie sozialer Ungleichheit. Frankfurt/M./ New York: Campus

Kripke, S. (1987): Wittgenstein über Regeln und Privatsprache. Eine elementare Darstellung. Frankfurt: Suhrkamp

Kron, W. (1984): Zur soziologischen Interpretation der neuzeitlichen Wissenschaft. In: Zilsel, E.: Die Ursprünge der neuzeitlichen Wissenschaft. Herausgegeben und eingeleitet von Wolfgang Kron. Frankfurt/M.: Suhrkamp.

Kuckenburg, M. (2004): Wer sprach das erste Wort? Die Entstehung von Sprache und Schrift. Stuttgart: Konrad Theiss Verlag.

Kuczynski, J. (1982): Geschichte des Alltags des deutschen Volkes. Band 3. Köln: Pahl- Rugenstein Verlag.

Kuhn, T.S. (1962): The Structure of scientific Revolution. Chicago

Lamla, J. (2003): Anthony Giddens. Ffm./NY: Campus

Lane, F. (1979): Profits from Power. Readings on Protection Rent and Violence Controlling Enterprises. Albany: State University of New York Press.

Lapidus, I.M. (1992): Islamisches Sektierertum und das Rekonstruktions- und Umgestaltungspotential der islamischen Kultur. In: Eisenstadt, S.N. (Hrsg.): Kulturen der Achsenzeit II; Teil 3. Frankfurt/M.: Suhrkamp. S. 161-188.

Lasch, C. (1995): Das Zeitalter der Narzissmus. Hamburg: Hoffmann & Campe.

Lau, Ch. (1984): Soziologie im öffentlichen Diskurs. In: Soziale Welt. S. 407ff.

Lau, E. E. (1978): Interaktion und Institution. Berlin.

Lawick-Goodall, J. van (1971): Wilde Schimpansen. Reinbek: Rowohlt

Leggewie, C. (2003): Die Globalisierung und ihre Gegner. München: C.H. Beck

Lenin, W. I. (1963/ 1902): Was tun? Brennende Fragen unserer Bewegung. In: Ders.: Ausgewählte Werke. Berlin: Dietz Verlag

Lepsius, M. R. (1973): Parteiensystem und Sozialstruktur. Zum Problem der Demokratisierung der deutschen Gesellschaft. In: Ritter, G.A. (Hrsg.): Deutsche Parteien vor 1918. Köln.

Lepsius, M. R. (1990): Ideen, Interessen und Institutionen. Opladen: Westdeutscher Verlag.

Levenstein, A. (1912): Die Arbeiterfrage. München .

Lévy-Bruhl, L. (1966): Die geistige Welt der Primitiven. Darmstadt.

Lévy-Strauss, C. (1981): Die elementaren Strukturen der Verwandtschaft. Frankfurt/M.: Suhrkamp. Französische Originalausgabe 1949.

Lévy-Strauss, C. (1967): Strukturale Anthropologie. Frankfurt/M.: Suhrkamp (frz. Orig.: 1958)

Lieberman, M.B./ Montgomery, D.B. (1988): First – Mover – Advantages. In: Strategic Management Journal 9/ 1988: 41-58.

Liker, J.K. (2004): The Toyota Way. New York: Mc Graw-Hill.

Liste der deutschen Nobelpreisträger (2013): In Wikipedia; Abruf 17.5. 2013.

Livingston, J. (1998): Modern Subjectivity and Consumer Culture. In: Strasser, S./ Mc Govern, Ch./ Judt, M. (Hrsg.): Getting and Spending. European and American Consumer Societies in the Twentieth Century. Cambridge: Univ. Press. S.413-429.

Lockwood, D. (1971): Soziale Integration und Systemintegration, In: Zapf, W. (Hrsg.): Theorien des sozialen Wandels. Köln: Kiepenheuer und Witsch. S. 124-137 (engl. Original 1964)
Longerich, P. (1989): Die braunen Bataillone. Geschichte der SA. München: C.H. Beck
Lorenzen, P./ Schwemmer, O. (1973): Konstruktive Logik, Ethik und Wissenschaftstheorie. Zürich.
Van der Loo, H./van Reijen, W. (1992): Modernisierung. Projekt und Paradox. München: dtv
Luhmann, N. (1973): Funktionen und Folgen formaler Organisation. 3. Auflage. Berlin: Duncker & Humblot.
Luhmann, N. (1980): Gesellschaftsstruktur und Semantik. Studien zur Wissenssoziologie der modernen Gesellschaft. Band 1. Frankfurt/M.: Suhrkamp.
Luhmann, N. (1981): Gesellschaftsstruktur und Semantik. Studien zur Wissenssoziologie der modernen Gesellschaft. Band 2. Frankfurt/M.: Suhrkamp.
Luhmann, N. (1984): Soziale Systeme. Frankfurt/M.: Suhrkamp
Luhmann, N. (1986): Ökologische Kommunikation. Kann sich die moderne Gesellschaft auf ökologische Gefährdungen einstellen? Opladen: Westdeutscher Verlag.
Luhmann, N. (1987): Die Unterscheidung Gottes. In: Ders.: Soziologische Aufklärung. Band 4. Opladen: Westdeutscher Verlag. S. 236-253.
Luhmann, N. (1988): Die Wirtschaft der Gesellschaft. Frankfurt/M.: Suhrkamp.
Luhmann, N. (1989): Gesellschaftsstruktur und Semantik. Studien zur Wissenssoziologie der modernen Gesellschaft. Band 3. Frankfurt/M.: Suhrkamp.
Luhmann, N. (1992): Beobachtungen der Moderne. Opladen.
Luhmann, N. (1995): Inklusion und Exklusion. In: Ders.: Soziologische Aufklärung. Band 6. Opladen: Westdeutscher Verlag. S.237-264.
Luhmann, N. (1995): Gesellschaftsstruktur und Semantik. Studien zur Wissenssoziologie der modernen Gesellschaft. Band 4. Frankfurt/M.: Suhrkamp.
Luhmann, N. (1996): Die Realität der Massenmedien. 2. erweiterte Auflage. Opladen.
Luhmann, N. (1997): Gesellschaft der Gesellschaft. 2 Bände. Frankfurt/M. 1997: Suhrkamp
Luhmann, N. (2000): Die Politik der Gesellschaft. Frankfurt/M.: Suhrkamp
Luhmann, N. (2002): Einführung in die Systemtheorie. Heidelberg: Carl-Auer-Systeme Verlag
Luncz, L. V./ Mundry, R./ Boesch,C. (2012): Evidence of Cultural Differences between Neighboring Chimanzee Communities. In: Current Biology 22 (10); S.922-926.
Lustiger (2002): Zum Kampf auf Leben und Tod. Köln: Kiepenheuer & Witsch
Lutz, B. (1989): Der kurze Traum immerwährender Prosperität. Frankfurt/M./ New York: Campus
Lyotard, J.-F. (1979): La condition postmoderne. Rapport sur le savoir. Paris.
Lyotard, J.-F. (1986): Das postmoderne Wissen. Ein Bericht. Hrsg. P. Engelmann. Graz/ Wien.
Maaz, H.-J. (2012): Die narzisstische Gesellschaft. München: C.h. Beck.
Machiavelli, N. (1982; Orig. 1532): Il Principe/ Der Fürst. Stuttgart: Reclam.
Malinowski, B. (1944): A Scientfc Theory of Culture. Chapel Hill.
Mann, H. (1918/ 1993): Der Untertan. Ditzingen: Reclam. (Erstausgabe 1918)
Mannheim, K. (1929): Ideologie und Utopie. Bonn.
Mannheim, K. (1952): Essays on the Sociology of Knowledge. London.
Martin, H.-P./ Schumann, H. (1996): Die Globalisierungsfalle. Der Angriff auf Demokratie und Wohlstand. Reinbek: Rowohlt.
Marcuse, H. (1957): Eros und Kultur. Stuttgart.
Marcuse, H. (1967): Der eindimensionale Mensch. Neuwied/ Berlin: Luchterhand.

Marx, B./ Rehberg, K.-S. (2006): Sammeln als Institution: Von der fürstlichen Wunderkammer bis zum Mäzenatentum des Staates. Deutscher Kunstverlag.

Marx, K./ Engels, F. (1972): Das kommunistische Manifest. In: Marx-Engels-Werke, Band 4; 459-493. Berlin: Dietz Verlag. Erstausgabe 1848.

Marx, K./ Engels, F. (1973): Die deutsche Ideologie. In: Marx-Engels Werke, Band 3; 17-530. Berlin: Dietz Verlag. Erstausgabe 1845/1946.

Marx, K. (1972) : Das Kapital. Erster Band. In: Marx-Engels-Werke; Band 23. Berlin: Dietz

Marx, K. (1973): Das Kapital. Dritter Band. In: Marx-Engels-Werke; Band 25. Berlin: Dietz

Marx, K. (1974): Grundrisse der Kritik der politischen Ökonomie. Berlin: Dietz Verlag. 2. Auflage.

Marzahn, Ch. (1981): Das Zucht- und Arbeitshaus. Bremen.

Matthes, J./ Schütze, F. (1973): Zur Einführung: Alltagswissen, Interaktion und gesellschaftliche Wirklichkeit. In: Arbeitsgruppe Bielefelder Soziologen (Hrsg.): Alltagswissen, Interaktion und gesellschaftliche Wirklichkeit. Band 1; Reinbek 1973. S.11-52.

Mattick, P. (1974): Krisen und Krisentheorien. In: Ders. u. a.: Krisen und Krisentheorien. Frankfurt/M.: Fischer. S. 7 – 156.

Mauss, M. (1990): Die Gabe. Form und Funktion des Austauschs in archaischen Gesellschaften. Frankfurt/M.

Mayntz, R. (1988): Funktionelle Teilsysteme in der Theorie funktionaler Differenzierung. In: Dies. u. a.: Differenzierung und Verselbständigung. Frankfurt/M./ New York: Campus; S. 11-44.

Mead, G. H. (1969): Sozialpsychologie. Eingeleitet und herausgegeben von Anselm Strauss. Neuwied/ Berlin: Luchterhand.

Mead, G. H. (1973): Geist, Identität und Gesellschaft. Hrsg. von Charles Morris. Frankfurt/M.: Suhrkamp.

Mead, G. H. (1987): Gesammelte Aufsätze. Band 1. Hrsg. von Hans Joas. Frankfurt/M.: Suhrkamp.

Melville, G./ Karl-Siegbert Rehberg, K.-S. (2004): Gründungsmythen – Genealogien – Moralzeichen. Beiträge zur institutionellen Konstruktion von Kontinuität. Wien: Böhlau.

Mertens, D. (1984): Das Qualifikationsparadox. In: Zeitschrift für Pädagogik, Jg. 30

Metzinger, T. (2009): Der Ego-Tunnel: Eine neue Philosophie des Selbst. Berlin: Berlin-Verlag

Meulemann, H. (1985): Wertewandel in der Bundesrepublik zwischen 1950 und 1980. In: Oberndörfer, D. u. a.: Wirtschaftlicher Wandel, religiöser Wandel und Wertewandel. Berlin.

Meyer, T. (1996): Familienformen im Wandel. In: Geißler, R.: Die Sozialstruktur Deutschlands. Zweite Auflage. S.306-332. Opladen: Westdeutscher Verlag.

Meyer, T. (2006): Private Lebensformen im Wandel. In: Geißler, R.: Die Sozialstruktur Deutschlands. Vierte Auflage. S. 331-357. Wiesbaden: VS-Verlag.

Meyers Konversations-Lexikon; Band 5 (1895): Stichwort: Eisenbahnunfälle. S.353-355. Leipzig und Wien.

Mies, M. (1988): Patriarchat und Kapital. Zürich.

Mittelstraß, J. (Hrsg.): Enzyklopädie Philosophie und Wissenschaftstheorie. 4 Bände. Stuttgart 2004: J.B. Metzler

Mommsen, H. (2002): Auschwitz 27. Juli 1942. Der Weg zur europäischen ‚Endlösung der Judenfrage'. München: dtv.

Morgenstern, C. (2014): Den Parteien laufen die Mitglieder davon. Eine soziologische Untersuchung zur Funktionsfähigkeit der deutschen Parteien vor dem Hintergrund schwindender Mitgliederbestände. Typoskript. Chemnitz.

Moritz, A./ F. Rimbach (2006): Soft Skills für Young Professionals. Alles, was Sie für ihre Karriere brauchen. Offenbach: GABAL.

Müller, H.P./ Schmid, M. (Hrsg.)(1995): Sozialer Wandel. Frankfurt/M.: Suhrkamp

Münch, R. (1980): Über Parsons zu Weber. Von der Theorie der Rationalisierung zur Theorie der Interprenetration. In: ZfS 9; S. 18-53.

Münch, R. (1992): Die Struktur der Moderne. Frankfurt/M.: Suhrkamp

Münch, R. (2003): Soziologische Theorie. Band 2: Handlungstheorie. Frankfurt/M. /New York: Campus

Münch, R. (2003): Soziologische Theorie. Band 3: Gesellschaftstheorie. Frankfurt/M./ New York: Campus

Nassehi, A. (2012): Das „Goldene Zeitalter ist vorbei. Spätmoderne? Postdemokratie? In der vergangenen Ausgabe hat Thomas Assheuer die Wiederkehr alter Begriffe beschrieben. Eine Replik. In: Die Zeit Nr. 32 vom 2.8.

Nauck, B/ Kohlmann, A. (1999): Values of Children. Ein Forschungsprogramm zur Erklärung von generativem Verhalten und intergenerativen Beziehungen. In: Busch, F./ Nauck, B./ Nave-Herz, R. (Hrsg.): Aktuelle Forschungsfelder der Familienwissenschaft. Würzburg: Ergon. S. 53-73.

Nissen, H. J. (1995): Grundzüge einer Geschichte der Frühzeit des Vorderen Orients. Darmstadt: Wissenschaftliche Buchgesellschaft.

Offe, K. (1972): Strukturprobleme des kapitalistischen Staates. Frankfurt/M.: Suhrkamp

Osterland, M./ Deppe, W./ Gerlach, F. u. a. (1973): Materialien zur Lebens- und Arbeitssituation der Industriearbeiter in der BRD. 5. Auflage. Frankfurt/M. : EVA

Ostner, I. (1978): Beruf und Hausarbeit. Die Arbeit der Frau in unserer Gesellschaft. Frankfurt/M./ New York: Campus.

Ostrom, E. (1999): Die Verfassung der Allmende. Tübingen: Mohr- Siebeck

Papsdorf, C. (2013): Internet und Gesellschaft. Wie das Netz unsere Kommunikation verändert. Frankfurt/M.: Campus.

Parkinson, C.N. (1957): Parkinson's Law and other Studies in administration. Boston.

Parsons, T. (1942/1954): Democracy and Social Structure in Pre-Nazi-Germany. In: Legal and Political Sociology 1; S. 96-114. Wiederabdruck in: Ders.: Essays in Sociological Theory. Glencoe Ill.: The Free Press. S. 104-123.

Parsons, T. (1937/1968): The Structure of Social Action. 2 Bände. New York: Freee Press.

Parsons, T. (1972): Das System moderner Gesellschaften. München: Juventa. (Amerikanische Originalausgabe 1971: The System of Modern Societies.)

Parsons, T. (1975): Gesellschaften. Frankfurt/M.: Suhrkamp. (Amerikanische Originalausgabe 1966: Societies. Evolutionary and Comparative Perspectives.)

Parsons, T. (1976): Grundzüge des Sozialsystems. In: Jensen, S. (Hrsg.): Zur Theorie sozialer Systeme. Opladen: Westdeutscher Verlag S.161-261.

Parsons, T. (1986): Aktor, Situation und normative Muster. Ein Essay zur Theorie sozialen Handelns. Herausgegeben und übersetzt von Harald Wenzel. Frankfurt/M.: Suhrkamp.

Perler, D./ Wild, M. (Hrsg.) (2005): Der Geist der Tiere. Frankfurt/M.: Suhrkamp

Piore, M./ Sabel, Ch. (1989): Das Ende der Massenproduktion. Frankfurt/M.: Fischer

Plessner, H. (1975/1928): Die Stufen des Organischen und der Mensch. Berlin: de Gruyter.

Polanyi, K. (1979): The Great Transformation. Politische und ökonomische Ursprünge von Gesellschaften und Wirtschaftssystemen. Wien: Europaverlag

Polanyi, K. (1966): Dahomey and the Slave Trade. An Analysis of an Archaic Economy. Seattle/ Washington

Pollard, S. (1979): Soziale Ungleichheit und Klassenstrukturen in England: Mittel- und Oberklassen. In: Wehler, H.-U. (Hrsg.): Klassen in der europäischen Sozialgeschichte. Göttingen: Vandenhock& Ruprecht. S.33-52.

Popitz, H. (1992): Phänomene der Macht. Tübingen: Mohr-Siebeck.

Popitz, H./ Bahrdt, H.P./ Jüres, E. A./ Kesting, H. (1957): Das Gesellschaftsbild des Arbeiters. Tübingen: Mohr-Siebeck

Popitz, H./ Bahrdt, H.-P./ Jüres, E. A./ Kesting, H. (1957a): Technik und Industriearbeit. Tübingen. Mohr – Siebeck.

Portmann, A. (1956): Zoologie und das neue Bild vom Menschen. Reinbek: Rowohlt.

Preiser, E. (1963): Wesen und Methoden der Wirtschaftslenkung. In: Ders.: Bildung und Verteilung des Volkseinkommens; S. 321-365. 3. Auflage. Göttingen: Vandenhoeck&Ruprecht

Probst, M./ Schwarz, P. (2012): Darf man sich seinen Glauben selbst basteln? In: Die Zeit, Nr. 15; 2012.

Puhle, H.-J. (1979): Soziale Ungleichheit und Klassenstrukturen in den USA. In: Wehler, H.-U. (Hrsg.): Klassen in der europäischen Sozialgeschichte. Göttingen: Vandenhoeck & Ruprecht. S.233-277.

Putnam, R. (2001): Sozialkapital im internationalen Vergleich. Gütersloh: Bertelsmann.

Radkau, J. (2002): Natur und Macht. München: C.H. Beck

Raschke, J. (Hrsg.) (1985): Soziale Bewegungen. Ein historisch-systematischer Abriss. Frankfurt/M./ New York: Campus.

v. Reden, S. (1978): Die Megalith-Kulturen. Köln: Du Mont.

Reich, R. (1993): Die neue Weltwirtschaft. Frankfurt/M./ Berlin: Ullstein.

Ricciardi, A. (2010): Das deutsche und italienische Wohlfahrtsstaaten-Modell: konservative Regime?. München und Ravensburg: GRIN.

Richta, R. und Kollektiv (1986): Zivilisation am Scheideweg. Soziale und menschliche Zusammenhänge in der wissenschaftlich-technischen Revolution. Freiburg: Verlag an der Basis.

Riesman, D./ Denney, R./ Glazer, N. (1958): Die einsame Masse. Eine Untersuchung der Wandlungen des amerikanischen Charakters. Reinbek: Rowohlt

Rifkin, J. (1996): Das Ende der Arbeit und ihre Zukunft. Frankfurt/M./ New York: Campus

Rigoulot, P. (2003): Nordkorea. Steinzeitkommunismus und Atomwaffen. Köln: Kiepenheuer und Witsch

Roethlisberger, F. J. (1954): Betriebsführung und Arbeitsmoral. Opladen: WestdeutscherVerlag.

Rosa, H. (2005): Beschleunigung. Die Veränderung der Zeitstrukturen innerhalb der Moderne. Frankfurt/M.: Suhrkamp

Rosa, H. (2012): Das neue Lebensgefühl. Der neue Streit um die Moderne: Armin Nassehi hört in aktuellen Zeitdiagnosen einen ‚Gejammer'. Doch was leistet eigentlich die Soziologie? Eine Entgegnung. In: Die Zeit Nr. 34. S. 52

Rousseau, J.J. (1986): Vom Gesellschaftsvertrag oder Prinzipien des Staatsrechtes. Stuttgart: Reclam.

Rothbacher, A. (2007): Die Rückkehr der Samurai. Berlin/ Heidelberg/ New York: Springer.

Rothermund, D. (2006): Unter den Vizekönigen: Die Anfänge der britischen Kolonialherrschaft. In: Die Zeit (Hrsg.): Welt- und Kulturgeschichte. Band 11. Hamburg: Zeitverlag. S.149-158.

Sahlins, M. (1972): Stone Age Economics. London: Tavistock

Sassen, S. (1996): Metropolen des Weltmarkts. Frankfurt/M./ New York: Campus.

De Saussure, F. (1967/ Orig. 1916): Grundlagen der allgemeinen Sprachwissenschaft. Berlib/ Ney York: de Gruyter

Schäfers, B. (1976): Sozialstruktur und Wandel in der Bundesrepublik Deutschland. Stuttgart: Enke

Schäfers,B. (1998): Politischer Atlas Deutschlands. Bonn: Bundeszentrale für politische Bildung.

Schelsky, H. (1952): Zur Stabilität von Institutionen, besonders Verfassungen. Jahrbuch für Sozialwissenschaft 3. S. 1-21.

Schelsky, H. (1953): Wandlungen der deutschen Familie der Gegenwart. Dortmund.

Schelsky, H. (1957): Schule und Erziehung in der industriellen Gesellschaft. Würzburg.

Schelsky, H. (1967): Wandlungen der deutschen Familie in der Gegenwart. 5. Auflage. Stuttgart: Enke

Schelsky, H. (1973): Zur Theorie der Institution. 2. Auflage. Düsseldorf.

Schimank, U. (2000): Theorien gesellschaftlicher Differenzierung. 2. Auflage. Opladen: Leske&Budrich

Schimank, U. (2006): Teilsystemische Autonomie und politische Gesellschaftssteuerung. Wiesbaden: VS.

Schimank, U. (2012): Individualisierung der Lebensführung. In: Bundeszentrale für politische Bildung (Hrsg): Deutsche Verhältnisse. Eine Sozialkunde. 31.5. 2012. Bonn.

Schluchter, W. (1979): Die Entwicklung des okzidentalen Rationalismus. Tübingen: Mohr-Siebeck.

Schneider, N.F. (2012): Familie. Zwischen traditioneller Institution und individualisierter Lebensform. S. 95-121. In: Hradil, S. (Hrsg.): Deutsche Verhältnisse. Eine Sozialkunde. Bonn: Schriftenreihe der Bundeszentrale für politische Bildung.

Schütz, A./ Luckmann, Th. (1979/ 1984): Strukturen der Lebenswelt. 2 Bände. Frankfurt/M.: Suhrkamp.

Schulte Beerbrühl, M. (2007): Deutsche Kaufleute in London. München: Oldenbourg.

Schulze, G. (1992): Die Erlebnisgesellschaft. Kultursoziologie der Gegenwart. Frankfurt/M. / New York: Campus.

Schumpeter, J.A. (1993): Kapitalismus, Sozialismus und Demokratie. 7. Auflage Tübingen und Basel: Francke

Schumpeter, J. (1934): Theorie der wirtschaftlichen Entwicklung. Eine Untersuchung über Unternehmergewinn, Kapital, Kredit, Zins und deren Konjunkturzyklus. 4. Auflage. Berlin: Duncker&Humblot.

Schumpeter, J. (1939): Business Cycles. 2 Bde. New York: Mc Graw-Hill.

Schwinn, T. (1995): Zum Integrationsmodus moderner Ordnungen. Eine kritische Auseinandersetzung mit Richard Münch. Unveröffentlichtes Typoskript. Heidelberg.

Sengenberger, W. (1987): Struktur und Funktionsweise von Arbeitsmärkten. Die Bundesrepublik Deutschland im internationalen Vergleich. Frankfurt/M. / New York: Campus.

Sennett, R. (1998): Der flexible Mensch. Berlin: Berliner Taschenbuch Verlag.

Sennett, R. (2005): Die Kultur des neuen Kapitalismus. Berlin: Berlin Verlag.

Sennett, R. (2008): Handwerk. Berlin: Berlin Verlag.

Sentker, A. (2012): Sensation auf Raten in: Die Zeit Nr. 28 vom 5.7.2012. S. 31.

Service, E. (1977): Ursprünge des Staates und der Zivilisation. Der Prozess der kulturellen Evolution. Frankfurt/M.

Seymour, J. (1970): Das große Buch vom Leben auf dem Lande. Ravensburg: Maier

Sievernich, M. (Hrsg) (2005): Bartolome de las Casas: Kurzgefaster Bericht über die Verwüstung der westindischen Länder. Berlin: Insel

Sigrist, Ch. (1964): Die Amba und die These der Universalität von Herrschaft. Eine Erwiderung auf einen Aufsatz von Ralf Dahrendorf. In: Europäisches Archiv für Soziologie, Jg.5, Heft 2.
Simmel, G. (1992/ 1897): Die Bedeutung des Geldes für das Tempo des Lebens. In: Ders.: Soziologie. Untersuchungen über die Formen der Vergesellschaftung. Hrsg. von O. Rammstedt. Frankfurt/M.: Suhrkamp
Simmel, G. (1992/1908): Soziologie. Frankfurt/M.: Suhrkamp. (Deutsche Originalausgabe Leipzig 1908).
Sinus-Institut (1984): Sinus Lebensweltforschung – ein kreatives Konzept. Typoskript. Heidelberg.
Smith, A. (1978/ Orig. 1776): Der Wohlstand der Nationen. München: dtv
Soden, W. von (1961): Sumer, Babylon, Hethiter bis zur Mitte des zweiten Jahrtausends v. Chr.; in: Mann, G./ Heuß, A. (Hrsg.): Propyläen Weltgeschichte. Erster Band. Berlin/ Frankfurt/M. S. 523-609
Sohn-Rethel, A. (1973): Geistige und körperliche Arbeit. Frankfurt/M.: Suhrkamp.
Sombart, W. (1916): Der moderne Kapitalismus. 3 Bände. München und Leipzig.
Spencer Brown, G. (1997):: Gesetze der Form. Lübeck: Bohmeier. (Orig. 1972: Laws of Form. New York: Julian.)
Spengler, O. (1972): Der Untergang des Abendlandes. Umrisse einer Morphologie der Weltgeschichte. München: DTV (Erstausgabe 1917).
Stahl, M. (2003): Gesellschaft und Staat bei den Griechen: Archaische Zeit. Paderborn: Schöningh.
Stichwort Eisenbahnpolitik (1895): Meyers Konversationslexikon; Band 5. S. 540f. Leipzig und Wien.
Stürmer, M. (1979): Herbst des alten Handwerks. München: DTV
Stützel, W. (1979): Paradoxa der Geld- und Konkurrenzwirtschaft. Aalen.
Smith, A. (1978): Der Wohlstand der Nationen. München: dtv. Engl. Original 1776: An Inquiry into the Nature and Causes of the Wealth of Nations.
Spitz, R. A. (1967): Vom Säugling zum Kleinkind. Stuttgart: Klett.
Sweezy, P. M. (1988): Theorie der kapitalistischen Entwicklung. Frankfurt/M.: Suhrkamp
Syrup, F. (1915): Die soziale Lage der seßhaften Arbeiterschaft eines oberschlesischen Walzwerkes. In: Schriften des Vereins für Socialpolitik, Bd. 152; S.131-218. München/ Leipzig.
Taylor, F (1919): Die Grundsätze wissenschaftlicher Betriebsführung. München und Berlin.
Thun, A. von (1879): Die Industrie am Niederrhein und ihre Arbeiter. 2 Bände. Leipzig.
Tomasello, M. (2003): Constructing a Language: A Usage-Based Theory of Language. Cambrigde Mass.
Touraine, A. (1972): Die postindustrielle Gesellschaft. Frankfurt/M.: Suhrkamp
Trotha, T. von (1994): Koloniale Herrschaft. Zur soziologischen Theorie der Staatsentstehung am Beispiel des ‚Schutzgebietes Togo'. Tübingen: Mohr-Siebeck
Uchatius, W. (2010): Das Welthemd. In: Die Zeit Nr. 51 vom 17.12. 2010.
Ulrich, D. (1996): Human Ressource Champions. Boston Mass. Harvard Business School Press.
Vanberg, V. (1975): Die zwei Soziologien. Tübingen: Mohr – Siebeck
Van Lawick- Goodall, J. (1971): Wilde Schimpansen. Reinbek: Rowohlt
Veblen, Th. (2011): Theorie der feinen Leute: eine ökonomische Analyse der Institutionen. Frankfurt/M.: Fischer.
Vester, M. u.a. (1993): Soziale Milieus im gesellschaftlichen Strukturwandel. Köln: Bund Verlag.

Villányi, D./ Junge, M./ Brock, D. (2009): Soziologische Systemtheorie. In: Brock u. a.: Soziologische Paradigmen nach Parsons. Wiesbaden: VS. S.337-397.

Voß, G./ Rieder, K. (2005): Der arbeitende Kunde. Wie Konsumenten zu unbezahlten Mitarbeitern werden. Frankfurt/M./ New York: Campus.

De Waal, F. (1991): Wilde Diplomaten. Versöhnung und Entspannungspolitik bei Affen und Menschen. München/Wien: Carl Hanser Verlag

Wagner, A. (1893): Grundlegung der politischen Ökonomie I. Leipzig.

Wallerstein, I. (1974): The Modern World-System I. San Diego.

Warner, L./ Meeker, M./ Eells, K. (1970): What Sozial Class Is in America. In: Tumin, M. (Hrsg.): Readings on Social Stratification. Englewood Cliffs, N.J.: Prentice-Hall: S.17-27. Auszug aus: Warner u. a. (1949): Social Class in America. Chicago: Science Research Associates.

Weber, A. (1912): Das Berufsschicksal der Industriearbeiter. In: Archiv für Sozialwissenschaft und Sozialpolitik, Bd. 134, Tübingen. S. 377-405.

Weber, A. (1953): Der dritte oder vierte Mensch. Vom Sinn geschichtlichen Daseins. München: Piper

Weber, K.-W. (2003): Luxus im Alten Rom. Die Schwelgerei, das süße Gift. Darmstadt: Primus

Weber, M. (1972): Wirtschaft und Gesellschaft. 5. Auflage Tübingen: Mohr – Siebeck

Weber, M. (1984): Die Lage der Landarbeiter im ostelbischen Deutschland 1892. Max Weber Gesamtausgabe I/3. Martin Riesebrodt (Hrsg.) Tübingen: Mohr-Siebeck

Weber, M. (1988): Die protestantische Ethik und der Geist des Kapitalismus. In: Ders.: Gesammelte Aufsätze zur Religionssoziologie. Band 1: 17-206. Tübingen: Mohr-Siebeck

Weber, M. (1988a): Die Wirtschaftsethik der Weltreligionen. In: Ders.: Gesammelte Aufsätze zur Religionssoziologie. Band 1: 273-573 sowie Band 2 und 3. Tübingen: Mohr-Siebeck

Weber, M.(1988c): Politik als Beruf. In: Ders.: Gesammelte politische Schriften. Tübingen: Mohr/ Siebeck. S.505-560.

Wehling, U. (1992): Die Moderne als Sozialmythos. Zur Kritik sozialwissenschaftlicher Modernisierungstheorien. Frankfurt/M./ New York: Campus

Weinfeld, M. (1987): Der Protest gegen den Imperialismus in der altisraelischen Prophetie. In: Eisenstadt, S.N. (Hrsg.): Kulturen der Achsenzeit; Teil 1. Frankfurt/M.: Suhrkamp. S.240-257.

Welsch, W. (1987): Unsere postmoderne Moderne. Weinheim.

Welsch, W. (1996): Vernunft. Die zeitgenössische Vernunftkritik und das Konzept der transversalen Vernunft. Frankfurt/M.: Suhrkamp.

Wenzel, H. (1991): Die Ordnung des Handelns. Talcott Parsons' Theorie des allgemeinen Handlungssystems. Frankfurt/M.: Suhrkamp

Werner, G. (1929): Ein Kumpel. Erzählungen aus dem Leben der Bergarbeiter. Berlin.

West, C./ Zimmerman, D. h.(1987): Doing Gender; in: Gender and Society, Jg. 1; S.125-151.

Wiedtfeld, O. (1898): Statistische Studien zu Entwicklungsgeschichte der Berliner Industrie von 1720 – 1890. Leipzig.

Wiesendahl, E. (2001): Keine Lust auf Parteien – Zur Abwanderung Jugendlicher von den Parteien. In: APuZ, Heft 10: 7-19.

Wieviorka, M. (2006): Die Gewalt. Hamburg: Hamburger Edition.

Wikipedia (Hrsg.): Brent Spar. Abruf 2. 5. 2013

Willis, P. (1979): Spaß am Widerstand. Gegenkultur in der Arbeiterschule. Frankfurt/M.: Syndikat

Wilson, O.E. (1975): Sociobiology. The New Synthesis. Cambrigde Mass.: Harvard University Press.

Wilson, F. R. (2002): Die Hand – Geniestreich der Evolution. Reinbek

Wirth, G. (2006): Wie die Hunnen, wie die Wandalen: die Invasionen des 4. und 5. Jahrhunderts. In: Die Zeit (Hrsg.): Welt- und Kulturgeschichte. Band 5. Hamburg: Zeitverlag. S.303-403.

Wittgenstein, L. (2003): Philosophische Untersuchungen. Frankfurt/M.: Suhrkamp. (Originalausgabe 1953)

Wöhrle, P.(2010): Metamorphosen des Mängelwesens. Zu Werk und Wirkung Arnold Gehlens. Frankfurt/M./ New York : Campus

Wolman, W./ Colamosca, A. (1998): Der Verrat an der Arbeit. Ist der Kapitalismus noch vor sich selbst zu retten? Bern/ München/Wien: Scherz.

Womack, J. Jones, D., Ross,D. (1990): The Maschine that changed the World. New York.

Wuketits, F. M. (1997): Soziobiologie. Die Macht der Gene und die Evolution sozialen Verhaltens. Heidelberg/ Berlin/ Oxford: Spektrum.

Zahn, E. (1964): Soziologie der Prosperität. Wirtschaft und Gesellschaft im Zeichen des Wohlstands. München: dtv

Zapf, W. (1991): Modernisierung und Modernisierungstheorie. In: Ders. (Hrsg.): Die Modernisierung moderner Gesellschaften. Verhandlungen des 25. Deutschen Soziologentags. Frankfurt/M. /New York: Campus. S. 23- 39.

Zeit-Online vom 19.4. 2011: Zahl der Burn-Out Erkrankungen steigt. Abruf 3.5. 2014.

Zelle, C. (1995): Der Wechselwähler. Eine Gegenüberstellung politischer und sozialer Erklärungsansätze in Deutschland und den USA. Opladen: Westdeutscher Verlag.

Zentrum für Antisemitismusforschung der TU Berlin (Hrsg.) (1996ff.): Solidarität und Hilfe für Juden während der NS-Zeit. Berlin: Metropol.

Zimmer, D. E. (1986): So kommt der Mensch zur Sprache. Über Spracherwerb, Sprachentstehung, Sprache und Denken. München: Heyne.

Zimmermann, W. (1952): Der große deutsche Bauernkrieg. Berlin: Dietz

Zielcke, A. (2014): Sieg über das Gesetz. In: Süddeutsche Zeitung, Nr. 100 vom 2.5. 2014; S. 11.

The manufacturer's authorised representative in the EU is Springer
Nature Customer Service Centre GmbH, Europaplatz 3, 69115 Heidelberg,
Germany. If you have any concerns regarding our products, please
contact ProductSafety@springernature.com

Printed and bound by CPI Group (UK) Ltd, Croydon, CR0 4YY
28/04/2026
02098468-0007